M-L.
3/2001

Studien und Materialien
zum Straf- und Maßregelvollzug

herausgegeben von
Friedrich Lösel, Gerhard Rehn und Michael Walter

BAND 11

Behandlung „gefährlicher Straftäter"

Grundlagen, Konzepte, Ergebnisse

Gerhard Rehn / Bernd Wischka / Friedrich Lösel /
Michael Walter (Hrsg.)

Centaurus Verlag
Herbolzheim 2001

Das Erscheinen dieses Buches wurde durch eine großzügige Spende der Firma FSV personal training GmbH, Management und EDV-Beratung in Hamburg unterstützt.

Die Deutsche Bibliothek – CIP-Einheitsaufnahme

Behandlung "gefährlicher Straftäter":
Grundlagen, Konzepte, Ergebnisse / Gerhard Rehn ... (Hg.). –
Herbolzheim : Centaurus Verl.-Ges., 2001
  (Studien und Materialien zum Straf- und Massregelvollzug ; Bd. 11)
  ISBN 3-8255-0315-1

ISSN 0944-887X

Alle Rechte, insbesondere das Recht der Vervielfältigung und Verbreitung sowie der Übersetzung, vorbehalten. Kein Teil des Werkes darf in irgendeiner Form (durch Fotokopie, Mikrofilm oder ein anderes Verfahren) ohne schriftliche Genehmigung des Verlages reproduziert oder unter Verwendung elektronischer Systeme verarbeitet, vervielfältigt oder verbreitet werden.

© CENTAURUS Verlags-GmbH & Co. KG, Herbolzheim 2001

Satz: Vorlage der Herausgeber
Druck: primotec-printware, Herbolzheim

Vorwort

von Gerhard Rehn und Bernd Wischka

Über gefährliche Straftäter wird seit einiger Zeit viel geschrieben und geredet. Spektakuläre und tragische Kriminalfälle Mitte der 90er-Jahre, ihre exzessive Darstellung in den Medien, die Reaktionen von Politikern und der auf sie ausgeübte öffentliche Druck haben in ungewöhnlich kurzer Zeit zu Gesetzesänderungen geführt, die für die Praxis weitreichende Folgen haben. Die Länder sind vor die Aufgabe gestellt, Haftplätze, vor allem Behandlungsplätze für Sexualstraftäter und andere „gefährliche" Straftäter zu schaffen und Behandlungskonzepte zu entwickeln oder dort, wo bereits Straftäter behandelt werden, die Konzepte den veränderten Rahmenbedingungen und dem Stand der Forschung anzupassen.

Diese neue Entwicklung fällt in eine Phase der „Revitalisierung" der Straftäterbehandlung (Steller et al., 1994). Nach schwankenden, teils überschießend optimistischen, teils ebenso übertrieben und wenig differenziert pessimistischen Auffassungen zum Sinn und Erfolg der Behandlung vor allem in Sozialtherapeutischen Einrichtungen des Strafvollzuges, ist die Gegenwart von Realismus und einer Tendenz zu präziser Fachlichkeit gekennzeichnet. Das verbindet sich verbreitet mit der Erprobung neuer Verwaltungsmodelle, die mehr als bisher auf outputorientierte Effizienz ausgerichtet sind.

Die Frage, *ob* Behandlung im Strafvollzug möglich und sinnvoll ist, ist nicht mehr aktuell. Es geht um die Frage, *wie bei wem* Behandlung einsetzen muss. Der Stand der internationalen Forschung erlaubt jetzt besser als vorher, den Erfolg von Behandlungsmaßnahmen abzuschätzen und taugliche Behandlungskonzepte zu entwickeln. Die neue Gesetzeslage eröffnet somit Chancen. Für Bundesländer, die über Sozialtherapeutische Einrichtungen noch nicht verfügen, ist diese Entwicklung eine ganz besondere Herausforderung.

Der erhöhte Diskussions- und Fortbildungsbedarf hat bewirkt, dass sich auch die letzte überregionale Fachtagung der Sozialtherapeutischen Einrichtungen im Justizvollzug im Oktober 1999 in Straubing mit diesem Thema beschäftigt hat. Sie stand unter dem Motto „Neue Herausforderungen an die Sozialtherapie". Zentral beschäftigte die Frage, wie die das Strafvollzugsgesetz (StVollzG) betreffenden Teile des im Januar 1998 neu erlassenen Gesetzes zur Bekämpfung von Sexualdelikten und anderen gefährlichen Straftaten umzusetzen und mit Leben zu erfüllen seien.

In Gesprächen am Rande der Tagung entstand die Idee zu diesem Buch, mit dem der fachliche Disput aufgegriffen, vertieft und gefördert werden sollte. Eine zweite Idee ergab sich daraus, dass der langjährige und treue Mentor vieler Sozialtherapeuten und Sozialtherapeutinnen, der Mitbegründer und Vorsitzende des Arbeitskreises Sozialtherapeutischer Einrichtungen im Justizvollzug e.V., der Kinder und Jugendpsychiater Prof.

Dr. Friedrich Specht im Dezember 1999 seinen 75. Geburtstag feiern würde und inzwischen gefeiert hat und dieser Band eine hervorragende Möglichkeit bot, seine großen Verdienste um die Sozialtherapie im Justizvollzug auch öffentlich zu würdigen. Diese Würdigung ist den Beiträgen dieses Bandes voran gestellt und nicht zufällig von dem ersten Leiter der Sozialtherapeutischen Anstalt Bad Gandersheim, Hans-Jürgen Eger, jetzt Leiter der Jugendanstalt Hameln, und von seinem Nachfolger, Peter Fistéra, verfasst worden, denn Prof. Specht ist - neben allem sonst - seit mehr als 25 Jahren auch Fachberater für Sozialtherapie im niedersächsischen Justizvollzug.

Bei der Konzipierung und Zusammenstellung dieses Bandes wurde auf eine umfassende Darstellung der Problematik in mehrfacher Hinsicht geachtet: Nach der Abhandlung der rechtlichen, diagnostischen, therapeutischen und prognostischen Grundlagen in Teil 1 werden in Teil 2 Grundfragen sozialtherapeutischer Vollzugsgestaltung erörtert und konkrete Konzepte vorgestellt, die möglichst detailliert zeigen sollen, wie die durch Forschung herauspräparierten Wirksamkeitsfaktoren handlungsleitend mit Leben erfüllt werden können. Im dritten Teil werden unter der Überschrift „Qualitätssicherung" zunächst Mindestanforderungen an integrative Sozialtherapie sowie Wirkfaktoren benannt und präzisiert, die als Maßstäbe zur Sicherung von Fachlichkeit und zur Beurteilung von Ettikettenschwindel geeignet sind und dienen können. Ferner werden Berechnungen zum Platzbedarf in Sozialtherapeutischen Einrichtungen für die Tätergruppen nach § 9 StVollzG vorgelegt, die Richtschnur für die Entwicklung in den Ländern sein können und zugleich ebenfalls eine Bewertung ihrer Bemühungen ermöglichen. Sodann wird am weit fortgeschrittenen Hamburger Beispiel in Risiken und Chancen der unter dem Begriff „Neues Steuerungsmodell" (NSM) bekannt gewordene Verwaltungsreform aus behördlicher und anstaltlicher Sicht eingeführt. Abschließend wird dargelegt, mit welchen methodischen, (kriminal-) politischen und praktischen Bedingungen und Begrenzungen (Meta-) Evaluation zu tun hat, warum sie gleichwohl notwendig ist und unter welchen Voraussetzungen sie wirksam werden kann.

Im vierten Teil werden neue Forschungsergebnisse zu unterschiedlichen Merkmalen und zur Rückfälligkeit der in Sozialtherapeutische Einrichtungen aufgenommenen Gefangenen vorgestellt; darunter befindet sich auch eine ganz neue, international verankerte metaanalytische Studie zur vergleichenden Bewertung der Effizienz hiesiger Sozialtherapie.

Eine umfassende Problemsicht meint aber nicht nur das Streben nach breiter inhaltlicher Vollständigkeit. Den Herausgebern lag außerdem daran, mit der Auswahl der Beiträge nicht nur die Sozialtherapie im Justizvollzug darzustellen und die dort Tätigen anzusprechen. Adressat ist ein breiterer, intra- und extramural praktisch und wissenschaftlich mit gefährlichen Straftätern befasster Kreis, für den Sozialtherapie nicht allein oder in erster Linie eine strafvollzugliche Institution, sondern eben so sehr eine auf andere Bereiche übertragbare Methode ist.

Weiter lag den Herausgebern daran, mit den Begriffen „gefährlich", „gefährliche Straftäter" und „gefährliche Straftaten" in zweifacher Hinsicht sorgsam und ernsthaft umzugehen. Zum einen war zu zeigen, welches empirisch abgesicherte Instrumentarium die Wissenschaft gegenwärtig für Diagnose, Behandlung und Prognose solcher Täter zur Verfügung stellt, die (wiederholt) mit schweren und andere Menschen gefährdenden und daher gefährlichen Straftaten auffällig geworden sind (s. hierzu vor allem die Beiträge in Teil 1). Ergänzend hierzu war – als andere Seite der Medaille - darzulegen, welche kapazitären, baulichen, organisatorischen und vor allem auch personellen Strukturen und Mittel erforderlich sind (s. dazu besonders Teil 4), um schwer gestörte und gefährliche Täter mit einiger Aussscicht auf Erfolg zu behandeln (s. dazu vor allem die Beiträge in Teil 2). Zum anderen schien es uns wichtig, vor einem unreflektierten Gebrauch des Wortes „gefährlich" in Verbindung mit Taten und Tätern zu warnen (konzentriert geschieht dies eingangs im Teil 1). Es führt in der Straftäterbehandlung nicht weiter, wenn populistische Zuspitzungen, das Schüren von Ängsten durch viele Kommunikationsmedien übernommen und für sich schon schlimme Straftaten monströs überzeichnet und das oft zunächst Unbegreifliche ins Nichtmenschliche gehoben und so zugleich ausgegrenzt und abgewehrt wird. Demgegenüber war aufzuzeigen, dass bei nüchterner, im wissenschaftlichen Sinne kritischer und ebenso distanzierter wie engagierter Sicht ethisch und rational vertretbare Problemlösungen möglich sind und dass sie jedenfalls z.T. auch in einer fachlich gut fundierten und strukturierten Straftäterbehandlung liegen können.

In diesem Vorwort ist darauf verzichtet worden, die einzelnen Beiträge mit ihren Verfassern hervorzuheben. Wichtiger war es, die sachlichen Schwerpunkte zu benennen. Wenngleich die Einzelbeiträge unabhängig voneinander gelesen und genutzt werden können und manche Redundanz sowie kontroverse Standpunkte in Einzelfragen nicht zu vermeiden waren, bildet die Summe der Texte aber doch auch einen Argumentationsteppich mit vielfachen Verflechtungen und wechselseitigen Ergänzungen. Die Herausgeber haben sich darum bemüht, den dadurch einem Hand- oder Lehrbuch angenäherten Charakter der Sammlung durch viele Querverweise, ein *Sachregister und ein einheitliches Literaturverzeichnis* zu unterstreichen. So mögen die Beiträge auch eine Hilfe bei der Planung weiterer, von der Gesetzesänderung geforderter Sozialtherapeutischer Einrichtungen und auch bei der Einrichtung von Behandlungsangeboten im Regelvollzug sein und insoweit einen wichtigen Zweck dieser Veröffentlichung fördern.

Der Druck dieses Bandes wurde durch zwei großzügige Spenden ermöglicht. Herausgeber und Autorinnen/Autoren sind Herrn Bernd Vonhoff, der viele Jahre den gefangenen Frauen und Männern der Sozialtherapeutischen Anstalt Hamburg-Altengamme EDV-Kenntnisse beigebracht hat, zu großem Dank verpflichtet, weil sich auf seine Initiative hin die Hamburger Firma FSV personal training GmbH nachdrücklich engagiert hat. Das zweite Dankeschön geht an die Deutsche Vereinigung für Jugendgerichte und Jugendgerichtshilfen, Regionalgruppe Nordrhein und Herrn Prof. Michael Walter, der diese Hilfe vermittelt hat.

Inhalt

Vorwort
von Gerhard Rehn und Bernd Wischka V

Prof. Dr. Friedrich Specht, dem Nestor der deutschen Sozialtherapie,
zum 75. Geburtstag
von Hansjürgen Eger und Peter Fistéra XIII

Teil I   Rechtliche, diagnostische und prognostische Grundlagen

Kriminologische und kriminalpolitische Probleme mit „gefährlichen Straftätern"
von Michael Walter 3

Rechtsgrundlagen der Sanktionierung „gefährlicher" Straftäter
von Axel Dessecker 11

Chancen und Risiken - Erwartungen an das Gesetz zur Bekämpfung von Sexualdelikten und anderen gefährlichen Straftaten
von Gerhard Rehn 26

Behandlung oder Verwahrung? Ergebnisse und Perspektiven der Interventionen bei „psychopathischen" Straftätern
von Friedrich Lösel 36

Herausforderungen an die Sozialtherapie: Persönlichkeitsgestörte Straftäter
von Helmut Kury 54

Sexualstraftäter: Klassifizierung und Prognose
von Ulrich Rehder 81

Beurteilung der Gefährlichkeit von Straftätern
von Sabine Nowara 104

Behandlungsnotwendigkeiten und Behandlungsvoraussetzungen bei Sexualstraftätern
von Rainer Goderbauer 111

Teil II Grundfragen therapeutischer Vollzugsgestaltung, Konkretisierungen und Konzepte

Die Faktoren Milieu, Beziehung und Konsequenz in der stationären Therapie von Gewalttätern

> von Bernd Wischka 125

Altengamme – something works

> von Thomas Wegner 150

„Mit Köpfchen durchs Leben" – ein kognitiv-behaviorales Trainingsangebot zur Förderung sozialer Kompetenzen

> von Cornelia Pfaff 170

Das Behandlungsprogramm für Sexualstraftäter (BPS) im niedersächsischen Justizvollzug

> von Bernd Wischka, Elisabeth Foppe, Peter Griepenburg, Carmen Nuhn-Naber und Ulrich Rehder 193

„Sex Offender Treatment Programme" (SOTP) in der Sozialtherapeutischen Abteilung Hamburg-Nesselstraße

> von Wolfgang Berner und Karl Heinz Becker 206

Gefährliche Gefangene - Mitarbeitsbereitschaft und subkulturelle Haltekräfte im Strafvollzug

> von Manfred Otto 218

Integrative Sozialtherapie im Jugendvollzug

> von Markus Weiß 229

Teil III Haftplatz- und Ressourcenbedarf, Qualitätssicherung

Integrative Sozialtherapie – Mindestanforderungen, Indikation und Wirkfaktoren

> von Bernd Wischka und Friedrich Specht 249

„Wer A sagt ..." – Haftplätze und Haftplatzbedarf in Sozialtherapeutischen Einrichtungen

> von Gerhard Rehn 264

Grundgedanken des Neuen Steuerungsmodells – Überlegungen zur Praxis
im Strafvollzug

    von Karlheinz Ohle 276

Lust und Frust mit dem Neuen Steuerungsmodell. Gedanken aus der Praxis
der Sozialtherapeutischen Anstalt Altengamme

    von Wolfgang Herbst und Thomas Wegner 294

Notwendigkeit, Ergebnisse und Wirkung der Evaluation im
behandlungsorientierten Vollzug

    von Frieder Dünkel und Gerhard Rehn 301

Teil IV Ergebnisse der Rückfall- und Behandlungsforschung

Evaluation von Straftäterbehandlungsprogrammen in Deutschland:
Überblick und Meta-Analyse

    von Rudolf Egg, Frank S. Pearson, Charles M. Cleland
    und Douglas S. Lipton 321

Legalbewährung nach Entlassung aus den Sozialtherapeutischen Einrichtungen
des Niedersächsischen Justizvollzuges

    von Carl Seitz und Friedrich Specht 348

Vorstrafenbelastung und Rückfälligkeit bei Gefangenen aus der
Sozialtherapeutischen Anstalt Hamburg-Altengamme

    von Gerhard Rehn 364

Literaturverzeichnis 380

Sachwortverzeichnis 412

Autorenverzeichnis 419

Prof. Dr. Friedrich Specht, dem Nestor der deutschen Sozialtherapie, zum 75. Geburtstag

von Hansjürgen Eger und Peter Fistéra

Leben und Werk von Friedrich Specht sind geprägt vom Helfen als Lebensziel und von der Verbindung der (Jugend-) Psychiatrie mit den Sozialwissenschaften. Wenn Friedrich Specht eine Aufgabe übernahm und weiterhin übernimmt, dann beschränkt er sich nicht auf ein Segment, sondern er erfasst die Probleme als Ganzes. Dabei verbindet er das Allgemeine sorgsam und effizient mit zweckdienlichen Details etwa der Organisation und der Ausstattungsbedarfe eines Arbeitsfeldes.

Friedrich Specht wurde am 03.12.1924 in Emden geboren und wuchs in Bückeburg auf. Seit 1952 ist er verheiratet; er hat vier Kinder und sechs Enkelkinder. 1942 wurde er als ganz junger Mensch als Sanitätsoffiziersbewerber zur Wehrmacht eingezogen. Nach amerikanischer Kriegsgefangenschaft hat er das Medizinstudium 1949 abgeschlossen. 1950 erfolgte die Promotion, 1965 die Habilitation mit dem Thema „Sozialpsychiatrische Gegenwartsprobleme der Jugendverwahrlosung". Aus kleinsten Anfängen hat er an der Universitätsnervenklinik Göttingen einen eigenen Bereich für Kinder- und Jugendpsychiatrie aufgebaut und 1970 sodann als Professor den Abteilungsvorstand übernommen. Friedrich Specht ist Facharzt für Kinderheilkunde (Weiterbildung in Celle), Facharzt für Neurologie und Psychiatrie sowie für Kinder- und Jugendpsychiatrie (Weiterbildung in Göttingen), und er führt die Zusatzbezeichnung „Psychotherapie".

1990 erreichte Friedrich Specht die Altersgrenze für den Ruhestand, aber noch bis 1994 hat er – weit über das 65. Lebensjahr hinaus – weiter die Leitung der Abteilung für Kinder- und Jugendpsychiatrie an der Universität Göttingen übernommen, bis ein Nachfolger berufen war. Darüber hinaus ist er bis heute in Forschung und Lehre sowie bei Prüfungen an den Universitäten Göttingen und Osnabrück tätig.

Neben dem Amt des Hochschullehrers waren und sind z.T. bis heute hin wesentliche Tätigkeitsfelder:

- die externe Teamberatung für Erziehungsberatungsstellen, Jugendhilfeeinrichtungen und Schulen
- wesentliche Mitwirkung an der Psychiatrie-Enquête der Bundesregierung von 1975
- fachliche Vorstandsverantwortung bei einem psychagogischen Kinderheim der Jugendhilfe
- Dozententätigkeit am Ausbildungszentrum für Psychotherapie und Psychoanalyse in Göttingen

- Verbandstätigkeit für die Bundeskonferenz und Landesarbeitsgemeinschaft für Erziehungsberatung und in der Deutschen Gesellschaft für Kinder- und Jugendpsychiatrie und
- last not least: Fachberater des Niedersächsischen. Justizministeriums für die Sozialtherapeutischen Einrichtungen im Justizvollzug und erster Vorsitzender des Vereins „Arbeitskreis Sozialtherapeutische Anstalten im Justizvollzug e.V.".

Im persönlichen Umgang wird Friedrich Specht als eher zurückhaltend, aber auch als präziser Gesprächspartner mit einem feinen Humor erlebt. Er ist nicht um äußeren Lorbeer bemüht, jedoch ein immer hilfsbereiter, extrem fleißiger und systematischer, bis in die Nacht hinein schaffender Arbeiter, der um der Sache Willen seinen Einfallsreichtum, seine Kreativität, sein Wissen, seine Zeit und seine Arbeitskraft anderen selbstlos zur Verfügung stellt. Helfen als Lebensziel hieß und heißt für Friedrich Specht sich kümmern um Kranke und Benachteiligte, um behinderte Kinder und besorgte und verzweifelte Eltern und um ausgegrenzte Menschen in unserer Gesellschaft wie z. B. Straftäter. Dies und seine sozialpsychiatrischen Überzeugungen und Methoden führten dazu, dass er in unterschiedlichen Lebensbereichen und Arbeitsfeldern oft etwas ganz Neues schaffte. So z.B.

- eine eigene Abteilung für Kinder- und Jugendpsychiatrie im Bereich der Universitätskliniken, mit der er nach den schlimmen Erfahrungen im Umgang mit psychiatrisch auffälligen Patienten während des 3. Reiches einen neuen Akzent setzte
- einen eigenen Nebenfachstudiengang Kinder- und Jugendpsychiatrie für Studierende der Sozialwissenschaften insbesondere für Pädagogen, um dem großen Mangel an Kenntnissen in Kinder- und Jugendpsychiatrie abzuhelfen und für pädagogische Aufgaben besser vorzubereiten und
- die integrative Sozialtherapie als ein eigenständiges Behandlungskonzept für rückfallgefährdete Straftäter, zu dessen Entwicklung und Erprobung er durch seine Mitwirkung in der Sozialtherapeutischen Anstalt in Bad Gandersheim ermutigte.

Friedrich Specht gehört zur Generation der „jungen Alten" oder der „neuen Alten", für die die Alters- und Pensionsgrenzen nicht mehr gelten. Er ist Teil einer sozialen Avantgarde, die alle offiziellen Altersgrenzen schleifen und das Verbot der in der Industriegesellschaft üblichen Zwangspensionierung im digitalen Zeitalter durchsetzen wird.

Der Terminkalender allein nur für die auswärtigen Termine eines solchen mehr als 75jährigen „jungen Alten" sieht auch heute noch so aus, dass die längst erfolgte Pensionierung nicht glaubhaft erscheint. So waren z. B. in den zehn Wochen vom 27.3. bis zum 2.6.2000 von 46 möglichen Arbeitstagen nicht weniger als 29 mit rund 35 Terminen belegt, die häufig den ganzen Tag dauerten und auch bis in den Abend hinein gingen und eine erstaunliche Vielfalt unterschiedlichster Themen und Verantwortlichkeiten umfassten.

Mit diesem Beitrag soll Friedrich Spechts Einsatz für die Sozialtherapie im Strafvollzug besonders gewürdigt werden. Der Weg zum Nestor der deutschen Sozialtherapie im

Strafvollzug war ihm zunächst nicht vorgezeichnet: Er war nicht der Initiator des Projekts, das zur Gründung einer Sozialtherapeutischen Anstalt in Niedersachsen führte. Aber er wurde schon früh als Gutachter einbezogen: Als 1969 das Niedersächsische Justizministerium vor der Aufgabe stand, den § 65 Strafgesetzbuch (StGB) a.F. umzusetzen und eine Sozialtherapeutische Anstalt für die Behandlung besonders schwieriger und besonders gefährlicher Strafgefangener einzurichten, sollte dies über einen Modellversuch zur Erprobung geschehen. Dieser Modellversuch sollte aus dem Niedersächsischen „Vorab" der Stiftung Volkswagenwerk, das der Landesregierung zustand, finanziert und in wissenschaftlicher Hinsicht multifakultativ begründet werden. An den Juristen Schüler-Springorum, einem der Alternativ-Professoren für die Reform des StGB und Vorkämpfer für die Sozialtherapie im Justizvollzug, erging der Auftrag, einen wohlbegründeten Forschungsantrag an die Stiftung zu stellen. Als zweiter Mitantragsteller konnte Friedrich Specht gewonnen werden, der wegen seiner sozialpsychiatrischen Interessen und seines Engagements für soziale Randgruppen sofort zusagte. Mit seiner Unterschrift unter dem Antrag vom 12.11.1970 an die Stiftung Volkswagenwerk und dem Bewilligungsbescheid vom 18.19.1972 begann die Entwicklung der *integrativen Sozialtherapie* im Rahmen des Modellversuchs einer Sozialtherapeutischen Anstalt in der Justizvollzugsanstalt Bad Gandersheim.

Ein Verwaltungsbeamter wurde zum Leiter der neuen Anstalt, ein Psychiater zum ärztlichen Direktor bestellt, nach 1972 wurden 5 Fachdienste des psychologischen, pädagogischen, soziologischen und sozialpädagogischen Dienstes eingestellt mit dem Ziel, „innerhalb des hierarchischen Justizvollzuges ein behandlerisches Gegenmodell im Umgang mit den Gefangenen und unter den Mitarbeitern zu entwickeln". Die ersten Gefangenen – Klienten genannt – wurden Anfang 1973 in die Anstalt aufgenommen. Nach einem halben Jahr war das gesamte Team zutiefst zerstritten, Schüler-Springorum hatte einen Ruf an die Universität München angenommen. Der ärztliche Direktor kündigte, Fachdienste gingen, ein Jurist wurde zum Leiter bestellt.

In dieser ersten Zeit der Erprobung neuer Formen des Umgangs mit Gefangenen (und zwischen Mitarbeitern/Mitarbeiterinnen), in der auch um die Einbeziehung des Allgemeinen Vollzugsdienstes als Behandler geworben wurde und das Projekt mehrfach vom Scheitern bedroht war, wuchs Friedrich Specht in die Rolle des mit fachlicher Autorität versehenen Fachberaters des Modellversuchs hinein. Er führte die Fachaufsicht über die Fachdienste gegenüber dem Anstellungsträger, dem Kurator der Universität Göttingen, und er verantwortete das Projekt ab 1972 gegenüber dem Niedersächsischen Justizministerium, von dem er als Fachberater bestellt worden war. Er organisierte zwei Supervisoren und als Organisationsberater Prof. Rasch aus Berlin.

In dieser Phase des Modellversuchs entstanden neue Organisations- und Behandlungsformen. Auch schwierigste Gefangene wurden als Personen akzeptiert und mit ihren Problemen ernst genommen. Das Alltagsleben einerseits und pädagogische, psychotherapeutische, sozialpädagogische und psychiatrische Behandlungsmethoden andererseits wurden als gleichermaßen wichtige Bereiche sozialtherapeutischen Handelns erkannt und akzeptiert. Folgerichtig erhielt der Abschlussbericht zum Modellprojekt den Titel *Inte-*

grative Sozialtherapie – Innovation im Justizvollzug. Ein Bericht über den Modellversuch einer sozialtherapeutischen Anstalt in der Justizvollzugsanstalt Bad Gandersheim 1972 – 1977 (Eger & Specht, 1980). Die Erträge des Modellprojekts zum organisatorischen Vorgehen, zum Aufnahmeverfahren und zur Transparenz von Entscheidungsprozessen in den neu geschaffenen Entscheidungs- und Behandlungsgremien wurden in einer Allgemeinverfügung des Niedersächsischen Justizministeriums festgeschrieben.

Sozialtherapeutische Einrichtungen wurden ab 1969 nicht nur in Bad Gandersheim, sondern in fast allen Bundesländern eingerichtet. Sie entwickelten sich sehr unterschiedlich. So gab es z.B. einerseits verhaltenstherapeutisch orientierte Behandlungsansätze, andererseits stark psychoanalytisch geprägte Anstalten. Die Abkehr von traditionellen Vollzugsverständnissen in einer möglichst weitgehend normalisierten Alltagswelt war unterschiedlich weit vorangekommen. Friedrich Spechts Initiative war darauf gerichtet - bei allem Respekt gegenüber verschiedenartigen Modellen - eine koordinierte und reflektierte Entwicklung hin zum Konzept einer integrativen Sozialtherapie zu fördern. Specht organisierte zusammen mit Schüler-Springorum im Zentrum für Interdisziplinäre Forschung (ZIF) der Universität Bielefeld von 1976 bis 1981 sieben mehrtägige Treffen für Mitarbeiter und wissenschaftliche Begleiter dieser Anstalten zu denen jeweils zwischen 80 und 100 Teilnehmer eingeladen werden konnten. Unter seiner maßgeblichen Mitwirkung konnten Entwicklungen dargestellt und in Arbeitsgruppen die unterschiedlichen Vorgehensweisen verglichen, Erfahrungen ausgewertet und Leitlinien erarbeitet werden.

Ein Schlaglicht mag Friedrich Spechts Einsatz beleuchten: Die Treffen im ZIF waren von großem Engagement aller Teilnehmer aus den Sozialtherapeutischen Anstalten gekennzeichnet. Arbeitsgruppen tagten regelmäßig bis spät abends und meist wurden dann von einigen Mitgliedern noch Protokolle gefertigt, Arbeitsergebnisse formuliert und Thesen präpariert. War diese Tätigkeit oft gegen Mitternacht beendet, dann saß – während die anderen in fröhlicher Runde feierten – noch ein Mann an der Schreibmaschine, tippte die Protokolle und vervielfältigte sie für alle Teilnehmer für den nächsten Morgen. So ist Friedrich Specht.

Nach der zeitlich befristeten Förderung im ZIF bildeten Specht und andere einen ständigen Arbeitskreis der Sozialtherapeutischen Anstalten im Justizvollzug, um die bundesweiten Aktivitäten nicht abbrechen zu lassen. Dies geschah ohne finanzielle Mittel und aus der Überzeugung, dass die Aufgabe es erforderte. Diese Initiative hat dazu beigetragen, dass die Behandlung gefährlicher Straftäter als wichtige gesellschaftliche Aufgabe in der bundesweiten Diskussion wachgehalten wurde.

Die Idee, einen Rahmen als Diskussionsforum für diese junge, noch nicht etablierte Disziplin zu erhalten, wurde vor allem von Friedrich Specht als Sprecher des Arbeitskreises in Gesprächen mit Landesjustizverwaltungen vorangetrieben. Es gelang, die Länder für eine organisatorische und finanzielle Unterstützung und für die Zusammenarbeit mit dem Arbeitskreis zu gewinnen.

Eine Übersicht über die Gesamtheit der Aktivitäten, die von Friedrich Specht mitgestaltet wurden, enthält die folgende Übersicht.

Veranstaltungen im Zentrum für interdisziplinäre Forschung der Universität Bielefeld

Febr. 1976	1. Arbeitsgemeinschaft
Okt. 1976	2. Arbeitsgemeinschaft
Dez. 1977	Klausur zu Erhebungen und Planungen
Nov. 1978	3. Arbeitsgemeinschaft
Feb. 1979	4. Arbeitsgemeinschaft
Mai 1979	Klausur: Vorbereitung einer Forschungsgruppe
Feb. 1980	5. Arbeitsgemeinschaft
Okt. 1980 – Mai 1983	Forschungs- und Entwicklungsgruppe
Dez. 1980	6. Arbeitsgemeinschaft
Dez. 1981	7. Arbeitsgemeinschaft
Mai 1983	Bildung eines ständigen Arbeitskreises Sozialtherapeutische Anstalten im Justizvollzug

Überregionale Fachtagungen veranstaltet von den Landesjustizverwaltungen unter Mitwirkung des Arbeitskreises Sozialtherapeutische Anstalten

Sept. 1986	Bad Gandersheim
Feb. 1988	Seevetal bei Hamburg
Apr. 1991	Berlin
Okt. 1993	Kassel
Mai 1995	Stuttgart-Hohenheim
Okt. 1997	Waldheim
Sept. 1999	Straubing

Veranstaltungen des Arbeitskreises Sozialtherapeutische Anstalten

Dez. 1985	Große Fachtagung Bad Gandersheim

Regelmäßige Fachtagungen für die Leiterinnen und Leiter der Sozialtherapeutischen Anstalten und Abteilungen

Okt. 1991	Bad Gandersheim
Nov. 1992	Bad Gandersheim
Okt. 1994	Bad Gandersheim
Okt. 1995	Bad Gandersheim
Nov. 1996	Bad Gandersheim
Dez. 1997	Bad Gandersheim
Nov. 1998	Bad Gandersheim
Nov. 1999	Bad Gandersheim
Nov. 2000	Bad Gandersheim

Auf den Tagungen hat Friedrich Specht mehrfach wichtige Grundsatzreferate zum sozialtherapeutischen Vorgehen gehalten. Nachdrücklich hat er außerdem die Initiative aus dem Arbeitskreis aufgegriffen, jährliche Tagungen der Leiterinnen und Leiter der Sozialtherapeutischen Einrichtungen in Bad Gandersheim durchzuführen, um den Führungskräften die Möglichkeit zu geben, sich offen und auch kritisch über unterschiedliche

Entwicklungen auszutauschen und bei sich verändernden Klientel neue Anforderungen zu analysieren und miteinander abzustimmen.

Über erste Forschungsergebnisse hinausgehend, wie sie u.a. die ZIF-Forschungsgruppe vorgelegt hat (Driebold et al., 1984), hat Friedrich Specht sich für eine Förderung der Evalutionsforschung eingesetzt. Auf seine Veranlassung hin wurden zu bestimmten Stichtagen Basisdaten über die Gefangenen in den Sozialtherapeutischen Einrichtungen in Niedersachsen mit dem Ziel späterer Evaluation erhoben. Erste Ergebnisse seiner Forschungen sind auch in diesem Band veröffentlicht. Immer wieder hat er auf Tagungen auch andere ermutigt, Daten für vergleichende Erhebungen zu sammeln. Als außerordentlich fruchtbar erweist sich sein regelmäßiger Kontakt zur Kriminologischen Zentralstelle in Wiesbaden, die Erhebungen über die Sozialtherapeutischen Einrichtungen durchgeführt und Veröffentlichungen über ihre Entwicklung und Arbeitsweise herausgegeben hat.

Der Arbeitskreis Sozialtherapeutische Anstalten im Justizvollzug hat sich 1993 die Rechtsform eines eingetragenen Vereins gegeben. Zum ersten 1. Vorsitzenden wurde - selbstverständlich – Friedrich Specht gewählt. Die wesentlichen Aufgaben des Vereins, von Specht mit formuliert, finden sich in § 2 der Satzung.

**Zwecke des Arbeitskreises
Sozialtherapeutische Anstalten im Justizvollzug**

Der Verein ist ein Fachverband mit den folgenden Zwecken:
- die Weiterentwicklung der Sozialtherapeutischen Anstalten im Justizvollzug zu unterstützen und beratend zu begleiten,
- den Austausch, die Zusammenfassung und die Auswertung von Erfahrungen aus den Sozialtherapeutischen Einrichtungen zu fördern,
- Erprobung und Erhebungen zum Vorgehen in den Sozialtherapeutischen Einrichtungen anzuregen und zu unterstützen
- die Anwendung von Forschungsergebnissen in den Sozialtherapeutischen Einrichtungen zu fördern.

Unter maßgeblicher Beteiligung Spechts hat der Arbeitskreis 1986 Mindestanforderungen für Sozialtherapeutische Einrichtungen formuliert, die für die Entwicklung neuer und den Erhalt bestehender Sozialtherapeutischer Einrichtungen in Deutschland Qualitätsstandards für eine *integrative Sozialtherapie* vorgegeben haben (Arbeitskreis Sozialtherapeutische Anstalten im Justizvollzug, 1988). Diese Standards sind unter Leitung von Friedrich Specht vom Arbeitskreis unter Berücksichtigung des Gesetzes zur Bekämpfung von Sexualdelikten und anderen gefährlichen Straftaten vom Januar 1998 modifiziert und ergänzt worden (s. den Beitrag von Wischka & Specht, in diesem Band).

Als Fachberater für Fragen der Sozialtherapie des Niedersächsischen Justizministeriums leitet Friedrich Specht eine Planungsgruppe, die sich systematisch für die Einrichtung weiterer Sozialtherapeutischer Abteilungen und die Einhaltung qualitativer Standards in den niedersächsischen Justizvollzugsanstalten gesorgt hat. Jeweils für einen Planungszeitraum von 5 Jahren entstanden Denkschriften, die zur Einrichtung der Sozialtherapeutischen Teilanstalt für Frauen in Alfeld und der Sozialtherapeutischen Abteilungen in den Justizvollzugsanstalten Hannover und Lingen führten. Die weiteren Planungen werden bis zum Jahr 2003 zu einer nochmaligen Erhöhung der Zahl der sozialtherapeutischen Behandlungsplätze führen, um so den Anforderungen des Gesetzes zur Bekämpfung von Sexualdelikten und anderen gefährlichen Straftaten (vgl Rehn S. 26ff und S. 264ff, in diesem Band) gerecht werden zu können. Auch die Ausweitung der integrativen Sozialtherapie für die jungen Gefangenen der Jugendanstalt Hameln wurde von Friedrich Specht erfolgreich gefördert.

Aus der großen Bandbreite seiner vielfältigen Fähigkeiten soll abschließend eine besonders sympathische und bedenkenswerte herausgehoben werden. Sprache bedeutet für Friedrich Specht die Fähigkeit, schwierige Sachverhalte klar und allgemein verständlich zusammen zu fassen. Seine Formulierungskunst nutzt er zu einer stets präzisen Ausdrucksweise, um verkürzende Zuschreibungen gegenüber Außenseitern und Ausgegrenzten zu vermeiden. Nie kommt bei ihm z.B. das Wort „Gestörte" vor, sondern es handelt sich um „Menschen, die in ihrer Entwicklung vielfältige Störungen erleben mussten". Er spricht nicht von „Sexualstraftätern" sondern von „Menschen, die wegen Taten gegen die sexuelle Selbstbestimmung verurteilt wurden". Damit will er dazu beitragen, dass ein Mensch nicht lediglich mit einem einzigen Aspekt seines Handelns identifiziert und somit reduziert wird.

Aufstellungen über Friedrich Spechts gesamte Aktivitäten als Organisator, Manager, Verbandsführer, Behandler, Berater und Therapeut sowie als Hochschullehrer und Wissenschaftler und Übersichten über seine Veröffentlichungen würden mehrere Seiten füllen; sein Einsatz für den Aufbau, die Etablierung und Weiterentwicklung der Sozialtherapie im deutschen Strafvollzug macht vielleicht nur 15% seines Gesamtschaffens aus. Für einen anderen Menschen hätte dies allein ein ganzes Arbeitsleben ausgefüllt. Alle in der Sozialtherapie Tätigen, für sie in den Ministerien Verantwortlichen und sonst an ihrer Entwicklung in Praxis und Forschung Interessierten sind Friedrich Specht zu großem Dank verpflichtet.

Teil I

Rechtliche, diagnostische und prognostische Grundlagen

Kriminologische und kriminalpolitische Probleme mit „gefährlichen Straftätern"

von Michael Walter

1. Gefahrenminderung als Konkretisierung des Zweckgedankens im (Straf-)Recht

Jedes strafrechtliche System setzt schuldhafte Taten einzelner Menschen voraus. Denn Strafe als beabsichtigte Übelszufügung ist nur zu rechtfertigen, wenn man dem Betroffenen einen persönlichen Vorwurf machen kann. Der Vorwurf muss des weiteren sozialmoralische Qualität besitzen. Nur bei einem Verstoß gegen entsprechende sittliche Anforderungen an das gemeinschaftsrelevante Verhalten ist ein individuelles Unwerturteil über den Menschen als verantwortlichen Urheber dieses Verhaltens möglich. Das Strafrecht braucht folglich schon für seine Existenz die persönliche Disqualifizierung. Sie findet in der Strafe ihren Ausdruck und kann solchermaßen - zumindest der Theorie nach - genauer abgestuft werden. Erstrebt wird eine schuldproportionale Strafe: nulla poena sine culpa. Schuld setzt zwar immer ein gleichsam ihr vorgelagertes Unrecht voraus, doch folgt aus dem Unrecht und den Erfolgen des Unrechts noch nichts Zwingendes für die Schuld: So kann beispielsweise ein Jugendlicher ein hohes Maß an Unrecht verwirklichen, etwa mehrere Menschen getötet haben, dennoch aber mit wenig Tatschuld belastet sein, weil zur Tatzeit seine Einsichts- und Steuerungsfähigkeiten noch gering ausgebildet waren. Die Tatschuld wird ihrerseits durch das Unrecht begrenzt: Auch ein noch so verwerflicher Kaufhausdiebstahl darf nicht unverhältnismäßig zum Unrecht geahndet werden, selbst wenn er von einem ganz üblen Mafioso begangen worden sein sollte.

Diese elementaren strafrechtlichen Überlegungen verdeutlichen, dass dort der Gefahrenbegriff zunächst nicht vorkommt, nicht gebraucht wird. Freilich stellt nach unserem säkularisierten Staatsverständnis die Strafrechtspraxis nicht die irdische Umsetzung göttlicher Normen dar. Das Strafrecht ist vielmehr in einen präventiven Zweckzusammenhang gestellt: Es soll ein friedliches und auf gegenseitiger Achtung beruhendes menschliches Zusammenleben ermöglichen oder wenigstens flankierend stützen. Dieser Ansatz spielt bereits für die gesetzliche Formulierung der Straftatbestände eine zentrale Rolle. Zu erfassen sind Geschehnisse, die schützenswerte und schutzbedürftige Güter (Rechtsgüter) verletzen oder gefährden. So gesehen ist der Gefahrenbegriff bereits für die Konstitution des Strafrechts unverzichbar. Die zuvor genannte „gefahrfreie" Schuldvergeltung steht mithin in einem größeren gefahrbezogenen Kontext. Mit gefahrfreier Schuldvergeltung sollen soziale Gefahren präventiv wirksam abgewehrt werden.

Doch das System der strafrechtlichen Schuld vermag diese Aufgabe nicht immer zu erfüllen. Wenn etwa, wie oben erwähnt, das Unrecht groß, die Schuld indessen gering ist, kann ein präventives Defizit bestehen. Dieses soll nach unserem zweispurigen System von den Maßregeln abgedeckt werden, die direkt den Zweck der (Spezial-)Prävention verfolgen. Raum für derartige schuldunabhängige Sanktionen ist allerdings lediglich insoweit, wie das eigentliche Strafrecht die erforderliche Prävention nicht schafft. Oft nämlich können die Zwecke der von Lisztschen Trias Abschreckung, Besserung und Sicherung bereits durch Strafen hinreichend abgedeckt werden. Eine mehrjährige Freiheitsstrafe vermag abzuschrecken, gewisse Chancen einer Resozialisierung zu eröffnen und dadurch sowie den Wegschluss sichernd „für die Gesellschaft" zu wirken.

Eine besondere Thematisierung der von Straftätern ausgehenden Gefahren wirft nach alledem die Frage auf, ob und inwieweit das geltende System der Strafen und Maßregeln geeignet ist, die erwünschten spezialpräventiven Leistungen zu erbringen. Der Akzent liegt dabei auf den Strategien der Besserung - oder wie wir heute eher sagen: Resozialisierung - und vor allem der Sicherung. Gefahr als unsicherer und schadensgeneigter Zustand ist zwischen den Polen der Sicherheit und der Verlorenheit zu verorten. Um ihr zu entrinnen, wird Sicherheit angestrebt, die es freilich auf Erden nirgends real gibt. Da man jedoch das Einsperren gegenüber der „bessernden" Behandlung als vergleichsweise sicherer ansieht, favorisiert die Rede vom gefährlichen Verbrecher im Ergebnis früher wie heute rigide Strategien, also, soweit man die Todesstrafe ausklammert, die Haft. Die Behandlung in der Haft erscheint aus dieser Sicht als nicht störende Ergänzung, solange mit der Behandlung keine neuen Risiken (Lockerungen etc.) verbunden sind.

Oft genug stößt sich freilich die Zielvorgabe des strengen Wegsperrens mit den dadurch faktisch bewirkten Folgen. Wenn man in die Gefängnisse blickt, findet man ganz überwiegend Randständige und unterprivilegierte Menschen, Angehörige der unteren sozialen Schichten. Doch sind die auch identisch mit den gefährlichsten Menschen in unserer Gesellschaft? Große Schäden können regelmäßig besonders mächtige Menschen hervorrufen, die aber gelangen fast nie in Haftanstalten. Die Gefahrbekämpfung bleibt mithin recht lücken- und sektorenhaft. Und bei denen, die in geschlossene Anstalten gelangen, kann keine „absolute" Abschirmung erreicht werden. Eine gewisse Offenheit im Umgang ist nicht lediglich die Mindestvoraussetzung jeglicher kriminalpräventiven Behandlung, sondern zugleich ein Weg, um Aggressionen und damit einhergehende - neue - Gefahren im Innern von Anstalten zu mindern. Sie liegt auch im Interesse der Bediensteten, insbesondere der Aufsichtskräfte. Schließlich endet die Wirkung der Mauern überall dort, wo Gefangene aus der Anstalt heraus weiter Unheil stiften können. Das gilt nicht lediglich für den legendären Mafia-Boss, im Grundsatz vielmehr für alle persönlichen Beziehungen und Netzwerke, an denen Gefangene beteiligt sind.

2. Der Straftäter: gefährlich oder gefährdet?

Während sich die Gefährlichkeit auf die Wahrscheinlichkeit der Schädigung Dritter bezieht, meint die Gefährdetheit das Risiko, dass sich jemand selbst schädigt. Beide Begriffe haben also eine eigene unterscheidbare Richtung, werden aber dennoch häufig wie austauschbare Termini verwendet. Werden insbesondere nachhaltige Maßnahmen „für" stärker gefährdete junge Menschen (regelmäßig Männer) gefordert, meint man für gewöhnlich Straftäter, bei denen eine erhöhte Gefahr der Wiederauffälligkeit besteht, und zwar nicht lediglich wegen kleinerer Bagatelldelikte. In der Wortwahl soll offenbar ein gewisses Wohlwollen zum Ausdruck kommen. Obschon die Gefahr für andere, mithin die Gefährlichkeit, zumindest mitgemeint ist, wird sie nicht genannt. Das positive Moment besteht in der Vorstellung der Hilfe für den, der im Begriffe steht, sich selbst zu ruinieren. Den gefährdeten Menschen muss aus der begrifflichen Logik heraus etwas Förderliches zuteil werden (Jugendhilfe, vgl. §§ 27 f., 42 KJHG), wohingegen mit der Attestierung von Gefährlichkeit zugleich ein Entzug mitmenschlicher Sympathie verbunden zu sein scheint. Gefährliche Menschen gehören hinter Gitter, Gefahren sind - dem Sprachgebrauch folgend - zu bekämpfen. Man könnte mithin sagen: Diejenigen Menschen, die zwar als gefährlich eingeschätzt werden, denen aber dennoch wegen ihrer Jugend oder anderer sozialer Bedingungen die mitmenschliche Solidarität noch nicht ganz entzogen worden ist, werden freundlicherweise als Gefährdete tituliert. Der Schaden, der ihnen drohen soll, dürfte nicht zuletzt in künftigen Strafen oder kriminalrechtlichen Maßregeln zu suchen sein (womit sich der Kreis schließt).

3. Theoretische Erfassung des gefährlichen Täters

Die Gefährlichkeit eines Delinquenten kann zunächst aus der Art des Delikts und des sozialen Schadens bestimmt werden. Es leuchtet ein, dass eine drohende Tötung als gefährlicher einzustufen ist als ein mit gleicher Wahrscheinlichkeit drohender Diebstahl. Der Grund liegt auf der Hand: Die jeweils als gleich intensiv gedachte Gefahr bezieht sich das erste Mal auf das höchste Gut, das menschliche Leben, das zweite Mal auf ein vergleichsweise geringeres Gut, das Eigentum an einer Sache. Der Schaden wäre im ersten Fall qualitativ höher als im zweiten. Ist jedoch von krimineller Gefährlichkeit die Rede, wird meist auf die Wiederholungsgefahr abgehoben. Man geht ewa davon aus, dass ein jüngerer Mann eher weitere Delikte begehen wird als ein älterer. Vorausgesetzt werden Delikte von einer gewissen Schwere, jenseits kleiner bagatellartiger Auffälligkeiten. Doch findet selten eine Fixierung auf ganz bestimmte Verletzungshandlungen statt, solange nur die Schwelle zum eher Gemeinlästigen deutlich überschritten bleibt.

Dieses gemeinte Phänomen der Mehrfachauffälligkeit stellt ein Kernproblem der Kriminologie und der Kriminalpolitik dar. Die Kriminologen wissen nicht so recht, welches theoretische Konzept am ehesten geeignet erscheint, die Mehrfachauffälligkeit zu erklären. Die Kriminalpolitik hat bislang kein befriedigendes Prognose-Instrument gefunden, um die Gefährdungen einigermaßen treffsicher abschätzen zu können. Die negativen persönlichen Merkmale, die sehr viele der gemeinten Mehrfachauffälligen aufweisen, sind zu einem erheblichen Teil auch bei anderen jungen Männern vorhanden, die erstaunlicherweise kein entsprechendes Deliktsregister haben.

Im Laufe der Zeit ist das im Grunde konstante Phänomen, dass eine relativ kleine Gruppe junger Männer für einen großen Teil (etwa 1/3 bis 1/2) des gesamten Kriminalitätsvolumens verantwortlich ist, unterschiedlich scharf erkannt und mit verschiedenen theoretischen Ansätzen angegangen worden (zusf. Walter, 1995, S. 152 f., Rn. 248 f. mit weit. Hinw.). Die Polizei spricht von Intensivtätern, andere reden von chronischen Kriminellen. Früher suchte (und fand) man Gewohnheitsverbrecher, unser gegenwärtiges Erwachsenenstrafrecht kennt den Hangtäter (§ 66 Abs. 1 Nr. 3 StGB), im Jugendrecht begegnen wir dem Rechtsbrecher mit schädlichen Neigungen (§§ 17 Abs. 2, 27 JGG). Jedesmal variiert das theoretische Verständnis: Einmal hat sich der Betreffende die Kriminalität ähnlich wie das Rauchen angewöhnt, ein weiteres Mal erfolgt ein Vergleich mit einer fest eingenisteten - chronischen Krankheit. Wieder ein anderes Mal weist die Persönlichkeit eine Schlagseitigkeit oder einen Hang auf, der künftiges Abrutschen nahelegt. Der Begriff der Mehrfachauffälligkeit imponiert als der bei weitem offenste, lenkt er ja den Blick vom Delinquenten auf die Beobachter, denen das Verhalten immer wieder auffällt, die es immer wieder als Normverstoß wahrnehmen.

4. Gefährlichkeit: keine Eigenschaft eines Einzelnen

Abgesehen von dieser letztgenannten Benennung, die Vorsicht gegenüber einer zu schnellen Deutung als „Rückfall" erkennen lässt, ist den anderen Begrifflichkeiten gemein, dass sie sämtlich die Wiederauffälligkeit vereigenschaften. Der Grund soll jedesmal in der Person des Delinquenten zu finden sein. Der hat eine schädliche Gewohnheit angenommen oder die innere Tendenz, wieder und wieder neue Taten zu begehen. Diese Neigung macht sein Wesen aus, sie hat die Seele geformt und produziert weiteres Unheil, wenn nicht die Gefahr endlich gebannt wird.

Aber eine schlicht personifizierbare Gefährlichkeit gibt es bei näherem Hinsehen nicht. Ein Mensch wird immer nur unter ganz bestimmten (Rahmen-)Bedingungen für andere gefährlich. Vor 1945 waren es teilweise besonders angepasste und gehorsame Menschen, indem sie verbrecherische Befehle „gewissenhaft" und voller „Pflichterfüllung" ausführten. Wer in der früheren DDR als scheinheiliger Denunziant andere ahnungslose Menschen für die Staatssicherheit aushorchte und intime Details verriet, wurde gleichsam über Nacht mit der Eingliederung in die Bundesrepublik ungefährlich. Die Gefährlichkeit hat auch mit Verarbeitungschancen und damit zu tun, welche Menschen einem im Laufe des Lebens begegnen. Sie setzt keineswegs ein Vorverschulden voraus. So können sich beispielsweise gewaltsame Verhaltensstile gerade bei Jugendlichen und jungen Männern herausbilden, die in ihrer Kindheit selbst Opfer von Gewalt geworden waren.

5. Wie kann Gefährlichkeit „behandelt" werden?

Die skizzierte Kontextabhängigkeit von Gefährlichkeit macht deutlich, dass eine einseitige Verankerung des drohenden Unheils beim Straftäter der Problemlage schwerlich gerecht werden kann. Wir müssen vielmehr insgesamt für Lebensbedingungen sorgen, die eine Einhaltung der strafrechtlich bewehrten Verhaltensnormen begünstigen und potentiellen Opfern - das sind wir nahezu alle - die Möglichkeit eines guten Selbstschutzes eröffnen, ohne zu einer Beschneidung sozialer Teilhabe zu führen. Freilich steht insbesondere bei Delikten mit Gewalt gegenüber Personen die Notwendigkeit der Auseinandersetzung mit dem Delinquenten außer Frage. Die betreffenden Menschen sind grundsätzlich für ihr Gebaren verantwortlich und haben deswegen gegenüber der Gesellschaft die Pflicht, sich und ihr Verhalten so zu organisieren, dass sie die Sphäre und Rechte Anderer respektieren. Das wird von ihnen übrigens auch kaum in Abrede gestellt. Häufig vernachlässigen aber die verbreiteten Vorstellungen einer kriminalpräventiven Behandlung die Subjektstellung des Verurteilten. Er darf und kann letztlich nicht - jedenfalls nicht erfolgreich - zum Objekt einer autoritären Umerziehung gemacht werden. Damit werden Grenzen sichtbar. Sie betreffen vor allem jene, die von sich aus wenig Interesse an einer Änderung ihrer Einstellungen und Lebensgestaltung verspüren. In solchen Situationen muss der erste Schritt darauf gerichtet sein, die Bereitschaft zur Mitarbeit zu entwickeln. Das Strafvollzugsgesetz hat das überzeugend formuliert: Der Gefangene wirkt an der Gestaltung seiner Behandlung und an der Erreichung des Vollzugszieles mit. Seine Bereitschaft hierzu ist zu wecken und zu fördern (§ 4 Abs. 1 StVollzG).

Bei unserem gegenwärtigen Kenntnisstand ist die Antwort auf die Frage nach dem spezialpräventiven Erfolg notwendigerweise mit Unsicherheiten behaftet, obwohl teilweise durchaus konkretere (Behandlungs-)Prognosen formuliert werden können. Die Unsicherheiten folgen zum größten Teil aus der Schwierigkeit der Aufgabe. Zunächst gilt es, im Wege einer Kriminalprognose zu erkennen, bei wem in Zukunft mit ähnlichen oder möglicherweise breiter gestreuten Straftaten zu rechnen ist. In Anbetracht der dargestellten Kontextabhängigkeit der kriminellen Gefährlichkeit setzt das wiederum eine zutreffende Einschätzung der künftigen Lebensbedingungen eines Menschen voraus. Die der Kriminalprognose innewohnende Aussage zur Persönlichkeitsstruktur liefert ihrerseits nicht lediglich einen Befund. Sie enthält einerseits Angaben, die den gesamten Umgang und indirekt zugleich den „Output" strukturieren. Andererseits birgt sie ein soziales Urteil - mit überwiegend negativem Einschlag. Dieses kann ein Eigenleben entwickeln, die Kontrollinstanzen wie auch gleichermaßen den Diagnostizierten beseelen oder „beeindrucken". Es finden nicht nur Sinnstiftungen und Einordnungen früherer Ereignisse statt, auch die Zukunft wird vorgebahnt, da die ermittelten Persönlichkeitsmerkmale zugleich Deutungsangebote des künftigen Verhaltens bieten. Die Problematik einer Festschreibung schlechter „Eigenschaften", einer entsprechenden Etikettierung oder gar Stigmatisierung, ist in den 70er Jahren zur Genüge artikuliert und hervorgehoben worden und sollte gerade im Eifer eines „therapeutischen Kampfes gegen das Verbrechen" bewußt bleiben. Den betreffenden Risiken stehen regelmäßig unsichere Erfolge - im Sinne einer Verhinderung weiterer erheblicher Auffälligkeit - gegenüber. Nötig sind daher recht komplexe Abwägungen, die die Wahrscheinlichkeit künftiger Delikte, die Chancen und Risiken einer (und wenn ja: welcher?) Behandlung und die Nutzung der nur beschränkten Kapazitäten in ein vernünftiges Verhältnis setzen.

6. Das Kriminalitätsmonster in den Medien

Die Vorstellung von einem besonders gefährlichen Menschen hat etwas Fesselndes und Emotionalisierendes an sich. Das wissen vor allem die Medien (zu nutzen). Einzelne Täter, die wegen außergewöhnlicher Brutalität oder Rücksichtslosigkeit oder wegen starker sexueller Triebhaftigkeit aufgefallen sind, werden zu „Monstern", zu entmenschlichten Ungeheuern heruntersilisiert. Ihre Gefährlichkeit ist gewissermaßen Teil ihrer Natur, so wie wir das von Raubtieren, von Tigern, Bären und anderen Bestien her kennen. Wenn es irgend geht, prangt das Gesicht auf der Titelseite des Blattes. Jeder kann dann die fürchterlichen Gesichtszüge des Monsters studieren und sich verständlicher machen, wie es zu dem Schrecklichsten kommen konnte und musste. All diese Vorstellungen sind, wie wir wissen, kriminologisch unhaltbar - und reichen noch hinter die Zeiten der Wende zum 20. Jahrhundert zurück. Gleichwohl nähren sie die „subjektive Kriminalität", die Vorstellungen in den Köpfen vieler, wohl der meisten Menschen. Das Bild der Inkarnation krimineller Gefährlichkeit gehört offenbar zu einem allgemeinen sozialpsychologischen Fundus. Es trägt zugleich dem Anliegen Rechnung, klar zwischen Gut und Böse unterscheiden zu können, das Böse auf außerhalb unserer Sphäre befindliche Wesen zu verlagern, zu ihm auch auf diese Weise Distanz zu gewinnen.

Wenn beispielsweise „Sexmonster" aus der Psychiatrie oder einem Gefängnis ausbrechen, kann sich eine gewöhnliche Zeitung schon aus Wettbewerbsgründen gar nicht leisten, darüber nicht zu berichten. Die sozialen Funktionen, die derartige Darstellungen erfüllen, scheinen vielfältig zu sein. Die entsprechenden Berichte erlauben und provozieren die Artikulation von Abscheu und Verachtung, sie bestärken die „Anständigen", sie bieten die Gelegenheit, probate Reaktionsweisen gegenüber Schurken zu umschreiben, „bodenständige" Kriminalpolitik mit Parolen des Durchgreifens zu befürworten. Extremformen der Gefahr stimulieren Extremformen einer Gefahrenabwehr. In dieser Hinsicht erweist sich der Gedanke eines gefährlichen Straftäters als eine Art Grundfigur, die jenseits aller erfahrungswissenschaftlichen Befunde in der Vorstellungswelt der meisten Menschen einen festen Platz haben dürfte.

7. Der Ausnahmefall als Musterfall einer populistischen Kriminalpolitik

Die staatliche Kriminalpolitik kann der Faszination der genannten Extremfälle nicht immer widerstehen. Denn die Politiker stehen unter dem Druck, auf aufregende Meldungen in den Medien zu reagieren, dem Wahlkreis und der Welt Entschlusskraft und Durchsetzungsvermögen zu zeigen. Für sie eröffnet sich ein Feld, auf dem sie auch ohne komplexere Sachkenntnis Profil zu entwickeln vermögen. So lassen sich Rezepte gegenüber schrecklichen Taten leichter und unbeschwerter verkünden als Mittel und Wege gegen andere Übel, etwa die Arbeitslosigkeit oder die Schadstoffbelastung der Lebensmittel.

Dafür, wie atypische Extremfälle letztlich Politik machen, konkret zu einer drastischen Verschärfung des Sexualstrafrechts und des gesamten Rechts der Restaussetzung und Beendigung freiheitsentziehender Sanktionen führen können (schon geführt haben), liefert das jüngst verabschiedete Gesetz zur Bekämpfung von Sexualdelikten und anderen gefährlichen Straftaten vom 30.1.1998 (BGBl. I 1998, 160 f.) ein beredtes Beispiel. Wie der seiner Zeit im Amt befindliche Bundesjustizminister ausdrücklich hervorhob, trieben ihn wenige in den Medien groß herausgestellte Sexualverbrechen zum Handeln (vgl. Schmidt-Jortzig, 1998). Obwohl aufs Ganze gesehen kein Grund bestand, mit den Sicherungsnormen unseres Kriminalrechtssystems unzufrieden zu sein und obwohl ferner keine Anhaltspunkte bestanden, die ein Ansteigen von Sexualstraftaten, insbesondere Gewaltdelikten, signalisiert hätten, wurden vor allem umfangreiche Erschwernisse bei der Haftentlassung normiert.

Als erstes wurden die Anforderungen an die Restaussetzung zeitlicher Freiheitsstrafen in § 57 StGB strenger formuliert. So ist in die Verantwortens-Klausel ein ausdrücklicher Hinweis auf die „Sicherheitsinteressen der Allgemeinheit" aufgenommen worden. Unter die aufgeführten Gesichtspunkte, die „namentlich zu berücksichtigen" sind, ist des weiteren das „Gewicht des bei einem Rückfall bedrohten Rechtsguts" eingefügt worden. Bei der Restaussetzung von stationären Maßregeln wird drittens die kaum erreichbare positive Feststellung verlangt, dass „der Untergebrachte außerhalb des Maßregelvollzugs keine rechtswidrigen Taten mehr begehen wird". Ein Sicherungsverwahrter muss viertens lebenslang und ohne Höchstfrist inhaftiert werden, „wenn die Gefahr besteht, dass er infolge seines Hanges erhebliche Straftaten begehen wird, durch welche die Opfer seelisch oder körperlich schwer geschädigt werden" (s. § 67 d Abs. 2 u. 3 StGB). Fünftens wird das materielle Recht noch weiter durch Verfahrensnormen verschärft, die die Anspruchlichkeit einer besonderen Ausnahmevorschrift (für die Aussetzung einer lebenslangen Freiheitsstrafe - praktisch ausschließlich wegen Mordes - § 454 Abs. 2 StPO) auf Strafen von mehr als zwei Jahren für eine Reihe anderer Delikte (mit anderen Rückfallrisiken - Sexualdelikte, Körperverletzungsdelikte - Katalog des § 66 Abs. 3 S. 1 StGB) linear ausdehnt. In Überlagerung der Voraussetzungen des materiellen Rechts bestimmt das Verfahrensrecht, dass sich ein obligatorisch zu bestellender Sachverständiger dazu äußert, „ob bei dem Verurteilten keine Gefahr mehr besteht, dass dessen durch die Tat zutage getretene Gefährlichkeit fortbesteht". Diese Überforderung des real Leistbaren gilt entsprechend für die Restaussetzung im Maßregelvollzug (§ 463 Abs. 3 StPO). Trotz massiver und fundierter Kritik (s. insbes. Schöch, 1998a) sind die betreffenden Regelungen Gesetz geworden, eben als Ausdruck einer neuen Sicherungspolitik (im Detail: Hammerschlag & Schwarz, 1998; s. auch Dessecker, in diesem Band).

8. Chancen einer rationalen Kriminalpolitik

Erörterungen der Gefährlichkeit von Straftätern und der darauf bezogenen Schutzstrategien erfolgen nicht in einem neutralen oder „luftleeren" Raum. Sie sind vielmehr in ein phasenweise wechselndes allgemeineres (kriminal-)politisches Klima gebettet. Letzteres führt zur Zeit zu einer Übergewichtung des Schutzaspekts und zu einer Untergewichtung all dessen, was wir mit den Begriffen Resozialisierung oder Behandlung belegen. Das vorgenannte Gesetz kann als Beispiel für ein unausgewogenes Verhältnis von individuellen Förderungs- und allgemeinen Schutzbelangen angesehen werden. Denn die zu hohen, das empirische Leistungsvermögen überziehenden Anforderungen im Hinblick auf eine Bescheinigung der Unbedenklichkeit der Entlassung werden im Ergebnis einseitig zu Lasten der Inhaftierten ausschlagen und deren Haftzeiten faktisch verlängern. Die größere Ängstlichkeit bei der Entlassungspolitik führt zwangsläufig zu mehr Haft und dem Neubau von Anstalten, nicht indessen zu einer korrespondierenden Sicherheitsvermehrung, da zunehmend Verurteilte verwahrt werden, die man ambulant hätte beaufsichtigen können.

Eine rationale Kriminalpolitik verlangt als erstes eine nüchterne Wahrnehmung solcher „klimabedingten" Wandlungen. Zwar können wir uns nicht am eigenen Schopf aus dem Sumpf phasenabhängiger Ideale und Vorstellungen ziehen. Wir können - und müssen - aber versuchen, einseitige und „modische" Überzeichnungen zu erkennen, um ihnen dann entschieden entgegenzutreten. Zu derartigen Unausgewogenheiten gehören praktisch unerfüllbare und übertriebene Sicherungspostulate ebenso wie eine Reduktion von Behandlung auf den Aspekt einer lediglich die Sicherungspolitik flankierenden „Entschärfung" gefährlicher Menschen. Resozialisierung muss weiterhin die Vermittlung sozialer Teilhabe bedeuten, die auf längere Sicht Straßen- und Gewaltkriminalität mindert, in actu aber auch den Mut zur Eingehung verantwortbarer Risiken erfordert.

Rechtsgrundlagen der Sanktionierung „gefährlicher" Straftäter

von Axel Dessecker

Das Gesetz zur Bekämpfung von Sexualdelikten und anderen gefährlichen Straftaten vom 26. Januar 1998 (BGBl. I 160) hat das Sanktionensystem des deutschen Kriminalrechts erheblich verändert, ohne völlig neue Sanktionen einzuführen. Obwohl diese Neuregelungen bereits seit mehr als zwei Jahren gelten und schon einige Erfahrungen vorliegen, ist gegenwärtig nicht viel mehr möglich als eine Zwischenbilanz. Das Schwergewicht des vorliegenden Beitrags liegt auf dem Inhalt der Neuregelungen und ihren Auswirkungen auf den Straf- und Maßregelvollzug. Dabei wird sich herausstellen, dass die neue Gesetzgebung verschiedene Interventionsstrategien nebeneinander verfolgt: Behandlung und Sicherung sollen sich ergänzen.

Thema der folgenden Ausführungen ist keine grundsätzliche Erörterung der Ziele kriminalrechtlicher Sanktionen. Vielmehr wird vorausgesetzt, dass die Behandlung „gefährlicher" Straftäter als Mittel zur Prävention vor allem schwerer Delikte grundsätzlich legitim und geeignet ist. Auf der anderen Seite wird davon ausgegangen, dass die Verhinderung schwerer Delikte ein berechtigtes Ziel des Kriminalrechts darstellt. Beide Sanktionsziele können allerdings nicht im Hinblick auf alle Verurteilten und für alle Arten künftiger Delikte gleichermaßen in Frage kommen. Wenn von „gefährlichen" Straftätern die Rede ist, muss man sich darüber klar werden, wie diese Tätergruppe bestimmt werden soll (vgl. Walter, in diesem Band).

1. Reichweite und Entstehung der Neuregelungen

In der Überschrift spricht das Gesetz von „gefährlichen Straftaten", nicht von Tätern. Das ist missverständlich, weil die Strafrechtsdogmatik vielfältige Formen von Gefährdungs- und Gefährlichkeitsdelikten kennt, die den strafrechtlichen Rechtsgüterschutz ergänzen und perfektionieren sollen. Hier geht es aber um die Verhinderung von Rechtsgutsverletzungen, die von bestimmten Tätergruppen ausgehen.

Welche „gefährlichen Straftaten" verhindert werden sollen, gibt der Gesetzestext nirgendwo präzise an - obwohl dieser Begriff offenbar den Gegenstandsbereich bezeichnet, für den die Regelungen gelten. Wofür das Etikett steht, wird deutlicher, wenn man die Reichweite der einzelnen Neuregelungen betrachtet. Dabei lassen sich verschiedene Stufen erkennen. Es gibt zunächst Gesetzesänderungen, die für die Tatbestände der §§ 174 bis 180 und 182 StGB gelten, also für die meisten Sexualdelikte des 13. Abschnitts des

Besonderen Teils des Strafgesetzbuchs. Das trifft etwa für Normen zu, nach denen die Maßregel der Führungsaufsicht kraft Gesetzes eintritt (§ 68f I 1 StGB) oder gerichtlich angeordnet werden kann (§ 181b StGB). Die Verschärfung der Sicherungsverwahrung (§ 66 III StGB) gilt darüber hinaus für alle Verbrechen, aber auch für praktisch wichtige Vergehen wie die gefährliche Körperverletzung (§ 224 StGB). Schließlich enthält das Änderungsgesetz Prognosevorschriften, die auf das gesamte künftige Legalverhalten einer verurteilten Person abstellen, indem sie Anforderungen an die nachträgliche Aussetzung einer Strafe oder Maßregel zur Bewährung formulieren.

Das Problem, das die Gesetzesänderungen lösen sollen, wird in einer Beschlussempfehlung des Rechtsausschusses des Deutschen Bundestages so benannt:

„Die in letzter Zeit bekanntgewordenen schweren Straftaten, insbesondere an Kindern begangene Sexualdelikte, haben gezeigt, daß der Schutz der Bevölkerung vor Sexualdelikten und anderen gefährlichen Straftaten verbessert werden muß." (BT-Drucksache 13/8989 vom 12.11.1997, S. 2)

Damit wird auf verschiedene Sexual- und Tötungsdelikte gegen Kinder Bezug genommen, die etwa seit Sommer 1996 begangen wurden und den Massenmedien Material für immer neue Schlagzeilen und Sensationsmeldungen gaben. Die gesetzgeberische Aktivität beginnt in Deutschland mit einem Gesetzentwurf der bayerischen Staatsregierung im November 1996; ein Jahr später liegen dem Bundestag nicht weniger als vier Gesetzentwürfe sowie vier weitere Anträge vor, über die in großer Eile beraten und beschlossen wird. Dieser Gesetzgebungsprozess lässt sich wohl als Reaktion auf einen politischen Druck verstehen, der in der Zeit vor Bundestagswahlen als unwiderstehlich erfahren wird (Schöch, 1998b, S. 1257 f.; Weber & Narr, 1997).

Die durch Massenmedien wirksam transportierte und verstärkte Empörung über sexuell geprägte Tötungsdelikte gegen Kinder in den Jahren 1996 und 1997 besitzt eine Grundlage, die quantitativ kaum mehr zu fassen ist. Wie die polizeiliche Kriminalstatistik zeigt, sind solche Delikte selten; sie kommen jährlich weniger als zehn Mal vor, und zwar mit rückläufiger Tendenz. Die polizeiliche Kriminalstatistik weist in den Jahren 1988-98 zwischen keinem und neun versuchten und vollendeten „Sexualmorden" an Kindern aus. Während Anfang der 1970er Jahre noch durchschnittlich acht Delikte dieser Art pro Jahr registriert wurden, sind es Ende der 1990er Jahre lediglich noch etwa zwei Delikte (Albrecht, 1999, S. 872; Meier, 1999, S. 450 f.). In keinem Verhältnis dazu steht die symbolische Bedeutung, die solchen Delikten in der Gesellschaft der Gegenwart zukommt (Schetsche, 1996, S. 33 ff.). Immerhin war schon die Strafrechtsreform in der Bundesrepublik der 1960er Jahre, in der die Begrenzung eines offen moralisierenden Sexualstrafrechts zur Debatte stand, von solchen Einflüssen nicht frei (Hanack, 1968, S. A16 ff.).

Das Gesetz zur Bekämpfung von Sexualdelikten und anderen gefährlichen Straftaten enthält Änderungen aller wichtigeren strafrechtlichen Einzelgesetze vom Strafgesetzbuch bis zum Bundeszentralregistergesetz. Inhaltlich kann man diese Änderungen, soweit sie sich auf das Erwachsenenstrafrecht beziehen, nach einem Vorschlag aus dem Bundesministerium der Justiz (Hammerschlag & Schwarz, 1998, S. 321) in sechs verschiedene Bereiche gliedern:

Sicherungsverwahrung	• Anordnung: § 66 III StGB • unbefristete Vollstreckung • Rückwirkung: Art. 1a II und III EGStGB
nachträgliche Aussetzung bei Freiheitsentzug	• Reststrafe: § 57 I StGB • Maßregel: § 67d II StGB
	• Begutachtung: § 454 StPO
Sozialtherapie	• primär für Sexualstraftäter: § 9 I StVollzG
Therapieweisungen	• ohne Zustimmung: § 56c StGB
Führungsaufsicht	• unbefristet: § 68c II StGB
Bundeszentralregister	• Sonderregelungen: §§ 32, 34, 41, 46 BZRG

An dieser Einteilung orientiert sich die folgende Darstellung. Allerdings wird der zentrale behandlungsbezogene Ansatz der Neuregelung, der sich auf die Sozialtherapeutischen Anstalten im Justizvollzug (Rehn, S. 26ff, Wischka & Specht, in diesem Band) bezieht, in diesem Beitrag nicht näher betrachtet.

2. Freiheitsstrafen und Strafrestaussetzung

Wie zuletzt die Diskussion im Vorfeld der neuen Gesetzgebung gegen „gefährliche" Straftäter gezeigt hat, wird Freiheitsstrafen, vor allem langen Freiheitsstrafen, in der Öffentlichkeit häufig die Hauptfunktion zugewiesen, die Bevölkerung vor künftigen Delikten einmal dingfest gemachter Täter zu schützen. Das ist eine Sichtweise, die zumindest in bestimmten Phasen auch im politischen System gute Durchsetzungschancen besitzt. Durch das nicht zufällig parallel mit dem Gesetz zur Bekämpfung von Sexualdelikten und anderen gefährlichen Straftaten verabschiedete und in Kraft gesetzte Sechste Gesetz zur Reform des Strafrechts vom 26. Januar 1998 (BGBl. I 164) wurden die Strafrahmen für zahlreiche Gewalt- und Sexualstraftaten in einer Weise „harmonisiert", die in den meisten Fällen auf eine Verschärfung hinausläuft (Kreß, 1998, S. 635; Staechelin, 1998). So wird der minder schwere Fall des Totschlags (§ 213 StGB) nun mit Freiheitsstrafe von einem bis zehn Jahren bestraft; damit wird der Strafrahmen gegenüber dem früheren Recht verdoppelt. Bei den Körperverletzungsdelikten wird der Versuch der einfachen Körperverletzung unter Strafe gestellt (§ 223 II StGB) und der Strafrahmen für die gefährliche Körperverletzung mit Freiheitsstrafe von sechs Monaten bis zehn Jahren für den Regelfall (§ 224 I StGB) ebenfalls doppelt so hoch angesetzt wie nach altem Recht. Beim sexuellen Missbrauch von Kindern werden neue Qualifikationen eingeführt, die beispielsweise bis zu fünfzehn Jahre Freiheitsstrafe für Handlungen mit Körperkontakt im Rückfall

(§ 176a I Nr. 4 StGB) und fakultativ lebenslange Freiheitsstrafe für die leichtfertige Verursachung des Todes bei einem solchen Delikt (§ 176b StGB) vorsehen.

Diese Gesetzgebung erweckt den falschen Eindruck, dass die zuvor gegebenen Möglichkeiten des Strafrechts nicht ausreichten. Eine solche Beurteilung der Strafzumessungspraxis könnte darauf zurückgehen, dass die Sicherungsfunktion der Freiheitsstrafe verabsolutiert und ihre präventive Wirksamkeit überschätzt wird (Albrecht, 1999, 865 ff.). Dabei dient die Strafe nach überwiegender Auffassung in der Strafrechtswissenschaft wie in der Rechtsprechung einer Pluralität von Zwecken. Dazu gehören die gerechte Vergeltung begangenen Unrechts und die Chance zu einer Sühne der Tat ebenso wie die spezialpräventive Einwirkung auf verurteilte Straftäter, die generalpräventive Abschreckung potenzieller Täter und die Stabilisierung der Normgeltung in der Bevölkerung.[1] Zur Berücksichtigung dieser Zwecke bietet das Strafzumessungsrecht große Spielräume (§ 46 I StGB). Und die Strafrahmen der einzelnen Tatbestände sind seit jeher weit angelegt.

Die Strafrechtspraxis ist dadurch gekennzeichnet, dass diese weiten Strafrahmen nur teilweise ausgeschöpft werden. So verhängten die Gerichte im Jahr 1997 - also vor dem 6. Strafrechtsreformgesetz - wegen einfacher Körperverletzung lediglich gegen 0,3 % der Verurteilten eine Freiheitsstrafe von mehr als zwei Jahren; bei der gefährlichen Körperverletzung waren es 2,6 %. Bei Verurteilungen wegen sexuellen Missbrauchs von Kindern mit unmittelbarem Körperkontakt (§ 176 I bis III StGB a.F.) beträgt der entsprechende Anteil immerhin rund 24 %; hier ist jedoch zu berücksichtigen, dass diese Kategorie auch fast alle besonders schweren Fälle des früheren Rechts enthält.[2] Extrem schwere Delikte, für welche die Höchststrafe angemessen wäre, sind sehr selten, und zugleich besteht wegen der Bemühungen der Gesetzgebung um möglichst flächendeckende Kriminalisierung eine hohe Wahrscheinlichkeit, dass dann eine Qualifikation eingreift, wodurch der Strafrahmen wiederum nach oben verschoben wird.

Auf der anderen Seite lässt sich beobachten, dass die durchschnittlich verhängten Strafen in den letzten Jahren immer länger werden. Das gilt deliktsunabhängig etwa seit 1990 (Heinz, 1999, S. 488 ff.). So wächst der Anteil der Freiheitsstrafen von mehr als zwei Jahren, die nicht mehr zur Bewährung ausgesetzt werden können, zwischen 1990 und 1997 bei der gefährlichen Körperverletzung von 1,4 % auf 2,6 % und bei der Vergewaltigung (§ 177 StGB a.F.) von 52 % auf 57 %.[3] Die Strafgerichte haben die kriminalpolitische Botschaft, Gewalt- und Sexualdelikte würden nicht hart genug bestraft, in gewissem Ausmaß vorweggenommen - was den Gesetzgeber jedoch nicht dazu bewogen hat, von Verschärfungen der Strafrahmen abzusehen.

---

[1] Mit unterschiedlichen Nuancen Jescheck & Weigend (1996, S. 77); Naucke (1998, S. 49 ff.); Stratenwerth (1995, S. 19 ff.). Selbstverständlich hagelt es angesichts der miteinander nur teilweise zu vereinbarenden Ansätze Kritik von allen Seiten. Darum geht es hier nicht. Zur Rechtsprechung etwa BGH, Beschluss vom 29. Januar 1955 - 3 StR 552/54 (= BGHSt 7, S. 214, S. 216) und Urteil vom 4. August 1965 - 2 StR 282/65 (= BGHSt 20, S. 264, S. 266 f.).

[2] Eigene Berechnungen nach Strafverfolgung - Vollständiger Nachweis (1997: S. 124 ff.).

[3] Eigene Berechnungen nach Strafverfolgung - Vollständiger Nachweis (1990: S. 112 ff.; 1997: S. 124 ff.).

Die Rechtsprechung ist sogar der Ansicht, dass generalpräventive Zwecke entgegen der Konzeption des Strafvollzugsgesetzes auch bei Entscheidungen über Vollzugslockerungen, Urlaub und die Unterbringung im offenen Vollzug während der Verbüßung einer Freiheitsstrafe berücksichtigt werden dürfen (Laubenthal, 1998, S. 70 ff.). Dabei enthält das Strafvollzugsrecht - anders als das materielle Strafrecht - eine im Gesetzestext klar niedergelegte Zielsetzung: Vollzugsziel ist die Befähigung, „künftig in sozialer Verantwortung ein Leben ohne Straftaten zu führen" (§ 2 S. 1 StVollzG). Allerdings dient der Vollzug der Freiheitsstrafe „auch dem Schutz der Allgemeinheit vor weiteren Straftaten" (§ 2 S. 2 StVollzG). Aber die Sicherung der Allgemeinheit soll nicht im Vordergrund stehen; sie ist nachrangig.

Freiheitsstrafen sind typischerweise zeitlich begrenzt, auch wenn sie über mehrere Jahre hinweg vollzogen werden. Selbst die Verhängung einer lebenslangen Freiheitsstrafe darf einer verurteilten Person nicht jede Chance nehmen, wieder in Freiheit zu kommen. Behandlung im Strafvollzug dient damit immer auch der Entlassungsvorbereitung. Es gilt als sinnvoll, eine Entlassung möglichst nicht erst zum Strafende, sondern bereits zu einem früheren Zeitpunkt mittels einer Aussetzung der restlichen Freiheitsstrafe zur Bewährung zu erreichen (Feuerhelm, 1999; Jescheck & Weigend, 1996, S. 849; Kröber, 1999; Laubenthal, 1998, S. 262). Dafür fordert das Gesetz neuerdings eine Prognose, dass die Aussetzung „unter Berücksichtigung des Sicherheitsinteresses der Allgemeinheit verantwortet werden kann" (§ 57 I Nr. 2 StGB). Vor der Änderung musste das Gericht lediglich verantworten können „zu erproben, ob der Verurteilte außerhalb des Strafvollzugs keine Straftaten mehr begehen wird".

Das klingt nach einer Verschärfung der Aussetzungskriterien: nun wird nicht mehr der Probecharakter einer Aussetzung betont, sondern die Sicherheit der Allgemeinheit. Und wie schon verschiedentlich befürchtet wurde (Feuerhelm, 1999, S. 472 ff.; Neubacher, 1999, S. 209 f.; Schöch, 1998b, S. 1258), zeichnet es sich ab, dass die Gesetzesänderung manche Gerichte zu einer primär an Sicherung orientierten Aussetzungspraxis veranlasst.[4] Bemerkenswert ist der Versuch, diese Linie durch den Rückgriff auf die Strafzwecke der Vergeltung und Abschreckung zu legitimieren.[5] Für diese Strafzwecke ist nach bisher fast einhelliger Auffassung bei der Entscheidung über eine Strafrestaussetzung kein Platz. Vielmehr stellt die Vorschrift des § 57 StGB allein auf spezialpräventive Gesichtspunkte ab.[6] Daran hat auch der jüngste Eingriff der Gesetzgebung nichts geändert.

---

[4] KG, Beschluss vom 31. August 1999 - 5 Ws 10/99 (in JURIS veröffentlicht); OLG Bamberg, Beschluss vom 28. Juli 1998 - Ws 507/98 (= NJW 1998, S. 3508); OLG Saarbrücken, Beschluss vom 24. August 1998 - 1 Ws 159/98 (= NJW 1999, S. 439).

[5] OLG Düsseldorf, Beschluss vom 10. Februar 1999 - 1 Ws 111/99 u.a. (= NStZ 1999, 478). In dieser Entscheidung geht es zwar um die Ablehnung einer Aussetzung nach Verbüßung erst der Hälfte der Strafe. Das Gericht argumentiert aber strategisch unter ausführlicher Diskussion von Gesichtspunkten, auf die es für die konkrete Entscheidung nicht ankommt, weil dafür „besondere Umstände" (§ 57 II Nr. 2 StGB) vorliegen müssten.

[6] Ausdrücklich gegen die Heranziehung generalpräventiver Gesichtspunkte nach neuem Recht OLG München, Beschlüsse vom 5. Oktober 1998 - 1 Ws 858/98 - und vom 25. Mai 1999 - 1 Ws 466/99

Unverändert ergibt sich auch der Maßstab für die Aussetzungsentscheidung aus der einschlägigen Norm des Vollstreckungsrechts. Das ist für die Freiheitsstrafe im Erwachsenenstrafrecht, die zu mindestens zwei Dritteln verbüßt wurde, § 57 I StGB. Die Verfahrensvorschrift des § 454 II 2 StPO, nach der ein Gutachten allen Ernstes die Frage nach der Gefahr einer Gefährlichkeit beantworten soll, kann die für die Strafrestaussetzung geltenden Voraussetzungen nicht etwa verschärfen (Hammerschlag & Schwarz, 1998, S. 324; Rosenau, 1999, S. 396; Schöch, 1999, S. 235). Daher ist daran festzuhalten, dass die entscheidende Frage in der Praxis wie bisher lautet: Ergibt die Prognose für eine Aussetzung der restlichen Strafe ein „vertretbares Restrisiko", oder erscheint das Risiko zu groß, um eine Aussetzung zu rechtfertigen? Die bloße Möglichkeit neuer - auch schwerer - Straftaten reicht nicht aus, eine weitere Vollstreckung der Freiheitsstrafe zu begründen; sonst wäre die gesetzliche Regelung über die Strafrestaussetzung inhaltsleer. Diese Auslegung läuft darauf hinaus, die Änderung der Formulierung in § 57 I Nr. 2 StGB als überflüssig anzusehen, weil sie inhaltlich nichts ändert. In diesem Sinne argumentieren mehrere Entscheidungen von Oberlandesgerichten[7] wie auch zwei Kammerbeschlüsse des Bundesverfassungsgerichts.[8]

Obwohl die Gesetzesänderung nach der Begründung des Bundestags-Rechtsausschusses für eine Klärung sorgen sollte - nämlich,

> „daß bei der Entscheidung nach § 57 StGB eine Abwägung zwischen dem Resozialisierungsinteresse des Verurteilten und dem Sicherheitsinteresse der Allgemeinheit vorzunehmen ist" (BT-Drucksache 13/9062 vom 13.11.1997, S. 9) -

lässt die bisherige Judikatur damit erkennen, dass der Gesetzgeber hier weniger Klarheit als Verwirrung gestiftet hat.

3. Weisungen

Wenn die restliche Strafe zur Bewährung ausgesetzt wird, kommt es darauf an, geeignete Weisungen zu finden. Weisungen sind allgemein vorgesehen, wenn ein Verurteilter „dieser Hilfe bedarf, um keine Straftaten mehr zu begehen" (§§ 57 III, 56c I 1 StGB). Bei Straftätern, die zu einer langen Freiheitsstrafe verurteilt wurden und als „gefährlich" gel-

---

(= StV 1999, S. 550). Siehe weiter BVerfG, Beschluss vom 14. Juni 1993 - 2 BvR 157/93 (= NJW 1994, S. 378); Stree (1997, Rn. 14 f. zu § 57 StGB); Tröndle (1999, Rn. 6 zu § 57 StGB).

[7] KG, Beschluss vom 11. Dezember 1998 - 5 Ws 672/98 (= NJW 1999, S. 1797); OLG Hamm, Beschluss vom 20. Januar 1998 - 2 Ws 84/98 (= StraFo 1998, S. 174); OLG Oldenburg, Beschluss vom 30. September 1998 - 1 Ws 421/98 (in JURIS veröffentlicht); OLG Stuttgart, Beschluss vom 16. März 1998 - 1 Ws 36/98 (= StV 1998, S. 668); zu der letztgenannten Entscheidung Schüler-Springorum (1998a).

[8] BVerfG, Beschlüsse vom 22. März 1998 - 2 BvR 77/97 (= NStZ 1998, S. 373) und vom 24. Oktober 1999 - 2 BvR 1538/99 (= NJW 2000, S. 502).

ten, ist weiter an Weisungen zu denken, die in Verbindung mit der Führungsaufsicht etwa im Anschluss an eine voll verbüßte Strafe in Betracht kommen (§§ 68f, 68b StGB).

Für bestimmte, besonders eingriffsintensive Weisungen ist die Einwilligung der verurteilten Person erforderlich, was meist mit einem Hinweis auf die Grundrechte und das Rechtsstaatsprinzip, aber auch mit der inhaltlichen Nähe zu den freiheitsentziehenden Maßregeln begründet wird.[9] Die jüngste Gesetzesänderung hat das frühere Erfordernis einer Einwilligung bei solchen Weisungen zurückgenommen, die eine ambulante Psychotherapie zum Gegenstand haben. Sobald sich die Weisung auf einen Aufenthalt in einer stationären Einrichtung bezieht oder mit einem körperlichen Eingriff verbunden ist, ist auch nach neuem Recht eine Einwilligung erforderlich. Diese Schwelle wird schon überschritten, wenn die verurteilte Person angewiesen wird, ein bestimmtes Medikament einzunehmen (Lackner, 1999, Rn. 8b zu § 56c StGB; Pfeiffer, 1999, Rn. 5 zu § 81a StPO; Schöch, 1998b, S. 1260).

Ob ambulante Psychotherapien sich von solchen Eingriffen so deutlich unterscheiden, dass der Verzicht auf eine Einwilligung verfassungsrechtlich tragbar ist, kann man bezweifeln. Die sanktionsbewehrte gerichtliche Forderung, sich einer bestimmten Behandlung zu unterziehen, ist für das deutsche Recht im Bereich der Strafen etwas Neues (Schöch, 1998b, S. 1260). Eine solche Weisung geht über den mittelbaren Zwang hinaus, dem Verurteilte unterliegen, wenn sie sich zu einer Therapie bereit erklären, um beispielsweise früher aus dem Strafvollzug entlassen zu werden. Die Begründung des Rechtsausschusses lässt durchblicken, dass für solche Weisungen wegen der quantitativen Bedeutung von Straf- und Strafrestaussetzungen ein recht breites Anwendungspotential vermutet wird (BT-Drucksache 13/9062 vom 13.11.1997, S. 6). Zum anderen wird in der Begründung auf die Sanktionsmöglichkeiten bei mangelnder Kooperation hingewiesen: den Widerruf der Aussetzung, aber auch die neu eingeführte unbefristete Führungsaufsicht (§ 68c II StGB).

Die Hauptproblematik liegt wohl nicht auf der rechtlichen Ebene. Weisungen sind nur dann sinnvoll, wenn solche Behandlungen bei niedergelassenen Psychotherapeuten durchgeführt werden können. Die Anzahl der Therapeutinnen und Therapeuten, die dazu bereit sind, dürfte aber ziemlich klein sein, und die Neuregelung bietet wenig Anreize für sie, künftig Personen zu behandeln, die nach ihrer Motivation nicht einmal gefragt werden müssen (Macke & Schendler, 1998, S. 289). Das Problem der Behandlungsmotivation unter der Drohung eines Widerrufs der Strafaussetzung gab es bisher schon; durch den Verzicht auf das Erfordernis der Einwilligung bei bestimmten Therapieformen wird es eher verschärft. Die Finanzierung solcher Therapiestunden hängt davon ab, dass dafür Mittel zur Verfügung gestellt werden. Es gibt Anzeichen, dass auf diesem Feld erhebliche regionale Unterschiede bestehen; dabei scheint die öffentliche Aufmerksamkeit für Sexualstraftäter jedenfalls in einzelnen Bundesländern neue Finanzierungsmöglichkeiten eröffnet zu haben.[10]

---

[9] BGH, Beschluss vom 1. Februar 1989 - StB 48/88 (= BGHSt 36, 97, 99) zu einer stationären Drogentherapie; allgemein Gribbohm (1993, Rn. 11, S. 17 ff. zu § 56c) und Schöch (1998b, S. 1260).

[10] Ein vollständiger Überblick würde eine eigene Erhebung erfordern, die im Rahmen dieses Beitrags

Auf der anderen Seite scheinen die jüngsten Gesetzesänderungen gelegentlich das Missverständnis hervorzurufen, dass es Sinn mache, Therapien ohne Überprüfung eines Behandlungsbedürfnisses und ohne Vorbereitung im Strafvollzug anzuordnen, wenn man nur eine Institution findet, der man den Verurteilten zuweisen kann.[11] Therapieweisungen sind allerdings nur dann sinnvoll, wenn sich überhaupt Anhaltspunkte für ein behandlungsbedürftiges sexuell deviantes Verhalten des Verurteilten ergeben. Aus der Begehung bestimmter Delikte lässt sich aber nicht ohne weiteres der Schluss ziehen, es liege eine behandlungsbedürftige psychische Störung vor.

4. Führungsaufsicht

Eng verknüpft mit den Weisungen ist die Erweiterung der Führungsaufsicht. Diese ambulante Maßregel ist seit ihrer Einführung umstritten, auch wenn die Kritik sich in den letzten Jahren etwas beruhigt hat. Die Führungsaufsicht setzt einen stärkeren Akzent auf die Überwachung der Verurteilten, als dies bei einer Strafaussetzung zur Bewährung der Fall ist, und weist diese Funktion einer eigenen organisatorischen Einheit, nämlich der Führungsaufsichtsstelle, zu (§ 68a III StGB).

Es entspricht dieser Konstruktion, wenn die jüngste Neuregelung auch auf eine Verschärfung der Führungsaufsicht setzt. Im einzelnen wird zunächst der Katalog der Sexualdelikte erweitert, die eine Verhängung der Führungsaufsicht durch Urteil zulassen (§ 181b StGB). Nunmehr kommt die Maßregel grundsätzlich bei allen Sexualstraftaten außer Prostitutionsdelikten, Pornographiedelikten und Exhibitionismus in Betracht, wenn eine Freiheitsstrafe von mindestens sechs Monaten verhängt wird und eine - im Gesetz nicht weiter spezifizierte - Gefahr weiterer Straftaten besteht (§ 68 I StGB).

Die Möglichkeit einer unbefristeten Führungsaufsicht über die bisherige Begrenzung von fünf Jahren hinaus ist in zwei Fällen vorgesehen (§ 68c II StGB). Es geht zum einen um Fälle mangelnder Kooperation nach einer beliebigen Behandlungsweisung, also nicht nur im Rahmen von Psychotherapien. Zum anderen soll mit der Drohung unbefristeter Führungsaufsicht die Einwilligung in solche Behandlungsformen erzwungen werden, die auch nach neuem Recht von der Einwilligung der Betroffenen abhängen (BT-Drucksache 13/9062, S. 11), zum Beispiel die Einnahme von Medikamenten. Die unbefristete Führungsaufsicht muss gerichtlich nur alle fünf Jahre überprüft werden (§§ 68e IV, 68c I 1

---

nicht möglich ist. Siehe als Beispiel für die neuere Entwicklung in Baden-Württemberg OLG Karlsruhe, Beschluss vom 16. März 1998 - 1 Ws 21/98 (= NJW 1998, S. 3213). Ablehnend dagegen im Hinblick auf die Kostenübernahme für die Therapie durch eine externe Psychologin noch OLG Karlsruhe, Beschluss vom 19. Februar 1997 - 2 Ws 221/95 u.a. (= ZStrVo 1997, S. 246) mit Besprechung von Becker & Kinzig (1998). Die Nachrangigkeit externer Behandlungsangebote während des Aufenthalts im Strafvollzug betont OLG Nürnberg, Beschluss vom 17. Februar 1999 - Ws 8/99 (= NStZ 1999, S. 479).

[11] OLG Nürnberg, Beschluss vom 14. September 1998 - Ws 1115/98 (= NJW 1999, S. 804). Über ähnliche Fälle aus Bayern berichtet Nedopil (1999, S. 121 f.).

StGB); die gesetzliche Überprüfungsfrist ist also wesentlich länger als bei den freiheitsentziehenden Maßregeln (Fischer, 1999, Rn. 8a zu § 68e StGB).

Schließlich wird die in der Strafrechtspraxis wichtige Führungsaufsicht für sogenannte Vollverbüßer im Bereich der Sexualstraftaten erweitert. Kraft Gesetzes tritt Führungsaufsicht nun schon dann ein, wenn eine Freiheitsstrafe von mindestens einem Jahr wegen eines Sexualdelikts vollständig vollstreckt worden ist (§ 68f I 1 StGB).

Bisher wird Führungsaufsicht durch die erkennenden Gerichte nur höchst selten verhängt.[12] Es ist unwahrscheinlich, dass sich an dieser Zurückhaltung der Gerichte etwas ändern wird. Dagegen ist zu erwarten, dass sich die Anzahl der Führungsaufsichtsfälle kraft Gesetzes im Anschluss an eine voll verbüßte Freiheitsstrafe erhöhen wird.[13]

Fraglich ist aber, ob man mit der Verschärfung der Führungsaufsicht mehr erreichen kann als mit einer Strafaussetzung, die mit der Unterstellung unter Bewährungshilfe verbunden wird. In vielen Gerichtsbezirken funktioniert die Führungsaufsicht nicht so, wie sich der Gesetzgeber das bei der Einführung dieser Maßregel vorgestellt hat (Floerecke, 1989, S. 161 ff.; Kurze, 1999, S. 461 ff.). Zudem ist der Widerruf einer Strafaussetzung als Sanktion möglicherweise wirksamer[14] als die Verlängerung der Führungsaufsicht auf unbestimmte Zeit oder eine Strafdrohung (§ 145a StGB), die für Verstöße gegen Therapieweisungen ohnehin nicht gilt.

5. Freiheitsentziehende Maßregeln

Die neue Gesetzgebung setzt einen Schwerpunkt im Maßregelrecht. Maßregeln sind in dem zweispurigen Sanktionensystem des deutschen Kriminalrechts nämlich die Sanktionen, die Gefahrenabwehr leisten sollen, ohne wie Strafen an das Schuldprinzip gebunden zu sein.

Unter den freiheitsentziehenden Maßregeln kann die Sicherungsverwahrung mindestens seit der Abschaffung der Todesstrafe als letzte Notmaßnahme der Kriminalpolitik[15] gelten. Bei der Vollstreckung dieser Sanktion ist Behandlung zwar nicht gesetzlich ausgeschlossen, aber eindeutig nachrangig (§ 129 StVollzG). Die Strafrechtsreform der 1960er Jahre war um eine Einschränkung der Sicherungsverwahrung bemüht, und zwar,

---

[12] Nach der Strafverfolgungsstatistik wurde die Führungsaufsicht 1997 in den westlichen Bundesländern lediglich 79mal verhängt, darunter waren 7 Verurteilungen wegen Sexualdelikten (Strafverfolgung 1997, S. 73).

[13] Nach der Strafvollzugsstatistik wurden 1996 über 50.000 Gefangene nach Erreichen des Strafendes in die Freiheit entlassen. Eine Aufschlüsselung nach Dauer der Freiheitsstrafe oder Delikten ist aufgrund dieser Daten jedoch möglich.

[14] Dafür gibt es gewisse empirische Anhaltspunkte (Baumann et al. 1983, S. 146 f.; Böhm & Erhard, 1988, S. 150 ff.; Dünkel, 1980, S. 340 ff.). Allerdings sind mit den unterschiedlichen Voraussetzungen der Entscheidungen zusammenhängende Selektionseffekte kaum zu kontrollieren (Streng, 1991, 112 f.).

[15] So der Erste schriftliche Bericht des Sonderausschusses für die Strafrechtsreform (BT-Drucksache V/4094, S. 19); ebenso BGH, Beschluss vom 9. Oktober 1981 - 2 StR 337/81 (= BGHSt 30, S. 220, S. 222) zur Begründung einer restriktiven Auslegung.

wie die Daten der Strafverfolgungsstatistik zeigen, weitgehend erfolgreich: seit 1975 gibt es nicht mehr als 40-50 Anordnungen pro Jahr. Auf der anderen Seite verwundert es nicht, dass die Sicherungsverwahrung immer wieder ins Gespräch gebracht wird, wenn der Eindruck entsteht, Kriminalität werde mit unzureichenden Mitteln verhütet. Der Gesetzgeber hat sich dafür entschieden, die formellen Schranken für die meisten Delikte, die bisher als Anlass für diese Maßregel in Betracht kamen[16], deutlich herunterzusetzen (Boetticher, 1998, S. 364 f.; Dessecker, 1998, S. 6; Kinzig, 1999). Wenn die Gerichte mit dieser Maßregel seit langem zurückhaltend umgehen, dürfte dies mit ihrer berechtigten Distanz gegenüber einer Sanktion zusammenhängen, die über das Maß der Schuld hinausgeht, ohne zugleich Therapie vorzusehen. Da es mit der Herabsetzung der formellen Anforderungen schwieriger wird, die zentrale Voraussetzung eines „Hangs" zu erheblichen Straftaten (§ 66 I Nr. 3 StGB) festzustellen, ist keine starke Zunahme der Anordnungen zu erwarten. Allerdings dürfte in der Strafrechtspraxis der Begründungsaufwand in den Fällen zunehmen, in denen die Sicherungsverwahrung nicht angeordnet wird, obwohl die formellen Voraussetzungen dieser Maßregel erfüllt sind.[17]

Für die freiheitsentziehenden Maßregeln nach §§ 63 und 64 StGB, die in psychiatrischen Einrichtungen vollzogen werden und eindeutig auf Behandlung zielen (§§ 136, 137 StVollzG), zeigt die Statistik der gerichtlichen Anordnungen dagegen schon seit einigen Jahren einen ungebrochenen Aufwärtstrend. Trotz der Behandlungsorientierung des psychiatrischen Maßregelvollzugs mag sich in dieser Entwicklung die Erwartung der Strafrechtspraxis niederschlagen, dass dort nicht nur spezifische Behandlungskonzepte für als „gefährlich" geltende Tätergruppen zur Verfügung stehen, sondern auch ein sehr hohes Sicherungsniveau geboten wird.[18]

Die gesetzliche Neuregelung stellt den Sicherungszweck bei allen freiheitsentziehenden Maßregeln unterschiedslos in den Vordergrund. Eine Höchstfrist gibt es nach ihrer Abschaffung für den Fall der ersten Unterbringung in der Sicherungsverwahrung nur noch bei der Unterbringung anlässlich einer Suchtproblematik (§ 67d I StGB), und auch bei dieser Sanktion wird die Höchstfrist um die Dauer einer angerechneten Freiheitsstrafe verlängert. Die nachträgliche Aussetzung von Maßregeln wird durch die Neufassung des § 67d II StGB drastisch erschwert. Nimmt man das Gesetz wörtlich, dann könnte die Erwartung einer beliebigen Straftat irgendwann nach der Entlassung aus dem Maßregelvollzug - und sei es ein Schwarzfahren mit der Straßenbahn oder ein kleiner Ladendieb-

---

[16] Ein Vergleich mit der ausführlichen Darstellung der Strafverfolgungsstatistik (1997, S. 279 ff.) zeigt, dass die Verschärfung den überwiegenden Teil der Verurteilungen mit Sicherungsverwahrung betrifft. Lediglich bei Unterbringungen wegen Eigentums- und Vermögensdelikten greift § 66 III StGB nicht ein.
[17] BGH, Beschlüsse vom 28. Mai 1998 - 4 StR 17/98 (= BGHR StGB § 66 II Ermessensentscheidung 6) und vom 9. Juni 1999 - 3 StR 89/99 (= NJW 1999, S. 2606).
[18] So hat es die höchstrichterliche Rechtsprechung wiederholt abgelehnt, anstatt oder neben einer Unterbringung in der Psychiatrie die Sicherungsverwahrung zu verhängen, weil die unbefristete Unterbringung in einer psychiatrischen Einrichtung ausreiche. Zu dieser Rechtsprechung bereits RG, Urteil vom 7. Februar 1935 - 2 D 7/35 (= JW 1935, 2136); BGH, Beschlüsse vom 26. Mai 1981 - 4 StR 313/81 (= NStZ 1981, S. 390) und zuletzt vom 11. Februar 1999 - 4 StR 647/98 (= NStZ-RR 1999, S. 170, S. 172).

stahl Jahre später - jegliche Aussetzung der Maßregel verhindern. Dieses Ergebnis wird im Bericht des Rechtsausschusses des Deutschen Bundestages relativiert; danach geht es lediglich um eine „durch Tatsachen begründete Wahrscheinlichkeit straffreier Führung des Verurteilten", und das „Maß an Erfolgswahrscheinlichkeit" soll „von dem Gewicht des bei einem Rückfall bedrohten Rechtsguts und dem Sicherungsbedürfnis der Allgemeinheit abhängig" sein (BT-Drucksache 13/9062, S. 10; Hammerschlag & Schwarz, 1998, S. 323 f.).

Solche Ausführungen kann man zum Ausgangspunkt einer verfassungskonformen Auslegung nehmen. Denn der einfache Gesetzgeber darf die Rechtsprechung des Bundesverfassungsgerichts zur Verhältnismäßigkeit lang dauernder Freiheitsentziehungen[19] nicht außer Kraft setzen. Man kann auch systematische Gesetzesauslegung betreiben und sich auf die parallele Formulierung für die Aussetzung einer Freiheitsstrafe zur Bewährung stützen: auch dort ist von einer Erwartung die Rede, dass Verurteilte keine Straftaten mehr begehen werden (§ 56 I 1 StGB).[20]

Allerdings ist es wahrscheinlich, dass die Verschärfungstendenz der Kriminalpolitik sich für den psychiatrischen Maßregelvollzug negativ auswirkt. In letzter Zeit ist wieder zunehmend von einer Überbelegung des Maßregelvollzugs die Rede, wobei sich eine solche Entwicklung in manchen Regionen schon seit einigen Jahren abzeichnet. Es gibt Hinweise darauf, dass sich diese Entwicklung seit der Restriktion der Entlassungsvoraussetzungen verschärft. So stellte sich bei den Datenerhebungen für ein Forschungsprojekt des Essener Instituts für Forensische Psychiatrie über „Legalbewährung bzw. erneute Straffälligkeit nach Unterbringung im psychiatrischen Maßregelvollzug nach § 63 StGB" heraus, dass im Zeitraum zwischen Oktober 1997 und Oktober 1999 aus 23 Einrichtungen (einschließlich allgemein-psychiatrischer Kliniken) weniger als 150 Patienten entlassen wurden. Das ist weniger als die Hälfte der Zahl, die nach Erfahrungen aus früheren empirischen Untersuchungen zu erwarten gewesen wäre. Darüber hinaus ist zu beobachten, dass die durchschnittliche Unterbringungsdauer, die seit den 1960er Jahren überall deutlich zurückgegangen ist und vorübergehend stagnierte (Dessecker, 1997, S. 121; Dimmek et al., 1996, S. 13; Seifert & Leygraf, 1997, S. 240 ff.), nunmehr wieder zunimmt (Seifert et al., 2000).

---

[19] Zum Maßregelrecht insbesondere BVerfG, Beschluss vom 8. Oktober 1985 - 2 BvR 1150/80 u.a. (= BVerfGE 70, 297) und Müller-Dietz (1987).
[20] So KG, Beschluss vom 22. September 1998 - 5 Ws 527/98 (in JURIS veröffentlicht) unter Hinweis auf Eisenberg & Hackethal (1998, S. 200). Eine andere Frage ist, wie weit der systematische Vergleich mit der Strafaussetzung wirklich trägt; immerhin geht es um völlig verschiedene Gruppen von Verurteilten.

6. Begutachtung

Die Vorschriften des Vollstreckungsrechts geben die Maßstäbe an, nach denen über die nachträgliche Aussetzung freiheitsentziehender Sanktionen zu entscheiden ist. Wann vor dieser Entscheidung eine Begutachtung erforderlich ist, regelt für Freiheitsstrafen über zwei Jahren, die wegen eines beliebigen Verbrechens oder eines der in § 66 III 1 StGB genannten Sexual- oder Körperverletzungsdelikte verhängt wurden, die Vorschrift des § 454 II 1 Nr. 2 StPO: es darf „nicht auszuschließen sein, dass Gründe der öffentlichen Sicherheit einer vorzeitigen Entlassung des Verurteilten entgegenstehen". Für den Maßregelvollzug verweist § 463 III 3 StPO auf diese Regelung, auch wenn die Wortwahl nicht ganz passt.

Damit werden die Begutachtungspflichten während des Vollzugs freiheitsentziehender Sanktionen deutlich erweitert. Nach früherem Recht war eine solche Begutachtung lediglich vor der Aussetzung einer lebenslangen Freiheitsstrafe (§ 454 II 1 Nr. 1 StPO) sowie - in einzelnen Bundesländern - nach mehrjährigem Aufenthalt im psychiatrischen Maßregelvollzug obligatorisch. Dabei handelte es sich um relativ eng begrenzte Ausnahmefälle. Die Neuregelung erweitert die Begutachtungspflicht auf zahlreiche zeitige Freiheitsstrafen. Sie weist damit zum einen darauf hin, dass das Vertrauen von Ministerialbeamten und Parlamentsabgeordneten in die prognostischen Fähigkeiten der forensischen Psychowissenschaften anscheinend ungebrochen ist. Sie macht darüber hinaus im Verfahrensrecht deutlich, dass Entlassungen aus dem Vollzug erschwert werden sollen - wenn auch mit einer missglückten Formulierung der Gutachtenfrage: nach materiellem Recht geht es nämlich nicht, wie § 454 II 2 StPO suggeriert, um das Fortbestehen der „Gefahr einer Gefährlichkeit", sondern schlicht um die Vertretbarkeit einer Aussetzung des Strafrestes als bessere Alternative zu einer vollen Verbüßung der Strafe. Denn zeitige Freiheitsstrafen enden ohnehin zu einem festgelegten Zeitpunkt; die Aussetzung führt nur zu einer Vorverlegung der Entlassung mit der Folge einer Widerrufsmöglichkeit. In der Mehrzahl der Fälle dürfte es sinnvoll sein, zumindest einige Monate vor Strafende den verbleibenden Rest der Strafe zur Bewährung auszusetzen.

Nimmt man die weit gefasste Formulierung in § 454 II 1 Nr. 2 StPO wörtlich, so sind fast immer irgendwelche Gesichtspunkte denkbar, die gegen eine Aussetzung sprechen. Das bedeutet, dass vor der Strafrestaussetzung einer längeren Freiheitsstrafe im Regelfall eine Begutachtung erforderlich wird, wenn das Gericht eine Aussetzung in Betracht zieht. Für die Aussetzung von Maßregeln wird sogar angenommen, dass in jedem Fall eine Begutachtungspflicht besteht.[21]

Doch lässt auch diese Neuregelung gewisse Entscheidungsspielräume (Schöch 1998b, S. 1259). Zunächst im Hinblick auf die Erforderlichkeit einer formellen Begutachtung vor der Entscheidung über die Strafrestaussetzung.[22] Zum anderen hinsichtlich der einzu-

---

[21] So OLG Celle, Beschluss vom 13. Oktober 1998 - 2 Ws 257/98 (= NStZ 1999, S. 159) und OLG Koblenz, Beschluss vom 8. Juli 1999 - 1 Ws 422/99 (= StV 1999, S. 496); einschränkend OLG Jena, Beschluss vom 3. Dezember 1999 - 1 Ws 366/99 (= ZStrVo 2000, S. 53).
[22] BGH, Beschluss vom 28. Januar 2000 - StB 1/2000 (= EBE/BGH 2000, 69); OLG Celle, Beschluss

schaltenden Sachverständigen, über deren Qualifikation das Gesetz keine Aussage trifft. Der Bericht des Rechtsausschusses weist darauf hin, von einer gesetzlichen Festlegung zur Einschaltung externer Sachverständiger sei bewusst abgesehen worden. In geeigneten Fällen könne „daher auch eine Begutachtung durch den Anstaltspsychologen ausreichen" (BT-Drucksache 13/9062, S. 14). Im psychiatrischen Maßregelvollzug mag eine Heranziehung der in der Einrichtung beschäftigten Therapeuten ebenfalls nahe liegen, zumal schon nach bisherigem Recht regelmäßige Stellungnahmen zur Frage der Fortdauer einer Unterbringung erforderlich waren. Zwar verbessert sich die Qualität solcher Stellungnahmen nicht dadurch, dass man sie in „Gutachten" umbenennt (Streng, 1997, S. 452 ff.). Andererseits erscheint es aber wenig angemessen, ohnehin überlastete Spezialistinnen und Spezialisten mit Gutachtenaufträgen zu Fragen zu überhäufen, die Vollzugseinrichtungen und Strafvollstreckungskammern, wie die bisherige Praxis zeigt, weitgehend ohne externe Begutachtung meistern können.[23]

Hält die zuständige Strafvollstreckungskammer eine externe Begutachtung für erforderlich, so kann dies im Vollzug zu Komplikationen führen. Lockerungs- und Entlassungsplanungen hängen damit von zusätzlichen Beteiligten ab, deren Einschätzung der Rückfallgefahr von der Sichtweise des Gerichts und der Vollzugsanstalt abweichen kann. Damit kann die Vollzugsplanung durcheinander geraten und der Freiheitsentzug unnötig in die Länge gezogen werden. Eine Gegenstrategie besteht darin, möglichst frühzeitig zu klären, ob eine externe Begutachtung erforderlich wird.

7. Sonderregelungen im Registerrecht

Das Gesetz zur Bekämpfung von Sexualdelikten und anderen gefährlichen Straftaten enthält weiterhin einige Korrekturen des Registerrechts. Allen fünf Änderungen des Bundeszentralregistergesetzes ist gemeinsam, dass sie an Straftaten nach §§ 174 bis 180 oder § 182 StGB anknüpfen. Das ist ein Katalog von Delikten, die der Gesetzgeber auch sonst für besonders gravierend hält, was sich etwa anhand der Neuregelungen zur Führungsaufsicht (§§ 68f I 1, 181b StGB) zeigen lässt. Im einzelnen geht es um alle Sexualstraftaten außer Prostitutionsdelikte, Pornographiedelikte und Exhibitionismus. Dieser Deliktskatalog soll es rechtfertigen, dass Verurteilungen und andere gerichtliche Entscheidungen auch bei minimaler Sanktion[24] in ein Führungszeugnis aufgenommen werden

---

vom 29. Juli 1998 - 2 Ws 201/98 (= NStZ-RR 1999, S. 179).

[23] Zumindest einige Oberlandesgerichte tendieren dazu, sich auch nach der Gesetzesänderung mit Stellungnahmen aus der jeweiligen Vollzugseinrichtung zu begnügen. Zum Strafvollzug KG, Beschluss vom 11. Dezember 1998 - 5 Ws 672/98 (= NJW 1999, S. 1797); nach OLG Karlsruhe, Beschluss vom 17. März 1999 - 2 Ws 19/99 (= ZStrVo 1999, S. 184, S. 186) reichen Stellungnahmen aus dem psychiatrischen Maßregelvollzug aus, wenn sie hinreichend substantiiert zur Gefahr weiterer Straftaten äußern.

[24] Der Hinweis in BT-Drucksache 13/9062, S. 15, Verurteilungen wegen Bagatelldelikten würden von dieser Regelung ausgeklammert, ist irreführend. Nicht betroffen sind lediglich Fälle der Verwarnung mit Strafvorbehalt, die eine recht untypische Erledigungsform von Bagatelldelikten darstellt.

(§ 32 I 2 BZRG), dass die Fristen für eine Nichtaufnahme in das Führungszeugnis und die Tilgung einer Eintragung verlängert werden (§§ 34 I Nr. 1 e und Nr. 2, 46 I Nr. 3 BZRG) und dass Verurteilungen trotz bereits erklärter Beseitigung des Strafmakels allen Behörden mitgeteilt werden, die eine unbeschränkte Auskunft aus dem Zentralregister erhalten (§ 41 III 2 BZRG). Das alles gilt auch für Eintragungen aus der Zeit vor der Gesetzesänderung (§ 71 BZRG).

Diese Änderungen widersprechen der Systematik des Bundeszentralregistergesetzes. Denn das Registerrecht orientiert sich für Eintragungspflichten, Auskunftsbeschränkungen und Tilgungsfristen ansonsten ausschließlich an Entscheidungsarten, Sanktionsformen und dem Maß der Sanktionen. Jegliche Bezugnahme auf einzelne Straftatbestände war ihm bisher fremd (Götz & Tolzmann, 2000, Rn. 6 f. zu § 32 BZRG). Im übrigen verwundert es, dass die Tilgungsfrist für Verurteilungen zu einer Freiheitsstrafe oder Jugendstrafe von mehr als einem Jahr wegen sexuellen Missbrauchs eines Kindes oder Förderung sexueller Handlungen Minderjähriger mit zwanzig Jahren nun länger ist als diejenige für eine Verurteilung zu einer langen zeitigen Strafe wegen eines vollendeten Tötungsdelikts (§ 46 I Nr. 3 und 4 BZRG). Das widerspricht dem Grundsatz der Verhältnismäßigkeit, der auch für das Registerrecht gilt.[25]

8. Ausblick

Dem Gesetz zur Bekämpfung von Sexualdelikten und anderen gefährlichen Straftaten wird nur eine differenzierte Betrachtung gerecht. Die Neuregelungen zur Sozialtherapie lassen sich trotz aller Kritik im Detail als Chance begreifen, Behandlung im Justizvollzug zu intensivieren (Rehn, S. 26ff, in diesem Band). Die Erfolgsaussichten solcher Bemühungen in einem stationären Rahmen steigen, wenn sie im Anschluss an eine Entlassung aus dem Vollzug weitergeführt werden können (Kury, in diesem Band). Dafür bringen die gesetzlichen Änderungen wenig. Besonders unbefriedigend ist die erneute Verabsolutierung von Sicherungsbelangen für die Entlassung aus dem Maßregelvollzug der psychiatrischen Einrichtungen. Damit wird die Bedeutung einer Entlassungsperspektive für die Behandlung im Maßregelvollzug ignoriert, ebenso wie die Forderung der Grundrechte, dass die Vollzugsdauer aller freiheitsentziehenden Sanktionen eine Grenze haben muss.

Die medienwirksame Inszenierung von Kriminalpolitik im Zusammenhang mit der Etablierung gewisser Formen von Gewalt- und Sexualdelikten als soziales Problem sollte nicht darüber hinwegtäuschen, dass es Straftäter gibt, die sich in bestimmten Phasen ihres Lebens sinnvoll als „gefährlich" charakterisieren lassen. Problematisch erscheint allerdings der Schluss von Verhaltensweisen - Verstößen gegen bestimmte Straftatbestände - auf eine Persönlichkeitseigenschaft. Eine beliebig erweiterbare Aufzählung von Straftat-

---

[25] BVerfG, Beschlüsse vom 27. November 1973 - 2 BvL 12/72 u.a. (= BVerfGE 36, 174, S. 187 ff.) und vom 8. August 1990 - 2 BvR 417/89 (= StV 1991, S. 556).

beständen kann nicht ausreichen, „gefährliche" Straftäter zu charakterisieren, wenn der Begriff nicht entgrenzt werden soll. Vielmehr geht es darum, dieses Etikett inhaltlich zu bestimmen und herauszufinden, für welche konkreten Personen es angemessen erscheint. Eine empirische Gefährlichkeitsforschung in diesem Sinne steckt im deutschsprachigen Raum erst in den Anfängen. Die Kriminologie wird sich mehr als bisher mit extremen und seltenen Erscheinungsformen von Kriminalität auseinandersetzen müssen (vgl. Lösel, in diesem Band), will sie sich nicht von vornherein mit der Erwartung begnügen, dass empirische Forschungsergebnisse ohnehin politisch folgenlos bleiben werden.

Chancen und Risiken

Erwartungen an das Gesetz zur Bekämpfung von Sexualdelikten und anderen gefährlichen Straftaten

von Gerhard Rehn

1. Gesetzliche Neuregelung

Durch das Gesetz zur Bekämpfung von Sexualdelikten und anderen gefährlichen Straftaten vom 26. 1. 1998 (BGBl I, 160) und – mittelbar – das Sechste Gesetz zur Reform des Strafrechts, ebenfalls vom 26. 1 1998 (BGBl I, 164), haben sich die Arbeitsbedingungen in Sozialtherapeutischen Einrichtungen in quantitativer und qualitativer Hinsicht deutlich verändert. Grundlagen hierfür sind neue Vorschriften in den §§ 9, 6 und 7 Strafvollzugsgesetz (StVollzG). Danach sind Sexualstraftäter in eine Sozialtherapeutische Anstalt zu verlegen, wenn sie wegen des sexuellen Missbrauchs von Schutzbefohlenen (§ 174 StGB), von Gefangenen, behördlich Verwahrten oder Kranken und Hilfsbedürftigen in Einrichtungen (§ 174a StGB), wegen sexuellen Missbrauchs unter Ausnutzung einer Amtsstellung (§174b StGB) oder eines Beratungs-, Behandlungs- und Betreuungsverhältnisses (§ 174c StGB) sowie wegen des sexuellen Missbrauchs von Kindern (§ 176 StGB), des schweren sexuellen Missbrauchs von Kindern (§ 176a StGB), des sexuellen Missbrauchs von Kindern mit Todesfolge (§ 176b StGB), ferner wegen sexueller Nötigung, Vergewaltigung (§ 177 StGB), sexueller Nötigung und Vergewaltigung mit Todesfolge (§ 178 StGB), sexuellen Missbrauchs Widerstandsunfähiger (§ 179 StGB), der Förderung sexueller Handlungen Minderjähriger (§ 180 StGB) oder wegen des sexuellen Missbrauchs Jugendlicher (§ 182 StGB) zu zeitiger Freiheitsstrafe von mehr als zwei Jahren verurteilt worden sind und ihre Behandlung *angezeigt* ist (§ 9 Abs. 1 StVollzG). Die Verlegung ist weder an die Einwilligung des Gefangenen, noch an die Zustimmung der Leitung der Sozialtherapeutischen Einrichtung gebunden. Wenn der Zweck der Behandlung aus Gründen, die in der Person des Gefangenen liegen, nicht erreicht wird, dann ist er zurück zu verlegen (§ 9 Abs. 1 Satz 2 StVollzG).

Das Erfordernis der Verlegung in eine Sozialtherapeutische Anstalt ist *besonders gründlich zu prüfen* (§ 6 Abs. 2 Satz 2 StVollzG), im Falle der Ablehnung ist über sie jeweils nach sechs Monaten neu zu entscheiden (§ 7 Abs. 4 StVollzG). Während einer *Übergangsfrist* ist die zwingende Verlegungsvorschrift bis zum 31.12.2002 als Soll-Vorschrift ausgestaltet (§ 199 Abs. 3 StVollzG), um den Ländern im Bedarfsfall Zeit für die Schaffung sozialtherapeutischer Behandlungsmöglichkeiten für Sexualstraftäter einzuräumen.

Obwohl das Gesetz schärfere Bestimmungen nicht nur für Sexualstraftäter, sondern auch für andere gefährliche Straftäter enthält und insbesondere die Voraussetzungen für eine vorzeitige Entlassung deutlich erhöht worden sind (vgl. § 454 Abs.2 StPO) und damit – jedenfalls implizit - Behandlungsbedarf ausgelöst wird, sind sie gleichwohl nicht in den Kreis derer einbezogen worden, für die Behandlung nun zwingender als vorher vorgesehen ist.

Für den Bestand und die Entwicklung der Sozialtherapie ergeben sich aus dem „neuen Umgang mit Sexualstraftätern" (Boetticher, 1998, S. 354), zu dessen Hintergründen und Motiven an dieser Stelle nichts gesagt werden soll, Vorteile und Chancen, aber auch Nachteile und Risiken.

2. Vorteile und Chancen

Vorteile ergeben sich, weil erstmalig für eine im Strafvollzug befindliche Tätergruppe ein zwingend formulierter Behandlungsauftrag Gesetzeskraft erlangt hat. Die Vollzugsbehörden werden verpflichtet, die Behandlung der Sexualstraftäter zu ermöglichen. Dabei genügt es nicht mehr, ein nur allgemeines und ungefähres, sonst aber nicht weiter verbindliches Angebot zu machen. Vielmehr sind auch solche Täter an Therapie heranzuführen, die von sich aus nicht aktiv werden oder die zunächst nicht motiviert zu sein scheinen. Der Zustand eines stillschweigend hingenommenen, quasi „vereinbarten" Untätigbleibens, der sich aus Widerstand oder Gleichgültigkeit gegenüber Therapie bei Gefangenen einerseits, aus Mangel an Behandlungsplätzen und für therapeutische Arbeit geschultem Personal in den Vollzugsanstalten andererseits häufig ergab (und noch ergibt), wird durch präzise, den Zugang zur Sozialtherapie regelnde Vorschriften ersetzt. Für Sexualstraftäter resultiert daraus unausweichlich die Notwendigkeit, sich der Möglichkeit einer sozialtherapeutischen Behandlung zu stellen und sich damit auseinander zu setzen. Dies ergibt sich schon, wenn die nach § 6 Abs. 2 Satz 2 StVollzG vorgeschriebene besonders gründliche Prüfung eingeleitet wird, diagnostische Klärungen vorgenommen und Motivationsgespräche geführt werden. Mehr noch dann, wenn nach vollzogener Verlegung der Gefangene an die Angebote der Sozialtherapeutischen Anstalt herangeführt wird. Er muss dann für sich prüfen und entscheiden, ob und in welchem Umfang er sich darauf einlassen will oder ob er die Zurückverlegung mit den damit verbundenen vollzuglichen Nachteilen - bis hin zu einer verzögerten Entlassung - riskiert.

Wichtig ist zudem, dass die neuen Bestimmungen nicht nur eine auf die Verlegung bezogene Duldungspflicht, sondern für den Gefangenen auch ein subjektives Recht auf Verlegung und Behandlung begründen. Im Ablehnungs- und Antragsfalle sind die Erfolgsaussichten bei gerichtlicher Überprüfung deutlich besser als gegenwärtig, weil die verwaltungsbehördliche Entscheidungspraxis an vergleichsweise enge gesetzliche Vorgaben gebunden worden ist.

Die Vollzugsverwaltungen der Länder werden durch die Gesetzesänderungen angehalten, noch unzulängliche Behandlungskapazitäten auszuweiten. Mitte des Jahres 2000 stehen lediglich in 11 von 15 Bundesländern ca. 1065 Plätze für den sozialtherapeutischen Vollzug zur Verfügung. Das sind 1,45% der in den Bundesländern am 31. 8. 1998 insgesamt vorhandenen 73.607 Haftplätze. Bezogen auf die Belegung aller Anstalten am 30.11.1998 in Höhe von 81.688 Gefangenen (einschließlich der wegen Urlaub oder aus sonstigen Gründen vorübergehend abwesenden Gefangenen) sind dies ca. 1,3 %. Der Anteil in den Ländern mit Sozialtherapeutischen Einrichtungen liegt zwischen 0,66 % in Nordrhein-Westfalen und 4,67 % in Hamburg (detaillierter s. Rehn, S. 264ff, in diesem Band). Schließlich kommen die Sozialtherapeutischen Einrichtungen nicht umhin, sich mit der neuen Situation auch fachlich gründlich auseinander zu setzen. Sie müssen sich fragen, wie sie die auch gegen ihren Willen verlegten Gefangenen für die therapeutische Arbeit gewinnen können und überdies ihre Behandlungskonzepte überarbeiten und präzisieren, vor allem soweit Erfahrungen mit der Behandlung von Sexualstraftätern bisher nicht vorliegen. Darin liegen Chancen, denn eine Anpassung des sozialtherapeutischen Ansatzes in theoretischer und methodischer Hinsicht an die Ergebnisse der Wirksamkeitsforschung (vgl. Lösel, 1994; Lösel & Bender 1998; Egg et al., 1998; Kury, 1999; Wischka, 2000a) ist ohnehin erforderlich und da und dort bereits eingeleitet (s. die Beiträge von Berner & Becker, Lösel sowie Wischka et al., in diesem Band).

3. Nachteile und Risiken

Die neue Entwicklung birgt aber auch Risiken und Gefahren. Dabei muss man nicht so weit gehen wie Rotthaus, der das Gesetz zur Bekämpfung von Sexualdelikten hinsichtlich der Bestimmungen über Sozialtherapie für „kriminalpolitisch und pönologisch verfehlt" hält (1999, Rz. 1a). Festzuhalten und in Zukunft mit Fragen kritisch zu begleiten ist aber folgendes:

3.1 Symbolische Gesetzgebung?

Erneut kann nicht ausgeschlossen werden, dass die Fortentwicklung der Sozialtherapie in einer bloß „symbolischen Gesetzgebung" (Walter, 1999, Rz. 306) stecken bleibt. Erinnerungen an das „kriminalpolitische Lehrstück" (Schüler-Springorum, 1986, 167) von der misslungenen Einführung des § 65 StGB werden wach: Mit dem am 4.7.1969 im Rahmen des Zweiten Strafrechtsreformgesetzes verabschiedeten, aber nicht sogleich in Kraft gesetzten § 65 StGB sollten die Gerichte die Möglichkeit erhalten, auf der Grundlage einschränkender Indikationen in die Maßregel „Sozialtherapie" einzuweisen. Zu den zu erfassenden Tätergruppen sollten auch Sexualstraftäter mit einer ohne Behandlung ungünstigen Prognose gehören; hier schließt sich der Kreis zur Gegenwart. Die Maßregel- oder „Richter"-Lösung des § 65 StGB wurde 1984 im wesentlichen aus finanziellen Gründen aus dem Gesetz wieder heraus genommen, ohne jemals Geltung erlangt zu haben (zu Einzelheiten s. a.a.O. bei Walter und Schüler-Springorum). Rund 15 Jahre später heißt es in der Stellungnahme des Bundesrats zum Gesetzentwurf der Bundesregierung vom 25.9.1997, dass den bestehenden personellen und baulichen Mängellagen bei der Behandlung der Sexualstraftäter mit dem Gesetzentwurf nicht zu begegnen sei (Bt.-Drs. 13/8586, 12). Anders gesagt: Vorhandene Mittel werden (erneut) nicht reichen, um den Intentionen des Gesetzes gerecht werden zu können. Mit der Bundesjustizministerin möchte man gleichwohl hoffen, „dass die Neuregelung nicht das Schicksal des früheren § 65 StGB teilen" möge (Däubler-Gmelin, 2000, S. 14).

3.2 Steuerung des Mangels durch Auswahlverfahren?

Die Bedenken der Länder konnten das Gesetz zuletzt nicht verhindern. Vieles wird nun von seiner Auslegung und im weiteren Verlauf von der obergerichtlichen Rechtsprechung abhängen. Während nämlich die Abgrenzung des Täterkreises und die zeitlichen Voraussetzungen für eine Verlegung eindeutig geregelt sind, bestehen insbesondere bei der Feststellung der Eignung deutliche Auslegungsspielräume. Zu prüfen ist, ob Behandlung in einer Sozialtherapeutischen Einrichtung zum gegenwärtigen Zeitpunkt „angezeigt" ist (§ 9 Abs. 1 in Verbindung mit § 7 Abs.4 StVollzG). Dies wird nicht weiter präzisiert. Bereits vorliegende Ausführungsvorschriften der Länder verweisen folgerichtig a) auf andere, insbesondere auch ambulante Therapiemöglichkeiten hin, die taugliche Alternativen zur Verlegung in die Sozialtherapeutische Einrichtung sein könnten. Sie enthalten b) Ausschlusskriterien für die Aufnahme, die von detaillierten Feststellungen zur (fehlenden) Behandlungsfähigkeit und Behandlungseignung bis hin zu Gegenindikationen bei Drogenmissbrauch oder - bei ausländischen Gefangenen – einer drohenden Abschiebung reichen (s. Wischka & Specht, in diesem Band, S. 261ff). Schließlich wird sich c) das Erfordernis von Mindeststrafzeiten bis zur (voraussichtlichen) Entlassung, die in den Sozialtherapeutischen Einrichtungen zumeist bei 18 Monaten liegen, auf die Aufnahme auswirken. In einem die Verlegung ausschließenden Sinne kann sich dies auch auf Sexualstraftäter auswirken, die zu mehr als zwei Jahren verurteilt worden sind, wenn (Rest-)Verbüßungszeiten durch Untersuchungshaft und andere Verzögerungen die geforderte Mindestzeit unterschreiten (vgl. S/B 1999 - Rotthaus § 9 StVollzG, Rz. 6; Rehn, 2000, § 9 StVollzG, Rz. 10 bis 12). Für sich genommen, flexibel angewandt und bei einer in allen Ländern jeweils ausreichenden Platzzahl in Sozialtherapeutischen Einrichtungen sind diese Punkte unbedenklich und sinnvoll, weil mit ihrer Hilfe darauf hingewirkt werden kann, das im Einzelfall jeweils „richtige" Vorgehen gut begründet einzuleiten und Fehlbelegungen in der Sozialtherapie möglichst zu vermeiden. Sie sind aber eben so sehr auch geeignet, bestehende Mängel zu kaschieren und zu konservieren und die Absichten des Gesetzes zu unterlaufen.

3.3 Sozialtherapie nur für Sexualstraftäter?

Die Länder wiesen im Gesetzgebungsverfahren auch darauf hin, dass nicht überall bereits Sozialtherapeutische Einrichtungen vorhanden seien, die Zahl der Plätze insgesamt schon heute nicht ausreiche, um den Bedarf zu decken und nicht durchgängig bereits Erfahrungen mit der Behandlung von Sexualstraftätern vorlägen (Bt.-Drs. 13/8586, S. 12). Trotz bestehender Ausbaupläne ist daher zu befürchten, dass Sexualstraftäter zu Lasten aller anderen Tätergruppen bevorzugt aufgenommen werden und das knappe aktuelle und das künftige, noch in Planung begriffene Platzangebot blockieren (vgl. Rehn, 2000, vor §§ 123ff StVollzG, Rz. 30 bis 32). Tatsächlich hat der Anteil der Sexualstraftäter in allen Sozialtherapeutischen Einrichtungen der Bundesrepublik jeweils am 31.3. von 23 % im Jahr 1997 auf rund 34 % im Jahr 1999 zugenommen (Schmidt, 1999, S. 12).

Demgegenüber haben aber auch zu anderen Tätergruppen gehörende Gefangene ein sozialstaatlich hergeleitetes und im Strafvollzugsgesetz jedenfalls in einem allgemeinen Sinne begründetes Recht auf Hilfe und sozialtherapeutische Behandlung. Wer sich dem Schutzinteresse der Öffentlichkeit mehr als dem Schicksal einzelner Gefangener und dem ihrer Angehörigen verpflichtet fühlt, kann sich dem Behandlungsgedanken am Ende ebenfalls nicht verschließen, wenn er sein Anliegen über reine Vergeltung hinaus ernst nimmt. So oder so steht fest, dass bloße Einsperrung zu einer dauerhaften Resozialisierung nichts beiträgt, während Behandlung in einem auch sonst förderlichen Anstaltsmilieu zwar keine Wunder bewirkt, aber doch geeignet ist, Unglück und Schaden zu verringern (vgl. Egg et al.; Specht & Seitz sowie Rehn, S. 364ff, in diesem Band). Dabei geht es keineswegs nur um Bagatellen, sondern oft auch um die Abwendung gravierender und gefährlicher Delikte. Zu bedenken ist auch, dass bei vielen Tätern im Lebenslauf geringer sanktionierte mit schwerer sanktionierten Straftaten abwechselnd abgeurteilt werden. Ferner ist auf den bekannten Sachverhalt hinzuweisen, dass sich viele Täter hinsichtlich ihres Deliktspektrums polytrop verhalten. Dies gilt auch für viele Sexualstraftäter, die selten einschlägig, oftmals aber mit anderen Delikten rückfällig werden und die dann aktuell keine Sexualstraftäter sind (Dolde, 1997; Egg, 1999b). Andererseits können bei bisher mit Sexualdelinquenz nicht auffällig gewordenen Tätern unter bestimmten Umständen derartige Delikte für die Zukunft nicht ausgeschlossen werden. Schließlich ist auch darauf hinzuweisen, dass die Phänomenologie eines Tatgeschehens noch nichts über die ihm unterliegende Psychodynamik aussagt. Nicht selten können bei genauerer Analyse bei den unterschiedlichsten Straftaten sexuell motivierte Beziehungsprobleme identifiziert werden, die hohen Behandlungsbedarf anzeigen, weil anders zu befürchten ist, dass der Primärkonflikt in einschlägigen Straftaten (oder weiterhin auch in anderen gefährlichen Straftaten) ausagiert wird. Nach allem ist festzustellen, dass sich Behandlungsbedarfe keineswegs jeweils allein aus der aktuellen Verurteilung erschließen und dass es falsch wäre, Behandlungsmöglichkeiten allein oder überwiegend nur für Sexualstraftäter zu Lasten anderer Tätergruppen, insbesondere der „anderen gefährlichen Straftäter" vorzusehen.

3.4 Sozialtherapeutische Abteilungen als Regeltyp?

Nach dem Gesetz ist die Sozialtherapeutische *Anstalt* der Regeltyp einer Sozialtherapeutischen Einrichtung (vgl. § 123 Abs. 1 StVollzG; Calliess & Müller-Dietz, 1998 zu § 123 StVollzG, Rz.4). Tatsächlich gibt es aber inzwischen mehr Sozialtherapeutische *Abteilungen* als selbständige Anstalten. Soweit Ausbaupläne der Länder bekannt geworden sind, wird sich dieser Trend eindeutig fortsetzen. Die Nachteile von Abteilungen und die Bedingungen, unter denen sie vertretbar erscheinen, sind häufig diskutiert worden (u.a. Rehn, 1990a; Henze, 1990; Specht, 1990). Wesentlich ist, kurz zusammengefasst, dass Abteilungen mehr als selbständige Anstalten in jeder Hinsicht durch die Strukturen großer Regelvollzugsanstalten fremdbestimmt werden und beträchtlich daran gehindert sind, ein lebensnahes, integratives Behandlungs- und Eingliederungskonzept aus einem Guss zu entwickeln. Dabei wirken äußere Rahmenbedingungen, wie z.B. am denkbar größten Risiko orientierte Sicherheitskonzepte und eher traditionale Vorverständnisse über eine verantwortbare und „richtige" Vollzugsgestaltung eng verbunden und sich wechselseitig bestätigend gleichgerichtet zusammen. Unter diesen Bedingungen können einem integrativen sozialtherapeutischen Konzept entnommene Einstellungs- und Handlungsmaximen schnell zu unlösbaren Konflikten führen, wenn sie nicht allein nur deklamiert, sondern im Zusammenhang mit Einschluss/Aufschluss, Training und Therapie zu Lasten der Arbeitszeit, Besuchsdurchführung, Lockerungspraxis und vielem anderen mehr tatsächlich auch umgesetzt und wirksam werden. Die Gefahr des Etikettenschwindels liegt deshalb nahe, wenn bei der Einrichtung von Abteilungen Mindestkriterien wie z.B. organisatorische Selbständigkeit, fest zugeordnetes und für Behandlung ausreichendes Personal, räumliche Trennung des Unterkunftsbereichs vom sonstigen Vollzug und das Vorgehen nach einem integrierten sozialtherapeutischen Konzept vernachlässigt werden (vgl. hierzu beispielhaft im positiven Sinne die AV zu § 9 StVollzG für Niedersachsen vom 15.9.1994; s. Wischka & Specht, in diesem Band, S. 250).

Der sich abzeichnende Vorrang Sozialtherapeutischer Abteilungen vor selbständigen Anstalten kann, das soll hier deutlich hervorgehoben werden, zu Restriktionen im Trainingsfeld „Lockerungen" führen. Ausgang, Urlaub und Freigang sind zentrale Maßnahmen zur Verringerung der schädlichen Folgen des Freiheitsentzuges. Bestehende Kontakte der Gefangenen zu Bezugspersonen können aufrecht erhalten und gepflegt, neue angeknüpft werden. Besonders gegen Ende der Verbüßung ermöglichen sie den Aufbau eines sozialen Empfangsraums vor allem durch Wohnungsvermittlung und Eingliederung in Arbeit. Lockerungen sind mehr als jedes Binnentraining geeignet, Gefangene schrittweise in ihrer Fähigkeit zu erproben, mit den Anforderungen des Lebens in Freiheit verantwortlich und verabredungsfähig umgehen zu können. Sozialtherapeutische Einrichtungen, die diese Möglichkeiten nicht nutzen oder nicht nutzen können oder dürfen, verzichten auf ein zentrales Therapie- und Trainingsfeld. Von besonders großer Bedeutung sind hierbei Freigang und die Beurlaubung bis zu sechs Monaten nach § 124 StVollzG (detailliert hierzu Rehn, 2000, zu §§ 124 und 126 StVollzG) und die Begleitung der Gefangenen in diesen wichtigen Phasen des Vollzuges durch die Personen, die auch vorher mit ihnen gearbeitet haben. Es liegt nun auf der Hand, dass insbesondere dann, wenn Sozialtherapeutische Abteilungen in große geschlossene Regelvollzugsanstalten eingebettet sind, ein so reger Austausch und Verkehr mit der Außenwelt nicht oder nur sehr eingeschränkt und ohne die erforderliche, lebensnahe Flexibilität durchführbar ist. Auch dieser Mangel beeinträchtigt die Wirksamkeit des sozialtherapeutischen Vollzuges nachhaltig.

Bei aller Kritik können Sozialtherapeutische Abteilungen Vorteile dann haben, wenn sie z.B. in Flächenländern eine wohnortnahe sozialtherapeutische Versorgung bereitstellen oder für Gefangene mit langen Strafen den frühzeitigen Beginn der sozialtherapeutischen Behandlung im geschlossenen Vollzug ermöglichen, die sodann im begrenzten Zeitrahmen einer selbständigen Anstalt fortgesetzt und begleitet von Lockerungen des Vollzuges abgeschlossen werden kann.

3.5 Beeinträchtigen neue Entwicklungen den Behandlungserfolg?

Die Sozialtherapie steht hinsichtlich ihrer Behandlungsergebnisse häufig unter Rechtfertigungszwang. Aus der Forschung ist inzwischen bekannt, dass die Rückfälligkeit nach Sozialtherapie geringer ist als bei vergleichbaren, aus dem Regelvollzug entlassenen Gefangenengruppen. Der Effekt liegt bei 11 bis 13% zu Gunsten der Sozialtherapie. Er ist aber um so größer, je stärker die als wirksam erkannten Gestaltungs- und Behandlungsfaktoren den Vollzug konkret bestimmen (vgl. Lösel, 1994, 1996; Steller, 1994; Kury, 1999; Egg et al., in diesem Band). Es ist – alles in allem – davon auszugehen, dass die Behandlung in Abteilungen zu geringeren positiven Effekten führen wird, als in stringent organisierten selbständigen Anstalten. Gleichwohl wird dieser geringere Effekt der Sozialtherapie insgesamt zugerechnet werden und ihren Bestand, zumindest ihr Ansehen, gefährden. Um so wichtiger wird es künftig sein, dass z.B. der Arbeitskreis der Sozialtherapeutischen Einrichtungen im Justizvollzug seine Mindestkriterien präzisiert (s. auch Wischka & Specht, in diesem Band) und vorhandene und neu errichtete Abteilungen (und Anstalten) bewertet und auf Mängel hinweist (quasi als TÜV, wobei das T für Therapie stehen mag). Denn die z.T. schon gegenwärtig großen Unterschiede zwischen den Vollzugseinrichtungen, die sich als sozialtherapeutische im Sinne des § 123 StVollzG verstehen, werden eher noch zunehmen. Von weiterer (Rückfall-) Forschung wäre daher zu erwarten, dass sie auf die Qualitäten eines konkreten Forschungsfeldes theoriegeleitet eingeht und die gefundenen Ergebnisse darauf bezogen deutlich bewertet. Damit kann der Schwäche mancher behandlungskritischer Arbeit entgegen gewirkt und vermieden werden, dass entweder aus Untersuchungen gewonnene Fakten ohne kritischen Rückbezug auf die Qualitäten des konkreten Forschungsfeldes verallgemeinernd ausgebreitet und/oder aus der Höhe abstrakter Ideen und Theorien tatsächlich vorhandene und bei aller Bescheidenheit in den Niederungen der Praxis doch auch wichtige Unterschiede nicht wahrgenommen werden (vgl. Dünkel, Lösel & Rehn, in diesem Band).

3.6 Sozialtherapie zu Lasten des Regelvollzuges?

Desweiteren besteht die Gefahr, dass in den gegenwärtigen Zeiten knapper Mittel die personelle Ausstattung Sozialtherapeutischer Einrichtungen insbesondere mit Psychologen nicht nur unzulänglich bleibt, sondern überdies zu Lasten des Regelvollzuges geht, wenn neue Stellen zur Erfüllung des gesetzlichen Auftrags zur Behandlung der Sexualstraftäter nicht bewilligt werden. Dies wäre in doppelter Hinsicht problematisch: Mit dem Label „Sozialtherapie" würde mehr versprochen, als gehalten werden kann; die ohnehin wegen Überbelegung, zunehmender Gewaltbereitschaft, Drogenmissbrauchs und des hohen Anteils nichtdeutscher Insassen zusätzlich äußerst angespannte Situation des Vollzuges insgesamt würde sich weiter verschlechtern. Wie schnell hier die ohnehin bestehende Unterversorgung zu einem unerträglichen Zustand führen kann, zeigt die Ausstattung der Vollzugsanstalten der Länder z.B. mit Psychologen. Die Spanne reicht hier von vier Stellen im Saarland bis zu 110 in Nordrhein-Westfalen in relativen Zahlen ausgedrückt: Von 0,33 Stellen pro 100 Gefangenen (Bayern) bis zu ca. einer Stelle pro 100 Gefangenen in Hamburg, Niedersachsen und Berlin (Zahlen nach den Haushaltsplänen 1999). Tatsächlich ist die Relation sogar noch ungünstiger, weil die bundeseinheitliche Strafvollzugsstatistik bei den hier zugrunde gelegten Durchschnittsbelegungen die beurlaubten und aus sonstigen Gründen vorübergehend abwesenden Gefangenen nicht mitzählt. Wird außerdem berücksichtigt, dass – sofern vorhanden – Sozialtherapeutische Einrichtungen, z.T. auch der Jugendvollzug, mit psychologischen Fachkräften besser als der Regelvollzug ausgestattet sind und dass ferner das geringe psychologische Personal mehr als früher mit gutachterlichen Tätigkeiten befasst wird, um Sicherheits- und Absicherungsbedarfe insbesondere bei Verlegungs- und Lockerungsentscheidungen zu befriedigen, dann wird der Mangel des Regelvollzuges mehr als deutlich.

Bei einer bloßen Umschichtung der Ressourcen wären die Gefangenen des Regelvollzuges, die als Sexualstraftäter nicht unter die Bestimmungen des neugefassten § 9 Abs.2 StVollzG fallen, in dreifacher Hinsicht zusätzlich benachteiligt: Neben verringerten Zugangschancen zur Sozialtherapie auf der Grundlage des § 9 Abs. 2 StVollzG hätten sie zudem eine verringerte psychologische Versorgung in einer Situation hinzunehmen, in der schärfer normierte Entlassungsvoraussetzungen fachlich gestützte Mitarbeit am Vollzugsziel um so mehr erforderlich und anzuraten ist.

3.7 Zwangsverlegung zur Zwangstherapie?

Schließlich ist, was im Zusammenhang mit § 9 Abs. 1 StVollzG als „Zwang zur Therapie" der Sexualstraftäter bezeichnet wird (vgl. die Stellungnahme des Bundesrats zum Gesetzentwurf der Bundesregierung in Bt.-Drs.13/8586, S. 12), in gesetzauslegender, fachlicher und ethischer Hinsicht sorgfältig zu analysieren und zu präzisieren. § 9 StVollzG sagt, dass bestimmte Sexualstraftäter zu *verlegen* sind, wenn ihre Behandlung *angezeigt* ist. Sie *sind* zurückzuverlegen, wenn der Zweck der Behandlung aus Gründen, die in ihrer Person liegen, nicht erreicht werden kann. Im Gesetzgebungsverfahren hat die Bundesregierung in Erwiderung auf die Stellungnahme des Bundesrates an der zwingenden Verlegung festgehalten, weil, wie es heißt, anders zu befürchten sei, „dass behandlungsbedürftige und -geeignete Sexualstraftäter nicht der erforderlichen Therapie *zugeführt* werden..." (Bt.-Drs. 13/8586, S. 14). Der Rechtsausschuss des Bundestages hat in seiner Stellungnahme zum schließlich unverändert verabschiedeten Gesetz festgestellt, dass die zwingende Verlegung z.B. bei nicht behebbarer Therapieunfähigkeit nicht angezeigt sei, er legt ferner dar, dass Rückverlegung zu erfolgen habe, wenn insbesondere (derzeitige) Therapieunfähigkeit oder dauernde Behandlungsunwilligkeit vorliege (Bt.-Drs. 13/9062, S. 13).

Aus der Zusammenschau von Gesetzestext und Stellungnahmen ist zu folgern: Gefangene, bei denen dies angezeigt ist, sind unter den Voraussetzungen des § 9 Abs. 1 auch gegen ihren Willen in die Sozialtherapie zu verlegen, um sie einer Therapie zuzuführen. Zweck der zwingenden Verlegung ist es danach, zu erproben, ob der Gefangene durch Therapie erreichbar ist. Aufgabe der Anstalt ist es, durch Information und sonst geeignete Maßnahmen die Motivation und die Bereitschaft der Gefangenen zur Mitwirkung intensiv zu fördern (vgl. auch § 4 Abs. 1 StVollzG). Mit dem zwingenden Rückverlegungsgebot unter den in § 9 Abs.1, Satz 2 StVollzG formulierten Voraussetzungen wird schließlich „der Erfahrung Rechnung getragen, dass ... Psychotherapien zwar unter einem gewissen Druck eingeleitet, aber nicht mit Aussicht auf Erfolg fortgesetzt werden können, wenn sich hierzu bei dem zu Therapierenden keine eigene Motivation herausbildet" (Rechtsausschuss des Bundestages, Bt.-Drs 13/9062, 13). An keiner Stelle wird von Zwangstherapie gesprochen. Der Grat, der Zwangs*verlegung* von Zwangs*therapie* scheidet, mag schmal sein. Jedoch ist er erkennbar dort, wo das Heranführen an das Therapieangebot in einen anhaltenden Zwang zur Teilnahme umschlägt, nachdem der Gefangene sich kundig machen konnte und dennoch dabei bleibt, sich durch aktive Bekundungen oder bloße Passivität psychotherapeutischer Einwirkung (weiter) zu entziehen. In einer solchen Situation wäre es unzulässig, die weitere (aktive) Teilnahme durch Sanktionen zu erzwingen.

Diese Position ist auch aus fachlicher Sicht sinnvoll und vertretbar. Die Blockade teurer Therapieplätze bei Aussichtslosigkeit wird vermieden, andererseits werden Erfahrungen über die Komplexität der Motivationsbildung berücksichtigt, die keineswegs einem schlichten Entweder-Oder-Muster folgt (Dahle, 1994, S. 227ff; Egg, 1999a). Insgesamt ist festzustellen, dass die angesichts der bedrohten Rechtsgüter legitimen Sicherheitsbedarfe der Öffentlichkeit und die individuellen Rechte des in abhängiger Position befindlichen Gefangenen gleichermaßen zur Geltung kommen. Therapeutisch hergeleiteter Machtmissbrauch des Personals wird vermieden, wenn klargestellt wird, wann und wodurch die Grenze zur Zwangs-Psychotherapie überschritten wird.

4. Ausblick

Mit dem Gesetz zur Bekämpfung von Sexualdelikten und anderen gefährlichen Straftaten wird dem Behandlungsbedarf bei Sexualstraftätern besser als in der Vergangenheit entsprochen und die Stellung der Sozialtherapie im Justizvollzug gestärkt. Das ist in den gegenwärtigen Zeiten knapper Finanzen und z.T. einschneidender Haushaltskonsolidierungen nicht gering zu schätzen. Demgegenüber ist aber auch die Aufgabe, die der Gesetzgeber den Landesjustizverwaltungen und vor allem den Sozialtherapeutischen Einrichtungen auferlegt hat, keine Kleinigkeit. Mit dem Begriff „Sexualstraftäter" werden höchst unterschiedliche Tätergruppen zusammengefasst, bei denen Genese und Phänomenologie des abweichenden Verhaltens differieren, aber auch Leidensdruck und Therapiemotivation unterschiedlich ausgeprägt sind (vgl. Rehder, Lösel und Goderbauer, in diesem Band). In allen Fällen ist aber der therapeutische Vorgang außerordentlich komplex, aufwendig und belastend. Die für eine erfolgreiche Arbeit unausweichliche Konfrontation des Täters mit seiner Tat konfrontiert auch das Personal mit dem häufig abscheulichen Tatgeschehen im Detail und mit den Tatfolgen. Es kann bezweifelt werden, ob die damit verbundenen Leistungen und die daraus resultierenden personellen und personalfürsorgerischen Bedarfe überall im erforderlichen Umfang bewusst sind. An dieser Stelle soll dies nicht in der therapeutischen Dimension vertieft, sondern unter dem Aspekt des Ressourcenbedarfs und der Konzeptentwicklung abschließend erörtert werden. Der Anspruch des Gesetzes und die Erwartungen der Öffentlichkeit bleiben unerfüllt, wenn, was Sozialtherapie genannt wird, nicht auch aus den theoretisch und methodologisch begründeten Prinzipien und Erfordernissen eines integrativen Sozialtherapiekonzeptes hergeleitet wird (vgl. dazu Wischka & Specht, in diesem Band). Dieser Appell richtet sich an die Landesjustizverwaltungen, deren Verantwortung es ist, qualitative sozialtherapeutische Mindeststandards durch die Bereitstellung der erforderlichen personellen und räumlichen Ressourcen sowie durch behandlungs- und eingliederungsförderliche organisatorische und administrative Rahmenbedingungen zu gewährleisten. Er richtet sich aber auch an die Sozialtherapeutischen Einrichtungen, deren Aufgabe es ist, den gegebenen Rahmen schöpferisch zu nutzen und ihre Kompetenz zu pflegen und fortzuentwickeln. Dazu gehört auch der überörtliche Austausch, der sich in der Vergangenheit bewährt hat und mit der zunehmenden Zahl der Sozialtherapeutischer Einrichtungen zwar nicht einfacher, dafür aber um so wichtiger wird.

Behandlung oder Verwahrung ?

Ergebnisse und Perspektiven der Intervention bei „psychopathischen" Straftätern

von Friedrich Lösel

1. Einleitung

Das anglo-amerikanische Konzept der „Psychopathy" hat in den vergangenen 20 Jahren stark an Bedeutung gewonnen. Nach den grundlegenden Arbeiten von Cleckley (1976) hat die Forschung ein detailliertes Bild der biologischen, kognitiven, emotionalen und verhaltensmäßigen Korrelate dieser Persönlichkeitsstörung erbracht (vgl. Cooke, Forth, & Hare, 1998; Hare, 1996). Dies ist u.a. dadurch möglich geworden, dass mit der Psychopathy Checklist Revised (PCL-R; Hare, 1991) und ihrer Screening-Version zuverlässige Diagnoseverfahren vorliegen.

Nach den Items der PCL-R ist die „Psychopathy" folgendermaßen charakterisiert: (1) Glattheit, oberflächlicher Charme; (2) Grandioses Selbstwertgefühl; (3) Reizhunger, leicht gelangweilt; (4) Notorisches Lügen; (5) Manipulierend, schwindlerisch; (6) Fehlen von Reue und Schulderleben; (7) Oberflächliche Affekte; (8) Hartherzig, kein Einfühlungsvermögen; (9) Parasitärer Lebensstil; (10) Geringe Verhaltenskontrolle; (11) Promiskuität im Sexualverhalten; (12) Frühe Verhaltensauffälligkeiten in der Entwicklung; (13) Fehlen von realistischen, langfristigen Zielen; (14) Impulsiv; (15) Verantwortungsloses Verhalten; (16) Unfähig, Verantwortung für seine Taten zu übernehmen; (17) Viele kurzfristige Partnerbeziehungen; (18) Jugenddelinquenz; (19) Bewährungswiderruf; (20) Vielfältige Deliktarten als Erwachsener. In Faktorenanalysen der PCL-R ergeben sich zwei miteinander korrelierende Dimensionen (Hare et al., 1990): Der erste Faktor erfaßt die affektiven und interpersonalen Merkmale wie Selbstsucht, emotionale Kälte und Reulosigkeit (Items 1, 2, 4, 5, 6, 7, 8, 16), der zweite den impulsiven, unzuverlässigen und antisozialen Lebensstil (Items 3, 9, 10, 12, 13, 14, 15, 18, 20). In jüngster Zeit wird versucht, die Merkmale der Kernpersönlichkeit stärker zu differenzieren und von der Kriminalität abzugrenzen. Dabei ergeben sich eine affektive, eine interpersonale und eine verhaltensbezogene Dimension (Cooke & Michie, 1998; Bender & Lösel, 1999).

Die PCL-R ist ein relativ guter Prädiktor der Rückfälligkeit und Gefährlichkeit von Straftätern (vgl. Hare, 1996; Hart, 1998; Salekin, Rogers, & Sewell, 1996). In vielen Ländern wird sie deshalb als eine Marker-Variable in die forensische Diagnostik einbezogen. Auch in Deutschland widmet man in letzter Zeit der „Psychopathy" und PCL-R vermehrte Aufmerksamkeit (z.B. Freese, 1998; Lösel, 1998; Nedopil, Hollweg, Hartmann &

Jaser, 1998). Sowohl hinsichtlich der Grundlagen als auch der forensischen Anwendung steht die Forschung aber hierzulande erst am Anfang. Diese Verzögerung hat verschiedene Gründe:

Ein Grund liegt darin, dass in der deutschen Psychiatrie nach Schneider (1950) der Psychopathie-Begriff für die Gesamtheit der abnormen Persönlichkeiten (heute Persönlichkeitsstörungen) verwendet wurde und nicht für eine spezifische, „soziopathische" Variante. Die Übersetzung der anglo-amerikanischen „Psychopathy" mit „Psychopathie" ist deshalb leicht missverständlich. Wenn ich im folgenden von „Psychopathie" spreche, ist das Konzept im Sinne von Hare bzw. der PCL-R gemeint. Der Begriff darf auch nicht in einer Weise mißverstanden werden, die bereits Schneider (1950, S. 5) hervorgehoben hat: „Wenn man einfach den Asozialen, den Störenden, den Verbrecher, jeden, unter dem die Gesellschaft leidet, einen Psychopathen heißt, gleitet man in einen soziologischen, ja politischen Psychopathiebegriff ab, der jedenfalls mit dem unseren nichts mehr zu tun hat. Der Psychopath ist ein Mensch, der an sich und *auch ohne Hinblick auf die sozialen Folgen* eine ungewöhnliche, vom Durchschnitt abweichende Persönlichkeit ist. *Nur soweit Störungen ihrem Sein nach abnorme Persönlichkeiten sind, sind sie Psychopathen. Das Störende, sozial Negative ist der abnormen Persönlichkeit gegenüber etwas Sekundäres.*" Das Konzept von Hare und anderen folgt einem solchen Ansatz. Der Psychopath (im Sinne der „Psychopathy") *kann* straffällig werden und wird es auch in vielen Fällen. Es gibt aber durchaus Psychopathen, die strafrechtlich unauffällig bleiben (Hare, 1993). Das Psychopathiekonzept bezieht sich mehr auf die Kernpersönlichkeit als dies bei der dissozialen oder antisozialen Persönlichkeitsstörung im Sinne von DSM-IV oder ICD-10 der Fall ist, die stärker das deviante Verhalten umschreibt (Hare, 1996). Die Psychopathie überlappt sich zwar mit der antisozialen Persönlichkeitsstörung, aber auch mit der histrionischen, narzisstischen oder Borderline-Störung (Blackburn, 2000; Nedopil et al., 1998).

Ein zweiter Grund, weshalb das anglo-amerikanische Psychopathiekonzept in Deutschland nur verzögert rezipiert wurde, liegt wahrscheinlich in Traditionen der forensischen Begutachtung. Hier stand man den psychometrischen Präzisierungen oder gar statistischen Prognosen der angelsächsischen Forschung oftmals skeptisch gegenüber (ohne freilich eine höhere Treffsicherheit nachzuweisen). Spektakuläre Sexualstraftaten und andere schwere Gewaltdelikte haben in letzter Zeit die Probleme der Diagnose und Prognose bei gefährlichen Straftätern so stark ins Blickfeld der Öffentlichkeit gerückt, dass man für empirisch fundierte, standardisierte Verfahren offener wird (vgl. Lösel, 1999). Im Bemühen um Qualitätssicherung steigt auch die Bereitschaft, Verfahren wie die PCL-R einzubeziehen.

Ein dritter Grund dürfte darin bestehen, dass in der Straftäterbehandlung zwischen einer sozialwissenschaftlichen und biologisch-medizinischen Perspektive devianten Verhaltens polarisiert wird. Das Psychopathie-Konzept rechnet man dabei allzu pauschal der letzteren zu und befürchtet einen Behandlungspessimismus. Zum einen übersieht man dabei, dass erst durch systematische Forschung über bestimmte Täterpersönlichkeiten diffuse Vorurteile geklärt und gegebenfalls revidiert werden können. Zum andern ist zu bedenken, dass die öffentliche Sicherheit und die knappen Finanzen Prognose- und Behandlungsentscheidungen über Gefangene erfordern, die nach möglichst expliziten und empirisch fundierten Kriterien getroffen werden sollten.

In der Tat ist es besonders bei psychopathischen Persönlichkeiten schwierig, eine adäquate Balance zwischen den Zielen des Schutzes der Allgemeinheit und der Resozialisierung zu finden. Dass eine sichere Verwahrung wichtig ist, wird bei derartigen Tätern kaum bezweifelt. Hinsichtlich der Behandlung und Resozialisierung ist man jedoch sehr skeptisch. Zum Beispiel ist aus der Psychotherapieforschung bekannt, dass für den Erfolg eine emotionale Bindung zwischen Therapeut und Klient, Kooperation, Offenheit, Ausdrucksfähigkeit, gegenseitiges Einvernehmen und eine hinreichende Behandlungsdauer erforderlich sind (Orlinsky, Grawe & Parks, 1994). Gerade diese Wirkungskriterien werden von Psychopathen kaum erreicht. Ihr übersteigertes Selbstwertgefühl und ihr Mangel an Reue wirken einer Änderungsmotivation entgegen. Notorisches Lügen verhindert eine offene Kommunikation im Rahmen der Therapie. Gefühlskälte und mangelnde Empathie erschweren die ernsthafte Arbeit an Emotionen in sozialen Beziehungen. Trickreiche Sprachgewandtheit und manipulatives Verhalten führen dazu, dass psychopathische Täter oft nur eine oberflächliche Rolle spielen und nicht echt kooperieren. Als Konsequenz werden Behandlungen häufig abgebrochen oder bleiben wirkungslos (Blackburn, 2000; Hare, 1996; Lösel, 1998).

Trotz solcher entmutigender Erfahrungen muß man den empirischen Kenntnisstand von der Annahme unterscheiden, Psychopathen seien grundsätzlich unbehandelbar. Viele forensische Experten stimmen zwar darin überein, dass wir noch nicht über effektive Behandlungsmaßnahmen für Psychopathen verfügen, sie folgern aber daraus nicht, dass nichts getan werden könnte (z.B. Tennent, Tennent, Prins & Bedford, 1993). Selbst aus einer sehr vorsichtigen und nicht naiv optimistischen Perspektive gibt es gute Argumente, die für verstärkte Bemühungen um adäquate Programme für diese Tätergruppe sprechen. Im vorliegenden Beitrag werde ich zuerst einige dieser Argumente skizzieren. Anschließend fasse ich den empirischen Kenntnisstand zur Behandlung kurz zusammen. Im dritten Teil des Beitrags werden Perspektiven für die Behandlung in diesem Bereich entwickelt.

2. Argumente für Behandlungsbemühungen bei Psychopathen

Für verstärkte Bemühungen um eine empirisch fundierte Behandlung von Psychopathie spricht unter anderem Folgendes:

1. Mangel an aussagekräftigen Studien. Obwohl sich viele Arbeiten mit der Behandlung von Psychopathie beschäftigt haben, gibt es auf diesem Gebiet ein deutliches Defizit an kontrollierten Untersuchungen (Blackburn, 2000; Lösel, 1998). Nur ein Bruchteil der Behandlungsevaluationen befasst sich mit Personen, die mit der Psychopathy Checklist-Revised (PCL-R; Hare, 1991) oder vergleichbaren Instrumenten präzise diagnostiziert wurden. Die überwältigende Mehrheit der Untersuchungen bezieht sich allgemein auf

Straftäter oder spezifische Deliktformen wie Gewalt. Seltener sind Behandlungsstudien zu juristisch definierten „Psychopathen" oder antisozialen Persönlichkeitsstörungen. Die meisten experimentellen oder quasi-experimentellen Evaluationen befassen sich zudem mit Jugendlichen. Weit weniger kontrollierte Untersuchungen existieren zur Behandlung Erwachsener im Strafvollzug oder in forensischen Krankenhäusern.

2. Schutz der Allgemeinheit. Obwohl die Prävalenz von Psychopathen zwischen verschiedenen Kulturen variiert (Cooke, 1998), bilden sie einen wesentlichen Anteil der schwerwiegend persistenten Straffälligen. In Nordamerika weisen beispielsweise etwa 28% der Strafgefangenen einen PCL-Score von 30 oder höher auf (Hare, 1991). In Europa liegen die Raten deutlich niedriger, weshalb ein Kriterienwert von 25 vorgeschlagen wird (Cooke, 1998). Unsere bisherigen Erhebungen in bayerischen Gefängnissen ergeben aber immerhin eine Prävalenz von circa 12% (Bender & Lösel, 1999). Da Intensivtäter für über 50% der offiziell registrierten Kriminalität einer Altersgruppe verantwortlich sind (Loeber, Farrington & Waschbusch, 1998), könnte die effektive Behandlung von Psychopathen durchaus zu einer Verringerung von Kriminalität beitragen. Plädoyers für ein bloßes Wegsperren entkräften dieses Argument nicht. Denn auch bei Psychopathen ist das Gros der begangenen Straftaten nicht so gravierend, dass sie eine besonders lange Haft rechtfertigen würden.

3. Anstaltsklima. Psychopathen zeigen im Strafvollzug oft Aggressionen und anderes Fehlverhalten (Coid, 1998; Rice, Harris & Cormier, 1992; Salekin, Rogers & Sewell, 1996). Ihre Einschüchterungen, rationalisierenden Vergleiche, Beschuldigungen, bewussten Fehlinterpretationen, Übertreibungen, Lügen und charmanten Manipulationen können zu institutionellen Konflikten, übertriebenem Mißtrauen und einem schlechten Organisationsklima beitragen (Doren, 1987). Daher ist eine relativ erfolgreiche Behandlung nicht nur zur Resozialisierung dieser Täter wünschenswert, sondern dient der gesamten Institution.

4. Klassifikationsproblematik. Wie Harris, Rice und Quinsey (1994) gezeigt haben, läßt sich Psychopathie als ein Personentyp (Taxon) betrachten. Andererseits stellen die kulturellen Unterschiede in den Mittelwerten und Itemcharakteristiken der PCL-R (Cooke, 1998) einen exakt bestimmbaren Kriterienwert für diese Gruppe in Frage. Dies steht im Einklang mit dimensionalen Konzepten von Psychopathie (z.B. Blackburn & Coid, 1998; Livesley, 1998). Ich kann hier nicht das Pro und Kontra der beiden Positionen erörtern. Solange diese Frage aber offen ist, kann auch nicht definitiv gesagt werden, ob eine Person mit einem bestimmten PCL-R-Score grundsätzlich behandelbar ist oder nicht. Da auch vielfältige individuelle Aspekte und Komorbiditäten in Betracht zu ziehen sind (Blackburn, 2000; Lösel, 1998; Nedopil et al., 1998), ist es sinnvoll, graduelle Unterschiede in der Behandelbarkeit anzunehmen (und keinen fixierten Kriteriumswert).

5. Begrenzte prognostische Validität. Wie oben erwähnt, gehört die PCL-R zu den besten Prädiktoren für gewalttätige und andere Rückfälligkeit (Hart, 1998; Hemphill, Hare & Wong, 1998; Salekin et al., 1996). Typische prospektive Korrelationen liegen bei ungefähr .30 plus/minus .10. Bei diesen Korrelationen ist zu berücksichtigen, dass die

Rückfälligkeit in der Regel nur ein mäßig reliables Einzeldatum der offiziellen Auffälligkeit ist. Auf der anderen Seite weist der große Anteil unerklärter Varianz auf die prinzipiellen Grenzen bei der Vorhersage menschlichen Verhaltens und die Offenheit von Entwicklungsprozessen hin (Lösel & Bender, in press). Wenn Psychopathie jedoch nur zu einem moderaten Teil für die weitere Kriminalität relevant ist, dann können wir nicht folgern, dass eine Behandlung dieser Gruppe generell scheitern muss.

6. *Biosoziale Wechselwirkungen.* Die Forschung legt eine Reihe von biologischen Korrelaten der Psychopathie nahe, die vermutlich eine genetische Basis haben (Hare, 1996; Raine, 1993). In oberflächlichen Diskussionen werden solche Befunde häufig als Argument für Unbehandelbarkeit missverstanden. Biologische Disposition und Erblichkeit bedeuten jedoch nicht, dass Verhalten nicht verändert werden könnte. Die genetische Information begrenzt lediglich die Reaktionsnorm des Phänotyps. Wie z.B. die Phenylketonurie und andere Erbkrankheiten zeigen, können selbst eindeutig genetische Defekte zumindest teilweise durch Umwelteinflüsse kompensiert werden. In ähnlicher Weise muss persistentes antisoziales Verhalten als das Ergebnis komplexer Entwicklungsprozesse verstanden werden, in denen biologische, psychologische und soziale Faktoren zusammenwirken (Lösel & Bender, in press; Raine et al., 1997).

7. *Fortschritte der Grundlagenforschung zur Psychopathie.* Ein großer Teil der Literatur über die Behandlung von Psychopathen stammt aus der Zeit vor 1980. Zu dieser Zeit wusste man jedoch noch nicht viel über diese Persönlichkeitsstörung (Hare, 1996; 1998). Erst im Laufe der letzten beiden Jahrzehnte hat sich unser Kenntnisstand bezüglich Diagnostik, Klassifikation, Ätiologie und Vorhersage deutlich vermehrt. Die biologischen, kognitiven, emotionalen und verhaltensmäßigen Korrelate von Psychopathie sind klarer geworden. Diese Fortschritte der Grundlagenforschung stellen eine notwendige Bedingung für die Entwicklung erfolgreicher Anwendungen dar. Defizite im Bereich der Psychopathiebehandlung können somit auch als mehr oder weniger normale Verzögerung zwischen Grundlagenforschung und praktischer Nutzbarmachung interpretiert werden. Die Geschichte ist voller Beispiele wie ehemals „unbehandelbare" Krankheiten und Störungen nach neuen Erkenntnissen in der Grundlagenforschung eingedämmt werden konnten.

8. *Fortschritte der Forschung zur Straftäterbehandlung.* Die derzeitige Situation der Psychopathiebehandlung ähnelt jener, wie sie zeitweise in der Straftäterbehandlung insgesamt bestand. Während der 70er, und teilweise noch bis in die 90er Jahre, war das Fazit so skeptisch, dass es zum Schlagwort des „nothing works" kam (Martinson, 1974). Deutlich vermehrte Forschung, theoretische Fortschritte in der Konzeption von Programmen, besser kontrollierte Evaluationsmethoden und systematische Meta-Analysen haben zu differenzierteren Sichtweisen geführt (Hollin, 1999; Lösel, 1995a). Insgesamt zeigt sich einerseits ein mäßiger positiver Effekt. Andererseits bestehen deutliche Wirkungsunterschiede je nach Behandlungsform, Täterpersönlichkeit oder Settings. Dementsprechend hat sich die Diskussion vom „nothing works" zum „what works" verschoben.

9. Realistischere Erwartungshaltungen. Klarer als in der Behandlungseuphorie der 60er-Jahre sieht man heute, dass bei schwerwiegender Dissozialität keine Wunderdinge zu erwarten sind. Oftmals multipel gestörte Probanden, geringe oder sekundäre Behandlungsmotivation, Schwierigkeiten bei der Implementierung, kontraproduktive Prisonisierungseffekte, geringe Stichprobengrößen, relativ grobe Erfolgsmaße und andere Faktoren tragen dazu bei, dass die Effekte oftmals gering oder nicht signifikant sind (Lösel, 1995c). Dies muß man insbesondere bei der Psychopathiebehandlung erwarten. Selbst kleine Effekte können jedoch praktisch relevant und unter Kosten-Nutzen--Gesichtspunkten effizient sein (Prentky & Burgess, 1995; Welsh & Farrington, 2000). Die Situation ist mit anderen schwierigen Behandlungsfeldern vergleichbar, wie z.B. dem der Drogenabhängigkeit. Obwohl auch in diesen Bereichen nur langsame Fortschritte erreicht werden, hat man dort den Behandlungsgedanken nie ernsthaft in Frage gestellt.

10. Vermeidung negativer Effekte. Die Diskussionen über die Psychopathiebehandlung konzentriert sich meist auf die Frage positiver Wirkungen. Es deutet sich jedoch an, dass psychosoziale Maßnahmen bei dieser Gruppe teilweise sogar zu einer Verschlechterung führen können (Rice et al., 1992). Ähnliche Ergebnisse wurden auch bei Behandlungs- und Präventionsprogrammen mit Jugendlichen berichtet (Lipsey & Wilson, 1998; McCord, 1978). Bei Psychopathen besteht jedoch eine besondere Gefahr, dass sie lediglich lernen, andere noch mehr zu manipulieren, zu betrügen und zu missbrauchen (Hare, 1993). Eine verstärkte Programmevaluation ist daher nicht nur nötig, um unser Wissen über effektive Maßnahmen zu vergrößern, sondern auch um negative Wirkungen zu vermeiden.

3. Ergebnisse der Behandlungsevaluation

Da es kaum Behandlungsstudien gibt, die sich speziell auf Psychopathie beziehen, werden im Folgenden auch Ergebnisse berücksichtigt, die an Gewalt- und Intensivtätern gewonnen wurden, die sich vermutlich mit der Gruppe der Psychopathen überlappen. Nach Meta-Analysen ist davon auszugehen, dass behandelte Straftäter signifikant seltener rückfällig werden oder mehr positive Veränderungen zeigen als unbehandelte Kontrollgruppen (z.B. Andrews et al., 1990; Gendreau & Goggin, 1996; Lipsey, 1992; Lipsey & Wilson, 1998; Lösel, 1995b; Redondo, Sanchez-Meca & Garrido, 1999). Die mittleren Effektstärken (Korrelationskoeffizient *Phi*) variieren von .05 bis ca. .20. Die mittlere Effektstärke (*ES*) liegt bei etwa .10 plus/minus .05 (Lösel, 1995a). Wenn die Rückfallquote in der Kontrollgruppe 50% beträgt, ist sie demnach bei der behandelten Gruppe um 10 Prozentpunkte niedriger. Neben diesem positiven Gesamtergebnis legen Meta-Analysen einen Unterschied zwischen verschiedenen Behandlungsmethoden nahe. Im folgenden werde ich vier Behandlungstypen diskutieren, die für Psychopathen in Frage kommen: (1) Psychotherapie, Verhaltensmodifikation und soziale Trainingsprogramme; (2) komplexere, den gesamten Kontext betreffende Programme wie therapeutische Gemeinschaften, Milieutherapie und Sozialtherapie; (3) traditionelle strafrechtliche Reaktionen, die auf Sanktion und Abschreckung zielen und (4) pharmakologische Behandlungen.

3.1 Psychotherapie, Verhaltenstherapie und soziales Training

Theoretisch fundierte, multimodale, kognitiv-behaviorale Therapien und soziale Trainings weisen Effekte auf, die deutlich über der mittleren *ES* liegen (z.B. Andrews et al., 1990; Gendreau & Goggin, 1996; Lipsey, 1992; Lipsey & Wilson, 1998; Redondo et al., 1999). Bei der ambulanten Behandlung von jugendlichen Straftätern scheinen auch familientherapeutische Maßnahmen vielversprechend zu sein (Lipsey & Wilson, 1998). Geringere Effekte zeigen schwach strukturierte psychodynamische Therapie, nondirektive Therapien, unspezifische Fallarbeit und Beratung, abschreckende Maßnahmen wie Boot Camps oder Diversion ohne psychosoziale Komponenten. Derartige Unterschiede sollten aber nicht zum traditionellen Schulenstreit in der Psychotherapie beitragen. Denn Etiketten wie „behavioral" „kognitiv-behavioral", „psychodynamisch", „nondirektiv" usw. können relativ oberflächlich sein. Zum Beispiel gelten „behaviorale" Programme in Meta-Analysen bei der Behandlung jugendlicher Straftäter als relativ erfolgreich (Lipsey, 1992). Spezielle operante Techniken wie Token economies scheinen aber keine überdauernden Effekte zu zeigen (Rutter, Gill & Hagell, 1998). Primär aversive Verfahren können z.B. bei Sexualstraftätern sogar negative Effekte haben (Hall, 1995). Anstelle breiter Therapie-Etiketten ist es deshalb nötig, die faktischen Inhalte von Programmen zu vergleichen. Diese können sich trotz verschiedener Herkunft durchaus ähneln. So haben selbst Psychoanalytiker für die Behandlung antisozialen Verhaltens nicht ihre klassischen Therapien empfohlen, sondern stärker strukturierte und erzieherische Maßnahmen (Eissler, 1949). Auf der anderen Seite können sich kognitiv-behaviorale und psychodynamische Ansätze durchaus ähneln (Pfäfflin, 1999; siehe auch die Individualpsychologie Alfred Adlers). Grundsätzlich dürften aber problemspezifische, theoretisch und empirisch gut fundierte Konzepte adäquater sein als allgemeine Modelle der Psychotherapieschulen. Angemessene Programme sollten mindestens drei Prinzipien beachten (Andrews et al., 1990): (a) Die Intensität der Behandlung sollte sich am Rückfallrisiko der Klienten orientieren (Risikoprinzip). (b) Die Behandlungsziele und -inhalte sollten sich auf die spezifischen kriminogenen Motive und Defizite der Straftäter beziehen (Bedürfnisprinzip). (c) Das Vorgehen sollte auf die jeweiligen Lernweisen und Fähigkeiten der Straftäter zugeschnitten sein (Ansprechbarkeitsprinzip). Programme, die diese drei Kriterien erfüllen, sind häufig, aber nicht notwendigerweise kognitiv-behavior ausgerichtet. Ihre mittleren Effektstärken liegen über .20 und damit deutlich über dem Gesamtdurchschnitt (Andrews et al., 1990; Gendreau & Goggin, 1996).

Da multimodale, kognitiv-behaviorale und ähnliche Behandlungen bei Gewalttätern, persönlichkeitsgestörten und anderen Intensivtätern erfolgversprechend sind (Beck, 1999; Blackburn 2000; Lösel, 1998), dürften sie auch in der Teilpopulation von Psychopathen am ehesten adäquat sein. Positive Ergebnisse bei Sexualtätern sprechen ebenfalls für derartige Ansätze (z.B. Hall, 1995; Lösel, in press; Marshall, Fernandez, Hudson & Ward, 1998). Programme zur kognitiven Umstrukturierung, zur Verbesserung der Selbstkontrolle, zum sozialen Problemlösen und zu anderen Fertigkeiten können die Rückfallgefahr vermindern, ohne schwer beeinflussbare Persönlichkeitszüge zu verändern. Allerdings ist auch bei solchen Ansätzen zu erwarten, dass Psychopathen schlechter abschneiden als andere Behandelte (z.B. Esteban, Garrido & Molero, 1995; Hughes, Hogue, Hollin, & Champion, 1997). Wie die Analyse von Esteban et al. (1995) zeigt, scheint dieser Unterschied bei den kognitiv-behavioralen Programmen aber geringer zu sein als bei sonstigen Maßnahmen.

3.2 Therapeutische Gemeinschaften, Milieutherapie und Sozialtherapie

Bei diesen Behandlungsformen handelt es sich nicht um einzelne, abgegrenzte Programme, sondern die Gestaltung des gesamten Kontexts. Therapeutische Gemeinschaften (TGen) versuchen, (a) ein humaneres und informelleres Klima zu schaffen als dies im sonstigen Strafvollzug der Fall ist; (b) den Insassen mehr Verantwortlichkeit zu übertragen; (c) therapeutische und unterstützende Gruppenprozesse zu fördern und (d) den Kontakt zur Außenwelt in den Bereichen Arbeit, Bildung, Freizeit und Sozialbeziehungen zu verstärken (z.B. Genders & Player, 1995). Dabei werden normalerweise auch die oben skizzierten Behandlungselemente (z.B. Einzeltherapie, soziale Trainingskurse) einbezogen, aber nicht gesondert evaluiert (vgl. Wischka und Wegner, in diesem Band).

Für diese komplexeren Behandlungsmodelle liegen weniger Untersuchungen vor als für die spezifischeren Programme. Da sich TGen vor allem an Intensivtäter wenden, ist es relativ schwierig, vergleichbare Kontrollgruppen zu bilden, die keinerlei Behandlung erhalten. Dies gilt insbesondere für Forensische Kliniken (z.B. Dolan, 1997; Robertson & Gunn, 1987). Eine Reihe von Studien zeigen eine positive Wirkung therapeutischer Gemeinschaften auf psychiatrische Symptome, soziale Einstellungen oder Fertigkeiten (z.B. Cullen, 1997; Genders & Player, 1995; Gunn et al., 1978; McCord, 1982; Hughes et al., 1997). Es scheinen auch weniger Schwierigkeiten in der Anstalt und bessere institutionelle Klimata zu bestehen (z.B. Cooke, 1989; Ortmann, 2000b; Peat & Winfree, 1992). Bezüglich Rückfälligkeit muß allerdings differenziert werden. Relativ schwach strukturierte und permissive TGen und Milieutherapien scheinen keinen positiven Effekt auf die Rückfälligkeit zu haben (z.B. Andrews et al., 1990; McCord, 1982; Wexler, Falkin & Lipton, 1990). Bessere Ergebnisse ergeben sich für hierarchischere TGen und Sozialtherapeutische Anstalten mit klarer Strukturierung von Zeit, Arbeit und Rollen; schrittweiser Verstärkung positiven Verhaltens durch mehr Selbstverantwortlichkeit; vom Behandlungsfortschritt abhängiger Öffnung zur Außenwelt; gezielter Entlassungsvorbereitung usw. (Lösel & Egg, 1997; Wexler et al., 1990). Die bisherigen Effekte der Sozialtherapie liegen bei etwa .10 plus/minus .05 (Lösel, 1995b, 1996). Dies ist zwar weniger als bei den besten der oben skizzierten Einzelprogramme, es muss aber berücksichtigt werden, dass auch die „unbehandelten" Kontrollgruppen im Normalvollzug manche

Maßnahmen in abgeschwächter Form erhalten. Gewalt- und Sexualtäter scheinen von sozialtherapeutischen Angeboten mehr zu profitieren als notorische Eigentumstäter (z.B. Ortmann, 2000b; Rehn, in diesem Band, S. 375f). Da unter letzteren die PCL-R-Werte nicht geringer sind als unter Gewalttätern (Bender & Lösel, 1999), ergeben sich hier Ansätze für eine differentielle Indikation.

Psychopathische Straftäter profitieren am wenigsten von traditionellen therapeutischen Gemeinschaften und ähnlichen Behandlungsmodellen (z.B. Dolan, 1997; Esteban et al., 1995; Harris, Rice & Cormier, 1995; Hughes et al., 1997; Ogloff, Wong & Greenwood, 1990; Reiss, Grubin & Meux, 1999; Robertson & Gunn, 1987). Dies gilt aber primär für die schwach strukturierten Ansätze. Unter solchen Umständen können sich bei Psychopathen sogar schlechtere Resultate zeigen als bei unbehandelten Tätern (Rice et al., 1992). Während einige TG-Formen bei Psychopathen kontraproduktiv sein mögen, sind klar strukturierte Ansätze vielversprechender (Lösel, 1998). Ebenso wie bei Drogenabhängigen und Sexualstraftätern sollten zudem Programme der Nachsorge und Rückfallvermeidung einbezogen werden (Cullen, 1997; Laws, 1999; Serin, 1995; Wexler, 1997).

3.3 Strafmaßnahmen und Abschreckung

Da die Straftäterbehandlung häufig unter Freiheitsentzug durchgeführt wird, sind diese Maßnahmen grundsätzlich mit Abschreckung und Strafe konfundiert. Auch innerhalb der Verhaltensmodifikation ist Strafe ein etabliertes Prinzip. Daher überlappen sich Maßnahmen, die unter dem Etikett „Strafe" subsumiert werden, teilweise mit den besprochenen Behandlungsansätzen.

Reine Straf- und Abschreckungsmaßnahmen zeigen bei Meta-Analysen nur schwache oder sogar negative Effekte in der Rückfälligkeit (z.B. Andrews et al., 1990; Lipsey, 1992; Lipsey & Wilson, 1998; Redondo et al., 1999). Auch neuere Konzepte des „smarteren" Strafens und alternative Sanktionen scheinen nicht wesentlich effektiver zu sein (Gendreau, Paparozzi, Little & Goddard, 1993; Petersilia, Turner & Dechenes, 1992). Gendreau & Goggin (1996) verglichen u.a. Evaluationsstudien zur bedingten Strafaussetzung, Wiedergutmachung, elektronischen Fußfessel, Drogentestung und Geldstrafe. Dabei ließen sich nur für die Wiedergutmachungsprogramme positive Effekte feststellen.

Nach derartigen Befunden ist es fraglich, ob die bloße Variation von Sanktionen wesentlich zur Rückfallvermeidung beiträgt (Gendreau, 1995). Dies gilt insbesondere für Psychopathen, da sie Defizite im Vermeidungslernen aufweisen und wenig ängstlich sind (Cleckley, 1976; Hare, 1995; Lykken, 1995). Daher ist bei Tätern mit hohen PCL-R-Werten das Rückfallrisiko nach der Haft oder unter Bewährung relativ hoch (Gendreau, Little & Goggin, 1995; Hart, Kropp & Hare, 1988; Harpur, Hare & Hakstian, 1989; Hemphill et al., 1998; Salekin et al., 1996). Dass sie wenig aus Sanktionen lernen, zeigt sich auch darin, dass Psychopathen im Vergleich mit anderen Intensivtätern eine höhere Vorstrafenbelastung haben und einen größeren Zeitanteil ihres Lebens in Haft verbringen

(Bender & Lösel, 1999; Hemphill, Templeman, Wong & Hare, 1998). Die Vorhersagevalidität der PCL-R gilt für verschiedene Deliktarten und insbesondere für Gewaltdelikte (Hemphill et al., 1998; Salekin et al., 1996; Serin, 1996). Natürlich ist primär der zweite PCL-Faktor prognostisch bedeutsam, da er den antisozialen Lebensstil umfasst. Es hängen aber auch die interpersonalen und affektiven Charakteristika des ersten Faktors mit dem Rückfall zusammen (Hemphill et al., 1998).

Diese Ergebnisse legen nahe, dass die traditionellen und modernen Maßnahmen des Strafrechts Psychopathen weniger beeindrucken als andere Tätergruppen. Dementsprechend wird bei „unbelehrbaren" Tätern leicht eine lang andauernde, selektive Verwahrung gefordert (Beispiel Kalifornien: „Three strikes and you are out"). Auch wenn eine solche Kriminalpolitik zeitweise populär sein mag, sind die ethischen, rechtlichen, empirischen und ökonomischen Probleme offensichtlich: (a) Gemäß dem Prinzip der Verhältnismäßigkeit muss die Länge der Inhaftierung auf die Schwere der Tat bezogen sein. (b) Obwohl die PCL-R ein bewährter Prädiktor für die Rückfallwahrscheinlichkeit ist, gibt es zahlreiche falsch prognostizierte Fälle. (c) Da sich die kriminelle Aktivität von Psychopathen erst in relativ hohem Alter verringert (Hare, McPherson & Forth, 1988), wäre eine Verwahrung über sehr lange Zeiträume notwendig. (d) Inhaftierung ist weniger kosteneffizient als etliche andere Interventionsmaßnahmen (Greenwood, Model, Rydell & Skolnick, 1994). (e) Viele Psychopathen werden zwar immer wieder straffällig, jedoch nicht unbedingt im Bereich der Schwerkriminalität. (f) Auf lange Sicht gerät eine Verwahrungspolitik nicht nur mit humanitären Werten in Konflikt, sondern kann wegen ihrer Kosten zu reduzierten Investitionen in Schulen oder Familienhilfen führen, was wiederum ein Kriminalitätsrisiko wäre.

3.4 Medikamentöse Behandlung

Da bei persistenter Kriminalität und Psychopathie auch biologische Faktoren eine Rolle spielen (z.B. Hare, 1995; Raine et al., 1997), ist zusätzlich an pharmakologische Behandlungen zu denken. Gray (1982, 1987) unterscheidet (a) das mesolimbische dopaminerge System, das bei konditionierter Belohnung oder Wegnahme negativ verstärkender Stimuli aktiviert wird (Behavioral Activation System oder Annäherungssystem; BAS); (b) das septohippocampale System mit den Transmittern Serotonin und Noradrenalin, das bei konditionierter Bestrafung und neuen Reizen aktiviert wird (Behavioral Inhibition System; BIS); (c) die Amygdala, die bei aversiven Stimuli wie extremem Lärm oder unerwarteten Angriffen aktiviert wird (Fight-Flight-System). Theorien zur Psychopathie nehmen eine relative Dominanz des BAS gegenüber dem BIS an (z.B. Newman & Wallace, 1993; Quay, 1993). Die Dominanz des BAS führt zu impulsivem und aggressivem Verhalten, geringer Frustrationstoleranz, vermindertem Vermeidungslernen und anderen Merkmalen, die Psychopathen zeigen. Da impulsive Aggressionen mit einem niedrigen serotonergen und noradrenergen Funktionsniveau verbunden zu sein scheinen, nicht aber mit gesteigerter dopaminerger Funktion (Markowitz & Coccaro, 1995), dürfte die Dominanz des BAS eher aus einem schwachen BIS resultieren als aus einer Überaktivität des BAS (Quay, 1993). Damit zusammenhängende Hypothesen beziehen sich auf individuelle Probleme bei der kognitiven Kontrolle und Bewertung eigener Reaktionen (Newman, 1998), funktionale Defizite im medialen Bereich des präfrontalen Cortex (Damasio, 1994; Raine, 1997) und mangelnde Mechanismen der Gewalthemmung (Blair, 1995). Leider basieren die pharmakologischen Studien zur Dissozialitätsbehandlung noch zu wenig auf solchen Theorien. Sie beziehen sich auch meistens auf keine PCL-R-Diagnosen der Psychopathie, sondern auf Patienten mit vielfältigen Komorbiditäten (Dolan & Coid, 1993; Tardiff, 1992). Bei den verschiedenen Psychopharmaka zeigt sich folgendes:

Sedierende Medikamente sind bei Psychopathen kontraindiziert (Dolan & Coid, 1993). Die Behandlung mit Benzodiazepin kann zu unterkontrolliertem Verhalten und Aggression führen (Browne et al., 1993). Von Lithium ist anzunehmen, dass es zur Hemmung des BAS beiträgt, indem es die Funktion des BIS verstärkt. Dies wurde bei der Behandlung von Patienten mit impulsiven und aggressiven Verhaltensausbrüchen oder mit Borderline-Persönlichkeitsstörung teilweise bestätigt (z.B. Goldberg, 1989). Über die Lithium-Behandlung von antisozialen Persönlichkeiten ist weniger bekannt (Wistedt, Helldin, Omerov & Palmstierna, 1994). Wegen seiner negativen Nebenwirkungen dürfte aber dieser Ansatz eher unangemessen sein (Hollweg & Nedopil, 1997; Markovitz, 1995).

Als Dopaminrezeptor-Blocker kann von *Neuroleptika* eine Dämpfung der Aktivität des BAS erwartet werden. Es gibt eine gewisse Indikation für schwach dosierte Neuroleptika bei agitierten antisozialen Personen, die auch schizotypische Merkmale aufweisen (Wistedt et al., 1994). Erfolgversprechender ist die Behandlung mit *Serotonin- Reuptake-Hemmern* (z.B. Fluoxetin, Sertralin). So fanden zum Beispiel Kavoussi, Liu und Coccaro (1994) in einer prospektiven Untersuchung mit Sertralin relativ günstige Auswirkungen auf impulsiv-aggressives Verhalten von persönlichkeitsgestörten Patienten. Es sind jedoch mehr kontrollierte Studien mit einer präzisen Psychopathie-Diagnose erforderlich.

Im Bereich der Sexualdelinquenz kommen *Testosteron-Antagonisten* wie Cyproteronazetat oder Medroxyprogesteron mit einigem Erfolg zum Einsatz (Hall, 1995; Wille, Schumacher & Andrzejak, 1990). Da Testosteron allgemein mit dominantem, aggressivem und impulsivem Verhalten in Zusammenhang steht, könnten Antiandrogene bei vielfältig dissozialen Sexualstraftätern und Psychopathen angebracht sein. Es ist jedoch nicht geklärt, inwieweit ein hoher Testosteronspiegel Ursache oder Folge von aggressiver Dominanz ist (Archer, 1991). Zudem sind die Testosteronspiegel der meisten Sexualstraftäter im Normbereich (Hucker & Bain, 1990). Hormone und Monoamine interagieren in einer dynamischen Weise, die Form und Intensität des Antriebs bestimmt (Everitt, 1983). Daher kann eine verminderte Serotoninaktivität das Sexualverhalten enthemmen und fördern, während eine Verminderung der zentralen Dopaminaktivität zu geringerer Motivation (einschließlich der männlichen Sexualität) beiträgt (Kafka, 1995).

Durch selektive Serotonin-Reuptake-Hemmer läßt sich so in geeigneten Fällen die Behandlung von Sexualstraftätern erweitern (Kafka & Prentky, 1992). Insgesamt liegt kein spezielles Medikament vor, das gegen Aggressivität, Impulsivität und Psychopathie bewährt ist (Markovitz, 1995; Wistedt et al., 1994). Je nach Komorbiditäten scheinen sich aber einige Perspektiven zu ergeben (Dolan & Coid, 1993). Aus rechtlichen und medizinischen Gründen wird die pharmakologische Therapie ohnedies nicht die erste und einzige Wahl darstellen. Wie die inzwischen standardmäßige Kombination von kognitiv-behavioraler Therapie und Pharmakotherapie bei der Depressionsbehandlung zeigt, sollten aber solche Wege nicht vorschnell ausgeschlossen werden. Möglicherweise ergibt die neurologische Forschung mit bildgebenden Verfahren weitere Ansatzpunkte für eine Verknüpfung von psychologischen, sozialen und biologischen Behandlungsmaßnahmen (Raine & Liu, 1998).

4. Schlussfolgerungen und Perspektiven für die Praxis

Dieser Beitrag zeigt gute Gründe dafür, sich näher mit der Frage zu befassen, wie der Staat am besten auf psychopathische Straftäter reagieren soll. Es besteht aber hierzu ein deutlicher Mangel an kontrollierter Forschung. Nach dem derzeitigen Kenntnisstand erscheinen *Psychotherapie, Verhaltenstherapie und soziale Trainings* teilweise als angebracht. Einigermaßen erfolgversprechend sind intensive, strukturierte, kognitiv-behaviorale und multimodale Programme, die auf die individuellen kriminogenen Bedürfnisse und Lernweisen der Straftäter abgestimmt sind. Gering strukturierte, nondirektive und psychodynamische Programme scheinen dagegen weniger adäquat zu sein. Auch die komplexeren *therapeutischen Gemeinschaften, Milieutherapien und Sozialtherapien* müssen differenziert beurteilt werden. Relativ permissive, schwach strukturierte Milieutherapie und therapeutische Gemeinschaften, die sich stark auf soziale Gruppenprozesse der Insassen verlassen, sind wahrscheinlich nicht indiziert (u.a. weil sie den manipulativen Tendenzen der Psychopathen entgegenkommen). Angemessener erscheinen gut strukturierte therapeutische Gemeinschaften und sozialtherapeutische Ansätze. *Verwahrende oder abschreckende Maßnahmen* schützen zwar die Gesellschaft so lange der Täter inhaftiert ist. Allerdings legt die Forschung nahe, dass Psychopathen davon wenig zu beeinflussen sind. Auch von modernen alternativen Sanktionen ist bei Psychopathen relativ wenig Wirkung zu erwarten. In manchen Fällen ist daran zu denken, die psychopathischen Defizite in der Verhaltenshemmung durch *pharmakologische Behandlung* zu mindern. Die Behandlung mit Serotonin-Reuptake-Hemmern und (bei einigen Untergruppen von Sexualstraftätern) Testosteron-Antagonisten bietet Ansatzpunkte, die auch an Psychopathen geprüft werden sollten.

Weder die Evaluationsforschung, noch die praktische Erfahrung zeigen derzeit einen Königsweg zur effektiven Behandlung von Psychopathie. Allerdings hat die Forschung einige Hinweise für angemessene Programme erbracht, die erprobt werden sollten. In England, Kanada und anderen Ländern hat man dementsprechend begonnen, sich intensiver dem Problem der psychopathischen Täter zu widmen. Geeignete Maßnahmen sollten nicht primär versuchen, die Kernpersönlichkeit zu verändern. Sie sollten aber den Tätern zu Erfahrungen und Fertigkeiten verhelfen, die es ihnen erlauben, ihre persönlichkeitsbedingten Verhaltensmuster besser zu kontrollieren und auf nichtkriminellem Wege auszuleben. Auf der Basis allgemeiner Qualitätsstandards für die Straftäterbehandlung (vgl. Lösel, 1995b; siehe auch Wischka & Specht, in diesem Band) und Forschungsergebnissen zur Psychopathie hat Lösel (1998) Prinzipien beschrieben, die bei dieser Tätergruppe besonders zu beachten sind. Dazu gehören:

1. Theoretisch gut fundiertes Konzept. Interventionen sollten nicht auf spezifischen Therapieschulen gründen, sondern auf dem empirischen Kenntnisstand über Psychopathie und delinquentes Verhalten. Geeignet sind insbesondere soziale Lerntheorien (Bandura, 1979; Beck, 1999), wie sie den kognitiv-behavioralen Programmen zu Grunde liegen. In diesem Rahmen haben sich in letzter Zeit Modelle zur sozialen Informationsverarbeitung bei aggressiven Individuen empirisch bewährt (Crick & Dodge, 1994; Lösel & Bliesener, 1999). Sie sind grundsätzlich auf die psychopathische Klientel übertragbar, müssen jedoch hier durch persönlichkeitspsychologische Befunde ergänzt werden (z.B. Serin & Kuriychuk, 1994). Ein adäquates Behandlungskonzept sollte auch Komorbiditäten (z.B. Alkoholismus, andere Persönlichkeitsstörungen), verschiedene Deliktarten (z.B. vorherrschende Gewalt-, Sexual-, Eigentumsdelikte) und mögliche Subtypen (z.B. emotional ansprechbarere, „sekundäre" Psychopathen) berücksichtigen. Grundsätzlich ist es realistischer, an psychopathischen Denkmustern oder Techniken der Selbstkontrolle zu arbeiten, als die Kernpersönlichkeit verändern zu wollen. Das Risiko, dass Programmelemente missbraucht werden, sollte ebenfalls beachtet werden.

2. Sorgfältige dynamische Diagnostik. Jede Intervention muss auf einer gründlichen Eingangs- und Verlaufsdiagnostik basieren. Sie enthält Informationen über Persönlichkeitsstörungen, klinische Syndrome und spezifische Verhaltensprobleme (Dolan & Coid, 1993). Dabei sollten standardisierte Maße wie die PCL-R als zentrale Indikatoren verwendet werden. Auch andere standardisierte Instrumente zur Psychopathie (z.B. Blackburn, 1987) oder - je nach Täter - zu spezifischen Risiken der Gewalt- oder Sexualdelinquenz sind zu empfehlen (z.B. Quinsey, Harris, Rice & Cromier, 1998; Boer, Hart, Kropp & Webster, 1997). Die mehr oder weniger oberflächliche Behandlungsmotivation ist genauer abzuklären (Dahle, 1994). Die genaue Analyse deliktspezifischer Informationen gibt Hinweise auf die Verbindung zwischen der psychopathischen Kernpersönlichkeit und spezifischen Rückfallrisiken. So weit wie möglich sollte sich die Diagnostik auf verschiedene Datenquellen sowie objektive Verhaltensindikatoren stützen und niemals allein auf die Aussagen des Täters.

3. Intensive Behandlung. In der Regel benötigen Psychopathen eine hohe Behandlungsintensität. Kurzzeitprogramme sind unangemessen. Da sie häufig persistente Straftäter und schuldfähig sind, dürfte der Großteil der Interventionen in Gefängnissen mit hoher Sicherheitsstufe stattfinden (Hemphill et al., 1998). Die Mitarbeit sollte durch eine gezielte Belohnungspraxis gestärkt werden. Daher dürfte ein erfolgreiches Programm weit mehr Zeit in Anspruch nehmen als bei vielen anderen Straftätern. Hohe Programmdosierungen und eine längere Behandlungsdauer scheinen bei Intensivtätern seltener zum Scheitern zu führen (Cullen, 1997; Dolan, 1997; Lipsey & Wilson, 1998). Ein vorzeitiger Abbruch aufgrund von nur oberflächlicher Anpassung von Psychopathen muss vermieden werden. Da Psychopathen häufig wegen ihres Fehlverhaltens und motivationaler Probleme aus Programmen ausscheiden (Jones, 1997; Rice et al., 1992), sollten irreguläre Behandlungsabbrüche soweit wie möglich vermieden werden (aber nicht durch Inkonsequenz in der Handhabung von Kriterien).

4. Klar strukturierter und kontrollierter Kontext. Der institutionelle Kontext muss die Verstärkung der für Psychopathen typischen Manipulationen, Beschuldigungen, Verhandlungsstrategien etc. vermeiden. Daher ist ein gut strukturierter und transparenter Kontext notwendig. Nach Möglichkeit sollten die therapeutischen Institutionen oder Abteilungen abgetrennt sein, um die Qualität des Behandlungskonzepts zu sichern (Hare, 1999; Lösel & Egg, 1997). Wegen zu erwartender Schwierigkeiten sollten sie sich nicht ausschließlich auf Psychopathen konzentrieren. Klare Regeln, Rechte, Pflichten und Verantwortlichkeiten müssen systematisch eingeführt und ständig kontrolliert werden. Dies schließt differenzierte Belohnungen (spezielle Freizeitprogramme, Besuche, Ausgang, Urlaub, Freigang) und deren Entzug bei Regelverletzungen ein. Klare Strukturen und Regeln helfen dem Personal und den Mitgefangenen, die Manipulationen durch Psychopathen zu reduzieren. Im Sinne einer ständigen Konfrontation mit der Realität können sie aber auch den Psychopathen helfen, ihre Reaktionsweisen neu zu evaluieren (Newman, 1998).

5. Positives institutionelles Klima. Obwohl ein konsequentes Verhalten der Beschäftigten besonders wichtig ist, muss der soziale Umgang prinzipiell sensibel, konstruktiv und unterstützend sein. Das heißt, es geht nicht nur um einzelne Behandlungsprogramme im Strafvollzug, sondern ein anderes Klima (Rehn, 1993; Woodward, 1997). Die Bedeutung des institutionellen Klimas für die Behandlung wird leider zu wenig untersucht (z.B. Andrews & Dowden, 1999; Moos, 1975). Da das Verhalten von Psychopathen relativ schnell zu Konflikten führen kann, besteht die Gefahr, dass die positiven Aspekte eines klar strukturierten Anstaltregimes in Kälte und Feindseligkeit umschlagen. Dadurch würde der interpersonale Stil des Psychopathen indirekt verstärkt werden. Um solchen Entwicklungen entgegenzusteuern, muss ständiges Augenmerk auf das institutionelle Klima und dessen Regulation gerichtet sein.

6. Ansatz an den spezifischen kriminogenen Bedürfnissen. Der Bezug auf die jeweiligen kriminogenen Faktoren ist besonders wichtig (Gendreau, 1995). Die individuellen Erfordernisse und Zwischenziele müssen aus der dynamischen Diagnostik hervorgehen. Ein zentraler Punkt bei der Arbeit mit Psychopathen ist, sie davon zu überzeugen, dass ihre Einstellungen und Verhaltensweisen letzlich ihren eigenen Interessen schaden (Hare, 1993). Angesichts ihrer Kernpersönlichkeit sind Versuche, ihre Empathie zu fördern weniger realistisch als bei anderen Straftätern. Es ist jedoch eher möglich, Kosten- und Nutzeneinschätzungen mehr auf ihr nicht-kriminelles Verhaltensspektrum zu verlagern, kriminogene Attributionsmuster zu relativieren, alternative Problemlösungen zu trainieren oder gegebenenfalls Alkoholismus und andere Abhängigkeiten zu behandeln. Dabei können auch attraktive nicht-kriminelle Rollenmodelle und Kontrollen durch die Umgebung des Psychopathen einbezogen werden. Da Psychopathen vor allem unmittelbare Bedürfnisbefriedigung wollen und Probleme haben, subtile Aspekte in komplexen Situationen zu erfassen (Hare, 1995; Kosson, 1996), sind Veränderungen im Bereich der Informationsverarbeitung sehr wichtig (Serin & Brown, 1996). Grundsätzlich ist es ratsam, sich bei der Programmgestaltung nicht auf zu breite Ziele zu konzentrieren. Möglicherweise kann auch das Drei-Faktoren-Modell der Psychopathie (Cooke & Michie, 1998) für eine Behandlungsdifferenzierung nützlich sein.

7. Orientierung am Ansprechbarkeitsprinzip. Wie bei anderen Intensivtätern sollten primär multimodale und kognitiv-behaviorale Programme implementiert werden. Diese sind zur Veränderung kognitiver Verzerrungen, Leugnungen und Rationalisierungen geeignet (Beck, 1999; Serin & Kuriychuk, 1994). Da nach dem Ansprechbarkeitsprinzip Behandlungsform und Tätertypus aufeinander abzustimmen sind, erscheinen flexible Programm-Module als geeignet. Standardprogramme zur Dissozialitätsbehandlung sind sinnvoll (z.B. Ross & Ross, 1995) und lassen sich je nach Fall durch andere Programme erweitern (z.B. bei Gewalttätern, Sexualtätern, Substanzabhängigen). Wie erwähnt, sollten alle Maßnahmen auf die Gefahr des Missbrauchs geprüft werden. Wenngleich fraglich ist, inwieweit Psychopathen eine therapeutische Beziehung aufbauen können, so scheint dies nicht prinzipiell unmöglich zu sein (Vaillant, 1975). Daher ist es wichtig, dass das Personal auch bei Schwierigkeiten eine zwar strikte und konsistente, aber grundsätzlich akzeptierende Haltung bewahrt.

8. Integrität des Programms. Mangelnde Integrität ist eine häufige Ursache für schwache Effekte potentiell erfolgreicher Programme (Andrews & Dowden, 1999; Lösel & Wittmann, 1989). Sie resultiert u.a. daraus, dass das Behandlungskonzept nicht ausreichend elaboriert ist. Es kann aber auch an mangelnden Fertigkeiten, konträren Einstellungen oder Motivationsproblemen des Personals liegen, wenn ein Programm nicht adäquat implementiert wird. Nicht selten trägt das Verhalten der Psychopathen selbst dazu bei. Daher ist die kontinuierliche Überwachung der Behandlungsausführung sehr wichtig. Durch ein solches „Monitoring" kann nicht nur die allgemeine Qualität des Programms gesichert oder verbessert werden, sondern es ist auch für Einzelfallentscheidungen nützlich. Einerseits werden Manipulationen und Konflikte auf seiten der Gefangenen transparenter, andererseits können negative Haltungen und Gegenübertragungsphänomene in spezifischen Therapeut-Klient-Beziehungen leichter erkannt werden.

9. Sorgfältige Auswahl, Schulung und Supervision des Personals. Alle bislang diskutierten Prinzipien erfordern ein besonders kompetentes Personal. Dabei spielen nicht nur berufliche Qualifikationen eine Rolle, sondern auch Persönlichkeitscharakteristika. Beispielsweise sind im Umgang mit psychopathischen Gefangenen erfahrene, psychisch gefestigte und doch differenzierte Beamte besonders geeignet. Neben der allgemeinen Aus- und Weiterbildung sollten spezifische Trainings über Psychopathie und deren Management erfolgen. Ständige Supervision ist hier ebenfalls sehr wichtig (Woodward, 1997). Unerfahrene und nicht spezifisch trainierte Mitarbeiter geraten bei der Arbeit mit Psychopathen leicht in typische destruktive Prozesse. Zum Beispiel kämpft man um persönliche Siege, macht sich zum Anwalt des Gefangenen, hat ständig Angst vor Manipulationen, ist leichtgläubig, reagiert pauschal defensiv oder erliegt der Faszination mancher Psychopathen (vgl. Doren, 1987). Anzustreben ist ein Mittelweg zwischen naivem Glauben und enttäuschtem Zynismus. Dabei ist die soziale Unterstützung der Kollegen und Vorgesetzten sehr wichtig (Roberts, 1995; Woodward, 1997).

10. Neutralisierung ungünstiger sozialer Netzwerke. Innerhalb und außerhalb der Institution fungieren deviante Peergruppen und Subkulturen als Modelle und verstärken oftmals antisoziale Tendenzen (Thornberry, 1998). Darum sollten Programme versuchen, diese Netzwerke zu neutralisieren. Durch die Konzentration von Individuen mit ähnlicher Problematik ist dies innerhalb von Institutionen besonders schwierig. Obwohl Psychopathen kein enges Verhältnis zu anderen haben, können sie wegen ihres oberflächlichen Charmes, ihrer Gewandtheit und ihrer Hafterfahrung leicht negativen Einfluss ausüben. Sie bringen Voraussetzungen mit, um zentrale Rollen im Hausdienst, beim Handeln, Schmuggeln oder Glücksspiel zu übernehmen. Das Personal muss sich solcher sozialer Prozesse bewusst sein und ausbeuterischen Beziehungen entgegenwirken. Günstig erscheint ein Wohngruppenvollzug, in dem explizite Verhaltensnormen existieren. Hierbei können Prinzipien, wie sie im Rahmen strukturierter therapeutischer Gemeinschaften entwickelt wurden, hilfreich sein (Wexler, 1997). Falls möglich, sollte bei Verlegungen darauf geachtet werden, dass psychisch relativ stabile und kooperative Insassen in der Gruppendynamik eine wichtige Rolle haben können (z.B. in der Konfrontation mit der Realität). Die Massierung von psychopathischen Tätern oder ein Umfeld besonders labiler und dependenter Mitgefangener sind dagegen weniger geeignet.

11. Natürliche protektive Faktoren. Die traditionelle Forschung und Praxis orientiert sich primär an Risikofaktoren und deren Verminderung. In letzter Zeit beschäftigt man sich jedoch auch mit natürlichen Schutzfaktoren (personalen und sozialen Ressourcen), die Delinquenzentwicklungen trotz vorhandener Risiken entgegenwirken (Lösel & Bender, in press). Ähnlich wie erfolgreiche Behandlungsmaßnahmen führen protektive Prozesse zu Wendepunkten im Verlauf einer kriminellen Karriere. Zum Beispiel können ein stabiler, warmherziger und kontrollierender Partner, Verwandter oder Vorgesetzter sowie positive Kompetenzen und Interessen der Person eine solche Funktion haben (Lösel & Bliesener, 1994; Werner & Smith, 1992). Da Psychopathen sehr unstetig sind, wird es oft an protektiven Faktoren in der sozialen Umwelt mangeln. Im Rahmen der Behandlung und Entlassungsvorbereitung sollte gleichwohl versucht werden, mögliche protektive Ressourcen zu stärken und kriminogenen Beziehungen entgegenzuwirken (z.B. Ditchfield, 1994; Motiuk, 1995).

12. Nachsorge und Rückfallprävention. Die Behandlung antisozialen Verhaltens hat oft nur kurzzeitige Effekte. Dies gilt besonders für persönlichkeitsgestörte Straftäter (Cullen, 1997). Deshalb ist die kontrollierte Nachsorge und Rückfallprävention sehr wesentlich, um anhaltende Wirkungen zu erreichen. Dies ist z.B. bei Sexualstraftätern und Substanzabhängigen sehr deutlich geworden (Annis, 1986; Laws, 1999). Auch entlassene Psychopathen sollten konsequent betreut und kontrolliert werden, um eventuelle positive Entwicklungen zu sichern (Serin, 1995). Dazu gehört eine besonders sorgfältige

Diagnostik, die möglichst umfassende und objektive Daten einbezieht. So blieb z.B. im belgischen Fall Dutroux offenbar unhinterfragt, wie er als Haftentlassener mehrere Fahrzeuge finanzieren konnte. Da die Selbstauskünfte bei Psychopathen besonders fragwürdig sind, könnten in geeigneten Fällen auch Methoden der elektronischen Überwachung geeignet sein. Bewährungshelfer und andere Personen in der ambulanten Betreuung sollten mit den wissenschaftlichen Fakten über Psychopathie vertraut sein. Verschiedene Dienste müssen eng miteinander kommunizieren, um Manipulationen zu vermeiden. Eventuelle Probleme mit dem Datenschutz sind rechtlich zu klären.

13. Systematische Programmevaluation. Das Wissen bezüglich des Umgangs mit Psychopathen muss kontinuierlich überprüft werden. Entsprechende Evaluationen sollten sich nicht nur auf Gesamtinstitutionen wie Sozialtherapeutische Anstalten beziehen, denn auf diese Weise erfährt man nicht genug über die spezifischen Prozesse, die für den Erfolg oder Mißerfolg wesentlich sind (Lösel, 1995c). Die systematische Dokumentation von Prozessdaten kann uns solche Informationen vermitteln (z.B. Ortmann, 2000b). Zukünftig sollten auch in Deutschland mehr spezifische Programme und Behandlungsmodule evaluiert werden, wie dies in Nordamerika der Fall ist. Auf dieser Ebene fällt es zudem leichter, äquivalente Kontrollgruppen zusammenzustellen. Allerdings sollten auch die komplexeren klimatischen und institutionellen Aspekte einbezogen werden, die teilweise in den nordamerikanischen Evaluationsstudien zur Straftäterbehandlung zu kurz kommen.

14. Frühzeitige Prävention und Intervention. Obwohl die Diagnose einer psychopathischen Persönlichkeitsstörung erst im Erwachsenenalter erfolgt, gibt es klare Hinweise auf eine Vorläuferentwicklung im Kindes- und Jugendalter (Frick, 1998; Forth & Burke, 1998; Lynam, 1996; Moffitt, 1993). So hat beispielsweise Frick (1998) bei verhaltensgestörten Kindern eine emotional wenig ansprechbare Untergruppe beschrieben, die sich selbst unter günstigen Sozialisationsbedingungen dissozial verhielt. Bei früh einsetzender Dissozialität kommt es oft zu einer sukzessiven Kumulation von Risiken, die letztlich in einen devianten Lebensstil mündet (Lösel & Bender, in press; Yoshikawa, 1994). Es ist deshalb angezeigt, mit Maßnahmen auch bei der sich entwickelnden Psychopathie anzusetzen. Frühzeitige Prävention kann langfristige Erfolge haben, doch ist hierzu noch viel mehr Forschung erforderlich (Farrington & Welsh, 1999; Tremblay & Craig, 1995). Erfolgreiche Maßnahmen für Risikokinder müssen einerseits kognitive und soziale Kompetenzen fördern sowie Impulsivität und Unaufmerksamkeit reduzieren. Nur auf das Kind bezogene Programme zeitigen aber überwiegend keine langanhaltenden Erfolge (z.B. Beelmann, Pfingsten & Lösel, 1994). Darum sollten sie mit Maßnahmen kombiniert werden, die am Erziehungsverhalten der Eltern ansetzen (z.B. Patterson, Reid & Dishion, 1992). Multimodale und früh einsetzende Intensivprogramme sind besonders vielversprechend (Lösel, Beelmann & Stemmler, 1998; Tremblay & Craig, 1995), müssen aber noch intensiv evaluiert werden.

15. Gesellschaftliche Rahmenbedingungen. Kulturelle Faktoren scheinen dafür bedeutsam zu sein, inwieweit sich psychopathische Persönlichkeitsdispositionen im Verhalten manifestieren oder nicht (Cooke, 1998; Hare, 1993). Zum Beispiel haben sich im modernen Wirtschaftsleben traditionelle Geschäftsbeziehungen gelockert, Organisationen sind sehr dynamisch geworden, im Management werden oft große Risiken eingegangen (Babiak, 1996). Zumindest zeitweilig bietet der aktuelle Strukturwandel eine Plattform für manipulatives, betrügerisches und allgemein psychopathisches Verhalten. Die Betonung des kurzfristigen Shareholder-Values, die Globalisierung, die hohe Mobilität und anonyme elektronische Kommunikationsformen können einen ähnlichen Effekt haben, indem sie soziale Bindungen und persönliche Verantwortlichkeiten in den Hintergrund treten lassen. Im Privatleben werden dauerhafte Beziehungen seltener, Massenmedien betonen die oberflächliche Sensation, den Thrill und einen Lebensstil im Hier und Jetzt. In vielen Filmen treten die Nuancen der sozialen Beziehungen, Emotionen und Sprache in den Hintergrund. Es dominieren Action, Aggression, Sex und triviale Rollenklischees. Ohne in einen pauschalen Kulturpessimismus zu verfallen, ist doch festzuhalten, dass solche gesellschaftlichen Muster den psychopathischen Dispositionen entgegenkommen. Sie sind keine Ursachen von Psychopathie, können aber dazu beitragen, dass diese sich leichter im Verhalten niederschlägt als unter anderen Rahmenbedingungen.

Insgesamt wissen wir noch viel zu wenig über den adäquaten Umgang mit psychopathischen und anderen persönlichkeitsgestörten Straftätern. Nachdem die Evaluation der Dissozialitätsbehandlung vom „Nothing works!" zu einem nuancierten „What works?" geführt hat, ist es dringend erforderlich, sich vermehrt der Frage zuzuwenden, bei welchen Straftätern welche Behandlungsformen erfolgversprechend sind und bei welchen nicht. Sowohl Sicherheits- als auch Kosten-Nutzen-Überlegungen sprechen dafür, dabei das Konzept der „Psychopathy" in der Diagnose und Behandlung stärker zu berücksichtigen.

Herausforderungen an die Sozialtherapie: Persönlichkeitsgestörte Straftäter

von Helmut Kury

„Menschlich aber bedeutet die Feststellung des Wesens eines Menschen eine Erledigung, die bei näherer Besinnung beleidigend ist und die Kommunikation abbricht."

K. Jaspers (1913)

1. Das Konzept der Persönlichkeitsstörungen

Das Konzept der Persönlichkeitsstörungen ist wenig klar, hat sich auch im Laufe der Zeit verändert. Nach Rasch (1986, S. 173) gelten „für die Beziehung zwischen Kriminalität und Krankheit ... letztlich die gleichen Überlegungen, die über die Beziehungen zwischen Kriminalität und Persönlichkeit angestellt wurden. Es ist kaum zu erwarten, dass zwischen zwei so unterschiedlichen und ständigen Veränderungen ausgesetzten Phänomenen klar umschreibbare Zusammenhänge bestehen. Andererseits ist unübersehbar, dass die Auswirkungen psychischer Störungen die Möglichkeiten eines Individuums einengen, sozialen Erwartungen zu genügen". Nach Grawe (1998, S. 578) sind Persönlichkeitsstörungen „durch das *langfristige* Bestehen von Auffälligkeiten im Erleben und Verhalten definiert". Die Psychiatrie kann nach Venzlaff (1986, S. 335) „nach wie vor nicht darauf verzichten, unter dem *Oberbegriff der Persönlichkeitsstörung* - der besser statt des Begriffs der Psychopathie angewandt werden sollte - eine Gruppe von Störungsbildern zusammenzufassen, die das Erleben, das Verhalten und die mitmenschlichen Beziehungen betreffen, die sich durch ihre weitgehende Konstanz auszeichnen, und die nicht oder nur sehr bedingt die an die Diagnose von Psychosen, Neurosen oder hirnorganischen Störungen anzulegenden Kriterien erfüllen. Wie bei den neurotischen Strukturen gibt es auch bei den Persönlichkeitsstörungen ohne Zweifel alle fließenden Übergänge zur Normalität". Den dissozialen bzw. soziopathischen Persönlichkeiten ist nach ihm gemeinsam, „dass sie besonders häufig defizitären, darüber hinaus erziehungsunfähigen Familien der Unterschicht entstammen" (Venzlaff, 1986, S. 336) ein geradezu „klassisches" Resultat, dass schon in frühen Untersuchungen zur Sozialisation „Straffälliger" festgestellt wurde, etwa von Glueck & Glueck (1950). Bereits in der Kindheit auftretende Verhaltensstörungen und Verwahrlosungssymptome, Aufenthalte in Heimen oder Pflegestellen, bewirken und fördern frühe delinquente Auffälligkeiten und behindern später in Beruf und Partnerschaft stabiles Verhalten. Ein Ergebnis, das immer wieder gefunden und bestätigt wurde, dessen Interpretation, gerade hinsichtlich prognostischer Entscheidungen jedoch vor dem Hintergrund schwierig wird, als nur ein Teil der Betroffenen straffällig wird und wir nach wie vor wenig Klarheit darüber haben, welches die entscheidenden Kriterien hierfür sind. So kommt Le Blanc (1998, S. 193) in seinem internationalen Überblick zu dem Ergebnis: „It was not possible to identify a completely satisfactory instrument, either for prevention screening or for risk assessment in the juvenile justice system, because all have significant methodological deficiencies. Also, it was not possible to identify the best predictors for screening, although there is a large consensus about the variable domains that are most important".

Nach Nedopil (1996, S. 132) wäre es falsch, „Persönlichkeitsstörungen zu kriminalisieren oder Kriminalität zu pathologisieren". Systematische Untersuchungen delinquenter Populationen haben zwar einige abweichende Persönlichkeitszüge und Verhaltensmuster im Vergleich zur Allgemeinbevölkerung und zu nicht-kriminellen Vergleichsgruppen gezeigt (Scheurer, 1993), eine Typologisierung, die der psychopathologisch orientierten Einteilung der Persönlichkeitsstörungen entspricht, fand sich jedoch nicht".

Aufgrund des unklaren und sich verändernden Konzepts der Persönlichkeitsstörungen ist deren Diagnostik schwierig. So betont etwa Venzlaff (1986, S. 342f.): „Außerordentlich bunt ist das delinquente Bild bei den *Persönlichkeitsstörungen*, da sich aus der großen Vielfalt der unterschiedlichen abnormen Artungen mannigfaltige Gefährdungsfaktoren für kriminelle Verhaltensweisen ergeben. Es sei aber ausdrücklich betont, dass es keine direkt-kausale Beziehung zwischen ‚Psychopathie' und Delinquenz etwa in dem Sinne gibt, dass aufgrund einer bestimmt gearteten Persönlichkeitsstörung gewissermaßen zwangsläufig und schicksalhaft kriminelles Verhalten vorgezeichnet wäre. Kriminalität ist ein außerordentlich komplexes sozial- und individualpsychologisches Problem mit vielfältigen Verklammerungsmöglichkeiten, für deren Zustandekommen das Vorliegen einer Persönlichkeitsstörung nur *ein* Gefährdungsfaktor ist".

Nach Venzlaff (1986, S. 344) stellen die sogenannten „Soziopathen bzw. die dissozialen Persönlichkeiten" eine kriminologisch besonders wichtige Gruppe unter den Persönlichkeitsstörungen dar. Gekennzeichnet seien diese durch kaputte familiäre Beziehungen, vielfach einer Heimkarriere. Sie werden von Gutachtern oft mit mehreren unterschiedlichen Etiketten bedacht. Diese Gruppe zeige „mangelnde Sühnefähigkeit und Strafempfänglichkeit in Verbindung mit der raschen Übernahme subkultureller Verhaltensstile im Strafvollzug, sowie das Erlernen weiterer krimineller Techniken ..." (S. 345). Es wird von der „Gefahr eines endgültigen Übergangs in Hangkriminalität" gesprochen (S. 345), die „Schwere der frühen Schädigung oder genetischen Belastung" bestimme die Prognose.

Nach Rasch (1986, S. 56f., 231ff.) werden als Synonyma für Persönlichkeitsstörung, so etwa in der ICD vielfach Psychopathie und Charakterneurose verwandt. Hinzufügen ließe sich „abnorme Persönlichkeit", ein Begriff, der in der Begutachtungspraxis zur Vermeidung der als abwertend verstandenen Diagnose der Psychopathie, verwandt werde. Nach ihm (1986, S. 232) sind mit den Persönlichkeitsstörungen „psychische Auffälligkeiten (gemeint), die nicht wie eine Krankheitsepisode eine Persönlichkeit vorübergehend befallen, sondern das Verhalten eines Individuums ständig oder über längere Zeiträume bestimmen, auch wenn dieses Verhalten nicht unabhängig von zusätzlichen Umständen ist. Die Diagnose der Persönlichkeitsstörung wird weitgehend von dem Maß abgeleitet, in dem eine Persönlichkeit sozial konfliktfrei lebt und akzeptiert wird. Stärker noch als bei anderen psychiatrischen Diagnosen hängt die Feststellung einer Persönlichkeitsstörung von gesellschaftlicher Situation und gesellschaftlicher Wertung ab". Das bedeutet, dass die Einschätzung von mehr oder weniger abweichendem Sozialverhalten als Persönlichkeitsstörung erheblich vom gesellschaftlichen und kulturellen Hintergrund, auch der Toleranz gegenüber „Abweichlern" abhängt. Nedopil (1996, S. 127) betont, der heute verwandte Begriff der Persönlichkeitsstörungen habe „vielerlei Wurzeln und ist trotz aller Bemühungen noch immer nicht scharf definiert". „Zur Genese von Persönlichkeitsstörungen wurden unterschiedliche Modelle entwickelt" (S. 129). Die heutige Definition von Persönlichkeitsstörungen lehnt sich vielfach an die Klassifikationen nach ICD-10 (Ziffer 60) bzw. DSM-IV (Ziffer 301) an (vgl. unten).

Ein wesentliches weiteres Problem, das gerade bei Persönlichkeitsstörungen auftritt, ist das der Komorbidität. Nach Grawe (1998, S. 573) wird mit dem Stichwort Komorbidität insgesamt ein Punkt angesprochen, „der zu den 'schlafenden Hunden' der Psychotherapieforschung zählt". Die Therapieforschung habe noch keine Konsequenzen aus der Komorbiditätsforschung gezogen. Diese habe sich dagegen zu einem Hauptthema psychopathologischer Forschung entwickelt. „Auch die Störungstheorien der verschiedenen therapeutischen Ansätze sind von dieser Forschung noch unbeeinflußt. Dementsprechend sind auch in der Konzeption der therapeutischen Vorgehensweisen keine Konsequenzen daraus gezogen worden" (S. 573). Weiterhin betont der Autor für die allgemeine Psychotherapieforschung: „Es ist noch gar nicht lange her, dass die Patienten, die im Rahmen einer Therapiestudie behandelt wurden, nur sehr unzureichend spezifiziert wurden, etwa als Neurotiker oder Psychosomatiker. Dieser Zustand wurde zurecht als unbefriedigend empfunden, weil man nur sehr ungenau angeben konnte, für wen die in einer Studie gefundenen Ergebnisse überhaupt galten" (vgl. Kiesler, 1966).

Auch in der Behandlung von Straffälligen ist dieses Problem offenkundig. Mehr oder weniger klar definierte therapeutische Maßnahmen werden Insassen von Sozialtherapeutischen Anstalten angeboten, die nach mehr oder weniger einheitlichen und umschriebenen Kriterien ausgewählt wurden. „Straffällige" ist kein einheitlicher Begriff, das einzige, was sie einigt, ist, dass sie eine Straftat begangen haben. Die dahinterstehenden Persönlichkeitsstrukturen, auf die sich die Behandlung bezieht, unterscheiden sich enorm. Werden auf so heterogene Gruppen mehr oder weniger dieselben Behandlungsmaßnahmen angewandt, verwundert es nicht, dass diese bei dem einen Teilnehmer wirken, beim nächsten jedoch vielleicht keine Veränderungen hervorrufen oder sogar kontraproduktiv sind. Die Behandlung Straffälliger bewegt sich hierbei vielfach noch auf einer Ebene, auf der jedem „Kranken" dieselbe „Medizin" verschrieben wird. Eine Spezifizierung der Behandlungsmaßnahmen erfordert auch spezifischere Persönlichkeitsdiagnosen und die Zuordnung von einzelnen Treatments zu speziellen Störungsbildern. Zu Recht betont etwa Rehn (2000, vor § 123 Rz.7), dass es trotz inzwischen umfangreichen Schrifttums nach wie vor an einer Theorie der Sozialtherapie fehle. Diese könne aber auch verhindern, „dass Gestaltungsmaximen unreflektiert den

Traditionen des Strafvollzuges entnommen werden und dass 'Therapie' sonst weitgehend unveränderten Vollzugsgebräuchen lediglich additiv beigefügt wird".

Die Störungsdiagnostik hat Fortschritte gemacht, es sind vor dem Hintergrund der ICD-10 oder des DSM-IV inzwischen zuverlässigere Diagnosen in der allgemeinen Psychotherapieforschung möglich und üblich. „Seitdem ist man in der Therapieforschung dazu übergegangen, nach Störung homogenisierte Patientengruppen zu behandeln, damit man hinterher sagen kann, die gefundenen Ergebnisse gelten für die und die Störung" (Grawe, 1998, S. 573). Hier hat die Behandlung Straffälliger noch einen erheblichen Nachholbedarf (vgl. aber Lösel, in diesem Band). Ansätze zu einer störungsspezifischen Behandlung finden sich beispielsweise in der Therapie von Sexualstraftätern, wo nun auch in Deutschland spezifische Programme für diese Tätergruppe zum Einsatz kommen, etwa in Anlehnung an ausländische Modelle (vgl. Berner & Becker sowie Wischka et al., jeweils in diesem Band). Auf der Therapieseite versucht man das Vorgehen in der Behandlung, etwa durch Manuale möglichst spezifisch zum Störungsbild zur Passung zu bringen. Dieses Vorgehen beruht aber auf einer problematischen Voraussetzung. „Der Psychotherapiepatient, der sich genau einer und nur einer Störungskategorie zuweisen läßt, stellt eher eine Ausnahme dar. In Wirklichkeit haben viele, wenn nicht die meisten Psychotherapiepatienten mehr als eine diagnostizierbare psychische Störung" (Grawe, 1998). Das gilt zweifellos nicht nur für die „allgemeine" Psychotherapie, sondern ebenso für die Behandlung Straffälliger. Forschungsergebnisse aber, die an einer homogenen Patientengruppe gefunden wurden, gelten nur für einen Teil der Patienten mit solchen Störungen, nämlich eben für denjenigen, der nur diese Störung hat und nicht noch eine oder mehrere andere. Es muss von Interaktionseffekten zwischen einzelnen Störungen ausgegangen werden. Grawe zeigt die Komorbidität am Beispiel der Somatisierungsstörung. „Somatisierung meint die Entwicklung von Körpersymptomen ohne organische Ursache und ohne tatsächlich nachweislichen körperlichen Befund" (S. 575). Die Komorbidität der Somatisierungsstörung (vgl. a. Brown u.a., 1990; Golding u.a., 1991; Rief u.a., 1992), d.h. der Anteil der Patienten mit Somatisierungsstörungen, der gleichzeitig eine andere psychische Störung hat, nur bezogen auf Persönlichkeitsstörungen ist erheblich (Grawe 1998, S. 576). So haben insgesamt 61 % Persönlichkeitsstörungen, davon 37 % zwei oder mehr, 27 % haben eine selbstunsichere Persönlichkeitsstörung, 21 % eine Paranoide, 17 % eine zwanghafte, 15 % eine schizotypische, 11 % eine histrionische, weitere 11 % eine borderline, 9 % eine abhängige, 3 % eine narzisstische und schließlich weitere 3 % eine schizoide Persönlichkeitsstörung. Das bedeutet, dass ein Patient mit einer Somatisierungsstörung im Durchschnitt fast vier weitere zusätzliche Störungen hat (S. 576). In der allgemeinen Psychotherapie stellt der Patient „meistens eine bestimmte Symptomatik in den Vordergrund und wenn man kein standardisiertes diagnostisches Interview durchführt, übersieht man leicht, dass er auch die Kriterien für andere Diagnosen erfüllt" (1998, S. 576). Komorbidität mit anderen Störungen ist für jede psychische Störung zu finden (Grawe, 1998, S. 577). Das gilt selbstverständlich auch für Straffällige, hier u.U. noch in ausgeprägterem Ausmaße als für „normale" Psychotherapiepatienten, eine Schwierigkeit, die bisher in der entsprechenden Behandlungsforschung vielfach vernachlässigt wurde und die den Erfolgsnachweis von therapeutischen Programmen erheblich erschwert.

Auch Fiedler (1997, S. 201) weist auf das Problem der Komorbidität, insbesondere auch bei der dissozialen und antisozialen Persönlichkeitsstörung hin. In bisherigen Studien sei die Zahl der gefundenen Überlappungen zwischen antisozialer und anderen Persönlichkeitsstörungen groß. Ein Problem in diesem Zusammenhang ist nach Fiedler (1997, S. 363), dass eine der wesentlichsten Eigenarten der Persönlichkeitsstörungen die Tatsache betreffe, „dass es sich bei ihnen nicht um eindeutig voneinander abgrenzbare Entitäten handelt". Auch nach ihm lassen sich bei einer betroffenen Person vielfach immer auch eine oder mehrere weitere Persönlichkeitsstörungen finden. „Das Komorbiditätsproblem ist in den letzten Jahren zu einem zentralen Forschungsfeld im Bereich psychischer Störungen ausgewachsen. Denn das Vorliegen einer Komorbidität ist von beträchtlicher Bedeutung für das jeweilige Verständnis, die Behandlung und den Verlauf der psychischen Gestörtheit eines Menschen" (Fiedler, 1997, S. 363). Bei der dissozialen Persönlichkeitsstörung finde sich vor allem eine Komorbidität mit narzisstischer, histrionischer, passiv-aggressiver und/oder Borderline-Persönlichkeitsstörung (Fiedler, 1997, S. 373). Was die Prävalenz von antisozialen bzw. dissozialen Persönlichkeitsstörungen betrifft (S. 382), fanden Reich et al. (1989) einen Anteil von 0,4 %, Zimmerman & Coryell (1990) 0,9 % bei Selbsteinschätzung mittels Fragebogen, aber 3,0 % bei Fremdrating, was auf die enorme Bedeutung der Erfassungsmodalitäten hinweist, Maier u.a. (1992) 0,2 %, Fydrich u.a. (1996) ebenfalls 0,2 % und Loranger u.a. (1994) 2,8 % bei Definition nach dem DSM bzw. 1,8 % nach ICD. Wie nicht anders zu erwarten, hat somit auch das zugrunde gelegte diagnostische Instrumentarium einen wesentlichen Einfluss auf die gefundenen Ergebnisse.

Saß (1987a) untersuchte 144 Probanden forensisch und kommt zu dem Ergebnis, dass es im Einzelfall unbedingt notwendig sei, bei Vorliegen der Diagnose antisoziale Persönlichkeitsstörung einerseits sorgsam die Möglichkeiten einer Komorbidität mit anderen psychischen Störungen aufzuklären, andererseits eine Abgrenzung zur Dissozialität, ohne Bezug zu psychischen Störungen, vorzunehmen. Nach seiner Auffassung ergeben sich 4 grobe Typologien mit jeweils unterschiedlichen therapeutischen und forensischen Schlussfolgerungen (Saß, 1987a, S. 82ff.):

- Hauptdiagnose ist eine der Persönlichkeitsstörungen, es fehlt aber eine aktiv intendierte Delinquenz (psychopathische Persönlichkeitsstörungen),
- zusätzlich zur Persönlichkeitsstörung liegt aktive Delinquenz vor, Komorbidität ist gegeben, (soziopathische Persönlichkeitsstörung),
- Berufskriminelle, es ist keine Persönlichkeitsstörung vorhanden,
- Antisoziale Persönlichkeitsstörung im Sinne der Diagnosesysteme liegt vor.

Venzlaff (1986, S. 337) betont im Zusammenhang mit dem Konzept der Borderline-Persönlichkeitsstörung, dass dieses ein Verständnis vieler Patienten mit „besonders schweren Neurosen" ermögliche. Es gäbe „eine - offenbar zunehmende - Gruppe von Patienten, die nicht *ein* umschriebenes Symptom zeigen, ..., sondern die vielfältige Symptome aus verschiedenen Neurosebereichen gleichzeitig oder in zeitlicher Folge aufweisen: schizoide, zwanghafte und hysterische Symptome, süchtiges Verhalten, polymorphe sexuelle Perversionen, multiple Phobien und frei flottierende Ängste".

Nach Nedopil (1986, S. 130) sind nach DSM-IV „bei Vorliegen der entsprechenden Kriterien mehrere Persönlichkeitsstörungen gleichzeitig zu diagnostizieren. In epidemiologischen Untersuchungen haben sich vielfache Überlappungen zwischen den Persönlichkeitsauffälligkeiten gezeigt. Bestimmte Persönlichkeitsstörungen, deren Merkmale oft gemeinsam bei einem Menschen auftreten, lassen sich zu *Clustern* zusammenfassen". So beschreibe Cluster A „befremdende und exzentrische Persönlichkeiten" (paranoide, schizoide und schizotypische Persönlichkeitsstörung), Cluster B dramatische und emotionale Persönlichkeiten (antisoziale, Borderline, histrionische, narzisstische Persönlichkeitsstörung), Cluster C unsichere und ängstliche Menschen (selbstunsichere, dependente, zwanghafte Persönlichkeitsstörung). Er beschreibt kurz 10 Persönlichkeitsstörungen, u.a. dissoziale Persönlichkeiten (S. 130f.). Diese fallen nach ihm „durch ihren Mangel an Empathie, durch ihr Unvermögen, längerfristige Bindungen aufrechtzuerhalten, durch geringe Frustrationstoleranz und durch die Neigung zu aggressivem und gewalttätigem Ausagieren auf. Sie empfinden keine Schuld und sind kaum in der Lage, aus Erfahrungen zu lernen. Sie rationalisieren ihr Fehlverhalten oder beschuldigen andere als dessen Urheber. Ihre Impulskontrolle ist gering, sie erscheinen kontinuierlich gereizt. Die Bedingungsfaktoren einer dissozialen Persönlichkeitsstörung sind sowohl in einer genetischen Prädisposition wie in neurologischen Defiziten (Geburtskomplikationen, Entwicklungsverzögerung, niedriger IQ, kindliche Hirntraumata oder -entzündungen), vor allem aber in Störungen der psychosozialen Entwicklung, z.B. durch Verlust eines oder beider Elternteile, durch wechselnde Bezugspersonen in Kindheit und Jugend, durch physischen oder sexuellen Mißbrauch oder durch Kriminalität in der Familie zu sehen". Zwillingsstudien legen hereditäre Faktoren nahe (vgl. etwa Nigg & Goldsmith, 1994). Die Fragen, wie groß der jeweilige Anteil von Erb- und Umwelteinflüssen auf eine spätere Dissozialitätsentwicklung ist, oder ob sie additiv oder interaktiv wirken, lassen sich nicht beantworten (Amelang, 1986). Als zentrale Ursache für Persönlichkeitsstörungen wird somit immer wieder auf mehr oder weniger massive Sozialisationsdefizite hingewiesen, die in aller Regel zahlreiche Verhaltensauffälligkeiten bewirken. So kommen Huizinga u. Jakob-Chien (1998, S. 67) in ihrem Überblick zu schweren und gewalttätigen Jugendstraftätern zu dem abschließenden Resultat, dass diese Gruppe „... were likely to have problems besides their involvement in delinquency. Over 90 % had at least one other problem, and about 75 % hat two or more of the problems examined. In this sense, serious and violent juvenile offenders can truly be considered multiple-problem youth".

Dissoziale Persönlichkeitsstörungen werden bei strafrechtlichen Begutachtungen häufig diagnostiziert (vgl. Nedopil, 1996, S. 132). Sie betragen je nach Untersuchung 50 % bis 90 % der Gefängnispopulation (Saß, 1987a, 1987b) bzw. zwischen 40 % und 100 % der Kriminellen (Schneider, 1986). D.h. einige Autoren kommen zu dem Ergebnis, dass gar jeder Straffällige mindestens eine Persönlichkeitsstörung hat, dass somit alle Straftäter persönlichkeitsgestört sind. Neben Personen mit dissozialer Persönlichkeitsstörung neigen nach Nedopil vor allem Borderline-Patienten (übermäßige Kränkbarkeit und impulsive Aggressivität), histrionische Persönlichkeiten (Betrugsdelinquenz aufgrund Geltungsbedürfnis, Hochstapelei, Schwindel) und paranoide Persönlichkeiten (Querulanten,

Eifersucht) zu Straffälligkeit. Schizoide Persönlichkeitsstörungen fänden sich dagegen in der forensischen Psychiatrie selten. Nach dem DSM-IV (S. 732) liegt die Gesamtprävalenz der antisozialen Persönlichkeitsstörung bei Stichprobenuntersuchungen in der Allgemeinbevölkerung ca. bei 3 % für Männer und 1 % für Frauen. Prävalenzschätzungen in klinischen Einrichtungen brachten Werte zwischen 3 % und 30 % in Abhängigkeit von den Hauptcharakteristika der untersuchten Population. „Noch höhere Prävalenzraten finden sich in Suchtbehandlungszentren, in Gefängnissen oder in forensischen Einrichtungen".

Straffällige kommen in den Strafvollzug, weil sie straffällig geworden sind. Diese Straffälligkeit wird in der Regel in Zusammenhang mit einer Persönlichkeitsproblematik gesehen, die es zu behandeln gilt. Diese Persönlichkeitsproblematik wird vielfach in einer Eingangsuntersuchung zu erfassen versucht, wobei diese Untersuchungen oft wenig spezifisch sind, die angewandten psychodiagnostischen Verfahren sind für diese Population in aller Regel wenig aussagekräftig, spezifische, für Strafvollzugspopulationen entwikkelte und genormte diagnostische Verfahren gibt es bei uns kaum. Unter Umständen ergibt sich diese Persönlichkeitsproblematik auch aus einem bei den Akten befindlichen Gutachten, das etwa im Rahmen des Strafverfahrens erstellt wurde. Auch die Resultate dieser Gutachten sind jedoch oft wenig valide (vgl. Kury, 1999a; 1999b; s. auch Nowara, in diesem Band). So betont etwa Nedopil (1996, S. 133) zur Begutachtung der Persönlichkeitsstörungen, dass diese „in allen Rechtsbereichen *schwierig* (sei), da schon die klinische Abgrenzung zwischen Persönlichkeitsakzentuierungen und Persönlichkeitsauffälligkeiten, die bereits als pathologisch zu bezeichnen sind, *problematisch* ist. Die Zuordnung wird nicht nur von der Symptomatik selbst, sondern auch von den gesellschaftlichen Vorstellungen und von der Einstellung des Untersuchers mitbestimmt. Ob eine Persönlichkeit sich selbst als leidend oder von der Umwelt als gestört oder störend empfunden wird, hängt zudem von der Lebenssituation und den sozialen Bezügen der Betroffenen ab ... Die Zuordnung zu einem rechtlich definierten Krankheitsbegriff bleibt somit in jedem Einzelfall eine Gratwanderung, die vom Gutachter eine fundierte Darlegung seiner Entscheidungslogik erfordert". Pauschallösungen können nicht angeboten werden, selbst nicht bei der Schuldfähigkeitsbegutachtung, wo man mit dem vierten Merkmal der „schweren anderen seelischen Abartigkeit" des § 20 StGB eine Auffangkategorie u.a. auch für die Persönlichkeitsstörungen geschaffen hat.

1.1 Persönlichkeitsstörungen nach ICD-10

Nach ICD-10 umfassen die Gruppen F60-F69 die Persönlichkeits- und Verhaltensstörungen (S. 210ff.). Beschrieben werden diese als „klinisch wichtige, meist lang anhaltende Zustandsbilder und Verhaltensmuster. Sie sind Ausdruck des charakteristischen, individuellen Lebensstils, des Verhältnisses zur eigenen Person und zu anderen Menschen. Einige dieser Zustandsbilder und Verhaltensmuster entstehen früh im Verlauf der individuellen Entwicklung als Folge konstitutioneller Faktoren wie auch sozialer Erfahrungen, während andere später im Leben erworben werden" (S. 210). Die Gruppen F60-F62 umfassen spezifische Persönlichkeitsstörungen, kombinierte und andere Persönlichkeitsstörungen und anhaltende Persönlichkeitsänderungen (S. 211ff.). Diese Störungen umfassen „tief verwurzelte, anhaltende Verhaltensmuster, die sich in starren Reaktionen auf unterschiedliche persönliche und soziale Lebenslagen äußern. Dabei findet man gegenüber der Mehrheit der betreffenden Bevölkerung deutliche Abweichungen im Wahrnehmen, Denken, Fühlen und in Beziehungen zu anderen. Solche Verhaltensmuster sind meistens stabil und beziehen sich auf vielfältige Bereiche von Verhalten und psychischen Funktionen". Der Unterschied zwischen Persönlichkeitsstörungen und Persönlichkeitsänderungen (S. 211) wird darin gesehen, dass Persönlichkeitsstörungen bereits in der Kindheit oder Adoleszenz beginnen und im Erwachsenenalter andauern. „Sie beruhen nicht auf einer anderen psychischen Störung oder einer Hirnerkrankung, obwohl sie anderen Störungen voraus- und mit ihnen einhergehen können. Persönlichkeitsänderungen dagegen werden im Erwachsenenalter erworben, in Folge schwerer oder anhaltender Belastungen, extremer, umweltbedingter Deprivation, ernstzunehmenden psychiatrischen Störungen und Hirnerkrankungen oder -verletzungen".

Insgesamt werden nach ICD-10 Persönlichkeitsstörungen anhand von Merkmalsgruppen, die den häufigsten oder auffälligsten Verhaltensmustern entsprechen, unterteilt (S. 211). Die diagnostische Einschätzung muss dabei auf möglichst vielen Informationen beruhen. „Kulturelle oder regionale Unterschiede beeinflussen die Entwicklung von Persönlichkeitseigenschaften, doch das spezifische Wissen in diesem Bereich ist noch spärlich. Die in einem bestimmten Teil der Welt häufigen Persönlichkeitsstörungen, die den hier beschriebenen Typen nicht entsprechen, können als ‚andere' Persönlichkeitsbilder klassifiziert werden" (S. 212). Hier wird in aller Deutlichkeit auf die Kulturabhängigkeit der Diagnostik von Persönlichkeitsstörungen hingewiesen, eine Problematik die bei einem wachsenden Ausländeranteil in der Bevölkerung nicht zu vernachlässigen ist. Bei den spezifischen Persönlichkeitsstörungen (F 60, S. 212) liege „eine schwere Störung der charakterlichen Konstitution und des Verhaltens vor, die mehrere Bereiche der Persönlichkeit betrifft. Sie geht meist mit persönlichen und sozialen Beeinträchtigungen einher. Persönlichkeitsstörungen treten häufig erstmals in der Kindheit oder in der Adoleszenz in Erscheinung und manifestieren sich endgültig im Erwachsenenalter". Als allgemeine diagnostische Leitlinien (S. 213) werden genannt: Die Zustandsbilder gehen nicht direkt auf Hirnschädigungen oder -krankheiten oder auf eine andere psychiatrische Störung zurück. Kriterien, die sie erfüllen, seien:

1. Deutliche Unausgeglichenheit in den Einstellungen und im Verhalten in mehreren Funktionsbereichen (Affektivität, Antrieb, Impulskontrolle, Wahrnehmen und Denken, Beziehung zu anderen),
2. andauerndes abnormes Verhaltensmuster,
3. dieses ist tiefgreifend und in vielen persönlichen und sozialen Situationen eindeutig unpassend,
4. Die Störungen beginnen immer in der Kindheit oder Jugend und manifestieren sich auf Dauer im Erwachsenenalter,

5. Die Störung führt zu deutlichem subjektiven Leiden, manchmal erst im späteren Verlauf,
6. meist ergeben sich aufgrund der Störung deutliche Einschränkungen der beruflichen und sozialen Leistungsfähigkeit.

Für die Diagnose müssen mindestens drei der jeweils bei den Untergruppen genannten Eigenschaften oder Verhaltensweisen vorliegen.

Untergruppen von F60 sind folgende Persönlichkeitsstörungen:
- paranoide, - schizoide, - dissoziale, - emotional instabile (- impulsiver Typ, - Borderline Typus), - histrionische, - anankastische (zwanghafte), - ängstliche (vermeidende), - abhängige (asthenische), - andere (narzisstische, exzentrische, haltlose, unreife, passivaggressive, (psycho)neurotische), - nicht näher bezeichnete Persönlichkeitsstörungen (Charakterneurose, - pathologische Persönlichkeit).

F61 beinhaltet kombinierte und andere Persönlichkeitsstörungen, diese weisen nicht die spezifischen Symptombilder von F60 auf. Es herrschen hier mehrere Merkmale verschiedener Störungen vor, die keine spezifische Diagnose erlauben. F62 schließlich beinhaltet andauernde Persönlichkeitsänderungen, die nicht Folge einer Schädigung oder Erkrankung des Gehirns sind.

Die kriminologisch interessante Persönlichkeitsstörung ist die unter F60.2 definierte und umschriebene dissoziale Persönlichkeitsstörung (S. 214f.). Sie fällt auf durch eine „große Diskrepanz zwischen dem Verhalten und den geltenden sozialen Normen". Charakterisiert ist sie nach der ICD durch folgende Merkmale:

1. Dickfelliges Unbeteiligtsein gegenüber den Gefühlen anderer und Mangel an Empathie,
2. Deutliche und andauernde Verantwortungslosigkeit und Missachtung sozialer Normen, Regeln und Verpflichtungen,
3. Unvermögen zur Beibehaltung längerfristiger Beziehungen,
4. Sehr geringe Frustrationstoleranz und niedrige Schwelle für aggressives, auch gewalttätiges Verhalten,
5. Unfähigkeit zum Erleben von Schuldbewusstsein und zum Lernen aus Erfahrungen, besonders aus Bestrafung,
6. Neigung, andere zu beschuldigen oder vordergründige Rationalisierungen für das eigene Verhalten anzubieten, durch das die Person in einen Konflikt mit der Gesellschaft gerät,
7. Andauernde Reizbarkeit.

Als dazugehörige Begriffe werden genannt (S. 215): - soziopathische Persönlichkeit(sstörung), - asoziale Persönlichkeit(sstörung), - antisoziale Persönlichkeit(sstörung) und - psychopathische Persönlichkeit(sstörung).

1.2 Persönlichkeitsstörungen nach DSM-IV (1996)

Das DSM-IV ist neben der ICD-10 das zweite große, internationale Klassifikationssystem für Krankheiten. Bei der Komplexität solcher Klassifikationen, der Schwierigkeit eindeutiger Gruppenbildung und damit Diagnose und Zuordnung einzelner Störungen zu übergeordneten Klassen verwundert es nicht, dass es zu Unterschieden zwischen beiden Systemen kommt. Das DSM-IV beschreibt insgesamt zehn verschiedene Formen von Persönlichkeitsstörungen (S. 711ff). Allgemein und übergreifend wird eine Persönlichkeitsstörung umschrieben als „überdauerndes Muster von innerem Erleben und Verhalten ..., das merklich von den Erwartungen der soziokulturellen Umgebung abweicht, tiefgreifend und unflexibel ist, seinen Beginn in der Adoleszenz oder im frühen Erwachsenenalter hat, im Zeitverlauf stabil ist und zu Leid oder Beeinträchtigungen führt" (S. 711).

Als einzelne Persönlichkeitsstörungen werden genannt und umschrieben (S. 711):

- paranoide (Misstrauen u. Argwohn, Motive anderer werden als böswillig erlebt),
- schizoide (Distanziertheit in sozialen Beziehungen, eingeschränkte Emotionalität),
- schizotypische (starkes Unbehagen in nahen Beziehungen., Denk- und Wahrnehmungsverzerrungen, Verhaltenseigentümlichkeiten),
- antisoziale (Missachtung u. Verletzungen der Rechte anderer),
- borderline (Instabilität in Beziehungen, in Selbstbild uund Affekten, deutliche Impulsivität),
- histrionische (übermäßige Emotionalität, Heischen von Aufmerksamkeit),
- narzisstische (Großartigkeitsgefühle, Bedürfnis nach Bewundertwerden, mangelnde Empathie),
- vemeidend-selbstunsichere (soziale Hemmung, Unzulänglichkeitsgefühle, Überempfindlichkeit gegenüber negativer Bewertung),
- dependente (unterwürfiges uund anklammerndes Verhalten, übermäßiges Bedürfnis nach Umsorgtwerden),
- zwanghafte (ständige Beschäftigung mit Ordnung, Perfektionismus und Kontrolle),
- nicht näher bezeichnete Persönlichkeitsstörung (mehrere verschiedene Formen ohne Erfüllung der Kriterien einer Störung, das Muster einer Störung ist erfüllt, diese ist aber nicht aufgenommen, wie beispielsw. die passiv-aggressive).

Die einzelnen Persönlichkeitsstörungen werden nun nach deskriptiver Ähnlichkeit weiter drei übergeordneten Hauptgruppen zugeordnet (S. 712):

Cluster A: Paranoide, schizoide und schizotypische Persönlichkeitsstörung (sonderbar, exzentrisch),
Cluster B: Antisoziale, Borderline, histrionische, narzisstische Persönlichkeitsstörung (dramatisch, emotional oder launisch) und
Cluster C: vermeidend-selbstunsicher, dependent, zwanghaft (ängstlich, furchtsam).

Als diagnostische Merkmale zur Erkennung einer Persönlichkeitsstörung werden überdauernde Muster, die in einem breiten Spektrum zum Ausdruck kommen, genannt (S. 712). Nach DSM-IV wird vor dem 18. Lebensjahr eine Persönlichkeitsstörung nicht diagnostiziert. Sie wird auch nur dann diagnostiziert, wenn bereits vor Vollendung des 15. Lebensjahres Symptome einer Störung des Sozialverhaltens vorlagen. „Nur dann, wenn Persönlichkeitszüge unflexibel und unangepaßt sind und in bedeutsamer Weise zu Funktionsbeeinträchtigungen oder subjektivem Leiden führen, bilden sie eine Persönlichkeitsstörung. Das wesentliche Merkmal einer Persönlichkeitsstörung ist ein andauerndes Muster von innerem Erleben und Verhalten, das merklich von den Erwartungen der soziokulturellen Umgebung abweicht und sich in mindestens zwei der folgenden Bereiche bemerkbar macht":

Kriterium A: Denken, Affektivität, Beziehungsgestaltung, Impulskontrolle,
Kriterium B: Die Muster sind in einem weiten Bereich persönlicher und sozialer Situationen unflexibel und tiefgreifend,
Kriterium C: Die Störung führt zu klinischem Leiden bzw. Beeinträchtigungen in sozialen, beruflichen oder anderen Funktionsbereichen,
Kriterium D: Das Muster ist stabil und langdauernd, Beginn in der Adoleszenz bzw. im frühen Erwachsenenalter,
Kriterium E: Das Muster kann anders nicht besser erklärt werden, etwa als Manifestation oder Folge einer anderen psychischen Störung,
Kriterium F: Das Muster geht nicht auf die körperliche Wirkung einer Substanz oder eines medizinischen Krankheitsfaktors zurück.

Auch hier wird zu Recht auf die Abhängigkeit der Beurteilung von Verhaltensweisen als „auffällig" bzw. „krank" von kulturellen bzw. sozialen Normen hingewiesen (S. 713): „Die Beurteilung der Persönlichkeitsfunktionen muß den ethnischen, kulturellen und sozialen Hintergrund der betroffenen Person berücksichtigen. Persönlichkeitsstörungen sollten nicht mit Problemen verwechselt werden, die in Zusammenhang mit soziokulturellen Anpassungsvorgängen nach Einwanderung stehen oder mit Problemen, die sich durch das Bekenntnis zu Sitten, Bräuchen oder politischen Werten der Ursprungskultur ergeben". Im Zusammenhang mit den enormen Wanderungsbewegungen im letzten Jahrzehnt und der zunehmenden Globalisierung spielt dies vor allem etwa bei strafrechtlichen Begutachtungen von Ausländern aus anderen kulturellen Hintergründen eine große Rolle.

Der dissozialen Persönlichkeitsstörung in der ICD-10 (F60.2) entspricht im DSM-IV die antisoziale Persönlichkeitsstörung (301.7; S. 729-734). Diese ist, wie oben bereits erwähnt, dem übergeordneten Cluster B zugeordnet. „Das Hauptmerkmal der antisozialen Persönlichkeitsstörung ist ein tiefgreifendes Muster von Mißachtung und Verletzung der Rechte anderer, das in der Kindheit oder frühen Adoleszenz beginnt und bis in das Erwachsenenalter fortdauert" (S. 729). Als andere Bezeichnungen hierfür werden verwandt Psychopathie, Soziopathie oder dissoziale Persönlichkeitsstörung. Täuschung und Manipulation werden als zentrale Merkmale der Störung genannt. Es handelt sich um Verhaltensmuster wiederholter und andauernder Verletzungen der Grundrechte anderer Menschen (S. 730). Verhaltensmerkmale sind Aggression, Zerstörung, Betrug, Diebstahl bzw. schwerwiegende Gesetzesübertretungen. Die beschriebenen Merkmale (S. 730) passen im wesentlichen auf Straffällige. Es entsteht der Eindruck, dass nahezu jeder (inhaftierte) Straftäter hierunter subsumiert werden kann (vgl. oben).

Bei Personen mit antisozialer Persönlichkeitsstörung „können zusätzlich Angststörungen, depressive Störungen, Störungen im Zusammenhang mit psychotropen Substanzen, Somatisierungsstörungen, pathologisches Spielen und andere Störungen der Impulskontrolle ... auftreten" (S. 731). Oft ergibt sich auch eine Kombination mit anderen Persönlichkeitsstörungen, wie Borderline, histrionische oder narzisstische Persönlichkeitsstörung, womit wiederum das Problem der Komorbidität angesprochen ist (vgl. oben). Die antisoziale Persönlichkeitsstörung ist nach DSM-IV verbunden mit einem niedrigen sozialen Status und städtischer Umgebung, Merkmale, die insgesamt kriminalitätsbegünstigend sind. „Es wurden Bedenken geäußert, dass die Diagnose gelegentlich zu Unrecht bei Personen gestellt wird, in deren Lebensraum das antisoziale Verhalten Teil einer schützenden Überlebensstrategie sein kann" (S. 732). Der Verlauf der Störung wird als chronisch beschrieben, sie kann jedoch mit zunehmendem Lebensalter weniger auffällig werden bzw. nachlassen.

Das DSM-IV macht auch Angaben zu familiären Verteilungsmustern. Hiernach trete die Störung bei biologischen Verwandten ersten Grades häufiger auf. „Adoptionsstudien haben gezeigt, dass hierfür sowohl genetische als auch Umweltfaktoren von Bedeutung sind" (S. 733). „Andere Persönlichkeitsstörungen können mit der antisozialen Persönlichkeitsstörung verwechselt werden, da sie einige Merkmale gemeinsam haben" (S. 733). Weiterhin müsse diese Persönlichkeitsstörung „abgegrenzt werden von kriminellem Verhalten mit Bereicherungsabsicht, das nicht von den charakteristischen Persönlichkeitsmerkmalen dieser Störung begleitet ist" (S. 734). Abgegrenzt wird die antisoziale Persönlichkeitsstörung auch von der Kategorie „Antisoziales Verhalten im Erwachsenenalter" (S. 734). Hierbei handele es sich um kriminelles, aggressives oder anderes antisoziales Verhalten, das zwar klinische Beachtung erfahre, jedoch die Kriterien für eine antisoziale Persönlichkeitsstörung nicht vollständig erfülle. Eine Persönlichkeitsstörung läge nur dann vor, wenn das Verhalten unflexibel, unangepasst und überdauernd sei, in bedeutsamer Weise eine funktionelle Beeinträchtigung gegeben oder ein subjektives Leiden vorhanden sei.

Kritisch und umfassend beschäftigt sich vor allem etwa Fiedler (1997) mit den Persönlichkeitsstörungen. Wie oben deutlich wurde, wird sowohl in der ICD-10 als auch im DSM-IV zu Recht auf eine vorhandene Stigmatisierungsgefahr hinsichtlich der Diagnose einer Persönlichkeitsstörung hingewiesen, worauf auch Fiedler (1997, S. 5ff.) aufmerksam macht. Der Autor betont, dass in der Psychiatrie bis in die jüngste Vergangenheit Termini wie „Psychopathie" oder „Psychopath" recht unkritisch verwandt würden. Im Stichwortverzeichnis seines umfassenden Werkes führt er unter Persönlichkeitsstörungen nicht weniger als 163 Begriffe auf, von „abhängige Persönlichkeit" bis „zyklothyme Persönlichkeit", was auf die Komplexität und Vielschichtigkeit des Krankheitsbildes hinweist. Der Autor (1997, S. 7) betont die „Personenperspektivierung" einer Beziehungsstörung. „Persönlichkeitsstörungen gehören wie andere Persönlichkeitseigenarten zur Person dazu". Die Ich-Syntonie von Persönlichkeitsstörungen zeige in prägnanter Weise, „dass Diagnose und Beurteilung von

Interaktionsdevianzen als Persönlichkeitsstörungen auf *Verhaltensstörungen-aus-der-Außenperspektive* beruhen, die die betroffenen Menschen selbst zunächst eher als Eigenschaften denn als Gestörtheit ihrer Person bezeichnen würden. Wenn überhaupt, dann erwächst ein Gefühl der Gestörtheit der eigenen Person oder des subjektiv erlebbaren Leidens in der Folge zunehmender Interaktionsprobleme eher *diffus* und *unbestimmt*" (S. 8). Bestimmte Verhaltensweisen bzw. Eigenschaften einer Person führen dazu, dass dieser eine Persönlichkeitsstörung zugeschrieben wird. „Das zentrale Problem des sozialen Prozesses der Zuschreibung und Begründung von Persönlichkeitsstörungen - konkret: der Person-Perspektivierung eines interaktionellen Problems - liegt nun vor allem darin, dass zwar der aktuelle Prozeß der Entstehung ausgesprochen interpersoneller Natur ist. Im Ergebnis jedoch verschiebt sich der Blick einseitig auf die lebensgeschichtliche, möglicherweise biologisch begründbare Gewordenheit der Person. Für die Interaktionspartner und Diagnostiker ist dies ... eine außerordentlich beruhigende Situation. Dies ist deshalb so, weil die Diagnose Persönlichkeitsstörung bei den Diagnostikern ‚den Gedanken an ihrer etwaigen Mitschuld an dieser Störung oder gar am Scheitern der Beziehung, vernünftigerweise gar nicht aufkommen lassen kann' (Glatzel, 1977, S. 127) - und dies wiederum, obwohl die Persönlichkeitsstörung erst durch den Prozeß ihrer Diagnose festgelegt wurde" (S. 9). Jaspers (1913, S. 365f.) hat hinsichtlich der Diagnostik von Persönlichkeitsstörungen vor diesem Hintergrund betont: „Menschlich aber bedeutet die Feststellung des Wesens eines Menschen eine Erledigung, die bei näherer Besinnung beleidigend ist und die Kommunikation abbricht".

Welche Folgen sich daraus, insbesondere bei Einlieferung in die Psychiatrie oder den Strafvollzug für eine „Patienten-" oder „Vollzugskarriere" ergeben, wurde etwa im Rahmen der Labeling-Perspektive ausführlich beschrieben (vgl. Goffman, 1959; Glatzel, 1975; Keupp, 1976; Fink & Tasman, 1992). Mit den Persönlichkeitsstörungen ist, wie Fiedler (1997) zu Recht betont, untrennbar das Diagnostikproblem der Personenperspektivierung einer Interaktionsstörung verbunden. „Auch wenn das Gegenteil behauptet wird und gelegentlich zutreffen mag: Persönlichkeitsstörungen zeigen eine situative und zeit-instabile Merkmalsvariabilität". Die gängigen Diagnosesysteme gehen dagegen von der zeitlichen Stabilität der Persönlichkeitsstörungen aus (vgl. oben). Diese Leitorientierung ist hinsichtlich der Persönlichkeitsstörungen „geradezu ein Prototyp für die Personenperspektivierung einer Interaktionsstörung, die fälschlicherweise beinhaltet, dass sich die den Persönlichkeitsstörungen zugrunde liegenden Verhaltensmuster über längere Zeit hinweg, relativ kontextunabhängig und wenig variabel ‚abnorm' darstellen" (S. 152). DSM-IV und ICD-10 legen dieses, wie Fiedler betont, so nahe.

Die meisten ätiologischen Konzepte würden zwar auf einen lebensgeschichtlichen Verstehenshintergrund verweisen, „sie betonen andererseits jedoch immer auch situative Fluktuationen und Schwankungen im Wechselspiel mit interpersonellen Krisen und Konflikten und damit zugleich ihre aktuelle Kontextabhängigkeit". „Persönlichkeitsstörungen sind unter dieser Maßgabe zeit- und situationsvariable Extremisierungen von Persönlichkeitszügen oder Persönlichkeitseigenarten (Traits) im aktuellen interpersonellen Erleben und Handeln unter aktuell (noch) vorliegender krisenhafter Zuspitzung zwischenmenschlicher Beziehungsverwicklungen" (S. 152). Sie seien vielleicht nur „langwelliger". Einige Ätiologiekonzepte würden sogar vorschlagen, bei vorliegenden ich-syntonen Normabweichungen nicht von „Störung" zu sprechen, sondern entweder von:

- vorhandener *Kompetenz*, die unter ungünstigen Kontext- oder Lebensbedingungen lediglich exzessiv normabweichend erscheint (vgl. oben), oder
- von fehlender Kompetenz auszugehen im Umgang mit persönlichen und zwischenmenschlichen Krisen und Konflikten (S. 153).

Die meisten Forscher gehen nach Fiedler davon aus, dass Persönlichkeitsstörungen Interaktionsstörungen sind. Es handele sich vor diesem Hintergrund immer um ein Komplement von Interaktionsstörungen, möglicherweise gar von Persönlichkeitsstörungen anderer Personen. Was die dissoziale bzw. antisoziale Persönlichkeitsstörung betrifft betont der Autor (1997, S. 189f.), dass nach wie vor von Psychopathie und Soziopathie gesprochen werde, diese Begriffe aber zunehmend von dem der Persönlichkeitsstörung abgelöst würden. Dissozialität oder Delinquenz könnten zwar Indikatoren für das Vorliegen einer Persönlichkeitsstörung sein, „sie betreffen jedoch nicht nur die dissoziale Persönlichkeitsstörung, sondern sie spielen im Kontext auch der meisten anderen Persönlichkeitsstörungen eine mehr oder weniger markante Rolle" (S. 190). In diese Kategorie seien Erlebens- und Interaktionsmuster untergeordnet, „die in bestimmten sozialen und gesellschaftlichen Kontexten als ausgesprochene Kompetenz angesehen werden können und gelten" (S. 190). Ein inflationärer Gebrauch von Diagnosemerkmalen habe „im Verlauf der Psychiatriegeschichte aus den diagnostischen zunehmend juristische Kategorien werden lassen" (S. 190). „Nicht alle Kriminellen sind antisoziale Persönlichkeiten" (S. 193; vgl. dazu aber oben). Es sei schon immer wichtig gewesen, zwischen dissozialer Persönlichkeit und kriminellen Handlungen zu unterscheiden. Diese Unterscheidung sei jedoch nicht stringent durchgehalten worden. Der Diagnose einer Persönlichkeitsstörung könne immer ein besonderer Beurteilungsfehler unterliegen, den der Autor - wie erwähnt - als „Personenperspektivierung einer Interaktionsstörung" bezeichnet (S. 149; vgl. auch S. 7ff).

2. Behandlung von Persönlichkeitsstörungen

Grawe (1998, S. 578) äußert sich, trotz eines vielfach feststellbaren Therapie-Pessimismus bei Persönlichkeitsstörungen positiv zu deren Behandelbarkeit und führt auch empirische Belege für erfolgreiche Veränderungen an. Nach ihm wird die Persönlichkeit eines Menschen im wesentlichen durch die „motivationalen Schemata" geprägt, die sich gebildet haben. Bei Persönlichkeitsstörungen habe sich nun „eine langfristige Konstellation motivationaler Schemata herausgebildet, die einerseits zu stark auf das Vermeiden potentiell bedürfnisbefriedigender Erfahrungen und andererseits zu wenig gut an die Lebensumgebung angepaßt und zu unflexibel auf die Herbeiführung sehr eingeengter bedürfnisbefriedigender Erfahrungen ausgerichtet ist". So wird eine angemessene Befriedigung von Grundbedürfnissen verhindert. „Persönlichkeitsstörungen sind definiert durch eine Inkongruenz zwischen den realen Erfahrungen und den eigentlichen Wünschen der betroffenen Person". Daraus leitet der Autor die Konsequenz ab, „dass bei solchen Patienten die Therapie vor allem darauf abzielen sollte, die inkonsistenzerzeugenden motivationalen Schemata zu verändern, die den dauerhaften Nährboden für die Entwicklung neuer psychischer Störungen und Kontrollparameter für die bereits bestehenden Störungen darstellen". Nach ihm bestätige die Forschung diesen Ansatz. So habe eine störungsspezifische kognitiv-verhaltenstherapeutische stationäre Behandlung bei Patienten mit Somatisierungsstörungen bedeutende Effektstärken gebracht.

Besonders deutlich und kritisch, jedoch genauso überzeugend äußert sich Fiedler (1997, S. 391ff.) über die Behandlungsmöglichkeiten bei (antisozialen bzw. dissozialen) Persönlichkeitsstörungen, sowie über nach wie vor, vielfach oberflächlich kolportierte Meinungen hierzu. Die meisten Arbeiten und Untersuchungen zur psychologisch-psychotherapeutischen Behandlung von Persönlichkeitsstörungen beginnen nach ihm (1997, S. 391) „mit einer für den Leser gut eingängigen Behauptung: Persönlichkeitsstörungen gelten als schwer zu behandeln. Diese Behauptung ist jedoch in dieser undifferenzierten Verallgemeinerung genauso falsch, wie die gelegentlich ebenfalls vertretene Meinung, dass einige schwer persönlichkeitsgestörte Menschen (gemeint sind zumeist Personen mit dissozialen Persönlichkeitsstörungen) therapeutisch gar nicht beeinflußbar seien". Nach Fiedler (1997, S. 450) hat die vielfache Gleichsetzung von dissozialer Persönlichkeitsstörung mit gewohnheitsmäßiger Kriminalität den therapeutischen Pessimismus zusätzlich begünstigt.

Rasch (1986, S. 298) betont in diesem Zusammenhang ebenfalls: „*Persönlichkeitsstörungen*, wie sie sich unter Straffälligen häufig finden, werden verbreitet als *unbehandelbar* angesehen. Man spricht dann gewöhnlich von einer 'Therapieunfähigkeit' des Patienten, obwohl dieser Begriff sprachlogisch auf die Qualität des Therapeuten zu beziehen ist. Die Schwierigkeiten bei der Behandlung spezieller Persönlichkeitsstörungen könnten aber darauf beruhen, dass bislang keine hinreichenden Verfahren für sie entwickelt worden sind. Die gegen die Behandlung von Straffälligen vorgebrachten Einwände werden u.a. auf die Behauptung gestützt, dass die meisten bisherigen Behandlungsversuche ohne überzeugende Erfolge geblieben sind".

Diese, vor über einem Jahrzehnt geäußerte Meinung, dass der Großteil bisheriger Behandlungsversuche bei Straffälligen ohne überzeugende Erfolge geblieben sei, gilt heute mit diesem Tenor nicht mehr. Martinsons (1974) kritisches „Nothing works" hat in dieser Absolutheit nie gegolten, war auch nicht das endgültige Ergebnis der ersten großen Metaanalyse zur Behandlungsforschung, an welcher er selbst mitarbeitete (vgl. Lipton u.a. 1975), obwohl das oberflächlich immer wieder behauptet wurde. Inzwischen liegen zahlreiche neuere Arbeiten, auch Metaanalysen vor (s. Egg, in diesem Band), wobei bessere Treatments mit besseren Forschungsdesigns evaluiert wurden, was zu überzeugenderen Resultaten geführt hat. Diese Arbeiten zeigen deutlich, dass es durchaus Behandlungsansätze gibt, die zur Resozialisierung von Straftätern, auch persönlichkeitsgestörten, beitragen können (vgl. etwa Andrews, 1995; Gendreau & Andrews, 1991; Lipsey, 1992; 1995; Lösel, 1995b; McGuire & Priestly, 1995; Palmer, 1992; Sherman u.a., 1998, insbes. MacKenzie, 1998). Gaes (1998, S. 715) betont vor diesem Hintergrund zu Recht: „Over the two and a half decades since Martinson's 1974 article, the occasional early rebuttals of his conclusions by treatment advocates have grown into a chorus". Nach MacKenzie (1998, S. 9-21f) dauert zwar die Diskussion um Behandlungserfolge bei Straffälligen fort (vgl. Whitehead & Lab, 1989), allerdings „recent literature reviews and meta-analyses demonstrate that rehabilitation programs can effectively change offenders". Zu Recht betont die Autorin, dass die zentrale Frage heute nicht mehr sei „whether something works but what works for whom". Eine etwaige Behauptung, dass bestimmte Straftätergruppen nicht behandelbar seien, muss zumindest in die vorsichtige Aussage, einer noch nicht gegebenen Behandelbarkeit eingeschränkt werden, da zukünftige Entwicklungen nicht endgültig vorhersehbar sind, wie die Geschichte an zahlreichen Beispielen immer wieder zeigt.

Auch Venzlaff (1986, S. 338) stellt, allerdings vorsichtig, die vielfach behauptete Unbehandelbarkeit von Persönlichkeitsstörungen in Frage: „Die Kennzeichnung der Persönlichkeitsstörungen bzw. Psychopathien als konstante Befindens- und Verhaltensstörung zeigt nicht, dass sie für den Träger grundsätzlich ein unwandelbares und unabwendbares Schicksal bedeuten". Fiedler (1997, S.392) spricht kritisch von einem von den meisten Autoren immer wieder „nachgebeteten Therapie-Pessimismus". Kaum jemand habe bisher die Frage geprüft, „ob es nicht vielleicht nur dieser unreflektierte Therapiepessimismus ist, der hauptsächlich dafür verantwortlich zeichnet, wenn Therapieerfolge in sich selbst erfüllender Prophezeihung ausbleiben". Vor dem Hintergrund dieser sich selbst erfüllenden Prophezeihungen käme es dann zu der fatalen Automatik: „Wenn man glaubt, Persönlichkeitsstörungen seien schwer zu behandeln, dann sind sie dies auch!" (S. 392). Dieser Therapiepessimismus findet sich sicherlich nicht nur hinsichtlich Persönlichkeitsgestörten, sondern ebenso oft in Bezug auf Straffällige insgesamt. Bis heute halte sich bei den meisten Psychoanalytikern „nach wie vor hartnäckig die Ansicht, einige, v.a. die dissozialen Persönlichkeitsstörungen, seien mit Psychotherapie nicht zu behandeln, weshalb sie zumeist stillschweigend ignoriert werden". Hierbei ist gerade die Psychoanalyse ein Behandlungsansatz, der sich offensichtlich wenig für die Resozialisierung Straffälliger eignet (s. aber neuerdings z.B. die von Reinfried 1999 berichteten positiven Resultate). Selbst Kernberg (1991) hat in den Ausführungen zu antisozialen Persönlichkeitsstörungen die Unbehandelbarkeit der Betroffenen objektbeziehungstheoretisch begründet. Nach Ansicht von Fiedler (1997, S. 393) könne man allerdings die Ansicht einer Unbehandelbarkeit dissozialer Persönlichkeiten entweder nur dann vertreten, „wenn man diese Ansicht unreflektiert übernimmt, und/oder nur, wenn man Psychotherapie mit Psychoanalyse gleichsetzt und alle anderen psychologischen Behandlungsansätze nicht dem Bereich der Psychotherapie zurechnet (was völliger Unsinn ist), und/oder nur, wenn man in Unkenntnis wirksamer Alternativen meint, man müsse alle Wege zur erfolgreichen Therapie selbst und nur innerhalb der eigenen Therapietradition neu entwickeln ..." (S. 393). Die umfangreiche neuere Literatur zur Behandlungsforschung (vgl. oben) gibt ihm uneingeschränkt Recht. „Leider ist es so, dass dieser in der Psychoanalyse vertretene Therapie-Pessimismus inzwischen und vielfach völlig undifferenziert auf die Persönlichkeitsstörungen schlechthin generalisiert wird".

Da der Therapeut mit seinen Einstellungen, Überzeugungen, und Sichtweisen neben den angewandten Behandlungsverfahren den entscheidenden Einfluss auf den Behandlungserfolg hat, wie beispielsweise Grawe u.a. (1994, S. 784) zu Recht betonen, kann ein Therapie-

Pessimismus, der auch ihn beeinflussen wird, den Behandlungserfolg verhindern, zumindest reduzieren (vgl. Palmer, 1992; Dolan u. Coid, 1993). Wenn die Therapeuten selbst an den Erfolg ihrer Behandlung nicht glauben, werden sie das für eine Veränderung nötige Engagement wohl kaum überzeugend aufbringen und vermitteln. Vor diesem Hintergrund ist ein „allgemeiner Therapie-Pessimismus ... im Bereich der Persönlichkeitsstörungen nicht nur unbegründet, sondern schädlich!" (Fiedler, 1997, S. 394). Nach Fiedler ist „das Vorurteil, Persönlichkeitsstörungen seien schwer oder nicht zu behandeln, ... inzwischen weit über die Psychoanalyse hinaus verbreitet, und die bis hier geäußerte Kritik ist entsprechend gut auf viele, therapeutisch anderweitig orientierte Psychiater und Psychologen verallgemeinerbar". Die bei Psychologen im Strafvollzug vielfach zu entdeckende Resignation hat sicherlich viel damit zu tun, dass diese den Eindruck gewonnen haben, dass die von ihnen - wenn überhaupt - angebotene Behandlung unter den gegebenen Bedingungen und bei dieser Klientel wenig bewirken kann. Gerade im Strafvollzug und in der (forensischen) Psychiatrie finden sich Personen mit wirklich schwerwiegenden Persönlichkeitsstörungen. Diese Klientel ist, wie auch Fiedler (1997, S. 395f.) betont, „wegen ihrer besonderen Persönlichkeitseigenarten - in der Tat - schwer zu behandeln. Worauf hier jedoch gleichfalls aufmerksam gemacht werden muss, ist, dass diese Schwierigkeiten der Psychotherapeuten im Umgang mit schwerst persönlichkeitsgestörten Menschen nicht nur an den ‚schwer beeinflussbaren Persönlichkeitsstörungen' liegen. In keinem anderen Bereich der Persönlichkeitsstörungen ist inzwischen das empirische Wissen so umfangreich, dass jedem nur halbwegs gut belesenen Therapeuten klar sein müsste, dass dissoziale Persönlichkeitsstörungen wie alle anderen Persönlichkeitsstörungen auch - bei aller Evidenz der Hereditätsstudien - nur im Kontext spezifischer ungünstiger psychosozialer und gesellschaftlicher Faktoren und Entwicklungen ihre Extremisierung erfahren. Es ist nun leider oder glücklicherweise so: Wenn es psychosoziale Bedingungen sind, die zu gewohnheitsmäßiger Delinquenz und Kriminalität führen, gilt es zwingend - will man in der Psychotherapie auch nur in bescheidenem Maße erfolgreich sein - neben der individuell ausgerichteten Behandlung in möglichst mehreren zeitgleichen Parallelaktionen auch auf diese anderen Bedingungen Einfluss zu nehmen, die für die Exazerbation und Permanenz der Störungen mitverantwortlich zeichnen. Das jedoch widerspricht offensichtlich dem Psychotherapieverständnis vieler Therapeuten, die ihr Handwerkszeug zumeist für eine ‚Psychotherapie in der Zweierbeziehung' gelernt haben. Auch aus einem solchen Missverständnis speist sich die Annahme, schwere Persönlichkeitsstörungen seien psychotherapeutisch kaum oder nicht zu behandeln. Wenn es so richtig ist, dass Persönlichkeitsstörungen Ausdruck komplexer psychosozialer und zwischenmenschlicher Krisen sind, sollten sie auch als solche behandelt werden. Hier stößt man nun unversehens auf die beschränkten Arbeitsmöglichkeiten der Therapeuten in jenen Institutionen, in denen schwerst persönlichkeitsgestörte Menschen gerichtlich verurteilt einsitzen, resozialisiert und/oder behandelt werden sollen. Es ist ganz unzweifelhaft so, dass die Arbeitsbedingungen für Psychotherapeuten sowohl in der Forensik wie im Strafvollzug wie gelegentlich noch in der Heimerziehung als katastrophal bezeichnet werden müssen. Jedoch: Wenn es schon die Arbeitsbedingungen sind, die eine erfolgreiche Behandlung verhindern, dann sind es nicht nur die Dissozialität der Patienten oder ihre schweren Persönlichkeitsstörungen".

Fiedler spricht hier ein in der Behandlungsforschung von Anfang an kritisch diskutiertes Problem an: wieweit ist etwa in dem gegebenen Setting einer Vollzugsanstalt bzw. auch einer Sozialtherapeutischen Anstalt eine wirksame Behandlung (persönlichkeitsgestörter) Straffälliger überhaupt möglich? Gerade dieses therapiefeindliche Umfeld im Strafvollzug war und ist es, dass viele Kritiker des Behandlungsansatzes auch heute noch zu der Überzeugung kommen lässt, dass hier eine Resozialisierung nicht funktionieren könne (vgl. etwa Lamott, 1984; s.a. Kury, 1986; Ortmann, 1987) Im Regelvollzug, zum Teil aber auch in der Sozialtherapie, wird nach juristischen Begründungen über die Insassen entschieden und - wenn überhaupt - bestenfalls nachrangig nach therapeutischen Überlegungen. Rehn (1993, S. 33), ein Kenner der theoretischen Diskussionen um die Sozialtherapie und den Strafvollzug als auch der entsprechenden Praxis, betont in diesem Zusammenhang: „Die repressiven Traditionen des Strafvollzuges und seine hochgradig regelbezogenen, verwaltungsjuristisch geprägten Umgangsformen bewirken, dass Mitarbeiter in Vollzugsanstalten für Spielarten resignierenden, objektivierenden und auf Absicherung bedachten Verhaltens anfällig sind". Die Therapeuten behandeln hier zwar, können aber meist nicht, bzw. nur auf unterer Ebene, mitentscheiden, die Regeln sind für den Insassen weitgehend undurchschaubar, er wird über den Verlauf von Entscheidungen oft nicht bzw. erst verspätet informiert, tappt im Dunkeln, hat letztlich keine Rechtssicherheit, fühlt sich „ausgetrickst", hingehalten und nicht ernst genommen. In diesem Empfinden irrt er vielfach auch nicht. Gleichzeitig soll er aber gerade zu einem mündigen, verantwortungsbewussten Bürger „erzogen" werden, der fähig ist, sein Leben in qualifizierter, nicht-straffälliger Weise selbst in die Hand zu nehmen und zu gestalten. Die in der Anstalt angestellten Therapeuten werden von den Insassen mehr oder weniger zwangsläufig mit diesem System in Verbindung gebracht, was den Aufbau einer therapeutischen Beziehung erschwert. Bei allen Therapieansätzen, auch bei der kognitiven Therapie, werden „der Aufbau und Behalt einer funktionierenden Therapeut-Patient-Beziehung für den Erfolg der Behandlung von Persönlichkeitsstörungen als wesentliche Voraussetzung betrachtet" (Fiedler, 1997, S. 442). Das in § 2 Strafvollzugsgesetz festgeschriebene primäre Therapieziel der Wiedereingliederung der Insassen in die Rechtsgemeinschaft ist vor diesem Hintergrund bislang, jedenfalls auf Alles gesehen, so gut wie nicht umgesetzt worden. Rehn (1993, S. 36) weist auf die Bedeutung des Aufbaus von Vertrauen hin, um Veränderungen bei den Insassen zu bewirken. „Im Kern signalisiert Vertrauen die bedingungslose Annahme und Akzeptanz eines Menschen an sich, d.h. nicht unbedingt auch seines Verhaltens, und ermöglicht in dem Maße, in dem es sich ereignet, Öffnung für die kritische Reflexion der eigenen Existenz im Spiegel der Reaktionen anderer Menschen. ... Der Strafvollzug ist für einen derartigen Vorgang im allgemeinen ein denkbar ungünstiger Ort. Das ihm eigene institutionalisierte Misstrauen und die mit der pessimistischen Perspektive verbundenen Rückversicherungsrituale lassen ein derartiges Sichlösen aus Verkrustungen kaum zu. Oberflächlich schon deshalb nicht, weil die damit verbundene Unordnung routinierte Abläufe stört, im tieferen Sinne nicht, weil viele Mitarbeiter die psychischen Belastungen und Anstrengungen fürchten, die die intensive Beschäftigung mit Dissozialen unausweichlich hervorrufen und erfordern. Die meist kleineren und personell günstiger ausgerüsteten Sozialtherapeutischen Anstalten verfehlen ihren Auftrag, wenn es ihnen nicht gelingt,

Vertrauen auch durch die Art des Umgangs mit Regeln zu fördern. Andernfalls wäre zu besorgen, dass traditionelle Vollzugsroutinen mit ihrem gewissermaßen frei flottierenden Mißtrauen therapeutische Ansätze unglaubwürdig machen".
Fiedler (1997, S. 396ff.) weist auf einen weiteren zentralen Schwachpunkt resozialisierender Behandlung im Strafvollzug bzw. der (forensischen) Psychiatrie hin: die Therapeuten und ihre Behandlungsprogramme. „Vielleicht liegt das Problem der scheinbar geringen therapeutischen Beeinflussbarkeit persönlichkeitsgestörter Menschen nur am Therapeuten; oder genauer: an der ‚Institution Psychotherapie'; und noch genauer: an dem, was einzelne Therapeuten aus dem machen, was sie für ‚Psychotherapie' halten" (S. 396). Das psychotherapeutische Geschehen war zu Beginn der Behandlung von Straftätern in Vollzugsanstalten, aufgrund noch mangelnder Erfahrung in diesem Bereich, naheliegenderweise davon bestimmt, was man „draußen" an Psychotherapie üblicherweise praktizierte, bei einem allerdings völlig anderen Klientel. Vor diesem Hintergrund findet man in Vollzugsanstalten und Sozialtherapeutischen Einrichtungen so gut wie alle Therapieverfahren, die auch in freier Praxis angewandt werden (vgl. etwa die Übersicht bei Egg & Schmitt, 1993). Rehn (2000, vor § 123, Rz. 11) spricht in diesem Zusammenhang von einem „pragmatischen Vorgehen und eklektischer Methodenvielfalt". Auch das Setting wurde weitgehend übernommen: Einzel- oder Gruppengespräche unter Einhaltung der üblichen Dauer und des üblichen Reglements, etwa Einhaltung der „therapeutischen Abstinenz". Es wurde versucht, die Insassen der Therapie anzupassen und nicht umgekehrt. Teilweise wurden geradezu „Vortrainings" mit den Gefangenen gemacht, um sie so für die „eigentliche" Therapie zu befähigen. Diese Praxis, dass die Therapeuten anbieten, was sie können, ohne zu prüfen, ob die Insassen das Angebot auch benötigen, dauert zwar bis heute vielfach fort, allerdings wurden mehr und mehr spezifische Vorgehensweisen entwickelt und erprobt. Neuere therapeutische Ansätze plädieren für ein zielgerichtetes Engagement in der Psychotherapie bei dissozialen bzw. antisozialen Persönlichkeitsstörungen (vgl. etwa Gendreau et al., 1995; Andrews et al., 1990; Lipsey, 1992). Während Ärzte im Rahmen ihrer Behandlung schon immer Hausbesuche machten, war das bei vielen Psychotherapeuten unter dem Einfluss des „Abstinenzgebots" verpönt. Auch (forensische) Gutachter machen sich bis heute vielfach nicht die Mühe, sich die Lebensbedingungen des zu Begutachtenden anzusehen, beschränken sich auf Gespräche mit diesem in ihren Untersuchungsräumen. In den letzten Jahren wurden vermehrt umfassendere Behandlungsansätze entwickelt, die auch das Lebensumfeld etwa entlassener Häftlinge mit einzubeziehen suchen, allerdings tun sich solche Ansätze nach wie vor enorm schwer, schließlich sind sie auch für die Therapeuten wesentlich aufwendiger (vgl. die Beispiele bei Sherman et al., 1998; Falloon & Marshall, 1983). Rehn (1993, S. 34) betont zu Recht, dass nicht primär von den Traditionen des Vollzuges auszugehen und zu prüfen ist, „wie Therapie sich darin unterbringen läßt, sondern auszugehen ist von sozialwissenschaftlichen und ethischen Erkenntnissen und Erfahrungen, die generell aus dem Umgang mit Menschen in Schwierigkeiten gewonnen wurden und angewendet werden. Das Strafvollzugsgesetz und die dazu erlassenen Vorschriften sind sodann daraufhin zu befragen, wieviel davon sie zulassen". Die Bestimmungen und Vorschriften des Strafvollzugsgesetzes sind hierbei sicherlich bei weitem noch nicht ausgeschöpft.

„Es ist schon makaber, wie sehr wir uns inzwischen an therapieschulenspezifische und methodenbedingte Therapie- und Professions-Stereotype gewöhnt haben. In der Lebenswirklichkeit mit Menschen, die am Rande ihrer Möglichkeiten angekommen sind, geht gelegentlich gar nichts mehr mit dem Versuch, in zweisamen Gesprächen Lösungen und Perspektiven zu entwickeln. Dialogische Psychotherapie, die nur im Therapieraum stattfindet, ist in vielen dieser Extremfälle nämlich schlicht Unsinn. Dass der Psychotherapeut auf seine Helferrolle im Lehnstuhl festgelegt ist, ergibt sich nur aus dem tradierten und möglicherweise völlig unsinnigen 45-Minuten-Rhytmus einer Privatpraxis mit Come-Struktur. Insbesondere diese Praxis gilt es bei Menschen, die in ihrem Leben gescheitert sind, allmählich zu überwinden!" (Fiedler, 1997, S. 396). Rehn (1995, S. 83) betont hinsichtlich einer Behandlung in der Sozialtherapie: „Psychotherapie im sozialtherapeutischen Justizvollzug verfehlt wesentliche Wirkungen, wenn sie ohne Rücksicht auf ihn lediglich schulmäßig, d.h. reduziert insbesondere auf die exklusive Zweierbeziehung, durchgeführt wird".

Wichtig ist ein „aus dem Therapieraum hinausreichendes Engagement". Gefragt ist nicht „die stereotype Anwendung einer Methode zur Fortentwicklung einer Störungs- oder Meta-(Störungs-) Theorie ... sondern der flexible Rekurs auf diese Theorie als Begründungskontext für das Handeln" (Fiedler, 1997, S. 399). Diese starren Therapie-Regeln und die Situation im Strafvollzug mit den ebenso starren rechtlichen Regeln, die in vielen Fällen hinsichtlich der Resozialisierung nicht sinnvoll sind, drohen die Resozialisierungsbemühungen zu strangulieren.

Es darf hierbei nicht übersehen werden, dass selbstverständlich auch von seiten der in der Sozialtherapie engagierten Sozialwissenschaftler, etwa Psychologen, Soziologen oder Sozialarbeiter, schon sehr früh auf Mindeststandards hingewiesen wurde, damit Resozialisierung überhaupt funktionieren kann. In Deutschland hat z.B. der Arbeitskreis Sozialtherapeutische Anstalten e.V. (1988) die Entwicklung des Behandlungsgedankens in der Sozialtherapie unterstützt, gleichzeitig aber auch bereits 1986 Mindestanforderungen an Behandlungseinrichtungen für Straftäter formuliert. Wischka & Specht (in diesem Band) beschreiben ein Konzept der Integrativen Sozialtherapie, dass gekennzeichnet ist durch 1. die Berücksichtigung und Einbeziehung des gesamten Lebensumfeldes des Gefangenen, 2. die Gestaltung der Behandlungseinrichtungen im Sinne einer therapeutischen Gemeinschaft und 3. die Modifizierung und Verbindung psychotherapeutischer, pädagogischer und arbeitstherapeutischer Vorgehensweisen. Zu Recht betonen die Autoren, dass effiziente Therapie Klarheit voraussetzt „ in bezug auf die verwendeten Einzelmethoden sowie deren Kombination". Rehn (1995, S. 81) weist ausdrücklich darauf hin, dass „die Mitarbeiter verschiedener Berufsgruppen, einschließlich derer des Allgemeinen Vollzugsdienstes, die Umgang mit Gefangenen haben, ... immer auch Sozialtherapeuten" seien. Die gesamte Anstalt mit dem gesamten Personal muß demnach auf das Resozialisierungsziel hinarbeiten und zu dessen Erreichung beitragen. Die Experten sind sich darüber einig, dass es so sein sollte, um wirksam behandeln zu können, die Praxis sieht allerdings meist anders aus. Hierüber können auch wenige, gut funktionierende Modelle kaum hinwegsehen lassen. So werden beispielsweise ermutigende Resultate aus der Sozialtherapeutischen Anstalt Hamburg-Altengamme berichtet (vgl. Wegner, in diesem Band), oder, was Sexualstraftäter betrifft, aus dem niedersächsischen

Justizvollzug (vgl. Wischka et al., in diesem Band) bzw. aus Hamburg (vgl. Berner & Becker, in diesem Band), wo weiterführende kognitiv-verhaltenstherapeutische Ansätze umgesetzt werden. Zusammenfassend kann bis heute allerdings festgestellt werden, dass die in der Sozialtherapie angewandten therapeutischen Methoden nach wie vor „sehr heterogen" sind, allerdings werden in letzter Zeit mehr und mehr weiterführende Entwicklungen eingeleitet, „hin zu einer methodisch stringenteren und auf je spezifische Tätergruppen orientierten Sozialtherapie" (vgl. Rehn, 2000, vor § 123, Rz. 35).

Ein ganz entscheidender Mangel mancher Behandlungsprogramme in Vollzugsanstalten besteht darin, dass die Behandlung in der Regel mit der Entlassung endet, dass die Übertragung und der Transfer des Erarbeiteten in die Lebenssituation draußen alleine dem Patienten überlassen bleibt. Die Entlassungsvorbereitung ist zudem um so unzulänglicher, je weniger das Lockerungsinstrumentarium des Strafvollzugsgesetzes (StVollzG) ausgeschöpft wird. Vor allem der Dauerurlaub zur Vorbereitung der Entlassung nach § 124 StVollzG wird vielfach nur sehr spärlich praktiziert, obwohl er als besonders geeignetes „Instrument zur Vertiefung lebensnaher Behandlung" angesehen werden könne (Rehn, 2000, zu § 124, Rz. 1) sind Informationen über die tatsächliche Anwendung des § 124 StVollzG spärlich. „Nicht alle sozialtherapeutischen Anstalten und Abteilungen räumen ihren Gefangenen diese Möglichkeit ein. Obergerichtliche Rechtsprechung gibt es dazu nicht" (Rehn, 2000, zu § 124, Rz. 8). Wenn selbst Sozialtherapeutische Anstalten vielfach keine ausreichende Entlassungsvorbereitung durchführen, kann man sich vorstellen, wie es im Regelvollzug aussieht.

Eine Nachbetreuung findet bei vorzeitiger Entlassung - wenn überhaupt - in aller Regel lediglich über die Bewährungshilfe statt, welche die hier zu lösende Aufgabe keineswegs bewerkstelligen kann. Wenn es für den Behandelten schwierig wird, wenn es darum geht, das Erreichte umzusetzen und in der nun realen Lebenssituation Neues hinzuzulernen, wird er alleine gelassen. Hierbei ist zu berücksichtigen, dass die meisten Entlassenen in dieselbe Situation zurückkehren, in der sie auch straffällig geworden sind und dass sich diese in der Zwischenzeit in der Regel nicht verändert, zumindest nicht gebessert hat, warum sollte sie es auch, wenn hier nicht konkrete Hilfe und Intervention erfolgten. So brechen etwa vorher bestehende familiäre oder soziale Konflikte mit der Umwelt bald wieder auf, der in der Anstalt etwa gelernte neue Umgang mit solchen Konflikten ist aufgrund nun fehlender konkreter Hilfe und Unterstützung bald verpufft. Scheitert so die Übertragung des therapeutisch Erreichten in das Leben draußen, „wird dies entweder als Compliance-Problem, als Notwendigkeit zur Verlangsamung in der Therapie, als Problem der Persönlichkeitsstörung oder als noch vorhandener Mangel der Therapiemethodik betrachtet. Das möglicherweise und von vornherein der Grundansatz der Therapiemethode selbst falsch sein könnte, wird kaum reflektiert" (Fiedler, 1997, S. 399f). Von seiten erfahrener Sozialtherapeuten wird dieses Problem natürlich längst gesehen, in der Praxis hat sich allerdings vielfach noch wenig geändert. So betonen etwa Wischka & Specht (in diesem Band) ausdrücklich: „Die Effektivität einer erfolgreichen Therapie wird leicht zunichte gemacht, wenn Maßnahmen zur Stabilisierung ihrer Effekte nach deren Beendigung unterlassen werden. Dies gilt für alle Therapieformen, bei denen mit Individuen oder Gruppen in einer 'artifiziellen' Umgebung gearbeitet werden muss. Dies trifft auch auf die Sozialtherapie im Strafvollzug zu.

Wird der Häftling dann in seine alte Umgebung entlassen, stellen sich nur allzu leicht alte kontraproduktive Verhaltensweisen wieder ein. Daher haben Entlassungsvorbereitung sowie geeignete Nachbetreuung einen hohen Stellenwert".

Fiedler (S. 400) betont zu Recht: „Die zu erbringende Transferleistung in die Hände der Patienten zu legen, ist gerade im Bereich der extremen Persönlichkeitsstörungen gelegentlich ungemein unverantwortlich. Wenn etwas Neues gepflanzt werden muss (sprich: wenn Patienten konkrete, bisher nicht vorhandene Kompetenz erwerben und erproben müssen), kann und darf der Betroffene mit der Einübung dieser Kompetenz nicht allein gelassen werden, insbesondere dann nicht, wenn absehbar ist, dass ihn dies überfordert. Und dies darf schon gar nicht dort so geschehen, wo an den Einübungsversuchen der Patienten erneut all jene Personen beteiligt sind, die möglicherweise erhebliche Mitverantwortung für die Entstehung und Aufrechterhaltung der jeweiligen Störungen tragen.... Psychotherapeuten sind per definitionem Experten für ein psychosoziales Problemmanagement. Sie werden ihren Beruf um so besser ausfüllen können, je mehr Wissen sie über die Möglichkeiten und Grenzen eines solchen psycho-sozialen Problemmanagements erworben haben". Die Ausbildung von Psychotherapeuten auf das klassische Setting eines Zweiergespräches mit einem gebildeten Patienten reicht hier bei weitem nicht aus und übersieht einen Großteil der Probleme inhaftierter Straffälliger. Vor diesem Hintergrund rücken Therapeuten mehr und mehr von ausschließlichen Einzelgesprächen ab bzw. kombinieren diese mit zusätzlichen therapeutischen Interventionen.

Fiedler (1997, S. 405) fordert eine „sorgfältige Differentialdiagnostik sowie eine genaue Komorbiditätsbestimmung", da diese wesentlich zur Verbesserung einer genauen Therapieplanung beitragen können. Ein Hauptproblem, das bei allen Indikationsentscheidungen einen zentralen Stellenwert einnehmen werde, sei die beträchtliche Komorbidität der Persönlichkeitsstörungen untereinander (S. 432, vgl. a. oben). Forschungen, welche die differentielle Bedeutsamkeit komorbider Persönlichkeitsstörungen für den Verlauf und Erfolg einer Behandlung spezifischer Störungen aufzuhellen versuchen haben erst begonnen, seien aber sehr wichtig. Die Bemühungen zu einer selektiven Indikation, die zu einer Auswahl der zentralen Behandlungsstrategie führen müsse, seien zu intensiveren (S. 409ff.). Das bisher vorliegende Wissen zur differentiellen Bedeutsamkeit der komorbiden Persönlich-keitsstörungen für die Behandlung spezifischer Störungen sei noch sehr spärlich. „Als wohl größtes Problem bleibt ... vorab und kritisch festzustellen, dass die empirische Therapieforschung in diesem Bereich noch am Anfang steht" (S. 433). Ein Beleg für die Wirksamkeit der einzelnen Konzepte müsse erst noch erbracht werden. Vor diesem Hintergrund lasse sich „im Moment ... wohl nur die Empfehlung geben, bei gegebenen Komorbiditäten die Behandlung auf beide Aspekte hin abzustimmen". „Eine psychologisch-psychotherapeutische Behandlung stellt ... sinnvollerweise nicht die ... generalisierten Personeneigenarten, d.h. die Persönlichkeitsstörungen selbst in den Mittelpunkt". Sinnvoller sei die Arbeit an einer Reduzierung der zwischenmenschlichen Konflikte (1997; S. 412). In diesem Kontext sind die Ergebnisse selbst methodisch guter Evaluationsstudien dann zurückhaltend zu interpretieren, wenn etwa inzwischen überholte Treatments überprüft wurden bzw. die Behandlung undifferenziert auf „Straffällige" angewandt wurde. Wenn sich dann kein Behandlungseffekt ergibt besagt dies lediglich, dass dieses Treatment bei „Straffälligen" nicht wirkt, was auch immer unter dieser heterogenen Gruppe zu verstehen ist. Vielfach kommt hinzu, dass das Treatment selbst wenig klar definiert ist, das Behandlungsprogramm letztlich eine „black box" darstellt (vgl. Ortmann, 1987). Hierbei ist auch zu berücksichtigen, dass in die Behandlungspraxis bei Straffälligen in den letzten Jahren viel Bewegung gekommen ist, dass sich die Konzepte vor dem Hintergrund internationaler Evaluationsstudien teilweise enorm weiterentwickelt haben. Leider haben sich diese Entwicklungen noch viel zu wenig auf die breite Praxis ausgewirkt.

Die meisten Psychotherapiekonzepte gehen, wie Fiedler (1997, S. 423) betont, von einem sog. Defizitkonzept psychischer Störungen aus. Hier geht es um die Veränderung oder „Heilung" psychischer Mängel. Bei Persönlichkeitsstörungen ist aber nicht primär eine Symptomänderung wichtig, vielmehr müsse eine zwischenmenschliche Neuorientierung angestrebt werden. „Es geht darum, dem Patienten Strategien für den Umgang mit bisher unlösbar scheinenden zwischenmenschlichen Alltagsproblemen zu vermitteln". Es geht somit vorwiegend um die Erlernung unmittelbarer Selbsthilfestrategien, die den Insassen befähigen, zukünftige Krisen- und Konfliktepisoden selbst lösen zu können. Vor allem bei Straffälligen sei es „unzweifelhaft so, dass in den meisten Fällen und zu Beginn der Therapie Defizite .. überwiegen werden" (S. 423). In diesem Zusammenhang ginge es zusätzlich zur engeren Therapie darum, Möglichkeiten der psychosozialen Hilfeleistung über die Psychotherapie hinaus zu finden und anzubieten (S. 429). Die für die einzelnen Störungen gemachten Therapievorschläge „machen jeweils eine individuelle Anpassung an den gegebenen Einzelfall zwingend erforderlich" (S. 443). Es wäre hier etwa auch zu prüfen, wieweit beispielsweise in einer Therapie nach einer Haftentlassung eine intensivere Zusammenarbeit von Therapeut und Bewährungshelfer möglich und sinnvoll ist.

Über den Versuch, ein nach neuen Ergebnissen der Behandlungsforschung entwickeltes Treatment bei Straffälligen, in diesem Fall in der Klinik für Gerichtliche Psychiatrie Haina, umzusetzen und auch den Alltag behandlungsunterstützend zu gestalten, berichtet Müller-Isberner (1998a). Vergleichbar vielversprechende Programme werden von Wischka et al. (in diesem Band) für Niedersachsen beschrieben bzw. von Wegner (in diesem Band) für Hamburg-Altengamme. Seit 1987 werden hier Bemühungen unternommen, den inhaltlichen und formalen Ablauf der Unterbringung zu verbessern. „Innerhalb einer kriminaltherapeutischen Institution müssen Behandlungskonzepte auf drei Ebenen verankert werden. Ebene 1 ist die Gesamtsituation. Ebene 2 ist die Station bzw. Wohngruppe. Ebene 3 sind die konkreten Behandlungsverfahren" (Müller-Isberner, 1998a, S. 198). Das Klientel der Klinik ist außerordentlich heterogen. 1987 bis 1992 wurde in Haina eine innere Differenzierung und Spezialisierung der Institution vorgenommen. „Ziel war es, auf den jeweiligen Behandlungsstationen Patienten mit vergleichsweise homogenen Behandlungsbedürfnissen zusammenzufassen". So wurde auch eine Spezialstation „Persönlichkeitsstörung/Sexualstörung" gebildet. „Trotz einer Zunahme schwerster Einweisungsdelikte um 37 % sanken die Verweildauer um 3 %, der Bestand an Wiederaufnahmen um 39 % und die Zahl der Entweichungen um 51 %, während der Anteil offener Behandlungen um 38 % anstieg" (S. 198). „Die Spezialisierung hat den Methodenpluralismus innerhalb der Institution sowie die Professionalisierung und Spezialisierung der Stationsteams gefördert" (S. 199).

Der Autor stellt zusammenfassend fest, dass Stationskonzepte, die auf eine ausgewählte, einigermaßen homogene Gruppe von Insassen zugeschnitten wurden, sich in der Klinik für Gerichtliche Psychiatrie Haina seit inzwischen 10 Jahren bewährt hätten. In jedem Fall gelte diese Feststellung „für die spezifische Behandlung der jeweiligen psychiatrischen Störung, die zunehmend bessere Ausrichtung auf kriminalitätsinduzierende Auffälligkeiten und die Reduzierung von solchen Verhaltensauffälligkeiten, die primär durch die Unterbringungssituation induziert sind" (S. 199). Allerdings wird gleichzeitig betont, dass eine Evaluation dieser Methoden der psychiatrischen Kriminaltherapie noch ausstehe. „Noch fehlen überprüfte hinreichend lange konstant durchgehaltene Therapiekonzepte, deren Ergebnisse mit denen anderer Behandlungskonzepte verglichen wurden" (S. 201).

Die Behandlung müsse bei den spezifischen kriminogenen Faktoren ansetzen. Als am wirksamsten hätten sich Modellernen, Rollenspiele, abgestufte Erprobung, Verstärkung, konkrete Hilfestellung, Ressourcenbereitstellung und kognitive Umstrukturierung erwiesen (S. 202). „Erfolgreiche Behandlungsprogramme zielen nicht auf irgendwelche Persön-lichkeitsauffälligkeiten, sondern auf solche Klientenmerkmale, die nach dem empirischen Kenntnisstand kriminogene Faktoren sind" (Müller-Isberner, 1998a, S. 202). Nach Müller-Isberner (1998a, S. 203) gleichen soziodemographische Variablen der Maßregelvollzugspatienten weitgehend denen der Strafvollzugspopulation, nicht aber der Klientel der Allgemeinpsychiatrie (vgl. auch Leygraf, 1988). „Abgesehen von den Merkmalen floride psychotische Symptomatik, fehlende Krankheits- und Behandlungseinsicht, schlechte Compliance und Fehlen eines hilfegebenden Umfeldes, sind für psychisch kranke Rechtsbrecher die gleichen Prognosemerkmale relevant wie für psychisch gesunde Straftäter" (Müller-Isberner, 1998a, S. 203; vgl. a. Link u.a., 1992; Harris u.a., 1993; Lidz u.a., 1993). Maßregelvollzugspatienten, die während einer Behandlung gravierende Delikte begehen, würden die gleichen biographischen und persönlichkeitsgebundenen Merkmale wie Rückfalltäter im Strafvollzug zeigen (Müller-Isberner, 1998a, S. 203). Hieraus könne man folgern: „Wenn die bisherige und zukünftige Delinquenz bei gesunden, gestörten und kranken Straftätern mit den gleichen Merkmalen assoziiert ist, so sind kriminologische und kriminaltherapeutische Erkenntnisse aus dem Bereich des Strafvollzugs auf den psychiatrischen Maßregelvollzug übertragbar. Zumindest ist nicht erkennbar, dass die kriminogenen Merkmale gesunder Täter dann irrelevant werden, wenn der Täter psychisch krank ist". Zwischen den Insassen des Straf- und des Maßregelvollzugs gäbe es mehr verbindendes als trennendes. Beide Gruppen würden sich hinsichtlich kriminogener Merkmale weitestgehend gleichen. „Für die Behandlung heißt dies, dass im Maßregelvollzug die gleichen dynamischen Risikofaktoren anzugehen sind, wie in der Straftäterbehandlung. Gründe, die dafür sprechen könnten, dass Behandlungsverfahren, die sich in der Straftäterbehandlung bewährt haben, bei gestörten Tätern nicht effektiv sein sollen, lassen sich nicht finden" (S. 204). Damit könne sich der Maßregelvollzug bei der Auswahl der Behandlungsverfahren auf die Ergebnisse der Behandlungsforschung stützen. Allerdings müsse die psychiatrische Störung vorweg soweit reduziert sein, dass die Patienten fähig sind, an den spezifischen Behandlungsprogrammen teilzunehmen.

Vor dem Hintergrund der Ergebnisse der neueren Behandlungsforschung (vgl. Andrews & Bonta, 1994; McGuire, 1995) beschreibt Müller-Isberner (1998a, S. 205) die einzelnen Elemente eines kognitiv-verhaltenstherapeutisch orientierten Behandlungsansatzes, der ebenso für den Maßregelvollzug wie für den Strafvollzug anwendbar ist (vgl. a. Gaes, 1998, S. 715ff; vgl. insbes. auch Wischka & Specht, in diesem Band):

1. Selbstkontrolle (erst denken, dann handeln, Konsequenzen abwägen, mit Denkstrategien Emotionen und Verhalten kontrollieren),
2. Meta-Kognitionen (kritische Bewertung des eigenen Denkens, die Art, wie man denkt, bestimmt weitgehend, was man denkt),
3. Verbesserung sozialer Fertigkeiten (Fähigkeiten lernen, die zu Belohnung und nicht zu einer Ablehnung führen),
4. Verbesserung der interpersonalen Problemlösungsfähigkeiten (Werte, Gefühle, Verhaltensweisen anderer verstehen lernen),
5. Lernen kreativen Denkens (Starrheit des eigenen Denkens erkennen, Entwicklung prosozialerer Denkweisen),
6. Förderung kritischen Denkens (logisch denken, ohne die Schuld auf andere zu schieben),
7. Lernen, soziale Perspektive zu übernehmen (Fühlen und Denken anderer wahrnehmen),
8. Entwicklung von Werten (Berücksichtigung der Bedürfnisse anderer),
9. Emotionsregulation (Techniken lernen zur Vermeidung intensiver unangenehmer Emotionen),
10. Förderung der Empathie mit dem Opfer (Fokussierung auf die Empathie mit dem Opfer),
11. Compliance-Verbesserung (Wissen über die eigene Erkrankung und deren medikamentöse Behandlungsnotwendigkeiten),
12. Suchtmittelkontrolle (Entwicklung abstinenter Lebensstile),
13. Deviante Sexualität beherrschen (deviante sexuelle Phantasien modifizieren lernen).

Nach Ansicht des Autors wäre ein einzelner Therapeut bzw. eine einzelne Station hinsichtlich der Realisierung eines solchen breit gefächerten Programms überfordert. „Wenn aber alle Therapeuten einer Klinik oder Abteilung einzelne entsprechende Behandlungsmodule anbieten, läßt sich ein derartiges Behandlungsangebot durchaus realisieren" (S. 206). Weitgehende Einigkeit herrscht heute - wie oben erwähnt - darüber, dass kognitiv-verhaltenstherapeutische Ansätze die erfolgversprechendsten sind (vgl. u.a. Andrews & Bonta, 1994; McGuire, 1995; Gendreau, 1996; Marshall, 1996; Berner & Becker sowie Egg et al., in diesem Band). Palmer (1992, S. 84), ein sehr vorsichtiger Befürworter des Behandlungsansatzes kommt nach Auswertung von neun Meta-Analysen zur Behandlungsforschung, 15 Literaturübersichten und acht Spezialübersichten zu der Thematik zu der abschließenden Bewertung: „The most successful programs can be categorized as behavioral, cognitive-behavioral, skill oriented, multimodal, or family intervention. Even among these programs, there is some inconsistency across the meta-analyses and research reviews" (vgl. a. Gaes, 1998, S. 716f). Auch Loeber u. Farrington (1998, S. 417) stellen zusammenfassend fest, dass sich, bezogen auf institutionalisierte Straftäter, die größten Behandlungseffekte gezeigt hätten bei „interpersonal skills training, cognitive-behavioral programs, and teaching family homes programs"

Was die bisher im deutschen Behandlungsvollzug teilweise noch angewandten „unstrukturierten psychodynamischen Behandlungsverfahren" betrifft, haben diese nach Müller-Isberner (1998a, S. 208) bisher keinen „kriminalpräventiven Effekt in der Straftäterbehandlung ... nachweisen können. Dass dies in der Population des psychiatrischen Maßregelvollzugs anders sein könnte, ist schwer vorstellbar. Ohnehin käme lediglich die Gruppe der normal intelligenten Persönlichkeitsgestörten für diese Interventionstechnik in Betracht, also ca. ein Viertel der Gesamtpopulation... Ob sich die Grundannahmen psychodynamischer Theorien und Techniken derart modifizieren lassen, dass sie einerseits in kriminalpräventiv wirksamer Weise in Maßregelvollzugseinrichtungen einsetzbar sind, ohne andererseits ihre Identität völlig aufzugeben, soll hier offen bleiben". Kognitiv-behaviorale Verfahren haben dagegen nach diesem Autor viele weitere Vorteile: Einzelne der Verfahren sind auch vom Pflegepersonal erlernbar, sie lassen sich ökonomisch in der Gruppe anwenden und gewährleisten über entsprechende Manuale eine klare Struktur, Integrität und Konsistenz über die Zeit. „Eine spannende Frage ist, wie lange es dauern wird, bis sich dieses Wissen in breitem Umfang in der Praxis durchsetzt" (S. 208).

3. Ausblick

Nach Grawe u.a. (1994, S. 750) ist die aktive Hilfe zur Problembewältigung das „mächtigste Wirkprinzip erfolgreicher Psychotherapie". Gleichzeitig betonen die Autoren, dass dieser Wirkfaktor bisher am deutlichsten unterschätzt wurde. Das gilt vor allem dann, wenn man die Intensität der Hilfe berücksichtigt, die vielfach nur aus dem vielzitierten „Tropfen auf den heißen Stein" besteht. Die Behandlung Straffälliger in Deutschland kämpft zum Teil noch gegen den Einfluss klassischer Therapiekonzepte an, deren Begründer teilweise selbst darauf hinwiesen, dass diese Behandlung nicht für Straffällige geeignet sei. Trotzdem versucht man auch heute noch zu belegen, dass selbst diese Therapien ihre Wirkung bei Straftätern haben (vgl. etwa Reinfried, 1999), obwohl es bisher kaum zweifelsfrei gelungen ist, einen Behandlungserfolg nachzuweisen. Die Stoßrichtung muss geändert werden: Es gilt nicht, vorhandene Behandlungsansätze „nun endlich" auch für Straffällige wirksam zu gestalten, sondern von den Bedürfnissen und Mängeln der Klientel auszugehen und darauf abgestimmt Behandlungsmaßnahmen zu entwickeln. Hier schneiden kognitiv-verhaltenstherapeutische Programme, kombiniert mit konkreten Trainingsmaßnahmen und aktiven Hilfsangeboten offensichtlich am besten ab, was auch plausibel ist (vgl. u.a. Wischka; Wischka & Specht und Egg et al., in diesem Band). Interessanterweise haben sich diese Ansätze nicht nur bei Straffälligen als am hilfreichsten erwiesen, sondern auch in der allgemeinen Psychotherapie (vgl. Grawe et al., 1994). Das wurde auch von sozialtherapeutischer Seite und vielen Strafvollzugspsychologen mehr und mehr gesehen, was zur Implementation neuer Behandlungsansätze führte, die vielversprechender sind als das „klassische" Vorgehen. Die Beiträge in diesem Band zeugen von diesen Entwicklungen, die es konsequent und systematisch weiterzuentwickeln gilt. Rehn (1993, S. 34) betont kritisch zu Recht, dass es nicht Aufgabe der Sozialtherapie ist oder sein kann, „den Strafvollzug gewissermaßen legitimatorisch mit Therapie zu schmücken. Vielmehr besteht sie darin, alle Bereiche der Anstalt in einem dimensionalen, integrativen Sinne auf den sozialtherapeutischen Ansatz zu verpflichten, so dass sich die ‚Basisphilosophie' in möglichst allen Details der Organisation und des Umgangs miteinander wiederfindet. ... Aus diesen Grundüberlegungen folgt, dass ein therapieorientierter Strafvollzug diesen Namen nicht verdient und unwirksam bleibt, wenn in der Anstrengung nachgelassen wird, bei seiner Gestaltung und Durchführung vom einzelfallorientierten Behandlungsziel auszugehen".

Es muss darum gehen, sich als wirksam erwiesene Programme verstärkt auch im deutschen Strafvollzug zu implementieren, Therapeuten entsprechend auszubilden und dafür zu sorgen, dass diese Behandlungsansätze tatsächlich auch vermehrt in der Praxis umgesetzt werden (können) (vgl. die Beiträge in diesem Band). Soweit die im deutschen Straf- und sozialtherapeutischen Vollzug praktizierten Behandlungsprogramme nicht auf dem aktuellen Forschungsstand sind, gilt es, diese durch solche auszutauschen, deren Erfolg besser nachgewiesen ist.

Sexualstraftäter: Klassifizierung und Prognose

von Ulrich Rehder

1. Klassifizierung

Klassifikation ist nicht nur eine grundlegende wissenschaftliche Methode, sondern auch eine fundamentale kognitive Operation. Obwohl in der Diagnostik durch Zuordnung von Tätern zu Klassen leicht die Gefahr einer Schematisierung entstehen kann, erleichtern Typologien die Vergleichbarkeit über den eigenen Erfahrungshorizont hinaus und können einen sinnvollen Einstieg in die Diagnostik bilden. Ihr wesentlicher Vorteil im psychologischen Bereich kann darin gesehen werden, dass sie die Schwerpunkte oder vermutete Ursache von Verhaltensbesonderheiten hervorheben und dass durch sie Behandlungsmaßnahmen strukturiert werden können (vgl. dazu Lösel, in diesem Band). Darüber hinaus kann davon ausgegangen werden, dass – weitere Forschung vorausgesetzt – die Prognose nach eindeutiger Klassifikation verbessert werden kann.

Bereits seit 1938 hat es in mehr als der Hälfte der Bundesstaaten der USA „Sexual Psychopath Statutes" gegeben, mit dem Ziel, die Gesellschaft zu schützen und die Täter zu behandeln (Sadoff, 1978). Ob dieses Ziel erreicht wurde, mag dahingestellt bleiben; auf jeden Fall haben sich vor dem Hintergrund dieser gesetzliche Vorgaben in Nordamerika umfangreiche praktische Erfahrungen angesammelt, die letztlich zu fundierten Klassifikationen mit unterschiedlichen Schwerpunkten führten.

1.1 Klassifizierung von Tätern, die wegen Vergewaltigung/sexueller Nötigung Erwachsener verurteilt wurden

1952 haben Gutmacher und Weihofen eine *motivationstheoretische Einteilung* vorgenommen und drei Tätertypen beschrieben: (1) Sadistische Täter, mit abnormer Betonung des aggressiven Elements, (2) explosive Täter, bei denen die Vergewaltigung ein plötzlicher Ausbruch unterdrückter sexueller Impulse (eventuell sogar geleugneter latenter homosexueller Komponenten) darstellt, und (3) antisozial-aggressive Täter, für die Vergewaltigung nur eine andere Art von Plünderei ist.

Allen stellte 1962 *unter psychiatrischen Gesichtspunkten* in einem 4-Felder-Schema gestörte bzw. ungestörte Sexualität sowie gestörte bzw. ungestörte Persönlichkeit gegenüber. Neben den drei sexuell devianten und psychisch gestörten Tätertypen charakterisierte er auch „normale" Täter (sowohl sexuell als auch im psychiatrischen Sinne Ungestörte), deren Fehlverhalten meist auf Alkoholeinfluss beruht: Die Attacke geschieht als Reaktion auf eine Zurückweisung nach Austausch von (harmlosen) Zärtlichkeiten.

Diese Täter sind psychisch zwar nicht völlig unauffällig aber immerhin fähig, ihre Störungen weitgehend zu kontrollieren.

Gebhard et al. haben 1965 eine Einteilung nach dem *Sozialverhalten* vorgenommen; sie beschrieben – von attackierenden, explosiven und amoralischen Tätern sowie einer Restgruppe abgesehen – auch Täter mit doppelter Moral, die Frauen in „gute" und „schlechte" einteilen; die ersten werden mit Respekt behandelt, die anderen haben kein Recht auf unabhängige Entscheidung.

Amirs sozialtheoretische Klassifikation (1971) stellt die Tat in *Bezug zur sozialen Rolle* des Täters. Bei psychisch Gestörten kann dieser Bezug fehlen. In den übrigen Fällen dient die Tat entweder der Stützung der sozialen Rolle (der Täter will entweder Mitgliedschaft in einer besonderen Gruppe erlangen bzw. erhalten oder er will nur sexuelle Befriedigung, ohne dass psychopathologische Erscheinungen festzustellen sind) oder die Tat ist Ausdruck der sozialen Rolle, die der Täter innehat; er kann z.B. an einer Gruppenvergewaltigung ohne sexuelle Befriedigung teilnehmen.

In ihrer klinischen Klassifikation teilten Cohen et al. (1977) die Täter nach drei möglichen *Zielen der Vergewaltigung* ein: Neben sexuellen und sadistischen Zielen wird auch ein aggressives Ziel der Vergewaltigung beschrieben: Hier ist das aggressive Sexualverhalten nicht Ausdruck sexueller Wünsche, sondern dient der Aggression: Das Opfer soll erniedrigt und beschmutzt werden. Der erlebte Zorn ist eine klar erkennbare Verschiebung intensiver Wut auf ein Ersatzobjekt.

Abel et al. (1976/1978) nahmen eine Dreiteilung *im Hinblick auf die anzuwendende Therapie* vor: Täter der ersten Gruppe erreichen sexuelle Erregung nur, wenn die Beziehung aggressive und fordernde Teile enthält. Den Tätern der zweiten Gruppe fehlt die Fähigkeit zum Aufbau heterosexueller Beziehungen. Die Täter der dritte Gruppe werden durch erzwungenen Sexualkontakt besonders erregt.

Die 1978 von Rada erstellte *klinische Klassifikation* enthält (1) psychotische Täter (inklusive Borderline-Persönlichkeiten, die unter Stressbedingungen dekompensieren), (2) Täter, bei denen situativer Stress die Vergewaltigung auslöst (mit günstiger Prognose, eine Therapie unter gelockerten institutionellen Bedingungen kommt in Betracht), (3) sadistische Täter, (4) soziopathische Täter und (5) Täter, bei denen Zweifel an der eigenen männlichen Identität die Vergewaltigungen auslösen; Täter dieses Typs sind entweder zurückhaltend und scheu oder sie zeichnen sich durch hypermaskuline Einstellung aus, die sich u.a. in Bodybuilding zeigen kann.

West et al. (1978) sahen – primär unter *therapeutischen Gesichtspunkten* – nur eine Zweiteilung als erforderlich an: (1) Sorglos-ungehemmte soziopathische Täter, die sich über die möglichen Folgen ihrer Taten oder die Einschränkung anderer Personen wenig kümmern und (2) zwanghafte, von Schuldgefühlen beherrschte, neurotische Täter, die eigene Probleme in der Vergewaltigung ausagieren.

Groth (1979) unterschied bei Vergewaltigungen drei grundlegende Verhaltensmuster: (1) Vergewaltigung, der Wut zugrunde liegt und in der Sexualität zum feindlichen Akt wird, (2) Vergewaltigung aus Dominanzwünschen, in der Sexualität der Unterwerfung dient und (3) sadistische Vergewaltigung, in der Wut und Machtgefühle erotisiert sind.

Das interessante an dieser *psychodynamischen Typologie* ist, dass sie unterschiedliche Komponenten integriert, nämlich sexuelle Phantasien des Täters, zugrundeliegender Konflikt, Konfliktlösungsversuch, Planung der Tat, Wahl des Opfers, Vorgehen des Täters, bei der Tat vorherrschende Stimmung, Dauer der Tat, Tatdurchführung und nachfolgende Verhaltensweisen, Rolle der Aggression, Rolle der Sexualität, Kommunikation mit dem Opfer, Rückkopplung vom Opfer, Verhalten des Opfers und Zustand des Opfers nach der Tat. Rehder (1990) hat eine tabellarische Zusammenfassung gegeben.

Mittels komplexer *statistischer Methoden* haben Knight et al. (1985) eine Klassifikation aggressiver Sexualdelinquenten bestimmt. Aufgrund ihrer Untersuchungen haben die Autoren einen Entscheidungsbaum entwickelt, der über drei Schritte eine Klassifizierung in acht Typen ermöglicht: In einem ersten Schritt wird nach der Rolle der Aggression bei der Tat gefragt und unterschieden zwischen instrumenteller Aggression (das Ziel der Tat ist sexuell, die Aggression wird angewandt um den Widerstand des Opfers zu brechen) und expressive Aggression (sie ist eher Selbstzweck und dient primär der physischen oder psychischen Verletzung des Opfers). Ein zweiter Schritt prüft die Bedeutung der Sexualität in der Tat: Bei instrumenteller Aggression kann sie entweder kompensatorisch (im Sexualverhalten der Tat werden sexuelle Fantasien deutlich) oder ausbeuterisch sein (die in der Tat gezeigte Sexualität drückt sich in einem impulsiven, räuberischen Akt aus); bei expressiver Aggression kann sie Ausdruck von übertragener Wut (das Sexualverhalten ist Ausdruck von Wut und Rage) sein oder von Sadismus (das Sexualverhalten ist Ausdruck sexuell-aggressiver – d.h. sadistischer – Fantasien). Jeder der bisher vier Klassen wird ein in einem dritten Schritt ein geringer oder hoher Grad von Impulsivität im bisherigen Lebensstil zugeordnet, so dass acht Typen entstehen: (1) Scheue introvertierte und gehemmte Täter. (2) Hyperaktive und ausagierende Täter, die Schwierigkeiten haben, ihr Verhalten zu steuern. (3) Täter, die nur dann sexuell-kriminell auffällig werden, wenn sie sich in ihrem (hyper-) maskulinem Selbstbild bedroht fühlen. (4) Täter mit soziopathischen und antisozialen Charakterstörungen. (5) Sozial angepasste Täter, die dann Sexualstraftaten begehen, wenn sie sich von Frauen angegriffen fühlen. (6) Täter die sich, ähnlich wie die eben Beschriebenen, angepasst verhalten, die aber über eine geringere soziale Kompetenz verfügen. (7) Täter, deren Taten ritualisiert und zwanghaft ablaufen – auch wenn sie ansonsten sozial angepasst erscheinen. (8) Täter mit geringer sozialer Kompetenz, die in sexuell-aggressiver Weise auf die Umwelt zugehen.

In einer Weiterentwicklung dieser Klassifikation, stellten Knight & Prentky (1990) vier Motive für die Taten in den Vordergrund: (1) Gelegenheit zur Tat, (2) alles durchdringende Wut, (3) sexuelle Befriedigung und (4) Rachsucht. Unter Einbeziehung der Ausprägung der sozialen Kompetenz kommen sie zu neun Typen. Die folgende Tabelle zeigt den – von oben nach unten zu lesenden – Entscheidungsbaum der Typologie. Bei opportunistischen Tätern mit hoher (Typ 1) und mit geringer sozialer Kompetenz (Typ 2) ist die Tat ein impulsiver und meist ungeplanter, räuberischer Akt, der mehr von kontextuellen und unmittelbar vorausgehenden Faktoren bestimmt ist und nicht die Verwirklichung lange bestehender Fantasien darstellt. Die fehlende Impulskontrolle zeigt sich nicht nur in der Tat, sondern in der gesamten Lebensgeschichte der Täter. Im Tatverlauf gibt es keinen Hinweis auf unnötige Gewaltanwendung und die Täter zeigen keine Wut – solange das Opfer keinen Widerstand leistet. Ihr Verhalten legt nahe, dass sie sofortige Bedürfnisbefriedigung suchen und dass sie dazu bereit sind, alle Mittel anzuwenden. Die Empfindungen der Opfer sind ihnen gleichgültig. Wenn sie ihr Opfer kennen – was bei den Tätern mit hoher sozialer Kompetenz eher wahrscheinlich ist als bei Typ 1 – nutzen sie die Bekanntschaft um ihre momentanen Bedürfnisse zu befriedigen, ohne Rücksicht auf das Opfer. Primäre Tatmotivation der von Wut durchdrungenen Täter (Typ 3) ist undifferenzierte Wut. Die festzustellende Aggression ist grundlos und wird auch ohne Widerstand des Opfers angewendet, kann aber durch solchen Widerstand erhöht werden. Die Opfer werden oft schwer verletzt oder sogar getötet. Obwohl die Täter Frauen sexuell angreifen, erscheint ihre Wut nicht sexualisiert und es gibt keinen Hinweis darauf, dass ihre Taten durch vorherrschende Fantasien ausgelöst werden. Ihre Wut und Aggressionen sind nicht auf Frauen beschränkt, sondern können sich mit gleicher Heftigkeit gegen Männer richten. Mangelnde Aggressionskontrolle ist nicht das einzige Problem ihrer Impulsivität: In der gesamte Sozialisation und in vielen Bereichen zeigen sich ihre Anpassungsschwierigkeiten.

Tabelle 1: Tätertypologie nach Knight & Prentky (wegen Vergewaltigung/sexueller Nötigung Erwachsener Verurteilte)

Opportunistische Täter		Von Wut durchdrungene Täter	Sexuell motivierte Täter				Rachsüchtige Täter	
Hohe soziale Kompetenz	geringe soziale Kompetenz		sadistisch		nicht-sadistisch		hohe soziale Kompetenz	geringe soziale Kompetenz
			offen sadistisch	hohe soziale Kompetenz/ verdeckt sadistisch	hohe soziale Kompetenz	geringe soziale Kompetenz		
Typ 1	Typ 2	Typ 3	Typ 4	Typ 5	Typ 6	Typ 7	Typ 8	Typ 9

Sexuell motivierte Täter (Typen 4 bis 7) haben gemeinsam, dass bei ihnen sexuelle oder sadistische Fantasien über einen langen Zeitraum vorherrschend sind. Diese Fantasien beschäftigen sie so stark, dass daraus letztlich der Angriff resultiert und der Ablauf der Tat entscheidend beeinflusst wird. Dabei sind die sexuellen Fantasien dadurch deformiert, dass sie mit Aggression, Dominanzwünschen, Hemmungen und erlebter Unzulänglichkeit verschmolzen sind. Bei den sexuell motivierten, offen sadistischen (Typ 4) und verdeckt sadistischen Tätern (Typ 5) liegt eine geringe Differenzierung zwischen sexuellen und aggressiven Antrieben vor und erotische und destruktive Gedanken und Phantasien treten häufig auf. Beim offenen Sadisten (Typ 4) zeigt sich die Aggression im Tatablauf direkt in der physischen Schädigung des Opfers; dieser Tätertyp ist meist wenig sozial kompetent. Beim verdeckten Sadisten (Typ 5) äußert sich die Aggression entweder symbolisch oder in verdeckten Fantasien, die nicht ausagiert werden; dieser Tätertyp verfügt meist über eine gute soziale Kompetenz. Die offen sadistischen Täter (Typ 4) wirken ausgesprochen aggressiv und ähneln – von den sexuellen Fantasien und der genauen Tatplanung abgesehen – den von Wut durchdrungenen Tätern (Typ 3). Bei den verdeckt sadistischen Tätern (Typ 5) bestehen – ohne Berücksichtigung ihrer sadistischen Phantasien und ihrer etwas höheren sonstigen Impulsivität – Parallelen zu den nicht-sadistischen, sozial kompetenten Tätern (Typ 6). Bei den sexuell motivierten, nicht-sadistischen Tätern mit hoher (Typ 6) und geringer sozialer Kompetenz (Typ 7) sind die mit der Tat zusammenhängenden Fantasien frei von der Verbindung zwischen Sexualität und Aggression. Bei beiden wird eher eine geringere interpersonelle Aggression – sowohl in sexuellen als auch nicht-sexuellen Zusammenhängen – angenommen. Wenn diese Täter Widerstand vom Opfer spüren, neigen sie eher zur Flucht als zum Angriff. Ihre Fantasien und ihr Tatverhalten spiegeln eher eine Verbindung aus sexueller Erregung, verzerrter „männlicher" Wahrnehmung von Frauen und Sexualität und Gefühlen von Unzulänglichkeit hinsichtlich ihrer Sexualität und ihres männlichen Selbstbildes wider. Die Verhaltensweisen der rachsüchtigen Täter mit geringer (Typ 8) und mäßiger sozialer Kompetenz (Typ 9) legen nahe, dass ihre Wut ausschließlich auf Frauen fokussiert wird. Ihre Taten sind durch physische Verletzung und Erniedrigung ihrer Opfer gekennzeichnet. Die Skala der Verletzungen reicht von Beschimpfungen bis zum Mord. Im Unterschied zum von Wut beherrschten Täter (Typ 3) zeigen sie keinen oder nur geringen undifferenzierten Ärger, d.h. sie suchen nicht die körperliche Auseinandersetzung mit anderen Männern. Obwohl ihre Tat eine sexuelle Komponente hat, gibt es keinen Hinweis darauf, dass ihre Aggression erotisiert ist oder dass sie von sadistischen Fantasien beherrscht sind. Darüber hinaus unterscheiden sie sich von den offen Sadisten (Typ 4) und den von Wut durchdrungenen Tätern (Typ 3) durch ihre geringere Impulsivität im Lebensstil.

Auf dem im deutschen Sprachraum lange herrschenden Streit zwischen deskriptiver Psychopathologie und Psychoanalyse soll hier nicht eingegangen werden. Schorsch nannte seine 1971 vorgestellte Einteilung eine *rollentheoretische Klassifikation*; er kam – neben einer selten auftretenden „sadistischen Stilbildung" – zu drei Tätertypen: (1) Beim asozialen Notzuchttäter ist die Vergewaltigung Ausdruck einer bereits ins Kriminelle abgeglittenen Lebensführung und nicht Konsequenz devianter Sexualität; die Frau wird als Sexualobjekt benutzt, ohne Berücksichtigung ihrer Individualität. (2) Der retardierte Spätentwickler hat meist wenig sexuelle Vorerfahrung und das Delikt scheint in starkem Widerspruch zu seinem sonstigen ordentlichen, schüchternen und unaggressiven Verhalten zu stehen. (3) Bei der Notzucht aus geschlechtsspezifischer Situationsverkennung geht oft eine Beziehung zwischen Täter und Opfer voraus; Alkohol ist meist ein animierender Faktor, der Täter wird durch zunehmende sexuelle Spannung erregt und in seiner Beurteilungsfähigkeit eingeschränkt, die Abwehr des Opfers wird als konventionelles Sträuben nicht ernst genommen.

Schorsch et al. (1985) fanden in einer *Clusteranalyse* von 60 Sexualstraftätern (die zu einem großen Prozentsatz Exhibitionisten enthielt) – neben einer nicht interpretierbaren Gruppe – vier Tätertypen: (1) Psychisch eher stabile, sozial integrierte Patienten, deren konturierter Persönlichkeitskern ihnen dazu verhilft, sozial unauffällig zu leben, erfolgreich im Beruf zu sein und sich den Anforderungen der Realität zumindest vordergründig gut anzupassen. (2) Depressive Patienten, für die negatives Selbstkonzept verbunden mit Gefühlen von Wertlosigkeit, Ohnmacht, Insuffizienz und einer depressiven Grundstimmung typisch ist. (3) Patienten mit ausgeprägter Depressionsabwehr, die ihre Depressionen durch „Flucht nach vorn" abwehren, die sich häufig als Einzelkämpfer fühlen und die ihre Ängste und Verwundbarkeit durch demonstrierte Stärke überdecken. (4) Schwer gestörte, sozial desintegrierte Patienten, die überwiegend eine Verwahrlosungssymptomatik, ein antisoziales (psychopathisches) Ausagieren und Über-Ich-Defekte bei schweren strukturellen Störungen in Richtung einer Borderlinepathologie zeigen.

Volk et al. (1985) fassten die von ihnen untersuchten 120 Täter zu drei Gruppen zusammen: (1) Angepasst-aggressionsgehemmte Täter (etwa zwei Drittel der Fälle), die meist Entwicklungsstörungen aufweisen. Die Vergewaltigung ist als Durchbruch bislang verborgener destruktiver Aggressivität zu interpretieren, die vom sonstigen Verhalten abweicht. Die Täter sind nicht besonders triebstark. Die eigentliche Befriedigung erzielen sie aus der Unterwerfung und Demütigung des Opfers. Die in der Tat gezeigte Aggression gilt dabei nicht dem Opfer, sondern – durch Verschiebung des Aggressionsziels – einer anderen Frau. (2) Neurotisch-verwahrloste Täter (etwa 15 % der Stichprobe) zeigen niedrige Frustrationstoleranz, so dass aufkommende Wünsche oder Bedürfnisse – oft ohne Abwägen des Risikos – mit Gewalt verwirklicht werden. Die Aggressivität ist nicht spezifisch gegen Frauen gerichtet. Diesen Tätern dient die Vergewaltigung auch der Befriedigung plötzlich auftauchender sexueller Bedürfnisse, die sich entsprechend der auch sonst geringen emotionalen Differenzierung meist in der Triebabfuhr erschöpft. (3) Die Gruppe der sexuell devianten Täter (zwischen sechs und sieben Prozent der untersuchten Fälle) erfasst Personen mit einer weitgehend fixierten sadomasochistischen Fehlentwicklung. Die sadistischen Züge manifestieren sich lange vor der Tat – in der Tat werden diese Fantasien realisiert.

Beier (1995) ermittelte bei seiner Längsschnittuntersuchung folgende Typen: (1) Dissoziale Täter, das sind ungebildete, sozial randständige Täter mit Leistungs- und Beziehungsstörungen sowie Neigung zum Alkoholabusus; bei ihnen ist die sexuelle Auffälligkeit Teil ihrer Dissozialität. (2) Jugendliche, sexuell unerfahrene Täter, deren soziale Einbindung günstig erscheint, die aber eher Einzelgänger sind und die im Rahmen ihrer pubertären Entwicklung sexuell straffällig werden. (3) Symbolisch-agierende Täter haben ihre pubertäre Entwicklung unauffällig abgeschlossen, sind sozial integriert. Das sexuelle

Aggressionsdelikt wird an einem unbekannten Opfer begangen, das stellvertretend für eine symbolisch gemeinte Frau steht. (4) Bei schwachsinnigen Tätern steht ein Differenzierungsmangel im Vordergrund, der die gesamte Biographie durchzieht. (5) Bei den nicht-typisierbaren Tätern handelt es sich um Personen mit schweren Persönlichkeitsstörungen bzw. hirnorganischen Abbauerscheinungen.

1.2 Klassifizierung von Tätern, die wegen sexuellen Missbrauchs verurteilt wurden

Auch zu Tätern, die wegen sexuellen Missbrauchs verurteilt wurden, liegen schon seit längerer Zeit Typologien in den USA vor: Bereits 1962 unterteilte Fitch in fünf Typen: Neben soziopathischen und psychotischen Tätern sowie einer Restgruppe stellte er unreife und frustrierte Typen in den Vordergrund, die sich primär dadurch unterscheiden, dass sie entweder eine langdauernde abweichende sexuelle Präferenz aufweisen oder dass ihre Taten als Resultat besonderer emotionaler Belastungen erscheinen.

In ihrer mehr deskriptiven Einteilung nach Geschlecht und Alter des Opfers sowie Stärke der Aggression unterschieden Gebhard et al. (1965) sechs Täterklassen, die sich allerdings deutlich überschneiden. Knight et al. (1985) haben aus dieser Einteilung folgende Typen hervorgehoben: Pädophile, soziosexuell Unterentwickelte, mental Gestörte, amoralische Delinquenten, Senile mit Abbauerscheinungen und Psychotiker.

McCaghy (1967) unterteilte sexuelle Missbraucher in (1) Täter mit hoher Interaktion mit dem Opfer, (2) Täter mit langer Missbrauchskarriere, (3) Täter, die spontan aggressiv reagieren, sowie (4) senile Täter, (5) asoziale Täter und (6) Inzesttäter.

1971 hob Swanson vier Tätertypen hervor: Den klassischen Pädophilen, den inadäquat reagierenden Soziopathen (den Kinder sexuell nur wenig interessieren), den situationsbedingten Täter und den hirnorganisch gestörten Täter.

Groth (1978) stellte den fixierten Tätern (mit festgelegter sexueller Präferenz für Kinder) die regressiven Täter gegenüber, die sich nur unter Belastungsbedingungen Kindern sexuell zuwenden; 90 % der Inzesttäter gehören nach seiner klinischen Erfahrung zur letzten Gruppe. Die Inzesttäter hat er 1982 eingeteilt in passiv-abhängige und aggressiv-dominante Täter. Eine Übersicht gibt Deegener (1995).

Cohen et al. (zit. nach Knight et al.) nutzten 1979 drei Dimensionen zur Einteilung der Täter: Motivation, Grad der sexuellen Fixierung, und Art der Aggression bei der Tat. Daraus leiteten sie vier Typen ab: (1) den fixierten Typ, (2) den regressiven Typ, (3) den ausbeuterischen Typ (vergleichbar einem soziopathischem Typen) und (4) den aggressiven Typ (bei dem sowohl sexuelle als auch aggressive Motive im Vordergrund stehen).

Analog der o.a. Klassifikation von Vergewaltigern haben Knight et al. 1985 einen Entscheidungsbaum entwickelt, der in drei Schritten zu 8 Tätertypen kommt. Im ersten Schritt wird wieder nach der Art der Aggression unterschieden (instrumentell oder expressiv), in einem zweiten Schritt wird die Täter-Opfer-Beziehung bewertet (objektbezogen oder ausbeuterisch) und in einem dritten Schritt wird die bis zur Tat zu beobachtende Beziehungsfähigkeit eingeschätzt.

Auf der Grundlage von 177 überführten Tätern haben Knight (1989) sowie Knight und Prentky (1990) diese Klassifikation weiterentwickelt: Auf der senkrechten Achse unterscheiden sie hinsichtlich zweier Charakteristika: (1) nach dem Grad der sexuellen Fixierung auf Kinder und (2) der Stärke der sozialen Kompetenz. Der Grad der Fixierung zeigt das Ausmaß an, in dem sich die Wahrnehmung und die (sexuellen) Phantasien eines Individuums auf Kinder fokussieren. Die soziale Kompetenz gibt an, wie weit der Person eine arbeitsmäßige und persönliche Einbindung gelingt und wie weit sie soziale Verantwortung tragen kann.

Tabelle 2: Tätertypologie nach Knight (wegen sexuellen Missbrauchs von Kindern Verurteilte)

		Langer Kontakt		Kurzer Kontakt zum Opfer			
		Interpersonell	Narzisstisch	Geringe körperliche Verletzung		Erhebliche körperliche Verletzung	
				Geringer Sadismus	Hoher Sadismus	Geringer Sadismus	Hoher Sadismus
Hohe pädophile Fixierung	Geringe soziale Kompetenz	11 / 6,2 %	37 / 20,9 %	27 / 15,3 %	15 / 8,5 %	14 / 7,9 %	8 / 4,5 %
	Hohe soziale Kompetenz	8 / 4,5 %	15 / 8,5 %	11 / 6,2 %		2 / 1,1 %	
Geringe pädophile Fixierung	Geringe soziale Kompetenz		3 / 1,7 %	3 / 1,7 %	1 / 0,6 %	10 / 5,6 %	5 / 2,8 %
	Hohe soziale Kompetenz		1 / 0,6 %	5 / 2,8 %		1 / 0,6 %	

Auf der waagerechten Achse wird nach der Intensität und der Bedeutung des Kontaktes differenziert: Zunächst wird nach der Dauer unterschieden, die die Täter in großer Nähe zu Kindern verbringen. Bei langem zeitlichen Kontakt stellt sich die Frage, ob der Täter eine persönliche Beziehung aufbauen wollte, oder ob er ausschließlich sexuelle oder orgasmische d.h. „narzisstische" Ziele hatte, also Momente der eigenen Befriedigung im Vordergrund standen. Die Täter mit nur kurzem Kontakt zu den Opfern wurden weiter unterteilt in solche, die Opfer wenig oder stark verletzten. In einem weiteren Schritt wurden die Täter nach Phantasien und Handlungen unterteilt in nicht-sadistische und sadistische: Nicht sadistische Täter verletzten die Opfer kaum. Allerdings können Täter, die die Opfer nur geringfügig verletzten, sehr wohl sadistische Phantasien haben, die die Tat auslösen können. Daneben gibt es Täter, die die Opfer zwar verletzen, dies aber nicht aus sadistischen Motiven tun: Instrumentelle Gewaltanwendung oder Ausagieren von Wut stehen stärker im Vordergrund. Der letzte Tätertyp verletzt die Opfer aus erkennbar sadistischen Motiven und die Tatabläufe sind rituell und bizarr, Sexualität und Aggression sind hier zu einer Empfindung verschmolzen. Aus der Kombination der beiden Achsen ergeben sich theoretisch 24 Typen, die sich allerdings bisher noch nicht alle nachweisen ließen.

Was den deutschen Sprachraum anbetrifft, sei auf drei Ansätze verwiesen: Maisch (1968) beschreibt (nach Bräutigam & Clement, 1989) zwei Familienformen in denen Inzest auftritt: Im ersten Fall bestehe eine schlechte Ehe und die Väter projizierten ihre Wünsche und Bedürfnisse auf die Tochter, machten sie zur vertrauten Freundin und Hilfe gebenden Partnerin. Es komme zu einer Koalition zwischen Vater und Tochter mit dem Ergebnis der Isolierung der Frau und Mutter. Die Töchter könnten in dieser Rolle emotionale Zuwendung, Wärme und Aufwertung erfahren und sich als sexuelle Partnerin fühlen. Im zweiten Fall seien die Väter besitzergreifend und versuchten, die Töchter ihren Müttern zu entfremden. „Die Väter haben ein intensives sexuelles Interesse, sind eifersüchtig auf jeden anderen, auf die Mutter wie auf andere Männer, verlangen in fordernder und aggressiver Weise Unterwürfigkeit und Gehorsam, die Mädchen wie auch die Mütter sind, von der Umwelt isoliert, ihnen hilflos ausgeliefert" (Bräutigam & Clement, S. 258).

Bräutigam & Clement (1989) unterscheiden drei Gruppen von Pädophilen: Die erste Gruppe ist die der sozial unterprivilegierten Männer, die in ihrer sexuellen Partnerwahl und in ihrer sexuellen Beziehungsfähigkeit wenig differenziert sind und die sich auch kindliche und jugendliche Sexualpartner nehmen. Die zweite Gruppe ist die der jugendlichen, minderbegabten, kontaktgestörten und retardierten Pädophilen, die Schwierigkeiten mit erwachsenen Partnern haben; für sie sind Kinder leichter zugänglich und weniger ängstigend. Die dritte Gruppe ist in ihrer Entwicklung unauffällig, wirkt „normal" und wenig triebhaft; die pädophilen Sexualkontakte können die einzige Befriedigungsmöglichkeit in einer sozialen Isolierung sein, können aber auch episodisch bei Verheirateten vorkommen, die in ihrer Ehe sexuell unbefriedigt oder inaktiv sind.

Beier (1995) teilt zunächst nach Art des sexuellen Missbrauchs in Inzesttäter und Pädophile ein. Bei den Inzesttätern beschreibt er (1) Konstellationstäter in „endogamischen" Familienstrukturen, (2) pädophil motivierte Täter, deren sexuelles Interesse weitgehend auf Kinder fixiert ist (dies können auch die eigenen sein), (3) „promiske" Täter, die ein geringschätziges Frauenbild haben und deren allgemeine Promiskuität auch Verwandte einbezieht und (4) nicht typologisierbare Täter. Bei den Pädophilen nimmt er folgende Einteilung vor: (1) Jugendliche, sexuell unerfahrene Täter, die nur geringe Fähigkeiten besitzen, sexuelle Kontakte zu Gleichaltrigen aufzubauen, (2) dissoziale Täter, die über sexuelle Vorerfahrungen verfügen, aber aktuell in keine Beziehung eingebunden sind, (3) Täter mit pädophiler Nebenströmung, die in allen Lebensbereichen gut integriert sind, die aber an der Kinderwelt partizipieren möchten, (4) Täter mit pädophiler Hauptströmung, deren sexuell-partnerschaftliche Interessen sich ausschließlich auf Kinder orientieren und (5) schwachsinnige Täter.

1.3 Klassifizierung inhaftierter deutscher Sexualstraftäter

In einer Untersuchung von 226 wegen Vergewaltigung und/oder sexueller Nötigung bzw. sexuellen Missbrauchs verurteilter inhaftierter Strafgefangener der mittleren bis schweren Kriminalität fand Rehder (1996a, b) mit Hilfe der Clusteranalyse sechs bzw. vier Typen:

1.3.1 Wegen Vergewaltigung Verurteilte

(1) Durchsetzungsschwache, irritierbare Täter (etwa 20 % der Stichprobe). Die Grundstimmung dieser „depressiven" Täter ist erkennbar geprägt durch Gefühle von Wertlosigkeit, Niedergeschlagenheit und Resignation. Sie signalisieren Unterlegenheit und appellieren an die Hilfsbereitschaft der Umgebung, so dass andere Zuwendung aus dem Gefühl der Überlegenheit geben können. Die Sexualdelikte stellen meist den Versuch dar, die eigene Hilflosigkeit zu bekämpfen. Sie geraten dadurch aber in einen Teufelskreis: Die erneute Tat verschlechtert das ohnehin negative Selbstbild bzw. erhöht die Abhängigkeitsängste und kann dadurch das Gefühl der Hilflosigkeit so weit verstärken, dass neue Sexualdelikte resultieren. Da diese Täter die starke Tendenz besitzen, sich in Kontakten anzupassen, darf vor der Tat eine Beziehung zum Opfer nicht bestehen, denn die Täter könnten sonst in die Abhängigkeit des Opfers geraten: Die Tat wird daher an fremden Personen begangen und erfolgt überfallartig. Ein Cluster ähnlicher Charakteristik fanden Schorsch et al. (1985), deren depressive Täter sich allerdings durch weniger aggressive Sexualdelikte auszeichnen („vorwiegend Exhibitionisten und unaggressive Pädophile", S. 85). Nach Travin & Protter (1993) legen neuere Untersuchungen nahe, dass ein Zusammenhang zwischen Depression und Paraphilien besteht. Gleiches könnte auch für die vorliegende Untersuchung gelten. Deutliche Ähnlichkeiten des hier beschriebenen Clusters bestehen auch zum Typ 7 von Knight & Prentky (1990), den diese als sexuell motiviert, nicht-sadistisch und sozial inkompetent charakterisieren und den sie hinsichtlich seines männlichen Selbstbildes als verunsichert sowie interpersonell wenig aggressiv ansehen.

(2) Sozial desintegrierte, „chauvinistische" Täter (etwa 21 %). Diese „hysterischen" Täter werden in anderen Typologien als „asozial" bzw. „dissozial" (Schorsch, 1971), „polytrop kriminell" (Cabanis & Phillip, 1977), oder als „soziopathisch" bzw. „psychopathisch" (Rada, 1978) bezeichnet. Obwohl die Täter sich als normal ansehen und nach außen darstellen lässt sich bei ihnen eine deutliche Diskrepanz zwischen dem eigenen – Anspruchsniveau und ihren tatsächlichen Möglichkeiten und Fähigkeiten feststellen: Sie sind in der Gesellschaft gescheiterte Menschen, die verzweifelt nach Kompensationsmöglichkeiten suchen und sie in subkulturellen und kriminellen Aktivitäten, in Beziehungswechsel, Alkoholkonsum und in einem „chauvinistischen" (d.h. einem übertriebenen männlichen) Selbstwertgefühl finden; sie entwickeln übersteigerte bzw. irreale Phantasien ihrer Möglichkeiten (Größenfantasien) und wehren und werten von außen an sie herangetragene Anforderungen und normative Erwartungen ab. Die Sexualdelikte sind weni-

ger Ausdruck einer sexuellen Devianz, sondern mehr Zeichen ihres fehlenden Einfühlungsvermögens und einer aggressiven, die Belange anderer wenig respektierenden Impulsivität. Trotz der generell wohl ungünstigen Prognose erscheint die einschlägige (sexuelle) Rückfallgefahr eher gering. Vergleichbare Täter fanden Knight & Prentky (1990): Ihr Typ 2 ist sozial inkompetent und handelt eher räuberisch-opportunistisch, aus einem schlecht kontrollierten Bedürfnis nach sofortiger (sexueller) Befriedigung. Schorsch et al. bezeichnen Täter ihrer fünften Gruppe als „schwer gestörte, sozial desintegrierte Patienten" deren „Delikte ... fast immer gewaltsam und mit Omnipotenzfantasien ... verbunden" sind; nach den Ergebnissen dieser Autoren handelt es sich um „Patienten mit aggressiv pädophilen Delikten und sexuellen Aggressionen Frauen gegenüber" (S. 89).

(3) Explosive, sexuell aggressive Täter (knapp 15 % der Stichprobe). Diese Täter sind primär durch ihre „maligne" (Steck & Pauer, 1992) Tatdurchführung charakterisiert: Ihre innere Unsicherheit und ihre momentane Wut entladen sich explosionsartig sowohl in ihren aggressiven als auch in ihren sexuellen Delikten. Ihrer generellen sozialen Anpassungsbereitschaft bzw. rationalen Normakzeptanz stehen allerdings nur eingeschränkte soziale Kompetenz und verringerte Selbstkontrolle gegenüber. Wünsche nach Durchsetzung und Anerkennung führen in Belastungssituationen zum Zusammenbruch der Aggressionskontrolle und zu einer „explosiven" Tat, einer Tat, die auch für die Täter nicht oder nur schwer antizipierbar ist. Deutliche Übereinstimmungen der Täter dieses Clusters bestehen mit dem Typ 3 von Knight & Prentky (1990), der als von Wut durchdrungen beschrieben wird, der seine – undifferenzierte und nicht sexualisierte – Wut im sexuellen Bereich ausagiert, wobei deutlich ist, dass die Aggression nicht nur instrumentell ist. Diese Täter ähneln auch den von Groth beschriebenen „aggressiven" Vergewaltigern, die ihre Kränkungen und persönlichen Enttäuschungen (vor allem über von Frauen erfahrene Zurücksetzungen) spontan ausagieren.

(4) Ungehemmt drängende Täter (knapp 24 % der Stichprobe). Eine symmetrische bzw. gleichberechtigte Kommunikation ist mit diesen Tätern schwer möglich, für sie bedeutet vielmehr jeder Kontakt eine kämpferische Auseinandersetzung, bei der es darum geht, andere Personen von der eigenen Sicht der Dinge zu überzeugen und eigene Absichten durchzusetzen. Entsprechend laufen die Taten ab, die sich als rücksichtslos-egozentrische Durchsetzung ohne Berücksichtigung der Belange des Opfers darstellen. Die Täter bekämpfen – auch in der Tat – ihre in der Sozialisation entwickelten massiven Abhängigkeitsängste, ihre Furcht vor Hilflosigkeit und Ausgeliefertsein. Sie bedürfen auch im Tatkontakt der Bestätigung ihres persönlichen Wertes und ihrer Eigenständigkeit. Dieses Cluster ähnelt weitgehend den Tätern, die von Schorsch et al. (1985) als „Patienten mit ausgeprägter Depressionsabwehr" bezeichnet werden. Nach Knight & Prentky (1990) sind diese Täter (Typ 1) zwar sozial kompetent aber ihre Tat-Handlungen sind meist ungeplant bzw. situativ ausgelöst oder opportunistisch.

(5) Negativ sozialisierte, unterkontrollierte Täter (knapp 15 % der Stichprobe). Bedingt durch die ungünstige Sozialisation sind diese „schizoiden" Wiederholungstäter nicht in der Lage, Vertrauen zu anderen aufzubauen, sie erscheinen vielmehr misstrauisch, emotional abweisend und auf Unabhängigkeit bedacht. Sie selbst können auf andere

nur schwer eingehen und sich deren Gefühlswelt erschließen. Emotionen werden primär in der Phantasie ausgelebt. Oft entwickeln sie aggressiv gefärbte Tatvorstellungen, die dann in Belastungssituationen ausagiert werden; dies geschieht um so leichter, als ihre chauvinistisch-frauenfeindlichen Einstellungen, ihre Vorbehalte gegenüber der Umwelt und ihre verringerte Gewissensbildung eine Rücksichtnahme auf andere nur schwer zulassen. Tat und Inhaftierung erhöhen die Distanz zur Umwelt, denn nun bestehen weitere Bereiche, über die die Täter nicht kommunizieren können. Die größere Entfremdung führt zur Erhöhung ihrer Feindseligkeit und verstärkt ihre Phantasietätigkeit auch im Hinblick auf weitere Taten. Dadurch wächst die Wahrscheinlichkeit weiterer Sexualdelikte. Aus diesem Kreislauf können sich viele Täter nicht selbst befreien, so dass es zu wiederholten Verurteilungen kommt. Da bei diesen Tätern die schizoide Komponente im Vordergrund steht, lassen sich Parallelen zu den anderen Untersuchungen nicht so leicht aufzeigen. Am ehesten liegen Ähnlichkeiten mit den Typen 8 und 9 von Knight & Prentky (1990) vor, die von ihnen als wenig bis mäßig sozial kompetente Täter beschrieben werden, die ihre Wut auf Frauen fokussieren, deren Wut nicht erotisiert ist und die ihr Opfer verletzten und erniedrigen; die allgemeine Impulsivität dieser Typen wird von ihnen allerdings als eher gering angesehen.

(6) Beruflich integrierte, aggressionsgehemmte Täter (gut 6 % der Stichprobe). Bei diesen „zwanghaften" Wiederholungstätern ist die hohe Diskrepanz zwischen guter beruflicher Eingliederung auf der einen und der erheblichen Sexualkriminalität auf der anderen Seite besonders auffällig. Dies erscheint erklärbar durch die starken zwanghaften Persönlichkeitsanteile, die übersteigerte Wünsche nach Planung, Ordnung und Kontrolle bewirken; die Umsetzung dieser Wünsche dient der Demonstration von Eigenständigkeit und der Verdeckung von Entscheidungsunsicherheit. Rückschläge, Zurücksetzungen oder massive Verletzungen der selbst gesetzten Ordnung können sie nur schwer verkraften, auf sie reagieren sie mit starker Irritation. Die Taten sind der Versuch, sich selbst zu beweisen, dass zumindest im sexuellen Bereich noch Kontrolle ausgeübt werden kann. Die Taten zeichnen sich daher durch eine erhebliche Dauer aus, in denen das Opfer über eine längeren Zeitraum körperlich und sexuell kontrolliert wird. Da das tatbegleitende („berauschende" – so ein Täter) Gefühl der Wiedererlangung von Kontrolle über die Umwelt nur kurz anhält, besteht der Wunsch nach Tatwiederholung; daraus resultiert die hohe Opferzahl. Die Verurteilung erschwert ihnen die berufliche Wiedereingliederung und sie verlieren Kompensationsmöglichkeiten; die relativ hohe Zahl von Verurteilungen lässt sich dadurch erklären. Da diese Täter – wohl auch aufgrund ihrer positiven Sozialisation – Verständnis und Empathie für andere aufzubringen vermögen, können sie sich nur an einem unbekannten Opfer vergreifen, zu dem eine emotionale Beziehung nicht besteht, einem Opfer, das sie entpersönlichen und zum Objekt degradieren können. Wie bei den psychisch eher stabilen, sozial integrierten Tätern von Schorsch et al. besteht eine Tendenz, sich zurückzuziehen und durch Leistung und Anpassung ein positives Selbstbild zu erhalten; die Sexualdelikte sind allerdings bei den Tätern der vorliegenden Untersuchung erheblich gravierender. In der Typologie von Knight & Prentky (1990) entsprechen diese Täter am ehesten dem Typ 6, der geringe interpersonelle Aggressionen zeigt,

sozial sehr kompetent ist, Gefühle von Unzulänglichkeit besitzt und bei dem sexuelle Erregung und ein gestörtes sexuelles Rollenverständnis miteinander gekoppelt sind.

1.3.2 Wegen sexuellen Missbrauchs Verurteilte

(1) Randständige, unterkontrollierte Täter (vornehmlich Pädophile; fast 27 % der wegen sexuellen Missbrauchs Verurteilten, davon 47 % der Pädophilengruppe und über 12 % der innerfamiliären Täter). Bei den Tätern dieses Clusters handelt es sich um beziehungsmäßig wenig eingebundene sowie intellektuell und materiell eher anspruchslose Männer. Im direkten Umgang sind sie genauso wenig aggressiv wie in ihren Straftaten. Konflikten weichen sie oft aus. Aufgrund ihrer Anspruchslosigkeit, ihres geringen Alkoholkonsums und einer bestehenden Arbeitsbereitschaft gelingt ihnen meist ein Leben am Rande der Legalität mit häufigen, aber strafrechtlich weniger relevanten Delikten. Wegen ihrer geringen Bildung, der genannten Anspruchslosigkeit und der Konfliktvermeidung fällt es schwer, für sie und mit ihnen eine Zukunftsperspektive zu entwickeln. Es hat den Anschein, dass ihre devianten sexuellen Präferenzen ihre Randständigkeit bewirken und verstärken; in einigen Fällen kann aber auch die soziale Randständigkeit Schwierigkeiten hervorrufen, sozial akzeptierte sexuelle Beziehungen aufzubauen, so dass sie auf kindliche Sexual„partner" ausweichen. Auf jeden Fall erscheinen diese Täter in ihrem Sexualverhalten auf Kinder „fixiert"; bei ihnen handelt es sich um Pädophile im engeren Sinne, auch wenn ihnen in Einzelfällen eine – vorübergehende – familiäre Einbindung gelingt. Täter dieses Clusters entsprechen weitgehend der Beschreibung der „fixierten" Täter von Groth (1982) und den in der Typologie von Knight (1989) in 15,3 % der Fälle vorkommenden Tätern, die geringen Kontakt zum Opfer haben, die ihre Opfer nur wenig verletzen (wobei sadistische Phantasien wohl nicht vorliegen) und die pädophil fixiert sowie sozial wenig kompetent sind. Deutliche Parallelen liegen auch zu den von Bräutigam & Clement (1989) beschriebenen – jugendlichen – Pädophilen vor, „die minderbegabt, kontaktgestört und retardiert sind, deshalb mit erwachsenen Partnern Schwierigkeiten haben. Sie greifen auf die vertrauten, leichter zugänglichen kindlichen und jugendlichen Opfer zurück, die sie oft mit kleinen Geschenken an sich binden" (Seite 147). Die von den Autoren geschilderte, „nicht selten" vorkommende Gewaltanwendung ist in diesem Cluster allerdings weniger zu registrieren.

(2) Sozial unauffällige Täter mit starken Autonomiebestrebungen (vornehmlich Inzesttäter; mit 33 % das größte Cluster; mit 21 Inzesttätern erfaßt es 43 % dieser Untergruppe; die Zahl der Pädophilen in diesem Cluster ist mit fast 18 % der Pädophilengruppe relativ klein). Die Täter fallen hauptsächlich durch „Unauffälligkeit" hinsichtlich ihrer Sozialisation sowie ihres Sozial- und Legalverhaltens auf. Aus dem Rahmen fällt in dieser Untersuchung lediglich ein starkes Autonomiestreben, das ein Hinweis darauf ist, dass die Unabhängigkeitswünsche der Täter auf Kosten des Erlebens emotionaler Nähe – auch innerhalb der Familie – gehen können. Die Taten erfolgen meist im Zusammenhang mit äußerem Stress oder in Anschluss an eine Lebenskrise; dadurch erleben die Täter eine Gefährdung ihrer Autonomie. Unter solchen – subjektiv stark empfundenen – Bela-

stungsbedingungen kann es zum Zusammenbruch der psychischen Kontrollinstanzen kommen, der die Sexualdelikte möglich werden lässt. Zu fragen ist allerdings, welche weiteren Vorbedingungen erforderlich sind, dass aus den Stressbedingungen ein sexueller Missbrauch resultiert (vgl. hierzu Finkelhor, 1984, Vorbedingungen des sexuellen Missbrauchs; beschrieben auch von Deegener, 1992). Von den zwanghaften Tätern des Clusters 4 unterscheiden sie sich vor allem durch ihre geringere kriminelle Aktivität, ihr geringeres Misstrauen und ihre geringere Tatverleugnung. Ähnlichkeiten der Täter dieses Clusters bestehen zu den „psychisch eher stabilen, sozial integrierten Patienten" von Schorsch et al. (1985), die diesen einen „konturierten Persönlichkeitskern" bescheinigen, „der ihnen dazu verhilft, sozial unauffällig zu leben, erfolgreich im Beruf zu sein und sich den Anforderungen der Realität zumindest vordergründig gut anzupassen" (S. 82). In der Typologie von Groth (1982) entsprechen diese Täter eher dem „regressiven" Typen, dessen „pädophile" Interessen sich erst spät und unter Stressbedingungen entwickeln. Rehder & Meilinger (1996) fanden eine ähnliche Gruppe, die sie als „sozial kompetente, aus der Lebensbahn geworfene, tatverleugnende Inzest- Täter" beschreiben.

(3) Depressive Täter (über 24 % der Stichprobe, davon jeweils 24 % der Inzesttäter und der Pädophilen). Auffälligkeiten in der Sozialisation finden sich kaum. Herausragendes Merkmal dieser Tätergruppe ist die Depressivität. Wie bei den depressiven Vergewaltigern ist daher die Grundstimmung der Täter geprägt durch Gefühle von Hilflosigkeit, Passivität und Abhängigkeit. Sie suchen Unterstützung in ihrer Umgebung und geraten dadurch verstärkt in Abhängigkeiten. Die Sexualdelikte stellen den Versuch dar, diese Abhängigkeit und Empfindungen von Hilflosigkeit zu bekämpfen und Überlegenheit, Macht und Eigenständigkeit zu erleben – aber auch in sexuellen Aktivitäten Ablenkung von grüblerischer Selbstbeschäftigung zu erhalten. Bei den Inzesttätern dieses Clusters bestehen Ähnlichkeiten zu den von Groth genannten passiv-abhängigen Typen, die die Zuwendung ihrer Partnerin verlieren und schließlich emotionale und sexuelle Nähe bei ihren Kindern suchen. Weiterhin werden nach Conte (1991) bei Inzesttätern häufig depressive Tendenzen gefunden. Die Pädophilen des Clusters zeigen Parallelen zu den sozial inkompetenten Tätergruppen in der Typologie von Knight (1989). Das gesamte Cluster besitzt weiterhin Ähnlichkeiten mit den „depressiven Patienten" von Schorsch et al. (1985), die die „perverse Symptomatik" als „Gegengewicht zur Depressivität" sehen (Seite 85). Rehder & Meilinger (1996) fanden zwei vergleichbare Cluster, das sie als „depressive (anpassungsbereite) Täter mit pädophilen Tendenzen" und als „angepasste, alkoholisch enthemmte (Inzest-) Täter" bezeichneten.

(4) Sozial angepasste, „zwanghafte" Täter (fast 17 % der Missbraucher, von denen 20 % aus der Gruppe der innerfamiliären Täter stammen und fast 12 % aus der Pädophilengruppe). Die Erziehung dieser Täter war fordernd und strafend; sie haben für ihre Erziehungspersonen schon früh häusliche und berufliche Pflichten übernehmen müssen und wenig Zeit für sich selbst oder zum Spielen gehabt. Den Zwang zur Anpassung haben sie verinnerlicht und ein starkes Pflichtbewusstsein mit großer Lern- und hoher Eingliederungsbereitschaft entwickelt; dafür fehlt ihnen meist die Fähigkeit zu entspannter Heiterkeit und Empathie: Sie wirken zwar oft vordergründig aufgeschlossen, sind aber

ernst und emotional distanziert. Ihrer Sozialisation entsprechend, in der wenig Rücksicht auf sie genommen wurde, haben sie wenig Bereitschaft und Fähigkeit entwickelt, die psychische Befindlichkeit anderer und auch ihrer Opfer zu berücksichtigen. Aufgrund der Modellfunktion ihrer Erzieher haben die Täter weiterhin eine starke Tendenz aufgebaut, in der Familie Verantwortung zu übernehmen und Entscheidungsgewalt zu beanspruchen sowie das Selbständig-Werden der anderen Familienmitglieder zu be- oder verhindern, die Strukturen der Familie also zu bestimmen und die Familienmitglieder zu kontrollieren; die innerfamiliäre Machtausübung kann letztlich auch auf den sexuellen Bereich ausgeweitet werden. Die Inzesttäter dieses Clusters ähneln sowohl dem aggressiv-dominanten Typ nach Groth (1982), der seine Familie nach außen abschottet und in Abhängigkeit von sich hält als auch den Tätern aus „endogamischen Familien" nach Hirsch (1987). Bei den Pädophilen des Cluster bestehen einige Übereinstimmungen mit den fixierten Tätern von Knight (1989), die längerdauernden Kontakt zum Opfer suchen. Weitgehende Übereinstimmung besteht auch zu den von Rehder & Meilinger (1996) gefundenen „sozial angepassten, zwanghaft strukturierten (Inzest-) Tätern".

Als Zusammenfassung der Typologien für Sexualstraftäter hat Berner (1999) folgenden Vorschlag gemacht:

Tabelle 3: Zusammenfassende Typologie nach Berner

Vergewaltigungs-Täter	Kinder-Missbraucher
„Depressive" (neurotische)	„Depressive" (neurotische)
Psychisch stabile „Zwanghafte"	Sozial angepasste „Zwanghafte"
„Depression-Abwehrende" (borderline)	„Autonomie-Bestrebte" (high level borderline)
„schwer gestörte, sozial Desintegrierte" (am ehesten der antisozialen Persönlichkeitsstörung) kann unterteilt werden in (a) Explosiv (b) Unterkontrolliert-schizoid (c) Chauvinistisch	„randständig Unterkontrolliert" (Sehr hohe Allgemeinkriminalität, jedoch geringer Anteil von Aggressionsdelikten)
„Sadismus" (primär sexuell oder primär nicht sexuell, sondern charakterlich – kommt in Rehders Kollektiv nicht vor)	„Sadismus" (primär sexuell oder primär nicht sexuell, sondern charakterlich – kommt in Rehders Kollektiv nicht vor)

2. Prognose

Viele psychologische und psychiatrische Fachkräfte haben die Aufgabe, Prognosen hinsichtlich eines möglichen Rückfalls zu stellen. Die Qualität der Prognose hat nicht nur individuelle sondern auch vollzugspolitische (bzw. finanzielle) Bedeutung: Je genauer die Prognose, um so gezielter kann nach dem neuen *Gesetz zur Bekämpfung von Sexualdelikten und anderen gefährlichen Straftaten* die Zuweisung in eine Sozialtherapeutische Einrichtung erfolgen; eine Verlegung wird dann nicht erforderlich sein, wenn die Rückfallwahrscheinlichkeit als gering anzusehen ist.

Menschliches Verhalten ist allerdings nur schwer vorherzusagen, da es nicht nur abhängig ist von Persönlichkeitseigenschaften – die sich noch im Laufe der Zeit verändern können – und von momentanen Zuständen (z.B. Stimmungen als Reaktion auf vorangehende Einflüsse), sondern auch von situativen Gegebenheiten. Im günstigsten Fall lässt sich die Reaktionswahrscheinlichkeit eines Individuums (als Funktion von persistierenden Eigenschaften und momentanen Zuständen) kombinieren mit der Auslösewahrscheinlichkeit einer Situation (Wahrscheinlichkeit, mit der in einer definierten Situation bestimmte, vornehmlich emotionale Reaktionen hervorgerufen werden), in der es sich vermutlich befinden wird. Je mehr Informationen über Persönlichkeit und Situation vorliegen, um so genauer wird die Prognose sein können. Dies wird am ehesten dann der Fall sein, wenn eine große zeitliche und räumliche Nähe zur vorherzusagenden Situation besteht.

Unter diesen Voraussetzungen wird der psychologische Prognostiker bei der Bestimmung der Rückfallgefahr von Sexualstraftätern besonders diejenigen Aspekte der Persönlichkeit zu betrachten haben, die im Zusammenhang mit der Neigung zu illegalen sexuellen Handlungen sowie dem Aufsuchen von (bzw. dem „Hineingeraten in") risikoerhöhende Situationen stehen.

Gutachten oder fundierte Stellungnahmen werden dabei zunächst *generelle Aspekte der Persönlichkeit* in den Vordergrund stellen, wie etwa deren Entwicklung und ihre momentane Beurteilung (einschließlich Intelligenz, Persönlichkeitsstörungen, psychischen Auffälligkeiten und derzeitige soziale Bedingungen und zukünftige Möglichkeiten). Sind neben den Sexualstraftaten noch andere Delikte zu verzeichnen, so bleibt auch die kriminelle Entwicklung und ihr Stellenwert in der Gesamtpersönlichkeit besonders zu bewerten.

In einem *speziellen Teil* wird dann eine Analyse der sozialen und psychischen Bedingungen im Zeitraum vor der Tat erfolgen; daneben bleibt die spezifische Tatkonstellation (inklusive eventueller Intoxikation) zu analysieren. Weiterhin ist in diesem Teil besonders auf die sexuelle Entwicklung einzugehen, um (1) spezielle sexuelle Interessen zu erkennen, (2) die Bedeutung der – evtl. abweichenden – Sexualität für den Täter abschätzen zu können und (3) mögliche Persönlichkeitsanteile, die weiteren Taten entgegenstehen sowie Alternativen zu abweichenden sexuellen Präferenzen hervorzuheben. Zum Abschluss des speziellen Teils sind sinnvollerweise die Einstellung des Täters zur Tat und eventuelle kognitive Verzerrungen bei der Taterklärung darzustellen.

Die *Prognose* hat schließlich in einem ersten Schritt den Tätertyp (z.B. „Vergewaltiger", „fixierter Pädophiler", „Inzesttäter") herauszuarbeiten und diejenigen Merkmale und Merkmalsbündel hervorzuheben, die bei diesem Typ für Rückfall sprechen (statistische bzw. aktuarische Prognose). Als zweites ist auf die Frage einzugehen, wie wahrscheinlich es erscheint, dass sich die dargestellten Tatbedingungen – insbesondere vor dem Hintergrund der Gesamtpersönlichkeit, der sexuellen Interessen, der Veränderungen seit der Tat und der als wahrscheinlich angesehenen möglichen zukünftigen sozialen Situationen – wiederholen können (klinische Prognose). Abschließend bleibt vor dem Hintergrund aller vorliegenden Informationen und unter Berücksichtigung möglicher Einschränkungen der Untersuchung eine Gesamtprognose abzugeben.

Die Qualität der Prognose wird einerseits davon abhängen, wie weit es dem Gutachter gelingt, in der Untersuchungssituation eine Atmosphäre herzustellen, die den Täter zu Offenheit animiert, andererseits aber auch von einem systematischen und methodisch begründeten Vorgehen. Dem Untersucher stehen dabei Hilfsmittel zur Verfügung. Auf drei von ihnen, nämlich auf (1) psychologische Testverfahren, (2) apparative Verfahren zur Bestimmung sexueller Interessen und (3) Prognosekriterien bzw. aktuarische Methoden zur Schätzung der Rückfallwahrscheinlichkeit, soll im Folgenden näher eingegangen werden:

2.1 Psychologische Testverfahren

Da die testpsychologisch ermittelte *Intelligenz* nicht mit einem einschlägigen Rückfall korreliert, sollte diesem Teil der Persönlichkeitsuntersuchung nicht zu viel Aufwand gewidmet werden: Die Anwendung der in Gruppen durchzuführenden und schnell auszuwertenden Mehrfachwahl-Wortschatz-Test (MWT-B) und Standard Progressive Matrices (SPM) erscheint ausreichend, um die intellektuelle Leistungsfähigkeit abzuschätzen und eventuelle Auffälligkeiten (T-Wert des MWT-B deutlich größer als der des SPM) festzustellen; u.U. kann noch der Benton-Test durchgeführt werden. Da Normen für die Gesamtbevölkerung bei SPM und Benton-Test nicht vorliegen, erscheint hier die Anwendung der von Rehder vorgelegten Normen (Rehder, 2000a) sinnvoll.

Bei der Wahl der *Persönlichkeits*verfahren sollte nicht nur auf die Testgütekriterien, sondern – neben der Ökonomie – vor allem geachtet werden auf (1) Akzeptanz der Tests durch die untersuchten Personen, (2) Fähigkeit der untersuchten Personen, den Test zu bewältigen, (3) spezielle Validität und (4) Relevanz der Ergebnisse für die Fragestellung (hier: Zusammenhang der Testergebnisse mit dem Rückfall). Bei den in der vollzuglichen Praxis primär durchgeführten Fragebogentests ist dabei in erster Linie zu berücksichtigen, dass (1) die untersuchten Personen nicht durch dichotome Antwortvorgabe vor die Wahl zwischen negativer Selbstdarstellung und Offenheit gestellt werden, (2) die Items sprachlich einfach – bzw. für die Zielgruppe verständlich – formuliert sind, (3) eine statistische Auswertung der Ergebnisse sich annähernd mit den vorliegenden wissenschaftlichen Erkenntnissen zur untersuchten Gruppe in Einklang bringen lässt und (4)

Untersuchungen zum Zusammenhang zwischen Ergebnissen und Rückfall vorliegen. Diese Forderungen schränken die Auswahl erheblich ein. Immerhin gibt es ein Verfahren, dass den Anforderungen weitgehend genügt, den 16 Persönlichkeits-Faktoren Test (16 PF): (1) Es gibt drei – statt der üblichen zwei – Antwortvorgaben, (2) der Test wird von den Inhaftierten verstanden, (3) die Ergebnisse entsprechen den theoretischen Erwartungen (vgl. Rehder, 1990 und Rehder & Meilinger, 1996) und (4) in einer eigenen Untersuchung von 226 Sexualstraftätern konnten signifikante Zusammenhänge zwischen Rückfall einerseits und den 16 PF-Faktoren A (Kontaktorientierung), B (abstraktes Denken), E (Selbstbehauptung), F (Begeisterungsfähigkeit), H (Selbstsicherheit), M (Unkonventionalität), O (Besorgtheit), Q1 (Veränderungsbereitschaft) und Q3 (Selbstkontrolle) nachgewiesen werden. Eine Übersicht gibt Tabelle 4. Es ist erkennbar, dass bezüglich eines einschlägigen Rückfalls bei Inhaftierten, die wegen sexuellen Missbrauchs verurteilt wurden, keine signifikanten Beziehungen bestehen.

Tabelle 4: Signifikante Korrelationen des 16 PF mit der Rückfälligkeit entlassener Sexualstraftäter (SR=erneutes Sexualdelikt; AR=Aggressionsdelikt; Eintr.= erneute Eintragung im Strafregister)

16 PF	Alle Sexualstraftäter (N=226)			Wegen Vergewaltigung Verurteilte (N=143)			Wegen sexuellen Missbrauchs Verurteilte (N=83)		
	SR	AR	Eintr.	SR	AR	Eintr.	SR	AR	Eintr.
A	.16		.15						
B		-.16			-.26	-.20			.31
E	.16			.21					
F			.19						
H								.23	
M				.17					
N				-.19					.29
O		.13			.23				-.30
Q1					-.22				
Q3		-.14							

Im deutschen Sprachraum existiert derzeit nur ein „Fragebogen zur Erfassung psychosexueller Merkmale bei Sexualtätern", der Multiphasic Sex Inventory (MSI). Er wurde 1984 in den USA entwickelt und soll sexuell deviantes Verhalten und solche Faktoren erfassen, die mit illegalem Sexualverhalten in Beziehung stehen. Murphy et al. weisen allerdings auf Einschränkungen hin: Obwohl die Skalen reliabel erscheinen, gebe es wenig Angaben zur Validität – immerhin trenne der Test zwischen Studenten und überführten Tätern; zur Verlaufsmessung sei er weniger geeignet, da der Vergleich behandelter und unbehandelter Täter gezeigt habe, dass bei den Behandelten die Werte für *Vergewaltigung* und *sexueller Missbrauch* anstiegen, was durch den höheren Grad von

Offenheit erklärt werden könne. Vorläufige Erfahrungen in der Einweisungsabteilung bei der JVA Hannover zeigen, dass der MSI als Vorbereitung für die Exploration von Bedeutung sein kann, weil es einer Reihe von Tätern offenbar leichter fällt, zu bestimmten Fragen – etwa den selbst erlebten sexuellen Missbrauch – schriftliche Angaben zu machen als darauf in einem Gespräch einzugehen; interessant erscheinen auch die Skalen zu Rechtfertigungstendenzen. Die von Deegener (1996) vorgestellte und mit einem umfangreichen Handbuch versehene deutsche Form enthält Grobnormen für Täter die wegen Vergewaltigung und solche, die wegen sexuellen Missbrauchs verurteilt wurden.

2.2 Apparative Verfahren zur Bestimmung sexueller Interessen

Obwohl für die objektive Bestimmung sexueller Interessen – und damit auch der Rückfallwahrscheinlichkeit – von erkennbarer Bedeutung, werden apparative Verfahren zur Bestimmung sexueller Interessen (primär Messungen von Volumen- oder Umfangsänderung des Penis bei visueller oder auditiver Darbietung sexueller Stimuli: „Phallographie") in Deutschland kaum angewandt. In anderen Ländern bestehen offensichtlich weniger Bedenken, hier werden mehr die unterschiedlichen Methoden als mögliche ethische Probleme in den Vordergrund gestellt (etwa Day et al., 1989; Quinsey & Earls 1990; Murphy et al., 1991; Travin & Protter, 1993; Ward et al., 1997).

Eine interessante Alternative zur „Phallographie" könnte die Messung der Reaktionszeit auf sexuelle Stimuli sein (Abel et al., 1998): In einem von Abel entwickelten Verfahren (Abel Assessment for sexual interest™, Abel, 1999) werden der zu untersuchenden Person 150 Dias von (mit Badeanzug bekleideten) Personen unterschiedlichen Alters und Geschlechts dargeboten. Der Untersuchte soll einschätzen (in einen Computer eingeben), wie sehr ihn das Bild sexuell erregt, gleichzeitig wird seine Reaktionszeit (visual reaction time, VRT) ermittelt; zusätzlich ist vom Probanden ein Fragebogen auszufüllen, der u.a. die Bereiche deviantes Sexualverhalten, kognitive Verzerrungen und soziale Erwünschtheit anspricht. Aus der Summe der Daten lässt sich ein Wert ableiten, der Aussagen über die Rückfallwahrscheinlichkeit zulässt. Von Abel wird betont, dass sich auch bei Personen, die um Verfälschung ihrer Ergebnisse gebeten wurden, keine Veränderung der Interessenhierarchie feststellen ließ. Das Verfahren wird bisher nur auf dem nordamerikanischen Markt angeboten.

2.3 Prognosekriterien und aktuarische Bestimmung der Rückfallwahrscheinlichkeit

Für die Beantwortung prognostischer Fragestellungen ist es wichtig, über Kriterien zu verfügen, die einen Hinweis auf erneute Straftaten geben können. Allgemein werden nach Scheurer und Kröber als Rückfallprädiktoren genannt: (1) früher Beginn und schnelle Abfolge krimineller Verhaltensweisen, (2) eingeschränkte berufliche Identität und unstetes Arbeitsverhalten, (3) geringe soziale bzw. partnerschaftliche Einbindung und (4) wenig entwickelte soziale Kompetenzen.

Die Meta-Analyse von Hanson & Bussière (1996; 1998) zur Rückfälligkeit von Sexualstraftätern, gibt Aufschluss über bedeutsame Korrelationen mit dem einschlägigen Rückfall. Wakefield und Underwager haben aus dieser Untersuchung folgende 21 – sich teilweise überlappende und nach Stärke des Zusammenhangs geordnete – Risikofaktoren (für einen sexuellen Rückfall) zusammengestellt (Tabelle 5). Bedeutsam erscheint die höchste Korrelation mit der „phallographisch" gemessenen sexuell abweichenden Präferenz.

Tabelle 5: Risikofaktoren für sexuellen Rückfall nach Hanson & Bussière

Risikofaktoren	Korrelationen
1. Phallographisch gemessene sexuelle Präferenz für Kinder	.32
2. Skala 5 des MMPI (Maskulinity/Femininity)	.27
3. psychische Störung	.25
4. abweichende sexuelle Präferenzen (vor der Behandlung)	.22
5. frühere sexuelle Delikte	.19
6. jede Persönlichkeitsstörung	.16
7. negative Beziehung zur Mutter	.16
8. Skala 6 des MMPI (Paranoia)	.16
9. geringe Behandlungsmotivation	.15
10. unbekanntes Opfer	.15
11. antisoziale Persönlichkeitsstörung	.14
12. phallographisch ermittelte sexuelle Präferenz für Jungen	.14
13. weibliches Kind als Opfer	-.13
14. frühere Delikte (nicht sexueller Art)	.13
15. Probleme der Kontrolle von Wut	.13
16. Alter	-.13
17. früher Beginn sexueller Übergriffe	.12
18. frühere Straftaten	.12
19. verwandtes Kind als Opfer	-.11
20. ledig (niemals verheiratet)	.11
21. diverse Sexualdelikte	.10

Eine eigene Untersuchung von 226 aus der Strafhaft entlassenen Sexualstraftätern, von denen 27 mit einem Sexualdelikt rückfällig geworden waren, erbrachte eine Reihe signifikanter Korrelationen (vgl. Tabelle 6), auf die hier – ohne detaillierte Erörterung von Art, Schwere und Zeitpunkt des Rückfalls – kurz eingegangen werden soll (ausführlich bei Rehder, 2000b).

Altersangaben: Sowohl mit Alter bei der Untersuchung als auch mit dem Alter bei der ersten Verurteilung und bei der ersten Inhaftierung bestehen signifikante Zusammenhänge mit dem sexuellen Rückfall. Fast durchgängig – also auch bei den anderen Arten des Rückfalls – ließ sich die stärkste Beziehung feststellen mit dem Alter beim ersten Sexualdelikt; diese Altersangabe lässt daneben Vergleiche von Tätern unterschiedlichen Alters zu.

Tabelle 6: Korrelative Zusammenhänge mit dem sexuellen Rückfall

Variable	alle Sexualstraftäter	Wegen Vergewaltigung Verurteilte	wegen sex. Missbrauchs Verurteilte
Alter beim ersten Sexualdelikt	-.22***	-.26**	-.24*
Zahl der Verurteilungen wegen Sexualdelikten	.30***	.26**	.36***
Zahl sexueller Opfer	.21***	.26***	.21*
Zahl aggressiver Straftaten	.02	-.09	.25*
Bekanntheitsgrad des Opfers	-.22***	-.27***	-.19
Intensität des Sexualverhaltens	-.16*	-.12	-.24*
Planung der Tat	.14*	.18*	.14
Alkoholisierung zum Tatzeitpunkt	-.13*	-.25**	.02
Bedrohung des Opfers bei der Tat	-.09	-.19*	-.00
Realitätsflucht	.22***	.24**	.20
depressive Persönlichkeitsanteile	.20**	.19*	.22*
Bindungsfähigkeit	-.18**	-.11	-.32**
konventionelles Geschlechtsrollenverständnis	-.17**	-.21*	-.13
psychische Störung	.15*	.14	.16
berufliche Leistungsbereitschaft	-.12	-.04	-.25*
multipler Korrelationskoeffizient (inkl. 16 PF)	.48	.53	.55

(* p < .05; ** p < .01; *** p < .001)

Kriminalitätsdaten: Auch hier gibt es eine Reihe signifikanter Korrelationen. Generell lässt sich feststellen, dass sich mit den Angaben früherer Sexualkriminalität am besten künftige Sexualdelikte, mit den Angaben zu früherer Aggressionskriminalität am besten künftige Aggressionsdelikte und mit den Angaben zur allgemeinen Kriminalität am besten allgemeine Delikte vorhersagen lassen. Zu sexueller Rückfälligkeit steht die Zahl vorangehender sexueller Verurteilungen am stärksten in Beziehung (vor allem bei wegen sexuellen Missbrauchs verurteilten Tätern); ähnliches gilt für die Zahl sexueller Opfer (hier stärker bei Tätern, die wegen Vergewaltigung verurteilt wurden). Ein guter zusätzlicher Prädiktor sexuellen Rückfalls ist bei Tätern, die wegen sexuellen Missbrauchs verurteilt wurden, die bisherige Zahl aggressiver Straftaten.

Tatablauf: Je bekannter das Opfer dem Täter ist, um so weniger ist ein Rückfall zu erwarten; hier spielt sicher auch eine Rolle, dass bei einigen Tätern die Vergewaltigung als Rachehandlung an einer langjährigen Bekannten interpretiert werden muss. Weitere negative Korrelationen mit dem Rückfall bestehen für Alkoholisierung zum Tatzeitpunkt, Bedrohung des Opfers bei der Tat und Intensität des Sexualverhaltens; insbesondere für die letzten beiden Variablen gilt wohl, dass je ausgeprägter diese Merkmale sind, der Täter um so weniger Möglichkeiten hat, sich bezüglich der Verantwortung für die Tat selbst zu entlasten.

Persönlichkeitsdaten: Generelle psychische Auffälligkeiten, fehlende Auseinandersetzung mit der Realität („Realitätsflucht") und depressive Persönlichkeitsanteile sind Indikatoren für einen einschlägigen Rückfall, während Bindungsfähigkeit und – wenn auch mit gewissen Einschränkungen – berufliche Leistungsbereitschaft gegen einen Rückfall sprechen. Ein männlich-chauvinistisches („konventionelles") Geschlechtsrollenverständnis weist auf geringe sexuelle – gleichzeitig aber auch auf hohe aggressive – Rückfallgefahr hin; hier zeigt sich offenbar keine Einstellungsänderung, möglicherweise aber hat sich eine gewisse Ernüchterung durch die gesellschaftliche Sanktion in Verbindung mit erhöhter Vorsicht gegenüber sexuellen Risikosituationen entwickelt.

Mit Hilfe eines einzelnen der genannten Kriterien lässt sich eine zuverlässige Rückfallprognose kaum erstellen. Es ist allerdings möglich, die signifikant korrelierenden Kriterien zu kombinieren und dadurch die Vorhersagegenauigkeit zu erhöhen. Bis zu welchem Grade dies anhand der vorliegenden Daten erreicht werden kann, ist aus dem in der letzten Reihe der Tabelle 6 angegebenen multiplen Korrelationskoeffizienten erkennbar (Vorgehen s. Rehder, 2000b). Es ist anzunehmen, dass der multiple Korrelationskoeffizient deutlich höher wäre, wenn eine objektive Bestimmung der sexuellen Interessen einbezogen worden wäre.

In Nordamerika und England sind – vergleichbar zu der bekannten *Psychopathy-Check-List* von Hare (PCL, 1991; s. auch Lösel, in diesem Band) – in den letzten Jahren Instrumente entwickelt worden, um zu einer verbesserten Vorhersage sexuellen Rückfalls zu kommen. Nach Wakefield und Underwager gehen diese Bemühungen z.T. auch auf neue Gesetze in einer Reihe von Bundesstaaten der USA zurück („Sexual Predator Laws"). Nach diesen Autoren besitzen solche aktuarischen Instrumente eine größere Vorhersagekraft als klinische Prognosen. Diese Instrumente werden üblicherweise anhand vorliegender Untersuchungsdaten entlassener Sexualstraftäter, deren Strafregisterauszug ausgewertet wird, konstruiert. Zu ihnen zählen das *Minnesota Sex Offender Screening Tool* (MnSOST-R; Epperson et al., 1998; zit. nach Hanson & Harris, 2000) und das *Sex Offender Risk Appraisal Guide* (SORAG; Quinsey et al., 1998).

Ein neueres Verfahren, das *Static 99* (Hanson & Thornton, 1999), ist eine Kombination aus dem kanadischen *Rapid Risk Assessment for Sex Offence Recidivism* (RRASOR; Hanson, 1997) und dem englischen *Structured Anchored Clinical Judgement* von Thornton (SACJ; Grubin, 1998). Dabei hat das RRASOR das Ziel, mit einer geringen Zahl leicht zu erhebenden Daten eine Vorhersage des Rückfalls zu ermöglichen (dies sind: frühere Sexualdelikte, jedes frühere Delikt, Art der Opfer, niemals verheiratet und jünger als 25 Jahre). Das SACJ ist ein dreistufiges Verfahren: Die erste Stufe besteht in einer Aktenauswertung hinsichtlich der schwerwiegenden Vorkriminalität, der Abschnitt A der zweiten Stufe erhebt Angaben zum Opfer und zur weniger gravierenden Vorkriminalität (u.a. Verurteilungen wegen Exhibitionismus), der Abschnitt B erfasst Sozialisationsdaten, Psychopathie und abweichende sexuelle Interessen, in die dritte Stufe werden Behandlungsdaten (Therapieabbruch, Veränderung dynamischer Variablen) einbezogen. Stufen 1 und 2A werden als Minimum für eine valide Prognose angesehen und als „SACJ-Min" bezeichnet.

Das neueste Verfahren – das *Sex Offender Need Assessment Rating* (SONAR) – wurde von Hanson & Harris (2000) vorgelegt (vgl. auch Hanson & Harris, 1998). Während alle bisher genannten Verfahren im wesentlichen „statische" Variablen benutzen, versucht das SONAR auch mögliche Persönlichkeitsveränderungen nach der Tat einzubeziehen. Dabei werden fünf relativ stabile Faktoren (Intimitätsdefizite, negative soziale Einflüsse, Einstellungen gegenüber Sexualstraftaten, sexuelle und generelle Selbstregulation) berücksichtigt.

2.4 Perspektiven?

Prognosebildung des Strafvollzuges und der Strafvollstreckungskammern sollte nicht länger von den individuellen Fähigkeiten eines (evtl. sogar ausschließlich nach Verfügbarkeit ausgewählten) externen Sachverständigen oder einer (evtl. noch wenig erfahrenen) psychologischen Fachkraft des Vollzuges abhängig sein, sie sollte vielmehr eine objektive, nachvollziehbare und wissenschaftlich fundierte Basis besitzen. Hierzu fehlen derzeit noch viele Voraussetzungen (zur Kritik an einem geeigneten Vorgehen, s. Nowara, in diesem Band). Zwar mag man Ansätze zu einer Objektivierung der Prognosebildung erkennen in den Überlegungen von Eucker et al. (1994) oder von Nedopil (1997), dennoch bleibt das Fehlen eines sinnvollen Standards zu beklagen.

Es ist zu hoffen, dass die Rückfalluntersuchung der Kriminologischen Zentralstelle in Wiesbaden (Egg, 1998) eine solide Ausgangsbasis für die Entwicklung eines aktuarischen Vorgehens bilden kann und sich Institutionen finden, die sowohl apparative Verfahren zur Messung sexueller Präferenzen erproben als auch Typologien entwickeln, die die Prognose verbessern können. Es ist allerdings fraglich, ob diese Hoffnung realistisch ist.

Die Beurteilung der Gefährlichkeit von Straftätern

von Sabine Nowara

Die Beurteilung der Gefährlichkeit von Straftätern ist sicherlich eine der schwierigsten Aufgaben von forensischen Gutachtern. Seitens des Gesetzgebers ist aber gerade der Prognosebegutachtung mit dem „Gesetz zur Bekämpfung von Sexualdelikten und anderen gefährlichen Straftaten" vom 26. Januar 1998 noch einmal ein besonderes Gewicht verliehen worden. Hier sollen Straftäter begutachtet werden, deren Delinquenz nicht auf dem Hintergrund einer psychischen Erkrankung oder einer schwerwiegenden psychischen Störung erfolgt ist. Dabei sind Fälle, in denen sich keine umschriebene Störung im Hintergrund der Delinquenz findet, hinsichtlich ihrer Rückfallprognose mit psychologischen bzw. psychiatrischen Mitteln nur schwer zu beurteilen.

1. Methoden der Vorhersage

In der kriminologischen Literatur werden als Prognosemethoden diskutiert die intuitive, die statistische und die klinische Prognose.

Unter *intuitiver Prognose* ist die gefühlsmäßige Einschätzung einer Person auf der Grundlage beruflicher Erfahrung und allgemeiner Menschenkenntnis zu verstehen. Diese Methode ist stark vom Wissen und der Erfahrung des Beurteilers abhängig. Dabei sind die in die Beurteilung einfließenden Aspekte häufig gar nicht oder wenig reflektiert.

In der *statistischen Prognose* werden Persönlichkeitsmerkmale von Straffälligen gegenüber Nicht-Straffälligen bzw. Rückfälligen gegenüber Nicht-Rückfälligen herausgearbeitet. Die einzelnen Merkmale werden je nach Ausmaß ihrer Divergenz zwischen den beiden Gruppen unterschiedlich gewichtet. Die Entwicklung dieser Methode führte zu teils sehr komplexen Strukturvorhersagetafeln, die auch die Wechselwirkung zwischen einzelnen Prognosefaktoren berücksichtigen sollten. Auf diesem Wege wurden Prognosetafeln erstellt, die Wahrscheinlichkeitsaussagen über die Möglichkeit eines Rückfalls zulassen.

Der Vorteil der statistischen Vorgehensweise liegt in der weitgehenden Operationalisierung einiger Merkmale, die eine statistische Überprüfung ermöglicht, der Nachteil darin, dass psychologische Daten meist schlecht definiert sind und dynamische Aspekte vernachlässigt werden (Rasch, 1985). Sie gehen von einem vereinfachten faktorenorientierten Konzept der Kriminalität aus, „das der Komplexität des Delinquenzgeschehens und den individuellen Entwicklungsverläufen nur wenig gerecht werden kann" (Egg, 1993b, S. 166).

Leygraf (1988, S. 170) verweist auf die eingeschränkte Anwendbarkeit statistischer Verfahren mit der Begründung, dass diesen ein Konzept einer „kriminellen Persönlichkeit" zugrundeliege. Situationsgebundene Faktoren finden darin kaum Berücksichtigung, statt dessen überwiegen persönlichkeitsgebundene Aspekte. Sie basieren außerdem auf anamnestischen Daten, die sich naturgemäß nicht verändern. Die Verwendung solchen Materials bei einer entsprechend kriminell vorbelasteten Klientel muss zwangsläufig zu negativen Prognosen führen (Leygraf & Nowara, 1992). Hier liegt der entscheidende Schwachpunkt aller auf Prognosetafeln beruhenden Beurteilungsverfahren. Sie fußen auf einem statischen Persönlichkeitskonzept und sind somit nicht dazu geeignet, mögliche Wandlungen der Persönlichkeit oder potentiell erfolgreiche Behandlungsverläufe in der prognostischen Einschätzung zu berücksichtigen.

Die *klinische Prognose* stützt sich auf sorgfältige und umfassende Anamnese- und Befunderhebung, Beobachtungen während der Erhebung und psychologische Tests. Voraussetzung für diese Art der klinischen Beurteilung ist eine umfangreiche Erfahrung. Wegen dieses subjektiven Moments ist diese Methode zu kritisieren, da praktische Erfahrungen individuell sind, daraus gewonnene Erkenntnisse werden selektiv ausgewählt und gespeichert. Vielfach besagt die „jahrelange Erfahrung" auch nichts anderes, als dass der Betreffende bislang - unbemerkt - immer wieder dieselben Fehler gemacht hat (Grant, 1962). Trotzdem sich Rasch (1985) dieser Problematik bewusst ist, schlägt er vier Dimensionen vor, die es bei der Erstellung einer Prognose zu berücksichtigen gilt: Aspekte der Auslösetat, der Persönlichkeit/der Krankheit, des Verhaltens während der Unterbringung und der Perspektive nach einer Entlassung.

Dahle (1997) hat ein Konzept vorgelegt, in dem diese vier Dimensionen als klar unterteilte diagnostische Aufgaben zur Erstellung einer klinischen Kriminalprognose gesehen werden. Den ersten Schritt stellt eine Fortschreibung der „individuellen Handlungstheorie" der Kriminalität einer Person dar. Im zweiten Schritt sind die Prinzipien einer spezifischen Entwicklungsdynamik herauszuarbeiten. Der dritte diagnostische Schritt besteht in der Darstellung des bisher erreichten Entwicklungsstandes, der vierte in der Überlegung wahrscheinlicher zukünftiger Rahmenbedingungen. Mit Hilfe dieses Konzeptes versucht Dahle, eine Operationalisierung der Vorgehensweise anhand wissenschaftlicher Gütekriterien zu erreichen.

2. Tätertypologien und anamnestische Merkmale

Bei der Prognosebeurteilung sollten aber auch Ergebnisse aus der tätertypologischen Forschung Berücksichtigung finden. Schorsch (1971) und Beier (1995) haben auf dem Weg einer Erstellung von Tätertypologien versucht, eine Übersicht zu schaffen, bei der neben dem psychischen Hintergrund der Taten auch das Alter und die Persönlichkeit des Täters sowie Charakteristika von Tatabläufen und Opfervariablen einbezogen werden.

Bei bestimmten Tätergruppen finden sich auch gehäuft eine Reihe anamnestischer Merkmale. So stellten Barnard et al. (1989) bei Kindsmissbrauchern folgende Gemeinsamkeiten fest, die das „Ausweichen auf ein schwaches Objekt" besonders begünstigen und somit auf eine erhöhte Rückfallgefahr hinweisen:

- eigene körperliche Misshandlung oder eigener sexueller Missbrauch in der Kindheit
- fehlende Freundschaften während der Jugend bzw. insgesamt eine geringe Bindungsfähigkeit
- Alkohol- oder Drogenmissbrauch
- Gefühle von Angst, Machtlosigkeit, Wut und ein geringes Selbstwertgefühl
- Störung in der Entwicklung eines Begriffs von „Moral"
- ständiges Beschäftigtsein mit sexuellen Themen
- Verleugnung oder Schuldgefühle gegenüber der eigenen Sexualität.

Ryan et al. (1996) haben in einer Untersuchung von 1.600 sexuell aggressiven Kindern und Jugendlichen im Alter von 5 bis 21 Jahren festgestellt, dass 35 bis 50 % der Untersuchten, die vormals hands-off-Handlungen begangen hatten - also exhibitionistische oder voyeuristische Verhaltensweisen, obszöne Telefonanrufe oder Stehlen von Unterwäsche, später auch sexuellen Missbrauch von Kindern begingen. Ihnen gemeinsam war

- die Verwendung von verbalem Druck, Bedrohungen und psychischer Gewalt
- nicht-sexuelle Taten vor der Eingangsbegutachtung
- eigene erlittene körperliche Misshandlung, eigener sexueller Missbrauch und Vernachlässigung
- Verluste von Elternteilen
- die Einstellung, dass Sexualität nicht primär gelebt wird, um anderen Liebe und Zuneigung zu zeigen, sondern um zu verletzen, erniedrigen etc.

Knight & Prentky (1993) fanden in ihrer Untersuchung von 564 Vergewaltigern und sexuellen Missbrauchern, die sie danach unterschieden hatten, ob diese bereits vor oder erst nach 19. Lebensjahr erste schwere Sexualdelikte begangen hatten, für die erstgenannte Gruppe

- einen geringeren Schulabschluss, einen niedrigeren Arbeitsplatz sowie eine geringere Beschäftigungsdauer
- eine geringere soziale Kompetenz
- ein höheres Maß an antisozialem und delinquentem Verhalten
- mehr eigene körperliche Misshandlung und Vernachlässigung in der Kindheit
- häufiger eigenen sexuellen Missbrauch oder innerhalb der Familie
- dass der eigene sexuelle Missbrauch schwerer war und in früherem Alter stattgefunden hatte.

3. Empirisch überprüfte Einzelfaktoren

Neben diesen Tätertypologien hat es in den letzten Jahren eine Vielzahl von Veröffentlichungen über Verlaufsdaten, Risikofaktoren und Prognosekriterien bei Sexualstraftätern gegeben. Sie stammen vor allem aus dem nordamerikanischen und kanadischen Raum und beinhalten z.T. große Fallzahlen und lange Follow-Up-Zeiträume.

In der Einzelbetrachtung der Studien erstaunt die Heterogenität der Ergebnisse. Eigentlich findet sich nur ein Aspekt, der in allen Studien repliziert worden ist, dass nämlich die Gefahr künftiger Sexualdelikte mit der Zahl der in der Vergangenheit bereits begangenen eindeutig ansteigt.

Durch die Zusammenfassung von Einzelstudien im Rahmen von Meta-Analysen ist es möglich, zu aussagekräftigeren Ergebnissen zu kommen. Die bislang umfangreichste Studie dieser Art stammt von Hanson & Bussière (1996) und basiert auf 61 Studien mit insgesamt 28.972 Sexualstraftätern über einen Katamnesezeitraum zwischen 6 Monaten und 23 Jahren (Median 48 Monate, arithmetisches Mittel 66 Monate). Wesentliche Ergebnisse waren beispielsweise, dass die Wahrscheinlichkeit von Sexualdelikten, insbesondere von sexuellen Gewaltdelikten, mit zunehmendem Lebensalter geringer wird, dass Missbraucher von Jungen deutlich häufiger rückfällig werden als Missbraucher von Mädchen, da homosexuelle Täter in der Regel eine stärkere pädophile Störung aufweisen. Weiterhin erhöht das Vorliegen einer Persönlichkeitsstörung - speziell einer antisozialen Persönlichkeitsstörung - die Rückfallgefahr, ebenso wie eine negative Beziehung zur Mutter (vgl. Leygraf, 1999).

4. Mängel bei der Erstellung von Prognosegutachten

Im Rahmen einer Untersuchung, die vier Jahrgänge sog. „großer Prognosegutachten" umfasst - erstattet gem. § 14 Abs. 3 a.F. MRVG NW für eine große Maßregelvollzugseinrichtung - (Nowara, 1995), zeigten sich u.a. die folgenden formalen wie inhaltlichen Mängel:

- Ein Teil der Gutachten war zu knapp und enthielt deshalb eine Vielzahl wichtiger Informationen nicht, z.B. zur Biographie, der z.T. jahrelangen strafrechtlichen Vorgeschichte, den bisherigen Inhaftierungen, dem derzeitigen Unterbringungsverlauf, der ja mindestens schon 3 Jahre dauerte und dessen Verlaufsberichte schon einige Aktenordner füllten. Weiterhin fehlten in fast der Hälfte der Gutachten die Deliktanamnesen und in über 80 % die Sexualanamnesen.
- Anstelle einer differenzierten persönlichkeits- und deliktbezogenen Datenerhebung bezogen sich die Gutachter häufig auf das *institutionsinterne Anpassungsverhalten*, also ob jemand gearbeitet und sich an die Regeln gehalten hat, wie kooperativ er sich insgesamt verhalten hat. Dieser Bereich kann für eine Beurteilung wichtig sein, jedoch ist dies in jedem Einzelfall zu prüfen. Beispielsweise besagt der Grad sozialer Anpas-

sung innerhalb der Einrichtung überhaupt nichts bei einem Sexualstraftäter, der trotz seiner Delinquenz immer sozial (über)angepasst war.
- Weiterhin fehlte in einer großen Zahl an Gutachten eine differenzierte testpsychologische Untersuchung.
- Selbst die eigentliche Untersuchungsfrage, nämlich zur Legalprognose, wurde in 22 % der Gutachten nicht beantwortet.

5. Aspekte, die bei der Begutachtung der Prognose von Straftätern beachtet werden sollten

Ein vollständiges *Aktenreferat* oder gar das wörtliche Zitieren weiter Passagen ist überflüssig, da der Inhalt als bekannt vorausgesetzt werden kann. Jedoch kann nicht darauf verzichtet werden, dass der Gutachter sich gut in den Akten auskennt und in seiner Beurteilung an wichtige Aspekte anknüpft und dies auch kenntlich macht.

Es muss deutlich werden, dass der Gutachter den *Inhalt der Akten* in Bezug zur Gutachtenfrage setzen und darauf verweisen kann. Dazu gehört die Einordnung spezieller Befunde, z.B. Hinweise auf diverse Behandlungen oder Schreiben von Anträgen etc. Wenn die Akten aufmerksam gelesen werden, dazu gehören auch die Gefangenenpersonalakten, finden sich aus dem Vollzugsalltag eine Menge Hinweise zum Beispiel dazu, wie eigene Interessen durchgesetzt werden oder wie sich der allgemeine Umgang mit einem Untergebrachten gestaltet. Im Falle eines Prognosegutachtens war dem Untergebrachten immer wieder bescheinigt worden, wie konstruktiv er mit den Bediensteten zusammenarbeite und wie gut er es gelernt habe, mit seinen Aggressionen angemessen umzugehen. Seine Gefangenenakten waren voll von Schreiben mit Wünschen, die den übrigen Gefangenen sicherlich verwehrt worden sind. Der Strafgefangene hat es jedoch durch immer neue Schreiben, dezente Beschwerden, subtile Drohungen und Diskreditierungen einzelner Bediensteter immer wieder geschafft, alle seine Begehren durchzusetzen und das mit einem deutlichen Maß an Aggressivität. Die Beurteilung seiner wirklichen Kooperativität ist somit eher zu relativieren.

Die *Erhebung der Anamnese* bildet für den Gutachter die Grundlage, den Probanden kennenzulernen. Die Wiedergabe kann dann kurz erfolgen, wenn bereits in den Akten entsprechende Angaben vorliegen. Wichtig ist es jedoch, auf eventuelle Widersprüche bzw. neue Informationen einzugehen. Diese sind dann auf der Grundlage der Fragestellung zu bewerten.

Sexualanamnesen müssen ausführlich und differenziert erhoben werden. Hier ist vor allem bei Prognosegutachten darauf zu achten, ob eine sexuelle Devianz vorliegt und welche Veränderungen sich möglicherweise ergeben haben. Dabei sind insbesondere von Untergebrachten berichtete Spontanheilungen mit Vorsicht zu betrachten bzw. die Mitteilung, dass - seitdem man eine Freundin - sprich eine Urlaubsadresse - habe, alles in Ordnung sei. Allerdings besteht gerade in diesem Bereich die Schwierigkeit, dass Angaben zur Phantasie einer direkten Beobachtung nicht zugänglich sind. Häufig bedeutet das

Fehlen sexualanamnestischer Angaben aber auch nur, dass der Gutachter nicht in der Lage ist, diesen Bereich angemessen zu explorieren und sich deshalb mit Allgemeinplätzen begnügt.

Des weiteren sind eine Erhebung der *Deliktanamnese* und der heutigen Einstellung des Probanden zur Delinquenz notwendig. Hier zeigt sich beispielsweise, ob sich Veränderungen hinsichtlich des Empathievermögens ergeben haben. Fehlende Empathie ist ja bekanntlich ein Problem bei sehr vielen Straftätern, insbesondere auch Sexualstraftätern. Fehlende Änderungen in diesem Bereich sind als ein ungünstiges Prognosekriterium einzuschätzen. Es finden sich aber auch Hinweise auf Bagatellisierungstendenzen oder die Entwicklung einer kritischen Einstellung zum eigenen delinquenten Verhalten.

Zum *Verlauf der Unterbringung*, eventuell stattgefundener Behandlung, der Entwicklung innerhalb der Sexualität etc., sind ebenfalls Angaben zu erheben. Dazu gehören vorhandene Phantasien, Einstellung zur Sexualität, zu Frauen, Kindern etc., die Schilderung der Entwicklung, der Fortschritte, aber gegebenenfalls auch das Einräumen von Problemen oder Rückschlägen.

Folgend den o.g. Prognosedimensionen sind außerdem der *Umgang mit Lockerungen* und erneute Straffälligkeit von Belang. Hier sind ebenfalls Rückschlüsse auf Einstellungsänderungen im Gegensatz zu bloßen Anpassungsleistungen möglich. Es zeigen sich in diesem Bereich auch Zuverlässigkeit, Belastbarkeit und Verführbarkeit des Untergebrachten. Dabei ist vor allem auch zu erfragen, wie der Untergebrachte die Zeit im Rahmen seiner Lockerung verbringt. Nicht selten wird dieser Aspekt völlig außer Acht gelassen. Wichtige Anhaltspunkte gehen dann verloren.

Weiter gehören zu einer differenzierten Untersuchung die Durchführung *testpsychologischer Untersuchungen*. Auch nach jahrelanger Unterbringung ist die intellektuelle Leistungsfähigkeit der Untergebrachten häufig nicht objektiviert. Persönlichkeitstests fehlen weitgehend oder beschränken sich auf (meist nur ein) Standardverfahren (wie das FPI). Bei der Untersuchung ist Voraussetzung, dass sie unbedingt von erfahrenen Psychologen durchgeführt werden.

Bei einem (psychiatrischen) Gutachter findet sich in den Gutachten regelmäßig der folgende Absatz: „Durchgeführt wurde auch der Benton-Test. - Der in diesem Test als Nebenbefund erhobene Intelligenzquotient liegt bei 80 bis 94 und bestätigt eine Minderbegabung." - Der testpsychologisch Erfahrene weiß, dass das Ergebnis des Beton-Tests eine solche Angabe nicht zulässt, sondern dass umgekehrt der Benton-Test als Grundlage für seine Aussage ein zuvor gemessenes Intelligenzniveau erfordert.

Und last but not least hat die *Beantwortung der Gutachtenfrage(n)* zu erfolgen. Dies sollte sich eigentlich von selbst verstehen, es geschieht trotzdem nicht immer oder nur recht undifferenziert. Wenn *Empfehlungen zur Behandlung* oder weiteren Maßnahmen ausgesprochen werden, sollten diese auf ihre Realisierbarkeit und ihren Nutzen hin überprüft werden (S. Lösel, in diesem Band). Sie sollten auf entsprechendem Wissen und Verständnis zur Behandlung dieser Klientel basieren (Nowara & Leygraf, 1998). Hochtrabende theoretische Betrachtungen, die in der Praxis nicht umzusetzen sind, wirken sich eher kontraproduktiv aus.

6. Problembereiche in der prognostischen Begutachtung

Neben den formalen und inhaltlichen Fehlern gibt es einige Problembereiche, die fatale Folgen für eine angemessene Beurteilung der Legalprognose haben können, wie eine Studie von Pierschke (1999) zeigt.

Hier wurden (bislang) 43 Fälle untersucht, in denen der Betroffene in der Vergangenheit ein Tötungs- oder anderweitiges schweres Gewaltdelikt begangen hatte. Nachdem diesen Tätern eine günstige Legalprognose gestellt worden war, sie deswegen entweder gar nicht untergebracht oder entlassen wurden bzw. eine Lockerung im Rahmen des Maßregel- oder Strafvollzugs bekommen hatten, begingen sie Tötungsdelikte. Die Anzahl der Opfer betrug über 60.

In dieser Untersuchung wurde der Frage nach den Gründen für eine Fehlprognose nachgegangen. Dazu muss bedacht werden, dass nicht jeder Fehlprognose eine fehlerhaft erstellte Prognose zugrunde liegen muss. Es ist schließlich auch möglich, dass die prognostische Beurteilung lege artis erarbeitet wurde, jedoch anschließend Einflüsse aufgetreten sind, die nicht vorhersehbar waren. Im Rahmen der inhaltsanalytischen Untersuchung der Einzelfälle haben sich jedoch drei Hauptproblembereiche herauskristallisiert:

- Eine mangelnde Differenziertheit in der prognostischen Betrachtung des ersten schweren Delikts, obwohl beim Täter deutliche Hinweise auf das Vorliegen einer Störung vorhanden waren.
- Die Fehleinschätzung einer Störung als eine „entwicklungsbedingte Phase". Diese Einschätzung beruht nicht in jedem Fall auf einer mangelnden Differenziertheit der Gutachten. Vielmehr wird anstatt der Feststellung einer Störung der Persönlichkeit oder einer sexuellen Devianz lediglich eine vorübergehende Phase diagnostiziert, was Auswirkungen auf die Behandlung und auf die Prognose hat.
- Die soziale Anpassung wird als ausschlaggebendes prognostisches Kriterium bewertet. Kriterien für die soziale Anpassung sind insbesondere die Arbeitsleistung, die Einhaltung der Anstaltsregeln, die Teilnahme an therapeutischen Angeboten und dass man den Beurteilern vermittelt, man sei nunmehr einsichtig und habe sich verändert.

7. Ausblick

Alle genannten Hinweise sollten dem Gutachter dazu dienen, dass er sich durch eine klinische Gesamtschau ein Bild vom individuellen persönlichen wie situativen Hintergrund des Täters und seiner Delikte macht und dass er kritisch betrachtet, welche Veränderungen sich ergeben haben. Selbst bei Berücksichtigung aller bedeutsamen Punkte, wird man auch zukünftig nicht immer 100 % sichere Prognosen erstellen können. Die Gefahr einer Fehlprognose ist bei einer umfassenden Beachtung aller Problembereiche jedoch sicherlich geringer. Ein Gutachten kann aber nur so gut sein, wie es die vorhandenen Informationen zulassen. Dort wo sie - aus welchen Gründen auch immer - fehlen, sollte man sich als Gutachter nicht scheuen zuzugeben, wenn man keine klare Prognose stellen kann.

Behandlungsnotwendigkeiten und Behandlungsvoraussetzungen bei Sexualstraftätern[1]

von Rainer Goderbauer

Es ist erst wenige Jahre her, dass inhaftierte Sexualstraftäter vor Gericht vergeblich versuchten, die Justiz zur Finanzierung ihrer Psychotherapie zu verpflichten. In diesem Bereich hat die Justiz in den zurückliegenden ein bis zwei Jahren eine rasante Entwicklung durchgemacht. Heute muss der Strafvollzug bei den meisten Sexualstraftätern regelmäßig alle sechs Monate die Indikation für eine Therapie prüfen und soll Sexualstraftäter sogar gegen ihren Willen in eine Sozialtherapeutische Anstalt verlegen, wenn die Behandlung angezeigt ist.

Bereits dieser Rückblick auf die vergangenen zwei Jahre macht deutlich, dass die Beantwortung der Frage, wann bei einem Sexualstraftäter eine Therapie notwendig ist, auch dem Zeitgeist unterliegt und insbesondere auch davon abhängt, wie die Gesellschaft Sexualdelikte aktuell bewertet. In Babylon wurde eine vergewaltigte Frau zusammen mit ihrem Vergewaltiger ertränkt oder zu Tode gesteinigt. Unter dem Einfluss der christlichen Kirche im Mittelalter waren Sexualstraftaten vor allem ein Verstoß gegen die göttliche Ordnung. Dann gab es eine Zeit, da galt eine Vergewaltigung als ein Angriff gegen Dritte, gegen die Eigentumsrechte des Ehemannes. Bis 1969 konzentrierte sich die Strafverfolgung auf den Schutz von Anstand und der sittlichen Grundanschauung des Volkes. Ehebruch, Homosexualität und Erschleichung des außerehelichen Beischlafs waren bis dahin Straftatbestände. Damals hätten wir vielleicht bei Homosexuellen grundsätzlich eine Therapieindikation ausgemacht, heute sicherlich nicht. Die Bezeichnung Sittlichkeitsverbrecher ließ den Eindruck aufkommen, dass der Täter primär gegen die moralische Ordnung verstößt und erst in zweiter Linie sexuelle Gewalt gegen eine Frau ausübt. Heute definieren wir den Straftatbestand als Angriff gegen das Selbstbestimmungsrecht auf den eigenen Körper und die eigene Seele (Wieczorek, 1997).

Hinzu kommt, dass wir den Menschen wegen seiner Komplexität wohl niemals völlig verstehen werden. Immer sind es nur begrenzte Ausschnitte des psychischen Geschehens, die wir erfassen, und die Kriterien dafür, wann eine Behandlung angezeigt ist, sind wissenschaftlich wenig gesichert, unterliegen steter Veränderung und sind sicherlich unvollständig und nicht objektivierbar (vgl. aber Lösel, Rehder sowie Nowara, in diesem Band). Aus diesem Grund empfiehlt es sich, während eines langen beruflichen Lebens immer offen zu bleiben für neue Erkenntnisse, auch wenn das mit zunehmendem Alter

---

[1] Vortrag vom 29.6.99 auf einer Fachtagung der Kriminologischen Zentralstelle e. V. in Wiesbaden, Erstabdruck in Egg (2000).

wohl immer schwieriger wird. Aber ähnlich wie in einer Therapie können das Verständnis und die Wahrnehmungstiefe wachsen, je länger man sich mit dem Thema beschäftigt. Zuletzt hat das Gesetz vom 26. Januar 1998 zur Bekämpfung von Sexualdelikten und anderen gefährlichen Straftaten die Diskussion über die Frage der Behandlungsindikation bei Sexualstraftätern neu entfacht. Denn aufgrund der neuen Fassung des § 9 Abs.1 StVollzG sollen nun Sexualstraftäter mit mehr als zwei Jahren Freiheitsstrafe auch gegen ihren Willen in die Sozialtherapeutische Anstalt verlegt werden, wenn die Behandlung angezeigt ist (s. Rehn, S. 26ff, in diesem Band).

1. Indikation und Gegenindikation

Unter den Sozialtherapeutischen Einrichtungen besteht seit langem Einigkeit darüber, dass ihre besonderen Mittel und Methoden angezeigt sind „bei wiederholt und/oder wegen schwerwiegender Straftaten verurteilten Tätern, die wegen nachteiliger Einflüsse auf ihre Persönlichkeitsentwicklung nicht in der Lage sind, ihre Lebensverhältnisse mit den von der Gesellschaft gebilligten Mitteln zu gestalten, die sich ungeeignete Bewältigungsformen für Konflikte zu Eigen gemacht haben und denen die Zuversicht in den Erfolg rechtmäßigen Verhaltens verloren gegangen ist. Um die Beeinträchtigungen ihrer Entwicklung auszugleichen, bedürfen sie der Unterstützung beim Erkennen und Klären ihrer Bedürfnisse, Empfindungen, Einstellungen und Beziehungen sowie vor allem bei der Erweiterung ihrer Verhaltensmöglichkeiten, ihrer sozialen Fähigkeit sowie ihrer Kenntnisse und Fertigkeiten" (Specht, 1993).

In seinem bekannten „Abriss der klinischen Psychologie" versteht Schraml unter Indikation die „korrekte Ermittlung der geeigneten Therapieform für die jeweilige Störung beim jeweiligen Patienten" (Schraml, 1969). Später unterscheiden Baumann und von Wedel (1981) zwischen selektiver, prognostischer und adaptiver Indikation. Die in § 9 Abs.1 und 2 StVollzG genannte Verlegung in die Sozialtherapeutische Anstalt ist demnach vor allem eine selektive Indikationsentscheidung. Sie betrifft die Auswahl einer besonderen Behandlungseinrichtung und die Auswahl einer bestimmten Deliktgruppe. Gleichzeitig handelt es sich aber auch um eine prognostische Entscheidung im Hinblick auf das Therapieende, beispielsweise die Resozialisierung. Selektive und prognostische Indikationsentscheidungen stehen immer am Anfang einer Behandlung. Sie erfordern Überweisungsregeln mit geringem Auflösungsgrad. Über diese Indikationen entscheidet zunächst der Regelvollzug. Die adaptive Indikationsfeststellung betrifft dagegen die detaillierte Auswahl standardisierter Therapieverfahren im Einzelfall und im Behandlungsverlauf. Hier liegt die Zuständigkeit immer bei der Sozialtherapeutischen Anstalt und es ist ein größerer Auflösungsgrad erforderlich. Diese unterschiedlichen Indikationsfeststellungen haben schließlich zur Folge, dass immer wieder auch Fehleinweisungen in die Sozialtherapeutische Anstalt erfolgen.

Im übrigen kennen wir in der Psychotherapie auch Gegenanzeigen, wenn nämlich die negativen Wirkungen der Behandlung die positiven überwiegen. Dies kann beispielsweise bei psychosegefährdeten Gefangenen der Fall sein, wenn sich etwa durch die häufig in der Sozialtherapie verwendeten konfliktzentrierten Behandlungsmethoden die vorhandenen Symptome verschlechtern. Auch der Missbrauch der Behandlung, die Überforderung des Gefangenen und die Enttäuschung über die Therapie und den Therapeuten/die Therapeutin können Gegenanzeigen darstellen.

Eine Gegenindikation kann auch vorliegen, wenn zu befürchten ist, dass neue Symptome auftreten, etwa wenn in den Wohngruppen zu viele schwergestörte Gefangene eine Subkultur entwickeln, die sich insgesamt auf die Behandlungsatmosphäre ungünstig auswirkt, indem sie die weniger gestörten negativ beeinflusst und deren Resozialisierungserfolg gefährdet. Vielleicht kann bei der Indikationsfeststellung - wenigstens in einem Teilbereich - auch die von Hare erarbeitete und in Deutschland von Lösel an Strafgefangenen überprüfte Psychopathie-Checklist (PCL) weiterhelfen. Nach meinem Eindruck eignet sich dieses Instrument zwar nicht zur Verwendung für Behandlungsprognosen (wegen der vielen durch Behandlung nicht beeinflussbaren Items), aber die PCL kann bei einer differenzierten Behandlungsplanung behilflich sein, indem man beispielsweise nicht zu viele Gefangene mit einem hohen PCL-Score in eine Behandlungsgruppe gibt und indem man in der Behandlung von Gefangenen mit hohem PCL-Score für besonders klare Strukturen und Verantwortlichkeiten sorgt und diese Gefangenen beispielsweise nicht an einem Selbstbehauptungskurs teilnehmen lässt, der in diesen Fällen meistens kontraindiziert ist (s. dazu auch Lösel, in diesem Band).

Nach Schulte (1996) sind für Indikationsentscheidungen im Bereich der Psychotherapie die maßgeblichen Indikationskriterien: Der Zustand des Patienten, die Störungsursache und die anzustrebenden (Teil-) Ziele. Die Orientierung am Erscheinungsbild entspricht dabei am ehesten dem klassischen medizinischen Indikationsmodell. Es bietet Symptombehandlung und Krankenbehandlung auf der Grundlage von Diagnosen oder Defekten.

Der Hamburger Psychoanalytiker Hartwig Lohse hat darauf hingewiesen, dass natürlich die Schwere der Persönlichkeitsstörung ein wichtiges Indikationskriterium bildet. Wir erleben in unseren Gefängnissen das ganze Spektrum der Persönlichkeispathologie: Von konturenlosen, desintegrierten, sozial auffälligen Menschen bis hin zu stabilen Menschen, die sich abgrenzen können, die bindungsfähig sind und nur in schweren aktuellen Krisen gefährdet sind. Bei Sexualstraftätern mit einer mittleren Störungsintensität sind Sozialtherapeutische Einrichtungen am erfolgreichsten. Diese Personen sind in ihrer männlichen Identität verunsichert, unabhängig von aktuellen Krisen. Sie haben erhebliche Schwierigkeiten mit ihrer Aggressivität, haben sie aber innerhalb bestimmter Grenzen unter Kontrolle. Sie sind bindungsfähig, inszenieren Beziehungen aber so, dass sie sich hinsichtlich ihrer Belastbarkeit damit überfordern. Sie sind sozial nur begrenzt integriert und bedürfen deshalb neben der intensiven Einzelpsychotherapie einer milieutherapeutischen Anreicherung in den Wohngruppen.

Auch die Intensität der sexuellen Devianz ist bei der Beurteilung der Indikation zu berücksichtigen. Perversionen mit progredienter Entwicklung, deren Symptomatik sich verselbstständigt und nicht mehr erkennbar zu Belastungen und Konflikten in Verbindung steht, sind für einen konfliktzentrierten Behandlungsansatz nicht geeignet. Das Gleiche gilt für die Fälle, die keinerlei gesunde erwachsene Sexualität erkennen lassen, deren Sexualität also vollständig von der Devianz geprägt ist, beispielsweise Pädophile vom ausschließlichen Typus.

Dabei muss man auch den Tatverlauf betrachten: Wenn bei der Tat keinerlei Interaktion erkennbar ist (Beherrschen-Wollen, Kontrolle-Ausüben, Zuwendung-Suchen) und wenn das Opfer wahllos aggressiven und sexualisierten Vernichtungsimpulsen ausgeliefert ist, wird die Sozialtherapie wenig helfen können.

Es ist auch nützlich einen Blick darauf zu werfen, wie der Sexualstraftäter die sexuelle Delinquenz verarbeitet. Prognostisch ungünstig sind die überzeugten Pädophilen, die ihre sexuelle Delinquenz bejahen, die Kindsmissbraucher, die ihr Verhalten ideologisch überhöhen, und die Sexualstraftäter, die ihre Taten als etwas Ich-Fremdes erleben, was nicht zu ihnen gehört, was sie abspalten (Lohse, 1998).

Viele Psychotherapeuten können aber mit dem Indikationskriterium „Krankheitsdiagnose" nur wenig anfangen, weil nämlich für ihre Therapieentscheidung nicht so sehr das Erscheinungsbild von Bedeutung ist, sondern vielmehr die Störungsursache, die Bedingungen, die die Störung aufrechterhalten, denn diese soll die Therapie ja beseitigen. Eine solche die Störung aufrechterhaltende Bedingung kann beispielsweise der Einfluss frühkindlicher Erfahrungen sein: Der Sexualstraftäter, der als Kind aufgrund unzureichender elterlicher Zuwendung kein Selbstvertrauen und keine Beziehungsfähigkeit hat entwickeln können und der nun als Erwachsener in sozialen Beziehungen unsicher ist, nur schwer mit erwachsenen Frauen Kontakt aufnehmen kann und deshalb vermehrt oder völlig den sexuellen Kontakt zu Kindern sucht. Neben dieser eher psychoanalytisch orientierten Betrachtungsweise verwendet auch die Verhaltenstherapie eine solche Analyse der Störungsursachen als Indikationskriterium. Ebenso die systemische Therapie, wenn sie beispielsweise die spezifisch familiendynamischen Ursachen einer Störung hervorhebt.

Schließlich bezieht - wiederum beispielsweise - die systemische Therapie auch zielbezogene Indikationskriterien mit ein, wenn sie etwa darauf abhebt, die bisherigen schädlichen Problemlösungsversuche zu unterbrechen. Und wenn ein Verhaltenstherapeut primär dasjenige Symptom behandelt, dessen Veränderung am ehesten eine Reaktionsgeneralisierung erwarten lässt, wäre das auch ein solches zielbezogenes Indikationskriterium (Schulte, 1996).

2. Aspekte der Behandlungsfähigkeit

Neben diesen störungsbezogenen Indikationskriterien verwenden wir zusätzlich Kriterien, die die Voraussetzungen auf Seiten des Patienten berücksichtigen. So beschreibt die Psychoanalyse beispielsweise die Introspektionsfähigkeit, die Therapiemotivation, die Beziehungsfähigkeit und die Begabung als spezifische Voraussetzung für die Durchführung einer Behandlung. Die Feststellung dieser Kriterien kann in probatorischen Sitzungen erfolgen oder in einem längeren Erstinterview. Die Gesprächspsychotherapie spricht vom Ausmaß der Selbstexploration des Patienten bei Therapiebeginn und die Familientherapie von der Bereitschaft zum therapeutischen Kontrakt.

Ausreichendes Introspektionsvermögen ist eine wichtige Voraussetzung für eine erfolgreiche Psychotherapie. Wer nicht wahrnehmen kann, was in ihm vorgeht, kann auch zu den devianten Impulsen in seinem Inneren keine Verbindung herstellen, um sie kontrollieren zu lernen. Auch die Motivation ist für die Beurteilung der Behandlungsindikation von Bedeutung. Die Motivation ist geprägt von Leidensdruck, von Problembewusstsein und von einem Veränderungswunsch. Aber Motivation ist immer auch ein Prozess und liegt bei vielen Therapien zumindest am Anfang nicht so vor, wie die Lehre es einmal als Voraussetzung für eine erfolgreiche Behandlung verlangt hat. Auch außerhalb des Gefängnisses gehen schließlich viele zum Therapeuten, weil sie vom Partner oder der Partnerin geschickt wurden oder weil der Arbeitgeber mit Entlassung gedroht hat.

Nun ist bei uns im Strafvollzug drohende Entlassung in der Regel kein Motiv für eine Behandlung, eher umgekehrt, und oft stellen wir fest, dass die Motivation erst im Laufe der Behandlung wächst. Nur wer auf Dauer die Behandlung ablehnt, den sollten wir nicht dazu zwingen, aus ethischen Gründen nicht und weil es in unseren Gefängnissen immer noch eine große Zahl von Sexualstraftätern gibt, die zwar eine Therapie wollen, sie aber wegen der fehlenden Behandlungsplätze nicht bekommen. Solange allerdings nicht genügend Behandlungsplätze in Sozialtherapeutischen Einrichtungen bereitstehen (s. Rehn, in diesem Band, S. 273), um jederzeit Gefangene aufzunehmen, bei denen die Behandlung gemäß § 9 Abs.1 StVollzG angezeigt ist, erfordert es der zweckmäßige und gerechte Einsatz der Ressourcen, bei der Entscheidung über die Verlegung in die Sozialtherapeutische Anstalt neben Behandlungsdringlichkeit und Behandlungsfähigkeit auch die Motivation zu berücksichtigen.

Schließlich ist eine Behandlung nur dann erfolgversprechend, wenn sich wenigstens Spuren von Beziehungsfähigkeit erkennen lassen. Wer jeden Kontakt als Kampf, Manipulation oder Sexualisierung thematisiert und als beziehungsleer empfindet, ist für eine Behandlung, die vor allem auf Beziehungsarbeit abhebt, nicht geeignet. Viele unserer Gefangenen besitzen nur sehr wenig Bindungsfähigkeit. Mit ihnen lässt sich nur sehr schwer ein therapeutisches Arbeitsbündnis schließen, wie es für eine erfolgreiche Therapie unabdingbar ist, ganz gleich, welche Psychotherapiemethode verwendet wird, denn Psychotherapie wirkt immer über die Beziehungsarbeit. Die meisten dieser Gefangenen sind in ihrer Beziehungsfähigkeit schwer gestört, und häufig dauert es ein ganzes Jahr, bis sie überhaupt erst einmal eine Spur von Vertrauen zu den Behandlern entwickeln können. Natürlich sind die Verhaltensstörungen unserer Gefangenen häufig nicht mit einem Leidensgefühl verbunden und oft besteht Uneinigkeit mit ihnen über die Behandlungsbedürftigkeit und über das Behandlungsziel, und eine tragfähige emotionale Beziehung, wie sie für den Erfolg jeder Therapie erforderlich ist, lässt sich in vielen Fällen auch nicht herstellen.

So kann die Beurteilung der Durchführbarkeit einer Therapie im Einzelfall auch hier eine Gegenanzeige nahelegen. Allerdings sollte der Therapeut immer auch versuchen, die ausgemachten fehlenden Voraussetzungen für eine Behandlung zu beeinflussen (s. Lösel, in diesem Band), also die therapeutische Beziehung fördern und die Motivation verbessern. Im übrigen kann auch der Regelvollzug die Motivation verbessern helfen, indem er beispielsweise in besonderen Motivationsabteilungen die Gefangenen während der unvermeidbaren Wartezeit bis zur Verlegung in die Sozialtherapeutische Anstalt vorbereitet. Dies dient ebenfalls der ökonomischeren Auslastung der gegenwärtig noch viel zu geringen sozialtherapeutischen Ressourcen.

3. Sexualstraftäter als heterogene Gruppe

Dabei sollten wir immer bedenken, dass Sexualstraftäter keine Monster sind. Sie sind zuallererst Menschen, die sich nicht nur voneinander unterscheiden, sondern die auch im Einzelfall ein vielschichtiges Erscheinungsbild aufweisen. Denn niemand von ihnen ist ausschließlich Sexualstraftäter. Er ist beispielsweise immer auch Vater, Arbeiter, Kinobesucher, Vereinsmitglied oder Urlauber. Sexualstraftäter besitzen nicht nur Defizite. Sie weisen auch Stärken auf und sind keine generellen Lebensversager. Das übersehen wir häufig. An diesen Stärken können wir in der Behandlung anknüpfen. Dabei bekommt nur der einen behandlerischen Zugang zu dieser Klientel, der an die Veränderbarkeit von Menschen glaubt, der für deren Gescheitert-Sein Verständnis entwickeln kann und der sich auf eine intensive Beziehungsarbeit einlassen kann.

Der Justizvollzug in Baden-Württemberg hat für die Mitarbeiterinnen und Mitarbeiter ein Leitbild erstellt. Es formuliert die Grundlagen unserer schwierigen Aufgabe und gilt auch für die Behandlung von Sexualstraftätern. Ein solches Leitbild gibt Halt und Orientierung gerade auch in stürmischen Zeiten öffentlicher Emotionen und vor allem vor dem Hintergrund der aktuellen Diskussion über den Umgang mit Sexualstraftätern.

Betrachten wir nun die Sexualstraftäter etwas näher. Dabei stellen wir alsbald fest, dass diese Täter keine homogene Gruppe bilden, sondern dass sie ganz unterschiedliche Persönlichkeitsstrukturen aufweisen und keineswegs in allen Fällen krank sind im Sinne der gesetzlichen Krankenkassen.

Zur Klassifizierung von Sexualstraftätern hatten Schorsch et al (1996) bereits wegweisende Ausführungen gegeben. Zu den zentralen Störungsbereichen, die bei der Diagnostik von Sexualstraftätern immer wieder von Bedeutung sind, zählen demnach Beziehungsstörungen, Störungen des Selbstgefühls, Störungen der Selbststeuerung und Störungen der männlichen Identität (detailliert s. auch Rehder, in diesem Band). Auf diese Bereiche müssen wir sehen, wenn wir eine Aussage darüber machen wollen, ob eine Behandlung angezeigt ist. Gleichzeitig wird deutlich, dass es sich bei Sexualstraftätern nicht vorrangig um eine gestörte Sexualität handelt. Deshalb sprechen wir auch nicht von einer Sexualstraftätertherapie, als wenn wir für diese Deliktgruppe eine besondere Therapieform entwickelt hätten. Natürlich ist die Sexualität bei diesen Menschen häufig auch gestört, aber meist vor dem Hintergrund von grundlegenderen seelischen Störungen, von inneren Konflikten und von Persönlichkeitsdefiziten. Die Sexualität steht hier im Dienst nicht-sexueller innerer Konflikte, die mit Angstabwehr und Aggressivität sowie mit unerfüllten Sehnsüchten zu tun haben und die durch die Dringlichkeit ihrer seelischen Problematik der Sexualität ihre Dranghaftigkeit verleihen. In nicht wenigen Fällen ist bei Sexualstraftätern allerdings auch die Sexualiät selbst mit erheblichen Ängsten besetzt, Versagensängsten, Angst vor der weiblichen Sexualiät. Bei vielen Sexualstraftätern hat die Sexualität eine überhöhte Bedeutung. Gleichzeitig erleben sie regelmäßig ihr Unvermögen, erwachsene Sexualität zu leben. Oft leiden sie unter sexuellen Funktionsstörungen. Es fällt auch auf, dass bei zahlreichen Vergewaltigungen der Täter nicht zum Orgasmus kommt.

Will man Sexualstraftäter verstehen und sie einer angemessenen Behandlung zuführen, muss man immer auch diese Gesichtspunkte beachten: Die Persönlichkeitsdefizite, den Umgang mit den zentralen Konflikten und mit den Unzulänglichkeiten der eigentlichen Sexualität. Die Bearbeitung der Konflikte zielt dabei auf eine bewusstere Wahrnehmung und damit auch auf eine bewusstere Steuerung. Defizitäre Persönlichkeitsstrukturen benötigen dagegen Entwicklung und Wachstum von psychisch Neuem.

Auch die psychiatrischen Klassifikationssysteme ICD 10 und DSM IV stellen für die Diagnostizierung von Sexualstraftätern zahlreiche verschiedene Kategorien bereit (im einzelnen s. Kury sowie Wischka, in diesem Band). Aber nicht jeder Sexualstraftäter besitzt eine Störung im Sinne dieser Klassifikationssysteme, und die Diagnose „Sexualstraftäter" fehlt natürlich in diesen Klassifikationssystemen, denn der Begriff „Sexualstraftäter" ist vor allem ein juristischer Sammelbegriff. Allerdings bilden Sexualstraftaten auch im dreizehnten Abschnitt des Strafgesetzbuches keine einheitliche Gruppe. Eine Übereinstimmung der psychiatrischen und rechtlichen Klassifikationssysteme besteht im Großen und Ganzen nicht. So sind etwa Straftaten wie Inzest und Vergewaltigung nicht im ICD 10 oder DSM IV aufgeführt und die psychodiagnostisch erfasste Homosexualität gilt heute nicht mehr als Straftatbestand. Auch der Kindsmissbrauch und die Pädophilie erfahren rechtlich und psychodiagnostisch völlig unterschiedliche Zuordnungen. Berücksichtigen wir auch noch internationale rechtliche Einteilungen, nimmt das Durcheinander zu, was vor allem im Hinblick auf Sexualstraftaten von Bedeutung ist, die in Zusammenhang mit dem Internet begangen werden. Wir müssen aufpassen, dass nur die in die Schublade „Therapie notwendig" geraten, deren Verhaltensstörungen und Leidenszustände sich mit psychotherapeutischen Methoden auch mit einiger Aussicht auf Erfolg behandeln lassen. Die Verurteilung wegen einer im dreizehnten Abschnitt des StGB genannten Straftat ist jedenfalls für sich alleine noch keine Indikation für eine Psychotherapie.

Die Auswertung wissenschaftlicher Untersuchungen ergibt, dass sich beispielsweise Vergewaltiger hinsichtlich der soziodemographischen Merkmale nicht von der generellen Gefängnispopulation unterscheiden. Auch die Diagnosen psychischer Störungen finden wir bei dieser Tätergruppe nicht häufiger als bei anderen. Ebenso lässt sich verglichen mit anderen Mehrfachtätern keine Häufung von antisozialen und dissozialen Persönlichkeitsstörungen ausmachen (Marwinski, 1998).

Während der Gesetzgeber also bei Sexualstraftätern grundsätzlich einen erhöhten Behandlungsbedarf sieht (siehe § 6 Abs. 2, § 7 Abs. 4 und § 9 StVollzG), rechtfertigt die psychodiagnostische Betrachtung dieser Deliktgruppe diese Sonderstellung nicht. Sexualstraftaten haben selten mit einem erhöhten Sexualtrieb zu tun, sehr häufig aber mit Aggressivität, Angstabwehr und Beziehungsstörung. Wir sehen heute in einer Sexualstraftat eher den Aspekt der Gewalt als den der Triebbefriedigung. Insofern unterscheiden sich Sexualstraftäter nicht von anderen Deliktgruppen, die ebenso der Behandlung bedürfen, manchmal sogar dringlicher, weil ihre Rückfallgefahr größer ist.

4. Rückfallrisiko und Behandlungsbedarf

Darüber hinaus hat Egg (1999c) mit seiner aktuellen Untersuchung gezeigt, dass die einschlägige Rückfallgefahr bei Sexualstraftätern relativ gering ist. Nur bei wenigen Sexualstraftätern stellen wir eine Deliktspezialisierung fest. Die meisten sind allgemein kriminell und die schwierige Aufgabe des Strafvollzugs besteht darin, die vom Rückfall bedrohten und wirklich gefährlichen Sexualstraftäter diagnostisch auszumachen und nur diese einer Behandlung zuzuführen. Insofern hat auch der Gesetzgeber diese Erkenntnisse berücksichtigt, weil er nämlich für Sexualstraftäter keine allgemeine Verpflichtung für Therapie formuliert hat, sondern beispielsweise Sozialtherapie nur für die Fälle vorsieht, bei denen diese Behandlung auch Erfolg verspricht.

Außerdem sollte der Gefangene auch wirklich therapiebedürftig sein, d. h. ohne Behandlung in der Sozialtherapeutischen Anstalt weist er eine ungünstige Prognose auf. Lässt bereits isolierte Psychotherapie im Regelvollzug mit einem internen oder externen Psychotherapeuten eine hinreichend günstige Sozial- oder Legalprognose erwarten, so besteht keine Indikation für eine Verlegung in die Sozialtherapeutische Anstalt. In diesem Punkt unterscheidet sich die Sozialtherapie von der Maßregel in der Psychiatrie. Die Einweisung nach § 63 StGB erfolgt nämlich allein nach den Kriterien von Gefährlichkeit und Schuldfähigkeit, während für die Verlegung in die Sozialtherapeutische Anstalt die vorher diagnostizierte Behandlungsindikation entscheidend ist. Diese Indikationsentscheidung trifft die Vollzugsbehörde und nicht der Richter im Strafverfahren wie im Fall der Maßregel.

Für die Gesellschaft besteht die Notwendigkeit der Behandlung von Sexualstraftätern im Strafvollzug vor allem in dem Bedürfnis nach Schutz vor diesen Tätern, während der Haft und nach der Entlassung. Das ist einerseits berechtigt, weil die Polizei eine erschreckend hohe Zahl von Sexualdelikten registriert (über 53 000 Sexualstraftaten jährlich; ca. jedes dritte Sexualdelikt ist ein sexueller Missbrauch von Kindern; polizeiliche Kriminalstatistik), andererseits ist das Risiko sexueller Gewalt heute in Deutschland niedriger als vor 30 Jahren (weitere Einzelheiten s. Dessecker, in diesem Band). Dabei bleiben beispielsweise die Sexualmorde als Einzelfälle schrecklich, aber auch sie nehmen deutlich ab und zumindest ihre Häufigkeit rechtfertigt nicht die öffentliche Aufregung. Die Zahl der Verurteilten nimmt dagegen zu und vor allem im Strafvollzug verzeichnen wir seit Jahren eine stetige und vor allem erhebliche Zunahme von Sexualstraftätern. Vor allem diese Zahlen sind es, die den enormen Behandlungsbedarf erklären.

Allein in Baden-Württemberg zählen wir ca. 450 männliche Sexualstraftäter im Strafvollzug und in der Sicherungsverwahrung. Der jährliche Anstieg ist deutlich überproportional. Von 1995 bis 1998 stieg die Anzahl der Sexualstraftäter um 32 %, während die Gesamtzahl aller Gefangenen nur um ca. 5 % anstieg. Ca. 8 % aller männlichen Strafgefangenen und Sicherungsverwahrten sind Sexualstraftäter. Davon weit mehr als die Hälfte Vergewaltiger, ca. ein Fünftel Kindsmissbraucher und ca. ein Sechstel Gefangene, die wegen sexueller Nötigung eine Freiheitsstrafe verbüßen.

Wie wir schon festgestellt haben, bedürfen nicht alle Sexualstraftäter einer intensiven Sozialtherapie. Wir schätzen, dass in Baden-Württemberg von den 450 Sexualstraftätern im Strafvollzug und in der Sicherungsverwahrung ca. 200 einer Sozialtherapie bedürfen (zur Bedarfsberechnung s. ausführlich Rehn, in diesem Band, S. 264ff). Die Vollzugsplankonferenz im Regelvollzug entscheidet darüber, welcher Sexualstraftäter welche Behandlung erhält, und so befanden sich in Baden-Württemberg im April 1999 57 Sexualstraftäter in einer der beiden Sozialtherapeutischen Einrichtungen. Ca. 50 Sexualstraftäter nahmen an einer Psychotherapie im Regelvollzug teil, und ca. 20 Sexualstraftäter erhielten Psychotherapie von einem externen Psychotherapeuten.

5. Behandlung in Sozialtherapeutischen Einrichtungen

Eine Verlegung in die Sozialtherapeutische Anstalt ist immer dann indiziert, wenn der Gefangene einer „integrativen Sozialtherapie" mit unterschiedlichen Behandlungsmethoden bedarf. Wir sprechen in Deutschland von einer „integrativen Sozialtherapie" (Eger & Specht, 1980) und meinen damit ein Bündel von Behandlungsmaßnahmen (psychotherapeutische, sozialpädagogische und arbeitstherapeutische Methoden), die wir miteinander kombinieren und dabei das gesamte Lebensfeld in und außerhalb der Anstalt berücksichtigen und die verschiedenen Handlungs- und Beziehungsformen innerhalb der Anstalt im Sinne einer therapeutischen Gemeinschaft zu gestalten versuchen (s. auch Wischka sowie Wegner, in diesem Band).

Sozialtherapie ist also sehr viel mehr als nur Psychotherapie im Strafvollzug. Wir beobachten im Einzelfall selten isolierte Störungen, sondern die Defizite sind vielfältig, und von Ausnahmen abgesehen ist es ein gefährlicher Behandlungsfehler, wenn die Behandlung von Sexualstraftätern und anderen Aggressionstätern im Strafvollzug allein auf einen Spezialisten abstellt, den Psychotherapeuten. Jeder mag selber beurteilen, wie erfolgreich eine Stunde Psychotherapie in ein oder zwei Wochen sein kann, wenn der Gefangene die übrigen 336 Stunden dieser zwei Wochen dem relativ unkontrollierten negativen Einfluss der Subkultur seiner zum großen Teil behandlungsunwilligen Mithäftlinge ausgesetzt ist. Die Vielschichtigkeit der Störungen erfordert ein fachkundiges Team, welches regelmäßig präsent ist und welches auf den unterschiedlichen Ebenen der Behandlung in der Wohngruppe, am Arbeitsplatz und in der Psychotherapie ganzheitlich beobachtet, diagnostiziert und interveniert. Nur ein geschultes und erfahrenes Behandlungsteam verfügt über die für die Behandlung erforderlichen Konfrontationsmöglichkeiten, während dem Einzelnen immer nur die subjektiven Erlebnisberichte seines Klienten bleiben. Besonders Sexualstraftäter sind in stationären Einrichtungen sehr anpassungsfähig. Da entgeht dem einzelnen Behandler viel zu viel, und häufig bleiben deshalb zentrale Konflikte unbearbeitet, was die Rückfallgefahr erhöht. Nach zwanzig Jahren Behandlungsvollzug ist das vielleicht die wichtigste Antwort auf die Frage nach dem, was in der Behandlung von Schwerkriminellen notwendig ist: Die Verwendung einer „integrativen Sozialtherapie" mit Teamorientierung und interdisziplinärer Methodenvielfalt.

In der Sozialtherapie befinden sich heute häufig auf kleinstem Raum die schwierigsten Persönlichkeiten: Transsexuelle, die im Männervollzug mit Frauenkleidung herumlaufen wollen, distanzlose Pädophile, die allen Mitgefangenen von ihren sexuellen Handlungen an Kindern erzählen und die man daraufhin nur noch schwer vor Übergriffen durch Mitgefangene schützen kann, Beschwerdeschreiber und Aufwiegler, die die Behandlungsmotivation der Mitgefangenen systematisch untergraben, rücksichtslose, aggressive und egozentrische Gefangene, die Mitgefangene unterdrücken, Fassadäre, die ihre sexuellen Fantasien nur noch in ihrer eigenen Traumwelt ausleben, Überzeugungspädophile, die den sexuellen Missbrauch von Kindern ideologisch überhöhen und glauben, dass sie ein gutes Werk tun, wenn sie die Kinder an die Sexualität „heranführen", Lebenslängliche, die bei den ersten Lockerungsversuchen nach ca. zwölf Jahren Haft gleich wieder versagt hatten, und die sich jetzt keiner mehr zu lockern traut, Depressive und Unsichere, die im Schatten der robusten anderen untergehen, Verwahrloste und Schmutzige, mit denen keiner in einer Wohngruppe leben will, Reizbare, Instabile und Impulsive, die in den Wohngruppen statt einer Atmosphäre der Offenheit nur Angst und Verschlossenheit erzeugen.

Sicherlich ist bei all diesen Gefangenen eine intensive Behandlung erforderlich, aber kaum eine Sozialtherapeutische Einrichtung ist für diese schwierige Klientel in dieser Massierung eingerichtet. Die Dezentralisierung von Therapieplätzen, wie sie jetzt in vielen Teilen Deutschlands stattfindet, wird diesen Problemen so nicht gerecht werden können, weil sich nämlich in kleinen Einheiten nicht die behandlerische Kompetenz und Methodenvielfalt versammeln lassen wie sie erforderlich wären.

Im übrigen ist es während der Übergangsregelung (§ 199, Abs. 3 StVollzG) und solange nur eine unzureichende Anzahl von Sozialtherapieplätzen zur Verfügung steht, dringend erforderlich, dass der Regelvollzug die Indikationsfeststellung (§ 6 Absatz 2 Satz 2 StVollzG) nicht ohne sozialtherapeutische Beratung trifft und die jeweilige Sozialtherapeutische Einrichtung in seine Entscheidungsfindung systematisch einbezieht. Natürlich müssen sich die Sozialtherapeutischen Einrichtungen aber auch mit ihren Methoden auf das neue Klientel einstellen. Zwar haben viele Einrichtungen bereits früher Sexualstraftäter behandelt, aber die neue gesetzliche Regelung schickt der Sozialtherapie vermehrt Sexualstraftäter mit Einschränkungen im Bereich der Motivation, der Differenzierung und des Reflexionsvermögens. Aus Nord-Amerika und England hören wir von den Erfolgen der kognitiven Verhaltenstherapie bei Sexualstraftätern. In Deutschland finden wir bisher nur wenige Inseln dieser therapeutischen Methoden (s. Berner & Bekker sowie Wischka et al., in diesem Band). Aber auch andere Vorgehensweisen sind im Vormarsch: Den positiven Erfahrungen des Maßregelvollzugs folgend arbeiten wir zunehmend auch mit kreativen Therapien mit eher nonverbalen Zugangsmöglichkeiten für emotionale Entwicklungen und verbesserte Wahrnehmungen der inneren und äußeren Welt. Der Maßregelvollzug, dessen Klientel zu ca. 50 % ähnliche Persönlichkeitsstörungen aufweist wie das der Sozialtherapie im Strafvollzug, hat es vorgemacht: Dort finden mit gutem Erfolg Musiktherapie, Bewegungstherapie, Kunsttherapie, Ergotherapie, Psychodrama u.a. statt.

Auf der Grundlage dieser Erfahrungen sind die Länder nun nach der Gesetzesänderung im vergangenen Jahr nicht nur in der Pflicht, weitere Plätze für Sozialtherapie bereitzustellen, sondern ebenso dringend notwendig ist die Aufrüstung der bestehenden Einrichtungen, um der dramatisch veränderten Situation gerecht zu werden. Andernfalls wäre die Sozialtherapie in einer bösen Falle: Man halst ihr die schwierigsten Fälle auf, die sie jetzt nicht einmal mehr abweisen kann, lässt sie personell im Regen stehen (in einigen Einrichtungen wird sogar Personal abgezogen) und beweist ihr nach einigen Jahren mit neuen Rückfallstudien, dass sie nicht mehr Erfolg hat als der Regelvollzug. „Nothing works" wird es dann wieder heißen, aber wie schon einmal: Völlig zu Unrecht. Im übrigen stand aber auch bis vor kurzem noch in vielen psychotherapeutischen Lehrbüchern, dass sich schwere Persönlichkeitsstörungen mit psychotherapeutischen Methoden nicht erfolgreich behandeln lassen. Mit diesem Mythos hat Fiedler (1995) in seinem Buch über die Persönlichkeitsstörungen gründlich abgerechnet, indem er auf die wissenschaftlichen Untersuchungen zu diesem Thema verweist und die Folgen eines ungerechtfertigten Therapiepessimismus aufzeigt, der im Sinne einer sich selbst erfüllenden Prophezeiung häufig für den Misserfolg verantwortlich zeichnet (s. auch Kury, in diesem Band). Wenn nämlich nicht einmal der Therapeut an den Erfolg seiner Therapie glaubt, wie soll sich dann beim Gefangenen so etwas wie therapeutischer Optimismus entwickeln?

Der Gesetzgeber hat im vergangenen Jahr mit der Verabschiedung des Strafrechtsreformgesetzes den Sozialtherapeutischen Einrichtungen in Deutschland bewusst und gezielt die besonders schwierig zu behandelnde und besonders gefährliche Klientel der Sexualstraftäter anvertraut und hat damit die in den letzten 30 Jahren geleistete erfolgreiche Arbeit dieser Sondereinrichtungen eindrucksvoll anerkannt (ca. zwei Drittel der dort behandelten Schwerkriminellen kommen später nicht mehr in Haft). Wir sollten dieses Vertrauen in die Effizienz der Sozialtherapie nicht leichtfertig aufs Spiel setzen.

Wer Gesetze macht, muss auch für ihre erfolgreiche Anwendung sorgen. Alles andere ist Etikettenschwindel und der ist besonders im Bereich der Behandlung von Sexualstraftätern gefährlich, für die Gesellschaft, für das Anstaltspersonal, für den Gefangenen und auch für die Regierungen. Die Fachwelt rechnet auf zehn Gefangene in einer Sozialtherapeutischen Anstalt zwei Fachdienste (ein Sozialarbeiter und ein Psychologe). Kaum eine Einrichtung erreicht diesen Standard. Häufig sind die Wohngruppen zu groß und der Druck zur Vollbelegung schafft häufig ein Klima, in dem die verwendeten Methoden nicht mehr wirken, in dem die Subkultur und die Aggressivität ausufern und in dem das Personal der Dynamik in den Gruppen nicht mehr angemessen begegnen kann. Je besser eine Sozialtherapeutische Einrichtung ausgestattet ist, desto schwierigere Fälle kann sie sich in der Behandlung zutrauen. Damit entlastet sie den Regelvollzug, hilft dem Sexualstraftäter und schützt Frauen und Kinder (s. Wischka & Specht, in diesem Band).

Teil II

Grundfragen therapeutischer Vollzugsgestaltung, Konkretisierungen und Konzepte

Teil II

Die Faktoren Milieu, Beziehung und Konsequenz in der stationären Therapie von Gewalttätern

von Bernd Wischka

1. Einleitung

Als Reaktion auf das seit Anfang 1998 bestehende „Gesetz zur Bekämpfung von Sexualdelikten und anderen gefährlichen Straftaten" werden in einem von Kennern des Strafvollzugs bis vor einigen Jahren nicht für möglich gehaltenen Ausmaß in fast allen Bundesländern neue Sozialtherapeutische Einrichtungen sowie Behandlungsabteilungen in Anstalten des Regelvollzuges geschaffen. Die neuen Aufgaben werden zum Teil von Bediensteten wahrgenommen, die ihre berufliche Sozialisation unter eher behandlungsfeindlichen Bedingungen erlebt haben. Dadurch entsteht die Notwendigkeit, einen anderen Umgang mit Straftätern zu vermitteln, veränderungsfördernde Strukturen zu schaffen und diese Strukturen im Gesamtsystem zu sichern. Der Beitrag hat vor allem die Situation dieser neuen Einrichtungen im Blickfeld, die sich dazu aufgemacht haben, dort Behandlungsbedingungen zu etablieren, wo dieser Gedanke bislang eher fremd war.

Der Verfasser hat als Leiter der Sozialtherapeutischen Abteilung bei der JVA Lingen eine solche Entwicklung mitgestaltet (Wischka, 1996) und kennt die damit verbundenen Probleme sowohl aus eigener (teilweise leidvoller) Erfahrung und auch aus Fortbildungsveranstaltungen und Teamseminaren mit Mitarbeitern aus zahlreichen Vollzugsanstalten.

Jede Einrichtung, die den Anspruch erhebt, Straftäter zu verändern, formuliert Regeln für die Gemeinschaft, etabliert Beziehungsformen und Möglichkeiten der Verantwortungsübernahme, Konfliktlösung und Mitbestimmung. Der Stellenwert des „therapeutischen Milieus" und der Regelung interpersoneller Beziehungen innerhalb des Gesamtkonzepts einer Behandlungseinrichtung hat sich aber anscheinend gewandelt.

In der Pionierzeit stationärer Behandlung von Straftätern in der 60er- und 70er-Jahren wurden Formen der „Milieutherapie" oder „Basistherapie" in erster Linie als unterstützende Bedingung für eine im Vordergrund stehende (überwiegend psychoanalytisch ausgerichteten) Psychotherapie gesehen. Angemessener scheint inzwischen aber die Auffassung, die als therapeutisches Milieu gestaltete Lebenswelt als eigenständigen und gleichberechtigten Faktor in einem alle Lebensbereiche beeinflussenden Behandlungskonzept anzuerkennen. Die das therapeutische Milieu konstituierenden Einstellungen und Kommunikationen sind im existenziellen, humanitären Sinne das Fundament der stationären Therapie von Straftätern (Rehn, 1998, s. auch den Beitrag von Wegner, in diesem Band).

In der Diskussion, die Lebensbedingungen im Straf- oder Maßregelvollzug behandlungstauglicher zu machen, hat es nie an Kritik und Diffamierungen gefehlt. Gleichsetzung (und Belächeln) solcher Bedingungen mit einzelnen Gemeinschaftsaktivitäten („Plätzchenbacken") oder Beziehungsformen, denen der Verdacht der „Verbrüderung" mit Straftätern oder Verharmlosung schwerer Verbrechen anhaftet („Schmusekurs", „Gefangenenbelustigung"), die als ungerechtfertigte Wohltaten in bestimmten Zeiten auch gern von der Regenbogenpresse aufgegriffen werden („Hotelvollzug", „Hier machen Mörder Urlaub") sind einige der Spielarten der Kommentierung dieses Themas.

Aktuell wird über die Adaptation der von Nordamerika und England kommenden strukturierten Behandlungsprogrammen für Sexualstraftäter diskutiert (s. die Beiträge von Wischka et al. und Berner & Becker, in diesem Band). Dabei könnte der (falsche) Eindruck entstehen, dass bei dieser Behandlungsform, für die eine feste Abfolge von „Trainingseinheiten" vorgesehen ist, das Milieu als Rahmenbedingung keine bedeutsame Rolle mehr spielt.

Im folgenden soll zunächst auf den angedeuteten Bedeutungswandel des „therapeutischen Milieus" eingegangen werden. Es folgt dann eine Begründung, warum von einer bestimmten Ausgestaltung des Milieus ein Veränderungs- bzw. Entwicklungseffekt zu erwarten ist und warum dieser Faktor gerade bei Straftätern, die massiv die Autonomie der Persönlichkeit anderer Menschen verletzt haben, von besonderer Bedeutung ist. Abschließend werden entwicklungsfördernde Beziehungs- und Organisationsstrukturen konkretisiert und Möglichkeiten zu deren Entwicklung aufgezeigt.

2. Das therapeutische Milieu

Der Begriff „therapeutisches Milieu" ist eng mit dem Begriff der „therapeutischen Gemeinschaft" und den Namen Tom F. Main und Maxwell Jones verbunden. Die übliche Konzeption psychotherapeutisch arbeitender Krankenhäuser wurde von ihnen als unzureichend beschrieben. Das neue Ziel hieß: „Die gesamte Institution muss therapeutisch werden!". Rotthaus fasst zusammen, dass dieses Ziel dann erreicht ist, „... wenn es gelingt, ein integriertes multipersonales Beziehungsangebot zu verwirklichen, dass die Möglichkeit zu therapeutischen Entwicklungserfahrungen auf den verschiedensten Ebenen bietet, mit anderen Worten: wenn ein Kontext – und zwar nicht nur für den Patienten, sondern auch für seine Bezugspersonen! – geschaffen wird, der zu erneuter Koevolution herausfordert" (1990a, S. 162).

Für Maxwell Jones waren es vor allem vier Prinzipien, die eine therapeutische Gemeinschaft konstituieren. Sie lassen sich wie folgt zusammenfassen (nach Rotthaus, 1990a):

- Demokratisierung: die Aufgabe einer hierarchischen Entscheidungsstruktur und die Beteiligung aller Patienten an wichtigen Entscheidungen mit dem Ziel, dass sich die Patienten nicht mehr als einflusslos und ohnmächtig, sondern als verantwortlich erleben und Protest nicht durch destruktives Agieren ausdrücken müssen.

- *Permissivität:* Toleranz gegenüber einem gewissen Maß an gestörtem Verhalten, um die Bedeutung dieses Verhalten verstehen zu können und um den Kreislauf zwischen abweichendem Verhalten und Sanktionen mit der Folge der Verstärkung gestörten Verhaltens durchbrechen zu können.
- *Realitätskonfrontation:* Dabei kommt der Gemeinschaft der Mitpatienten eine besondere Rolle zu. Ihre Rückmeldungen und Zurechtweisungen können die Patienten oft besser aufnehmen als die der Mitarbeiter.
- *Gemeinschaftsleben:* Hier ist die Grundlage der Behandlung zu sehen und der Ort, wo neue Erfahrungen durch soziales Lernen gemacht werden können. Jeder erlebt sich in der Beziehung zu anderen und erfährt, wie er von den anderen erlebt wird, was von ihm erwartet wird und welche Reaktionen sein Verhalten in der Gruppe auslösen.

In diese Prinzipien lassen sich weitere Merkmale einbeziehen, die das Konzept der therapeutischen Gemeinschaft im Sinne ihrer Urheber weiter verdeutlichen (Hilpert & Schwartz, zit. nach Rotthaus, 1990a):

- Der Gegensatz zwischen administrativer und therapeutischer Hierarchie ist unterbrochen und das darin enthaltene Konfliktpotenzial für die Behandlung nutzbar gemacht.
- Auf Affektneutralität wird zugunsten einer kontrollierten Emotionalität verzichtet. Die therapeutische Beziehung ist offen für die Gefühlsinhalte verbaler und nonverbaler Kommunikation.
- Das therapeutische Vorgehen aller an der Behandlung beteiligten ist koordiniert. Das beinhaltet auch, dass Teams über längere Zeit zusammenarbeiten und nicht in schneller Folge ausgetauscht werden. Konflikte im Team werden beachtet und bearbeitet, weil emotionale Spannungen im Team unweigerlich Entsprechungen in der Gruppe der Patienten haben und umgekehrt.
- Die Patienten übernehmen sowohl für sich selbst und füreinander therapeutische Funktionen.
- Es gibt eine freie Kommunikation zwischen allen Beteiligten in einem Beziehungsgefüge, in dem Durchlässigkeit auf allen Hierarchieebenen für den Austausch von Gefühlen und Informationen besteht. Gegenüber dem Verhalten und Äußerungen einzelner Mitglieder des Behandlungsteams wird größtmögliche Toleranz gewährt.
- Die sozialen Lernprozesse verlaufen reflektiert. Die Institution verfügt über angemessene Untersuchungs- und Interventionsmethoden. Dazu gehören regelmäßige Stationsversammlungen und kontinuierliche Teamarbeit.
- Die therapeutische Gemeinschaft steht als offenes System mit seiner Umwelt in einem Austauschprozess. Dazu gehört auch die Einbeziehung von Angehörigen in die Behandlung sowie Arbeitsversuche und Beurlaubungen.

Kaum vom Konzept der therapeutischen Gemeinschaft lösbar ist der Begriff *Milieutherapie*. Er hat sich vor allem in den USA durchgesetzt und spielte bei den in den 60er- und 70er-Jahren viel beachteten Konzepten zur stationären Behandlung von gefährlichen Straftätern in den Niederlanden und auch in Dänemark eine wichtige Rolle. Milieutherapie war gewöhnlich in ein psychoanalytisch orientiertes Behandlungskonzept eingebunden (Hoeck-Gradenwitz, 1962; Goudsmit, 1964, 1973; Reicher, 1973; 1976a; 1976b; Hustinx, 1976; Rengelink, 1976; Warmerdam, 1976; Harders, 1976). Die so gemachten Erfahrungen gaben gerade in der Phase der Reform des Strafrechts- und Strafvollzugssystems in der BRD wichtige Anregungen für die Gestaltung der ersten Sozialtherapeutischen Modellanstalten (Eisenberg, 1969; Mauch, 1970; Mauch & Mauch, 1971; Rasch, 1973; 1976; Egg, 1975; Mechler & Wilde, 1976; de Boor, 1976; Bickel, 1976; Rehn, 1976; Steller, 1977; Eger & Specht, 1980; Schmitt, 1980; Specht, 1986).

Es waren nicht zuletzt diese hohen Anforderungen an ein therapeutisches Milieu, die Kritiker daran zweifeln ließen, ein traditionell streng hierarchisch organisiertes System mit oftmals schlecht auf therapeutische Aufgaben vorbereitetem Personal in dem geforderten Maße zu reformieren. „Eine echte therapeutische Beeinflussung von Gefangenen läßt sich in einer Strafanstalt rechtlich und verwaltungsmäßig nicht organisieren" (Schneider, 1983, S. 314; s. auch Quensel, 1983).

Dem „Basispersonal", also den Mitarbeitern des allgemeinen Vollzugsdienstes bzw. – in psychiatrischen Anstalten – dem Pflegepersonal wurde bei der Beteiligung an diesem Milieu besondere Beachtung geschenkt, denn sie verbringen die meiste Zeit mit den Insassen und bestimmen durch ihr Rollenverständnis, ihr Handeln, ihr Beziehungsangebot maßgeblich die Qualität des therapeutischen Milieus. Sie werden darum nicht zu Unrecht bisweilen als „heimliche Herren der Klinik" (Rotthaus, 1990, S. 163) bezeichnet. Oder, wie Reicher formulierte: „Ohne ‚Frontarbeiter' sind die Psychotherapeuten impotent" (1976a, S. 610). Auf die Bedeutung dieser Berufsgruppe bei der Gestaltung des therapeutischen Milieus wird weiter unten noch einzugehen sein.

Lösel & Bender (1997) belegen durch Analyse verschiedener Studien, dass therapeutische Gemeinschaften u.a. eine Stärkung des Selbstwertgefühls, der einstellungsmäßigen Konformität, der moralischen Urteilsfähigkeit, der internalen Kontrollüberzeugungen und der Verantwortlichkeit hinsichtlich eigener Probleme bewirken. Klima und Ausmaß der Gewalt in der Anstalt werden positiv beeinflusst. Es zeigten sich aber auch differenzielle Effekte, die darauf hinweisen, dass stark antisoziale (psychopathische) Persönlichkeiten von therapeutischen Gemeinschaften nicht profitieren, insbesondere wenn diese wenig strukturiert und permissiv sind (Freese, 1998; Lösel 1998a; s. auch den Beitrag von Lösel, in diesem Band). Der Bestimmung des Ausmaßes von Struktur und der Kontrolle dissozialer, subkultureller Aktivitäten und der Möglichkeit zur egoistischen Ausnutzung gewährter Freiräume ist in Abhängigkeit von anzutreffenden Persönlichkeitsstörungen deshalb besondere Beachtung zu widmen.

Der Stellenwert des therapeutischen Milieus als *Rahmen*bedingung – also als etwas, das vor dem „eigentlichen", der Psychotherapie nämlich, in den Hintergrund zu treten hat – hat sich im Laufe der Jahre verändert (Dolde, 1984). Die Bedeutung ist zugunsten eines Verständnisses gestiegen, in dem der „Therapieraum" und der „Realitätsraum" in integrativen Modellen eher gleichgewichtig verschränkt sind. Auch das „Basispersonal" ist in therapeutische Aufgaben einbezogen, was sich förderlich auf die Teamarbeit auswirkt. Übertragungsprozesse von der Einzel- oder Gruppentherapie in den Alltag werden erleichtert (Rotthaus, 1990a). Ein Beispiel für diese veränderte Sichtweise ist das „Vier-Faktoren-Modell" der (traditionell psychoanalytisch orientierten) Van-Mesdagkliniek in Groningen. Zum Verständnis der Deliktgefährlichkeit, zur Persönlichkeitsdiagnostik und zur Behandlungsplanung wird ein Modell verwendet, das auf integrierte Art und Weise verschiedenen Fachbereichen ermöglicht, einen spezifischen Beitrag zur Verminderung der Gefährlichkeit zu leisten. Dabei steht die Rangordnung der Faktoren nicht von vornherein fest (de Haas, 1994; 1998).

3. Gefährliche Straftäter: klinisches Erscheinungsbild

Personen können aus ganz unterschiedlichen Motiven unter dem Einfluss bestimmter situativer Bedingungen für andere gefährlich sein. Die „in der Tat zutage getretene Gefährlichkeit", die die Fragestellung für Gutachter begründet, die im Sinne des geänderten § 454 StPO tätig werden sollen, wird bei dem einen Täter in (relativ überdauernden) Persönlichkeitsmerkmalen und defizitären sozialen Kompetenzen zu finden sein, bei einem anderen in bestimmten, möglicherweise kaum wiederholbaren Situationen. Daraus ergeben sich unterschiedliche Folgerungen für die Prognose und für die Therapie bzw. Wiedereingliederung.

Bei der Frage, welche Merkmale der Person wahrscheinlich eine hohe Gefährlichkeit – vor allem im Sinne von Rückfallgefahr und Gefahr für Leib und Leben anderer – begründen, stößt man unweigerlich auf Diagnosen wie „dissoziale Persönlichkeit" oder „Psychopathie" bzw. „Entwicklungspsychopathie" oder – was nicht das gleiche ist – „Psychopathy" im Sinne amerikanischer Konzepte (Hare, 1991; Freese, 1998), „dissoziale Persönlichkeitsstörung" (ICD-10) oder „antisoziale Persönlichkeitsstörung" (DSM-IV). Im Bereich der Sexualstraftaten haben dissoziale Persönlichkeiten, die gewöhnlich durch ein längeres Vorstrafenregister mit Straftaten aus unterschiedlichen Bereichen auffallen, eine besonders schlechte Prognose (Beier, 1995; 1997; Bosinski, 1997; Hanson & Bussière, 1998; Rehder, 1996a; 1996b; s. auch die Beiträge von Lösel, Kury, Rehder sowie Nowara, in diesem Band). Bei Persönlichkeiten mit verfestigter dissozialer Entwicklung imponiert folgendes klinische Bild:

- Störungen der *Ich-Funktionen*:
  - mangelnde Realitätsprüfung
  - mangelnde Toleranz für Spannung, Angst und Unlust
  - fehlende Geduld, „Erlebnishunger"
  - geringe Fähigkeit zu Triebverzicht
  - Störung des Übergangs vom Lust- zum Realitätsprinzip
  - gestörter Planungshorizont
  - gestörtes Erfahrungslernen/automatisiertes Verhalten
  - wenig Kreativität und Humor
  - hochgradige Verletzbarkeit.

- Störungen der *Über-Ich und Ideal-Bildung:*
  - „doppeltes Gewissen" (Klüwer, 1968): einerseits ein strenges, erbarmungsloses Über-Ich und andererseits ein Über-Ich, das Handlungen fordert, die in engem Zusammenhang mit narzisstischen Größenphantasien stehen
  - große Diskrepanz zwischen Idealen als Ausdruck von Macht und tatsächlich erreichten Zielen (Ohnmacht).

  Dadurch besteht *primär* ein instabiles Selbstwertgefühl
  - besonders Minderwertigkeitsgefühle nach Frustrationen
  - Versagensängste, die in tief verwurzelter Unsicherheit begründet sind
  - Angst, Unlust, Selbstkritik.

  Sekundär erfolgt eine Kompensation bzw. Abwehr der Realitätserfahrungen und Schuldgefühle durch
  - Projektion und Rationalisierung
  - Entwicklung einer subjektgebundenen Realität, die durch narzisstische Größen- und Allmachtsphantasien gespeist wird
  - Agieren und narzisstische Wutreaktionen. Dadurch soll Frustrationen und der Infragestellung von Allmachtsphantasien zuvorgekommen werden.
  - materielle Genüsse, die ein gestörtes Gleichgewicht durch Reparationshandlungen wiederherzustellen versuchen (Rauchen, Essen, Trinken, Alkohol und Drogen)
  - allgemeine Konzentrierung auf den Körper (Stärke, Gesundheit, Sexualität).

- Störungen der *Kontakt- und Beziehungsfähigkeit:*
  - es bestehen schwere Kontaktstörungen, d.h. vor allem die Unfähigkeit, längere und tiefere affektive Beziehungen zu anderen Menschen herzustellen
  - es dominiert Misstrauen
  - es besteht ein Bedürfnis nach Verwöhnung. Es fehlt das Gefühl von Dankbarkeit. Zuwendungen werden bald als Selbstverständlichkeiten erlebt und erst wieder registriert, wenn sie fehlen, was Wut erzeugt.
  - es gibt selten Freundschaften und tragfähige Familienbeziehungen
  - die Aufmerksamkeit ist ständig auf die Reaktionen anderer gerichtet; es besteht hochgradige Verletzbarkeit
  - Ersatzbefriedigung von Bedürfnissen nach Wärme, Vertrauen und Zärtlichkeit wird in Scheinkontakten gesucht
  - die Umgebung soll sich dem Individuum anpassen; Menschen werden wie Gegenstände behandelt, Gegenstände einfach vernichtet, wenn sie einem Bedürfnis entgegenstehen
  - eingeschränktes „soziales Gewissen"
  - geringes Einfühlungsvermögen (Empathie)
  - Anpassungsschwierigkeiten im Umgang mit Autoritäten.

- Probleme im Bereich schulischer und beruflicher *Lern- und Leistungsfähigkeit*
  - weit unter dem Durchschnitt liegende Belastungstoleranz
  - stark reduziertes Durchhaltevermögen.

Überschneidungen gibt es zum *amerikanischen Psychopathiebegriff*. Hare (1991) verwendet folgende Itemliste, um die Diagnose Psychopathie bei entsprechenden Ausprägungsgraden zu stellen (s. den Beitrag von Lösel, in diesem Band):

1. Trickreich sprachgewandter Blender mit oberflächlichem Charme
2. Erheblich übersteigertes Selbstwertgefühl
3. Stimulationsbedürfnis (Erlebnishunger), ständiges Gefühl der Langeweile
4. Pathologisches Lügen (Pseudologie)
5. Betrügerisch-manipulatives Verhalten
6. Mangel an Gewissensbissen oder Schuldbewusstsein
7. Oberflächliche Gefühle
8. Gefühlskälte, Mangel an Empathie
9. Parasitärer Lebensstil
10. Unzureichende Verhaltenskontrolle
11. Promiskuität
12. Frühe Verhaltensauffälligkeiten
13. Fehlen von realistischen, langfristigen Lebenszielen
14. Impulsivität
15. Verantwortungslosigkeit
16. Mangelnde Bereitschaft und Fähigkeit, Verantwortung für eigenes Handeln zu übenehmen
17. Viele kurzzeitige ehe(ähn)liche Beziehungen
18. Jugendkriminalität
19. Widerruf der bedingten Entlassung
20. Polytrope Kriminalität.

Vergleicht man diese Beschreibungen mit Merkmalen, die typisch sind für bestimmte Stadien im Verlauf der sozialen Entwicklung, so fallen Übereinstimmungen auf, die es sinnvoll erscheinen lassen, die Symptomatik als Entwicklungsstörungen aufzufassen (Tabelle 1). Bestimmte Denk-, Gefühls- und Verhaltensmuster, die für kindliche Entwicklungsstufen üblich sind, haben sich offenbar bis ins Erwachsenenalter erhalten und gehen mit der zugenommenen körperlichen Stärke und dem erweiterten Aktionsradius eine brisante Mischung ein.

Kohlbergs (1974) Annahme einer präkonventionellen moralischen Reife sehr vieler Straffälliger im Vergleich zu nicht straffällig gewordenen Personen, ist empirisch hinreichend gesichert. Den als „psychopathisch" bezeichneten Tätern konnte die geringste moralische Urteilsreife nachgewiesen werden. (Blasi, 1980; Hudgins & Prentice, 1973; Jurcovic, 1980; Jurcovic & Prentice, 1977; Lind, 1994 und 2000).

Tabelle 1: Moralisches Urteil und andere Bereiche der sozialen und kognitiven Entwicklung

Moralisches Urteil (Kohlberg)	logisches Denken (Piaget)	Rollenübernahme (Selman)
0 vormoralische Stufe: Versteht keine Regeln und unterscheidet nicht nach gut und böse gemäß Regeln und Autoritäten. Was Spaß macht und spannend ist, ist gut; was mit Schmerz oder Angst verbunden ist, ist böse. Hat keine Vorstellung von Verpflichtung, Sollen, Müssen.	symbolisch-intuitives (vorbegriffliches) Denken	**0: Egozentrische Rollenübernahme:** Zwischen eigener Perspektive und einer anderen kann nicht unterschieden werden. Es wird aber erkannt, dass andere soziale Ereignisse wahrnehmen.
Stufe I: Orientierung an Bestrafung und Gehorsam: Ob eine Handlung gut oder böse ist, hängt ab von ihren physischen Konsequenzen und nicht von der sozialen Bedeutung bzw. Bewertung dieser Konsequenzen. Vermeidung von Strafe und nichthinterfragte Unterordnung unter Macht gelten als Werte an sich.	konkrete Operationen 1: kategoriale Klassifikation	**1: Soziale, informelle Rollenübernahme:** Es ist deutlich, dass jeder eine eigene P. hat, die von der eigenen verschieden sein kann. „Persönliche Gründe" werden gesehen.
Stufe II: Instrumentell-relativistische Orientierung: Eine richtige Handlung zeichnet sich dadurch aus, dass sie die eigenen Bedürfnisse – bisweilen auch die anderer – instrumentell befriedigt. Zwischenmenschliche Beziehungen erscheinen als Markt-Beziehungen. Grundzüge von Fairness, Gegenseitigkeit, Sinn für gerechte Verteilung sind zwar vorhanden, werden aber stets physisch oder pragmatisch interpretiert. Gegenseitigkeit ist eine Frage von „eine Hand wäscht die andere", nicht von Loyalität oder Dankbarkeit.	konkrete Operationen 2: reversibles konkretes Denken.	**2: Selbstreflexive Rollenübernahme:** Weiß, das andere nicht nur kognitive Perspektiven haben, sondern auch Schlüsse über die Perspektive einer anderen Person ziehen; verkennt, dass es selbst Objekt der Perspektive anderer sein kann.
Stufe III: Orientierung an personengebundener Zustimmung: Richtiges Verhalten ist, was anderen gefällt oder hilft und ihre Zustimmung findet. Es besteht ein hohes Maß an Konformität gegenüber stereotypen Vorstellungen von mehrheitlich für richtig befundenem oder „natürlichem" Verhalten. Häufig wird Verhalten nach der Absicht beurteilt: „Er meint es gut", wird zum ersten Mal wichtig. Man findet Zustimmung, wenn man „nett" ist.	formale Operationen 1	**3: Gegenseitige (mutuelle) Rollenübernahme:** Kann simultan den eigenen und den fremden Standpunkt einnehmen und miteinander koordinieren, auch aus der Sicht einer dritten Person.
Stufe IV: Orientierung an Recht und Ordnung Autorität, festgelegte Regeln und die Aufrechterhaltung der sozialen Ordnung bilden den Orientierungsrahmen. Richtiges Verhalten heißt, seine Pflicht tun, Autorität respektieren, und für die gegebene soziale Ordnung um ihrer selbst willen eintreten.	formale Operationen 2	**4: Rollenübernahme mit konventionellen Systemen:** Erkennt, dass die individuelle Perspektive nicht zum wechselseitigen Verständnis reicht,; es müssen Gruppenperspektiven hinzukommen.
Stufe V: legalistische oder Sozialvertrags-Orientierung: Im allgemeinen mit utilitaristischen Zügen verbunden. Die Richtigkeit einer Handlung bemisst sich tendenziell nach allgemeinen Rechten und Standards, die nach kritischer Prüfung von der gesamten Gesellschaft getragen werden. Man ist sich der Relativität persönlicher Werthaltungen und Meinungen deutlich bewusst und legt dementsprechend Wert auf Regeln zur Konsensfindung.	formale Operationen 3	**5: Relativistische Perspektive:** Entdeckt, dass individuelle ebenso wie Gruppenperspektiven relativ, nicht absolut sind.
Stufe VI: Orientierung an allgemeingültigen ethischen Prinzipien: Das Recht wird definiert durch eine bewusste Entscheidung in Übereinstimmung mit selbstgewählten ethischen Prinzipien. Diese sind abstrakt und ethischer Natur, nicht konkrete Moralregeln wie etwa die Zehn Gebote. Im Kern handelt es sich um universelle Prinzipien der Gerechtigkeit, der Gegenseitigkeit und Gleichheit der Menschenrechte und des Respekts vor der Würde des Menschen als individuelle Person.		
Quellen: Kohlberg & Turiel (1978)	Kohlberg (1979)	Selman & Byrne (1974) Eckensberger & Reinshagen (1980) Silbereisen et al. (1980)

sowie der Ich-Entwicklung

Soziale Perspektive als Strukturmerkmal des moralischen Urteils (Kohlberg)	Ich-Entwicklung (Loevinger)	Ich-Entwicklung (Erikson)
	Präsozial: Lernt sich selbst von der Umwelt zu unterscheiden. **Symbiotisch**: Mutter kann von der Umgebung, nicht aber von sich selbst unterschieden werden.	
Egozentrische Perspektive: Interessen anderer werden nicht berücksichtigt, Interessengegensätze nicht realisiert, zwei Standpunkte nicht aufeinander bezogen. Handlungen werden nach Effekten, nicht nach Intentionen beurteilt. P. d. Autorität wird mit d. eigenen verwechselt.	**Impulsabhängig**: Angst vor Vergeltung, keine Triebkontrolle, fordernde Abhängigkeit, Neigung zu Dichotomisierungen, bewusste Beschäftigung mit körperlichen Bedürfnissen (aggressiver, sexueller Art).	Akzeptieren der zugeschriebenen Identität
Konkret-individualistische Persepektive: Einsicht, dass es individuelle Interessen gibt, die mit den eigenen konfligieren können, so dass „das Richtige" relativ wird. Fähigkeit zur Auflösung von Konflikten (Fairness).	**Opportunistisch, selbstprotektiv**: Regeln werden nur bei unmittelbaren Vorteil befolgt. Für Vergehen werden andere Personen oder Umstände verantwortlich gemacht, soziale Beziehungen zum eigenen Vorteil manipuliert. Einsetzen von Selbstkontrolle und damit Verletzbarkeit.	
Perspektive des Individuums in Beziehung zu anderen: Gemeinsame Gefühle, Übereinkünfte und Erwartungen sind bewusst und erlangen Vorrang vor individuellen Interessen. Verschiedene Standpunkte werden durch die „konkrete Goldene Regel" miteinander in Beziehung gesetzt, indem man sich in die Lage des anderen versetzt. Keine verallgemeinerte Systemperspektive.	**Konformistisch**: Richtig ist, was sozial respektiert wird. Bewusste Vorstellungen beziehen sich auf Aussagen, materielle Dinge und Ansehen. Gefühle werden nur undifferenziert wahrgenommen. Einfache Konzeption der sozialen Umwelt. Scham.	
Systemperspektive: Unterscheidungen zwischen gesellschaftlichem Standpunkt und interpersonellen Übereinkunft. Übernahme des Systemstandpunktes, in dem Rollen und Regeln definiert sind. Individuelle Beziehungen werden durch ihren Platz im System bestimmt.	**Gewissensorientiert**: Internalisierte Regeln, Schuld, langfristige, selbstgewählte Ziele und Ideale. Fähigkeit zur Selbstkritik und differenzierten Beschreibung interpersoneller Unterschiede.	Identitätskrise oder Moratorium
Perspektive, die das System hinterfragt: Rationale Perspektive mit dem Bewusstsein, dass Werte und Rechte sozialen Bindungen und Verträgen vorgeordnet sind. Integration unterschiedlicher Perspektiven durch formale Mechanismen der Einigung, Verträge, Veränderung. „Legaler" und „moralischer" Standpunkt können gegebenenfalls unterschieden werden.	**Autonom**: Anerkennung und Autonomie für sich und andere. Auseinandersetzung mit inneren Konflikten. Fähigkeit, unverträgliche Vorstellungen zu integrieren: intensive Beziehungen, Streben nach Selbsterfüllung.	Festigung der Identität
Perspektive eines „moralischen Standpunktes": Soziale Arrangements werden von dieser Perspektive abgeleitet bzw. darauf gegründet. Realisiert das Wesen der Moral, weiß, dass jeder Mensch seinen (End-)Zweck in sich selbst trägt und entsprechend behandelt werden muss.	**Integriert**: Auflösung innerer Konflikte, Verzicht auf Unerreichbares, Festigung der Ich-Identität.	
Kohlberg (1976), Colby & Kohlberg (1979), Eckensberger & Reinshagen (1980)	Kohlberg (1974), Loevinger (1979), Vetter (1980)	Kohlberg (1979)

Kohlberg (1974) bezeichnet die Stufe 2 direkt als „Verbrecherideologie". Zusammengefasst ist durch diese Orientierung mit folgenden Motiven zu rechnen: Verbotenes wird aus Angst vor Strafe, nicht aus Rücksicht oder Einsicht unterlassen, Regeln werden nur bei unmittelbarem Vorteil befolgt, Beziehungen erscheinen egoistisch und ausnutzend, fordernd abhängig. Es besteht wenig Triebkontrolle, eine Neigung zum „Schwarz-Weiß-Denken". Für Regelverstöße werden andere oder „die Umstände" verantwortlich gemacht. In dieser Perspektive ist wenig Platz für Bedürfnisse, Empfindungen, Verletzbarkeiten anderer. Sie akzentuieren gleichzeitig Hilflosigkeit und Wünsche nach grenzenloser Versorgung, die durch den Freiheitsentzug noch verstärkt werden und appellieren sehr stark an die Behandlungsmotive des Personals. Zuwendungen werden dann als Selbstverständlichkeiten kaum registriert. Konfrontationen mit eigenem Fehlverhalten, Forderungen und Versagungen dagegen erzeugen sofort heftige Ablehnung bis zu Hass und Gewalttätigkeit, Misstrauen und (vorläufigem) Beziehungsabbruch.

Beziehungsangebote, Freiräume mit Gestaltungsmöglichkeiten, Behandlungsmaßnahmen, Sanktionen werden gemäß der beschriebenen Denkstruktur zunächst innerhalb dieses Kontextes „passend" konstruiert. Das bedeutet, es muss damit gerechnet werden, dass Absichten des Personals nicht erkannt oder geglaubt werden, dass Gruppenprojekte und demokratische Strukturen nicht solidarisch, sondern egoistisch genutzt, dass Vertrauens- und Beziehungsangebote ausgenutzt oder im Sinne von „eine-Hand-wäscht-die-andere" als Marktbeziehung interpretiert werden. Unterschiedliche Sanktionen auf gleiches Fehlverhalten unter Berücksichtigung unterschiedlicher Intentionen werden als ungerecht empfunden und erzeugen Forderungen nach Fairneß der Art „gleiche Reaktionen auf gleiches Verhalten". Nachsicht wird als Schwäche erlebt. Gewalt imponiert dabei nicht primär als Schädigungsabsicht, sondern ist vor allem Ausdruck von unzureichenden kognitiven und sozialen Kompetenzen. Sie kann als niedrigste Ebene der Konfliktlösung (Lind, 1997) verstanden werden.

Es besteht weitgehende Übereinstimmung darin, dass die Therapie dissozialer und gewaltbereiter Täter psychoedukative und stützende Komponenten sowie klare Zielvorgaben und eindeutige Struktur- und Rahmensetzungen beinhalten müssen (z.B. Fiedler, 2000).

4. Empathie als zentrales Merkmal für die Entwicklung sozialer Motive

Ist das Denken im präkonventionellen Stadium selbstzentriert und ergeben sich aus der Angst vor Bestrafung und Bedürftigkeit die wesentlichen Handlungsmotive, so erhält in der Stufe 3 erstmalig die empathische Wahrnehmung des anderen und die Orientierung des eigenen Verhaltens nach diesen Wahrnehmungen Bedeutung. Die Zustimmung anderer wird wichtig. Eigene und fremde Standpunkte werden koordiniert und zur Verhaltensgrundlage gemacht.

Notwendige Voraussetzung für empathische Fähigkeiten und damit für Mitgefühl, Hilfsbereitschaft, angemessene Formen der Schuldverarbeitung und prosoziales Verhalten allgemein ist dabei eine reife Form der Differenzierung zwischen sich selbst und anderen. Erst „wenn ein Mensch sich ... des anderen als unabhängig von ihm existierend bewusst geworden ist, kann sein empathisches Leiden, das eine parallele Reaktion, eine mehr oder weniger exakte Replikation der tatsächlichen Leidensgefühle des Betroffenen darstellt, zumindest teilweise in ein reziprokes Gefühl der Sorge für den Betroffenen übergehen" (Hoffman, 1979, S. 258). Vor diesem Zeitpunkt kann „empathische Bedrängnis" zwar durchaus Hilfehandeln motivieren; es ist aber häufig inadäquat, da es die individuelle Lage des Betroffenen nicht vollständig realisiert und dient eher dem eigenen Bedürfnis nach Reduktion der erlebten Bedrängnis (Hoffman, 1977; s. Tabelle 2).

Tabelle 2: Stufenmodell der Entwicklung von Empathie

1. Bevor das Kind Personen-Permanenz erworben hat (erstes Lebensjahr), lösen Schlüsselreize empathisches Leiden aus. Wegen ungenügendem Differenzierungsvermögen zwischen Selbst und den Anderen kann der Säugling wahrscheinlich nicht genau ausmachen, wer dieses Leiden überhaupt erfährt.
2. Mit erreichter Personen-Permanenz und den sich herausbildenden Konzepten des Selbst und des Anderen, kann das Kind realisieren, dass es der andere ist, der leidet. Es nimmt aber an, dass der andere die gleichen Empfindungen hat wie es selbst. Dies wird in dem Versuch des Kindes deutlich, den anderen mit Methoden zu trösten, die es selbst trösten können.
3. Das Wachsen der Einsicht, dass andere Personen auch andere Gedanken und Gefühle haben können und dass sie Ereignisse anders interpretieren (zwei bis drei Jahre), entsteht mit wachsender Fähigkeit zur Rollenübernahme. Mit etwa vier Jahren können in einfachen Situationen Zeichen des Glücks oder der Traurigkeit an anderen erkannt werden.
4. Erst in der späten Kindheit oder frühen Adoleszenz wird realisiert, dass das Selbst und der andere, Personen mit eigener Geschichte und Identität sind. Empathische Reaktionen sind nunmehr nicht bloß situationsspezifisch, sondern berücksichtigen den Erfahrungskontext des anderen.

Ein weiterer Fortschritt in der Entwicklung der Empathie ist möglich, wenn das Verständnis für die Lage eines Einzelnen auf Gruppen ausgedehnt werden kann. In der Kombination von empathischem Affekt und der Wahrnehmung der unglücklichen Lage einer Gruppe ist die entwicklungsmäßig fortgeschrittenste Form empathischen Leidens zu sehen.

nach: Hoffman (1977; 1979)

Hoffmans Stufen der Empathieentwicklung können durch Erfahrungen in der Behandlung narzisstischer Persönlichkeiten bestätigt werden. Der Empathiefähigkeit kommt eine große Bedeutung beim Verständnis der Störung und der Dynamik der Behandlung zu. Narzisstische Störungen sind bei schwer gestörten Delinquenten regelmäßig anzutreffen. Zum Erscheinungsbild gehören drei Erlebnisweisen von Beziehungen, die die therapeutischen Beziehungen bestimmen und die leicht mit den ersten drei Stufen von Hoffman in Verbindung zu bringen sind:

1. Die „Verschmelzung" durch Ausdehnung des „grandiosen Selbst", in der das Erlebnis des eigenen Selbst den Therapeuten einschließt.
2. Die „alter-ego" oder Zwillingsübertragung, in der der Klient annimmt, dass der Therapeut wie er selbst ist oder dass sein psychischer Zustand dem eigenen ähnelt.
3. Die „Spiegelübertragung", in der der Therapeut zwar als getrennte Person erlebt, aber nur entsprechend der eigenen Bedürfnisstruktur wahrgenommen wird (Kohut, 1969; 1976).

Wie bedeutsam mangelnde Empathie für die Begehung von Gewaltstraftaten sein kann, zeigt folgendes Fallbeispiel eines Täters, der wegen gefährlicher Sexualstraftaten verurteilt worden ist.

Herr R. ist zum Tatzeitpunkt 33 Jahre alt, verheiratet und hat 2 Kinder, Töchter. Er hält sich am Abend der Tat in Gaststätten auf und bietet, leicht alkoholisiert, einer 18-jährigen jungen Frau eine Mitfahrgelegenheit an. Sie hatte ein Taxi bestellt, das aber noch nicht gekommen war. Auf ihre Frage, ob er ihr auch nichts tue, lacht er und sagt: „Nein, nein, steigen Sie ruhig ein!". Einige hundert Meter vor ihrem Elternhaus fährt er in ein Waldstück und fordert Sie auf, sich auszuziehen. Das Opfer schreit und versucht die Beifahrertür zu öffnen, um auszusteigen. Er schlägt ihr ins Gesicht und droht, sie „kalt" zu machen, wenn sie nicht aufhöre zu schreien und sich zu wehren. Dann zieht er sie aus und vergewaltigt sie. Danach darf sie sich wieder anziehen. Das Opfer bekommt einen Weinkrampf und der Täter fordert sie erneut auf, ruhig zu sein. Als ihr dies nicht gelingt, legt er seine Hände um ihren Hals, drückt ihr die Kehle zu und verlangt erneut mit dem Weinen aufzuhören und dies mit einem „Ja" zu erkennen zu geben. Weil er ihr die Kehle zudrückt, gelingt es ihr nicht, zu antworten. Er wird immer wütender und entschließt sich, das Mädchen umzubringen. Sie wird nach 20 bis 30 Sekunden bewusstlos; danach drückt er ihr noch mehr als 1 ½ Minuten weiter die Kehle zu. In dem Glauben, das Mädchen sei tot, schafft er es in ein Gebüsch, um es dort zu verbergen. Er merkt, dass sie noch lebt und vergewaltigt sie erneut. Sie duldet jetzt alles widerstandslos.

Dann fordert er sie auf, sich anzuziehen und in das Auto zu setzen. Er nimmt sie in den Arm und beginnt, das weinende Mädchen zu trösten. Er sagt ihr, er sei froh, dass sie noch lebe. Wenn sie gestorben wäre, hätte er sich das nie verzeihen können. Er erzählt ihr von seinem früheren Selbstmordversuch und entschuldigt sein Verhalten mit dem Alkoholgenuss. Mit seiner Frau würde er nicht mehr schlafen, weil sie Alkoholikerin sei. Er habe zwei Töchter, und wenn ein Mann mit ihnen das machen würde, was er jetzt gemacht habe, würde er den Mann umbringen. Während er von sich erzählt, fordert er sie auf, ihn zu küssen und zu trösten. Dann fährt er sie nach Hause, bittet sie um

Verzeihung und lädt sie ein, mit ihm in Urlaub zu fahren. Er verlangt noch ihre Telefonnummer, um sie am nächsten Tag anrufen zu können und lässt sie dann aussteigen.

Nach der Erstattung der Anzeige stellt der Arzt im linken Wangenbereich ganzseitige Schwellungen, einen Bluterguss an der linken Ohrmuschel und beidseitige Hämatome an den Kiefernwinkeln fest. Durch den Würgevorgang sind im Halsbereich punktförmige Blutungen und Hautverfärbungen sowie im gesamten Kopfbereich Staublutungen mit punktförmigen Blutaustritten an Augenlidern und Stimmbändern entstanden. Durch die zeitweise Unterversorgung der Gehirns entstehen Beeinträchtigungen des Hörvermögens. Das Opfer leidet unter Schlafstörungen und Angstgefühlen.

Bei der ersten Vernehmung sagt der Täter, dass der Geschlechtsverkehr einvernehmlich stattgefunden habe. Sie habe richtig mitgemacht und ihn auch gelobt. Dann habe er sie im Sexrausch gewürgt. In der Hauptverhandlung gibt er an, er sei „ausgeklickt", als das Mädchen zu schreien angefangen habe. Was dann geschehen sei, wisse er nicht mehr.

Über die Entwicklungsgeschichte des Täters ist aus den Akten bekannt, dass er in einer Barackensiedlung aufgewachsen ist. Der Vater habe getrunken und die Kinder häufig geschlagen. Wegen seiner asozialen Herkunft sei er in der Schule gehänselt worden. Der Vater habe männliche Kraft besonders idealisiert. Bereits mit 9 Jahren habe er mit seinen älteren Schwestern Boxkämpfe führen müssen. Er habe dann „zu diesem Sport gefunden". Er halte sich selbst für einen Mann, „auf den die Frauen fliegen".

Der Täter ist mehrfach vorbestraft wegen Fahren ohne Fahrerlaubnis, Diebstahl, Vergehen gegen das Waffengesetz, versuchter Vergewaltigung, Vergewaltigung und Körperverletzung.

Der Boxsport habe eine Ventilfunktion für ihn gehabt. Seine Ehe habe zu einer gewissen Beruhigung geführt. Er habe aber immer aussereheliche Beziehungen zu anderen Frauen gehabt; sie seien aber auf sexuelle Interessen reduziert gewesen. Eigene Wünsche und Bedürfnisse der Frauen seien für ihn bedeutungslos gewesen.

Während der Haft erkundet die Sozialarbeiterin die familiäre Situation und stellt fest, dass Herr R. immer als absolutes Familienoberhaupt aufgetreten sei. Er sei immer gut zu den Kindern gewesen und habe sie nie geschlagen, aber er habe auch niemals richtig mit ihnen gespielt. Nach Auffassung seiner Frau sei er unfähig, Verantwortung zu übernehmen.

Löst man sich gedanklich von der Brutalität der Tat und dem Leiden des Opfers und versucht, die Sichtweise des Täters einzunehmen, erschreckt das Ausmaß der Blindheit, mit der zwischenmenschliche Phänomene in Beziehungen wahrgenommen werden. Die Empathiestörung des Täters zeigt sich in diesem Fallbeispiel an vielen Stellen: das Einsteigen in das Auto wird als (sexuelles) Interesse an ihm bewertet. Ihr Weinen löst Wut aus; ihre Gefühle spielen keine Rolle, das Weinen wird nur unter dem Aspekt der mangelhaften Kontrolle über die Frau gesehen. Er erkennt nicht, dass das Mädchen unter seinen würgenden Händen nicht antworten kann. Die Widerstandslosigkeit bei der zweiten Vergewaltigung wird als Zustimmung interpretiert. Er glaubt, dass sie sich nach dieser Tat auf seine Probleme konzentrieren kann. Er glaubt, dass sie nach dieser Tat auf ein Beziehungsangebot (Urlaub, weiteres Treffen) eingeht. Er glaubt, dass die eingeforderten Zärtlichkeiten Zuneigung bedeuten und sieht ihre Todesangst nicht. Er geht grundsätzlich nicht auf die Bedürfnisse seiner Sexualpartnerinnen ein. Er kann sich nicht auf die Ebene eines Kindes begeben und dort in ihrer Welt mit ihnen spielen.

Bei der Frage, wie durch therapheutische Interventionen Empathie entwickelt werden kann, hilft es zunächst weiter, sich zu vergegenwärtigen, wie Empathie im normalen Entwicklungsprozess entsteht. Als Sozialisationserfahrungen, die Empathietendenzen stärken und den natürlichen Entwicklungsprozess beschleunigen sind zu nennen: normale Begegnungen mit Bedrängnis- und Notsituationen, Gelegenheit zur Rollenübernahme und zum Helfen einschließlich korrigierender Rückmeldungen, Ermunterungen, sich in die Position anderer zu versetzen, altruistische Modelle, elterliche Wärme, die die emotionale Sicherheit des Kindes stärkt, und Erziehungsmaßnahmen, die die Aufmerksamkeit des Kindes auf die Lage des anderen richtet und Maßnahmen zur Wiedergutmachung fördern. Dem Entwicklungsprozess konträr laufen dagegen Erziehungsstile, die sich auf das Kind konzentrieren (Bestrafung, Isolation), Angst, Ärger und Trotz erzeugen und damit von den Folgen des eigenen Verhaltens für andere ablenken (Wischka, 1987).

Ein therapeutisches Milieu, das entwicklungsstimulierend sein will, muss versuchen, Anreize zur Rollenübernahme, zur Einfühlung in andere zu schaffen, muss Identifikationsmöglichkeiten mit Modellen bieten, die ihre Handlungen aus einem konventionellen moralischen Niveau heraus organisieren. Es müssen Situationen geschaffen werden, die gemeinsame Gefühle bewusst werden lassen. Das erfordert Beziehung, Begegnung, Rückmeldung.

Reaktionen des Personals auf Fehlverhalten müssen Intentionen berücksichtigen und die Folgen für andere bewusst machen. Alltagskonflikte bieten Entwicklungschancen, wenn gelernt wird, auch fremde Argumente zu verstehen, verschiedene Standpunkte aufeinander zu beziehen und Lösungen zu finden, die mehreren Seiten gerecht wird.

Strukturelle Weiterentwicklung wird möglich, wenn eine Person erfährt, dass ein bestimmtes Denkmuster ungenügend ist, also durch das Erlebnis eines Ungleichgewichts. Anzustreben sind „heilsame Verunsicherungen" durch konsistente Konfrontation mit Anregungen auf einem moralischen Niveau, das eine Stufe über der moralischen Urteilsfähigkeit des Betreffenden liegt. Diese „Plus-eins-Konvention" hat sich in Bildungsprogrammen zur Entwicklung der moralischen Urteilsfähigkeit als effektiv erwiesen (Oser & Althof, 1997; Lind, 2000). Sie findet auch Entsprechungen zu Prinzipien aus der Psychotherapie. Dort geht es darum, „Unterschiede, die einen Unteschied machen" (Bateson, 1984) in der therapeutischen Kommunikation zu konstruieren. Kohut strebt in der Behandlung narzisstischer Persönlichkeiten „optimale Frustrationen" an, um narzisstische Selbstüberschätzungen und Idealisierungen zu relativieren. Ist die Differenz zwischen der eigenen Wirklichkeitskonstruktion und der des Kommunikationspartners zu groß, haben die Argumente keinen Informationsgehalt, keine Attraktivität, werden nicht verstanden und zurückgewiesen. Beziehungen werden im Extremfall abgebrochen, wenn Konfrontationen mit anderen Sichtweisen als zu kränkend erlebt werden. Zugelassen werden bestenfalls behutsame Veränderungen, keine Zusammenbrüche des bisherigen Welt- oder Selbstbildes. Ein therapeutisches Milieu enthält notwendigerweise demokratische Elemente, insbesondere Möglichkeiten zur Konfliktregelung auf einem höheren Niveau, zum sozialen Engagement und zur Übernahme von Verantwortung. Im Sinne des „Just-Community-Ansatzes" (Kohlberg, Scharf & Hickey, 1978) ist eine Gerechtigkeitsstruktur zu etablieren, die von den Insassen als fair, legitim und gerecht wahrgenommen wird. Dabei erhalten die Gefangenen Mitbestimmungsmöglichkeiten, die aber klar von den Entscheidungskompetenzen des Personals abgegrenzt werden müssen (J. Walter, 1998).

Die hier vorgenommene Betrachtung dissozialer, gewaltbereiter Straftäter unter dem Aspekt der Entwicklungsstörung erlaubt Operationalisierungen von Beziehungsangeboten, von Regeln des Zusammenlebens, zur Lösung von Konflikten und von Angeboten zum sozialen Lernen. Wann ein Milieu „therapeutisch" ist, lässt sich weitgehend aus den Qualitäten des konventionellen Moralniveaus und seinen Entsprechungen in anderen Bereichen der sozialen Entwicklung herleiten. Das Personal muss sich stabil auf konventionellem Niveau verhalten, sich aber gleichzeitig bewusst sein, dass sich nicht alle Gefangenen auf diesem Niveau bewegen.

Es wird immer wieder notwendig sein, egoistisches Ausnutzen der angebotenen Freiräume durch klare Grenzsetzungen zu verhindern und über präkonventionelle Interpretationen von Angeboten auf konventionellem Niveau zu diskutieren. In der Lösung von Konflikten muss immer wieder eine Sichtweise, die Intentionen der Konfliktpartner berücksichtigt, verteidigt werden gegenüber einer primitiven Moral, die bloß Effekte von Handlungen bewertet und gleiche Reaktionen auf gleiches Verhalten einfordert.

Das Strafgesetzbuch bietet im Prinzip den geeigneten Rahmen dafür, weil es im wesentlichen im Kontext der Moralstufe 4 formuliert ist. In der Praxis wird das Niveau allerdings nicht selten gesenkt. So sind z.B. Vollzugslockerungen als Behandlungsmaßnahme vorgesehen und dienen der Aufrechterhaltung von Kontakten, der Vermeidung schädlicher Folgen des Vollzuges, der Übernahme von Verantwortung oder der Eingliederung in die Gesellschaft. Sie werden aber durchaus, und zwar nicht nur von Gefangenen, als Belohnung für bestimmtes Verhalten bzw. - durch ihre Aussetzung - als Sanktionsinstrument (Stufe 1) verstanden und benutzt.

Menschen, die vorzugsweise in Kategorien der Stufen 1 und 2 denken und handeln, die also z.B. nur die physischen Konsequenzen von Handlungen und nicht ihre Auswirkungen auf die Gemeinschaft zu ihrer Entscheidungsgrundlage machen, erzeugen leicht komplementäre Reaktionen beim Betreuungspersonal. Enttäuschungen über Regelverstöße oder über das unsolidarische Verhalten eines Gefangenen bringen einen Mitarbeiter z.B. spontan zu der Haltung: „Dann spreche ich eben die Sprache, die er versteht!". Dabei ist intuitiv klar, welche Worte in dieser Sprache vorkommen und welche nicht und mit welchem Beziehungsangebot gesprochen wird. Es sind Vokabeln der Stufe 1 und 2 und das Ziel ist die Herstellung darauf basierender Machtverhältnisse.

Stabilisiert sich der Ruf nach mehr Härte bei einzelnen Bedienstetengruppen, ist höchste Aufmerksamkeit geboten. Er weist gewöhnlich auf tiefgreifende Unstimmigkeiten in Zielen der Arbeit, auf Kooperationsprobleme sowie auf Organisationsfehler hin (Rehn, 1993). Entwickeln sich parallel Verteidigungshaltungen bei anderen Mitgliedern des Behandlungsteams und kommt es zu Auseinandersetzungen und Grundsatzdebatten mit starker emotionaler Beteiligung, sollte sorgfältig untersucht werden, ob nicht innere Konflikte eines Gefangenen nach außen verlagert worden sind. Solche Verstrikkungen müssen gelöst werden, in Teambesprechungen oder mit Hilfe von Supervision, und die Konflikte müssen dort bearbeitet werden, wo sie ihren Ursprung haben, nämlich in der Persönlichkeit des Straftäters. Konflikte sind „Fenster zur Seele" des Klienten und eröffnen Möglichkeiten des Zugangs zu ihm (Lohse, 1993).

Es soll hier nicht die illusionäre Haltung vertreten werden, dass im Umgang mit gefährlichen Straftätern auf Sanktionierungen, Absonderung oder auch auf unmittelbare Gewaltanwendung völlig verzichtet werden kann. Das Sicherheitsinteresse der Mitarbeiter und anderer Gefangener einer Behandlungseinheit gebieten auch solche Maßnahmen. Sie können Schlimmeres verhindern und – wenn Schlimmes verhindert werden konnte – dem betreffenden Gefangenen eine neue Chance eröffnen und Rückverlegungen in den nichttherapeutischen Bereich der Anstalt vermeiden. Zur Bindung an Regeln, zur Einforderung von „Basisverhalten" und zum Aufbau einer Veränderungsmotivation kann es auch unverzichtbar sein, zunächst konsequent restriktiv zu operieren (s. auch den Beitrag von Otto, in diesem Band). Das Behandlungspersonal sollte sich aber dessen bewusst sein, dass eine Organisation der Kommunikationsstrukturen auf der Basis eines präkonventionellen Moralniveaus zwar dazu in der Lage ist, Sicherheit und Ordnung herzustellen, ihre Mitglieder letztlich aber auf dieses Entwicklungsstadium fixiert. Notwendige Zwangs- und Sanktionsmaßnahmen sollten deshalb niemals willkürlich, sondern vorhersehbar nach klaren Regeln erfolgen, und sobald eine Basis dafür vorhanden ist, sollte zu Beziehungsformen auf konventionellem Niveau zurückgekehrt werden.

5. Probleme therapeutischer Milieus

Bei dem Bemühen, ein therapeutisches Milieu zu etablieren und zu verteidigen, wird es darum gehen, Lösungen für Probleme zu finden, die etwas zu tun haben mit der Qualifikation und den Einstellungen des Personals, mit der Einbindung in das (hierarchische) Gesamtsystem, mit der Qualifikation der Leitung der therapeutischen Einrichtung, mit der Struktur des Behandlungskonzepts und auch mit Kosten-Nutzen-Erwägungen. Darauf soll im folgenden eingegangen werden.

5.1 Die Beziehung zu Tat und Täter

Im Zusammenhang damit, ein therapeutisches Milieu in einer Abteilung des Strafvollzuges zu etablieren, sollte den Bediensteten des allgemeinen Vollzugsdienst besondere Beachtung zu gewidmet werden. Sie haben den häufigsten Kontakt zu den Gefangenen und bestimmen entscheidend darüber, ob entwicklungsfördernde Kommunikationsstrukturen entstehen und ob die in der Einzel- oder Gruppentherapie oder im Sozialen Training angeregten Verhaltensänderungen erfolgreich erprobt und stabilisiert werden können oder nicht. Ein erstes Problem besteht bei behandlungsunerfahrenen Bediensteten darin, mit dem Konflikt umzugehen, der sich aus dem direkten Umgang mit der Person und dem Wissen über seine Straftat(en) ergibt.

Die an die Bediensteten herangetragene Forderung, „therapeutisch" mit dem Täter umzugehen, konfligiert u.U. heftig mit Bewertungen der Tat, wenn es nicht gelingt, Tat und Täter irgendwie zu trennen, aber auch zu integrieren. Im alltäglichen Umgang mit dem Täter spielt auch eine Rolle, dass sich die Bediensteten der Außensicht bewusst sind, die bisweilen sehr einfache Gleichsetzungen zwischen Sympathie mit dem Täter – erschlossen aus dem freundlichen Umgang miteinander – und Sympathie für die Tat vornimmt. Die Aussicht, vom extratherapeutischen Bereich der Institution als „Sympathisant" von Sexualstraftätern oder Mördern angesehen zu werden, ist nicht sehr erstrebenswert, vor allem dann nicht, wenn der dienstliche Kontakt durch gelegentliche Aufgaben in diesem Bereich (Vertretung, Beteiligung am Nachtdienst) oder durch erwartbare oder zumindest denkbare spätere Versetzung dorthin erhalten bleibt.

Hilflosigkeit im Umgang mit diesem Konflikt drückt sich dann z.B. so aus, dass sich Unfreundlichkeit und Distanz mit Zugewandtheit für den Gefangenen unvorhersehbar abwechseln oder dass sich ein Betreuer im exklusiven Kontakt mit dem Gefangenen anders verhält als wenn die Interaktion beobachtet und die möglichen Bewertungen des Beobachters in das eigene Verhalten einbezogen werden. Derart widersprüchliches Verhalten wirkt zumindest irritierend, eher aber verstärkend auf bestehendes Misstrauen als Ergebnis der Lebensgeschichte, vor allem dann, wenn das vom Betreuer gegenüber beobachtenden Kollegen gezeigte konformistische Verhalten (Stufe 3) vom Gefangenen mit den ihm eigenen Interpretationsmöglichkeiten nicht verstanden werden kann.

Eine andere Möglichkeit, den Konflikt zwischen Tat und Täter „aufzulösen" besteht darin, einen der beiden Aspekte aus dem Bewusstsein auszublenden. Das Lesen von Akten zu vermeiden, ist eine nicht selten anzutreffende Technik, das Aufkommen intrapsychischer Konflikte zu vermeiden. Gewöhnlich ist diese Reduktion des Täters auf seine ungestörten und sympathischen Anteile damit gepaart, dass sich der so eingestimmte Bedienstete enttäuscht abwendet, wenn der Gefangene einmal – in einer Ausnahmesituation vielleicht – „sein wahres Gesicht" zeigt.

Die geschilderten Umgangsformen erschweren den Weg zur Etablierung entwicklungsfördernder Bedingungen beträchtlich. Die eine verhindert den Aufbau neuer Beziehungserfahrungen und die andere verfestigt die innere Zerrissenheit des Täters, der seine Tat als „Ausnahme" verstehen will, seine Impulsivität und schwer kontrollierbaren Bedürfnisse selber ablehnt und eigentlich positiv gesehen werden will.

Voraussetzung für ein therapeutisches Klima ist, dass der Täter in seiner Zwiespältigkeit akzeptiert wird, dass das Nebeneinander von gesunden und gestörten Anteilen, sympathischen und abstoßenden Zügen, seine Tat und seine Kompetenzen von den Mitarbeitern ausgehalten wird und dass reflektiert und gegengesteuert werden kann, wenn solche intrapsychischen Konflikte sich auf das Behandlungsteam übertragen und dort zu Spaltungen führt. Standhalten wirkt Verleugnungs- und Spaltungsmechanismen entgegen und fördert die Akzeptanz und die Auseinandersetzung mit den eigenen kränkenden Unvollkommenheiten und negativen Gefühlen.

Fortbildung, Beteiligung an regelmäßigen Fallbesprechungen und Supervision wirken eindimensionalen Persönlichkeitskonstruktionen entgegen. Die Suche nach dem „wirklichen" Charakter kann zugunsten einer komplexen Sichtweise aufgegeben werden. In diesem erweiterten Verständnis können die Bediensteten einer therapeutischen Einrichtung ihre eigene Rolle angemessener reflektieren und stabileres Verhalten im Umgang mit den Gefangenen entwickeln. Erweitertes Verständnis über Störungsbilder und über die Notwendigkeit eines adäquaten, stabilen Verhaltens des Behandlungspersonals macht das Team auch sicherer für Auseinandersetzungen und Diskussionen mit dem extratherapeutischen Bereich der Institution. Aufgabe der Leitung ist es darüber hinaus, die Umgangsweise mit den Gefangenen in einem therapeutischen Milieu als therapeutische Technik (nicht als Ausdruck einer besonderen Zuneigung zu den Gefangenen und ihren Taten) immer wieder zu vertreten und zu begründen.

5.2 Konsequenz, Struktur und Kontrolle versus Akzeptanz und Respekt

Die zuvor geschilderten Unsicherheiten behandlungsunerfahrener Mitarbeiter gehen oft mit Schwierigkeiten einher, Konsequenz und notwendige Kontrollaufgaben und dazu passende Umgangsformen in Beziehung zu bringen. In extremer Verkennung hält sich ein Bediensteter schon dann für konsequent, wenn er barsch und unfreundlich mit einem Gefangenen umgeht. Es ist notwendig, den Mitarbeitern zu verdeutlichen, dass diese beiden Dimensionen prinzipiell unabhängig voneinander sind. Eine nähere Betrachtung eröffnet Möglichkeiten, ihnen plausibel zu erläutern, in welchem Verhältnis beide Dimensionen zueinander stehen müssen, um ein therapeutisches Milieu in einer Institution zu erzeugen. Es sind vier Klassen von *Grundhaltungen* denkbar (Abbildung 1):

1. Ein freundlicher, akzeptierender, respektvoller Umgang bei gewährender, auf Selbstorganisation vertrauender Haltung.
2. Ein freundlicher, akzeptierender, respektvoller Umgang bei klaren Grenzen und strukturiertem, konsequentem Handeln und eingebauten Kontrollen.
3. Ein unfreundlicher, zynischer, demütigender, respektloser Umgang bei gewährender, inkonsequenter, strukturloser, auf Selbstorganisation setzender Haltung.
4. Ein unfreundlicher, zynischer, demütigender, respektloser Umgang bei rigiden Strukturen und deutlichen Grenzen und Konsequenzen.

Abbildung 1: Grundhaltungen in Arbeitsbeziehungen

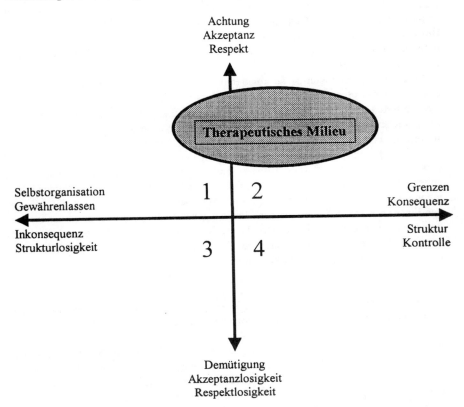

Die 1. Haltung wäre für eine ambulante Psychotherapie typisch. Die für eine Behandlungseinrichtung angemessene Grundhaltung muss vorwiegend im Bereich 2 angesiedelt sein. Wobei mit zunehmendem Behandlungsfortschritt und erfolgter Eingliederung eine Tendenz in Richtung 1 möglich sein sollte. Eine Organisation mit Schwerpunkt im Feld 1 von Anfang an ist für viele Inhaftierte mit Störungen der Selbstkontrolle und manipulativen Tendenzen nicht angezeigt. Feld 4 charakterisiert den früheren „Härtevollzug" ohne therapeutischen Anspruch. Feld 3 beschreibt einen im negativen Sinne liberalen, permissiven Vollzug („Verwahrlosungsvollzug"), von dem ebenfalls kein Behandlungseffekt zu erwarten ist.

Ein konsequenter Umgang mit vorher festgelegten und für alle transparenten Regeln und individuellen Abmachungen sichert einen verlässlichen Handlungsrahmen und verhindert Chaos (Rehn, 1993). Er verhindert nicht, dass Kämpfe um Grenzen geführt werden. Sie können jedoch mit weniger Energieverlust durchgestanden werden, wenn die

Grenzen klar sind, und sie können zum Aufbau von intrapsychischen Grenzen führen, wenn die Kämpfe nicht als vernichtende Niederlage erlebt werden und wenn die Wut kanalisiert werden kann. Gefordert ist aber nicht nur Regelkonsequenz, sondern auch Beziehungskonsequenz (Rehn, 1993). Letzteres heißt, Konflikten standzuhalten, dabei indivuumbezogen zu reagieren und möglichst nicht die Grenzen des betreffenden Gefangenen zu verletzen.

In Teambesprechungen ist an konkreten Fällen immer wieder darauf hinzuweisen, dass zu einer konsequenten Haltung gehört, dass die Mitarbeiter eine „gemeinsame Linie" vertreten. Wenn ein Gefangener bei einem Konfliktthema - z.B. seiner Forderung nach Gewährung von Vollzugslockerungen – sehr einfache und gewohnte Dichotomisierungen vorzunehmen versucht („wer ist für und wer ist gegen mich?") und dabei schnell fündig wird, braucht er sich nicht mit Argumenten und seinen Schwächen auseinanderzusetzen oder sein Verhalten zu ändern, sondern kann die Verantwortlichkeit außer sich suchen und in konstruierten Feinden auch finden. Dass gerade Personen mit manipulativen Tendenzen in der Lage sind, Mitarbeiter zu verführen, sich für oder gegen ihn zu erklären („Haben Sie denn keine eigene Meinung?") oder zu „Ausnahmeregelungen" zu bringen und auf diese Weise Marktbeziehungen oder sogar Abhängigkeitsverhältnisse herzustellen, gehört zur Symptomatik. Solche Tendenzen sollten aber im Team reflektiert und nicht agiert werden.

5.3 Demokratische Strukturen und professionelles Rollenverständnis therapeutischer Gemeinschaften innerhalb eines hierarchischen Gesamtsystems

So sehr es auch wünschenswert sein mag, hierarchische Strukturen im gesamten System einer Vollzugsanstalt abzubauen und entsprechende Tendenzen der überall aktiven Verwaltungsreform zu nutzen, gilt es zunächst, sich zu vergegenwärtigen, dass es sich bei der Nutzung therapeutischer Milieus um eine Behandlungsmethode handelt und nicht um eine Verwaltungsübung. Keinesfalls sollte sich eine nach den Prinzipien einer therapeutischen Gemeinschaft geführte Abteilung wie eine Minderheitspartei in einem autoritär geführten Staate verhalten (Kernberg, 1996).

Bei der Konstruktion eines therapeutischen Milieus in einer bestimmten Abteilung mit Personal, das dieser Abteilung zugeordnet ist und Klienten, die nach festgelegten Kriterien in diese Abteilung gelangen, ist gleichermaßen Wert darauf zu legen, dass die Abteilung funktional in die Gesamtstruktur der Institution eingebunden ist. Die Führungsstruktur des Gesamtsystems soll das therapeutische Milieu unterstützen.

Aufgaben der Leitung einer therapeutischen Abteilung ist es in diesem Zusammenhang, sich um folgende Kompetenzen, Regelungen und Klärungen zu bemühen:

- Sie muss über solide Kenntnisse des Funktionierens und des Managements von Klein- und Großgruppen verfügen und sie dazu nutzen, die therapeutische Abteilung immer wieder durch Neudefinitionen und Verhandlungen in das Gesamtsystem zu

integrieren. Dazu gehört auch, Ziele und Methoden der Arbeit sowie den Nutzen für das Gesamtsystem zu verdeutlichen.
- Sie braucht klare administrative Regelungen, die die therapeutische Abteilung mit ihrer Umgebung verbindet.
- Sie muss die Rollen und Kompetenzen jedes Mitarbeiters und formeller Gruppen (Konferenzen, Kommissionen etc.) mit dem Ziel einer möglichst großen Eigenverantwortlichkeit klar definieren.
- Sie muss dafür sorgen, dass die Fachkompetenzen aller Mitarbeiter optimal eingesetzt, menschliche Ressourcen nicht vergeudet und engagierte Mitarbeiter nicht überlastet werden.

Die Idee der therapeutischen Gemeinschaft und dazu notwendige Demokratisierungen kann die Illusion der Gleichheit aller Mitarbeiter hervorbringen. Gleichheit kann und soll sich auf der Ebene der Persönlichkeiten, nicht aber bezogen auf Aufgaben und Verantwortungsbereiche manifestieren (Rotthaus, 1990a; 1990b). Die Illusion „wir sind alle gleich" birgt mehrere Gefahren für die therapeutische Gemeinschaft. Abgesehen davon, dass die undifferenzierte Idee der Gleichheit die Frage nach der ungleichen Entlohnung aufwirft, kann sie zu Verantwortungszuschreibungen führen, denen einzelne Mitarbeiter nicht gewachsen sind. Andererseits werden evtl. Fähigkeiten, die in Ausbildung und beruflicher Erfahrung erworben wurden, nicht optimal genutzt, wenn Spezialisierungen vermieden werden. Die Nivellierung von Unterschieden im Personal kann auch mit der Leugnung von Unterschieden unter den Klienten korrespondieren und sich mit deren Tendenzen verbünden, unter dem Deckmantel einer „idealen Gemeinschaft" intrapsychische und interpersonelle Konflikte oder Anpassungsschwierigkeiten an die Umwelt außerhalb der Institution zu leugnen. Verhaltensdaten, die von unterschiedlichen Persönlichkeiten mit ihren eigenen emotionalen Reaktionen in unterschiedlichen Kontexten gewonnen wurden, erhöhen die Möglichkeiten zum Verständnis eines Klienten und die Sicherheit der notwendigen Entscheidungen, wenn sie zusammengeführt werden.

Auf die in diesem Zusammenhang bedeutsame Problematik der Trennung von therapeutischen und Entscheidungsaufgaben kann innerhalb der Schwerpunktsetzung dieses Beitrags nicht ausführlich eingegangen werden. Es gibt verschiedene Gesichtspunkte, die für oder gegen eine solche Trennung angeführt werden können; deren Bedeutung muss in unterschiedlichen Zusammenhängen gesehen werden. Es spricht aber eher mehr dafür als dagegen, das Wissen der Therapeuten über ihre Klienten für die notwendigen Entscheidungen bzw. Stellungnahmen (Gewährung von Vollzugslockerungen, Reststrafenaussetzung) zu nutzen und damit Spaltungen in „guter Therapeut" und „böse Anstalt" oder „böse Strafvollstreckungskammer" zu vermeiden, alle Mitglieder des Behandlungsteams optimal informiert an gemeinsame Behandlungsziele zu binden und Fehlentscheidungen im Interesse der Sicherheit für die Allgemeinheit zu minimieren (s. dazu Gretenkord, 1995).

5.4 Anforderungen an das Personal

Bei der Frage, welches Personal sich dafür eignet, ein therapeutisches Milieu herzustellen, sind neben beruflichen Qualifikationen vor allem Teamfähigkeiten von Bedeutung. Wichtige Persönlichkeitsmerkmale sind Offenheit, Bereitschaft und Interesse an der Erforschung eigener emotionaler Reaktionen auf andere und Freiheit von schwerer Psychopathologie. Für Kernberg (1996) sind besonders Persönlichkeiten mit exzessiv paranoiden, hysteroid-infantilen oder narzisstisch distanzierten Zügen schlecht geeignete Kandidaten für diese Arbeit.

Teamarbeit in einem therapeutischen Milieu schafft eine emotionale Dichte, aber auch beschützende Atmosphäre, die regressionsfördernd ist und Grenzen verwischen kann. Dadurch können Probleme entstehen, derer sich die Leitung bewusst sein sollte, um geeignete Gegensteuerungsmaßnahmen ergreifen zu können.

Die erste zu schützende Grenze ist die zwischen professioneller Funktion und Privatsphäre. Offen, wertschätzend und „echt" zu sein, bedeutet nicht, dass Informationen über das Privatleben gegeben werden müssen, und schon gar nicht, dass Vermischungen zwischen Privat- und Berufsleben zugelassen werden. Das beinhaltet auch, dass emotionale Reaktionen und Verhaltensweisen eines Mitarbeiters im Kontext des „Hier und Jetzt" besprochen werden sollten und nicht im Zusammenhang mit privaten Ereignissen und Problemen oder lebensgeschichtlichen Fakten. Insbesondere müssen emotionale „Entblößungen" des Personals vor den Klienten vermieden werden. Kernberg (1996) stellt hierzu fest: „Emotionale ‚Entblößung' von Mitarbeitern ist eine katastrophale Technik, die die Regression von Patienten und Gruppen mit der Regression des Personals vermischt und gewöhnlich sehr negative Konsequenzen für alle Beteiligten hat. Strenge Selbstdisziplin des rollengerecht handelnden Personals und strenge selbst auferlegte Kontrolle der Äußerung sexueller, aggressiver und abhängiger Bedürfnisse auf seiten des Personals ergänzen die Ermutigung zu im übrigen natürlichen und spontanen Reaktionen auf Patienten einschließlich einer direkten Spiegelung der Auswirkungen von Kommuniaktion und Verhalten der Patienten auf das Personal" (a.a.O., S. 492f.).

Regressive Tendenzen in einem therapeutischen Team zeigen sich z.B. darin, dass die Beschäftigung mit sich selber zunimmt und entsprechend die mit den Kienten verbrachte Zeit abnimmt oder darin, dass teamexterne Mitarbeiter oder Auszubildende nur widerwillig geduldet und nicht wirklich in das Team hineingelassen werden. Der Export von Leistungen in den extratherapeutischen Bereich nimmt ebenfalls ab.

Eine weitere, zu beachtende Grenze ist die Leistungsgrenze. Engagierte Mitarbeiter, die unter den Bedingungen der Teamarbeit und des therapeutischen Milieus „aufblühen", können sich gefährlich überlasten. Wenn „Abschottungen" nach außen und interne Erschöpfung sichtbar sind, sollte dies dringend reflektiert werden. Gerade fordernde, distanzlose, gewalttätige und manipulative Gefangene strapazieren die Kräfte extrem und können zum Burn-Out der Behandler führen (s. auch Born & Gonzalez-Cabeza, 1998). Ohne Gegensteuerung, z.B. durch Unterstützung bei der Formulierung und Respektierung eigener Grenzen oder durch Neuverteilung von Aufgaben, Bereitstellung von Hilfsmitteln zur Arbeitserleichterung und zum ökonomischeren Arbeiten ist vorhersehbar, dass gerade die engagierten und wirkungsvoll arbeitenden Mitarbeiter, die für das therapeutische Milieu eine entscheidende Bedeutung haben, aussteigen. Solche Bedingungen verhelfen auch Kräften mit narzisstischen Zügen zum Aufstieg in Führungsrollen, weil sie sich weniger den Zielen des therapeutischen Milieus verpflichtet fühlen, deshalb weniger Stress erleben und somit „cooler" eigene Interessen verfolgen können.

5.5 Methoden therapeutischer Gemeinschaften

Übliche und bewährte Methoden zur Herstellung, Diagnose und Aufrechterhalten des therapeutischen Milieus sind die Unterbringung in Wohngruppen, gemeinschaftliche Aktivitäten, Vollversammlungen und Arbeitsgruppen. Das Behandlungskonzept muss dabei genau beschreiben, welche Ziele mit welchen Aktivitäten und Gruppenzusammenkünften verfolgt werden und welche nicht. Es sollte vermieden werden, dass die gleichen Themen immer wieder in mehreren Gruppen besprochen werden. Das wäre nicht nur unökonomisch, sondern führt auch zu überladenen Tagesordnungen für diese Zusammenkünfte, und es kann verwirrend sein, wenn ein Thema durch unterschiedliche Akzentuierungen zu viele Aspekte erhält.

An Vollversammlungen nehmen alle Bediensteten und alle Gefangenen der therapeutischen Abteilung teil. Die Tagesordnung ist gewöhnlich offen. Ziel ist die Diagnose und Förderung des Gruppenprozesses, die Lösung von Gemeinschaftsproblemen, die gegenseitige Information und die Planung von Gemeinschaftsaktivitäten. Jeder kann und soll sich einbringen.

Die Einzel- und Gruppentherapie bewegt sich im Dreieck „Delikt – Lebensgeschichte – aktuelles Verhalten und Beziehungen". Dabei spielt der Einzelne in seinen aktuellen und lebensgeschichtlichen Beziehungen natürlich eine bedeutende Rolle. Gruppenprozesse und Übertragungsphänomene werden nutzbar gemacht.

In Vollversammlungen und aufgabenorientierten Gruppen geht es dagegen viel stärker um die Nutzung von Ressourcen und gesunden Anteilen der Persönlichkeit. Regressionen und die Konzentration auf Probleme des Einzelnen sind hier eher zu vermeiden. Bei regredierenden größeren Gruppen ist Chaos nur schwer zu verhindern. Gemeinschaftsprobleme, gemeinsame Projekte, Informationsvermittlung werden hier themenzentriert und lösungs- bzw. entscheidungsorientiert aufgegriffen. Dazu ist eine strukturierte und straffe Gruppenleitung erforderlich, die auch verhindert, dass manipulative und zu Gewalt neigende Klienten, die in der Großgruppe Grenzen austesten wollen und Machtkämpfe inszenieren, zu viel Aufmerksamkeit erhalten und bestätigt werden. Auf der anderen Seite ist eine zu starre, formalisierte Gruppenleitung ungünstig, weil sie Kreativität blockiert, Unlust erzeugt und weil sie eine Diagnose des Zustands der Gesamtgruppe erschwert, wenn sich die Klienten kaum beteiligen und selten ihre Meinung äußern.

5.6. Beurteilung der Qualität des therapeutischen Milieus

Die Frage, ob die Lebenswelt der Gefangenen durch ihre orgaisatorischen und sozialen Gegebenheiten optimale Veränderungsbedingungen bieten, sollte fortlaufend im Behandlungsteam reflektiert werden. Eine Hilfe dabei kann z.B. der von Engel et al. (1983) entwickelten Stationsbeurteilungsbogen sein. Es handelt sich hierbei um eine Adaptation der Ward Atmosphere Scale (WAS) von Moos, die zur Erfassung des sozialen Klimas auf Krankenhausstationen mit psychisch kranken Patienten entwickelt wurde.

Abbildung 2 verdeutlicht die durch Befragung des Behandlungspersonals ermittelten Veränderungen in der Sozialtherapeutischen Abteilung bei der JVA Lingen über einen Zeitraum von 6 Jahren.

Abbildung 2: Veränderungen der sozialen Klimas in der Sozialtherapeutischen Abteilung bei der JVA Lingen von 1993 (Behandlungsabteilung) bis 1999 im Vergleich zu Psychotherapeutischen Einrichtungen und Landeskrankenhäusern, gemessen mit dem Stationsbeurteilungsbogen von Engel et al., 1983

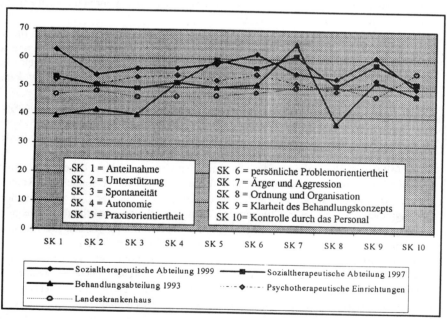

Es ist sichtbar, dass sich das soziale Klima der Sozialtherapeutischen Abteilung bei der JVA Lingen von der Aufbauphase (1993; N=8), in der die Einrichtung noch nicht die Bezeichnung „Sozialtherapeutische Abteilung", sondern „Behandlungsabteilung" führte, weil die personellen und organisatorischen Mindeststandards noch nicht erfüllt waren, über das Jahr 1997 (N=8) bis zum Jahre 1999 (N=9) nach Einschätzung der beurteilenden Mitarbeiter deutlich verbessert hat. Die positiven Veränderungen zeigen sich sowohl in den Variablen, die die sozialen Beziehungen betreffen (Anteilnahme, Unterstützung, Spontaneität) als auch in Merkmalen, die das Behandlungskonzept (Autonomie, Praxisorientiertheit, persönliche Problemorientiertheit) und das System betreffen (Ordnung und Organisation, Klarheit des Behandlungskonzepts). Ärger und Aggression haben im Laufe dieses Entwicklungsprozesses abgenommen. Die Kurven der letzten Jahre ähneln denen anderer stationärer Einrichtungen (Engel et al., 1983, S. 45), die allerdings an größeren Stichproben gewonnen wurden (Landeskrankenhaus, N=324; Psychotherapeutische Einrichtungen, N=431).

6. Schlussbemerkung

Der Beitrag verfolgte das Ziel, den Nutzen einer bewusst gestalteten Lebenswelt im Sinne eines therapeutischen Milieus in der Behandlung „gefährlicher" Straftäter herauszustellen. Dabei erweist sich, dass dieses Milieu nicht nur den Hintergrund, die Kulisse, bildet, vor dem die Hauptakteure, die Psychotherapeuten, in Erscheinung treten. Es ist vielmehr als Behandlungsmethode aufzufassen, die Effekte entfalten kann, die andere Methoden nicht bieten können. Dabei sollte nicht der Eindruck entstehen, dass andere Methoden wie Einzel- und Gruppentherapie ersetzt werden können.

Deutlich werden sollte dagegen, dass dem „Basispersonal", dem allgemeinen Vollzugsdienst, eine entscheidende Rolle dabei zukommt, ob das Milieu einer therapeutischen Abteilung entwicklungsfördernde Bedingungen bietet oder nicht. Wie bei dieser Zielsetzung die Beziehungsangebote gestaltet werden müssen, ergibt sich aus der Betrachtung grundlegender Entwicklungsprozesse, insbesondere der moralischen Entwicklung. Ein ganz wesentliches Ziel in der Behandlung dissozialer Gewalttäter ist die Förderung empathischer Fähigkeiten als Aufbau einer Schranke, die Schädigungen anderer Menschen verhindert oder zumindest erschwert oder begrenzt. Die Behandlungsqualität der Lebenswelt der Gefangenen wird aber letztlich durch alle mitwirkenden Bediensteten bestimmt. Das bedeutet, dass neben fachspezifischen Aufgaben auch eine Teilnahme jedes Teammitglieds an dieser Lebenswelt, am Alltag, an Gemeinschaftsaktivitäten gefordert ist.

Merkmale der Störung dissozialer oder psychopathischer Gewalttäter machen es nötig, dass sich das Behandlungsteam vor emotionalen Verwicklungen und Manipulationen schützt, darum deutliche Grenzen setzt, aber auch ichstützende Strukturen anbietet. Die Arbeit in therapeutischen Teams erzeugt darüber hinaus Belastungen und Gruppenphänomene, die sorgfältig beobachtet und beeinflusst werden müssen. Die Leitung einer therapeutischen Abteilung ist aufgerufen, negative Effekte zu verhindern und dafür zu sorgen, dass die therapeutische Abteilung funktional in das Gesamtsystem eingebunden ist.

Altengamme – something works

von Thomas Wegner

Wer aus der Sozialtherapeutischen Anstalt Hamburg-Altengamme entlassen wird, hat gute Chancen, sein zukünftiges Leben ohne erneute Inhaftierungen gestalten zu können. Zwei Jahre nach der Entlassung sind über 90% der ehemals Inhaftierten nicht erneut in Haft, nach 5 Jahren sind es immerhin noch über 80% (vgl. Rehn, in diesem Band, S. 372f). Freilich muss man diese erfreulichen Prozentsätze zugleich relativieren:

- In den letzten Jahren kommen auf zwei Bewerbungen, die die formalen Aufnahmekriterien erfüllten (s.u.), eine Aufnahme und eine Ablehnung. Unter den Ablehnungen befinden sich viele Bewerber, die über hinreichende soziale Kompetenzen verfügen und sich nur bewerben, weil sie sich eine Verbesserung ihrer vollzuglichen Situation erhoffen. Aber auch hochproblematische Gefangene, bei denen nicht verantwortbar ist, dass sie in den Vollzug der Anstalt aufgenommen werden, müssen abgelehnt werden.
- Gut ein Drittel der aufgenommenen Gefangenen scheitert während des Vollzuges in Altengamme, sie werden in den Regelvollzug zurückverlegt. Die Hauptgründe sind neue Straftaten, Rückfall in den Konsum harter Drogen oder massive Verstöße gegen Regeln während des Freigangs (z.B. alkoholisierte Rückkehren). Manchmal werden die Rückverlegten später erneut aufgenommen. Rückverlegungen auf Wunsch der Gefangenen sind in Altengamme sehr selten.

Trotz der Relativierungen erfreuen die Zahlen zur Legalbewährung, zumal, wenn man bedenkt, dass der durchschnittliche männliche Gefangene, der in Altengamme aufgenommen wird, insgesamt zu rd. 9 Jahren Freiheitsstrafe(en) verurteilt wurde und im Zentralregisterauszug 11 Vorstrafen notiert sind (bei den inhaftierten Frauen halbieren sich diese Zahlen in etwa).

Wenn Besucher oder Fachkollegen fragen, was am Programm der sozialtherapeutischen Arbeit in Altengamme denn nun besonders wirkt, dann muss ich erstmal hilflos mit den Schultern zucken – irgendwas, das Ganze, das gute Klima, die menschlich-professionelle Einstellung der Mitarbeiter, die intensiven Gespräche, irgendwas wirkt. Und man kann noch einen Schritt weitergehen: In einem komplexen System, in dem rd. 110 Menschen vielfältige Kontakte untereinander haben, müsste es überraschen, wenn darunter nicht sogar auch kontraproduktive Dinge ihre Wirkung zeigen.

Eigentlich ist das ein unbefriedigender Zustand, man tut und macht nach bestem Wissen und Gewissen, ohne letztlich wirklich zu wissen, was von dem Angebot hilfreich vom je konkreten Gefangenen für ein straffreies, möglicherweise sogar befriedigendes Leben nach der Entlassung umgesetzt werden kann.

Im Folgenden möchte ich aufzeigen, dass dieser erkenntnistheoretische Mangel an Wissen über das, was wirkt, zugleich eine behandlerische Tugend ist, denn, so meine These, erst die Akzeptanz eines Nichtwissens über das, was wirkt, ermöglicht dem, was wirken könnte, Wirkung.

Diese auf den ersten Blick möglicherweise merkwürdige dialektische Denkfigur hat in der Pädagogik eine lange Tradition, die sich bis zu Sokrates zurückverfolgen lässt. Sokrates wollte gegenüber den Sophisten (den ersten „professionellen", bezahlten Lehrern, die für das Leben nützliche Lehren anboten) eben kein fertiges Wissen vermitteln, sondern den Scheincharakter vermeintlich gesicherten Wissens aufzeigen und mittels der Methode der Mäeutik, einer geistigen „Hebammenkunst", die Schüler zu eigener Erkenntnis führen (vgl. Böhm, 1982). Klassiker der Pädagogik wie Rousseau, Herbart, Schleiermacher u.a. haben zu verschiedenen Zeiten und mit unterschiedlichen Ergebnissen dieses Problem aufgegriffen und eine Tradition der Diskussion des „Theorie-Praxis-Problems" (Benner, 1980) geschaffen. Der Kern dieser Diskussion läuft darauf hinaus, dass der Pädagoge sein Wissen und Können – seine Theorie – nicht einfach umstandslos an die je jüngere Generation weitergeben kann. Das gilt besonders für die Bereiche der religiösen, ethischen und sozialen Erziehung. Hauptaufgabe ist die Aufforderung zur Selbständigkeit, die „Theorie" dient lediglich der Horizonterweiterung des Pädagogen.

Überträgt man diesen Gedanken auf die Arbeit in sozialtherapeutischen Anstalten, kann man die These von deren 'Wirkungen' dahin präzisieren, dass die Arbeit wirken soll, aber nicht in einem platten Sinn wirken wollen darf. Denn, wenn „something" arbeiten soll, kann es nur der Gefangene sein, der, wie auch immer motiviert, Interesse an seinem „So-geworden-sein" entwickelt und zunehmend mehr Verantwortung für sein Verhalten übernimmt. Im Idealfall entlässt man einen selbstbewussten Gefangenen, der zu Recht stolz auf seine Leistungen im privaten und beruflichen Bereich ist, sich aber nur noch flüchtig daran erinnert, wieviel Nerven er die Mitarbeiter gekostet hat. Er hat es geschafft.

In den folgenden Ausführungen frage ich in den Punkten 1. – 3. nach theoretischen Grundlagen der Arbeit in der Sozialtherapie, um dann in den Abschnitten 4 und 5 die konkrete Arbeit in Altengamme vorzustellen. In einem kurzen Fazit möchte ich die vorgestellten Gedanken in die aktuelle Problemlage sozialtherapeutischer Einrichtungen einordnen.

1. Sozialtherapie – Praxis ohne Theorie?

Der kleinste gemeinsame Nenner, unter dem, was sich als ‚Sozialtherapie im Strafvollzug' bezeichnet, ist das Schild an der Tür. Danach wird es schwierig: Anstalten und Abteilungen, unterschiedliche Gemäuer, sich gegenseitig ausschließende Therapiekonzepte, bis hin zur konkreten Ausstattung mit Personal- und Sachmitteln können staunen lassen – all das nennt sich Sozialtherapie!

Diese Vielfalt ist nur verstehbar, wenn man sich die geschichtlichen Hintergründe der Entstehung der Sozialtherapeutischen Einrichtungen vergegenwärtigt. Ursprünglich war die Sozialtherapie in der Hauptsache als Maßregel (nach § 65 StGB) konzipiert worden, trat so aber nie in Kraft. Statt dessen blieb es allein bei der schwach ausgestalteten Lösung nach § 9 StVollzG (vgl. Specht, 1993; Rehn, S. 26ff, in diesem Band). Auch wenn dafür wohl hauptsächlich finanzielle Erwägungen der Bundesländer eine Rolle spielten, darf die vorangegangene Diskussion um Behandlung im Strafvollzug in Hinblick auf die jeweilige Ausgestaltung konkreter Sozialtherapie nicht vergessen werden. Wissenschaftstheoretischen Hintergrund bildeten die damaligen Auseinandersetzungen zwischen ätiologischen und interaktiven Theorien zur Genese von Devianz und die je unterschiedlichen Konsequenzen des behandlerischen Umgangs (vgl. Plewig & Wegner, 1984).

„Gewonnen", wenn man so will, haben die interaktionistischen Überlegungen, die dann deutlich z. B. Eingang in den Kommentar von Calliess & Müller-Dietz (2000) zum Strafvollzugsgesetz oder in Lehrbücher zum Strafvollzug (z.B. Kaiser, Kerner, Schöch, 1992) gefunden haben. „Ursachen des abweichenden Verhaltens sind nicht so sehr an der Pathologie des Einzelnen, sondern vor allem in der gestörten Interaktion und Kommunikation von Gruppen zu suchen .... damit können die festgestellten Defizite nicht als individuelle Krankheit oder Böswilligkeit verstanden werden... daraus folgt für die Art der Therapie, dass diese in erster Linie in Form der Gruppentherapie... durchzuführen ist" (Calliess & Müller-Dietz zu § 9, Rz. 7 bis 9).

Kerner nennt als theoretische Gemeinsamkeit das Abrücken von der „Fixierung auf die Persönlichkeit eines als isolierbar von der Umwelt betrachteten Individuums" und die Hinwendung zur „Hilfe zur selbstbestimmten Änderung des eigenen Lebenskonzepts" (in Kaiser u.a., 1992, S. 509). Dazu gehört unabdingbar die Einbeziehung der engeren Umwelt und der gesellschaftlichen Gesamtsituation, um die aktuelle Ausprägung abweichender Verhaltenseigentümlichkeiten zu verstehen (s. auch Rehn, 2000, vor § 123 StVollzG, Rz. 2, 9f).

Das Behandlungsziel sozialtherapeutischer Anstalten unterscheidet sich dabei nicht vom allgemeinen Vollzugsziel, wonach Gefangene zu einem zukünftigen Leben in sozialer Verantwortung ohne Straftaten befähigt werden sollen. Der Unterschied zum Regelvollzug besteht lediglich in der größeren Intensität der resozialisierenden Behandlung.

Eckpunkte einer Theorie sozialtherapeutischer Arbeit im Strafvollzug sind mithin die Abkehr vom stigmatisierenden „medizinischen" Modell von Persönlichkeitsstörungen hin zu einem normalisierten sozialen Miteinander in den Anstalten und eben einer größeren Intensität der Behandlung, die äußerlich an einer besseren Ausstattung mit Fachpersonal abzulesen ist. Im Sinne einer integrativen Sozialtherapie sind Arbeit, Lockerungen und Freigang ebenfalls essentielle Bestandteile dieser Vollzugsform. Wie dann aber auf diesen Eckpfeilern konkret aufgebaut wird, ist zumindest auf den ersten Blick offenbar beliebig. Wer nimmt für wie lange welche Täter nach welchen Kriterien auf? Wie fügt sich Psychotherapie welcher Art in die Gesamtarbeit ein? Welches Ausmaß an vollzuglicher Kontrolle und Disziplinierung ist nötig? Welche Rolle spielt der AVD? Wann wird mit Lockerungen, Freigang begonnen? usw.

Es scheint so viele Lösungen wie Einrichtungen zu geben, und oft kann man vermuten, dass dabei mehr Zufälligkeiten wie Gebäude, Anstaltsleitungen und Aufsichtsbehörden eine Rolle gespielt haben als systematisch begründete Konzepte (zur Vielfalt vgl. Egg, 1993a). Positiv kann man das als flexiblen Methodenpluralismus auslegen, negativ als horizontlosen Eklektizismus.

Eine „frische Brise" in den Behandlungsgedanken, der eine Zeit lang „gleichsam fernab in ruhigen Gewässern vor sich hin- (dümpelte)" (Lösel, 1993, S. 21) brachten die vor allem von Lösel in die Diskussion gebrachten Evaluationsergebnisse von Meta-Analysen und die daraus destillierten Wirkfaktoren erfolgreicher Behandlung (vgl. Lösel & Bender, 1997; Wischka & Specht sowie Egg et al., in diesem Band).

Bei allem Respekt vor den Hinweisen für eine erfolgreiche Praxis ersetzt der Weg über Meta-Analysen nicht Theorie. Es besteht sogar die Gefahr, dass die auf diesem Weg gewonnenen Ergebnisse gleichsam als evaluierte Rezepte den betroffenen Gefangenen übergestülpt werden. So wie bei dem Witz, bei dem ein Angetrunkener unter der Laterne seinen Schlüssel sucht und auf die Frage, ob er denn sicher sei, dass er ihn auch dort verloren habe, antwortet, nein, aber hier ist Licht. Evaluiertes Licht.

Wie kritische Überlegungen zur behandlerischen Arbeit in Institutionen vielfach belegt haben, gibt es offenbar sowohl ein Zuviel an aus Theorie deduziertem Behandlungswillen, als auch ein Zuwenig an strukturstiftendem Behandlungssetting (vgl. die Arbeit in Bauer & Gröning, 1995). Mit den Stichworten Lebenswelt, Agieren und Sprechen möchte ich im Folgenden an vorliegende Gedanken anknüpfen, um unsere Praxis in Altengamme verständlich zu machen.

2. Lebenswelt und Ethik

Gefängnisse, auch sozialtherapeutische, sind für die Inhaftierten, wenn überhaupt, erst sekundär Orte der Resozialisierung. Primär sind sie notgedrungen die Räume, in denen sie sich oft über viele Jahre mit dem Menschlichen und Allzumenschlichen einrichten müssen. Man richtet sich in einem Alltag ein, dessen tägliche Wiederkehr eine Lebenswelt konstituiert. Dabei verfügt die Anonymität alltäglicher Strukturen über uns, noch bevor wir überhaupt den Versuch machen können, sie uns insgesamt kritisch zu vergegenwärtigen. Das ist – wie uns die Phänomenologen bewiesen haben (Waldenfels, 1985) – eine eigentlich triviale anthropologische Tatsache: Wir alle sind als soziale Frühgeburten in eine Welt entlassen worden, deren beängstigende Netze selbst im gelungensten Lebensverlauf beunruhigen können. Sprache, Familie, Männer, Frauen usw., wer geht unbeschadet in dieses Labyrinth? Und doch ist es menschliches Schicksal, in dieses Labyrinth eintreten zu müssen.

Grob kann man drei Haltungen gegenüber der vorgegebenen Lebenswelt differenzieren: die Isolation, die Partizipation und den Kampf als Unterart der Partizipation. Die

Isolation zeigt sich am deutlichsten in psychischen Erkrankungen, subtiler im Rückzug auf ein Sein z.B. als Priester oder Nonne. Die Partizipation, mehr oder minder gelingend, mündet in die Anerkennung des „mittleren Elends des Erwachsenenalters" (Freud), aktiv und passiv setzt man sich mit der Lebenswelt auseinander. Dabei stehen die Menschen in direkter Ich-Du-Beziehung zueinander und haben einen Fundus habitueller Verbundenheit, bei aller Auseinandersetzung besteht das Gefühl eines „Wir".

Quer zu beiden Dimensionen – Isolation, Partizipation – steht eine Egozentrik des Kampfes, eine negative Partizipation, bei der die im funktionierenden Alltag geltende Regel eines „Sowohl-als-auch" dem Diktat eines „Entweder-oder" weichen muss, um im schlimmsten Fall in der Hegelschen tödlichen Umarmung von Herr und Knecht zu enden – rigide, einengende Vollzugsgestaltungen sind dann nötig, um gefährliche, „unbelehrbare" Gefangene in Schach zu halten, und kein kritischer systemischer Blick wird gestattet, der diese Umarmung lösen könnte.

Genau an diesem Punkt setzen die vielfältigen Überlegungen G. Rehns zur Gestaltung des Vollzuges in der Sozialtherapeutischen Anstalt Altengamme (und darüber hinaus überhaupt der Sozialtherapie) an: Wie kann eine Anstalt unter dem Druck hochkomplexer rechtlicher, sozialer u.a. Faktoren so gestaltet werden, dass in ihr nicht nur Behandlung stattfindet, sondern das System selbst schon „behandlerisch" wirkt. „Die baulich-architektonischen Voraussetzungen, die Anzahl der Fachdienste und das Netz organisierter therapeutischer Maßnahmen sagen allein noch nichts darüber aus, wieweit eine behandlungsorientierte Reform den Alltag der Institution erreicht und dem Modus des Zusammenlebens bzw. -arbeitens von Mitarbeitern und Gefangenen tatsächlich eine humanere Qualität der gegenseitigen (sic! T.W.) Behandlung vermittelt hat" (Rehn & Warning, 1989, S. 225). „Organisierte Behandlungsmaßnahmen bzw. – settings und die subjektive Lebenswelt der Betroffenen dürfen nicht auseinanderfallen" (ebenda). Das Miteinander aller im sozialtherapeutischen Vollzug Tätigen müsse sich auf ein experimentelles Tasten, Suchen, Lernen, Aushandeln, Arrangieren einlassen. Behandlung darf dem Vollzug nicht additiv beigeordnet werden, obschon „der Vollzug als Maßstab der Dinge.. wie Gewichte aus Blei... an jedem neuen Gedanken (hängt)" (ebenda, S. 226). Das Steuerungsmuster des Organisationssystems Sozialtherapie darf nicht zu einer technisch perfektionierten Behandlungsapparatur dehumanisieren, sondern soll sich über einen konsensorientierten Dialog selber hervorbringen – „dabei ist das entscheidende Kriterium, dass sich die Beteiligten in ihrer subjektiven Lebenswelt füreinander präsentieren und sich über gemeinsame Handlungsdefinitionen und Gestaltungsnormen und Ziele kommunikativ verständigen" (ebenda, S. 224).

Lebendig wird die „Lebenswelt" jedoch nur, wenn die Mitarbeiter und nach und nach auch die Gefangenen sich einer Ethik des Diskurses verpflichtet sehen, die „existentielle" Begegnungen (Rehn, 1997) erst ermöglicht. Als konstitutiv für eine solche Ethik beschreiben Rehn & Warning Einstellungen und Verhaltensweisen, die mit Hilfe der Begriffe Komplexität, Akzeptanz, Verantwortlichkeit und Kooperation beschrieben werden können (1989, S. 230):

- Komplexität: So weit wie möglich soll „schädliche Routine" (vgl. auch Rehn, 1993, S. 33ff) vermieden werden. D.h., überindividuelle Regeln sollen minimiert werden, um eine Dichte der anstaltsinternen Kommunikation zu ermöglichen, die die Subjekte, die am Diskurs teilnehmen, erkennbar werden lässt. Das führt zwangsläufig zu Ambivalenzen, Konflikten, kurz: zu mehr Dynamik im Alltag.
- Akzeptanz: Diese „freigesetzte Dynamik" muss gelassen hingenommen und weder vorschnell überflüssiger Reglementierung unterworfen, noch grenzenloser Ausuferung überlassen werden.
- Verantwortlichkeit: Das ist eigentlich das Kernstück jeglicher Ethik, die beständige Reflexion über den Beitrag, den jemand zu ge- und misslingenden Interaktionen geleistet hat. Der ständige, mühsame, konflikthafte Rekurs auf diese Verantwortlichkeit muss Fokus sozialtherapeutischer Arbeit sein.
- Kooperation: Die freigesetzte Dynamik und der damit steigende Druck im Kontakt mit den Gefangenen persönliche Verantwortung zu übernehmen, kann schnell überfordern. Gegenseitige Beratung, Unterstützung, Kritik und externe Supervision müssen durch Konferenzsysteme und informelle Koordinationsmöglichkeiten Teil eines funktionierenden Alltags in einer Anstalt sein.

Vor dem Hintergrund der hier nur verkürzt wiedergegebenen Ausführungen formulieren Rehn & Warning dann „Maßstäbe", an denen die „Reife" einer sozialtherapeutischen Institution gemessen werden kann:

- „Erster Maßstab ist, ob Bereitschaft besteht, die institutionellen Bedingungen immer wieder in Frage zu stellen und auf Änderungen zugunsten individueller Spielräume zu sinnen, ob und wie lange – andersherum – die aus individuumbezogener Komplexität resultierende Ambivalenz, Offenheit und Diffusität ausgehalten wird.
- Zweiter Maßstab ist, ob und wie lange den Versuchungen der Macht widerstanden wird, ob verhindert werden kann, dass Gefangene - mehr als durch den Freiheitsentzug zwingend geboten - Objekte vollzuglichen Handelns sind und bleiben.
- Dritter Maßstab ist, ob es den Mitarbeitern gelingt, den aus unausweichlich auftretenden Enttäuschungen resultierenden Gefühlen des Zweifels und der Resignation zu entgehen und Verhärtungen bei sich zu vermeiden.
- Vierter Maßstab ist, ob und wie lange hinlänglich Stärke vorhanden ist, um gegenüber Gefangenen und untereinander unverantwortliches oder sonst problematisches Verhalten möglichst direkt anzusprechen, ob Konfliktbereitschaft und Konfliktfähigkeit bewahrt werden können.
- Schließlich ist Maßstab für die Reife einer Institution die Fähigkeit und die Bereitschaft zur Kooperation, dies unter anderem vor dem Hintergrund des bei zunehmender Komplexität des Handlungsfeldes auch zunehmenden Konfliktpotentials und der immerwährenden Diskrepanz zwischen den Zielen und der Wirklichkeit" (ebenda, S. 230).

Wenn man nicht um die Realität des Strafvollzuges insgesamt wüsste, sollte man meinen, dass mit den obigen Ausführungen zur Lebenswelt eigentlich nur der § 3 StVollzG mit Leben gefüllt wird. Diese Vorschrift enthält Mindestgrundsätze („minima moralia") zur Gestaltung des Vollzuges, die menschenwürdige Lebensverhältnisse voraussetzt und fordert, „ in der Art des Strafvollzuges soll keine über den Freiheitsentzug hinausgehende Übelzufügung liegen" (Calliess & Müller-Dietz, 1994, S. 57).

Was Rehn & Warning in ihrem richtungsweisenden Beitrag formulieren konnten, ist erst der Boden, das „Fundament" (Rehn, 1997), auf dem sich professionelle Arbeit entfalten kann.

Dieser Hinweis darauf, dass die „Lebenswelt" erst Fundament erfolgreicher Arbeit ist, scheint mir wichtig. Leicht könnte man nämlich die inhaltliche Leere, den Mangel an Strukturiertheit des Begriffs „Lebenswelt" sonst als unverbindliches milieutherapeutisches Konzept mißverstehen und kritisieren. Auch die Tatsache, dass Sozialtherapie zum Strafvollzug gehört, scheint nicht ausreichend gewürdigt. Der Fakt der Freiheitsstrafe und die Einweisung in Anstalten des Strafvollzuges bilden aber als Zwangsmaßnahmen die Voraussetzung der Begegnung der Menschen auch im System Sozialtherapie, freiwillig würden die sich dort treffenden Menschen kaum kennenlernen.

3. Vom Agieren zum Sprechen

In ihren Ausführungen zur „Lebenswelt" haben Rehn & Warning leicht überlesbar formuliert, dass es in einer lebendigen Sozialtherapie eine *gegenseitige* Behandlung gebe (s.o.). Wie die folgende kleine Matrix verdeutlichen soll, kann man sich vereinfachend vier „Behandlungskonstellationen" vorstellen:

(1) Mitarbeiter behandeln Gefangene
(2) Gefangene behandeln Gefangene
(3) Mitarbeiter behandeln Mitarbeiter
(4) Gefangene behandeln Mitarbeiter

Dabei sind die vor dem Verb „behandeln" genannten Personengruppen „aktiv" die dahinter stehenden Gruppen „passiv". Das etymologische Wörterbuch leitet das Wort „Behandlung" von „handeln" her: „bearbeiten, verrichten, vollbringen, tun, mit etwas verfahren" (Duden 7, S. 248).

Lerntheoretisch kann man mit Piaget (vgl. Oerter & Montada, 1982) von Prozessen der Assimilation und Akkomodation sprechen. Bei der Assimilation wird das (zu behandelnde) Objekt einer vorhandenen kognitv-emotionalen Struktur einverleibt. So wie ein kleines Kind, das Hunde kennt, zum Schaf „Hund" sagt, mögen Therapeuten zum neuen Gefangenen „Borderliner" sagen und Gefangene zu AVD-Mitarbeitern „Schließer" und zu Sozialpädagogen „Sozialfuzzies". Assimilation heißt, dass man innerpsychisch aktiv die Außenwelt, die je Anderen, in vorhandene Schemata einverleibt. Bei der Akkomodation werden die je vorhandenen geistigen Schemata durch den Eindruck und Widerstand der Realität geändert, man passt sich an, lernt. Beide Aspekte - und das ist entscheidend - sind gleichzeitig an Erkenntnisprozessen beteiligt und streben ein

Gleichgewicht an. Das sind lerntheoretische Binsenwahrheiten, deswegen aber auch gut geeignet, differenzierteren Überlegungen soliden Boden zu geben.

Um die im Alltag der Lebenswelt Sozialtherapie sich ständig bewegenden und verschränkenden Anpassungs- und Abwehrprozesse besser ordnen zu können, bietet sich nach den obigen Überlegungen zur Assimilation (aktiv) und Akkomodation (passiv) folgendes Schema an:

aktiv

	M	G
G	1	2
M	3	4

passiv

Die Ziffern 1-4 bezeichnen typische Diskurse der Menschen – Gefangene und Mitarbeiter – in der Institution. Dabei ist ein Diskurs nicht einfach die Summe dessen, was gesprochen wird. Der Term „Diskurs" kommt vom lateinischen „discurrere", was „herumlaufen" heißt. Ein Diskurs läuft, angetrieben wird er von einer Frage, deren Antwort er sucht. Ihr Finden wäre gleichbedeutend mit dem Finden der Wahrheit (Widmer, 1990, S. 129). Es geht innerhalb einer Struktur (einer Institution) um die Position der jeweiligen Subjekte in ihren Beziehungen zum Symbolischen (zur Sprache) und zum (verlorenen) Objekt. Wenn man das oben genannte Beispiel nimmt - Gefangener nennt den Sozialpädagogen „Sozialfuzzi", der Sozialpädagoge bezeichnet den Gefangenen (unausgesprochen) als Borderliner - mag man ahnen, welche Ängste, Vorurteile u.a. diskursiv zu bearbeiten sind, um eine gelingende Kommunikation zu ermöglichen.

Zu den Diskursen:

- *Diskurs 1:* Das ist die Behandlung nach dem klassischen „medizinischen" Modell. Die Gefangenen sind das Objekt der behandlerischen und vollzuglichen Aktivitäten der Mitarbeiter. Die Passivität macht für die Gefangenen jedoch nur Sinn, wenn die Aktivitäten der Mitarbeiter von ihrer Denk- und Gefühlswelt akkomodiert werden können. Ist das nicht der Fall, perlen bestenfalls die Bemühungen ab oder der Diskurs wird gewechselt, z.B. nach
- *Diskurs 4:* Mit störenden, aggressiven, ausweichenden, gleichgültigen Verhaltensweisen u.a. kann der Gefangene Mitarbeiter dazu zwingen, sich in Konferenzen, in den Büros endlos mit ihm zu beschäftigen. Typisches Beispiel ist die Fähigkeit vieler Gefangener, die Gruppe der Mitarbeiter in verstehende und sanktionierende zu spalten (vgl. Lohse, 1993). Auch wenn das Debattieren nach Aktivität aussieht, letztlich ist es passive Reaktion. Durch besondere Regelverstöße können Gefangene die Mitarbeiter auch dehumanisieren, indem sie sie - z.B. bei einer Rückverlegung - zwingen, nur Rollenträger ohne individuellen Spielraum zu sein.

- *Diskurs 2:* Das ist das Leben in der „Subkultur" der Gefangenen. Als Grenzfall kann man sich vorstellen, dass Formen und Inhalte dieses Diskurses nichts mit den anderen Diskursen zu tun haben, das wäre eine nicht funktionierende Lebenswelt Sozialtherapie, es gäbe zwei Welten, wobei man freilich nicht unterstellen sollte, dass der Diskurs der Subkultur der Gefangenen im Sinne des Vollzugsziels nur negative Aspekte zeitigt. Je mehr jedoch an Formen und Inhalten der anderen Diskurse in diesen Diskurs eindringen, desto lebendiger und förderlicher ist das Klima einer Anstalt, man spricht mit- und übereinander.
- *Diskurs 3:* Die „Subkultur" der Mitarbeiter teilt sich in formal geregelte Kontakte wie z.B. das Konferenzsystem oder vorgeschriebene Melde- und Berichtswege und informelle Kontakte, die nicht selten auf der Ebene des konkreten Verhaltens die offiziellen Beschlüsse konterkarieren. Wie bei der Subkultur der Gefangenen gilt auch hier, je mehr hierarchische und formelle Regeln zugunsten eines offenen Austausches weichen, desto fruchtbarer und lebendiger sind die Resultate.

Alle vier Diskurse „kreisen" ständig in der Anstalt. In der Praxis verliert man dabei oft die Übersicht über aktives oder passives Verhalten von Mitarbeitern und Gefangenen, es wuselt. Manchmal erinnert es an Raufereien auf einem Schulhof – wenn man fragt, wer angefangen hat, war es immer der andere.

Ein Beispiel: Ende Januar 2000 haben wir 11 männliche und eine weibliche Gefangene aufgenommen. Diese Gruppe absolviert obligatorisch ein siebenmonatiges Trainingsprogramm (s.u.). Nach einer Einführungswoche gehen die Inhaftierten für 2 Tage pro Woche in eine unserer Werkstätten, an drei Tagen absolvieren sie „Theorie". Der 34-jährige Herr K. kommt auf eigenen Wunsch in die Metallwerkstatt. Er verbüßt eine 6-jährige Freiheitsstrafe wegen räuberischer Erpressung, hat als Jungerwachsener bereits eine mehrjährige Freiheitsstrafe einschlägig hinter sich gebracht. Immerhin hat er 11 Jahre ohne erneute Inhaftierung in der Türsteherszene von Discos gearbeitet. So tritt er auch auf: Breit, groß, herrisch, egozentrisch. In der Metallwerkstatt bastelt er mit Einwilligung des Werkbeamten eine für Laien erstaunlich echt wirkende Bombenattrappe aus Altteilen. Zur gleichen Zeit revidieren die von einer noch relativ jungen Frau geleiteten Mitarbeiter den Haftraum und konfiszieren mit Alkohol gefüllte Pralinen, die durch den Besuch eingebracht wurden. Herr K. hat erkennbar keine Alkoholprobleme. Über die Haftraumrevision ist Herr K. ob dieses Eingriffes in seine Intimsphäre überaus erbost, die Konfiszion der Pralinen ist ihm Beweis für das kleinkarierte Verhalten der Beamten. Die Wohngruppenleiterin empfindet Herrn K's Verhalten ihr gegenüber als aggressiv und bedrohlich. Anlässlich eines Geburtstages eines Mitarbeiters einer anderen Wohngruppe treffen sich alle Wohngruppenmitarbeiter. Als ich dazu kam, um auch ein Stück Kuchen zu essen, ging es schon hoch her. Die Wohngruppenleiterin hatte die Bombenattrappe gesehen, sie wagte angesichts des bedrohlichen Verhaltens des Herrn K. nunmehr nicht, dieses Teil auch noch zu konfiszieren. Ein Kollege gab zu bedenken, ob man denn sicher sei, dass das Ding nicht echt sei, er schlug vor, das LKA einzuschalten. Um Luft aus der Sache zu nehmen, bat ich Herrn K. zum Gespräch. Er war lammfromm, es war mit ihm über seine rechtsradikalen Gedanken ebenso zu reden wie über die „Bombe" – sind Sie selbst eine Bombe? Er lieferte dann die „Bombe" bei mir ab, sie „ziert" bis jetzt meinen Schreibtisch, was wiederum den Kollegen, der das LKA einschalten wollte, zu dem Vorwurf ermunterte, dass ich das aggressive Gehabe des Herrn K. goutiere, die Ängste der Kollegin nicht ernst nähme, was mich wiederum zu der Erwiderung ermunterte, ob die Bombe vielleicht bei mir vorerst „entschärft" wäre, vielleicht sogar so etwas wie ein Arbeitsbündnis definiere. Die Geschichte lief auf unaufgeregterem Niveau noch weiter, als nächstes baute Herr K. eine Rakete, wiederum mit Erlaubnis des Werkbeamten, der die ganze Aufregung sowieso nicht verstand.

Wie immer man auch diese nicht alltägliche Episode bewerten mag, deutlich wird, dass Diskurse losgetreten werden und „laufen". Aus psychotherapeutischer Perspektive ist ein Prozess in Gang gekommen, bei dem sich kaum noch auseinander legen lässt, was Übertragung und was Gegenübertragung ist. Unklar bleibt auch, ob es bei der Diskussion um die „Bombe" überhaupt ein Feld von Intersubjektivität zwischen den Beteiligten gibt und ob nicht zu viele Fragen zu ganz wichtigen Themen wie Angst, Autorität, Macht, ohne schnelle Antwort bleiben. Genau diese Unsicherheit eröffnet jedoch einen intermediären Bereich, in dem innere Impulse in einen Austausch mit der äußeren Welt eintreten können (vgl. Winnicott, 1973). Vollzuglich wäre es kein Problem gewesen, den Haftraum umzukrempeln und zu konfiszieren, was konfiszierungswürdig erscheint. Die Wohngruppenleiterin hätte auch wegschauen können, ihre Stärke war, dass sie den Mut hatte, ihre ambivalenten Gefühle zu zeigen.

Thomä hat jüngst überzeugend dargelegt, dass erst das Zulassen von intersubjektiver Ungewissheit, die „Bifokalität der Übertragung" (1999, S. 820ff), das Salz in der Suppe jeglicher Psychotherapie sei. Die Reflexion über die Dynamik der gegenseitigen Einflussnahme bildet die professionelle Basis therapeutischen Handelns. Diese Basis kann jedoch nur erreicht werden, ich erinnere an die Ausgangsüberlegungen zum „Wirken", wenn man nicht vorschnell die Dynamik einer Lebenswelt einem wirken wollenden Behandlungswillen unterwirft.

Freilich kann das nun aber nicht meinen, dass das Zulassen von Psychodynamik Selbstzweck sei. Die freigelassene oder durch das Programm in Altengamme oft auch losgetretene Dynamik muss einem Ziel folgen. Dem Strafvollzugsgesetz zufolge, ist das ein sozial verantwortliches Leben ohne erneute Straftaten. Auf dem Weg dorthin imponieren mir Jonathan Lears Überlegungen über das Scheitern des Sokrates und den Ort der vernünftigen Rede: der Polis (vergl. im folgendem Lear, 1999, S. 1071 ff). Sokrates scheitert bekanntlich mit seiner Methode, weil er – so Lear – die Widerstände und Übertragungen der Bürger der Polis unterschätzte. Seine Methode war zu subversiv, sie drohte das geregelte Kommunikationssystem im antiken Athen zu unterlaufen.

Sokrates ging von der Voraussetzung aus, dass jede Psyche danach suche, eine sinnvolle Welt zu schaffen, in der man leben kann. Dabei entstehen „ideosynkratische", d.h. selbstgeschaffene Weltentwürfe, die, um es modern auszudrücken, nicht oder nur teilweise kompatibel mit allgemein geteilten Sinnzusammenhängen sind. Das bis heute faszinierende an der Methode des Sokrates war nun, dass er nicht wie allgemein sozial erwartet und gewünscht, das je gängige „Vernünftige" als das Bessere gegen die ideosynkratischen Weltentwürfe seinen Schülern aufoktroyiert hatte, sondern diese Weltentwürfe auf ihre Kohärens und innere Logik befragt hat. Dabei kam so etwas heraus wie „Kinder- (im Fall Sokrates: Jugend-) Mund, tut Wahrheit kund"; man gab ihm den Schierlingsbecher.

Die Missachtung und Unterdrückung der je ideosynkratischen Weltentwürfe und der erzieherische und kulturelle Zwang, sich gängigen gesellschaftlichen Verkehrsformen zu unterwerfen, führen jedoch nicht zur Aufgabe einer psychisch imaginierten Eigenwelt, einer „Idiopolis", sie wird bloß geheim oder unbewusst, das ist die Entdeckung Freuds. Selbst wenn Menschen scheinbar funktionierend miteinander umgehen, können dahinter ideosynkratische Welten liegen, die auch für die Subjekte von einer intersubjektiven Fragestellung abgeschnitten sind. Die in der Lebenswelt Sozialtherapie auftauchenden Konflikte und Reibungen sind wertvolle Störungen, an ihnen kristallisiert sich ein möglicher Übergang von einsamer „Idiopolis" innerhalb des Subjekts hin zu einer intersubjektiv geteilten Welt - der Polis, als dem Ort der vernünftigen Rede. Es kann ein Übergang vom Agieren zum Sprechen stattfinden.

4. Die Regelung des Freiheitsentzuges in Altengamme

Neben all den behandlerischen Bemühungen darf nicht vergessen werden, dass sozialtherapeutische Einrichtungen auch Justizvollzugsanstalten sind und schlicht Freiheitsstrafen vollziehen. Wenn man das vergisst, könnte rasch Schluss mit dem Ringen um den rechten Weg zur Polis sein. Wir unterliegen ebenso den Regelungen des Strafvollzugsgesetzes wie auch dem inoffiziellen Gebot, dass es da durchaus Spielräume des Verhaltens gibt, so lange nichts Öffentlichkeitswirksames passiert.

Als ich 1988 als Psychologe in Altengamme anfing, fiel es mir nicht ganz leicht, meine eingebildete berufliche Identität als „Helfer" mit der gleichzeitigen bezahlten Zugehörigkeit zum „Repressionssystem" Strafvollzug zu vereinbaren. Ich fürchte auch, dass ich aus diesem inneren Selbstzweifel hie und da, unbewusst oder auch „klammheimlich", Koalitionen mit Gefangenen gegen das System eingegangen bin. Das muss einer gedeihlichen Entwicklung der Therapie nicht in jedem Fall hinderlich gewesen sein. Ein Kategorienfehler war es allemal, weil nicht hinreichend bedacht wurde, dass z.B. die gemeinsame Bewertung einer Vollzugsentscheidung als „kleinlich" zwar im Phänomen zusammentreffen kann, selten aber in der motivationalen Basis zusammentrifft. Nach und nach habe ich gelernt, dass sich hinter der Wut und der Enttäuschung der Gefangenen gegen das System – „und das nennt sich Sozialtherapie!" – die ganze Welt archaischer Objektbeziehungen zwischen Ohn- und Allmacht verbirgt, die behutsam aus ihrer Isolation zu holen genuine psychotherapeutische Arbeit ist.

Eine solche Haltung gelingt natürlich leichter, wenn man sich als Therapeut völlig abstinent gegenüber dem Vollzug definieren kann, aber das wäre Vollzug ohne Einbezug von Psychotherapie. In Altengamme hat sich über die Jahre hinweg eher unmerklich ein anderes Setting durchgesetzt. Nicht irgendwelche Abstinenzregeln von Berufsgruppen – und da muss man gar nicht nur an Psychotherapeuten denken, auch Vollzugshardliner sind abstinent! - stecken den Rahmen ab, sondern die brutale Tatsache der Freiheitsstrafe selbst definiert Anfang und Ende des Miteinanders. Diese (oft erst herzustellende) Fokussierung auf den Grund der zeitlich begrenzten Lebenswelt Sozialtherapie - nämlich verurteilte Straftaten - steuert dann auch den Kommunikationsrahmen. Die Zeit der Verbüßung der Freiheitsstrafe ist der konstante Rahmen, vor dem sich die Dynamik der Lebenswelt Altengamme erst entfalten kann. Eine Bedingung hierfür ist seine Kalkulierbarkeit im zeitlichen Ablauf.

In Altengamme werden seit Oktober 1984 vierteljährlich Gruppen von ca. 8-12 männlichen und weiblichen Strafgefangenen aufgenommen, die noch mindestens 18 Monate, höchstens 30 Monate bis zu ihrer voraussichtlichen Entlassung zu verbüßen haben. In einer Einführungswoche werden die gegenseitigen Erwartungen erörtert, schriftliche Vereinbarungen über Regeln und Pflichten unterschrieben. Dabei werden den Gefangenen folgende vollzuglichen Zusagen gemacht:

- Selbständige Lockerungen erfolgen nach Ablauf von 3 Monaten (kommen die Gefangenen mit Lockerungen, beträgt die Frist 1 Monat, bei besonders problematischen Gefangenen wird schon vor Aufnahme eine Frist bis zu 6 Monaten vereinbart).
- Nach beanstandungsfreien Lockerungen erhalten die Gefangenen nach zwei Monaten einen zusätzlichen „Sozialtag" mit 12 Stunden Ausgang, nach fünf Monaten einen zweiten „Sozialtag" neben der Urlaubsregelung.
- Freigang (Arbeit, Ausbildung) ist nach Absolvierung der 7- monatigen ‚Trainingsphase' (s. ausführlich unten) möglich und ist an akzeptable Mitarbeit gebunden.
- Lockerungsgeeignete Gefangene können das Anrecht auf weitere Ausgänge erwerben, wenn sie bereit sind, an Wochenenden z.B. in Schulen, Kindergärten u.a. im Rahmen eines anstaltsübergreifenden Projektes zur „gemeinnützigen Arbeit" in Hamburg zu arbeiten. Gemeinnützige Arbeit wird in Altengamme im Verhältnis 1:1 gegen Lockerungen getauscht.
- Nach zwei Monaten Arbeit im Freigang erfolgt die Zulassung zum „langen Abend", d.h. die Gefangenen können nach der Arbeit bis 22.00 Uhr außerhalb der Anstalt bleiben.
- Vom Vollzugsende her gedacht, wird regelmäßig 9 Monate vor der Entlassung Übergangsvollzug nach § 15 Abs. 4 StVollzG gewährt, d.h. neben dem Regelurlaub werden pro Monat 6 Tage Zusatzurlaub gewährt, und ebenfalls regelmäßig erfolgt eine Dauerbeurlaubung nach § 124 StVollzG bis zu 6 Monaten vor der Entlassung, d.h. die Gefangenen arbeiten und wohnen außerhalb der Anstalt und kommen mindestens einmal pro Woche in die Anstalt, um ihre vollzuglichen und finanziellen Angelegenheiten zu regeln und um ihre Einzeltherapien wahrzunehmen.

Diese vollzuglichen Fortschritte können Gefangene *unabhängig* von der sich in der Lebenswelt Altengamme entfaltenden psychodynamischen Problematik sicher erwarten, es sei denn, sie verstoßen gegen definierte Regeln, z.B. verspätete, alkoholisierte Rückkehren, Konsum von Drogen etc. Dieser stabilen Vollzugsplanung können viele der neu aufgenommenen Gefangenen oft nicht trauen, sie projizieren dann trotz der Auskünfte der älteren Insassen ihre Ängste und Aggressionen auf das System – das dann jedoch gelassen reagiert. Hinzu kommt, dass wir neuerdings in der Trainingsphase nicht nur die Straftaten in den Gruppen offen legen, sondern sehr differenziert die jeweiligen lebensgeschichtlichen Hintergründe mit den Gefangenen besprechen, so dass bei vollzuglichem Versagen ein realitätsfernes Agieren unter den Mitgefangenen gegen das „System" schwierig wird.

Einfach ausgedrückt, gestaltet sich das vollzugliche Geschehen eher behavioristisch, korrektem Verhalten folgen antizipierbare vollzugliche Fortschritte. Die vollzuglichen Reaktionen auf Regelverstöße sind weitgehend Einzelfallentscheidungen und reichen von Ermahnungen, Reduzierungen des Lockerungsrahmens bis hin zu Rückverlegungen. Dabei bemühen wir uns, das Instrument der Rückverlegung so restriktiv wie noch vertretbar anzuwenden. Hauptgründe für Rückverlegungen sind Rückfälle in den Konsum harter Drogen und erneute Straftaten, wobei wir in den letzten 5 Jahren das Glück (?) hatten, dass es „nur" zu zwei ernsteren Straftaten gegen Leib und Leben anderer während der Lockerungen kam. Dieser schlichte behaviorale Vollzug steckt gleichsam den äußeren Rahmen ab, der nach Innen einem tieferen psychodynamischen Verständnis Platz schafft.

5. Behandlungsangebote

Nach den bisherigen Ausführungen kann der Eindruck entstehen, dass bei der internen Arbeit in Altengamme so irgendwie auf die Entfaltung der jeweiligen Psychodynamiken gewartet wird, auf die sich dann die Mitarbeiter stürzen. Das kann passieren, ist i.d.R. jedoch die Ausnahme. In der Alltagspraxis ist es eher umgekehrt. Durch das Zusammenleben auf den Wohngruppen und vor allem durch eine 7-monatige „Trainingsphase", die der Möglichkeit zum Freigang obligatorisch vorangeht, erfahren viele Denk- und Verhaltensgewohnheiten der Gefangenen erhebliche Verunsicherungen.

Bevor ich genauer darauf eingehe, sollen zumindest einige charakteristische Phänomene des Vollzuges in Altengamme geschildert werden, weil erst vor dem Kontext eines „Ganzen" spezifische Behandlungsangebote verständlich werden:

- *Baulichkeiten:* Die Anlage war ursprünglich für die geschlossene Unterbringung von Jugendlichen gedacht, ehe dieses Konzept politisch obsolet wurde. Nach innen wirkt sie mit der Gartenanlage, Turnhalle, kleinem Fußballplatz, Tennisplatz, Grillplatz u.a. eher wie eine schlecht gebaute Ferienanlage. Wenn man die Gebäude als geronnene Interaktionsstrukturen etwa mit den Bedingungen des geschlossenen Vollzuges vergleicht, „atmet" Altengamme „Freiheit" und „Ruhe". Das bestätigen alle neu aufgenommenen Gefangenen.
- *Wohngruppe:* Die Anstalt hat insgesamt 60 Einzelhaftplätze, die sich auf 5 Wohngruppen mit je 12 Personen verteilen. Eine Wohngruppe nimmt 6 Frauen auf. Die Wohngruppen werden von einem/einer Sozialpädagogen/in und einem/einer AVD-Mitarbeiter/in im Tagesdienst geleitet, so dass die Wohngruppen täglich von 8.00 –

20.00 Uhr besetzt sind. Die Wohngruppen werden morgens ab 5.00 Uhr aufgeschlossen, abends um 22.00 Uhr zugeschlossen. Die Hafträume werden nicht verschlossen, die Inhaftierten haben eigene Schlüssel. Die neu aufgenommenen Gefangenen werden je nach freien Haftplätzen auf die Wohngruppen verteilt, so dass jede Wohngruppe ein bunter Haufen von Gefangenen ohne Lockerungen, mit Lockerungen und Freigängern ist, was die Vielfalt der Kommunikationsinhalte anregt, aber, etwa in der Frage des nächtlichen Lärms, immer auch wieder Konflikte produziert. Es gibt keine Kalfaktoren und auch die Reinigungsarbeiten werden nicht von den Bediensteten eingeteilt. Regelmäßig finden Wohngruppensitzungen und gemeinsame Aktivitäten (Kanufahren, Kegeln, Grill-Feste, Weihnachtsessen u.a. statt). Rehn hat die Bedeutung der Wohngruppenarbeit (1996) ausführlich als wesentlichen Bestandteil sozialtherapeutischer Arbeit in Altengamme gewürdigt, deshalb mag es hier bei der groben Schilderung bleiben.

- *Besuche:* An drei Tagen in der Woche (Mi, Sa, So.) können die Inhaftierten insgesamt für rd. 11 Stunden Besuch erhalten. Wenn die Wohngruppenleitungen in einem Erstgespräch die Besucher kennen gelernt haben, was einen ersten Eindruck vom näheren sozialen Bekanntenkreis des Gefangenen ermöglicht, kann der Besuch auf der Wohngruppe bzw. auf dem Haftraum empfangen werden.
- *Freizeitaktivitäten:* Vor allem die Mitarbeiter des AVD bieten im Rahmen ihrer Dienstzeit vielfältige Möglichkeiten der Freizeitgestaltung an: Schwimmen, Töpfern, Foto, Radfahren, Laufen u.a., wobei all diese Aktivitäten auch spontan möglich sind.

Die Beschreibung der konkreten Ausgestaltung des Vollzuges in Altengamme ließe sich noch weiter präzisieren und würde Kritiker sicherlich einladen, von einem „Hotel- oder Salon-Vollzug" zu reden. Bloß, wenn man Psychen dazu ermuntern will, eine neue, als sinnhaft empfundene Welt zu erschaffen, in der man leben kann (Lear s.o.), muss der Empfangsraum für die vielfach verstörten Seelen der Gefangenen eben fair und freundlich sein – sonst tut sich gar nichts. Der für die Verhältnisse im Vollzug großzügigen Offenheit muss angesichts der oft massiven Störungsbilder der Gefangenen jedoch auch ein strukturierendes Gewicht entgegengesetzt werden, das ermöglicht, Agieren in Sprechen überzuführen. Neben der Wohngruppenarbeit sind diese Orte der Transformation vor allem die „Trainingsphase" und die Einzelgespräche.

5.1 Trainingsphase

Ganz im Sinne des oben skizzierten Verständnisses von Lebenswelt und Alltag verändern sich auch undramatisch ständig Regeln und Programme in Altengamme, so auch das ‚Trainingsprogramm'. Die sogenannte ‚Trainingsphase' gab es von Anfang an in Altengamme. Die neu aufgenommenen Gruppen von Gefangenen mussten sich obligatorisch mindestens 3 Monate einem sozialen Training unterziehen.

Obwohl es interessant wäre, sich all die Veränderungen kritisch zu vergegenwärtigen, schildere ich hier nur kurz das aktuelle Programm. Nach der Einführungswoche für die je neu aufgenommene Gruppe geht es so weiter:

Übersicht 1: Trainingsphase im 1. Quartal

61. Trainingsphasengruppe – Stufe I				
Montag	Dienstag	Mittwoch	Donnerstag	Freitag
		08.00 – 08.45	08.00 – 09.45	08.00 – 09.45
Werkstatt (plus theoretische Einzelförderung)	Werkstatt (plus theoretische Einzelförderung)	Gemeinschaftsarbeit	EDV Elementarunterricht	Praktische Alltagsfragen
		09.00 – 12.00	Therapeutisches Malen	
		Kochen	10.15 – 12.00	10.15 – 12.00
		Garten		
		Musik	Abweichendes Verhalten	Ethik
Mittag	Mittag	Mittag	Mittag	Mittag
		12.45 – 14.15	12.45 – 14.15	12.45 – 14.15
Werkstatt (plus theoretische Einzelförderung)	Werkstatt (plus theoretische Einzelförderung)	Gruppe	Gruppe	Wochenausklang
		14.30 – 16.15	14.30 – 16.15	
		Foto	Tatgeschehen	
		Ton	Zeitgeschehen	
		Projekt		

Zusätzlich: Stoffkunde, Sucht und Abhängigkeit sowie Täter-Opfer- Ausgleich, je 3 Doppelstunden.

In der Einführungswoche wird mit den neu aufgenommenen Gefangenen neben ihren therapeutischen Zielen auch ausführlich nach Testung ihrer kognitiven Fähigkeiten erörtert, welche beruflichen Perspektiven angestrebt werden. Je nach Zielen werden sie unseren Betrieben - Haushandwerk, Metall, Tischlerei, Malerei, Garten, Kantine – zugewiesen. Wenn spätere Aus- und Fortbildungen vorgesehen sind, werden individuelle Förderungen im Bereich der Allgemeinbildung (Mathematik, Deutsch) und der EDV verabredet. Wichtig für die Arbeit in Altengamme ist die 100%-ige Einbindung der Gefangenen in das Programm. Das gilt auch für Gefangene, die vorübergehend aus dem Freigang herausgenommen werden müssen.

Von Mittwoch bis Freitag folgt ein Programm, das im Kern versucht, über offene Gruppensituationen, themenzentrierte Einheiten und kreative Angebote sowohl Regeln eines Miteinanders einzuüben, als auch einen Raum zu eröffnen, in dem im o.g. Sinne sich ideosynkratische Welten mit anderen ideosynkratischen Welten in der Hoffnung treffen, eine intersubjektive Welt zu ermöglichen.

Das fängt am Mittwochmorgen an. Wir haben keine Kalfaktoren, die Gefangenen müssen alle gemeinschaftlich genutzten Räume sauber halten. Dann wird die Gruppe ab 9.00 Uhr geteilt, diesmal ist es eine große Gruppe von 12 Inhaftierten: 4 Leute bestellen unsere Gemüsebeete, 4 machen „lustigen Lärm" (Musik; wir hatten auch schon eine Gruppe, die bei einem Sommerfest aufgetreten ist) und 4 Insassen kochen und lernen, dass man auch mit wenig Geld schmackhafte Mahlzeiten herstellen kann. An einem stilvoll gedeckten Tisch wird dann gemeinsam gegessen.

„Gruppe" ist das Kernfach, hier werden ohne inhaltliche Vorgaben die in der Gruppe stattfindenden Prozesse erörtert. Die Mitarbeiter dieser Einheit begleiten die Gruppe – so sagen wir – als „Gruppeneltern" über die gesamten sieben Monate der Trainingsphase. Diese Mitarbeiter sind auch zuständig für sämtliche anfallenden Konflikte innerhalb der Gruppe und bei Konflikten mit den anderen Mitarbeitergruppen in der Anstalt. Es folgen dann eine Reihe von thematischen Angeboten, die versuchen, Kopf, Herz und Hand anzusprechen.

Im November 1999 haben wir die Einheit „Tatgeschehen" in unser Programm aufgenommen. Dort sind die Gefangenen (wir bilden dabei Untergruppen) aufgefordert, sehr detailliert über ihre Straftaten und deren lebensgeschichtlichen Kontexte zu berichten. Bei der Einführung hatten wir ziemliche Bedenken, ob die Gefangenen mitmachen, mittlerweile scheint mir diese Einheit ein unverzichtbarer Bestandteil der Arbeit in Altengamme zu sein. Es ist erstaunlich, in welch zugleich emphatischer und kritischer Art die Gefangenen dabei miteinander umgehen. Zusätzlich zum Programm des ersten Quartals werden noch zwei Einheiten zu je 8 Stunden zu den Themen „Sucht und Abhängigkeit" und „Täter-Opfer" durch externe Honorarkräfte angeboten.

Im zweiten Quartal erweitert sich der Anteil der Werkstattarbeit von zwei auf drei Tage. Die individuellen Förderungen in z.B. EDV, Mathematik und Deutsch werden fortgeführt. An zwei Tagen läuft das „theoretische" Trainingsprogramm weiter (s. Übersicht 2): Man sieht, dass Themen im Zusammenhang mit dem bald beginnenden Freigang bzw. den Aus- und Fortbildungen gewichtiger werden. Ein Mitarbeiter des Arbeitsamtes kommt alle 14 Tage in die Anstalt und berät in Abstimmung mit uns die Gefangenen und prüft förderrechtliche Möglichkeiten. Jede Gruppe besucht die HAUNI-Werke (eine große Firma im nahen Hamburg-Bergedorf), wo neben einer Betriebsbesichtigung auch die Erwartungen von Arbeitgebern an ihre Arbeitskräfte diskutiert werden. Zusätzlich werden die Gefangenen an 3 Tagen durch externe Honorarkräfte nach Prüfung jedes Einzelfalles auf einen realistischen Zugang zur Arbeitswelt trainiert. Das an zwei Tagen weiterlaufende „Trainingsprogramm" knüpft in seinen Intentionen – Einüben in soziale Verhaltensweisen, Information und Besprechung der freigesetzten Dynamik – an das Programm des 1. Quartals nahtlos an. Die Mitarbeiter der Einheit

„Gruppe" unternehmen mit den Gefangenen jetzt auch ca. vier bis fünf Ausflüge – z.B. Museumsbesuche, Paddeltouren u.a..

Übersicht 2: Trainingsphase im 2. Quartal

61. Trainingsphasengruppe – Stufe II					
Montag	**Dienstag**	**Mittwoch**	**Donnerstag**	**Freitag**	
08.00 – 09.45	08.00 – 08.45	Werkstatt	Werkstatt	Werkstatt	
Allgemeinbildung	Gruppe	(plus theoretische Einzelförderung)	(plus theoretische Einzelförderung)	(plus theoretische Einzelförderung)	
10.15 – 12.00	10.15 – 12.00				
Praktische Alltagsfragen	Berufs- und Arbeitswelt	Previs	Entspannungstraining		
im 14-tägigen Wechsel					
Mittag	Mittag	Mittag	Mittag	Mittag	
12.45 – 14.45	12.45 – 14.00		Werkstatt	Werkstatt	
Werken	Runden drehen	Sozialisation	(plus theoretische Einzelförderung)	(plus theoretische Einzelförderung)	
		14.30 – 16.15			
15.15 – 16.15		Sport			
Sucht					

Zusätzlich: BIBER-Team: Berufliche Integration und Beratung – Vorbesprechung: 3tägiger Kurs und Besuch HAUNI-Werke: 1 Vormittag.

Im Fach „Previs" (Programm zur Erlangung von Verhaltenssicherheit in sozialen Situationen) werden von den Gefangenen mit Videoaufnahmen durchgeführte Rollenspiele über als beängstigend empfundene soziale Situationen (z.B. Vorstellung bei einem Arbeitgeber mit Zusatzvertrag der Anstalt) eingeübt. Das Fach „Rundendrehen" ist ein Brettspiel ähnlich dem „Monopoly", hier geht es jedoch um Fragen sozialen Wissens.

Die ersten 6 Monate sind für alle Gefangenen Pflichtprogramm. Weil die meisten sich einen Anspruch auf „Freistellung von der Arbeit" nach § 42 StVollzG erworben haben, wird der siebte Monat dazu genutzt. Lediglich an einem Nachmittag wird die Trainingseinheit „Gruppe" fortgeführt. Die Zulassung zu einer beruflichen Tätigkeit oder zu Fortbildungsmaßnahmen ist an die Entscheidung der Werkstattmitarbeiter und des Arbeitsinspektors (zugleich stellvertretender Anstaltsleiter) gebunden. Bei einem schlechten Arbeitsverhalten wird die Zulassung zum Freigang verschoben.

Konzipiert wird die 7-monatige Trainingsphase für den Bereich der Arbeit von 4 Mitarbeitern aus dem Werkdienst, für die sogenannte „Trainingsphase" im engeren Sinn sind die Mitarbeiter des höheren Dienstes verantwortlich. Dazu stehen uns 5 und eine 1/3-Stelle(n) zur Verfügung: die 1/3-Stelle ist mit einer Lehrerin besetzt, eine Stelle mit einem Diplompädagogen, die restlichen Stellen mit 5 Psychologen/Psychologinnen mit einer z.T. reduzierten Arbeitszeit. Bis auf die Lehrerin arbeiten alle Mitarbeiter der Trainingsphase intensiv auf den Wohngruppen mit. Gleichsam im Gegenzug arbeiten alle Mitarbeitergruppen in den Angeboten der Trainingsphase mit, so werden z.B. die Fächer Sport, Foto, Ton, Garten, Musik und vor allem Freizeitangebote von den Mitarbeitern des AVD innerhalb ihrer normalen Dienstzeit übernommen.

Dieses (nicht immer reibungslose) Miteinander der verschiedenen Berufsgruppen bildet die kollegiale Basis, um den vielfältigen aggressiv-spaltenden Lebensentwürfen vieler Gefangener ein Modell zu bieten, an dem sie lernen können, dass es nicht nur (s.o.) ein, „Entweder – Oder", sondern ein „Sowohl-als-auch" gibt. Die meisten Gefangenen empfinden die Trainingsphase als belastend und schwer. Bei Entlassungen höre ich aber oft, dass das was „gebracht" habe – was genau, ist selten zu erfahren.

5.2 Einzelgespräche

Jeder der neu aufgenommenen Gefangenen wird in der Einführungswoche darauf hingewiesen, dass er sich nach Ablauf von drei Wochen einen Einzelgesprächspartner zu suchen habe. Bei besonders problematischen Gefangenen wird vorab als Aufnahmebedingung festgeschrieben, dass das ein psychologischer Psychotherapeut sein muss. Die Dreiwochenfrist dient dem Kennenlernen der Mitarbeiter. Dann geben die Gefangenen mindestens zwei Wünsche ab, die dann in der Gruppe der Trainingsphasenmitarbeiter besprochen werden.

Als Einzelgesprächspartner stehen vor allem die Mitarbeiter des höheren Dienstes zur Verfügung, aber auch die als Wohngruppenleiter tätigen Sozialpädagogen. Weil die Trainingsphasenmitarbeiter den 5 Wohngruppen konkret zugeordnet sind und damit auch an Vollzugsplänen und -entscheidungen beteiligt sind, dürfen die Gefangenen nicht Mitarbeiter ihrer Wohngruppe als Einzelgesprächspartner wählen. Ausnahmen davon sind möglich, z.B. wenn Gefangene einer im engeren Sinn psychotherapeutischen Behandlung aufgrund ihrer kognitiven Fähigkeiten nicht zugänglich sind.

Bislang ist es immer gelungen, die Wünsche der Gefangenen mit der Kapazität der Therapeuten zu vereinbaren. In der Regel wird ein Termin pro Woche vereinbart, manchmal sind es zwei. Den Gefangenen wird Verschwiegenheit zugesichert. Davon ausgenommen – und das wird den Gefangenen gesagt – sind ernsthafte neue Straftaten, ernsthafte suicidale Absichten und Fluchtpläne. Ansonsten bleiben die Dinge unter vier Augen.

Was die Einzelgespräche innerhalb des Systems Sozialtherapie Altengamme von externen Psychotherapien unterscheidet, sind die gemeinsamen Erfahrungen z.B. in der Trainingsphase und im Alltag in der Anstalt. Der Nachteil dieses Settings mag im Versuch des Gefangenen und der Therapeuten liegen, ihre Kraft der Begegnung in der Auseinandersetzung mit dem System zu vergeuden. Der Vorteil des Modells einer internen Psychotherapie liegt jedoch auf der Hand – imaginäre, ideosynkratische Weltentwürfe müssen nicht endlos in Übertragungs- und Gegenübertragungsphänomenen zerlegt werden, sondern haben festeren Boden in dem intersubjektiv geteilten Alltagshandeln. Dabei ist der Fokus der Therapie die Straffälligkeit. Phantasien, Projektionen u.a. können aufgrund der gemeinsam geteilten Lebenswelt realistischer diskutiert werden.

Die Einzelgespräche werden bis zur Entlassung, d.h. auch während der nach § 124 StVollzG gewährten Dauerbeurlaubung fortgesetzt. Damit ist eine kontinuierliche individuelle therapeutische Betreuung gewährleistet, die den Gefangenen oft auch über die Entlassung hinaus die Erfahrung verlässlicher Beziehungen vermittelt.

6. Ist Altengamme schon ein Fossil?

Die oben erwähnte frische Brise, die durch die Metaanalysen von Lösel in die Diskussion um die Effektivität sozialtherapeutischer Behandlung in Gang kam, ist rasch vom Sturm gesetzlicher Neuerungen ersetzt worden. Durch das Gesetz zur Bekämpfung von Sexualdelikten und anderen gefährlichen Straftaten vom 26.1.98 müssen spätestens ab dem 1. 1. 2003 Sexualstraftäter (definiert nach den §§ 180 und 182 StGB) auch gegen ihren Willen und den Willen der Anstalt in sozialtherapeutische Einrichtungen aufgenommen werden.

Nimmt man zu dieser gesetzlichen Veränderung noch den § 182 StVollzG hinzu, demnach Psychotherapeuten den Anstaltsleitern ziemlich unbestimmt auskunftspflichtig sind (vgl. Böllinger, 2000), kann man wohl begründet vermuten, dass das interaktionistische Modell von Sozialtherapie in ein „medizinisches" Modell zurückkippt. Die Gefangenen würden fortan Objekte eines verordneten Behandlungswillens. Was durch die Gesetzgebung erfolgte, ist eine Änderung der „Ordnung des Diskurses" (Foucault, 1974) – „Aus mit Lustig!" keine Lebenswelt mehr, in der Raum für die ungekonnten Fragen der Gefangenen besteht, keine unkontrollierten therapeutischen Prozesse!

Sozialtherapie – ich hoffe, dass ich überspitze – dient fortan offenbar mehr der Legitimation eines politischen Willens als einem theoretisch fundierten therapeutischen Behandlungskonzept.

Überall in den Bundesländern entstehen zur Zeit aufgrund der Gesetzesänderung neue Einrichtungen oder sogar größere sozialtherapeutische Anstalten, von denen zu vermuten ist, dass sie nach ihrer Inbetriebnahme vorwiegend Sexualstraftäter aufnehmen (müssen). Auch die etablierten Einrichtungen und Anstalten erhöhen den Anteil an den Sexualstraftätern. Diese Konzentration auf eine Tätergruppe, die zudem schnell eine hohe öffentliche Aufmerksamkeit herstellen kann, wird nicht ohne Auswirkung auf die vollzugliche und therapeutische Gestaltung des Freiheitsentzuges in sozialtherapeutischen Einrichtungen sein. Vollzuglich sind höhere Sicherheitsstandards mit entsprechenden Auswirkungen auf das Binnenklima und insgesamt ein restriktiverer Umgang mit Lockerungen des Vollzuges zu erwarten. Da bei relativ vielen Sexualstraftätern, die ja auch keine homogene Gruppe sind, oft hinreichende soziale Kompetenzen im Alltag vorhanden sind, wird man die therapeutische Arbeit auf den Kontext der sexuellen Fehlentwicklung fokussieren müssen. Entsprechende Behandlungsprogramme wie das „Sex Offender Treatment Programme" (SOTP) aus England werden heute schon probeweise angewandt und in Hamburg, in der Abteilung der JVA Nesselstraße, auch wissenschaftlich evaluiert (vgl. auch Berner & Becker sowie Wischka et al., in diesem Band).

Aufgrund der relativ hohen Zahl von sozialtherapeutischen Haftplätzen in Hamburg (131 bei rd. 2000 Strafgefangenen) ist zwischen den drei Einrichtungen für erwachsene Straftäter (Bergedorf 42 Haftplätze, Nesselstr. 29, Altengamme 60) eine Arbeitsteilung möglich, wobei Altengamme bei der bisherigen Aufnahmepraxis bleiben kann. Es werden von den Sexualstraftätern „nur" die wegen Vergewaltigung oder Nötigung Verurteilten aufgenommen, deren Straftaten vor einer insgesamt dissozialen Persönlichkeitsentwicklung zu verstehen sind (vgl. Fiedler, 1995). Das war schon immer so, d.h. auch, dass der hohe Stellenwert der Lebenswelt und des Alltagshandelns für eine theoretische Fundierung des therapeutischen Handelns in Altengamme fortbestehen kann. Der geänderte § 9 StVollzG hat anders als bei vielen sozialtherapeutischen Einrichtungen kaum Auswirkungen auf unsere Arbeit. Die Mitarbeiter in Altengamme und mich erfreut das. Bedenklich stimmt uns, dass möglicherweise die Diskussion um das, was denn „Kern" von Sozialtherapie sei, fortan mehr vom „medizinischen" Behandlungswillen diktiert wird und weniger vom interaktiven Miteinander. Dann wäre Altengamme ein Fossil, was lebt und funktioniert, aber für den Gesamtdiskurs uninteressant wäre.

„Mit Köpfchen durchs Leben"

Ein kognitiv-behaviorales Trainingsangebot zur Förderung sozialer Kompetenzen

von Cornelia Pfaff

1. Handlungsleitende Überlegungen zur Trainingsentwicklung: Befunde aus Empirie und Theorie der Behandlungsforschung

1.1 Behandlung im Strafvollzug macht Sinn

Betrachtet man die inzwischen recht zahlreichen nationalen und internationalen Evaluationsbefunde zur Straftäterbehandlung, so mehren sich die Hinweise darauf, dass über verschiedene Settings und Klienten-Subgruppen hinweg wohl von einer durchschnittlichen Effektstärke um $r = .10$ ausgegangen werden kann, was bedeutet, dass Behandlungsmaßnahmen die Rückfallwahrscheinlichkeit von Straftätern um durchschnittlich etwa 10 Prozent reduzieren können. Hierbei handelt es sich um einen Wert, der auf den ersten Blick bescheiden anmutet, jedoch in seiner praktischen Bedeutsamkeit nicht unterschätzt werden sollte, zumal sich gezeigt hat, dass gut strukturierte Behandlungsprogramme höhere Effekte erzielen können (vgl. Egg et al., in diesem Band; Lösel, 1998; 1995d).

Da sich dieser Durchschnittseffekt über die verschiedenen Studien hinweg erfreulich stabil replizieren lässt, hat sich die Diskussion in der forschungspolitischen Landschaft um die Straftäterbehandlung in den letzten beiden Jahrzehnten zunächst von der kategorischen und resignativen Parole des „nothing works" (vgl. Martinson, 1974) zunehmend zur Frage des „what works?" bis hin zum weitaus differenzierteren Forschungsauftrag eines „what works with whom under which conditions?" entwickelt (vgl. z.B. Hollin, 1999; Lösel, 1998).

Gegenwärtig wird besonders lebhaft diskutiert, inwieweit sich psycho- oder soziotherapeutische Maßnahmen für Straftäter eignen, die als sogenannte „psychopaths" gemäß Hare (vgl. Hare, 1991) klassifiziert werden, bzw. welcher Modifikation herkömmliche therapeutische Ansätze bei der Anwendung für diese spezielle Klientel bedürfen (vgl. Born & Gonzalez-Cabeza, 1998; Hare, 1998; Lösel, in diesem Band).

Auch aktuelle Entwicklungen im wissenschaftlichen Strang der Prognoseforschung ermutigen zum Ausbau und zur Optimierung einer den Strafvollzug begleitenden, möglichst wirkungsvollen Behandlung. So konnten in zahlreichen Korrelationsstudien deutliche Zusammenhänge späterer Rückfälle nicht nur zu statischen und damit nicht mehr veränderbaren Variablen (z.B. Alter bei Beginn der delinquenten Entwicklung) nachgewiesen werden, sondern es wurde auch die Bedeutsamkeit von dynamischen, die Inhaftierung begleitenden Prognosefaktoren für die künftige Legalbewährung eines Inhaftierten hervorgehoben und differenzierter betrachtet (z.B. Ansprechen auf therapeutische Angebote im Vollzug, Verbesserung von Konfliktbewältigungsmöglichkeiten, gezielte Vorbereitung auf die Entlassungssituation). Moderne Prognoseinstrumente (z.B. HCR-20; vgl. Müller-Isberner et al., 1998) tragen der Berücksichtigung solcher Befunde Rechnung. Gerade um diese dynamischen Faktoren während der Haft möglichst günstig beeinflussen zu können, bieten sich die Implementierung von Behandlungsmaßnahmen und deren kontinuierliche Weiterentwicklung für den Strafvollzug an.

1.2 Welche Formen der Behandlung sind sinnvoll?

Die zunächst noch etwas allgemeiner gehaltene Frage des „what works in the treatment of offenders?" scheint zumindest, was die Evaluation von Gruppenmaßnahmen betrifft, schon relativ konkret beantwortbar zu sein. So konnte in zahlreichen Effektivitäts-Studien zu diesem Bereich nachgewiesen werden, dass sich direktive, strukturierte Programme, die kognitiv orientiert sind und darüber hinaus Schwerpunktsetzungen im Bereich der aktuellen Verhaltenseinübung im Sinne von Rollenspielen und Modelllernen vornehmen, gut bewährt haben (vgl. z.B. Lösel & Bender, 1997; McGuire, 1992). Solche Verfahren erzielten in Evaluationsstudien dann auch deutlich höhere Effektstärken als den in Abschnitt 1.1. erwähnten Durchschnittswert von $r = .10$. Diese Programme scheinen insbesondere herkömmlichen gruppendynamischen Ansätzen, die durch einen geringen Strukturierungsgrad gekennzeichnet sind und in Vollzugsanstalten isoliert angeboten werden, deutlich überlegen zu sein (vgl. Wischka & Specht sowie Egg et al., in diesem Band). Auch was die oben angedeutete Frage nach geeigneten Behandlungskonzepten für sogenannte „psychopaths" betrifft, mehren sich die Hinweise, dass auch und gerade für diese Klientel ein äußerst strukturiertes und direktives Vorgehen empfehlenswert ist und von eher offenen, *nur* milieutherapeutischen Ansätzen dringend abzuraten ist, weil diese für die manipulativen Verhaltensmuster von derart strukturierten Persönlichkeiten besonders anfällig sein könnten (vgl. Born & Gonzales-Cabeza, 1998).

Das hier vorgestellte kognitiv-behaviorale Trainingsprogramm zur Förderung sozialer Kompetenzen möchte einen Beitrag zur Weiterentwicklung von Behandlungskonzepten für den Strafvollzug leisten, der die obengenannten Hinweise aus der Evaluationsforschung aufgreift. Daneben versteht sich der Beitrag als Diskussionsgrundlage und Anregung für weitere Bemühungen in diese Richtung.

1.3 Welche Störungsbilder finden wir vor? Welche Behandlungsschwerpunkte ergeben sich hieraus?

„Durchforstet" man empirische Studien zur Diagnostik und Behandlung von Straftätern, so stößt man immer wieder auf ähnliche Charakterisierungen der in Frage stehenden Population. So zeichnen sich kriminell gewordene Menschen häufig durch eine hohe Empfindlichkeit bei gleichzeitig geringer Frustrationstoleranz und hoher Anspruchshaltung aus, durch eine recht defizitär ausgeprägte innere, „handlungssteuernde" Sprache, korrespondierend zu diesen beiden Aspekten durch eine geringe Fähigkeit zur Impuls- und Selbstkontrolle (vgl. Gottfredson & Hirschi, 1990; Watkins, 1979). Ferner fallen häufig misstrauische Grundhaltungen gegenüber anderen auf bis hin zu selektiv feindseligen Wahrnehmungen und Deutungen der Absichten und Verhaltensweisen anderer (vgl. Dodge et al., 1990; Ferguson & Rule, 1983). In diesem Zusammenhang zeigen sich oftmals ein Mangel hinsichtlich der Fähigkeit zu Perspektivenübernahme und Empathie bzw. eine ausgeprägte Beschäftigung mit der eigenen Person (vgl. Chandler, 1973); dieser Egozentrismus ist häufig verbunden mit Omnipotenz-Bedürfnissen oder aber mit Insuffizienzerleben oder dem Wechsel zwischen beidem, was letztlich zu unrealistischer Selbst- und Fremdwahrnehmung führen kann (vgl. z.B. Rauchfleisch, 1999; Hains, 1984). Hiermit korrespondiert oftmals wiederum die Neigung zu überkompensatorischem, impulsivem, überschießendem bis hin zu aggressivem Verhalten. Die Denkstrukturen von Straftätern zeichnen sich häufig durch wenig kreative (im Sinne von Alternativen generierende) und kaum folgenabschätzende (im Sinne von langfristige Konsequenzen abwägende) Prozesse aus, was beispielsweise beim Umgang mit Problemsituationen beobachtbar wird (vgl. z.B. Ross & Fabiano, 1985). Oftmals werden bei Kriminellen auch Defizite in der Ausbildung der Gewissensinstanz erkennbar, was anhand eines relativ niedrig entwickelten Niveaus der moralischen Urteilsbildung im Sinne von Kohlberg erkennbar wird (Wischka, in diesem Band; Chandler & Moran, 1990; Gibbs et al., 1984; Hains, 1984). Viele Straftäter zeigen sich auch durch eher geringe Kontrollüberzeugungen hinsichtlich der eigenen Selbstwirksamkeit; sie sehen sich eher von externen Umständen oder Einflüssen gesteuert und übernehmen vor diesem Hintergrund auch kaum Verantwortung für eigenes Handeln. Sie neigen damit zu externalisierenden Attributionen für das eigene Verhalten, womit häufig auch Rationalisierungstendenzen und Neutralisierungstechniken im Zusammenhang mit Schuldabwehrprozessen verbunden sind (vgl. Amelang et al., 1988; Yochelson & Samenow, 1976). Zudem werden immer wieder Mängel in sozialen Fertigkeiten berichtet, was den zwischenmenschlichen Umgang mit anderen betrifft (vgl. z.B. DeLange et al., 1981; Henderson & Hollin, 1986; Howells, 1986).

Der Strafvollzug hat es somit häufig mit persönlichkeitsgestörten Klienten zu tun, wobei schwerpunktmäßig antisoziale, narzisstische, emotional-instabile, histrionische und Borderline-Strukturen (gemäß den Klassifikationssystemen von DSM bzw. ICD) auffallen.

Hinsichtlich der Phänomenologie dieser Auffälligkeiten sind sich psychodynamisch und lerntheoretisch orientierte Autoren weitgehend einig. Wenn es um Erklärungen zur Genese der Störungsbilder geht, präferieren sie freilich verschiedene theoretische Konzepte, Schwerpunktsetzungen und vor allem Begrifflichkeiten (vgl. z.B. Rauchfleisch, 1999; Morris & Braukmann, 1987; Blackburn, 1993; Amelang, 1986). Während sowohl die psychodynamischen als auch die lerntheoretischen Ansätze hierbei viel Wert legen auf die personellen und situativen Umgebungsbedingungen, unter denen das Individuum aufwächst, berücksichtigen moderne biologische Ansätze eher physiologische Daten wie z.B. besondere zentralnervöse Erregungsmuster oder spezifische vegetative Prozesse (z.B. Herzfrequenzrate oder Hautwiderstand), die möglicherweise zusätzlichen Erklärungswert haben, wenn es z.B. um die Erklärung des Bedürfnisses nach Anregung („thrill") bei manchen Straftätern geht; es ergeben sich also Hinweise auf psychophysiologische Korrelate zu psychodynamisch beobachteten und gedeuteten Prozessen (vgl. Eysenck & Gudjonsson, 1989).

Für die Zukunft werden somit insbesondere interaktionelle Forschungsansätze auf diesem Gebiet hilfreich sein. So dürfte beispielsweise das Zusammentreffen eines „temperamentvollen" Kleinkindes und einer durch zusätzliche umgebungsbedingte Stressfaktoren (z.B. soziale Randständigkeit) „genervten" und wenig für die Bedürfnisse des Kindes sensiblen Mutter bzw. erst das Wechselspiel zwischen diesen beiden Bedingungen eine ungünstige Basis für die Entwicklung dieses Kindes darstellen (vgl. Erklärungsmodelle der Bindungstheorien; z.B. Ainsworth, 1970). Ebenso dürfte beispielsweise ein selbst hinsichtlich Kriminalität oder einer Suchtproblematik vorbelasteter Vater seinem Sohn ungünstige Einstellungen vermitteln oder so wenig präsent sein im Sinne einer positiven Form von Verfügbarkeit oder Orientierung für den Sohn, dass ein gestörter Identifikationsprozess und damit Defizite in der Über-Ich-Entwicklung fast schon vorprogrammiert sind, wenn nicht andere Orientierungsalternativen als Ressourcen für das Kind zur Verfügung stehen.

Bedenkt man, dass zahlreiche Gefangene aus vielfältig problembelasteten Unterschichtsfamilien stammen, so ist nicht verwunderlich, dass die Eltern oftmals kaum die Ruhe und Gelassenheit fanden, sich mit ihren Kindern intensiv zu beschäftigen oder die Handlungen ihrer Kinder durch eine sinnvolle sprachliche Kommentierung zu begleiten. Eine solche Begleitung durch die „primären Sozialisationsagenten" bildet gemäß entwicklungspsychologischen Erkenntnissen die Grundlage für die Ausbildung einer eigenen internen handlungssteuernden (z.B. sich selbst bekräftigenden) Sprache, indem das Kind die Kommentierungen der Eltern schrittweise internalisiert (vgl. Meichenbaum & Goodman, 1971; Luria, 1961; Vygotskij, 1972).

Richtungsweisend für die Zukunft sollten vor dem Hintergrund dieser Überlegungen insbesondere präventive Ansätze sein, die an einem frühen Zeitpunkt derart störungsanfälliger Interaktionsmuster ansetzen. Unsere Aufgabe im Strafvollzug jedoch ist es, in einem relativ „späten" Stadium aktiv zu werden und Modifikationen zu erreichen.

Das hier vorgestellte Gruppentraining konzentriert sich inhaltlich somit auf ein Ansetzen an den oben dargestellten empirischen Befunden. Eine Gefahr bei solchen diagnostischen Zusammenstellungen besteht darin, den straffälligen Klienten als ein „Konglomerat an Defiziten" zu sehen. Dieser Gefahr möchte das hier präsentierte Behandlungs-Programm eindeutig nicht erliegen, indem es nicht rein defizitorientiert arbeitet, sondern insbesondere auch ein ressourcenorientiertes Vorgehen anstrebt.

2. „Mit Köpfchen durchs Leben" – Ein Trainingsprogramm zur Förderung sozialer Kompetenzen

2.1 Kurze Rezeption früherer Arbeiten

Im Rahmen der Konzeptentwicklung konnte teilweise Bezug genommen werden auf zahlreiche frühere Arbeiten zu Trainings sozialer Fertigkeiten innerhalb und außerhalb (z.B. Pfingsten & Hinsch, 1991) des Settings „Strafvollzug". Auch wurden Anregungen aus nationalen (z.b. Pielmaier, 1980; Steller et al., 1978; Weidner, 1990) wie aus internationalen Forschungsarbeiten aufgegriffen. Bei der Rezeption von Trainingsansätzen aus Großbritannien, Kanada oder den USA (z.B. Cohen, 1985; Goldstein, 1988; Howells, 1986) war insbesondere auf eine angemessene Berücksichtigung interkultureller Unterschiede und Besonderheiten zu achten. Viele Trainingsinstrumente waren für jugendliche Delinquenten entwickelt worden (z.B. Weidner, 1990; Bowman & Auerbach, 1982; DeLange et al., 1981; Hains, 1989; Feindler & Ecton, 1986); hier ging es um eine angemessene Übertragung auf erwachsene Straffällige. Die meisten Forschungsarbeiten konzentrieren sich auf bestimmte Ausschnitte (z.B. Problemlöse-Training, Ärgerkontrolle, etc.). Recht komplexe Ansätze haben beispielsweise die Forschergruppen um Ross (The Reasoning and Rehabilitation Program; vgl. Ross et al., 1988), Goldstein (The Prepare Curriculum; vgl. Goldstein, 1988), Cohen (1985) und im Überblick Hollin (1990) vorgelegt. Ein umfangreiches Trainingsprogramm wird seit 1984 auch in der Sozialtherapeutischen Anstalt Hamburg-Altengamme durchgeführt (vgl. Wegner, in diesem Band).

Das vorliegende Training versucht dem Anspruch gerecht zu werden, ein möglichst umfassendes und kombiniertes kognitiv-behavioral orientiertes Curriculum zur Förderung sozialer Kompetenzen (vgl. Wine & Smye, 1981) bei Straffälligen für den deutschen Sprachraum bereitzustellen.

2.2 Beschreibung von zugrundeliegendem Trainingsmodell und -methodik

2.2.1 Zugrundeliegendes Trainingsmodell

Das Trainingsmodell beruht im wesentlichen auf der Grundlage der Theorie des sozialen Lernens (vgl. Bandura, 1979). Es wird davon ausgegangen, dass Auffälligkeiten im kognitiven, emotionalen und handlungsrelevanten Bereich, wie sie oben dargestellt wurden, infolge von langjährigen Lernerfahrungen bzw. der ständigen Auseinandersetzung zwischen dem Individuum und seiner Umgebung erworben wurden und sich stabilisiert haben. Die das heutige Verhalten prägenden Denk- und Handlungsmuster mögen in der zurückliegenden Biographie für das jeweilige Individuum durchaus funktional gewesen sein, erscheinen jedoch für künftige soziale Interaktionen und ein langfristiges Zurechtkommen in der sozialen Gemeinschaft wenig angemessen (vgl. auch Theorie der Persönlichkeitsstörungen; z.B. Fiedler, 1994; Sachse, 1999).

Da es sich also um „erlerntes" Verhalten handelt, geht das Trainingsmodell davon aus, dass das Verhalten auch wieder „verlernt" werden kann bzw. schrittweise durch neue Verhaltensstrategien ergänzt und modifiziert werden kann. Hierbei kann auf bereits vorhandenen Fertigkeiten aufgebaut und somit ressourcenorientiert gearbeitet werden. Kann man auf eine eher heterogene Gruppenzusammensetzung zurückgreifen, so können gut gegenseitige Modellierungen unter Einsatz von Videofeedback zur verbesserten Selbstwahrnehmung und zur Beobachtung alternativer Lernmodelle genutzt werden (z.B. Mitglieder, die gut ihre eigene Meinung vertreten können, aber zur Impulsivität neigen versus Mitglieder, die über Techniken verfügen, auf Provokationen gelassen reagieren zu können, aber Probleme in der Durchsetzungsfähigkeit haben).

Hier wird bereits erkennbar, dass es in dem Ansatz viel um Lernen und Ausprobieren geht, d.h., dass die Teilnehmer einen sehr aktiven Part einnehmen. Es wurde auch bewusst das Etikett „Gruppentraining" gewählt und nicht etwa „Gruppenbehandlung", um keine passivischen oder medizinisch anmutenden Konnotationen aufscheinen zu lassen. Auch das Label „Gruppentherapie" wäre unpassend, da es eher um den Erwerb einzelner und abgrenzbarer Einstellungs- und Verhaltensstrukturen geht als um eine Reflexion der gesamten Persönlichkeit oder ganzer Lebensstile. Hier ergeben sich jedoch des öfteren fließende Übergänge zur weitergehenden Therapiearbeit. Das ist vor dem Hintergrund des Einsatzes des Trainings im Rahmen der Sozialtherapie auch durchaus gewollt, da sich hier die verschiedenen therapeutischen Angebote fruchtbar ergänzen können (vgl. Pfaff & Pintzke-Thiem, 1998). Entdeckt beispielsweise ein Teilnehmer bei der Bearbeitung seines „Ärger-Tagebuches" in der Gruppe, dass sein Denkmuster „ich werde sowieso immer wieder ausgenutzt" bedeutsam ist für seine Neigung, Beziehungen vorschnell aufzugeben oder aggressive Überreaktionen zu produzieren, so wäre es hilfreich, wenn er diesen Zusammenhang auf dem Hintergrund seiner persönlichen Biographie in der Einzeltherapie weiter reflektieren könnte. Insofern ist die Einbettung des Trainings in einen größeren therapeutischen Rahmen durchaus wünschenswert; vorstellbar ist jedoch auch eine isolierte Anwendung (vgl. auch Abschnitt 4). An diesem Beispiel wird bereits erkennbar, dass das Training – wie andere moderne verhaltensanalytische Konzepte - auf den Ebenen der Kognition, der Emotion, des Verhaltens und den Wechselwirkungen zwischen diesen Entitäten ansetzt (vgl. z.B. Kanfer et al., 1996; Bartling et al., 1992).

2.2.2 Methoden der Trainingsarbeit

Methodisch wird dieses Mehr-Ebenen-Modell in der Form umgesetzt, dass die Teilnehmer beispielsweise durch strukturierte Übungen sensibilisiert werden für ihre eigenen günstigen oder ungünstigen Selbstverbalisationsprozesse. Mittels vorstrukturierten Tagebüchern werden sie beispielsweise zu einem systematischen und handlungssteuernden Problemlöseprozess angeleitet. Sie werden durch Übungen aufmerksam auf ihre eigene Befindlichkeit, auf ihre Wahrnehmung und Bewertung von anderen Personen oder Interaktionen und hier möglicherweise bestehende Verzerrungen; in einem nächsten Schritt lassen sich wiederum mögliche Zusammenhänge zwischen diesen internen Prozessen und dem nachfolgenden Verhalten verdeutlichen.

Alternative Verhaltensmöglichkeiten können sodann in Form von internem Probehandeln, Modellierungen und Rollenspielen ausprobiert werden. Ebenso werden die Teilnehmer dazu angeleitet, mit Hilfe von geeignetem Arbeitsmaterial ihre eigenen Selbstverbalisationsprozesse in günstiger Weise zu modifizieren. Die deutlichen Schwerpunkte auf dem kognitiven Bereich werden auch durch den Trainingsnamen „Mit Köpfchen durchs Leben" symbolisiert.

Bei der Durchführung von Modellierungen ist darauf zu achten, dass die Trainer im Sinne eines „Bewältigungsmodells" (vgl. Pfingsten & Hinsch, 1991) auftreten. Dies bedeutet, dass sie auch selbst die Rolle eines stets Weiterlernenden und Übenden abbilden, indem sie sich beispielsweise auch spontan selbst verbessern. Hierdurch kann Entmutigung entgegengewirkt werden und das Modell wird von den Teilnehmern leichter assimilierbar und damit eher nachgeahmt. Bei den Rollenspielen sollte darauf geachtet werden, dass sich der Rollenspielpartner sensibel auf den Übenden einstellt und die Schwierigkeit der Rollenspielsituation an den jeweiligen Übungsfortschritt des Akteurs adaptiert, um hier Über- oder Unterforderungen zu vermeiden. Der Trainer kann dem Rollenspieler in Form eines „Souffleurs" in Einzelfällen Hilfestellung geben, um Misserfolgserlebnisse zu vermeiden.

Das Training besteht aus verschiedenen Modulen (vgl. Abschnitt 2.3.), die auch einzeln eingesetzt werden können bzw. je nach Schwerpunktsetzungen der Trainer beliebig miteinander kombiniert werden können. Führt man das Training als Ganzes durch, ist es didaktisch so konzipiert, dass die einzelnen Elemente aufeinander bezogen sind und wichtige Themen in unterschiedlichen Zusammenhängen im Sinne eines „Spiralcurriculums" immer wieder aufgegriffen und vertieft werden. So wird beispielsweise die Einheit „sich in den anderen hineinversetzen" explizit in der Einheit des Problemlösens wieder aufgegriffen, wenn es darum geht, das Problem auch aus der Sicht der anderen Beteiligten anzuschauen, oder in der Einheit „Kritik angemessen äußern", wenn es darum geht, die Kritik so zu formulieren, dass der andere sie annehmen kann.

Insgesamt zeichnet sich das Vorgehen durch eine Kombination aus Gruppendiskussionen und Stoffsammlungen zu vorgegebenen Fragestellungen, durch Wissensvermittlung, durch Kleingruppenübungen, durch die Bearbeitung von Übungsblättern, durch Besprechung individuell eingebrachter Themen aus den „Tagebüchern" und durch Rollenspiele mit Videofeedback aus. Bei den in Arbeitsblättern oder Rollenspielen vorbereiteten Situationen wird zum einen auf strukturierte und aus Theorie und Empirie abgeleitete Beispiele zurückgegriffen; zum anderen werden von den Teilnehmern selbst eingebrachte Situationen aufgegriffen, um die persönliche Relevanz der Übungen für die Probanden gewährleisten zu können.

In diesem Zusammenhang werden die Prinzipien der „Stimulusvariabilität" und der „identischen Elemente" berücksichtigt (vgl. Goldstein, 1988). „Stimulusvariabilität" bedeutet, dass ein zu trainierendes Verhalten beispielsweise anhand einer Vielzahl von unterschiedlichen Situationsbeispielen eingeübt wird. So können beispielsweise ausgewählte Ereignisse aus dem Anstaltsalltag um Erfahrungen außerhalb der Institution ergänzt werden (z.B. im Freundeskreis, in der Partnerschaft, an der Arbeitsstelle draußen etc.). „Stimulusvariabilität" kann beispielsweise auch bedeuten, dass die Fertigkeit „Umgang mit Versuchungssituationen" anhand verschiedener Situationen eingeübt werden sollte wie z.B. „sich nicht zum Genuss von Alkohol überreden lassen", „sich rechtzeitig und klar genug von straffälligen Bekannten abgrenzen können" oder „gegenüber sich selbst an dem Entschluss festzuhalten, nicht mehr ohne Fahrerlaubnis Auto zu fahren". Hierbei ist bedeutsam, dass sich jeder Trainingsteilnehmer für das Probehandeln in Kognition oder Rollenspiel möglichst ein Beispiel heraussucht, das für ihn selbst von besonderer Relevanz ist.

Das Prinzip der „identischen Elemente" meint, dass sich die im Training eingeübten Bereiche in der Alltagsrealität der Teilnehmer wiederfinden sollten, d.h., dass etwas trainiert werden sollte, was im praktischen Alltag auch gebraucht wird und angewendet werden kann. Um einen solchen bedeutsamen Trainingstransfer in Richtung Alltag zu fördern, arbeitet das Konzept mit regelmäßigen „Hausaufgaben" zwischen den Sitzungsterminen, um das Gelernte auf neue Situationen generalisieren zu können. Die hiermit verbundenen Erfahrungen der einzelnen Teilnehmer werden in der jeweils nachfolgenden Sitzung eingehend in der Gruppe besprochen.

In der Trainingsarbeit wird viel anschauliches und konkretes Arbeitsmaterial in Form von Übungsblättern verwendet. Es wird multimodal kognitiv und verhaltensorientiert gearbeitet. Zunehmend sind wir dazu übergegangen, die Teilnehmer immer stärker in die Gestaltung des Trainings einzubeziehen. So übertragen diese beispielsweise die Inhalte der in der Sitzung erstellten Stoffsammlungen von den Plakaten auf geeignete Arbeitsblätter. Auch werden mündlich oder schriftlich in den Rückmeldungsbögen vorgetragene Anregungen der Teilnehmer aufgegriffen und diskutiert. Auch hier geht es wieder darum, bei den Teilnehmern Erfahrungen von Selbstwirksamkeit und Verantwortungsübernahme im Sinne eines „aktiven Mitgestalters" der Trainingsarbeit zu fördern.

Insgesamt ist das Trainingsvorgehen durch ein recht direktives und straffes Vorgehen gekennzeichnet. Die Trainer sollten jedoch gleichzeitig den Teilnehmern gegenüber eine wohlwollende Haltung einnehmen. Es sollte zu Beginn durch die Festlegung von Gruppenregeln und durch einen entsprechenden schriftlichen Vertrag ein vertrauensvolles Klima für die gemeinsame Zusammenarbeit in der Gruppe geschaffen werden. Dies stellt eine wichtige Grundlage für ein gutes Lernklima dar. Im Sinne von operanter Verstärkung sollten die Teilnehmer für gelungene Trainingsarbeit positiv verstärkt werden z.B. in Form eines zwischengeschalteten Gruppenquiz` zu Trainingsinhalten oder in

Form von informellen „Plaudereien" (soziale „Belohnungen") in den Pauseneinheiten oder auch durch einer kleinen „Abschlussfeier".

2.2.3 Zeitliche und personelle Konzeption

In seiner Gesamtheit ist das Training für etwa 30 bis 40 Sitzungen von jeweils zwei- bis zweieinhalb-stündiger Dauer mit einer kurzen Pause konzipiert. Als effektiv haben sich auch zwischenzeitlich eingestreute Blocktermine mit fünf- bis sechsstündiger Dauer und einer längeren Pause erwiesen, insbesondere in Abschnitten, in denen anhand von zeitintensiven Rollenspielen geübt wird. Das Training wurde für die Zielgruppe männlicher Straftäter entwickelt. Prinzipiell eignet es sich auch für den Einsatz bei weiblichen Gefangenen; hier würden sich jedoch andere Schwerpunktsetzungen ergeben und zahlreiche vorgegebene Beispielsituationen müssten modifiziert werden. Als günstig hat sich eine Gruppengröße von sechs bis maximal acht Teilnehmern erwiesen. Eine Mindestzahl von sechs Teilnehmern ist günstig, da durch diese eine größere Vielzahl von Persönlichkeiten, Meinungen etc. repräsentiert wird und da hierdurch die Möglichkeit der vorübergehenden Arbeit in Kleingruppen gegeben ist. Die Teilnehmerzahl von acht Personen sollte nicht überschritten werden, da sich die Besprechung der „Hausaufgaben" und die Durchführung der Rollenspielübungen sehr zeitintensiv gestalten. Das Training sollte von zwei Trainern geleitet werden, die sich gegenseitig ergänzen. Das Trainingsangebot gestaltet sich recht aufwendig und komplex. So müssen die Trainer beispielsweise als Rollenspielpartner zur Verfügung stehen, sie müssen Stoffsammlungen an der Flip-Chart festhalten, sie müssen Wissen vermitteln oder sie müssen für gruppendynamische Prozesse sensibel sein und diese aufgreifen. Aufgrund dieser Rollenvielfalt bietet sich in jedem Fall eine Aufgabenteilung an. Durch ein solches Zusammenwirken zweier Trainer können den Teilnehmern auch Prozesse des partnerschaftlichen Umgangs miteinander und der gegenseitigen Unterstützung modellhaft demonstriert werden. Im Idealfall bietet sich eine Kombination aus einem männlichen und einem weiblichen Trainer an, da hierdurch gewährleistet wird, dass z.B. in Situationen, die den Umgang zwischen den Geschlechtern oder bestimmte Rollenvorstellungen der Teilnehmer betreffen, männliche und weibliche Sichtweisen repräsentiert sind bzw. auch ein Mann und eine Frau als Rollenspielpartner zur Verfügung stehen.

2.3 Darstellung der einzelnen Trainingsmodule

Im folgenden Abschnitt soll ein kurzer Überblick über die verschiedenen Trainingsinhalte gegeben werden. Um das Vorgehen etwas deutlicher zu veranschaulichen, soll exemplarisch die Einheit „Systematisches Problemlösetraining" in etwas ausführlicherer Form vorgestellt werden.

2.3.1 Einheit: Einführung

Hier werden die Teilnehmer mit dem Trainingsmodell und der Trainingsmethodik in anschaulicher Form und anhand von Arbeitsmaterial und Übungen vertraut gemacht. Die Einheit dient dem gegenseitigen Kennenlernen, der Informationsvermittlung, der Schaffung von Transparenz, der Selbstreflexion, der Motivationsförderung und dem Vertrautwerden mit den typischen Arbeitsweisen des Trainings. Im Hintergrund wird hier auch viel an dem Thema „Eigene Verantwortlichkeit, eigene Kontrollüberzeugungen, Förderung von Selbstwirksamkeit und eigene Möglichkeiten zur Veränderung" gearbeitet.

2.3.2 Einheit: Das „Reporterspiel"

In Analogie zu Fernsehinterviews werden die Teilnehmer spielerisch auf die Arbeit mit der Videokamera vorbereitet, um diesbezügliche Ängste zu reduzieren. Die Videokamera ist von nun an ein „normaler" Bestandteil der Trainingsarbeit. Die Teilnehmer werden durch die Übung des „Reporterspiels" dazu angeregt, über sich zu reflektieren und einem anderen etwas über sich mitzuteilen. Dabei trainieren sie einfache Gesprächsfertigkeiten, sie üben sich darin, vor der Gruppe zu sprechen und vor der Gruppe vorgestellt zu werden. Ferner üben sie Teamarbeit ein und sie lernen, in ihrem Zweierteam Verbindlichkeit zu übernehmen. So vereinbaren sie beispielsweise miteinander, welche Themen vor der gesamten Gruppe dargestellt werden und welche nur in das Zweiergespräch gehören. Hierdurch soll ein rücksichtsvoller Umgang miteinander gefördert werden.

In der Übung „Reporterspiel" werden die Teilnehmer dazu angeleitet, ihr „Fernsehinterview" zunächst sorgfältig in einem Vorgespräch zu zweit vorzubereiten; erst dann begibt sich der Interviewer mit einer „Spick-Karte" und seinem Gast vor die Kamera. So wird hier ein sehr systematischer und impulskontrollierter Verhaltensstil spielerisch eingeübt.

2.3.3 Einheit: Basale soziale Fertigkeiten:

In dieser Einheit geht es um das Einüben der sozialen Fertigkeiten „Zuhören", „Fragen Stellen" und „Gefühle und Gedanken anderer Erkennen und Verstehen".

Jeder Themenbereich wird mit einem anschaulichen Einstiegsbeispiel eingeführt. Hieran schließen sich Gruppendiskussionen zu den folgenden Fragen an: „Wofür ist das Beherrschen der jeweiligen Fertigkeit wichtig?", „Welche Teilschritte gehören zum Beherrschen der jeweiligen Fertigkeit?" bzw. „Was wünsche ich mir von jemandem, der die jeweilige Fertigkeit ausübt?". Anhand dieser Stoffsammlungen werden Arbeitsblätter und sogenannte „Spick-Karten" analog zu den Karteikarten eines Moderators erstellt. Diese können von den Teilnehmern als Hilfestellung herangezogen werden für die Übungen zum Umsetzen der besprochenen Fertigkeiten. Hier wird immer wieder auf das Trainingsmodell des stets „Weiterlernenden" und „Übenden" zurückgegriffen. Der

Einsatz von „Spick-Karten" ist somit etwas „Normales" und Hilfreiches. Auch die Trainer verwenden solche Karteikarten für ihre Moderation. Die Spick-Karten sollten anschaulich und übersichtlich gestaltet sein und dem einzelnen Teilnehmer noch ein Stück Gestaltungsspielraum lassen zum Festhalten von besonderen persönlichen Hinweisen. An das Üben in der Sitzung schließt sich eine „Hausaufgabe" mit entsprechendem Arbeitsblatt zur Erprobung des Gelernten im Alltag an.

Insbesondere der etwas komplexere Themenbereich „Die Gefühle anderer erkennen und verstehen" wird in Form einer Fülle von verschiedenen Beispielen, Übungen und Arbeitsblättern trainiert, angefangen mit einfachen Abbildungen zu mimischen und gestischen Ausdrucksformen bis hin zu komplexen Übungen zur Einschätzung der Befindlichkeit anderer. Hier geht es um die Förderung des zentralen Bereiches „Perspektivenübernahme und Empathie".

2.3.4 Einheit: Systematisches Problemlösetraining

Diese Einheit möchte einen systematischen und selbstkontrollierten Umgang mit Alltagsproblemen und Konflikten vermitteln. Den Verlauf der Trainingssequenz stellen die Tabellen 1 und 2 im Anhang zusammenfassend dar.

Das detaillierte Besprechen der einzelnen Problemlöseschritte (vgl. z.B. D'Zurilla & Goldfried, 1971; Spivack & Shure, 1982) soll bei den Teilnehmern realistische Wahrnehmungsprozesse fördern; ferner sollen der Aufbau von Impulskontrolle, die Formulierung realistischer Zielperspektiven, die Fähigkeit, sich empathisch in die Perspektive anderer Beteiligter zu versetzen, und die Generierung von Lösungsalternativen und deren Folgenabschätzung eingeübt werden.

Als exemplarische Arbeitsunterlage hierzu ist das „Problem-Tagebuch" im Anhang dargestellt. Dieses Tagebuch gewährleistet die Möglichkeit, wirklich an persönlichen und damit relevanten Beispielen der einzelnen Teilnehmer arbeiten zu können. Das Tagebuch wird den Teilnehmern zwischen den Sitzungen als „Hausaufgabe" mitgegeben; dabei existieren verschiedene Versionen, die immer jeweils die anhand von Beispielen in der Sitzung bereits besprochenen Schritte enthalten. In der nachfolgenden Sitzung werden die mitgebrachten Tagebücher der einzelnen Teilnehmer dann ausführlich besprochen, kommentiert und durch mögliche Anregungen ergänzt. Die Idee zu diesem methodischen Vorgehen gründet sich auf die Annahme, dass infolge des mehrmaligen Durchgehens der Schritte anhand von verschiedensten Beispielen im Laufe der Zeit eine Gewohnheitsbildung in Form einer schrittweisen Internalisierung des Vorgehens einsetzt; hierdurch soll bei den Teilnehmern auch eine stärkere Selbststeuerung in Form einer inneren, handlungssteuernden Sprache (vgl. Meichenbaum & Goodman, 1971) in Gang gesetzt werden.

2.3.5 Einheit: Komplexere soziale Fertigkeiten:

In dieser Einheit geht es um das Einüben komplexerer sozialer Fertigkeiten wie „Verhandeln", „Befolgen von Anweisungen" oder „eigene Rechte angemessen Artikulieren und Durchsetzen". In diesem Zusammenhang sollen die Teilnehmer auch lernen, zwischen selbstunsicherem, selbstsicherem und aggressivem Verhalten zu differenzieren (vgl. auch Pfingsten & Hinsch, 1991). Ferner ist der Umgang mit Versuchungssituationen („nein sagen können") ein Thema der Einheit. Desweiteren setzen sich die Teilnehmer ausgiebig mit der Frage auseinander, wie sie angemessen Kritik an anderen üben können und diese selbst annehmen können; in diesem Zusammenhang finden auch praktische Übungen zur Gegenüberstellung von Selbst- und Fremdwahrnehmung statt. Schließlich geht es insgesamt um eine Sensibilisierung der Teilnehmer für Prozesse der zwischenmenschlichen Kommunikation. So lernen die Probanden im Rahmen der Besprechung eines Kommunikationsmodells, Botschaften zwischen Sendern und Empfängern auf der Sach- und Beziehungsebene zu analysieren, und beschäftigen sich mit dem Unterschied zwischen Wahrnehmung und Bewertung.

Ähnlich wie in Abschnitt 2.2.3. dargestellt, werden auch die komplexeren sozialen Fertigkeiten besprochen und anhand von ausführlichen Übungsblättern und Rollenspielen eingeübt. In diesem Abschnitt geht es zusätzlich um eine Sensibilisierung der Teilnehmer hinsichtlich eher „fordernder" versus eher „nachgiebiger" oder „sich fügender" Verhaltensweisen und deren jeweiliger Situationsangemessenheit. Mit Hilfe eines Diskriminationstrainings sollen die Probanden eine angemessene Balance zwischen „aggressiven" (im ursprünglichen Wortsinn von „aggredi = herangehen") und „regressiven" Verhaltensmustern finden.

Ferner geht es auch hier um die Schulung von realistischer Selbst- und Fremdwahrnehmung und die Korrektur von selektiv verzerrten Attributionsstilen am Beispiel der Analyse von Kommunikationsmustern.

2.3.6 Einheit: Umgang mit Ärger

In dieser Einheit geht es zunächst darum, jeden Teilnehmer für seine persönlichen Hinweisreize hinsichtlich der Entstehung von Ärger, für eine möglichst frühzeitige Wahrnehmung von Ärger und für seine bislang typischen Umgangsformen mit Ärger zu sensibilisieren. Von diesem Schritt können sowohl die impulsiv-aggressiven als auch die eher gehemmt-aggressiven Trainingsteilnehmer profitieren. Desweiteren geht es um gezielte Informationsvermittlung zum Thema „Ärger und Aggression" und um die Vorstellung des A-B-C-D-Modells von Ellis zur Verdeutlichung typisch ablaufender Prozesse im Wahrnehmungs-, Emotions-, Kognitions- und Handlungsbereich. Anhand dieses Modells können die Teilnehmer wichtige „Schnittstellen" zum Einsatz von Selbstkontroll-Möglichkeiten erkennen (vgl. Ferguson & Rule, 1983; Goldstein, 1983).

In diesem Zusammenhang geht es auch um die Analyse von typischen situationsbezogenen Auslösereizen der Ärgerentstehung bei jedem einzelnen Teilnehmer; insbesondere sollen jedoch die Teilnehmer auch sensibilisiert werden für hiermit eng verbundene individuelle ärger- und aggressionsförderliche Wahrnehmungs- und Bewertungsverzerrungen, ihre ärgerfördernden Selbstverbalisationsstile und damit assoziierte Gefühle (z.B. „der Typ da drüben meint wohl, er ist etwas Besonderes – dem werd` ich`s schon zeigen" oder „ich bin immer nur für alle der Blöde – jetzt hole ich mir auch mal, was mir zusteht"). Manche Trainingsteilnehmer denken in diesem Zusammenhang auch darüber nach, wo mögliche Wurzeln für diese individuellen Wahrnehmungs- und Bewertungsmuster in ihrer Biographie liegen, welche Übertragungsprozesse hier relativ automatisiert wirksam werden und gegebenenfalls überdacht werden sollten. Um den Trainingscharakter hier nicht zu sprengen, werden den Teilnehmern hierzu weitere Anregungen für die Therapiearbeit in den Einzelstunden mitgegeben.

Ebenso wie sich die Teilnehmer mit den oben dargestellten ungünstigen Prozessen ihrer inneren Verarbeitung der Situationen auseinandersetzen, lernen sie günstige, entspannende bzw. die eigene Befindlichkeit positiv beeinflussende Umgangsformen mit Ärgerreizen kennen. In dieser Phase geht es um die Sammlung und Erprobung von Impulskontrolltechniken, Entspannungsmöglichkeiten, günstigen Prozessen der Selbstverbalisierung und Möglichkeiten zur Unterbrechung von automatisierten, auf den Ärger fokussierten Kognitions- und Handlungsketten. Neben der Vermittlung brauchbarer und „abstandschaffender" Stop-Techniken und Entspannungsverfahren (z.B. Imaginationstechniken, Progressive Muskelentspannung etc.) geht es hier auch insbesondere um eine Aktivierung und Nutzbarmachung persönlicher „Tricks" der einzelnen Teilnehmer. Auch ist darauf zu achten, dass jeder Teilnehmer erproben sollte, welche der gesammelten Techniken für ihn persönlich am ehesten in Frage kommen.

Im nächsten Schritt werden die gedankliche und praktische Erprobung und „Verfügbarmachung" von Verhaltensalternativen zur Aggression trainiert und deren jeweilige Situationsangemessenheit diskutiert (z.B. „wann macht Ausdiskutieren noch einen Sinn und wann ist der Rückzug angesagt?"). In diesem Zusammenhang werden auch die Begriffe „Stärke" und „Schwäche" reflektiert, es geht um die Betrachtung verschiedener Formen von „Aggression" und um die Förderung eines differenzierten folgenabschätzenden Denkens. Mit den Teilnehmern werden auch Möglichkeiten einer zu einem sehr frühen Zeitpunkt einsetzenden Stimuluskontrolle besprochen wie zum Beispiel, welche typischen stärker risikobehafteten Situationen von vornherein vermieden werden sollten (z.B. nächtliche Kneipenbesuche, Fankurve auf dem Fußballplatz etc.). Ebenso werden sie darauf aufmerksam gemacht (z.B. durch Videokamera), wie ihr eigenes Auftreten möglicherweise Aggressionen bei anderen provozieren könnte. Ein wichtiges Thema in der Einheit „Umgang mit Ärger" ist auch der „Umgang mit Alkohol", da Alkohol bei vielen Teilnehmern in der Vergangenheit deutlich aggressionsenthemmende Funktion hatte.

Methodisch arbeitet die Einheit mit Gruppendiskussionen, Wissensvermittlung, praktischen Übungen, der Bearbeitung von Arbeitsblättern, Rollenspielen und der Technik des „Ärger-Tagebuches". Ähnlich wie das oben dargestellte „Problem-Tagebuch" (s. Anhang) ist das Ärger-Tagebuch entsprechend den soeben skizzierten Schritten strukturiert und wird den Teilnehmern zwischen den Sitzungen mitgegeben, um im Training an ihren persönlich relevanten Beispielen arbeiten zu können.

2.3.7 Einheit: Förderung der moralischen Urteilsbildung

Zahlreiche Untersuchungen an Straftätern haben ergeben, dass diese ihren Entscheidungsprozessen relativ niedrige Stufen der kognitiv-moralischen Urteilsbildung zugrundelegen (vgl. Chandler & Moran, 1990; Wischka, in diesem Band). So fallen beispielsweise die Orientierung am Risiko der Bestrafung oder die Orientierung an unmittelbaren instrumentellen Bedürfnissen und persönlichen Beziehungen als zentrale Kriterien der Bewertung der Güte von Handlungsalternativen auf (vorkonventionelle Stufen der Moralentwicklung nach Kohlberg; vgl. Kohlberg & Turiel, 1978; Kohlberg, 1974).

Insofern versucht das Training, die Teilnehmer zum Nachdenken anzuregen in Richtung konventioneller und postkonventioneller/a priori-ethischer Urteilsbildung (z.B. Orientierung an allgemeinverbindlichen Gesetzen, Regeln und Normen und dahinterstehenden moralisch-ethischen Prinzipien).

Hierzu wurden von Kohlberg entwickelte Situationen, die typische sozio-moralische Dilemmata beschreiben, als Grundlage verwendet (vgl. auch Gibbs et al., 1984; Goldstein, 1988). Sie wurden für den Erwachsenenbereich umgeschrieben und durch zusätzliche Beispiele ergänzt. Bei der Bewertung der Situationen geht es weniger um „richtige" oder „falsche" Entscheidungen, sondern eher um das Argumentationsniveau für die unterschiedlichen Entscheidungen in der jeweiligen Situation (z.B. „die Partnerin erleidet auf einer Party eine Herzattacke – soll ich sie in angetrunkenem Zustand in das 20 km entfernte Krankenhaus fahren oder nicht?").

Die Teilnehmer sollen die vorgelegten Beispiele diskutieren und reflektieren, welche Begründungen und Entscheidungen jeweils moralisch höherwertiger sind. Durch gezielte Nachfragen der Trainer können die Teilnehmer auch immer wieder zu neuen, wertvollen Argumentationslinien angeregt werden.

2.3.8 Einheit: Wiederholung, Integration und Ausblick

Zum Abschluss des Trainings geht es um eine wiederholende und integrierende Reflexion des Gelernten. Anhand von Arbeitsblättern sollen die Teilnehmer entscheiden, welche Trainingsinhalte hier sinnvollerweise jeweils zu aktivieren sind (Diskriminationslernen) und sollen sie beispielbezogen umsetzen. Außerdem wird jeder Teilnehmer zu einem kurzen Ausblick in seine persönliche Zukunftsperspektive angeregt. Im Rahmen dieser Übung sollen die Teilnehmer vorausschauend darüber nachdenken, wo sie die einzelnen Trainingselemente in künftigen Situationen für sich individuell nutzbar machen können. Ergibt sich während dieser persönlichen Reflexion nochmals der Wunsch nach einem Probehandeln in Form eines Rollenspieles oder anhand des Durchgehens eines „Tagebuches", so werden entsprechende Übungen in den Trainingsabschluss aufgenommen. Ebenso soll jeder Teilnehmer in einer kurzen Selbstreflexion für sich eine Abschlussbilanz über die eigenen Trainingserfahrungen ziehen und für ihn besonders wichtige Erkenntnisse festhalten.

3. Wirkt das Training? – Vorläufige Befunde zur Verlaufs- und Ergebnis-Evaluation

Bisher konnte das Training in sechs Durchgängen mit insgesamt 39 Teilnehmern durchgeführt werden. Bei diesen Probanden handelte es sich um erwachsene männliche Gefangene der Sozialtherapeutischen Anstalt Erlangen mit unterschiedlichsten Delikten (Schwerpunkt: Gewalt- und Eigentumsdelikte). Der Altersbereich schwankte zwischen 23 und 49 Jahren mit einem Altersschwerpunkt zwischen 30 und 35 Jahren. Bei der Mehrzahl der Gefangenen handelte es sich um Rückfalltäter mit zumeist erheblicher krimineller Vorbelastung.

Der Trainingsverlauf wurde begleitet durch das Ausfüllen von Rückmeldungsbögen, die von den Teilnehmern nach jeder Einheit auszufüllen waren. Hierdurch soll eine Verlaufsevaluation über mehrere Trainingsdurchgänge gewährleistet sein. Ebenso notierten sich die Trainer Veränderungsideen im Anschluss an jede Sitzung.

Bislang steht eine systematische Auswertung dieser Daten über alle Trainingsdurchgänge hinweg noch aus. Hinsichtlich der Auswertung des ersten Trainingsdurchgangs und überblicksartiger Eindrücke aus den Rückmeldungsbögen der weiteren Trainingsgruppen lassen sich einige vorläufige Trends wie folgt zusammenfassen:

Insgesamt äußern sich die Teilnehmer nach strukturierteren Sitzungen zufriedener. Fanden hingegen Sitzungen statt, in denen die Gefangenen ausführlich ihren Unmut z.B. über Anstaltsbedingungen äußerten, ohne sich hierbei rasch auf ein konstruktiv-lösungsorientiertes Vorgehen einlassen zu können, wurden diese Einheiten im Nachhinein von den Teilnehmern als eher ungünstig beurteilt. Hier wurden dann insbesondere „fruchtlose" Diskussionen kritisiert oder es wurde bemängelt, mit dem „Trainingsstoff" nicht ausreichend vorangekommen zu sein.

Ein weiteres vorläufiges Ergebnis der Auswertungen ist, dass Rollenspiele, intensive persönliche Übungselemente oder auch die ausführliche Besprechung individueller Trainingstagebücher zwar häufig zunächst angstbesetzt sind, im Nachhinein jedoch von den Teilnehmern oftmals als sehr hilfreich erlebt wurden und auch mit einem gewissen „Stolz" im Sinne einer erlebten Selbstwirksamkeit kommentiert wurden.

Weiterhin wird erkennbar, dass für die Zufriedenheit mit einer Trainingssitzung neben den besprochenen Inhalten und den angewandten Arbeitsweisen auch das jeweilige „Gruppenklima" bzw. auch gruppendynamische Prozesse ausschlaggebend sind.

Neben den jede Sitzung begleitenden Feedback-Bögen wird den Teilnehmern zum Trainingsabschluss nochmals ein ausführlicher Rückmeldungsbogen vorgelegt, in dem sie einzelne Trainingsabschnitte und deren Bedeutsamkeit für sich persönlich und die anderen Gruppenmitglieder beurteilen sollen und in dem nach Verbesserungsmöglichkeiten für das Training gefragt wird. Desweiteren sollen die Teilnehmer in diesem Bogen anhand des offenen Satzes „das Training hat mir dabei geholfen, …" beurteilen, welche Anregungen ihnen die Gruppenarbeit persönlich gebracht hat; hier wird auch nach Veränderungen gefragt, die die Teilnehmer bei sich beobachtet haben. Erste Auswertungsergebnisse zeigen, dass wesentliche Trainingsziele auch in den Antworten der

Trainingsteilnehmer ihre Entsprechung finden. So gaben die Probanden beispielweise an, das Training habe ihnen dabei geholfen, Probleme besser zu erkennen, zu analysieren und zu bewältigen (13 Nennungen), sich in andere hineinzuversetzen und deren Sichtweise besser zu verstehen (6 Nennungen) oder erst nachzudenken und dann zu handeln (6 Nennungen). Positiv fällt auch auf, dass die Teilnehmer über Trainingseffekte sowohl im Kognitions- und Einstellungsbereich als auch im konkreten Verhalten berichten. Auch hier lässt sich somit eine wesentliche Entsprechung finden zwischen den Zielsetzungen des Trainingskonzeptes und den Selbstbeobachtungen der Teilnehmer zu Trainingswirkungen.

Der Trainingserfolg soll ferner durch Prä-Post-Messungen mit Hilfe verschiedener standardisierter Testverfahren evaluiert werden. Zum Einsatz kommen hierbei das Freiburger-Persönlichkeitsinventar (FPI-R), der Fragebogen zur Erfassung von Aggressivitätsfaktoren (FAF), der Gießen-Test, der Unsicherheitsfragebogen, eine Skala zur Erfassung von Impulsivität, Abenteuerlust und Risikobereitschaft von Lösel (vgl. Lösel, 1975) und ein Fragebogen zur Erfassung subjektiver Kriminalitätstheorien von Averbeck (vgl. Averbeck, 1993).

Diese Auswertungen sind noch nicht abgeschlossen. In einer vorläufigen Sichtung der Ergebnisse wurde als erste Tendenz erkennbar, dass sich auf den Skalen der Persönlichkeitstests insgesamt Entwicklungen zu einer Normalisierung der Testbefunde von Extremausprägungen hin zu statistisch unauffälligeren Werten abzeichnen.

Bei der Auswertung des ersten Trainingsdurchgangs fiel auf, dass auf der Skala „Aggressivität" insgesamt deutlichere Veränderungen hin zu mehr Selbstkontrolle berichtet wurden als auf der Skala „Erregbarkeit" hin zu geringerer Erregbarkeit bzw. größerer Gelassenheit. Dieser Befund könnte dahingehend interpretierbar sein, dass die Trainingsarbeit die Probanden durchaus auf der Wahrnehmungsschiene weiterhin sensibilisiert für frühe „Alarmsignale" der Ärger- oder Problementstehung, dann jedoch auf der expliziten Einstellungs- und Verhaltensebene zu einer Ärgerbewältigung mit nicht-aggressiven Mitteln anregt.

4. Ausblick

Unmittelbar aus den soeben dargestellten vorläufigen Ergebnissen zur Evaluation des Trainings ergibt sich als Projekt für die Zukunft die Notwendigkeit weiterer Auswertungen zu diesem Bereich. Hier liegt noch eine Menge Material aus den sechs Trainingsdurchgängen mit 39 Teilnehmern zur Analyse bereit, so dass hier in Zukunft gesichertere Erkenntnisse auf einer breiteren Datenbasis präsentiert werden können.

Auch inhaltlich und methodisch unterliegt die Trainingsarbeit einer ständigen Fortentwicklung. So werden beispielsweise immer wieder neue Übungselemente zu den verschiedenen Themenkomplexen erprobt; ebenso eröffnen die Weiterentwicklungen moderner Software-Anwenderprogramme neue Möglichkeiten zur ansprechenderen und auch unter lernpsychologischen Aspekten noch wirkungsvolleren Materialgestaltung.

Schließlich wäre sicherlich die Erprobung des Trainingsinstrumentes oder einzelner Module unter den Bedingungen des Normalvollzuges ein spannendes und lohnendes Forschungsprojekt. In seiner Anwendung im Rahmen der Sozialtherapie Erlangen war die Trainingsarbeit wie bereits oben dargestellt immer eingebettet in ein umfassenderes Behandlungskonzept, aus dem sich sinnvolle gegenseitige Ergänzungsmöglichkeiten ergeben. Durch eine Erprobung im Normalvollzug könnten Erfahrungen zur Frage gesammelt werden, wie sich das Gruppentraining als relativ isolierte Maßnahme bewähren würde.

Für die Zukunft wäre auch die Realisierung der Idee wünschenswert, in die Gruppenarbeit einen ehemaligen Teilnehmer als Co-Trainer mit einzubeziehen, wie dies beispielsweise auch in den Konzepten von Weidner oder Ross praktiziert wird (vgl. Weidner, 1990; Ross, 1988). Dieses Modell könnte unter verschiedenen Gesichtspunkten sinnvoll sein. Zum einen sind Mitprobanden für Gefangene oftmals glaubwürdigere Modelle als Trainer, was ihren biographischen und soziokulturellen Hintergrund oder auch ihren mühsam selbst vollzogenen Veränderungsprozess betrifft. Zum anderen dürfte bei den Co-Trainern die Tatsache, dass sie nun in der Rolle des Vermittlers und Modells gelernte, prosoziale Einstellungen und Verhaltensweisen präsentieren, die Auftretenswahrscheinlichkeit dieser erwünschten Strukturen bei ihnen auch im Lebensalltag fördern gemäß der Theorie der kognitiven Dissonanz (im Sinne einer Dissonanzvermeidung).

Zudem erhalten die Co-Trainer auf diesem Weg die Gelegenheit, eine für sie neuartige Aufgabe und Rolle zu übernehmen, die wiederum mit zahlreichen positiven Möglichkeiten der Identifikation verbunden sein dürfte. Es ergeben sich damit die Chance zu „neuen Karrieren" – wie Ross es formuliert - und die Möglichkeit, zu einem „Agenten der Veränderung" zu werden im Sinne von erlebter Selbstwirksamkeit. Zusätzlich kann sich als weiteres Trainingsfeld für die Co-Trainer ergeben, den Umgang mit Provokationen durch „neue" und weniger im positiven Sinne motivierte Teilnehmer zu üben (z.B. mit der Bemerkung eines Teilnehmers: „du hast dich wohl umpolen lassen?" umzugehen).

Insgesamt kann sicher die Rolle als Co-Trainer mit der Chance verbunden sein, die als ehemaliger Teilnehmer erworbenen Fähigkeiten weiter einzuüben und noch stärker zu internalisieren.

Tabelle 1: Verlauf der Trainingseinheit „Systematisches Problemlösetraining"

Zielsetzungen der Einheit	Vermittelte Inhalte	Methodik / Material
Vermittlung von Selbstwirksamkeit und Selbst-Management in Problemsituationen ("Entdramatisierung")	Probleme als etwas Alltägliches „Probleme sind bewältigbar"	Gruppendiskussion Informationsvermittlung
Frühzeitige Sensibilisierung zur Problem-Erkennung	Typische Merkmale von Problemsituationen Individuelle „Warnsignale" der Teilnehmer	Stoffsammlung Gruppendiskussion Arbeitsblätter
Erkennen typischer Fehler beim Problemlösen: - Vermeidung; Resignation - Impulshaftes, unüberlegtes Verhalten	Durch diese Fehler verliere ich die Ruhe und den Überblick über die Problemsituation; Durch beide Fehler verliere ich die Selbstkontrolle und die Beeinflussungsmöglichkeit über die Situation	Selbsterfahrung anhand von Denkaufgaben Gruppendiskussion Arbeitsblätter
Vermittlung von Impulskontrolle	Stop-Techniken: z.B. Durchatmen; Zählen; Selbstverbalisierung; Visualisierung etc.	Informationsvermittlung Ausprobieren Sammlung persönlicher Techniken
Anleitung zur systematischen Problemanalyse: Problemdefinition	Klärung folgender Fragen: Worum geht es in der Problemsituation? Wer ist an dem Problem beteiligt?	Arbeitsblätter Besprechung von Beispielen Arbeit an den individuellen Problemtagebüchern
Problemanalyse aus der eigenen Sicht Überdenken eigener Wertigkeiten Prioritätensetzung	Klärung folgender Fragen: Welche Ziele habe ich in der Problemsituation? Was ist mein Hauptziel / das langfristig übergeordnete Ziel? Was möchte ich auf keinen Fall? Welche Hindernisse gibt es auf dem Weg zu meinem Hauptziel?	Gruppendiskussion zum Sinn dieses Vorgehens Besprechung von Beispielen Arbeit an den individuellen Problemtagebüchern

Tabelle 2: Weiterer Verlauf der Trainingseinheit „Systematisches Problemlösetraining"

Zielsetzungen der Einheit	Vermittelte Inhalte	Methodik / Material
Problemanalyse aus der Sicht anderer Beteiligter Sensibilisierung für verschiedene Sichtweisen Korrektur von verzerrten Wahrnehmungs- und Attributionsstilen Ergänzung der selbstzentrierten Sichtweise durch Perspektivenwechsel	Klärung folgender Fragen: Was fühlt und denkt der andere wohl? Welche Ziele hat der andere in der Problemsituation? Was möchte der andere wohl auf keinen Fall? Was wird der andere wohl tun?	Einstiegsblatt: Kippbild (Alte Frau–Junge Frau) Comic Vater & Sohn Gruppendiskussion zum Sinn des Perspektivenwechsels Besprechung von Beispielen Arbeit an den individuellen Problemtagebüchern
Generierung von Lösungsalternativen Vermittlung von kreativem Denken Zuhilfenahme des Rates und der Ideen anderer	Klärung der Frage: Welche verschiedenen Lösungsmöglichkeiten gibt es für diese Problemsituation?	Einstiegsbeispiel: 1 Bonbonkorb mit nur 1 Sorte versus 1 Bonbonkorb mit Sortenvielfalt Gruppendiskussion zum Vorteil der Sammlung verschiedener Lösungsmöglichkeiten Technik „Brainstroming" am Beispiel Besprechung von Beispielen Arbeit an den individuellen Problemtagebüchern
Vermittlung von vorausschauendem Denken Differenzierung der Folgenabwägung Kriterien für eine wohlüberlegte Entscheidung Rückbezug auf das Hauptziel	Bewertung der gesammelten Lösungsmöglichkeiten unter folgenden Gesichtspunkten: Welche Folgen haben sie jeweils hinsichtlich - emotionaler - sozialer - materieller - kurzfristiger - langfristiger Konsequenzen für mich und andere?	Besprechung von Beispielen Arbeit an den individuellen Problemtagebüchern
Anleitung zur realistischen Selbstevaluation Ergebniskontrolle	Klärung folgender Fragen: Wie zufrieden bin ich mit meiner Lösung? Woran könnte ich noch „feilen"? Soll ich erneut weiter vorne einsteigen in den Problemlöseprozess?	Ausfüllen des Zufriedenheitsthermometers Arbeit an den individuellen Problemtagebüchern

Anhang:

Mein Problem-Tagebuch „Probleme knacken mit Köpfchen"

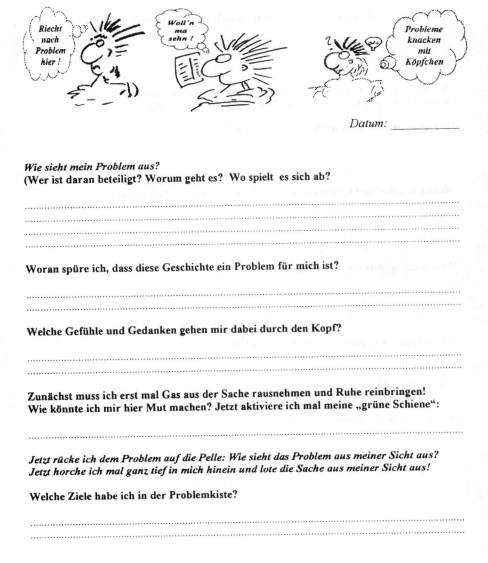

Datum: _____

Wie sieht mein Problem aus?
(Wer ist daran beteiligt? Worum geht es? Wo spielt es sich ab?)

....
....
....
....

Woran spüre ich, dass diese Geschichte ein Problem für mich ist?

....
....

Welche Gefühle und Gedanken gehen mir dabei durch den Kopf?

....
....

Zunächst muss ich erst mal Gas aus der Sache rausnehmen und Ruhe reinbringen!
Wie könnte ich mir hier Mut machen? Jetzt aktiviere ich mal meine „grüne Schiene":

....

Jetzt rücke ich dem Problem auf die Pelle: Wie sieht das Problem aus meiner Sicht aus?
Jetzt horche ich mal ganz tief in mich hinein und lote die Sache aus meiner Sicht aus!

Welche Ziele habe ich in der Problemkiste?

....
....

Jetzt sortiere ich mal! Mein Hauptziel: ....

Was möchte ich in dieser Problemkiste auf keinen Fall?

....

Was gibt es für Hindernisse auf dem Weg zu meinem „Hauptziel"?

....
....

Und weiter geht's: Wie sieht das Problem aus der Sicht der anderen Beteiligten aus? Jetzt werde ich mal versuchen, in die Haut der anderen zu schlüpfen:

Wer ist außer mir noch an der Sache beteiligt?

....

Welche Gefühle und Gedanken gehen wohl in den anderen Beteiligten vor?

....
....

Was ist den anderen wohl wichtig?

....
....

Was möchten die anderen wohl auf keinen Fall?

....
....

Was werden die anderen wohl tun?

....
....
....

Und weiter geht's: Jetzt versuche ich, eine gute Ideenfabrik zu sein! Hierbei kann ich auch Ratschläge von Außenstehenden einholen! Ich sammle zunächst mal alle Lösungswege, die es für die Problemkiste geben könnte:

....
....
....

Und weiter geht's:
Ich versuche jetzt ein guter Detektiv mit Durchblick und Weitblick zu sein und frage mich:
Welche verschiedenen Folgen haben wohl die einzelnen Lösungswege?

....
....
....

Jetzt bewerte ich die verschiedenen Folgen, damit ich die Lösungswege in eine vernünftige Rangreihe bringen kann! Welche Folgen sind gut und welche sind schlecht bei langfristiger Abwägung?

....
....
....

Welcher Lösungsweg bringt mich am ehesten zu meinem „Hauptziel"?

....

Auf zum Endspurt! Nun wähle ich aus:
Ich entscheide mich für die Lösung, die langfristig wohl am positivsten ist:

....
....

Nach dem Problemlöseversuch auszufüllen:

Was habe ich schließlich gesagt oder getan, um das Problem zu lösen?

....
....
....

Habe ich damit mein Problem gelöst? ....

Wie beurteile ich meine Problemlösung auf meinem Zufriedenheits-Thermometer?

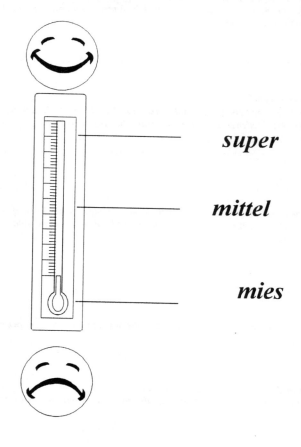

Woran könnte ich noch „feilen"? Was gäbe es noch besser zu machen?

....
....

Zu guter Letzt mache ich noch die „Endkontrolle":
Hierzu frage ich mich: Habe ich mit meinem Versuch die Problemkiste geknackt?
Muss ich nochmal weiter vorne in das Tagebuch einsteigen?

....

Das Behandlungsprogramm für Sexualstraftäter (BPS) im niedersächsischen Justizvollzug

von Bernd Wischka, Elisabeth Foppe, Peter Griepenburg, Carmen Nuhn-Naber und Ulrich Rehder

1. Sexualstraftäter in Niedersachsen: Deliktverteilung und Behandlungserfordernisse

Im Hinblick auf die zu erwartende Gesetzesänderungen für Sexualstraftäter hatte das Niedersächsische Justizministerium bereits im Juni 1997 eine Arbeitsgruppe eingerichtet, um die bisher vorhandenen Behandlungsmöglichkeiten darzustellen, Bedarfsschätzungen abzugeben und Entwicklungsmöglichkeiten aufzuzeigen. In diese Arbeitsgruppe wurden Praktiker aus Vollzugsanstalten, Sozialtherapeutischen Einrichtungen, der Fachberater für Sozialtherapie und Ministerialbeamte berufen (Rehder et al., 1998; s. auch Wischka, 2000a und b).

Als Datenmaterial standen eine Untersuchung von Karsten (1997), Erhebungen aus der Einweisungsabteilung (Griepenburg & Rehder, 1998) und den Anstalten des Maßregelvollzuges in Niedersachsen (Weig, 1997) zur Verfügung.

Die Untersuchung von Karsten (1997) umfasste die Gesamtheit der männlichen Sexualstraftäter im niedersächsischen Justizvollzug, die aufgrund der §§ 174, 174a, 176, 177, 178, 179, 180, 182, 211/212 StGB nach einem Sexualdelikt und 323a StGB, wenn das Grunddelikt ein Sexualdelikt war, eine Freiheitsstrafe (Erwachsenen- oder Jugendstrafe) verbüßten. In die Untersuchung wurden auch die Gefangenen aufgenommen, die am Stichtag kein Sexualdelikt verbüßten, gegen die aber während der laufenden Strafvollstreckung eine Freiheitsstrafe wegen eines Sexualdelikts einbezogen war. Nicht einbezogen wurden Untersuchungsgefangene und Gefangene, die eine Ersatzfreiheitsstrafe verbüßten. Der verwendete Fragebogen enthielt Fragen danach, ob und welche therapeutischen Beratungs- und Bildungsangebote für jeden einzelnen Sexualstraftäter durchgeführt oder für erforderlich gehalten wurden.

Einen anderen Zugang, den Bedarf an Behandlungsmaßnahmen für Sexualstraftäter im niedersächsischen Justizvollzug zu ermitteln, wählten Griepenburg & Rehder (1998). Sie haben zu diesem Zweck alle gutachtlichen Stellungnahmen über Sexualstraftäter ausgewertet, bei denen in der zentralen Einweisungsabteilung bei der JVA Hannover zwischen dem 1.6.1996 und dem 30.9.97 eine Behandlungsuntersuchung nach § 6 StVollzG durchgeführt worden ist. Erfasst wurden auf diese Weise 98 Personen. Berücksichtigt wurde hier neben Fragen der Eignung und Motivation für Behandlungsmaßnahmen auch die zur Verfügung stehende Zeit. Zur Berechnung der „Netto-

Strafzeit" mussten Schätzungen über den Zeitraum bis zur Aufnahme in eine Behandlungsmaßnahme und Reststrafenaussetzungen nach § 57 StGB vorgenommen werden. Ende 1996 hatte das niedersächsische Sozialministerium eine Erhebung in den Anstalten des Maßregelvollzuges initiiert. Erfasst wurden alle am 15.10.1996 in den Psychiatrischen Krankenhäusern des Landes Niedersachsen untergebrachten Personen, die auf der Grundlage der §§ 63 und 64 StGB wegen Anlasstaten mit sexuellem Hintergrund eingewiesen worden sind (Weig, 1997; Pozsár et al., 1999).

Ein Vergleich zwischen den Sexualstraftätern in Einrichtungen des Maßregel- und Justizvollzuges zeigt, dass die weitaus meisten Sexualstraftäter im Strafvollzug untergebracht sind, der prozentuale Anteil ist jedoch im Maßregelvollzug größer (Tabelle 1).

Tabelle 1: Anteil der Sexualstraftäter in Einrichtungen des Maßregel- und Justizvollzuges in Niedersachen. *Stichtag 15.12.96 (Karsten, 1997); **Stichtag 15.10.96 (Weig, 1997).

	Strafvollzug*	Maßregelvollzug**
Sexualstraftäter	372 (8,9%)	141 (25,05%)
andere Täter	3799 (91,1%)	422 (74,95%)
Gesamt	4171 (100%)	563 (100%)

Im Maßregelvollzug ist die mit Abstand größte Gruppe die der pädophilen Täter (72%). Der Anteil der Sexualstraftäter im Strafvollzug mit entsprechenden Delikten beträgt nur 34,7%. Im Strafvollzug sind die Täter mit Vergewaltigung und sexueller Nötigung überrepräsentiert (46%). Täter mit entsprechenden Delikten finden sich im Maßregelvollzug zu 10,7% (Tabelle 2).

Tabelle 2: Deliktverteilung bei Sexualstraftätern im Straf- und Maßregelvollzug Niedersachsens. *Stichtag 15.12.96 (Karsten, 1997); **Stichtag 15.10.96 (Weig, 1997).

	Strafvollzug*	Maßregelvollzug**
pädophile Delikte (§§ 174, 176, 180, 182 StGB)	129	107
Vergewaltigung/versuchte Vergewaltigung (§ 177 StGB)	172	16
Sexuelle Nötigung (§ 178 StGB)	43	11
Tötungsdelikte m. sexuellem Hintergrund (§§ 211, 212)	22	8
andere Sexualstraftaten oder keine Angabe	6	7
	372	149

Tabelle 3 weist auf eine gewisse Durchlässigkeit zwischen Strafvollzug und Maßregelvollzug hin. 11 Sexualstraftäter waren zum Zeitpunkt der Erhebung trotz der Anordnung einer Maßregel im Strafvollzug, weil die Maßregel nicht oder noch nicht vollzogen oder abgebrochen worden ist.

34 der 342 Sexualstraftäter (10%), die zu einer Freiheitsstrafe (ohne Sicherungsverwahrung) verurteilt worden waren, erhielten am Stichtag eine Behandlung in einer der drei Sozialtherapeutischen Einrichtungen des Erwachsenenvollzuges.

26 der Sexualstraftäter waren Jugendliche; sie waren in der geschlossenen Jugendanstalt Hameln (25) oder in der offenen Jugendanstalt Göttingen-Leineberg (1) untergebracht.

Tabelle 3: Unterbringung der Sexualstraftäter in niedersächsischen Einrichtungen des Straf- und Maßregelvollzuges in Abhängigkeit von der vom Gericht verhängten strafrechtlichen Sanktion. *Stichtag 15.12.96 (Karsten, 1997); **Stichtag 15.10.96 (Weig, 1997).

Unterbringung	strafrechtliche Sanktion				Gesamt	
	Freiheitsstrafe	Sicherungsverwahrung	Maßregel nach § 63 StGB	Maßregel nach § 64 StGB		
Strafvollzug (ohne Sozialtherapie)*	308	9	7	4	328	370
Sozialtherapie (§ 9 StVollzG)*		34			34	
Sicherungsverwahrung (§ 66 StGB)*		8			8	
Maßregel nach § 63 StGB**			133		133	141
Maßregel nach § 64 StGB**				8	8	
	308	34	17	140	12	
			359		152	511

Aus den Erhebungen im niedersächsischen Justizvollzug (Karsten, 1997; Griepenburg & Rehder, 1998) kann gefolgert werden, dass für ca. 1/3 der Sexualstraftäter keine Behandlungsmaßnahmen erforderlich sind. Die Behandlung in einer Sozialtherapeutischen Einrichtung wurde vom überwiegenden Teil der befragten Fachdienste als effektivste Maßnahme angesehen. Eine solche Behandlung konnte zum Zeitpunkt der Erhebung aber nur ca. 15% der Sexualstraftäter angeboten werden. Die Frage, wer aus zeitlichen sowie aus motivationalen Gründen für Behandlungsmaßnahmen geeignet und den Anforderungen auch gewachsen war, musste in Abhängigkeit von den zur Verfügung stehenden Maßnahmen beantwortet werden. Von den behandlungsbedürftigen Sexualstraftätern erschienen den Psychologen der Vollzugsanstalten nur 22% hinreichend motiviert und auch fähig, am sozialtherapeutischen Behandlungskonzept teilzunehmen. In einer etwa zum gleichen Zeitpunkt in Rheinland-Pfalz durchgeführten Erhebung erfüllten nur ca. 16% der Sexualstraftäter alle der von Experten vorgegebenen Kriterien für die Verlegung in eine Sozialtherapeutische Anstalt (Schmitt, 1997).

Diese Zahlen müssen zu dem Schluss führen, dass es notwendig ist, effektivere Maßnahmen zu ergreifen, um Sexualstraftäter für Behandlungsmaßnahmen zu motivieren. Die Sozialtherapeutischen Einrichtungen sind im Hinblick auf die neue Gesetzeslage, die die Schwelle für eine Verlegung in eine solche Einrichtung deutlich herabgesetzt hat, außerdem aufgerufen, ihre Konzepte zu verändern. Dabei wird es u.a. darum gehen müssen, Aufnahmeabteilungen so zu konzipieren, dass die nach § 9 Abs. 1 StVollzG verlegten Sexualstraftäter realistische Chancen erhalten, Behandlungsmotivation zu entwickeln und dass die Überprüfung der Indikation mit negativem Ergebnis, d.h. die Quote der Rückverlegungen „aus Gründen, die in der Person des Gefangenen liegen" (§ 9 Abs. 1 StVollzG), möglichst gering bleibt. Es ergibt sich aber zusätzlich ein deutlich erkennbarer Bedarf an niederschwelligeren Behandlungsangeboten, die in kürzeren Zeiträumen auch in Anstalten des Regelvollzuges mit einem reduzierten Anspruch an die angestrebten Ziele eingesetzt werden können. Dieser Bedarf könnte durch den Einsatz strukturierter Behandlungsprogramme gedeckt werden.

Insgesamt haben die Untersuchungen in Niedersachsen zu folgender Analyse der Bedarfsentwicklung geführt (Rehder et al., 1998; für alle Länder s. Rehn, in diesem Band, S. 264ff):

- Aufgrund der veränderten gesetzlichen Bedingungen wird in Niedersachsen der Haftplatzbedarf für Täter, die wegen eines Sexualdelikts inhaftiert sind, um mindestens 250 steigen.
- Mittelfristig sind allein für diese Tätergruppe zusätzlich 80 Plätze in sozialtherapeutischen Anstalten und Abteilungen bereit zu halten. Für „andere gefährliche Straftäter" entsteht ein zusätzlicher Bedarf von 85 Behandlungsplätzen.
- Weiterhin sind 85 Plätze für andere Behandlungsangebote einzurichten.

Auf der Basis dieser Ergebnisse hat die Arbeitsgruppe folgende Empfehlungen abgegeben:

- Ausweitung der Plätze in Sozialtherapeutischen Einrichtungen um 165.
- Umwidmung von Vollzugsabteilungen zu Behandlungsabteilungen, die in sich abgeschlossen sind, insbes. für Täter, die für eine Verlegung in eine Sozialtherapeutische Abteilung nicht oder noch nicht geeignet sind.
- Entwicklung eines Behandlungsprogramms, um in den Behandlungsabteilungen - aber auch in den Sozialtherapeutischen Einrichtungen – ein strukturiertes Angebot unterbreiten zu können.
- Verbesserung der Diagnostik.
- Evaluation der empfohlenen Maßnahmen und weitere Forschung.

2. Das Behandlungsprogramm für Sexualstraftäter (BPS)

2.1 Grundlagen

Die Verfasser wurden vom Niedersächsischen Justizministerium unter Leitung des Erstautors mit der Entwicklung eines solchen Programms beauftragt. Die Mitglieder dieser Arbeitsgruppe arbeiten in den Sozialtherapeutischen Einrichtungen Lingen (Foppe,

Wischka) und Hannover (Rehder) bzw. in der JVA Hannover (Griepenburg, Nuhn-Naber).

Ausgangspunkt für die Programmentwicklung waren einerseits Ergebnisse aus der Wirksamkeitsforschung, die insgesamt ein Vorgehen präferieren, das strukturiert ist, gezielt an kriminogenen Faktoren ansetzt und auf die Entwicklung konkreter sozialer Kompetenzen ausgerichtet ist (Egg et al., 1998; Lösel et al., 1987; Lösel 1993, 1994, 1995e, 1998a; Lösel & Bender, 1997; Mc Guire, 1995; siehe auch den Beitrag von Wischka & Specht, in diesem Band). Andererseits konnten vorliegende Ergebnisse mit Behandlungsprogrammen berücksichtigt werden, insbesondere die us-amerikanische und kanadische Standardliteratur zur Rückfall-Prävention, mit der zahlreiche Erfahrungen gemacht wurden (Marshall et al., 1990; Marshall et al., 1998; Laws, 1989; Laws & O'Donohue, 1997) und die auch in den deutschen Anstalten des Maßregelvollzuges Eingang gefunden haben (Eucker, 1998; Müller-Isberner, 1998b; Elsner, 1999). Besondere Beachtung verdient darüber hinaus das in England und Wales verbreitete „Sex Offender Treatment Programme" (SOTP), weil es inzwischen in bereits 27 Anstalten des Regelvollzuges eingesetzt worden ist (Grubin & Thornton, 1994; Mann, 1999; Rooke, 2000).

Zu der Gruppe um Berner, die das SOTP in der Sozialtherapeutischen Abteilung Hamburg Nesselstraße erprobt, bestehen Kontakte. U.a. ist vorgesehen, durch teilweise gleiche Untersuchungsmethoden eine Vergleichbarkeit der Evaluationsergebnisse herstellen zu können (siehe auch den Beitrag von Berner & Becker, in diesem Band),.

2.2 Ziele und Inhalte

Das Behandlungsprogramm (BPS) soll bei folgenden Zielgruppen zur Anwendung kommen:

- Bei Sexualstraftätern in Behandlungsabteilungen des Regelvollzuges, deren Strafrest für eine integrative Sozialtherapie nach den gesetzlichen Regelungen zu kurz ist.
- Bei Sexualstraftätern in Behandlungsabteilungen des Regelvollzuges, für die eine Verlegung in eine Sozialtherapeutische Einrichtung nicht angezeigt ist, weil Gründe ersichtlich sind, die in der Persönlichkeit des Gefangenen liegen oder weil der Strafrest nach dem Behandlungskonzept zu lang ist.
Das Behandlungsprogramm hat in diesen Fällen vor allem die Bedeutung der Motivierung bzw. der Aufrechterhaltung der Motivation und der Vorbereitung auf eine anschließende integrative Sozialtherapie.
- Bei Sexualstraftätern in Sozialtherapeutischen Einrichtungen. Das Behandlungsprogramm hat hier die Rolle eines Bausteins im Konzept der integrativen Sozialtherapie.

Um in einem begrenzten Zeitraum auch unter den Bedingungen knapper personeller Ressourcen im Regelvollzug möglichst optimale Ergebnisse erreichen zu können, muss das Behandlungsprogramm folgende Anforderungen erfüllen:

- Konzentration auf einige, möglichst relevante Aspekte der Rückfallgefährdung von Sexualstraftätern
- ökonomische Durchführung als Gruppenmaßnahme
- kurzer Durchführungszeitraum, bzw. Unterteilung in Programmabschnitte, so dass auch Gefangene mit kurzen Strafresten davon profitieren können
- Einbeziehung der Personalressourcen aus dem allgemeinen Vollzugsdienst.
- Feste Einbindung des Behandlungsprogramms in den Vollzugsplan mit Auswirkungen auf vollzugliche Entscheidungen

Die üblicherweise als Voraussetzungen für Behandlungsmaßnahmen geforderten Bedingungen der Freiwilligkeit und Veränderungsbereitschaft erscheinen nach Durchsicht vorliegender Behandlungserfahrungen relativierbar. Druck durch gerichtliche Auflagen oder Ankündigung von Vor- bzw. Nachteilen wird z.T. als nicht immer hinderlich (Schorsch et al., 1996), teilweise sogar als vorteilhaft angesehen (Bullens, 1994). Auch Täter, die ihre Tat(en) verleugnen, erscheinen unter bestimmten Bedingungen erreichbar.

Dem empirisch belegten Sachverhalt, dass bei vielen Sexualstraftätern die Tat im Zusammenhang mit einer dissozialen Entwicklung zu sehen ist, die sich auch in anderen Delikten ausdrückt (Egg, 1998; Egg et al., 1997), soll dadurch Rechnung getragen werden, dass durch die Förderung allgemeiner sozialer Kompetenzen erneuter Straffälligkeit generell entgegengewirkt werden soll. Der Entwicklung der sozialen Perspektive und der Förderung von Empathie kommt dabei besondere Bedeutung zu.

Die Überlegungen zur Entwicklung des Behandlungsprogramms für Sexualstraftäter gehen somit dahin, sowohl einen deliktunspezifischen als auch einen deliktspezifischen Teil anzubieten. Am ersten, deliktunspezifischen Teil können auch Sexualstraftäter teilnehmen, die ihre Straftat (noch) nicht eingestehen. Dabei wird versucht, Leugnungs- und Minimalisierungstendenzen aufzulösen.

Das Programm soll ökonomisch in Gruppen durchgeführt werden und sich von der Gesamtdauer auch für Täter eignen, die aus zeitlichen Gründen für eine Verlegung in eine Sozialtherapeutische Einrichtung nicht geeignet sind. Das Programm soll von vollzugsinternen Mitarbeitern durchgeführt werden, die in das Programm eingewiesen werden. Mitarbeiter des allgemeinen Vollzugsdienstes sollen nach Möglichkeit beteiligt werden.

Es ist ein Gesamtumfang von 80 Sitzungen von 1 ½ Std. Dauer mit Gruppen bis zu 10 Personen vorgesehen. Bei wöchentlich 1 bis 2 Sitzungen ergibt sich eine Durchführungszeit von 10 Monaten bis 1 ½ Jahren. Dieser Zeitraum für die Programmdurchführung wird als erforderlich angesehen. Nach vorliegenden Vergleichsuntersuchungen ist von Programmen, die nur wenige Wochen dauern, kein anhaltender Effekt zu erwarten (Berner, 1998a).

Trotz der vergleichsweise hohen Intensität dieser Behandlungsmaßnahme soll an dieser Stelle noch einmal darauf hingewiesen werden, dass das Behandlungsprogramm keinen Anspruch darauf erhebt, eine Sozialtherapie im Verständnis einer integrativen, in alle Lebensbereiche eingreifenden Maßnahme zu ersetzen. Sie setzt jedoch an ganz wesentlichen Ursachen für die Entstehung von Sexualdelinquenz an und stellt somit eine wichtige Ergänzung im Spektrum von Behandlungsmaßnahmen dar.

Von den von Schorsch et al. (1996) beschriebenen vier Ebenen des therapeutischen Zugangs in der Behandlung von Sexualstraftätern müssen sowohl individuelle Maßnahmen bei der Bewältigung äußerer Lebensumstände und Krisenintervention als auch spezifische einzeltherapeutische Maßnahmen zurückgestellt bzw. auf andere Mitarbeiter übertragen werden (Abbildung 1).

Abbildung. 1: Ebenen des therapeutischen Zugangs bei Sexualstraftätern (nach Schorsch et al., 1996) und Einordnung des Behandlungsprogramms für Sexualstraftäter (BPS) in dieses Modell

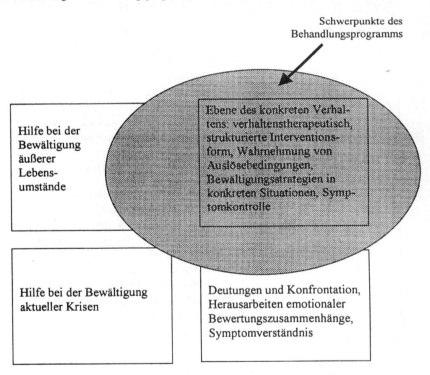

Die Übersicht in Tabelle 4 zeigt den Programmaufbau.

Die Gruppen untersuchter Sexualstraftäter weisen häufig Defizite in einem breiten Spektrum der sozialen Kompetenz auf, so in dem Bereich der Kommunikation, der Stressbewältigung und des Problemlösens, der Introspektions-, Selbstreflexions- und der Empathiefähigkeit. Als weitere Konfliktbereiche treten bei einer Reihe von Sexualstraftätern auf: Alkohol- und Drogenmissbrauch sowie ein verzerrtes Selbstwertkonzept bezüglich der sozialen Potenz und sexuellen Kompetenz, verbunden mit einer stereotypen Geschlechtsrollenidentität. Des Weiteren legen Untersuchungen von Sexualstraftätern im Strafvollzug die Vermutung nahe, dass deren Wissen über Sexualität, insbesondere über das weibliche und kindliche Sexualverhalten, nur gering ist.

Tabelle 4: BPS, Programmaufbau

Behandlungsprogramm für Sexualstraftäter im niedersächsischen Justizvollzug (BPS)	
Deliktunspezifischer Teil (Teil U)	- Gesprächsverhalten - Selbst- und Fremdwahrnehmung - Rückmeldung geben und empfangen - Stressmanagement - Wahrnehmung von Gefühlen - Moralisches Handeln und Empathie - Kontakt- und Kommunikationstraining - Geschlechtsrollenstereotypien - Suchtmittelkontrolle - Menschliches Sexualverhalten
Deliktspezifischer Teil (Teil S)	- Persönliche Lebensgeschichte - Kognitive Verzerrungen - Stufen der Begehung von Sexualstraftaten - Scheinbar belanglose Entscheidungen - Risikosituationen - Das Problem der unmittelbaren Befriedigung - Kontrolle sexueller Fantasien - Ablauf der Straftat (Deliktszenario) - Opfer-Empathie - Rückfallprävention

Der *deliktunspezifische Teil* (Teil U) des Behandlungsprogramms (s. Tabelle 4) wurde diesen Problembereichen gewidmet. Beispielhaft sollen einige Programmeinheiten kurz inhaltlich vorgestellt werden:

Zu dem breit gefächerten Bereich der Kommunikation sollen den Teilnehmern in der Behandlungseinheit *Gesprächsverhalten* die vier verschiedenen Aspekte einer Nachricht nach Schulz von Thun (1981) nahegebracht werden; ihnen wird dann im Rahmen von videoaufgezeichneten Rollenspielen Gelegenheit gegeben, ihr kommunikatives

Verhaltensrepertoire zu erweitern. In der Programmeinheit *Selbst- und Fremdwahrnehmung* soll durch verschiedene Gruppenübungen deutlich gemacht werden, dass unsere Wahrnehmungen im zwischenmenschlichen Bereich subjektive Konstruktionen unserer eigenen Wirklichkeit sind und dass deshalb Selbst- und Fremdwahrnehmung unseres Verhaltens häufig nicht übereinstimmt, was zu Missverständnissen führen kann. In der Einheit *Rückmeldung geben und empfangen* wird das Feedback als eine Methode eingeführt; hier wird geübt, zwischenmenschliches Erleben und Verhalten soweit aufeinander abzustimmen, dass Störungen weitgehend vermieden werden. In der Einheit *Kontakttraining* erhalten die Teilnehmer die Gelegenheit, die verbalen und non-verbalen Komponenten der Kommunikation sowie mögliche Gesprächsthemen zu erarbeiten und diese in Rahmen von Rollenspielen zu üben.

Im Rahmen des *Stressmanagements* soll den Teilnehmern geholfen werden, Stress als eine biologisch-genetisch determinierte Reaktion zu verstehen, deren Ausmaß und Konsequenzen aber wesentlich durch die subjektive Bewertung der Situation und der eigenen Bewältigungsmöglichkeiten vermittelt werden. Verschiedene kognitiv-behaviorale Stressbewältigungsstrategien wie kognitive Umstrukturierung, positive Selbstinstruktion sollen vermittelt sowie Problemlösungs- und Entspannungstechniken geübt werden.

Die Einheit *Wahrnehmung von Gefühlen*, in der es im wesentlichen um die Identifikation der eigenen emotionalen Befindlichkeit und um das Hineinversetzen in die Gefühlswelt anderer geht, dient der Förderung der Introspektions-, Selbstreflexions- und Empathiefähigkeit.

In der Programmeinheit *Empathie und moralisches Handeln* ist es das Ziel, die allgemeine Moralentwicklung nach dem Stufenmodell Kohlbergs (1974) u.a. durch die aktive Auseinandersetzung mit moralischen Konfliktsituationen bzw. moralischen Dilemmata zu fördern. Wesentlich ist dabei, Verständnis für die Sicht- und Erlebnisweisen anderer zu entwickeln (s. dazu auch den Beitrag von Wischka, in diesem Band).

In der Programmeinheit *Geschlechtsrollenstereotypien und Erfahrungen in Beziehungen* soll den Teilnehmern klar werden, welche eigenen Persönlichkeitsanteile, vor allem typische Erwartungen bei der Gestaltung von Beziehungen eine Rolle spielen, welche tatsächlichen Erfahrungen gemacht wurden und welchen Nutzen im Zusammenhang mit bestimmten frustrierten Bedürfnissen das Sexualdelikt für den Täter gehabt haben könnte.

Verschiedene Autoren wie z.B. Jenkins-Hall & Marlatt (1989), Finkelhor (1984) oder Bullens (1995) gehen davon aus, dass auch bei unterschiedlichen tätertypologischen Sexualdelikten ein wiederkehrendes Ablaufschema zu beobachten ist. Die Programmeinheiten *des deliktspezifischen Teils* (Teil S) setzten deshalb an den verschiedenen Handlungsphasen an, die einem Sexualdelikt vorausgehen. Danach verursachen z.B. belastende Ereignisse negative emotionale Zustände, denen zunächst deviante sexuelle Phantasien folgen, die dadurch verstärkt werden, dass zu ihnen masturbiert wird. Dieser Phase folgt die der bewussten oder unbewussten Planung des sexuellen Übergriffs, in der der potentielle Täter eine ganze Reihe scheinbar irrelevanter Entscheidungen trifft, die mit psychischen Abwehrmechanismen wie Verleugnung, Projektion und Rationalisierung verknüpft sind, die wiederum weitere Entscheidungen und Handlungen ermöglichen, so dass sich der Straftäter letztlich „ganz zufällig" in einer Risikosituation befindet, der er nichts mehr an Verhaltenskontrolle entgegenzusetzen hat.

Die Programmeinheit *Kontrolle sexueller Fantasien* soll den Teilnehmern die Bedeutung deviantier sexueller Fantasien für Sexualdelikte verdeutlichen. Das Prinzip der positiven Verstärkung durch operante Konditionierung devianter Masturbationsfantasien soll vermittelt werden. Um Kontrolle über diese Fantasien erhalten zu können, haben die Teilnehmer die Aufgabe, legale und umsetzbare Phantasien zu entwickeln.

Bei der *Vermittlung von Opfer-Empathie* besteht das wesentliche Ziel darin, die kognitiven Verzerrungen und Fehlinterpretationen sowie Mechanismen der Verantwortungsabwehr – wie Minimierungs-, Bagatellisierungs- und Rechtfertigungsstrategien – zu bearbeiten. Hierzu werden die Teilnehmer mit Berichten von Opfern einer Sexualstraftat konfrontiert, und es wird ihnen Wissen über die kurz- und langfristigen Folgen von Sexualstraftaten vermittelt. Wichtiger Bestandteil des Programms ist, das jeder Teilnehmer den *Ablauf seiner Sexualstraftat (Deliktszenario)*, d.h., die Ausgangssituation, den Entscheidungsprozess und den Tatablauf mit den dazugehörigen Gedanken und Gefühlen in der Gruppe bespricht und persönliche Strategien zur *Rückfallprävention* erarbeitet.

Um eine möglichst große Wirksamkeit zu erreichen, müssen bei der Durchführung des BPS folgende Bedingungen erfüllt sein:

- Die Durchführungspraxis muss sich eng an das Konzept mit dem dazugehörigen Material halten (Programmintegrität)
- Das Programm muss von qualifiziertem Behandlungspersonal durchgeführt werden
- Die Rahmenbedingungen müssen die Durchführung unterstützen
- Der Programmablauf muss überprüft werden.

2.3 Die Struktur der Programmeinheiten

Die Leiter des Behandlungsprogramms sollen nach entsprechender Ausbildung durch die Beschreibung der Programmeinheiten und die bereitgestellten Materialien in die Lage versetzt werden, die Einheit selbständig und ohne weitere Hilfsmittel durchzuführen. Die erforderlichen Methoden zur Eingangs- und Verlaufsmessung sollen ebenfalls eigenständig eingesetzt werden können.

Die Handanweisungen in den Teilen U und S sind nach folgendem Schema aufgebaut:

Ziele

Was soll mit der Programmeinheit erreicht werden? Welche, für die Sexualstraftat und zur Verhinderung künftiger Sexualstraftaten relevante Faktoren sollen bearbeitet werden?

Theoretischer Hintergrund

In diesem Teil sollen alle notwendigen Informationen zur Begründung und zum Verständnis der Maßnahme geliefert werden. Es besteht der Anspruch, dass die Informationen ausreichend sind, um für einen vorgebildeten Trainer (Psychologe, Sozialarbeiter, Pädagoge) und einen Co-Trainer (AVD), der einen Fachdienst als Ansprechpartner für weitergehende Fragen hat, ohne weiteres Literaturstudium als Grundlage zu dienen.
Der Teil schließt mit Literaturhinweisen ab, um Interessierten ein vertieftes Studium zu erleichtern. Es werden nur wenige und leicht zugängliche Literaturstellen angeführt. Die darüber hinaus verwendete Literatur erscheint in einem Literaturverzeichnis.

Durchführung

Beschreibung, mit welchen Hilfsmitteln, in welchem methodischen Ablauf, mit welchen Instruktionen und mit welcher Zeitvorgabe die beschriebenen Ziele erreicht werden sollen.

Material/Hilfsmittel
- Was ist zur Präsentation der Einheit notwendig? (z.B. Flipchart, Overheadprojektor, Folien aus dem Programm, Einstellungskarten etc.)
- Was benötigen die Teilnehmer (Papier und Stift etc.). Die Hilfsmittel müssen bereitgestellt werden, bzw., es muss zuvor die Aufforderung erfolgt sein, die Hilfsmittel zur Gruppensitzung mitzubringen.

Ablauf
Beschreibung und Reihenfolge der einzelnen Schritte, evtl. mit Zeitvorgaben.

Instruktion(en)
- Was sollen die Teilnehmer tun?
- Instruktion in wörtlicher Rede, die modifiziert werden darf, ohne die wesentlichen Punkte zu entstellen oder wegzulassen.

Dauer
Gesamtdauer der Programmeinheit, evtl. Dauer einzelner Schritte.

Hinweise für die Programmleiter

Hier erscheinen praxisbezogene Hinweise zu möglichen Problemen und Fragestellungen:
- Probleme, Missverständnisse und Widerstände, die auftreten könnten.
- Worauf sollte geachtet werden?
- Was sollte vermieden werden?
- Antworten auf zu erwartende Fragen der Teilnehmer.

2.4 Fortbildung der Trainer

Die Durchführung des BPS erfordert Trainer, die über therapeutische Basiskompetenzen verfügen und die in die Besonderheiten der Zielgruppe und der Methoden eingewiesen sind.

Angesprochen sind vor allem Psychologinnen und Psychologen, die ihre therapeutischen Kompetenzen in das Behandlungsprogramm einbringen können. Zumindest in der Phase der Erprobung des Programms sollte eine/einer der beiden Gruppenleiter über eine entsprechende Qualifikation verfügen. Die aus anderen Berufen (Sozialarbeiter, Pädagogen, allgemeiner Vollzugsdienst) stammenden Co-Trainer sollten Erfahrungen in der Leitung von Gruppen haben. Gruppenerfahrungen im Bereich des Sozialen Trainings (Otto, 1986) bilden eine besonders günstige Basis.

Um diese Voraussetzungen zu erfüllen, wird im Rahmen des niedersächsischen Fortbildungsprogramms für Justizbedienstete eine Seminarreihe angeboten, an der 22 Bedienstete aus 8 Anstalten des Landes teilnehmen und die von den Autoren geleitet wird. Von den Teilnehmern gehören 12 zu Sozialtherapeutischen Einrichtungen. Die Seminarreihe besteht aus vier dreitägigen Veranstaltungen in einem Zeitraum von einem Jahr. Während dieses Zeitraums wird ein Teil der Trainer mit der Durchführung des BPS in ihrer Vollzugseinrichtung beginnen.

Zur Programmdurchführung gehören Verlaufsmessungen, die in der Erprobungsphase dazu dienen sollen, notwendige Rückmeldungen zu erhalten, um Optimierungen der Programmteile vornehmen zu können. In der späteren Praxis soll ein Teil dieser Verfahren obligatorisch angewendet werden, um den Trainern eine Beurteilung der Wirksamkeit zu ermöglichen und um eine solche Beurteilung für vollzugliche Entscheidungen weitergeben zu können.

Themen der Fortbildung sind:

- Klassifizierung von Sexualstraftätern
- Verbesserung der Rahmenbedingungen für die Durchführung des BPS
- Theoretischer Hintergrund für den deliktunspezifischen und deliktspezifischen Teil
- Training der Methoden zur Programmdurchführung
- Einweisung in die Methoden zur Verlaufsmessung
- Begleitung der Programmdurchführung.

3. Schlussbemerkungen

Das hier beschriebene Behandlungsprogramm (BPS) ist der Versuch, Konsequenzen aus der Behandlungsforschung zu ziehen und die in Nordamerika und England gewonnenen Erfahrungen mit strukturierten kognitiv-behavioralen Programmen auf die Behandlungsbedingungen hierzulande anzupassen. Manualisierte Behandlungsmethoden können wichtige Bausteine in einem integrativen Gesamtkonzept sein, in dem ideologisch zugespitzte Streitigkeiten zwischen verschiedenen Therapieschulen ohnehin beigelegt sind. Auch der Regelvollzug könnte davon profitieren. Es ist deshalb verständlich, dass gegenwärtig ein starkes Interesse an diesen Programmen im Straf- und Maßregelvollzug erkennbar wird.

Es ist aber auch sichtbar, dass manualisierte Behandlungsprogramme bei Therapeuten Vorbehalte und Widersprüche auslösen. Die Forderung nach Integrität der Programmimplementierung beinhaltet, dass insbesondere unsystematische Änderungen die Effektivität beeinträchtigen können und daher zu vermeiden sind (Lösel, 1998a). Dem steht das Bedürfnis erfahrener Therapeuten gegenüber, individuell, flexibel und kontextabhängig zu intervenieren. Ist ein Vorgehen „nach Kochbuch" nicht etwas für Anfänger? Der Gedanke, dass auch Mitarbeiter ohne intensive Therapieausbildung Behandlung durchführen können, erscheint möglicherweise inflationär und für die eigene Professionalität bedrohlich. Berücksichtigung fordern auch Forschungsergebnisse, die „unspezifischen Faktoren" wie die Qualität der therapeutischen Beziehung herausstellen (Grawe et al., 1994). Eine lediglich störungsbezogene Interventionsweise, die biographische und soziale Hintergründe des Individuum vernachlässigt, wird vielen verkürzt erscheinen. Dass generelle Kritik an einer „Manualisierung der Psychotherapie" geübt wird, ist somit wenig verwunderlich (z.B. Auckenthaler, 2000).

Praxiserfahrungen mit Behandlungsprogrammen für Sexualstraftätern weisen allerdings schon jetzt darauf hin, dass es um mehr als um ein „Abspulen von Unterrichtseinheiten" geht. Es sind auch therapeutische Basiskompetenzen gefragt. Ruth Mann (1999) berichtet mit Bezug auf Beech et al. (1998) für das SOTP, dass die erfolgreichsten Gruppen jene waren, die von ihren Mitgliedern bezüglich des Zusammengehörigkeitsgefühls (Gruppenkohäsion) am Besten eingestuft wurden. Und Andrew Rooke (2000) berichtet, dass in Programmmodifikationen das Bedürfnis der Teilnehmer stärker berücksichtigt worden ist, mehr als Individuum mit eigener Lebensgeschichte wahrgenommen und behandelt zu werden. Wichtig ist außerdem, dass das Programm möglichst weitgehend in einen auch sonst behandlungsförderlichen Kontext eingebunden ist und dass von dort her seine technologischen Aspekte relativiert und durch andere Formen des Umgangs ergänzt werden (vgl. Wischka sowie Wegner, in diesem Band).

Es wird von der Produktivität des interdisziplinären Diskurses abhängen, inwieweit es gelingt, verschiedene theoretische Positionen zu vereinen. Bei der pragmatischen Frage, wie sich mit begrenzten personellen Ressourcen unter begrenzt veränderbaren institutionellen Bedingungen bessere Lösungen zum Schutz der Allgemeinheit finden lassen, wird die Antwort aber sicher schwer fallen.

„Sex Offender Treatment Programme" (SOTP) in der Sozialtherapeutischen Abteilung Hamburg-Nesselstraße

von Wolfgang Berner und Karl Heinz Becker

1. Ausgangslage

Die größte Lücke in der Betreuung von Sexualstraftätern ergibt sich für verurteilte Täter, die von Gutachtern als zurechnungsfähig eingestuft, daher nicht nach § 63 Strafgesetzbuch (StGB) und nur selten nach § 64 StGB untergebracht werden, sondern im normalen Strafvollzug verbleiben. Im rechtlichen Sinn sind diese Täter nicht ausreichend krank, um eine Behandlungsauflage zu bekommen, medizinisch-psychologisch gesehen sind sie aber oft trotzdem behandlungsbedürftig. So waren z.b. nach einer Stichtagerhebung am 15.10.1996 in Niedersachsen aufgrund von Sexualdelikten (§§ 174 bis 182 StGB) im Strafvollzug 372 Personen inhaftiert und nur 149 Personen nach § 63 oder § 64 StGB untergebracht (vgl. Wischka et al., in diesem Band).

Das heißt, von den wegen Sexualdelikten vom Richter in irgendeiner Weise institutionell Angehaltenen erhalten nur etwa 1/3 eine Therapieauflage (Pozsar et al., 1999). Nur ein kleiner Teil der Verurteilten, die im Normalvollzug landen, wird einem Rehabilitationsprogramm in Sozialtherapeutischen Anstalten unterzogen. Der größere Teil absolviert seine Strafe ohne jede therapeutische Intervention. So sieht es auch die Stellungnahme der Strafrechtskommission der Bundesfachgruppe der Richterinnen und Richter, Staatsanwältinnen und Staatsanwälte und der Bundesfachgruppe Justizvollzug zum Entwurf des am 26. Januar 1998 weitgehend in Kraft getretenen Gesetzes zur Bekämpfung von Sexualdelikten und anderen gefährlichen Straftaten (BGBl I S. 160, vgl. auch Bötticher, 1998 und Dessecker, in diesem Band). Die Änderung des § 9 Strafvollzugsgesetz (StVollzG) im Jahre 1998 schafft nun die Notwendigkeit, Sexualstraftätern viel mehr als bisher Therapie anzubieten. Danach ist ein Gefangener spätestens ab dem Jahre 2003 in eine sozialtherapeutische Anstalt zu verlegen, wenn er wegen eines Sexualdeliktes zu einer Freiheitsstrafe von mehr als 2 Jahren verurteilt wurde und die Behandlung angezeigt ist. Die sozialtherapeutische Anstalt muss dann aber auch Therapie anbieten können, selbst wenn Vollzugslockerungen noch nicht möglich sind.

In England hat man dieses Problem erkannt und bietet daher seit 1991 in 25 Strafvollzugseinrichtungen ein umschriebenes Behandlungsprogramm (Sex Offender Treatment Programme, SOTP, 86 Sitzungen Gruppentherapie) für solche Täter an. Das seit 1991 entwickelte Programm ist heute so weit gediehen, dass von den 1400 Männern, die pro Jahr in England und Wales für ein Sexualdelikt mit einer Strafe von zumindest 2

Jahren belegt werden und denen eine Teilnahme an diesem Programm angeboten wird, etwa 700 diese Möglichkeit wahrnehmen und fast 600 (1996/97 waren es 565) dieses Programm auch tatsächlich beenden.

Das Programm folgt einem kognitiv-verhaltenstherapeutischem Ansatz und wird England-weit identisch mit Hilfe eines Behandlungsmanuals durchgeführt. Die Behandler (Tutoren genannt) absolvieren Kurse von jeweils vierzehn Tagen, in denen sie die Durchführung des Programms erlernen. In Justizanstalten, die für die Durchführung des Programms akkreditiert werden, stehen ein Behandlungsmanager und ein Programmmanager zur Verfügung, die für die reibungslose Durchführung des Programms fachlich und organisatorisch Sorge tragen. Nach einer extensiven Untersuchungsphase, in der die Teilnehmer einer genauen Einschätzung der für die Therapie wichtigen Eigenschaften und Einstellungen unterzogen werden (Persönlichkeitsfragebogen, interpersonelle Reaktionsfähigkeit, soziale Fähigkeit, Attribuierungsstil etc.), werden sie dem *Core Programme* - bestehend aus 20 Blöcken und insgesamt 86 Sitzungen - unterzogen. Die Therapie erfolgt im Gruppen-Setting, wird von mindestens zwei, manchmal drei Behandlern durchgeführt und auf Videobänder aufgenommen, um später stichprobenartig die Qualität der Programmvermittlung kontrollieren zu können. Am Ende des Programms werden die Teilnehmer wieder einer psychologischen Untersuchung unterzogen, um die Änderung der entsprechenden Parameter evaluieren zu können.

Teilnehmern dieses Kernprogramms wird in den letzten 12 Monaten ihrer Strafzeit ein sogenanntes *Booster Programme* angeboten, das aus 48 Stunden Gruppenarbeit besteht und neben der Vertiefung des im Core Programme Gelernten noch einige zusätzliche Aspekte des sogenannten Rückfallverhütungsprogrammes anbietet, das ganz auf die Zeit nach der Entlassung ausgerichtet ist.

In einem Modellprojekt wird nun seit April 2000 das englische SOTP für deutsche Gefängnisse adaptiert. Der Einstieg erfolgte im Mai 2000 in der Justizvollzugsanstalt (JVA) Nesselstrasse in Hamburg (für Niedersachsen vgl. Wischka et al., in diesem Band). Die JVA ist eine von drei geschlossenen Anstalten des Gefängniskomplexes Hamburg-Fuhlsbüttel. Sie verfügt über insgesamt 177 Haftplätze und ist für den Vollzug von Freiheitsstrafen an Gefangenen zuständig, die für den offenen Vollzug nicht oder noch nicht geeignet sind, bei denen aber eine besondere Betreuungsbedürftigkeit besteht. Eine besondere Zuständigkeit hat die JVA Nesselstraße für Sexualdelinquenten. Alle Sexualstraftäter, die zu einer Freiheitsstrafe von mehr als zwei Jahren verurteilt und nicht für den offenen Vollzug geeignet sind, werden von der Einweisungskommission zunächst in die JVA Nesselstraße eingewiesen. Hier wird nach diagnostischer Abklärung geprüft, ob die Gefangenen in die Sozialtherapeutischen Anstalten Hamburg-Bergedorf oder Hamburg-Altengamme, die Sozialtherapeutische Abteilung der JVA Nesselstraße oder zunächst in den Regelvollzug der JVA Nesselstraße aufgenommen werden.[1]

---

[1] zum Verlegungsverfahren in Hamburg insgesamt s. AV der Justizbehörde Nr. 11/1999 zu § 9 StVollzG.

Die Sozialtherapeutische Abteilung der JVA Nesselstraße wurde im März 2000 in Betrieb genommen. Die Abteilung umfasst 29 Plätze, die sich auf einer Ebene des sogenannten A-Flügels der JVA befinden. Sie ist vom übrigen Haus getrennt. Die Gefangenen der sozialtherapeutischen Abteilung können ihre Abteilung ohne besondere Erlaubnis verlassen, um Gefangene anderer Abteilungen oder Freizeiteinrichtungen im Haus aufzusuchen, andere Gefangene dürfen die Abteilung jedoch nur mit besonderer Genehmigung betreten.

Anlass für die Einrichtung der Sozialtherapeutischen Abteilung war die Änderung des § 9 StVollzG im Jahre 1998. Dadurch ergibt sich die Notwendigkeit, den Kreis der Gefangenen, dem ein sozialtherapeutisches Angebot gemacht werden muss, zu vergrößern (vgl. auch Rehn, S. 264ff, in diesem Band). Die beiden in Hamburg bereits seit längerer Zeit in Betrieb befindlichen Sozialtherapeutischen Anstalten Bergedorf und Altengamme arbeiten nach Konzeptionen, die nach einer überschaubaren Zeit Vollzugslockerungen und freies Beschäftigungsverhältnis außerhalb der Anstalt vorsehen (vgl. Wegner, in diesem Band). Unter den Sexualdelinquenten insbesondere mit längeren Freiheitsstrafen befinden sich jedoch viele, bei denen es aussichtsreich erscheint, die Behandlung unter Bedingungen des geschlossenen Vollzugs zu beginnen und sie möglichst erst nach ersten Behandlungserfolgen unter offenen Bedingungen fortzusetzen. Diese Ergänzung des bisher vorhandenen Spektrums ist das Ziel der Sozialtherapeutischen Abteilung. Deshalb sollen etwa die Hälfte der zur Verfügung stehenden Plätze mit Gefangenen, die wegen Sexualdelikten verurteilt sind, belegt und die übrigen anderen Tätergruppen vorbehalten werden. Das war der administrative Hintergrund, das englische SOTP, das in ähnlichen Einrichtungen durchgeführt wird, in der sozialtherapeutischen Abteilung der JVA Nesselstraße zu erproben. Dazu wurde ein Psychologe gewonnen, der die Durchführung des Programms in einem 14 Tage dauernden Kurs in England gelernt hat (Andreas Fuchs) und der es gemeinsam mit einer erfahrenen Psychotherapeutin, die zum Team der Anstalt gehört, durchführt (Christine Griep).

2. Internationale Erfahrungen

In den letzten Jahren wurden besonders in USA und Kanada mehrere Metaanalysen veröffentlicht, in denen die Ergebnisse von Studien, die sich mit der Therapie von Sexualstraftätern beschäftigt haben, zusammengetragen wurden. Die Methode von Metaanalysen wird kontrovers beurteilt. Vergleicht man die Ergebnisse mehrerer Metaanalysen, die das Problem von verschiedenen Blickpunkten betrachten, miteinander und liest es mit dem Augenmaß eines erfahrenen Therapeuten, so können wichtige Entscheidungshilfen daraus abgeleitet werden:

Eine dieser Metaanalysen ist die von G. Nagayama Hall im Jahre 1995 veröffentlichte, die 12 Studien und damit eine Gesamttäterzahl von 1313 mit z.T. langen Katamnesezeiträumen zusammenfasst. In dieser Analyse konnten die einschlägigen Rückfälle von 683 Behandelten (19%) mit denen von etwa 630 nicht Behandelten (27%) verglichen werden. Das ist nach den Aussagen des Autors ein statistisch signifikanter Unterschied, der für die Behandlung insgesamt spricht. Auch die Rückfallsquote der nicht Behandelten liegt mit 27% deutlich niedriger als man zunächst erwarten würde. Tatsächlich haben auch schon frühere Studien wie die von Christiansen et al. (1965), die z.B. alle Sexualdelinquenten Dänemarks über 24 Jahre hindurch auswertete oder die Studie von Soothill et al. (1978) sowie eine frühere Metaanalyse von Furby et al. (1989) ähnliche Ergebnisse erbracht. All diese Studien zeigen eine sehr unterschiedliche Rückfälligkeit von Sexualtätern, je nach den Kriterien, nach denen sie ausgewählt werden. Der deutlichste Unterschied ergibt sich, wenn man Sexualtäter, die keine Vorstrafen vor einer Anlassverurteilung hatten, mit solchen vergleicht, die eine Vorstrafe oder mehr schon vor dem Anlassdelikt zu verzeichnen hatten. Bei einem Beobachtungszeitraum von 5 Jahren zeigten die schon Vorbestraften mit etwa 24% Rückfälligkeit eine doppelt so hohe Rückfallrate wie die nicht Vorbestraften mit 12% Rückfälligkeit (vgl. Berner & Karlick-Bolten, 1986).

Ein großer Vorteil der Metaanalysen besteht aber auch darin, dass man hier unterschiedliche Therapiekonzepte miteinander vergleichen kann. So zeigten z.B. vier der zwölf untersuchten Therapieprogramme einen negativen Effekt. D.h. hier wurden die Behandelten in einem höheren Maß rückfällig, als die Unbehandelten. Diese Therapieprogramme bedienten sich allerdings sehr eindimensionaler Techniken, die heute kaum mehr angewandt werden. Man vertraute darauf, dass man Sexualtäter „umkonditionieren" könnte, d.h. man konfrontierte sie mit den von ihnen bevorzugten Auslösesignalen für sexuelle Stimulierung (z.B. Bilder von kleinen Mädchen oder Buben) und wenn die Betroffenen durch diese Reize stimuliert wurden, erhielten sie gleichzeitig einen negativen Reiz, einen unangenehmen Geruch oder einen elektrischen Stromstoß, so dass die Stimulierung dadurch zerstört wurde. Heute werden diese einfachen verhaltenstherapeutischen Modelle zumindest als einziges und isoliertes Therapieprogramm nicht mehr benützt, sondern im Sinne der kognitiven Verhaltenstherapie meist mehrere Therapieziele gleichzeitig angesteuert.

Die Ergebnisse im deutschen Sprachraum sind den nordamerikanischen durchaus vergleichbar. In der Studie von Dünckel & Geng (1994; vgl. auch Egg et.al., in diesem Band) wurden sogenannte Karrieretäter mit mindestens drei Vorstrafen, die in einer Sozialtherapeutischen Einrichtung des Justizvollzuges untergebracht waren, mit anderen verglichen, die ohne Therapie aus dem Normalvollzug entlassen wurden. Die durchschnittliche Katamnesendauer betrug 10 Jahre. Die Gesamtrückfälligkeit in der Untergruppe der Sexualstraftäter war bei den Unbehandelten mit 51% um 10% höher als bei den Behandelten mit 41%. Der einschlägige Rückfall mit einem Sexualdelikt lag in der Gruppe aller Sexualdelinquenten bei 29 %; erneut einsitzen mußten 24 %. Bei dem Vergleich zwischen Sozialtherapie und Normalvollzug bleiben die auch sonst gefundenen deutlichen Unterschiede zu Gunsten des Behandlungsvollzuges erhalten. Wegen der relativ kleinen deliktspezifischen Untergruppen ist dies aber nur bei einer Zusammenfassung von Raub-, Körperverletzungs- und Sexualdelikten statistisch signifikant. Diese Tendenzen entsprechen den Angaben aus der nord-amerikanischen Studie für die stationär Behandelten. Ein zweites Beispiel sind die in Wien in der Sozialtherapeutischen Anstalt am Mittersteig behandelten Täter. Berner und Bolterauer haben im Jahr 1995 über 46 aus der Justizanstalt Mittersteig Entlassene berichtet, die mit 17 vergleichbaren Fällen aus dem Normalvollzug parallelisiert werden konnte. Während die aus dem Normalvollzug Entlassenen zu 47% rückfällig wurden, erhielten nur 30% der Behandelten aus der JVA Mittersteig im gleichen Katamnesezeitraum (5 Jahre) neuerlich eine Strafe wegen eines Sexualdeliktes. Das um 17% bessere Ergebnis der Therapieeinrichtung liegt im gleichen Bereich wie die international berichteten Ergebnisse, obwohl die Behandlungsmethode nicht kognitiv-verhaltenstherapeutisch war, sondern psychodynamisch orientiert mit unterstützenden Elementen. Ein weiteres Ergebnis der Studie aus dem Jahre 1995 zeigte, dass Nachbehandelte, die mit oder ohne richterliche Weisung die Nachbetreuungsambulanz aufsuchten, ein deutlich besseres Ergebnis zeigten.

Dies wird auch durch die neue große Metaanalyse von Hanson und Bussiére (1998) bestätigt, die die große Anzahl von 23393 Straftäter aus 61 unterschiedlichen Studien erfasst haben. Die durchschnittliche Katamnesezeit betrug hier 4 bis 5 Jahre. Die Rate der einschlägigen Rückfalldelikte lag bei 13,4%, wobei die Rückfälle nach Vergewaltigungen erwachsener Frauen mit 18,9% etwas höher lagen als nach Kindesmissbrauch (12,7%). Diese Autoren hatten keine Kontrollgruppen zur Verfügung, daher versuchten sie durch Vergleich der Studien untereinander Faktoren zu finden, bei denen sich ein besonderes Rückfallrisiko ergab. Diese prognostisch wichtige Faktoren waren:

- antisoziale Persönlichkeitsstörung
- vorangegangene Sexualdelikte
- die Gesamtzahl früherer Delikte
- die Wahl fremder Opfer
- erstes Sexualdelikt in jungen Jahren
- viele unterschiedliche Sexualdelikte
- Therapieabbrüche.

Es konnte aber auch gezeigt werden, dass Personen, die ihre Therapien frühzeitig abbrachen, signifikant häufiger rückfällig wurden als solche, die das Therapieprogramm bis zu Ende durchführten. Es lässt sich also noch immer nicht ein spezifisches Therapieprogramm benennen, das allen anderen deutlich überlegen wäre. Es gibt aber in beiden großen Therapieschulen nämlich in der psychodynamisch, psychoanalytisch orientierten ebenso wie in der kognitiven Verhaltenstherapie bestimmte Tendenzen, die in die gleiche Richtung weisen.

3. Das englische Programm

Im Jahre 1991 hat das „Home Office" in London beschlossen, landesweit eine systematische tatzentrierte Arbeit mit Sexualstraftätern während deren Inhaftierung durchzuführen (Thornton & Hogue, 1993; Grubin & Thornton, 1994; Mann & Thornton, 1998). Davor gab es (ähnlich wie in Deutschland) verschiedene Initiativen von Einzel- und von Gruppenarbeit in verschiedenen Gefängnissen, aber es bestand keine Kontinuität und Konsistenz. Der Zweck dieser Initiative war sicherzustellen, dass bestimmte Ressourcen ganz gezielt für Sexualstraftäter eingesetzt werden und dabei ein Standard erreicht wird, der den derzeit fortschrittlichsten Vorschlägen in der internationalen Literatur entspricht.

Die Grundideen dieser nationalen Initiative waren:

- Die existierenden Forschungsergebnisse über Effektivität von Sexualstraftätertherapie sollten pragmatisch genutzt werden. Das Team sollte multidisziplinär zusammengesetzt sein.
- Alle Gefangenen sollten vor und nach der Therapie ausführlichen Untersuchungen unterzogen werden.
- Die Teilnahme an der Therapie wird durch einen Beamten des Vollzugs organisatorisch sichergestellt.
- Nur Mitarbeiter mit entsprechendem Training sollen therapeutisch mit den Sexualstraftätern arbeiten.
- Die Therapieprogramme sollen einer regelmäßigen Kontrolle durch Gruppen von außen unterzogen werden (Diskussion anhand von Videobänder etc.).
- Von Anfang an wurde darauf geachtet, dass das Behandlungsprogramm an allen Stellen, wo es durchgeführt wird, entsprechend betreut und wissenschaftlich begleitet wird. Das Programm wurde unter dem Titel SOTP (Sex Offender Treatment Programme) bekannt.

3.1 Wissenschaftliche Grundlagen

Die wissenschaftliche Grundlage für das Programm waren:

- Arbeiten über Therapieabbrecher (Miller & Rollnick, 1990).
- Arbeiten über neuerliche sexuell aggressiver Handlungen aus situativ auftretenden Mangel an Kontrolle (Nelson und Jackson, 1990; Wolf, 1988; Laws, 1989).
- Arbeiten über die Tendenz von Straftätern, ihre Delikte herunterzuspielen oder ganz zu verleugnen (Murphy, 1990).
- Die Unfähigkeit mancher Täter in einfühlsamer Weise die Perspektive ihres Opfers zu ergreifen (Hildebran & Pithers, 1990; Pithers, 1994).

Nach Studium dieser Forschungsergebnisse wurde ein Vorgehen gewählt, das an den Delikthandlungen selbst orientiert ist, kognitive Entstellungen beim Erzählen über die Deliktsituation ins Auge fasst, Selbsttäuschungen bei den Entscheidungsprozessen, die zum Delikt führen ebenso bearbeitet wie Frustration und emotionelle Einstellungen, die die Wahrnehmung in der Situation des Deliktes beeinflussen.

Den Schöpfern des Programms war es aber auch bewusst, dass der Erfolg von Therapie nicht nur vom Inhalt der entwickelten Programme abhängt, sondern auch von der

Organisation der Behandlung. Folgende organisatorische Entscheidungen wurden daher getroffen:

- Arbeit in Gruppen.
- Die Integrität des Behandlungsprogrammes soll durch regelmäßiges „Monitoring" (Videokontrolle, Vor- und Nachbereitung, Supervision) garantiert werden.
- Die Reduktion von Bedingungen, die häufig zur Unterminierung von Behandlungsprogrammen führen und zu Kollusionen mit kriminellem Verhalten.
- Managementunterstützung für die Therapeuten.
- Sorgfältige ständige Evaluation der Behandlungsprogramme.

Aufgrund der Vorarbeiten von Antonowicz und Ross (1993), Lipsey (1995) und Lösel (1995a) ging man davon aus, dass erfolgreiche Behandlungsprogramme sich von weniger erfolgreichen unterscheiden und dass man den Behandlungsstil der erfolgreichen folgendermaßen umschreiben könnte (vgl. auch Lösel sowie Wischka & Specht, in diesem Band):

- Die Programme sollten streng strukturiert sein.
- Kognitive verhaltenstherapeutische Orientierung hat sich in ähnlicher Weise bewährt wie eine reformiert dynamische Therapie (Berner, 1998b).
- Die Programme müssen multimodal sein.
- Die Programme sollten nach einem gut abgesicherten Konzept erstellt sein.
- Die Programme sollten sich nach den Bedürfnissen der Betroffenen aber auch im Hinblick auf deren Verantwortlichkeit orientiert sein.
- Aktives Erproben und Rollenspiel sollten als Behandlungstechnik benutzt werden.
- Der Stil des Therapeuten sollte unterstützend sein (Beech, Scott & Fordham, 1996).

Das SOTP unterscheidet sich von anderen Programmen besonders durch die Sorgfalt, die es seiner Einbettung in einen funktionierenden Kontext widmet. Die meisten therapieaversen Störeffekte entstehen nämlich durch mangelnde Akzeptanz in der Institution und sekundäre Korrumpierung der Therapeuten einerseits durch ihre Außenseiterposition, andererseits durch massive affektive Reaktionen in den Therapien selbst, die sie zum Abweichen vom ursprünglichen Behandlungsplan verführen.

Im SOTP hat ein therapeutischer und ein Programmanager für die reibungslose Durchführung der Therapie zu sorgen, Videoaufnahmen geben die Möglichkeit von feed-back und Kontrolle, ob die Therapeuten dem Konzept der Therapie treu bleiben konnten oder in ihren Interventionen abwichen. Dies erfordert Expertenwissen, da das Konzept nur Rahmen vorgeben kann, in denen die Interventionen je nach aktuell gebrachten Beispielen variiert werden müssen.

3.2 Zum Aufbau des Programms

Wesentliche Elemente des in einem Manual Sitzung für Sitzung festgelegten Programms sind:

- Es obliegt der Verantwortung des Therapeuten, die Thematik der Sitzung an die individuellen Bedürfnissen der Behandelten anzupassen. Der Therapeut hat darauf zu achten, emotional im Kontakt mit den Behandelten zu bleiben, sie im Rollenspiel aktiv zu fordern und die gebrachten Beispiele richtig zu interpretieren und der gesamten Gruppe verständlich zu machen.
- Die verwendeten Mittel müssen an das Sprach- und Sachverständnis der Behandelten adaptiert werden. So ist für schwächer Begabte Arbeit mit Bildern und Skizzen vorgesehen und entsprechende Unterlagen in den Manualen enthalten.
- Für Therapeuten wird die sogenannte "sokratisch-unterstützende Methode" als Grundstrategie empfohlen. Nur Therapeuten, denen diese Methode liegt, werden in den Kursen ausgebildet. Diese Methode vermeidet wertend-konfrontativen Widerspruch, regt eher durch Gegenfragen Reflexion über bisher nicht Hinterfragtes an. Die Gegenfragen werden allerdings hartnäckig solange gestellt, bis die kognitiven Entstellungen dem Großteil der Gruppenmitglieder deutlich werden.

Auf diesen Grundlagen sind die Gruppensitzungen des Basisprogramms in die folgenden Phasen gegliedert (zusammenfassend):

- Zunächst werden potentielle Teilnehmer individuell untersucht und in einigen Probesitzungen (Motivationsarbeit, Überprüfung der Indikation und Verträglichkeit der Teilnehmer untereinander) miteinander vertraut gemacht.
- Nachdem sich die Gruppe etabliert hat, wird sie einleitend mit Wirkungsmechanismen der kognitiven Entstellung (selbsttäuschendes Denken) bekanntgemacht.
- Dann werden die sogenannten "Finkelhor'schen Vorbedingungen" von deliktischen Verhalten besprochen (jedes Delikt hat ein Motiv, der Täter hat zunächst gegen innere Hemmungen vorgehen müssen und dann auf die Überwindung äußerer Hindernisse geachtet).
- Jeder Gruppenteilnehmer gibt eine Kurzbeschreibung seiner Tat.
- In den folgenden 24 Sitzungen werden diese Kurzbeschreibungen solange bearbeitet, bis die Betroffenen in der Lage sind, sich nicht nur als passive Opfer von Umständen darzustellen, sondern ihr aktives Vorgehen beim Delikt auszusprechen.
- Der nächste Abschnitt ist der Erarbeitung der Einfühlung in Opferperspektiven gewidmet.
- Nach Bearbeitung auch der Folgen des Deliktes für Täter und Opfer wird die Entscheidungskette für jedes Gruppenmitglied noch einmal bearbeitet.
- Erarbeitung individueller Alternativen und Risikofaktoren.
- Durch Rollenspiel in den Sitzungen und Hausaufgaben zwischen den Sitzungen werden die Teilnehmer besonders aktiviert und die Wahrnehmung affektiver Reaktionen gefördert.

3.3 Zur Programm-Organisation

Der Projektmanager in der Anstalt stellt sicher, dass die Teilnehmer vollzählig und rechtzeitig im Therapieraum erscheinen. Die Therapie findet wöchentlich jeweils 90 Minuten statt. Die Therapeuten bereiten die Sitzung vor (20 Minuten), teilen sich die Aufgaben und gehen dann an die Arbeit. Nach der Sitzung fertigen sie ein Kurzprotokoll an (Einschätzung und Probleme). Auch die Teilnehmer geben eine standardisierte Einschätzung der Therapie ab. Sie haben auch meist eine Hausaufgabe bis zur nächsten Sitzung anzufertigen. Alle drei Wochen soll eine Supervisionssitzung mit ausschnittsweiser Diskussion der Videobänder erfolgen.

Nach 86 Sitzungen soll die Therapie abgeschlossen werden. Das Programm läuft über zwei Jahre. Einbezogen werden Teilnehmer, die eine Strafe wegen aggressiver Delikte gegen die sexuelle Selbstbestimmung zu verbüßen haben. Die Strafe sollte mehr als zwei Jahre umfassen.

Die Ergebnisse des Therapieprogramms wurden in mehreren Stufen von einer eigenen Projektgruppe (STEP - Sex Offender Treatment Evaluation Project) ausgewertet, und stufenweise veröffentlicht (Beckett, Beech, Fisher & Fordham, 1994; Beech, Fisher & Beckett, 1998). Vor und direkt nach bzw. neun Monate nach Abschluß der Therapie wurden besonders „deliktfördernde Einstellungen" und Fertigkeiten in den Komponenten der „Rückfallsverhütung" durch Fragebogen ermittelt und verglichen. Es stellte sich dabei heraus, dass die Fähigkeit, von der Therapie zu profitieren und die Beibehaltung dieser Fähigkeit über neun Monate, bei den (durch Cluster-Analyse gebildeten) Gruppen unterschiedlich war. Besonders günstige Therapieergebnisse zeigten Untergruppen mit einem niedrigen Grad an sexueller Devianz und relativ geringer Verleugnungstendenz. Bei dieser günstiger verlaufenen Gruppe war es auch von relativ geringer Bedeutung, ob das kürzere (80 Stunden) oder längere (160 Stunden) Gruppenprogramm angeboten wurde. Am schlechtesten waren die Ergebnisse bei der Untergruppe mit sowohl hoher Devianz wie massiver Verleugnung. Hier ergab sich auch kein großer Unterschied zwischen kürzerer oder längerer Therapie. Bei der Mittelgruppe mit geringer Devianz aber hohem Verleugnungsgrad zeigte sich die längere Therapie der kürzeren überlegen. Die Projektgruppe empfiehlt daher das längere Programm, da damit besonders die deliktfördernden Ansichten besser beeinflußt werden können. Die wegen Vergewaltigung behandelten erwiesen sich als die hartnäckigeren Leugner.

In einem Brief vom 31. März 2000 teilt David Thornton, einer der Begründer des SOTP Programmes, die erst jüngst ermittelte Legalbewährung für die zwischen 1992 und 1996 behandelten Sexualstraftäter, die vorher eine Strafe von mindestens vier Jahren verbüßt hatten, mit. Die „Zeit in Freiheit" war zwei Jahre und länger. Der Vergleich von 647 behandelten mit 1910 unbehandelten Sexualtätern ergab insgesamt für Wiederverurteilungen mit einem Sexual- bzw. Gewaltdelikt einen signifikant positiven Effekt für die Behandlung ($p < 0.005$)

Für eine genauere Beurteilung wurden die Daten zunächst - entsprechend einem Maß für „statisches Rückfallsrisiko" (SRA - 99) - in vier Gruppen geteilt (Das Risiko steigt mit der Anzahl von Vorstrafen im Sexual- und Gewaltdeliktbereich, mit der Anzahl der Opfer des Täters und auch der Intensität seiner Allgemeinkriminalität). Bei den Gruppen mit sehr geringem Risiko konnte kein Unterschied erzielt werden, da schon die „Basisrate" der Verurteilungen bei der Vergleichsgruppe sehr niedrig war (2,6%), so dass eine weitere Erniedrigung davon schwer zu erzielen und kaum statistisch erfassbar ist. Bei den beiden mittleren Risikogruppen (Medium-Low and Medium-High) konnten deutlich signifikante Ergebnisse erzielt werden, wobei es zu einer 79%igen Erniedrigung und zu einer 59%igen Erniedrigung von der Basisrate kam. Bei der „High-risk" Gruppe konnte allerdings auch kein signifikanter Effekt festgestellt werden.

Es ist auch auf dem Hintergrund dieses Ergebnisses zu sehen, wenn die Autoren empfehlen, Probanden mit einem hohen Grad an Psychopathie (gemessen mit dem PCL-R) nicht in das Programm miteinzuschließen. Sie würden nicht nur selbst nicht davon profitieren, sie scheinen auch die anderen Therapieteilnehmer so negativ zu beeinflussen, dass der Gesamttherapieeffekt darunter leidet. Eine gute „Kohäsion" in der Gruppe hat sich dagegen therapeutisch positiv ausgewirkt.

4. Hamburger Vorarbeiten

1985 veröffentlichte die Forschergruppe um E. Schorsch das Ergebnis einer fünfjährigen Studie über Einzelpsychotherapie mit Sexualstraftätern (Schorsch et al., 1985). Gruppentherapie kam dabei nicht zur Anwendung, deutlich wurde aber, dass die meist psychodynamisch orientierte Einzelpsychotherapie in vielen Fällen durch Elemente von aktiver sozialer Hilfestellung, soziale Lernprogramme, Unterstützung bei der Konfliktbewältigung in Akutfällen im Sinne von Parametern ergänzt werden musste. Erstaunlich war, dass sich die Patienten mit richterlichen Behandlungsauflagen im Endergebnis der Therapie kaum von den sogenannten "Freiwilligen" unterscheiden ließen, was Schorsch veranlasste, das Konzept der Notwendigkeit von Freiwilligkeit für psychodynamisch orientierte Therapie in Zweifel zu ziehen.

Berners Arbeitsgruppe hingegen stellte für Patienten, die nicht poliklinisch sondern innerhalb einer Sozialtherapeutischen Anstalt der Justiz in Wien behandelt wurden, doch einen deutlich besseren Behandlungseffekt für die auf eigenen Wunsch zur Behandlung gekommenen gegenüber den nach richterlicher Auflage Behandelten fest (Berner & Karlick-Bolten, 1986). Das könnte aber auch daran liegen, dass bei ambulanter richterlicher Auflage dem Patienten noch immer wesentlich mehr Entscheidungsspielraum bleibt, als bei institutionell Behandelten. Immerhin muss zu jedem Behandlungstermin aktiv hingegangen werden. Andererseits war auch das Wiener Programm unterstützt von sozialpädagogischen Lernprogrammen. Die Erfolge waren bei den Patienten mit weniger antisozialen Zeichen, weniger spezifischen Vorstrafen und bei denen, die nach der stationären Behandlung eine ambulante Nachbetreuung aufsuchten, besser (vgl. auch Berner & Bolterauer, 1995). Die sich aus diesen Arbeiten ergebenden diagnostischen, prognostischen und therapeutischen Gesichtspunkte wurden zuletzt 1998 zusammengefasst (Berner et. al., 1998b). An Adaptionen der bisherigen Konzepte für ein Gruppen-Setting mit Elementen der Arbeit an den Entscheidungsketten, die zum Delikt geführt haben, wird in zwei Gruppen im Rahmen der Poliklinik der Abteilung gearbeitet. Die Verwendbarkeit des englischen Gruppenmodells in einem möglichst vergleichbaren Setting (nämlich in einer Abteilung innerhalb des Vollzugssystems) soll nun untersucht werden.

5. Beschreibung des Vorgehens

Zunächst wurden die in England verwendeten Instrumente zur Einschätzung der Eignung für die Therapie übersetzt. Sodann wurden aus der Gruppe der in Hamburg wegen schwerer Sexualdelikte inhaftierten Sexualstraftäter diejenigen ausgesucht, die bis zur Entlassung voraussichtlich noch genug Zeit zu verbüßen hatten, um das ganze Programm noch innerhalb der Inhaftierungszeit zu Ende bringen zu können.

Zwölf der in der Sozialtherapeutischen Abteilung untergebrachten Sexualtäter werden in 20 Blöcken (etwa 86 Therapiesitzungen), die nach einem Manual durchzuführen sind, entsprechend dem Core Programme behandelt. Vor der Behandlung wird eine Eingangsuntersuchung vom Begleitforschungsteam durchgeführt, bei der die wesentlichen Kriterien des SOTP angewendet werden. Am Ende der Therapie, die zweimal wöchentlich in der Anstalt stattfindet, wird eine Abschlussuntersuchung durchgeführt, die die Änderung durch Therapie nach verschiedenen Kriterien messen soll. Parallel zu den zehn in der Nesselstraße Behandelten werden entsprechende Probanden der normalen geschlossenen Anstalt Lübeck, die standardmäßig betreut werden, untersucht. Sie sollen als Vergleichsgruppe dienen. In etwa zweiwöchentlichen Abständen findet darüber hinaus eine Supervisionsgruppe in der Sozialtherapeutischen Abteilung statt, die neben den Therapeuten auch die Wohngruppenleitung erfasst.

Die Eingangs- und Abschlussuntersuchung umfasst neben der ausführlichen Erhebung der Vorgeschichte durch jeweils einen Psychiater und eine Psychologin bzw. einen Psychologen standardisierte Erhebungen:

- *Einmalig:* SCL 90 (Erfassung psychiatrischer Symptome), SKID II (Erfassung einer Persönlichkeitsstörung), PCL (Hare Psychopathie-Checkliste; vgl. Lösel, in diesem Band), SVR-20 (Prognoseinstrument für Sexualstraftäter) und NEO-5-Andresen (einen Fragebogen zur Erhebung von vorherrschenden Charaktereigenschaften in fünf Dimensionen).
- *Am Beginn und Ende der Behandlung*: Fragebögen die sich speziell auf die zu ändernden Einstellungen und Verhaltensbereitschaften beziehen:
  - Fragebogen zu Einstellungen und Ansichten (allgemein über Sexualität)
  - Fragebogen zu Einstellungen zur Sexualstraftat
  - Fragen zur Opfer-Empathie
  - Fragen zum Einfühlungsvermögen in Frauen
  - Rückfallvermeidungsinterview.

6. Derzeitiger Stand des Projektes

Die Eingangsuntersuchungen mit den zwölf Gruppenteilnehmern konnten abgeschlossen werden, die Therapiesitzungen haben im Mai 2000 begonnen, die Teilnehmer haben sich miteinander bekannt gemacht und begonnen, gegen inneren Widerstand eine erste Version ihrer Tathandlungen zu berichten. In der Supervisionsgruppe werden die Auswirkungen der Therapie auf den Stationsalltag auch mit den Wohngruppenleitern besprochen. Generell wird Wert darauf gelegt, die spezielle Sexualstraftätertherapie im Sinne integrativer Sozialtherapie in die allgemeine Praxis der Abteilung einzubinden (vgl. Wischka, in diesem Band). In der Abteilung mit ihren 29 Plätzen stehen dafür zwei Stellen für Psychologen/Psychologinnen, eine mit einer Sozialpädagogin besetzte Stelle für Abteilungsleitung, je eine Stelle Wohngruppenbeamter im Tagesdienst und Arbeitstherapie sowie fest zugeordnete Schichtdienststellen zur Verfügung. Die Abteilung verfügt über ansehnlichen Nebenraum für Freizeit- und Gruppenarbeit sowie für Gruppen- und Arbeitstherapie. Soweit Arbeitstherapie nicht erforderlich ist, erhalten die Gefangenen einen Arbeits-, Schul- oder Ausbildungsplatz im Rahmen des sonst vorhandenen, differenzierten Angebots. Den nicht durch das SOTP erfassten Gefangenen wird – neben der für alle möglichen Einzelbetreuung/Einzeltherapie – ein soziales Trainingsprogramm in Gruppen angeboten.

7. Zusammenfassung

Die Änderung des § 9 StVollzG. erfordert nicht nur die Einrichtung neuer sozialtherapeutischer Behandlungsplätze, sondern auch Überlegungen zur Behandlung von Sexualstraftätern unter den Bedingungen eines relativ geschlossenen Vollzugssystems. Es sollen nämlich Straftäter behandelt werden, die relativ lange Reststrafen vor sich haben. Dazu bietet sich an, das englische Programm zur Behandlung von Sexualstraftätern im Strafvollzug (SOTP) zu adaptieren. Das Programm legt besonderen Wert auf die Bearbeitung des „Deliktszenarios", also der Umstände, die die Selbstkontrolle gerade zur Zeit des Deliktes beeinträchtigten, sowie auf die Bearbeitung von Einstellungen gegenüber Frauen und Kindern, bzw. Betroffenen der jeweiligen Delikte. Nach einem Literaturüberblick wird der Beginn eines solchen Adaptationsversuches in der Sozialtherapeutischen Abteilung der JVA Nesselstraße in Hamburg dargestellt.

Gefährliche Gefangene – Mitarbeitsbereitschaft und subkulturelle Haltekräfte im Strafvollzug

von Manfred Otto

1. Einleitung

Das Problem der Motivation von Insassen zur Teilnahme an qualifizierten Behandlungsmaßnahmen ist, zumal unter der Prämisse zeitlich begrenzten Freiheitsentzugs, evident. Die Qualität der Mitarbeit von „gefährlichen" Gefangenen im Sinne des Gesetzes zur Bekämpfung von Sexualdelikten und anderen gefährlichen Straftaten vom Januar 1998 (vgl. Dessecker sowie Rehn, S. 26ff, in diesem Band) als Auftrag des Justizvollzuges kann verstanden werden als Resultierende aus den individuellen Abwehrstrukturen sowie der Leidensfähigkeit des Insassen, der Struktur von Behandlungsangeboten der Institution Gefängnis sowie der Ausprägung und Charakteristik subkultureller Haltekräfte. Diese Haltekräfte sind Kleingruppenbindungen der Gefangenen mit gegen das Vollzugsziel gerichteter „Trägheit" bzw. Opposition, zum Beispiel durch „Umdefinition" der Teilnahme an Behandlungsmaßnahmen einschließlich subkulturdominierter Verhaltensweisen und Straftaten (vor allem) gegen Mitgefangene. Dabei handelt es sich um (sexuelle) Nötigung oder Erpressung, physische und psychische Gewalt zur Hierarchisierung von Beziehungen und Sicherung illegaler Geschäfte (z.B. Drogenhandel). Das Dunkelfeld entsprechender Handlungen in den Gefängnissen dürfte groß sein.

In diesem Kontext ist das Konstrukt der „Gefährlichkeit" zur Erhöhung der Effektivität des Justizvollzuges wie auch zur Vermeidung von nicht erfüllbarem Erwartungsdruck der Öffentlichkeit neu zu diskutieren (s. Walter, in diesem Band).

Zunächst sind nicht Straftaten „gefährlich", sondern Menschen, die Straftaten gegen die sexuelle Selbstbestimmung bzw. körperliche Unversehrtheit von Mitmenschen begehen und wahrscheinlich weiter begehen werden. „Gefährlich" sind diese Gefangenen auch, wenn sie nicht oder nicht erfolgreich behandelt werden konnten, und zwar für Mitgefangene und Bedienstete schon während der laufenden Haftverbüßung. „Gefährlich" sind ferner bestimmte Aspekte subkultureller Strukturen für mitarbeitsbereite Gefangene als laufende „Gegenpropaganda" und für nichtmitarbeitsbereite Insassen als „Nest", in dem sie es sich – häufig unter Ausnutzung vordergründiger Anpassungsleistungen - bequem machen. Der Gegensteuerungsgrundsatz des § 3 StVollzG, nämlich schädlichen Folgen der Haftverbüßung entgegenzuwirken, muss damit aus einer bisher vernachlässigten Perspektive neu focussiert werden (s.a. Otto, 1998, Pawlik-Mierzwa & Otto, 2000): Es geht um den schädlichen Einfluss von Mitgefangenen auf die Mitarbeitsbereitschaft des Insassen.

2. Die Fiktion der Statusgleichheit von Gefangenen

Konzepte therapeutischer Gemeinschaften einschließlich des Jugendvollzuges in Wohngruppen gehen - mehr oder weniger implizit - von einer Statusgleichheit der Insassen aus. Status meint die Wertigkeit oder Position eines Individuums innerhalb eines sozialen Systems (von Rollen). Man stellt sich eine Gruppe als Gemeinschaft vor, die konstruktiv an der Lösung von Problemen arbeitet, die der Einzelne zu lösen nicht kompetent ist (Just Community-Ansatz, vgl. J. Walter, 1998). Entsprechend wird das Zusammenleben nach Vorstellungen von gemeinsamen Interessen und Zielen und einer Orientierung an offiziellen Arbeitsaufträgen auf demokratische Weise organisiert (s. auch Wischka, in diesem Band).

Tatsächlich findet in der Realität des Justizvollzuges, auch in „therapeutischen Nischen", ein oftmals mit äußerster Brutalität und Rücksichtslosigkeit geführter Prozess der subkulturdominierten Rollendifferenzierung unter Gefangenen statt. Selbst beiläufige Äußerungen von Gefangenen, etwa zur Problematik der Einhaltung des Regelwerks (Kritik an Mitgefangenen bei störender Musik, Nichteinhaltung der Nachtruhe, Sauberkeit und Ordnung usw.), zum kriminellen „Vorleben" (Straftathierarchie), zur offenen Zusammenarbeit mit Betreuern usw. werden innerhalb des subkulturellen Verhaltenskodex bei Gelegenheit „cokommentiert" und zur Statusdefinition herangezogen. Hierzu gehören auch wertende Äußerungen von Bediensteten über Gefangene.

Der Prozess der subkulturellen Rollendifferenzierung bleibt in dem Maße unerkannt und unbearbeitet, wie es an Vorkehrungen bei der inhaltlichen und organisatorischen Gestaltung der berufsmäßigen Reaktionen auf subkulturelle Haltekräfte mangelt. Denn selbst ein noch so professionelles Denken von Betreuern in Begriffen von „Gruppenprozessen" und „Übertragungsphänomenen" eignet sich nicht automatisch für die Sichtbarmachung inoffizieller Normen- und Wertgefüge der Gefangenen. Zu beachten sind ferner Spaltungstendenzen und mangelnde Authentizität der Gefangenen bei der Gestaltung der Beziehungen zu Mitarbeitern und Mitarbeitergruppen, damit verbundene Instrumentalisierungsversuche sowie Rückzugsverhalten von Gefangenen als Folge subkultureller Haltekräfte.

Die aus Erkenntnissen über diese Vorgänge resultierenden Interventionen sind nicht (nur) auf den Gefangenen zu focussieren. Vielmehr müssen sich Bedienstete Kenntnisse über subkulturelle Abläufe und Beziehungsmuster zu eigen machen und fähig werden, diese mit Bedacht in Gegenstrategien umzusetzen (s.u.). Ziel ist dabei die Verbesserung der Ansprechbarkeit, Veränderungs- und Mitarbeitsbereitschaft von Gefangenen.

3. Subkulturelle Statusdefinition

Der Begriff der Subkultur umfasst Teile der Gesellschaft, die von der Kultur als dem herrschenden System von Lebenszielen (Werten), Wegen zur Zielverwirklichung (Normen) und Institutionen (zur Reproduktion von Werten und Normen) abweichen. Subkulturen können freiwillig oder unfreiwillig, progressiv oder regressiv, rational oder emotional, delinquent oder legal sein (Schwendter, 1993). Subkultur lebt von einem übersichtlichen (hierarchischen) „Wir" in einer unübersichtlichen, von propagierter Werte- und Normenpluralität „aufgeblasenen" Gesamtgesellschaft. Subkulturelle Gruppierungen entwickeln, vor allem, wenn es sich um ethnisch homogenisierte Gesamtheiten handelt, ein teilweise über Generationen tradiertes und über den Sozialisationsprozess vermitteltes charakteristisches Wert- und Normgefüge. Andererseits entsteht Subkultur nicht allein aus der Tatsache der Merkmalsgleichheit ihrer Mitglieder. Vielmehr lernen ihre Mitglieder über *soziale Kontakte und Kommunikation* das entsprechende kulturelle Gerüst, denn es gibt in der Regel kein kodifiziertes Know-how. Vielmehr erfolgt die Vermittlung durch „Mundpropaganda" von in der Hierarchie höherstehenden Mitgliedern („Eingeweihten"). Das Regelwerk ist häufig klar, jedoch nicht konstant. Letztlich heiligt der Zweck (Aufrechterhaltung einer Hierarchie) jedes Mittel.

Kriminelle Subkultur meint die positive Attribuierung von Einstellungen und Verhaltensweisen im Umfeld von Männlichkeit, Stärke, Cleverness und Risikobereitschaft. „Ärger" mit Polizei und Justiz oder anderen Institutionen der sozialen Kontrolle ist alles andere als ehrabschneidend. Es existiert ein Ehrenkodex. Magische Vorstellungen vom Schicksal, wenn „die Karten laufen, die Glückszahl kommt" bestehen ebenso wie ein „Denken in Mythen" (Eigenbrot, 1997). Negativ bewertet werden Weiblichkeit, Schwäche, Vertrauensbereitschaft, „Reden" als Konfliktlösung. Parallel zu der mittelschichtorientierten beruflichen Leistung, die mit dem sozialen Status verknüpft ist, wird die „kriminelle Karriere" und „kriminelle Professionalisierung" als subkulturspezifische Analogie aufgefasst (Lemert, 1975). Innerhalb der kriminellen Subkultur besitzt hohen Status, wer die entsprechenden Verhaltensweisen und Verhaltensziele vertritt oder einhält bzw. einhalten kann. Nach Harbordt (1967, S. 64f) sind Merkmale der *Zumessung eines hohen Gefangenenstatus*

- Fähigkeit zu körperlicher Gewaltanwendung
- Erfüllung der Gefangenennormen
- Bewegungsfreiheit, um sich oder anderen Annehmlichkeiten verschaffen zu können
- Widerstandskraft gegen staatliche Sanktionen, ohne zu „zerbrechen"
- Hafterfahrung
- kriminelle Herkunft bzw. Vorerfahrung und
- Berechenbarkeit im Verhalten.

Rollendifferenzierungen haben das Ziel, hierarchische Beziehungsstrukturen herauszubilden, um Abhängigkeiten der Gefangenen zu schaffen und zu gewährleisten. Subkulturexponenten vermitteln dabei die Strategie, wie man sich – ohne substanzielle „Abstriche" von mitgebrachten (kriminalitätsfördernden) Einstellungen und Verhaltensweisen vorzunehmen – den „Behandlungsvollzug" zunutze machen oder an ihm „vorbei" mit Annehmlichkeiten existieren kann. Umfang und Verbindlichkeit der von den Gefangenen einzuhaltenden Regelungen richten sich nach ihrem Status in der Subkultur. Grundlegend ist zumindest die Einhaltung des Schweigegebots gegenüber Bediensteten zum Schutz subkulturell agierender Gefangener. Nichteinhaltung führt neben Statusminderung auch zu Repressalien. In diesem Zusammenhang kommt der kriminellen Subkultur der russlanddeutschen Aussiedler in Gefängnissen ein besonders intensiver Anpassungsdruck zu (Otto & Pawlik, 2000). Charakteristisch sind dabei die Merkmale

- „Zwangsmitgliedschaft" jedes inhaftierten Landsmanns,
- Persönliche Präsentation des Neuen in der Gruppe,
- Überprüfung der Angaben zur Person und den Straftaten (einschließlich der Einstellungen zu ihnen) durch Kontaktpersonen außerhalb des Gefängnisses (Vernetzung),
- Pflichtteilnahme am „Versorgungssystem" für „bedürftige" Landsleute innerhalb des Gefängnisses,
- bedingungslose Akzeptanz des Repressaliensystems auch durch statusniedrige bzw. Opfergefangene bei nichtkonformem Verhalten.

Zu den typischen Repressalien gehören (a.a.O.)

- Demütigungen: Vergabe weiblicher Spitznamen, Anordnung, sich die Beine zu rasieren, am Fenster Striptease zu machen, von eigenen sexuellen Erlebnissen berichten, sich Beleidigungen und sexuelle Phantasien über weibliche Familienangehörige/Partnerinnen anhören müssen, zur Begrüßung statt Handschlag den Penis anfassen müssen, tanzen, singen, sich als Frau verkleiden müssen, Motorradfahren imitieren, vorbeifahrende Autos bzw. Züge pro Nacht zählen (Schlafentzug) und das Ergebnis abliefern einschließlich Übernahme der Rolle des „Weckers" (um sechs Uhr morgens den Ruf eines Kuckucks imitieren), Vogelkot und Zigarettenreste essen.
- Einschüchterung durch Androhung körperlicher (auch sexueller) Gewalt, etwa bei Nichteinhaltung von „Lieferterminen" bei illegalen Geschäften oder Nichtausführung von Aufträgen. Dabei gilt die Zuordnung eines weiblichen Spitznamens als Ankündigung für „mehr", nämlich eine Vergewaltigung.
- Erleiden körperlicher Gewalt, in der Regel im Schutz der Gruppe, nach Möglichkeit ohne sichtbare Verletzung.
- Aufnahme- und Vergewisserungshandlungen: Vergabe von Aufträgen, etwa den Gefangeneneinkauf abzugeben oder bei anderen abzupressen, Reinigungspflichten und Pflichten anderer Art für Landsleute zu erledigen, als Laufbursche unterwegs sein, sich zum Drogenverteilen anbieten, Namen von Verwandten bzw. Bekannten für illegale Geschäfte einbeziehen (für präparierte Paketsendungen, Briefe, Telefonate), Insassen und/oder Bedienstete beleidigen, bedrohen oder angreifen/verletzen.

4. Subkulturelle Logik

Subkulturelles Denken bezieht Vorstellungen vom Leben als „Spiel" und Glauben an „Mythen" ein. Aus der Vorstellung „wir machen alles, aber nur illegal" wird die Nichtgültigkeit der Gesetze abgeleitet. Man ist dem „eigenen Gesetz" treu. Daher wehrt man sich gegen die „Verletzung der Privatsphäre" durch staatliche Stellen (Lindlau, a.a.O., S. 235).

Recht und Unrecht definieren sich nach der konkreten Macht. Richtiges Handeln ist erfolgreiches Handeln. Erfolg ist materieller Erfolg (Geld). Je mehr Druck oder physische Macht hinter einer Forderung steht, desto berechtigter ist sie. Teil des Denkens ist eine Verherrlichung von Gewalt und das Erleben von staatlicher Korruption (z.B. bei Aussiedlern aus den GUS-Staaten). Durch die „Produktion" von Opfern wird man stark. An der Schädigung/dem Tode von z. B. Unbeteiligten sind nach der „neuen Logik" nicht die Täter schuld, sondern diejenigen, die den subkulturellen Forderungen nicht nachkommen. „Wenn du dich wehrst und nach der Polizei schreist, dann bist du nicht nur an allem schuld, was sie mit dir machen. Du trägst auch die Verantwortung dafür, dass sie vor Gericht gestellt und eingesperrt werden. Wenn es dazu kommt, haben sie jedes Recht, dich und deine Familie dafür zu bestrafen" (Lindlau, 1991, S. 292).

Diese Logik wird nach Lindlau (a.a.O.) dadurch verstärkt, dass der gesellschaftliche Widerstand dagegen im Zuge der neoliberalistischen Globalisierungsdiskussion ständig abnehme bzw. praktisch bedeutungslos geworden sei. Von einer Ethik der Ritterlichkeit, Fairness, Gerechtigkeit und Barmherzigkeit spricht kaum jemand. Subkulturelle Logik findet auf präkonventioneller Stufe des moralischen Urteils statt (Kohlberg, 1974; s. auch Wischka, in diesem Band).

5. Gefängnissubkultur

Subkulturelle Einstellungen und Verhaltensweisen (s.o.) entwickeln sich nach der Deprivationstheorie (Sykes, 1956) unter den Bedingungen der „totalen Institution" Strafvollzug (Goffman, 1961) als Reaktion auf Isolierung, Entzug materieller Güter, sozialer Kontakte pp. Nach der Theorie der kulturellen Übertragung (Irwin & Cressey, 1964) entsteht die Gefangenensubkultur nicht erst durch die Bedingungen der Inhaftierung, sondern sie ist ein Mitbringsel von bereits außerhalb des Gefängnis bestehenden kriminellen Codes. Für eine verstärkte Berücksichtigung dieses Aspektes sprechen die Erfahrungen, die seit der Öffnung des Vollzuges nach innen und außen und der Bereitstellung verbesserter Haftbedingungen gemacht wurden: Es bestehen Vernetzungen von informellen Beziehungsstrukturen, die, kombiniert mit bestimmten Betreuungs- bzw. Funktionsroutinen des Alltags des Strafvollzuges nicht zum Verschwinden von Subkultur, sondern zu ihrer Verfestigung beitragen. Dadurch werden nicht nur Behandlungs- bzw. Förderungsansätze innerhalb des Justizvollzuges gefährdet. Vielmehr kann dieser als „Durchlauferhitzer" zu einer forcierten Verbreitung krimineller Haltungen in der Gesellschaft beisteuern, zumal unter den Bedingungen ethnischer Vielfalt.

6. Subkulturfördernde Faktoren und mögliche Gegenstrategien

Um schädlichen Einflüssen der Haftverbüßung durch die Auslieferung der Gefangenen an subkulturelle Haltekräfte entgegenzuwirken, bedarf es zum einen der Definition von begünstigenden Merkmalen. Andererseits muss das durch entsprechende Maßnahmen entstehende „Definitionsvakuum" von Normen durch intelligente, angemessene Alternativen ausgefüllt werden, um das stationäre Setting im Sinne des Vollzugszieles zu optimieren.

Die *Überbelegung von Haftanstalten und/oder Mehrbetthafträume* sind subkulturfördernd und stören Interventionen zur Erreichung des Vollzugszieles. Die Gefangenen erleben ihre Mitgefangenen „hautnah" als einflussreiche Bezugspersonen, mit denen sie sich auseinanderzusetzen haben. Räumliche Enge fördert Aggressivität und damit Gewaltverhältnisse unter Gefangenen. Gleichzeitig erhöht sich die Gefahr für Bedienstete, durch „Frontenbildung" Ziel von Angriffen zu werden. Eine Relativierung subkultureller Haltekräfte ist dann möglich, wenn Einzelhafträume mit der Möglichkeit für Gefangene, sich selbst einzuschliessen, bereitgestellt werden und eine Überbelegung von Organisationseinheiten vermieden wird.

Neuangekommene Gefangene haben *Informationsdefizite*. Sie tauchen in der (vertrauten) Subkultur unter, wenn ihnen nicht zu Beginn der Haftzeit und bei sämtlichen Verlegungen in Organisationseinheiten des Justizvollzuges umfassend Gelegenheit zur Information aus „erster Hand" gegeben wird. Günstigstenfalls sollte das Informations- bzw. Aufnahmegespräch *vor* der Zuweisung des Gefangenen in einen bestimmten Haftraum, Flügel, Wohngruppe pp. erfolgen. Das Regelwerk mit sämtlichen Chancen und Risiken ist in diesem Gespräch umfassend zu erläutern. Der Insasse ist zum Eingehen eines Arbeitsbündnisses mit konkreten Vereinbarungen über die nächsten Schritte und Ziele zu ermuntern, bevor die Subkultur mit ihrer „Gegenpropaganda" beginnt.

Informelle soziale Kontakte werden für Zwecke der kriminellen Subkultur genutzt. Da bestimmte (Freizeit-) Veranstaltungen für Subkulturexponenten aufgrund der damit verbundenen Relativierung üblicher Bewegungs- und Überwachungseinschränkungen hohen Status besitzen, sind definierte Auswahlkriterien bzw. Zugangsberechtigungen – beispielsweise nach dem Grad der Mitarbeit am Vollzugsziel - erheblich subkulturrelativierend. Jeder Entzug einer Bühne, auf der sich der in der Subkultur hoch angesehene Insasse präsentieren kann, wird von den Betroffenen als nachhaltig statusmindernd erlebt. Es gehört zur inneren Dynamik der Subkultur, dass mangelnde Präsenz zum Einflussverlust führt.

In der Betreuungsarbeit darf keinesfalls auf *Gefangene als „Schlichter"* zurückgegriffen werden, wenn es darum geht, Normen durchzusetzen, denn: „Ein Boß ... ist erst, wer vom Wachtmeister aufgefordert wird, einen Aufsässigen zu beschwichtigen" (Harbordt, 1967, S. 63). Auch ist die Aussage eines Bediensteten, dass „ein guter Hausarbeiter einen Stationsbeamten ersetzt", als Indikator für höchst problematische, subkulturfördernde Betreuungsroutinen anzusehen (Otto & Weiermann, 2000). Denn selbstverständlich hat entsprechendes Verhalten erhebliche Auswirkungen auf den Status in der Insassenschaft und fördert Abhängigkeit von Vollzugsbediensteten zu Gefangenen. Es entsteht ein Druck, sich „erkenntlich zu zeigen".

Statusmerkmal in der Gefangenensubkultur ist zum einen die *Lage des eigenen Haftraumes*. Positiv bewertet werden Zellen, die günstige Kontaktmöglichkeiten zu Mitgefangenen oder Personen außerhalb der Anstalt ermöglichen bzw. - je nach Intention - in besonderer Nähe oder Entfernung zu Dienstzimmern liegen. Auch die gebotene Qualität des Fernsehempfangs kann ausschlaggebend dafür sein, die Wahl eines entsprechenden Haftraumes, ggf. mit Druck gegen andere Gefangene, durchzusetzen. Ausschließliche Zuweisung nach festgelegten Anstaltsregeln und Stringenz bei der Durchsetzung dieser Norm wirken erheblich subkulturrelativierend. Auch muss bei der Gewährung von *Ausstattungsmerkmalen der Haftträume* auf gegen die Subkultur gerichteten Regeln geachtet werden. So muss ein Verbot der „Lagerhaltung" gelten. Nicht die Insassen, welche die meisten Geschäfte machen, sondern diejenigen, die sich nachweislich mitarbeitsbereit einbringen, werden unterstützt, Haftträume wohnlich einzurichten. Aus organisatorischen und betreuerischen Gründen sollten entsprechende Ausstattungsdifferenzierungen in Organisationseinheiten auch durchaus mit öfterem Haftraumwechsel der Gefangenen verbunden sein (Binnendifferenzierung).

Arbeitsplätze mit besonderen Bewegungsfreiräumen und „sauberen" Tätigkeitsinhalten sind in der Subkultur hoch attraktiv. Entsprechend setzen bestimmte Gefangene es besonders darauf an, sich in der Bedienstetenschaft „Fürsprecher" zu verschaffen. Häufig werden auch Beziehungen zu Mitgefangenen oder - im Falle von wiederholter Haftverbüßung – Bediensteten, die entsprechende Bereiche verantwortlich leiten, bei der Besetzung entsprechender Arbeitsplätze ausgenutzt. Erforderlich sind besondere Aufmerksamkeit der Bediensteten und Zuweisung nach gegen die Subkultur gerichteten Auswahlkriterien. Eine laufende Abstimmung der zuständigen Bediensteten über das Arbeits- und allgemeinvollzuglichen Verhaltens dient dazu, den Arbeitsplatz nicht mit Gefangenen zu besetzen, die sie für subkulturelle Aktivitäten nutzen.

Weiter oben wurde darauf hingewiesen, dass die Vollzugsrealität für Gefangene mit einem ständigen Prozess der subkulturellen Statusdefinition verbunden ist. Wesentliche Quelle der entsprechenden Differenzierungen ist die Möglichkeit von Insassen, physische und psychische Gewalt ausüben zu können. Entsprechend wichtig ist deshalb eine besondere Wachsamkeit der Bediensteten gegenüber *Hinweisen auf Gewalthandlungen*. Andeutungen von Gefangenen sind stets ernst zu nehmen. Verletzungen, besondere Haarschnitte oder deklassierende Tätowierungen (s.u.), auffälliges Rückzugsverhalten u.a. müssen hinterfragt werden, um statusmindernd gegenüber den Tätern reagieren zu können und einen größtmöglichen Opferschutz sicherzustellen. Auch in diesem Zusammenhang bietet sich die Entwicklung einer „Umzugskultur" an: Gefangene dürfen nicht unabsehbar in einem bestimmten Haftraum oder einem sozialen Umfeld untergebracht werden. Sinnvolle Neuzusammenstellungen von Wohngruppen bzw. Gefangeneneinheiten relativieren Abhängigkeitsverhältnisse bzw. anonymisieren Kommunikationsstrukturen. Auch können dadurch gezielte Interventionen der Bediensteten zur Statusveränderung von bestimmten Gefangenen in der Subkultur verdeckt werden.

„Diese Praxis des angeordneten Haftraumwechsels widerspricht vielfach der Vollzugsrealität - vor allem im Langstrafigenvollzug. Die Einsicht in die Notwendigkeit, Gefangenenpopulationen immer wieder neu zusammenzusetzen, ist bei Bediensteten ohne geschulten Blick für subkulturelle Einflüsse nicht vorauszusetzen. Häufig greift bei ‚besonderen Vorkommnissen' die subkulturfördernde (...) Regelung der ‚Schutzverlegung' von Opfern. Denn damit wird den Tätern ein ‚freies Feld' für neue Aktivitäten eröffnet bzw. überlassen" (Otto, 1998, S. 36).

Ein Schwerpunkt krimineller Subkultursymbolik ist nach wie vor die *Tätowierung*, obgleich sie historisch nicht im Gefängnis entstanden ist. Sie gilt – unabhängig von Modeerscheinungen in der Gesamtgesellschaft - als bleibendes Erkennungs- und Zugehörigkeitszeichen u. a. im kriminellen Milieu, wenngleich keine „Tätowierpflicht" besteht. Es kommt vor, dass Subkulturexponenten zur Tarnung keine Tätowierungen besitzen (vgl. Otto und Pawlik-Mierzwa, a.a.O.). In der Regel besteht bei bestimmten Zeichen eine Mehrfachbedeutung, die manchmal selbst dem Träger nicht bekannt ist. Unter Gefangenen werden „Listen von Tätowierungen" mit Erklärungen herumgegeben. Im Rahmen der Statusdifferenzierung wählen sich Gefangene (mit Zustimmung ranghöherer Insassen) „ihre" Kennung aus, die sie im Laufe des Aufenthaltes ergänzen können oder dürfen. Wachsamkeit der Bediensteten ist angezeigt, zumal innerhalb des Gefängnisses nicht unerhebliche gesundheitliche Risiken, aber auch Risiken der „Zwangstätowierung" bestehen (s.o.). Ein gegen die Subkultur gerichtetes Regelwerk muss durchgesetzt werden; die Insassen sind auf statusmindernde Reaktionen einzustellen.

Innerhalb bestimmter *homogener Wohneinheiten* von Gefangenen können sich subkulturelle Haltekräfte besonders entfalten, wenn dem Wunsch nach Distanzierung von Betreuern und dem Bestreben, in der Insassenschaft „abzutauchen", (unbeabsichtigt) Vorschub geleistet wird. Dies geschieht vor allem durch Homogenisierung von Gruppen z.B. nach geäußerter Sympathie der Gefangenen, gemeinsamer „Gefängniskarriere", ethnischer Zugehörigkeit. Aber auch eine Zusammenstellung nach gemeinsamen Problemmerkmalen (beispielsweise „Durchsetzungsstärke", Delikt) wirkt subkulturfördernd. Vielmehr sollte auf eine möglichst heterogene Zusammensetzung von Wohneinheiten geachtet werden, um auch von dieser Seite eine Offenheit der Kommunikationsstrukturen zu fördern. Deshalb ist auch unter diesem Blickwinkel eine häufiger Wechsel des Haftraumes wünschenswert.

Als Subkulturmerkmalsträger zu beschreibende Gefangene versuchen, ihre *Außenkontakte* nebulös zu halten, um die von ihnen (gegenüber Mitinsassen und Bediensteten) konstruierte Vollzugslegende zu erhalten. Kontaktaufnahmebemühungen und Gesprächsangeboten der Betreuer stehen sie reserviert bis offen ablehnend gegenüber. Vielfach nehmen sie für sich die Begründung in Anspruch, den Vollzug „in Ruhe über die Bühne" bringen zu wollen. Im Rahmen der Betreuungsarbeit und Eruierung der Qualität der Bereitschaft zur Mitarbeit sind entsprechende Einstellungen intensiv zu hinterfragen. Nötigenfalls sind beschränkende oder – soweit möglich und statthaft – fördernde Maßnahmen zu ergreifen, um den sozialen Hintergrund der Gefangenen transparent zu machen und in die Betreuungsarbeit zu integrieren.

7. Charakteristika eines möglichen Arbeitsrahmens

Informelle kriminelle Sozialstrukturen im Justizvollzug haben für den Gefangenen sowohl „schützende" als auch schädigende Funktion. Eine Lockerung dieser Haltekräfte wird begünstigt, wenn der Insasse bereit ist, seinen „Weg" durch das Gefängnis (mindestens zeitweise) individuell zu definieren. Entsprechende Betreuungsbedingungen sind vorzuhalten. Er wird als alleinverantwortlich angesprochen. Im Rahmen der Vollzugsrealität und dem damit verbundenen offiziellen Regelwerk hat sich der Insasse seinen Rechten und Pflichten entsprechend zu engagieren. Für seine persönlichen Lebensziele und Lebenswege, die aus der Kriminalität führen müssen, ist er seinen Mitgefangenen gegenüber jedoch nicht rechenschaftspflichtig. Die Ziele der Betreuungsarbeit sollten daher auf eine im positiven Sinne verstandene *Vereinzelung* und *Integration* des Insassen in ein System der *Binnendifferenzierung* ausgerichtet sein. Elemente dieses Arbeitsrahmens sind *Information, anlassunabhängige Kommunikation* und *transparente Zuverlässigkeit des Regelwerks*.

Weiter oben wurde dargestellt, dass die Ausstattung des Gefangenen mit *Informationen* über die durch ihn mit konstruierbare Realität des Strafvollzuges inklusive entsprechender Behandlungsperspektiven aus „erster Hand", also durch die Betreuer zu geschehen hat. Dies erfolgt sinnvoller Weise durch qualifizierte Aufnahmeverfahren und Aufnahmegespräche. Mindestinhalte müssen sein

- der vollzugliche Ist-Stand vor dem Hintergrund der Ausführungen im Urteil und den Vorgaben des zu entwickelnden und fortzuschreibenden Vollzugsplanes
- Diagnose des Abstands zum Soll-Stand (umfassende Mitarbeitsbereitschaft), zum Beispiel über konkrete Benennung und Dokumentation der Verhaltensauffälligkeiten
- die Definition des Grads der Mitarbeitsbereitschaft und Status innerhalb der Subkultur
- besprechen des Regelwerks inklusive konkreter Chancen-Risiken-Relationen und der im Einzelfall erwarteten Verhaltensweisen
- besprechen der möglichen Beziehungsebenen („Vertragspartnerschaft", „Eltern-Kind", „Patient-Arzt") mit Darlegung der entsprechenden Autonomieeinbußen für den Gefangenen.

Zur Individualisierung des Freiheitsentzuges mit dem Ziel der Relativierung subkultureller Haltekräfte ist eine Kultur strukturierter, *„anlassunabhängiger" Kommunikation* erforderlich, die sich von einer im Allgemeinen vorherrschenden Praxis unterscheidet. Üblicherweise wird Kommunikation im Gefängnis dann ausgelöst, wenn der Gefangene „ein Anliegen" formuliert, indem er Anträge stellt oder um Gespräche nachsucht. Diese antragsinitiierte Kommunikation bringt Vollzugsmitarbeiter ständig in reaktive Begründungszusammenhänge, warum dem Begehren stattgegeben werden kann oder es abgelehnt werden muss. Gefangene entwickeln vor diesem Hintergrund Vorgehensweisen, warum und wann gegenüber welchen Bediensteten welches Ansinnen vorgetragen wird. Vollzugsmitarbeiter müssen ihrerseits die geäußerten Interessen der Gefangenen mit dem für den Strafvollzug geltenden Regelwerk in Einklang bringen. Dabei befinden sie sich bei der „Konstruktion der gemeinsamen Realität" im Nachteil, denn die Eingangsinformationen werden durch den Insassen präpariert gegeben. Die Mitarbeiter sind gefordert, unter dem Druck der Erwartung des Gefangenen Informationen so beizuziehen, dass Entscheidungen sach- und personengerecht sind. Es entsteht die Gefahr, dass sich der einzelne Bedienstete diesem Druck durch „Fehlentscheidungen" beugt, zumal die Subkultur der Gefangenen über mehr oder weniger subtile Einflussmöglichkeiten verfügt, die die Position des Beamten in Frage stellen oder „fördern" kann: Mitarbeitern, die Begehren im Sinne der Gefangenen positiv sehen, wird geschmeichelt, während anderen durch Ablehnung und dezente Schikanen der berufliche Alltag schwer gemacht wird.

Das Betreuungsklima wird dagegen nachhaltig verändert, wenn ein auf den ersten Blick anlassloser Dialog zwischen Betreuern und Insassen installiert wird. In regelmäßigen, individuell vereinbarten Zeitabständen finden sich Gefangene und Bedienstete bei einer (Behandlungs-) Konferenz zusammen. Mindestinhalte des standardisierten Ablaufs sind:

- „Objektive", d.h. dokumentierte Thematisierung des aktuellen vollzuglichen Ist-Standes (positive und negative Verhaltensauffälligkeiten) und des Abstands zum Soll-Stand mit Besprechung der Auswirkungen auf die Definition des Grades der Mitarbeitsbereitschaft
- die Fortschreibung bzw. Festlegung des aktuellen Grades der Mitarbeitsbereitschaft und Status innerhalb der Subkultur
- Darstellung der sich daraus ergebenden Auswirkungen auf die vollzugliche Allgemeinplanung (z.B. Lockerungs- und Urlaubsgewährung, Entlassungsperspektive)
- Festlegung kurz- und mittelfristiger (Verhaltens-) Ziele, zu denen sich Gefangener und federführender Bediensteter unterschriftlich bekennen (auf der „Vertragspartnerebene")
- Vereinbarung des nächsten Gesprächstermins zur Überprüfung und Fortschreibung der Ziele.

Ein eindeutiges, offizielles *Regelwerk* hat bedeutsame Vorteile: Bedienstete und Insassen haben einen erkennbaren, durchsichtigen, für alle geltenden Handlungsrahmen, der Diskussionen über „Selbstverständliches" erübrigen soll. Aus dem Regelwerk ergibt sich eine Verlässlichkeit von Aktion und Reaktion, und zwar im positiven wie im negativen Sinne. Informellen Absprachen, Nährboden von Subkultur, wird damit die Basis entzogen. Betreuer können an einem Strang ziehen, Insassen auf klare Grenzziehung gefasst sein. Für viele Gefangene – insbesondere im Jugendstrafvollzug – ist dies eine schmerzliche Erfahrung, da sie aus sozialen Bezügen kommen, in denen sie sich von nichts und niemanden etwas haben sagen lassen. Konfliktscheue Profi-Erzieher hinterließen eine Haltung, die sich bei den betroffenen Gefangenen letztlich auch in einem Mangel an Glauben an die eigene Lern- und Veränderbarkeit ausdrückt. Wenn zusätzlich noch (gelerntes) Misstrauen in die Zuverlässigkeit der Aussagen der Betreuer deutlich wird, ist ein schwieriger Prozess des „Kampfes um das Arbeitsbündnis" zu erwarten.

8. Schlussbemerkung

Gefährliche Gefangene sind unter den Bedingungen subkultureller Haltekräfte gefährlich für Mitgefangene, Bedienstete und letztlich auch für die künftigen Opfer draußen. Viele der unter das Bekämpfungsgesetz von 1998 fallenden Täter sind in Gefahr, innerhalb der Subkultur des Gefängnisses aufgrund des zugeschriebenen Status, Opfer zu werden. Andere werden es aufgrund mangelnder Relevanz ihrer mitgebrachten Verhaltensweisen und Fähigkeiten für die in der kriminellen Subkultur Dominierenden. Hierzu ein paar letzte Anmerkungen: Aufgrund der herrschenden informellen Regeln sind Opfer häufig nicht in der Lage, sich an Bedienstete zu wenden oder sich zur Wehr zu setzen. Bedienstete sind im Umgang mit dieser Art „verdeckter" Kriminalität ungeübt und wollen ungern auf „bewährte", subkulturfördernde Betreuungsroutinen verzichten.

Kommt es zur Entdeckung entsprechender subkultureller Kriminalität bzw. Verhaltensauffälligkeiten, meinen Bedienstete häufig, die Herausnahme des Opfers aus der bedrohlichen Umgebung („Schutzverlegung") und offizielle Anhörung einschließlich Ermahnung der Täter und/oder Anzeigeerstattung sei hinreichende Pflichterfüllung und Bereinigung der Angelegenheit. Diese Auffassung hat jedoch nur zur Folge, dass das Opfer bloßgestellt und die Schweigemauer für künftige Fälle erhöht wird. Es kommt also bei allen Aktivitäten darauf an, in doppeltem Sinne Opferschutz zu gewährleisten: einmal vor akuter Bedrohung und zum anderen durch Maßnahmen gegen die Täter mit dem Ziel der Statuserniedrigung der Peiniger.

Zwar haben die Opfer in aller Regel eine Vorstellung von auf die eigene Person bezogener Gerechtigkeit in unserem Sinne, jedoch wird sie weder seitens der Subkultur (ständige Beobachtung von Schwachstellen) noch der offiziellen Stellen (Unwissen und Unsensibilität) bedient. Massive Demütigungen und Erfahrungen über Unwirksamkeit der Anzeigeerstattung lassen die Opfer letztlich den Weg der Selbstisolation beschreiten. Viele entwickeln Gewaltfantasien und fliehen in eine Traumwelt der „späten Rache". Ausdruck dieser Tagträume sind Zeichnungen, Briefe, Gedichte, Wandmalereien und -parolen. Aggressionen schwanken zwischen Verzweiflung, Enttäuschung, Abwehr und beziehen sich auch auf die Bediensteten. Hieraus ergeben sich wiederum sicherheitsrelevante Fragestellungen und Hinweise auf Mitarbeits- bzw. Nichtmitarbeitsbereitschaft. Der Kreis schließt sich. Aus Opfern werden (wieder) Täter.

Letztlich muss die Bereitschaft von Gefangenen, sich an Einstellungen und Verhaltensweisen krimineller Subkultur zu orientieren und sich entsprechend zu integrieren, als Aufforderung verstanden werden, das Zustandekommen eines qualifizierten Arbeitsbündnisses unter Berücksichtigung dieser Haltekräfte und der Notwendigkeit, sie zurückzudrängen, mehr als bisher in das Zentrum der Bemühungen zu stellen.

Integrative Sozialtherapie im Jugendvollzug

von Markus Weiß

1. Grundsätze und Rahmenbedingungen für die Behandlung junger Gefangener in Sozialtherapeutischen Einrichtungen

Nach § 91 Jugendgerichtsgesetz (JGG) soll durch den Vollzug der Jugendstrafe der Verurteilte dazu erzogen werden, künftig einen rechtschaffenen und verantwortungsbewussten Lebenswandel zu führen. Ordnung, Arbeit, Unterricht, Leibesübungen und sinnvolle Beschäftigung in der freien Zeit sollen die Grundlagen dieser Erziehung sein. Die beruflichen Leistungen des Verurteilten sind zu fördern, Lehrwerkstätten sind einzurichten. Als allgemeiner Grundsatz wird der Erziehungsgedanke des JGG angesehen. Unter heutigen Bedingungen kann aber bezweifelt werden, ob diese erzieherische Sicht für alle Fälle ausreichend erscheint. So ist zum Beispiel nicht zu übersehen, dass es sich bei den meisten im Jugendstrafvollzug befindlichen Gefangenen um Heranwachsende handelt, die gemäß § 105 JGG hinsichtlich ihres Entwicklungsstandes einem Jugendlichen gleichgestellt worden sind und nicht selten schon verfestigte kriminelle Karrieren aufweisen. Zu erheblichem Behandlungsbedarf im Jugendstrafvollzug trägt auch bei, dass Jugendrichter in der Regel das Instrumentarium ambulanter Konfliktbewältigung nachdrücklich ausschöpfen, bevor sie in hartnäckigen Fällen oder bei gravierenden Einzeltaten zum letzten Mittel der Verhängung und Vollstreckung einer Jugendstrafe greifen. Vor diesem Hintergrund kommt der Jugendstrafvollzug nicht umhin, zumindest für Teilgruppen den allgemeinen Erziehungsansatz durch spezifische therapeutische Konzepte zu ergänzen. Dies geschieht zum Beispiel durch die Einrichtung sozialtherapeutischer Abteilungen in Anlehnung an die §§ 9 und 123 des Strafvollzugsgesetzes (StVollzG). Obgleich anders als im Erwachsenenvollzug ein gesetzlicher Auftrag zur Schaffung Sozialtherapeutischer Einrichtungen im Jugendstrafvollzug nicht besteht, weil man den Jugendstrafvollzug von seiner Ausstattung her als der Sozialtherapie ebenbürtig erachtete, wurden dennoch in den letzten Jahren derartige Einrichtungen als Abteilungen des Jugendstrafvollzuges in Hameln (31 Plätze), Crailsheim (25 Plätze), Siegburg (30 Plätze), Adelsheim (25 Plätze) und Zeithain (20 Plätze) eingerichtet. Hinzu kommen ab Anfang 2000 12 Plätze in der Jugendanstalt Hahnöfersand in Hamburg.

Im Vergleich zum Erwachsenenvollzug stellt sich der Jugendvollzug wie folgt dar: In dessen Sozialtherapeutischen Einrichtungen sind 50% der Gefangenen bereits über 21 Jahre alt, 36 % sind Heranwachsende und nur 13 % sind unter 18 Jahren, also Jugendliche. Die Haftdauer verteilte sich wie folgt: 2-3 Jahre 32%, 7-10 Jahre 19%, 3-4 Jahre 16 %, 4-5 Jahre 13 %, 5-7 Jahre 9% und unter 2 Jahren 12 %. Im Unterschied zu den sozialtherapeutischen Einrichtungen im Erwachsenenvollzug müssen die Sozialtherapeutischen Einrichtungen im Jugendvollzug sich auf eine deutlich kürzere Behandlungsdauer einstellen, zumal im Jugendstrafvollzug eine Strafaussetzung zur Bewährung bereits nach Verbüßung eines Drittels der Haftzeit möglich ist. Auch die Deliktverteilung zeigt Abweichungen vom Erwachsenenvollzug. Tötungsdelikte sind mit 29% um 6% überrepäsentiert, Sexualdelikte mit 23% um 3% unterrepräsentiert. Der Rest verteilt sich auf Eigentums- und Vermögensdelikte mit 34% und sonstige mit 14%. Es ist noch zu bemerken, dass die Einrichtungen sich auf unterschiedliche Gruppen spezialisiert haben. Crailsheim insbesondere auf drogenabhängige Gefangene, Adelsheim vorwiegend auf Sexualstraftäter und Siegburg und Hameln auf eine Mischung von Gefangenen mit Tötungsdelikten, Sexualdelikten und Brandstiftung (Schmidt, 1998, 1999).

Nicht anders als im Erwachsenenvollzug sollte auch im Jugendvollzug ein Missbrauch des Begriffs „Sozialtherapeutische Abteilung" vermieden werden. Die Einrichtungen müssen den üblichen Mindestanforderungen genügen (Specht, 1990, Wischka & Specht, in diesem Band, sowie AV des Niedersächsischen Justizministeriums vom 15.9.1994 zu den Sozialtherapeutischen Einrichtungen in Niedersachsen). Das bedeutet, dass die Einrichtung über ausreichende therapeutische Mittel und soziale Hilfen verfügt um die notwendige, den Einzelfall berücksichtigende Behandlung zu gewährleisten, dass ein Organisationsstatut vorhanden ist, das weitgehende Selbständigkeit und die feste Zuordnung ausreichenden Personals sichert und dass von der Möglichkeit der Sonderbeurlaubung in Anlehnung an §124 StVollzG Gebrauch gemacht werden kann.

2. Persönlichkeit und Entwicklung dissozialer Störungsbilder

Insgesamt sind in den vergangenen 20 Jahren ca. 500 jugendliche und heranwachsende Straftäter in der sozialtherapeutischen Abteilung „Rudolf-Sieverts-Haus" (RSH) der Jugendanstalt Hameln behandelt worden. Dabei sind nur Insassen aufgeführt, deren Verweildauer im Haus über 100 Tage betrug. Etwa die Hälfte der Insassen wurde wegen Delikten wie Mord, Totschlag, Vergewaltigung und Brandstiftung verurteilt und verbüßten längere Jugend- und Freiheitsstrafen; der Rest verteilte sich gleichmäßig auf andere Deliktgruppen wie Raub, Körperverletzung, Diebstahl usw. Es ergibt sich insgesamt ein Schwerpunkt in Richtung Behandlung von Gewalttätern, Sexualstraftätern und Brandstiftern, die etwa 2/3 der Gesamtbelegung ausmachten. Bei allen sind schwere Entwicklungs- und Persönlichkeitsstörungen durch psychiatrische oder psychologische Gutachten diagnostiziert worden; in vielen Fällen wurde eine anschließende Unterbringung in einem psychiatrischen Krankenhaus angeordnet und Sozialtherapie im RSH vorgeschaltet, um eine mögliche Aussetzung der Unterbringung zur Bewährung zu erreichen (Weiß, 2000).

Die Kernproblematik der meisten jungen Gefangenen. besteht weitgehend in einem narzisstisch-depressiven Grundkonflikt. Gleichzeitig findet sich eine erhebliche Ich-Schwäche sowie ein unzureichend ausgebildetes bzw. desintegriertes Über-Ich. Zu beobachten ist in der Regel mangelnde Frustrationstoleranz, Unfähigkeit zu Triebaufschub, hochgradige Verletzbarkeit und Kränkbarkeit, starkes, fast paranoid ausgeprägtes Misstrauen, mangelnde Beziehungsfähigkeit und Empathie. Es finden sich meist frühe, unreife Abwehrmechanismen, eine geringe Ausdauer in schulisch-beruflichen Belangen und eine Neigung zu Alkohol- und Drogenmissbrauch.

Die jungen Gefangenen stammen häufig aus desolaten familiären Verhältnissen oder haben eine katastrophale Heimsozialisation durchlaufen. Sie hatten erhebliche Schwierigkeiten in der Schule und verfügen über keine oder nur unzureichende schulische oder berufliche Qualifikationen. Ihre Möglichkeiten der Freizeitgestaltung sind erheblich eingeschränkt. Häufig sind sie hinsichtlich Missbrauch von Alkohol, Medikamenten und Drogen gefährdet. Sie haben gelernt, langfristige soziale Beziehungen abzublocken, Bezugspersonen zur Befriedigung momentaner eigener Bedürfnisse und Wünsche manipulativ einzusetzen und zu benutzen. Eine früh einsetzende, gesellschaftlich nicht durchschnittliche Erziehung und Sozialisation führte oftmals zu Entwicklungen sozial inadäquater Erlebnis- und Verhaltensweisen, Fähigkeiten und Fertigkeiten, Normen und Wertvorstellungen, die in einem komplexen Prozess der Zuschreibung durch soziale Instanzen als mehr oder weniger normabweichend definiert wurden, im Falle eines Verstoßes gegen rechtliche Normen als kriminell. Die Übernahme der Zuschreibungen führte im Verlauf der weiteren Entwicklung zur Ausbildung eines „delinquenten Ichs" und zur Spezialisierung auf kriminelle Überlebenstechniken innerhalb entsprechender Bezugsgruppen. Die weitere Ausgrenzung aus sozialen Bezügen und Ausbildungsverhältnissen vervollständigte diesen Teufelskreis (vgl. dazu Aichhorn, 1951; Beck, 1995; Cohen, 1961; Dechêne, 1975; Dolde, 1978; Gottfredson, 1990; Hummel, 1988, 1994; Künzel, 1976; Moser, 1970; Rauchfleisch, 1981).

3. Ziele und Methoden der Behandlung

Die Behandlungsziele sind je nach Persönlichkeit, individuellen Voraussetzungen und Möglichkeiten sowie den therapeutischen Gegebenheiten sehr verschieden und müssen im Einzelfall praxisnah in Form von kurz-, mittel- und langfristig erreichbaren und überprüfbaren Zielbeschreibungen konkretisiert werden.

Allgemeine Behandlungsziele sind:
- Entwicklung von Beziehungsfähigkeit
- Differenzierung des Selbst- und Fremdbildes
- Entwicklung sozialadäquater Konfliktlösungsstrategien
- Aufarbeitung von Fehlentwicklungen im Bereich von Aggressivität und Sexualität
- Erhöhung des Identitäts- und Selbstwertgefühls
- Entwicklung von Ich-Stärke, d.h. Entwicklung von Frustrationstoleranz, Antizipationsfähigkeit, emotionaler Stabilität, Fähigkeit zu Triebaufschub,
- Entwicklung reiferer Abwehrmechanismen statt Verwendung von Spaltung, primitiver Idealisierung, Verleugnung und Projektion

- Verbesserung der Realitätsprüfung
- Herstellen von Lernfähigkeit, Arbeitsfähigkeit und Kreativität
- Entwicklung einer Lebensplanung
- Aufbau einer differenzierten inneren Norm- und Wertewelt
- Förderung von alternativen Befriedigungsmöglichkeiten zur Ermöglichung einer suchtfreien Lebensführung
- Auseinandersetzung mit der Straftat und der zugrundeliegenden Dynamik sowie Bearbeitung der Motivationen Zusammenhänge und Entwicklung eines Erklärungsmodelles
- Integration und Differenzierung von Über-Ich-Funktionen.

Bei den Methoden der Behandlung haben sich als Ergebnis meta-analytischer Wirksamkeitsstudien (Lösel, 1996 und Wischka & Specht, in diesem Band) stärker effektorientierte, verhaltensorientierte sowie auf konkrete Fähigkeiten und Fertigkeiten abzielende multimodale Maßnahmen mehr als andere bewährt. Im Folgenden soll gezeigt werden, inwieweit Rahmenbedingungen und therapeutisches Programm des RSH geeignet sind, diese Grundsätze umzusetzen.

4. Das Rudolf-Sieverts-Haus: Rahmenbedingungen und therapeutisches Programm

4.1 Bauliche Gestaltung

Das Rudolf Sieverts Haus ist eine von 16 Abteilungen der JA Hameln und verfügt im Obergeschoss über 31 Plätze. Die jungen Gefangenen sind in 4 Wohngruppen mit 6 bis 8 Plätzen (Einzelzimmer mit Sanitärkabine) untergebracht. Zum Wohngruppenbereich gehören u. a. je ein Dienstzimmer, Gemeinschaftsraum, Küche, Raum mit 2 Duschen, Abstell- und Trockenraum sowie ein geräumiger Flurbereich. Es wird Wert darauf gelegt, dass die jungen Gefangenen ihre Einzelzimmer und die Wohngruppe wohnlich und individuell gestalten können. Im Erdgeschoss befinden sich u. a. die Hauszentrale, die Dienstzimmer, Gruppenräume, Konferenzräume, das Fotolabor und ein Abstellraum sowie Räume für die Arbeitstherapie.

4.2 Personalausstattung

Gemäß den Empfehlungen über die personelle Mindestausstattung sozialtherapeutischer Einrichtungen sieht der Personalschlüssel wie folgt aus: 1 Stelle des höheren Dienstes für die Leitung, 3 Stellen des höheren Dienstes und 3 Stellen des gehobenen Dienstes, 9 Stellen des Allgemeinen Vollzugsdienstes für Behandlung und Betreuung, ½ Stelle Schreibdienst. Derzeit wird aufgrund von vorausgegangenen Personalkürzungen dieser Mindeststandard unterschritten, eine Aufstockung ist zugesagt.

4.3 Grundsätzliche Bemerkungen zu Organisation

Unter Organisation versteht man die rationale Koordination der Aktivitäten einer Anzahl von Menschen, um gemeinsam definierte Ziele und Zwecke zu erreichen durch Einsatz von Arbeitsteilung und Funktionsteilung sowie durch eine Hierarchie der Autorität und Verantwortung. Eine Organisation definiert sich durch Ziele, denen sie sich verpflichtet fühlt, eine innere Struktur durch die Aufgabenverteilung, Rollendifferenzierung und Hierarchien geregelt sind, eine formale Ordnung wie Geschäftsordnungen, Satzungen, Konzepte, durch ihre Führung, mit den zugewiesenen Weisungsbefugnissen und Kompetenzen, ihrem Organisationsplan, der die Zusammenarbeit regelt und ihren Kommunikationsabläufen.

Jede Organisation hat einen input (Eingang), einen throughput (Durchgang) sowie einen output (Ausgang) mit den entsprechenden Rückkoppelungen. Gegenstand der Arbeit in der Sozialtherapie ist jedoch nicht, wie in der Industrie eine Sache oder ein fertigzustellendes Produkt, sondern die Arbeit gilt vielmehr dem jungen Gefangenen, der sicher unterzubringen, zu betreuen, zu behandeln und zu resozialisieren ist.

Beziehungsarbeit bestimmt in der Sozialtherapie im Wesentlichen den throughput. Das führt innerhalb einer, durch das Schema der klassischen Verwaltungsbürokratie strukturierten Gesamtorganisation mit der starken Über-/Unterordnung von Positionen und Ämtern, der klaren Abstufung einzelner Befugnisse, der Planung, Organisation und Kontrolle der Arbeit von oben sowie der Ausführung der Arbeit nach festgelegten Regeln und speziellen Unterweisungen unten zu Einschränkungen der Beziehungsarbeit. Sie hängt entscheidend von der Kommunikation der Mitarbeiter untereinander über psychologische und soziale Belange ab. Arbeitsabläufe und Ergebnisse sind nicht immer exakt vorhersehbar, planbar und beherrschbar. Bestimmen Gefühle und zwischenmenschliche Konflikte das Arbeitsfeld, so sind Flexibilität und Kreativität besonders gefragt. Klassische Verwaltungsarbeiten, die Routine und vorplanbar sind sowie schematisches Denken voraussetzen, sind die Grundlage und der Rahmen, in denen Flexibilität und Kreativität gedeihen können. Die besonderen Voraussetzungen für eine effektive Beziehungsarbeit können nur in einem multiprofessionellen Team erfüllt werden. Ein Team ist eine Gruppe von Menschen verschiedener Professionen und Rollen, die über längere Zeit in direktem Austausch miteinander arbeiten, die durch ein Wir-Gefühl im Hinblick auf das gemeinsame Ziel miteinander verbunden sind. Es bedarf besonderer Kommunikationsfähigkeit aller Beteiligten, um die gewünschte Effektivität in der Arbeit zu erreichen. Teamfähigkeit besteht dann insbesondere aus der Bereitschaft, sich gegenüber der persönlichen und fachlichen Kompetenz anderer zurückzunehmen sowie die eigenen Ressourcen optimal für das Team bereitzustellen. Teamarbeit ist zeitlich aufwendig aufgrund der intensiven Kommunikation. Die Interaktion sollte weitestgehend in einem freien Austausch erfolgen. Zugunsten einer kontrollierten Emotionalität muss auf absolute Affektneutralität verzichtet werden. Das setzt ein hohes Maß an emotionaler Intelligenz bei allen am Teamprozess beteiligten Mitarbeiterinnen und Mitarbeitern voraus. Insbesondere wichtig für die Arbeit ist die produktive Auseinandersetzung mit Regulation von Distanz und Nähe, Macht und Abhängigkeit, Solidarität und Rivalität, Autonomie und Symbiose, Wunsch und Realität sowie Zufriedenheit und Unzufriedenheit (vgl. Haug, 1994).

4.4 Grundsätzliche Bemerkungen zum sozialtherapeutischen Programm

Nicht einzelne spezielle Hilfsangebote, sondern das Zusammenwirken von Psychotherapie (vgl. Grawe, 1994), Sozialem Training (vgl. Otto, 1988), Lernen im Alltag (in der Wohngruppe, bei der Arbeit und Ausbildung, in der Freizeit und im Sport), Einbeziehung und Beratung von Eltern, Angehörigen und weiteren Bezugspersonen und Maßnahmen der Entlassungsvorbereitung sollen dazu beitragen, dass die jungen Gefangenen nach ihrer Entlassung in sozialer Verantwortung leben können.

Der *Angleichungsgrundsatz* nach § 3 des StVollzG weist gerade den sozialtherapeutischen Einrichtungen die Aufgabe zu, die Lebenswelt der Gefangenen möglichst alltagsnah und freiheitsnah zu gestalten, um schädliche Folgen der Prisonisierung entgegenzuwirken und therapeutischen Hilfen zu voller Wirksamkeit zu verhelfen. Im § 91 JGG heißt es, dass, um das angestrebte Erziehungsziel zu erreichen, der Vollzug aufgelockert und in geeigneten Fällen in freien Formen durchgeführt werden kann. In der AV d. M.J. v. 15.9.1994 (4428-401.10) für Sozialtherapeutische Einrichtungen im Justizvollzug wird dazu ausgeführt, dass diese im besonderen Maße den Gefangenen ermöglichen, sich in Selbstversorgung, Eigenverantwortung und Verantwortung für die Gemeinschaft zu üben. Dies gilt auch für Sozialtherapeutische Einrichtungen in Jugendvollzug des Landes Niedersachsen.

Das integrative Behandlungsmodell setzt voraus, dass alle am Behandlungsprogramm beteiligten Berufsgruppen in dieses integriert sind, wobei jeder in seinem spezifisch therapeutischen Interaktionsfeld eine Stelle einnimmt, für die er besonders kompetent ist. Das Team ist für die Aufrechterhaltung der grenzsetzenden, haltenden und entwicklungsfördernden Rahmenbedingungen verantwortlich und gestaltet den therapeutischen Prozess, d. h. die Entwicklung des Übertragungsgeschehens gemeinsam mit dem jungen Gefangenen. In wichtigen Grundannahmen und basalen Sichtweisen muß im Team ein fortwährender Diskurs geleistet werden, um ein Höchstmaß an Übereinstimmung in der Behandlungsarbeit erreichen zu können.

Der Strafvollzug ist wie keine andere Institution ein Ort intensiver sozialer Kontrolle und Ort von Machtausübung. Der junge Gefangene ist in weitaus größerem Maße als ein junger Mensch in Freiheit eingeschränkt und er erlebt sich weniger häufig als Subjekt, Gestalter und Kontrolleur eigener Bedürfnisse und Handlungen, es sei denn, in der kriminellen, der Kompensation mangelnder Machterlebnisse dienenden Subkultur der Gefangenen.

Dennoch müssen für die Sozialtherapie, wenn auch als Idealziel, weniger Kontrollvorstellungen, sondern Autonomievorstellungen als Maßgabe therapeutischen Handelns bestimmend sein.

In der Sozialtherapie sollen günstige Bedingungen für Veränderungen geschaffen werden. Die Therapeuten wissen, wie gering der Einfluss auf Art und Zeitpunkt der Veränderung ist, da intrapsychische Vorgänge selbst in engsten therapeutischen Beziehungen nur mit Hilfe hypothetischer Konstrukte zu erschließen und zu prüfen sind. Aufgabe des Therapeuten ist es, den Insassen seine spezifischen Fähigkeiten und Fertigkeiten zur Verfügung zu stellen, durch strukturelles Koppeln wie aktives Zuhören, Verständnis, Einfühlung, Begreifen usw. entwicklungsfördernde Tendenzen bei dem jungen Gefangenen einzuleiten.

Die Beziehung zwischen den Mitarbeitern der Sozialtherapie und den jungen Gefangenen sollte möglichst klar gestaltet werden. Der Insasse wird vorher über die Sozialtherapie, über alternative Möglichkeiten, die Vorgehensweise, die Ziele und Nebenwirkungen sowie Qualifikationen, Grundannahmen und Erfahrung der Mitarbeiter der Sozialtherapie informiert. Es wird ein Therapievertrag geschlossen, der insbesondere Zielformulierungen für die jungen Gefangenen enthält und Regeln festlegt, in der Kritik und Zweifel des Insassen an dem Handeln der Mitarbeiter der Sozialtherapie möglich sind und nicht nur als unzutreffende oder gar krankheitsbedingte Interpretation verstanden werden können.

Der junge Gefangene entscheidet sich freiwillig für die Teilnahme an der Sozialtherapie.

Der Beziehungsgestaltung kommt in der Arbeit mit dissozialen jungen Gefangenen besondere Bedeutung zu. Bei der Art der Persönlichkeitsstörungen und Entwicklungsbeeinträchtigungen muss davon ausgegangen werden, dass das Beziehungsangebot des jungen Gefangenen sich zu Anfang egoistisch, ausnutzend und fordernd-abhängig gestaltet. Wünsche und Bedürfnisse müssen sofort und nachhaltig befriedigt werden. Die Bediensteten werden in Gut und Böse gespalten. Regelverstöße erfolgen erwartungsgemäß, da ein Funktionieren auf konventioneller Moralstufe nicht vorausgesetzt werden kann und Sanktionen nicht immer greifen. Misstrauen und Abweisung, gleichzeitig Wünsche nach grenzenloser Versorgung und Zuwendung wechseln rasch und führen zu Frustrationen, die dann Abwehrhaltungen und Ablehnung produzieren oder zu Beziehungsabbrüchen führen.

Konfrontation mit Fehlverhalten, Forderungen und Versagungen führen oft dazu, dass der junge Gefangene agiert, externalisiert und gelegentlich aggressive Ausbrüche zeigt. Gleichzeitig wird ein einfühlsames Verstehen als Schwäche verstanden und als Rationalisierungshilfe für eigenes Fehlverhalten besetzt. Damit pathologische Beziehungsmuster der jungen Gefangenen basierend auf frühen Beziehungserfahrungen sich verändern können, ist durch das Team ein stabiler und grenzsetzender therapeutischer Rahmen zur Verfügung zu stellen, der trotz aller Anfeindungen Sicherheit und Schutz für neue Beziehungserfahrungen dem jungen Gefangenen ermöglichen soll. Innerhalb dieses stabilen Bezugsrahmens werden je nach ich-strukturellen Voraussetzungen therapeutische Rahmensetzungen geschaffen, in denen sich das Übertragungsgeschehen ungestört entwickeln kann.

Da sozialtherapeutisches Handeln nur unter der Annahme möglich ist, dass der andere für sein Verhalten verantwortlich ist, halten wir den jungen Gefangenen für sein Verhalten und für seine möglichen Veränderungen als selbstverantwortlich. Er trägt prinzipiell Verantwortung für sich und andere. Trotz aller vorliegenden Behinderungen, Störungen und Entwicklungseinschränkungen ist er verpflichtet, alle entwicklungsfördernden Ressourcen für seine Veränderung und Persönlichkeitsentwicklung zu aktivieren. Er soll bereit sein, offen über sich zu informieren, eindeutig zu kommunizieren und nachweislich an den konkreten Therapiezielen mitarbeiten. Aktive Mitarbeit und offene Kommunikation, Verzicht auf Anwendung von Gewalt zur Durchsetzung von Interessen sowie Verzicht auf Drogen und Alkohol sind verpflichtende und auch verhaltensregulierende Normen, für deren Einhaltung der junge Gefangener mitverantwortlich ist und bei deren Übertretung er die natürlichen oder auch vorher vereinbarten Konsequenzen zu tragen hat. Die jungen Gefangenen wie auch Mitarbeiter der Sozialtherapie verpflichten sich, das therapeutische Milieu in der sozialtherapeutischen Abteilung aufrechtzuerhalten.

Im Jugendvollzug sind eher als im Erwachsenenvollzug Verschränkungen von erzieherischen und therapeutischen Prozessen zu erwarten. So sind die Lösungen von Lebensproblemen und gezielte Veränderungen in zeitiger Begrenzung möglich, jedoch sind bei gleichzeitiger Aufhebung von Defiziten Interventionen in einem erheblich längeren Zeitraum nötig. Die Rollen in der Behandlung des jungen Gefangenen bezogen auf die Hauptbetreuungsperson wechseln rasch, je nach Zielsetzung. Es besteht die Notwendigkeit, Rollendiffusionen zu vermeiden, klare Botschaften zu senden und Ziele ständig bezogen auf den Wechsel von Erziehung und Therapie zu überprüfen.

4.5 Aufnahme

Das Rudolf-Sieverts-Haus nimmt gemäß AV d. M.J. v. 29.3.1996 (4428 I – 403.11) junge Gefangene auf, die wegen erheblicher oder wiederholter Straftaten verurteilt worden sind oder bei denen die bisherige Entwicklung einen solchen Verlauf befürchten läßt. Bei ihnen ist zu befürchten, dass sie aufgrund ihrer Beeinträchtigung, ihrer sozialen und persönlichen Entwicklung ohne therapeutische Mittel und soziale Hilfen künftig weitere Straftaten begehen werden und eine soziale Integration nicht erwartet werden kann. Das Aufnahmeverfahren , die Aufnahmevoraussetzungen und die Organisationsstrukturen entsprechen denen der Sozialtherapeutischen Einrichtungen im Erwachsenenvollzug in Niedersachsen, wie sie in der AV d. M.J. v. 15.9.94 (4428 – 401.10) für den Erwachsenenvollzug geregelt sind.

Die Aufnahme setzt voraus, dass
- sie bereit sind, ihre Einstellungen und Verhaltensweisen zu ändern
- **Mittel und Bedingungen** der sozialtherapeutischen Einrichtung geeignet erscheinen die notwendigen Veränderungen zu bewirken

- die voraussichtliche Vollzugsdauer nach der Verlegung in das Rudolf Sieverts Haus 12 Monate nicht unterschreitet und 36 Monate bis zur voraussichtlichen Verlegung in den offenen Vollzug oder bis zur voraussichtlichen Entlassung nicht überschreitet
- Sicherheitsgesichtspunkte einer Aufnahme nicht entgegenstehen.

Nicht aufgenommen werden junge Gefangene,

- die wegen einer Abhängigkeit von Drogen oder Alkohol
- oder die wegen einer Erkrankung oder einer erheblichen Schwäche des zentralen Nervensystems
- oder die wegen einer schwerwiegenden, psychiatrisch zu behandelnden psychischen Störung anderer Hilfen bedürfen
- die nicht bereit sind, den Missbrauch von Suchtmitteln aufzugeben und sich entsprechenden Kontrollen zu unterziehen
- deren intellektuelle Möglichkeiten oder sprachliche Möglichkeiten für eine Beteiligung am sozialtherapeutischen Behandlungskonzept nicht ausreichen,
- die aus dem Ausland kommen und eine Abschiebung zu erwarten haben.

4.6 Behandlungsphasen

Der Behandlungsprozess ist durch ein starkes Auf und Ab in der Entwicklung zu mehr Eigenverantwortlichkeit und sozialer Kompetenz gekennzeichnet. Um je nach Fortschritt und sich notwendig ergebenden Rückschritten ein *elastisches therapeutisches Milieu* aufzubauen, das den unterschiedlichen Anforderungen hinsichtlich Ausprägung von Kontrolle, Stützung, Bestätigung und Konfrontation gerecht wird und um unnötigen Bezugspersonenwechsel zu vermeiden, sieht das Programm 3 Phasen vor.

Phase 1. Einführung und Motivation : Ziel dieser Phase ist es, bei hohem Kontrollgrad, klaren und eindeutigen Sanktionen auf Fehlverhalten, erheblicher Stützung und Anleitung sowie häufiger und intensiver Verstärkung pro-sozialen Verhaltens bei gering dosierter Konfrontation den jungen Gefangenen positiv auf das Behandlungsprogramm einzustimmen und ihm die Nutzung gesunder Anteile der Persönlichkeit zu ermöglichen. In der Wohngruppe werden einfachste Teilfähigkeiten und Fertigkeiten unter Anleitung eingeübt. Das Kommunikationstraining dient der Erweiterung der Fähigkeiten, sich auszudrücken und bemerkbar machen zu können. Im Sport geht es in der Anfangsphase darum, Ausdauer zu steigern, neue Sportangebote kennenzulernen und Fairness in einfachsten Formen einzuüben. Das Einzelgespräch dient der vertiefenden Bestandsaufnahme, der Erarbeitung konkreter Behandlungsziele und der Motivierung. In Arbeit, Schule und Ausbildung steht der junge Gefangene noch am Anfang und meist vor großen Problemen insbesondere hinsichtlich Durchhaltevermögen und Ausdauer. Er wird entsprechend unterstützt und motiviert. Die Verhaltensdiagnostik umfasst Verhaltensbeobachtung, vollzugsbegleitende testpsychologische Ergänzungen der Erstuntersuchung, Einholen zusätzlicher Informationen sowie Führung von Erstgesprächen mit Angehörigen.

Phase II. Behandlung : Die Behandlungsphase umfasst die längste Zeit der Verweildauer. Ziel ist es, bei abnehmendem Grad von Kontrollen, intensiver Stützung und Anleitung, vertiefender Bestätigung und langsam sich steigernder Konfrontation den jungen Gefangenen zu mehr Eigenverantwortung zu erziehen und ihm die Gelegenheit zu geben, positive soziale Kompetenz zu erwerben und kriminelle Verhaltensweisen zunehmend abzulegen. Die Behandlungsphase umfasst u. a. Wohngruppenbesprechung, Gruppentherapie, Einzelgespräch, Einzeltherapie, Sport, Kreatives Training, Elternarbeit, Kontaktgruppenarbeit, Arbeit, Ausbildung, Arbeitstherapie, Außentrainingsmaßnahmen in Begleitung und ohne Begleitung von Bediensteten. Das Wohngruppenteam bietet sich zur Einleitung von Identifikationsprozessen an, so dass äußere Kontrollmechanismen nach und nach in innere Kontrollmechanismen umgewandelt werden können. Die Beziehungsfähigkeit steigert sich und eine Gewissensbildung in Richtung konventioneller Moralvorstellung wird gefördert.

Übersicht 1: Behandlungsphasen und Behandlungsmaßnahmen im Überblick

	Phase 1 3 Monate	Phase 2 6-9 Monate	Phase 3 6 Monate	Offener Vollzug 3-6 Monate	Bewährung
Binnentraining	Wohngruppe, Einzelgespräche, Kommunikations-Training, Kreatives Training, Sport, Hauversammlung, Ausbildung, Arbeit	Wohngruppe, Einzelgespr., Gruppentherapie, Kreatives-Training, Sport, Hausversammlung, Hausrat, Ausbildung, Arbeit	Wohngruppe, Gruppentherapie, Einzelgespräch, Sport, Hausversammlung, Hausrat, Tutortätigkeit Ausbildung, Arbeit	Soziales Training, Führerscheinkurs, Einzelgespräch, Arbeit, Ausbildung extern	Einzelgespräch mit BwH. Ambulante Therapie
Angleichung	Geld: unbar, Kaufmann Besuch im Gruppenraum Einschluss 19.30	Bargeldauszahlung beschränkt, Gruppeneinkauf, Besuch in WG, Einschluss gestaffelt	Bargeldauszahlung voll Einzeleinkauf Besuch in WG Nachtausschluss	Bargeldauszahlung voll, Einkauf extern, Besuchsausgang, Nachtaufschluss	ggfls. Auflagen
Außentraining		Ausgang in Begleitung, Ausgang 12 Std., Gruppenausgang in Bgleitung	Ausgang 24/36 Std. Urlaub (kurzer, längerer Urlaub)	Erweitertes Ausgangs- und Urlaubskontingent	Meldepflicht

Phase III. Ablösung und Transfer: Ziel ist hier die Ablösung vom Behandlungsprogramm. In Außentrainingsmaßnahmen soll das im Binnentraining Erlernte erprobt werden.. Die Übernahme von Gesamtverantwortung für die Abteilung und das therapeutische Klima im Sinne der Wahrnehmung von Tutoraufgaben soll erfolgen. Eine Einstimmung auf den Übergang in den offenen Vollzug/Freigang oder die Entlassung wird angestrebt. Deshalb werden den Außentrainingsmaßnahmen besondere Bedeutung beigemessen. Der junge Gefangene erhält Urlaub und verstärkt die Möglichkeit zu Ausgängen. Die Erprobungsanforderungen werden nach und nach intensiviert.

Die Behandlungsphasen und Behandlungsmaßnahmen sind in Übersicht 1 zusammenfassend dargestellt.

4.7 Behandlungsmaßnahmen, Binnentraining

Nicht einzelne Behandlungsmaßnahmen und spezielle Hilfsangebote, sondern das Zusammenwirken von Psychotherapie, Sozialem Training, Lernen im Alltag und Maßnahmen der Entlassungsvorbereitung soll dazu beitragen, den jungen Gefangenen zu fördern.

Der Schwerpunkt der Arbeit mit den jungen Gefangenen liegt auf der *Behandlung in der Gruppe*. Neben dem ökonomischen Aspekt erscheint es uns in der Gruppe zudem auch eher möglich, das Selbsthilfepotential zu aktivieren und ein komplexes Lern- und Erfahrungsfeld aufzubauen. Ein anklammerndes Verhältnis an einen Einzelnen wird vermieden, Gruppenatmosphäre und Gruppenzusammenhalt ermöglichen die Erfahrung solidarischen Handelns.

Kern des Behandlungskonzeptes ist die *Wohngruppe*. Sie stellt ein komplexes sozioemotionales, der Familie analoges Lern- und Erfahrungsfeld dar, in dem im unmittelbar praktischen und kontinuierlichen Umgang mit anderen Gruppenmitgliedern Selbstverantwortung, Toleranz und solidarisches Verhalten „gelebt" werden kann. Die Wohngruppenleitung und die Mitarbeiter in den anderen Bereichen stehen dabei als Bezugspersonen zur Verfügung, die durch gezielte pädagogisch-therapeutische Intervention (Lebensfeldgespräche) Veränderungen im einzelnen und in der Gruppe einleiten und in Konfliktsituationen beratend zur Seite stehen. Jede Wohngruppe führt mindestens einmal in der Woche eine Wohngruppenbesprechung durch.

Die wöchentlich stattfindende *Hausversammlung*, an der alle im Dienst anwesenden Mitarbeiterinnen und Mitarbeiter und die jungen Gefangenen teilnehmen, stellt ein intensives Diskussionsforum der „problemlösenden Gemeinschaft" dar. Sie dient insbesondere als Feld für sozialstrategisches Lernen. Hier können alle im Hause anstehenden Probleme und Konflikte ausdiskutiert werden. Es werden Informationen ausgetauscht, Projekte vorbesprochen und festgefahrene Interaktionsmuster aufgedeckt.

In der *Mitverantwortung* verwirklichen die jungen Gefangenen in eigener Initiative ihr Recht auf Mitwirkung an den Rahmenbedingungen, den Behandlungsangeboten und Konfliktlösungen im Haus. Jede Wohngruppe wählt einen Wohngruppensprecher und dessen Vertreter. Die Hausversammlung wählt den Haussprecher und dessen Stellvertreter. Diese bilden den Hausrat, der mindestens einmal wöchentlich tagt. Mitglieder des Hausrates können an der Hauskonferenz teilnehmen. Die Hausversammlung wählt 2

Mitarbeiterinnen oder Mitarbeiter als Vertrauenspersonen, die dem Hausrat beratend zur Seite stehen.

Alle jungen Gefangenen, die sich in der Phase II oder III befinden, nehmen an einer *Gruppentherapie* teil. Die Gruppensitzungen finden regelmäßig einmal wöchentlich statt. Sie sind in der Regel deliktheterogen, können im Einzelfall, wenn es um spezifische Aspekte der Tataufarbeitung geht, auch delikthomogen sein. Die Leitung übernehmen die Fachkräfte der Abteilung. Zeit, Dauer, Gruppenregeln, Anwesenheitspflicht usw. sind klar geregelt. in diesem Rahmen haben die jungen Gefangenen die Gelegenheit zur freien Interaktion. Sie erhalten damit die Möglichkeit, sich so freimütig wie möglich zu äußern. In dieser eher unstrukturierten und auch ungewohnten Situation finden Labilisierungsprozesse statt, die Abwehr wird stellenweise deutlich geschwächt und auch brüchig und unbewusste Konflikte, Triebe, Wünsche und Objektbeziehungen aktualisieren sich in den Übertragungsprozessen. Der kontinuierlichen Unterstützung von Ich-Funktionen wird dabei größte Aufmerksamkeit geschenkt, um nicht negativ sich auswirkende regressive Prozesse einzuleiten und zu fördern. Die Interventionstechniken wie Konfrontation, Klärung und Deutung sowie Durcharbeiten führen zur Aufdeckung der pathogenen Konflikte. Die gewonnenen Einsichten im sozialen Umgang mit anderen können so in der Gruppe auch einer begrenzten Realitätsprüfung unterzogen werden. Besonders in den Gruppen mit jungen Gefangenen, die wegen Tötungs- oder Sexualdelikten verurteilt worden sind, steht u. a. im Mittelpunkt auch die Tataufarbeitung sowie die lebensgeschichtlich erlittenen massiven oder sich kontinuierlich entwickelt habenden Traumatisierungen mit entsprechenden Auswirkungen auf Ich-Stärke und Über-Ich-Entwicklung. Besonderer Wert wird auf Entwicklung von Opferempathie und Wiedergutmachung gelegt.

Für jeden jungen Gefangenen der Phasen II und III des Behandlungsprogramms ist je nach Problemstellung, Defiziten oder Entwicklungsmöglichkeiten die Teilnahme an *speziellen sozialtherapeutischen Interventionsprogrammen* verpflichtend. Folgende Trainingsseminare werden von einem interdisziplinären und wohngruppenübergreifenden Team entwickelt und angeboten:

- Entspannungs- und Körperarbeit: progressive Muskel-Relaxation, Autogenes Training, Qui Gong (körperbezogene Intelligenz)
- Gefühlstraining: Stolzhitliste, Lobtraining, Opferempathie (emotionale Intelligenz)
- Training der sozialen Fähigkeiten: Konflikttraining, Selbstsicherheitsprogramm, Kommunikationstraining, Selbstkontrolltraining, Rhetoriktraining (soziale Intelligenz)
- Kognitionstraining: Logikspiele, intelligenzgestütztes Analogietraining, Aufmerksamkeits-und Konzentrationstraining (kognitive Intelligenz)

Eines der wirksamsten Verfahren ist die direkte Intervention vor Ort im Sinne des „*Lebensfeldgespräches*". Hier ist die Wohngruppenleitung sowohl vom Allgemeinen Vollzugsdienst als auch vom Fachdienst der unmittelbare Gesprächspartner. Diese Gespräche dienen der Konfrontation mit Fehlverhalten, der Korrektur, der Auseinandersetzung mit dem Realitätsprinzip, der Aufarbeitung aktueller Konflikte, der Stützung der intakten Ich-Anteile und der Entschärfung sich zuspitzender Krisensituationen. Ergänzt wird die direkte Intervention durch regelmäßig stattfindende *Einzelgespräche* mit dem Fachdienst der Wohngruppen und mit therapeutischer Zielsetzung und thematischen Schwerpunkten in der Bearbeitung von grundlegenden Beziehungskonflikten, lebensgeschichtlich bedeutsamen Traumatisierungen, Tatbearbeitung und Aufdeckung aktueller Reinszenierungen in der Übertragungssituation, Freizeitgestaltung, Suchtproblematik, Erziehungs- und Behandlungsplan-Fortschreibung und vieles andere mehr. Frequenz und Art der Gesprächsführung hängen dabei von den Möglichkeiten des Insassen und der individuellen Zielsetzung ab und es kann variiert werden. Eine Frequenz von einer Stunde wöchentlich wird angestrebt.

Aus der Sicht der Insassen bedeuten Einzelgespräche und Einzeltherapie den intimsten und beziehungsintensivsten Bestandteil der Sozialtherapie. Unerlässlich für die Einzeltherapie ist die Schaffung eines positiven Klimas, die Entwicklung gegenseitiger Akzeptanz und einer tragfähigen Beziehung, wie sie auch für die Einzelgesprächssituation kennzeichend ist. Angeboten werden je nach Störungsbild und ich-strukturellen Defiziten psychoanalytisch orientierte Einzeltherapie oder verhaltenstherapeutisch orientierte Verfahren sowie kognitiv therapeutische Ansätze. Die Therapie kann entweder durch anstaltsinterne Fachkräfte oder anstaltsexterne Fachkräfte durchgeführt werden, wobei die Anzahl der externen Therapien aufgrund der Schwierigkeiten in der Bereitschaft der externen Therapeuten und auch der Finanzierung eher geringer ist.

Alle jungen Gefangenen im Hause nehmen an einer in der Anstalt angebotenen *schulischen, beruflichen Ausbildung oder Arbeit* teil. Wir gehen davon aus, dass pädagogisch-therapeutische Programme in der Regel nur sinnvoll sind, wenn gleichzeitig Qualifikationen im schulischen und beruflichen Bereich erfolgen. Gute schulische und/oder berufliche Qualifikationen erleichtern den Wiedereingliederungsprozess immens. Durch Zusammenarbeit mit Pädagogen und Werkmeistern versuchen wir, den jungen Gefangenen in Krisensituationen zu helfen, um Ausbildungsmaßnahmen erfolgreich durchstehen zu können.

Die mangelnde Fähigkeit, den *Freizeitbereich* positiv auszufüllen, ist neben anderen Faktoren eine wesentliche Bedingung für die Entwicklung von kriminellem Verhalten. Deshalb wird dem Erlernen von positiver Freizeitgestaltung großes Gewicht beigemessen. Für die *ungelenkte Freizeitgestaltung* stehen dem jungen Gefangenen eine Reihe von Möglichkeiten direkt vor Ort zur Verfügung im Sinne der Wahrnehmung eines freiwilligen Angebotes (Billard, Tischtennis, Spiele, Basteln). Die *gelenkte Freizeit* umfasst die Teilnahme am Kreativitätstraining, Fotokurs, Gitarrenkurs, Garten- und Tierprojekt und an erlebnispädagogischen Maßnahmen z.B. Wander-, Kanu-, Segel-, Höhentour sowie an abteilungsübergreifenden Maßnahmen wie Musikgruppen, amnesty international, Theatergruppen, Computerkursen und vieles andere mehr. Die Teilnahme am Kreativen Training ist Pflicht (Wattenberg, 1982, 1992; Weiß, 1984a und b, 1991, 1992).

Sport ist ein ideales Mittel gegen Stress und emotionale Verstimmungen. Daneben bietet Sport auch Möglichkeiten zur Aneignung sozialer Verhaltensweisen, Bewältigen von Konkurrenzerlebnissen sowie Ausbildung von Fairness und Rücksichtnahme. Sport beeinflusst das seelische Gleichgewicht, steigert das psychische Wohlempfinden und baut depressive Zustände ab. Sport aktiviert den Stoffwechsel, löst muskuläre Verspannungen, erhöht das Selbstwertgefühl und fördert die Gesundheit. Sport fördert die stärkere Durchblutung des Gehirns, regt die Ausschüttung von Endorphinen an. Die jungen Gefangenen haben die Möglichkeit zur Teilnahme am sogenannten Pflichtsport, der eine Volleyballgruppe sowie eine Fußballgruppe mit entsprechender Turnierteilnahme in der Anstalt umfasst. Daneben gibt es Trainingsmöglichkeiten im Ausdauerbereich (Teilnahme an einer Laufgruppe und an der Rennrad- und Mountainbike-Gruppe) sowie die Möglichkeit zu Fitnesstraining und zum Schwimmen. Tischtennisgruppe, Badmintongruppe, Handballgruppe und Basketballgruppe ergänzen abteilungsextern die sportlichen Angebote. Vollzugsbegleitende Leistungstests helfen dem jungen Gefangenen, seine Fitness zu verbessern. Angestrebt wird in der Phase III des Behandlungsprogrammes die Integration in einen Sportverein außerhalb der JA Hameln.

Im Jugendvollzug hat der *Kontakt zu Eltern und Angehörigen* besondere Bedeutung. Bereits frühzeitig wird mit den Eltern und Angehörigen der jungen Gefangenen gesprochen und mit ihnen Formen möglicher Zusammenarbeit vereinbart. In Einzelberatungen wird versucht, belastende Beziehungskonflikte aufzuarbeiten und langfristig Entlassungsbedingungen zu klären. Das jährlich veranstaltete Hausfest dient zumindest einmal im Jahr der Begegnung aller Eltern und Angehörigen und dient dem Kennenlernen und der Kontaktaufnahme.

Die *ehrenamtlichen Mitarbeiterinnen und Mitarbeiter* des Rudolf-Sieverts-Hauses leisten einen wesentlichen Anteil an Beziehungsarbeit. Sie sorgen dafür, dass der Kontakt zur Realität der Außenwelt nicht abbricht. Ehrenamtliche Mitarbeiterinnen und Mitarbeiter arbeiten mit einzelnen jungen Gefangenen, sind tätig in der Wohngruppe oder bieten spezielle Trainingsmaßnahmen an. Viele Praktikantinnen und Praktikanten aus unterschiedlichen Ausbildungsgängen konnten zeitweilig für eine ehrenamtliche Mitarbeit im Rudolf-Sieverts-Haus eingesetzt werden.

4.8 Behandlungsmaßnahmen, Außentraining

Der im Binnentraining eingeleitete mehrdimensionale Lernprozess im Beziehungs-, Leistungs- und Durchsetzungsbereich wird durch allmählich ansteigende Anforderungssituationen im Rahmen von Außentrainingsmaßnahmen erweitert. In den regelmäßig stattfindenden Fortschreibungen des Erziehungs- und Behandlungsplanes wird anhand der Beurteilungen aus allen Behandlungsbereichen geprüft, ob und in welchem Ablauf Außentrainingsmaßnahmen verantwortbar durchzuführen sind. Bestehen Unsicherheiten in der Beurteilung der Prognose, wird eine externe Begutachtung veranlasst, um die Eignung für Vollzugslockerungen festzustellen.

Ab Phase II setzen je nach individuellen Voraussetzungen Lockerungsmaßnahmen ein. Begonnen wird mit *Einzelausgängen in Begleitung* und *Gruppenausgängen in Be-*

gleitung. Am Ende der Phase II finden *Ausgänge ohne Begleitung* statt, zum Teil in Begleitung der Eltern und Angehörigen. Das Stundenkontingent beträgt max. 24 Stunden im Monat. Spezielle externe Trainingseminare können ergänzend hinzukommen.

Ab der Phase III kann *Urlaub* gewährt werden. Gestaffelt wird der Urlaub in der Regel in Kurzurlaub bis zu 3 Tagen und dann Urlaubsgewährung über volle 7 Tage. Das Ausgangskontingent wird allmählich erhöht über 36 Stunden auf 48 Stunden monatlich. Es dient neben der Erledigung alltäglicher Aufgaben und der Freizeitgestaltung auch der vermehrten Kontaktaufnahme zu Angehörigen. Ein Dauerausgangsschein mit den entsprechend zur Verfügung stehenden Stunden wird ausgestellt. Spezielle externe Trainingseminare können ergänzend hinzukommen.

Übersicht 2: Behandlungsangebote in den Behandlungsphasen

	Phase 1	Phase 2	Phase 3
Binnentraining			
Wohngruppensitzung	1 x wöchentlich	1 x wöchentlich	1 x wöchentlich
Einzelgespräch		1 x wöchentlich	1 x wöchentlich □ 1 x wöchentlich
Gruppentherapie		1 x wöchentlich	1 x wöchentlich
Kommunikationstraining	1 x wöchentlich		
Hausversammlung	1 x wöchentlich	1 x wöchentlich	1 x wöchentlich
Hausrat		nach Wahl	nach Wahl
SST		4 Einheiten jährlich	4 Einheiten jährlich
Freizeit	1 Kreatives Training	1 Kreatives Training	1 Kreatives Training
Sport	1 x wöchentl intern	1 x wöchentlich int/ext	1 x wöchentlich int/ext
Arbeit/Ausbildung	täglich	täglich	täglich
Aussentraining			
Angehörigenarbeit	Erstgespräch	nach Vereinbarung	Entlassungsvorbereitung
Besuch	Gruppenraum	Wohngruppe	Besuchsausgang
Ehrenamtl. Mitarbeiter		Einzel/Gruppe	Einzel/Gruppe
Ausgang in Bgl.		ja	selten
Ausgang	-	in Bgl./ohne Bgl.	Ausgangskontingent
Urlaub	-	-	ja
Sicherheit			
Haftraumkontrollen	ja	ja	ja
Urinkontrollen	3 x	nach Bedarf (mind. 3)	nach Bedarf (mind.3)
Normalisierung			
Geld	bargeldlos	Bargeld begrenzt	Bargeld
Telefon	ja	ja	ja
Haftraum	nach Vfg.	nach Vfg.	nach Vfg.
Freistunde	bewacht	teilbewacht	unbewacht

Angestrebt wird bei jedem Gefangenen eine Verlegung in den *offenen Vollzug* nach erfolgreichem Durchlaufen der Phase III vor einer vorzeitigen Entlassung. Eine Beurlaubung nach § 124 StVollzG ist bisher noch nicht erfolgt. Eine entsprechende Regelung wird zusammen mit der Leitung des Offenen Vollzug angestrebt. Ein intensiver Informationsaustausch mit dem Offenen Vollzug ist zu gewährleisten.

Die *Nachbetreuung* setzt bereits mit der Verlegung in den Offenen Vollzug ein. In Einzelfällen wird der Kontakt durch Einzelgespräche weiterhin aufrechterhalten. Es besteht in der Regel bereits vor der Entlassung Kontakt zu Angehörigen, zu der Bewährungshilfe und zu Anlaufstellen für Straffällige als auch zu anderen Einrichtungen. Viele junge Gefangene melden sich dort nach der Entlassung telefonisch oder besuchen Mitarbeiter regelmäßig in der Anstalt. Sie nehmen auch am jährlichen Hausfest teil. Angedacht ist, jungen Gefangenen, die aus dem Rudolf-Sieverts-Haus vorzeitig entlassen werden, im Rahmen ihrer Bewährung die Auflage zu erteilen, sich zu regelmäßigen Treffen im RSH einzufinden, mit dem Zweck der Begleitung und Nachbetreuung. Die verschiedenen Angebote werden abschließend in Übersicht 2 zusammengefasst.

4.9 Aufgabenverteilung und Entscheidungsstruktur

Durch Regelungen im JGG, der bundeseinheitlichen Verwaltungsvorschriften zum Jugendstrafvollzug (VVJug) und der AV. d. M.J. v. 29.3.1996 (4428 I – 403.11) sind Aufgaben und Entscheidungsabläufe weitestgehend festgelegt.

Zur Gewährleistung der Kommunikation und Information über alle wichtigen konzeptuellen, organisatorischen, vollzuglichen und behandlerischen Angelegenheiten und zur Aufarbeitung interaktioneller Probleme werden verschiedene Konferenzen durchgeführt. Mindestens einmal im Jahr versammeln sich alle hauptamtlichen Mitarbeiter und Mitarbeiterinnen in der *Abteilungsgesamtkonferenz*, um über die Fortschreibung des sozialtherapeutischen Konzeptes zu beraten und den Jahresbericht zu verabschieden. Ein Beschluss ist wirksam, wenn 2/3 aller hauptamtlichen Bediensteten und die Leitung der sozialtherapeutischen Abteilung zugestimmt haben. Der *Abteilungskommission*, die bei Bedarf zusammentritt und aus arbeitsökonomischen Gründen in Verbindung mit der wöchentlich stattfindenden Abteilungskonferenz stattfindet, gehören die Vollzugsleitung und je 2 Bedienstete der Fachdienste und des Allgemeinen Vollzugsdienstes an.

Sie beschließt die Aufnahme und die Rückverlegung von jungen Gefangenen. Sie ist beschlussfähig, wenn 2/3 aller Mitglieder anwesend sind. Ein Beschluss ist wirksam, wenn 2/3 aller Mitglieder und die Vollzugsleitung zugestimmt haben.

Einmal wöchentlich findet unter Vorsitz der Vollzugsleitung die *Abteilungskonferenz* (2stündig) statt, an der alle anwesenden Mitarbeiterinnen und Mitarbeiter der Abteilung teilnehmen. Zu bestimmten Fragestellungen werden Vertreter der Mitverantwortung eingeladen. Alle Besprechungsergebnisse werden protokolliert. Regelmäßige Besprechungspunkte sind der Austausch aktueller Informationen, Dienstplanung, Besprechung organisatorischer Abläufe, Aufarbeitung interaktioneller Probleme, Projekte, Projektvor- und -nachbereitung. Einmal wöchentlich findet unter Vorsitz eines turnusmäßig wechselnden Fachdienstes der Abteilung die *Behandlungskonferenz* (2stündig) statt, an der alle anwesenden Mitarbeiterinnen und Mitarbeiter der Abteilung teilnehmen. Für Einzelfallbesprechungen werden die einzelnen Gefangenen geladen. Alle Besprechungspunkte werden protokolliert. Regelmäßige Besprechungspunkte sind Erörterungen von Einzelfällen (Vorkommnisse, Konflikte, Verhaltensbeobachtungen), Verabschiedung von Fortschreibungen, Erörterung wichtiger vollzuglicher Entscheidungen (Vollzugslockerungen, vorzeitige Entlassung u. a.).

4.10 Supervision, Fortbildung und Forschung

In der Arbeit mit dissozialen Jugendlichen mit ihren Beziehungsstörungen, ichstrukturellen Defiziten und insbesondere ihren Spaltungs- Externalisierungs- und Projektionsstrategien, ist es notwendig, dass das Team regelmäßig Supervision erhält, um Behandlungskomplikationen mit nachhaltigen Folgen für potentielle Opfer minimieren zu können. Im RSH ist in der Regel das ganze Team an der *Supervision* beteiligt. Es werden interaktionelle Probleme aber auch Einzelfälle thematisiert.

Der *Fortbildung* der Mitarbeiterinnen und Mitarbeiter in der sozialtherapeutischen Abteilung kommt besondere Bedeutung zu, da die Aufgabenstellung komplex ist und die Entwicklung des Klientel teilweise dramatisch verläuft. In der abteilungsinternen Fortbildung, die regelmäßig im Rahmen der Abteilungskonferenz durchgeführt wird oder auch an speziellen Terminen stattfindet, wird themen- und problemspezifisch gearbeitet und gelernt. Darüber hinaus bietet ein anstaltsinternes Fortbildungsprogramm den Mitarbeiterinnen und Mitarbeitern Gelegenheit, zu bestimmten Themen und Schwerpunkten Fortbildungsveranstaltungen wahrzunehmen. Alle Mitarbeiterinnen und Mitarbeiter haben Gelegenheit, an berufsspezifischen Fachtagungen teilzunehmen, z. B. am Fortbildungsprogramm des Niedersächsischen Justizministeriums, den Tagungen des Arbeitskreises sozialtherapeutischer Anstalten e.V. und anderen Tagungen berufsständischer Organisationen.

Im RSH werden kleine und überschaubare *Forschungsprojekte* im Rahmen von Diplomarbeiten der verschieden Studiengänge durchgeführt. Eine Evaluation der Behandlungsarbeit erfolgt ab Januar 2000 für etwa 260 der im RSH behandelten jungen Gefangenen. Erste Ergebnisse weisen darauf hin, dass bei jungen Gefangenen, die abschließend das Programm durchlaufen haben, Rückfallgeschwindigkeit – Häufigkeit und – Intensität gegenüber jungen Gefangenen, die die Therapie vorzeitig abgebrochen haben, geringer ausgeprägt sind (Seitz, C., mündliche Mittteilung, Juli 2000).

Teil III

Haftplatz- und Ressourcenbedarf, Qualitätssicherung

Integrative Sozialtherapie

Mindestanforderungen, Indikation und Wirkfaktoren

von Bernd Wischka und Friedrich Specht

Die strafrechtlichen Reaktionen auf Gewalttaten und Sexualstraftaten wurden durch zwei Gesetze, die beide Anfang 1998 in Kraft gesetzt worden sind, modifiziert. *Das 6. Strafrechtsreformgesetz*, die sog. *„Strafrahmenharmonisierung"* gibt den höchstpersönlichen Rechtsgütern wie Leben, körperliche Unversehrtheit und Freiheit ein höheres Gewicht gegenüber materiellen Rechtsgütern wie Eigentum, Vermögen und Sicherheit des Rechtsverkehrs. Das *Gesetz zur Bekämpfung von Sexualdelikten und anderen gefährlichen Straftaten* weist den Sozialtherapeutischen Einrichtungen wesentliche Aufgaben bei der Behandlung der entsprechenden Tätergruppen zu und fordert von den Bundesländern deren Erweiterung. Gleichzeitig wird die Aussetzung des Strafrestes zur Bewährung an verschärfte Bedingungen geknüpft.

Die bestehenden und die notwendigerweise neu hinzukommenden Sozialtherapeutischen Einrichtungen stehen erneut vor der Frage, *wer unter welchen Bedingungen wie zu behandeln ist*. Bei der Suche nach Antworten kann auf vielfältige und langjährige Erfahrungen zurückgegriffen werden. Diese Erfahrungen werden hier zu Empfehlungen zusammengefasst.

Zunächst wird auf die neuen gesetzlichen Regelungen und auf deren Entwicklung eingegangen. Der *Arbeitskreis Sozialtherapeutische Anstalten e.V.* hat die Entwicklung der Sozialtherapeutischen Anstalten und Abteilungen unterstützt und sich um gemeinsam akzeptierte Standards bemüht. Integrative Sozialtherapie im Sinne des vom Gesetzgeber erteilten Auftrags setzt bestimmte bauliche, organisatorische und personelle Rahmenbedingungen voraus und erfordert Methoden, deren Ergebnisse der Behandlungsforschung bei Straftätern zugrundeliegen.

Die hier wiedergegebenen Standards zur Gestaltung Sozialtherapeutischer Einrichtungen im Justizvollzug und die Kriterien, nach denen eine Verlegung angezeigt ist, beruhen auf einem Konsens der Sozialtherapeutischen Einrichtungen. Aus der Wirksamkeitsforschung werden Leitlinien abgeleitet, die bei der Erstellung bzw. Modifizierung der Behandlungskonzepte berücksichtigt werden sollten. Auch hierüber konnte bei den vom *Arbeitskreis Sozialtherapeutische Einrichtungen e.V.* ausgehenden Initiativen weitgehende Übereinstimmung erzielt werden.

1. Gesetzliche Regelungen

Das Strafrechtsreformgesetz von 1969 hat Sozialtherapeutische Anstalten in den Strafvollzug eingeführt. Deren *besondere therapeutischen Mittel und sozialen Hilfen* sollten die Wiederholung von gefährlichen Straftaten, insbesondere auch von Sexualdelikten verhindern. Die Aufnahme in eine Sozialtherapeutische Anstalt war ursprünglich als Maßregel der Besserung und Sicherung vorgesehen. Die Unterbringung sollte nach § 65 StGB durch das Tatgericht angeordnet werden.

Es entstanden in einer Reihe von Bundesländern Modellversuche. Da § 65 StGB indessen nicht in Kraft gesetzt wurde, konnte die Aufnahme nicht als Maßregel angeordnet werden. Die Verlegung in eine Sozialtherapeutische Anstalt wurde vielmehr in § 9 des Strafvollzugsgesetz von 1977 als Vollzugsmaßnahme geregelt. Sie setzt die Zustimmung des Gefangenen und des Leiters der Sozialtherapeutischen Anstalt voraus.

§ 65 StGB wurde mit dem Gesetz zur *Änderung des Strafvollzugsgesetzes* von 1984 aufgehoben. Die ursprünglich beabsichtigte Maßregellösung ist somit niemals praktiziert worden. Ausschlaggebend war dafür vor allem, dass die Bundesländer glaubten, die Neueinrichtung einer für die Umsetzung der Maßregelanordnung ausreichenden Anzahl Sozialtherapeutischer Anstalten nicht finanzieren zu können. Mit dem Änderungsgesetz wurde außerdem die Möglichkeit hergestellt, neben Sozialtherapeutischen Anstalten „aus besonderen Gründen" auch Sozialtherapeutische Abteilungen in Anstalten des Regelvollzuges einzurichten (§ 123 Abs. 2 StVollzG).

Diese Neuregelung ließ befürchten, dass mit der Einrichtung von Sozialtherapeutischen Abteilungen, die für Sozialtherapeutische Anstalten einst beabsichtigte besondere Stellung und Ausstattung unterlaufen werden könnte. Entsprechende Standards waren bis dahin nicht festgelegt, die im Gesetz genannten „besonderen Gründe" nicht definiert. Dementsprechend wurde die Regelung auch kritisiert (z.B. Rehn 1990a).

Im Rückblick hat sich die – ohnehin zögerliche – Einrichtung Sozialtherapeutischer Abteilungen, indessen zumeist günstig ausgewirkt. Es sind nicht nur mehr Behandlungsplätze entstanden (Abb. 1); es haben sich auch beachtenswerte Behandlungskonzepte entwickelt. Die Auseinandersetzung mit den Bedingungen und Einwirkungen der Vollzugsanstalt hat teilweise auch zu innovativen Rückkoppelungen geführt.

Das Gesetz zur Bekämpfung von Sexualdelikten und anderen gefährlichen Straftaten vom 26.01.1998 hat nach den Gesetzen von 1969, 1977 und 1984 (s.o.) besonders nachdrückliche Auswirkungen auf die Gestaltung der Sozialtherapeutischen Einrichtungen im Strafvollzug. Das Gesetz spiegelt die durch einzelne Sexualmorde an Kindern ausgelöste Empörung und Besorgnis der Öffentlichkeit wider. Die Häufigkeit der Sexualdelikte insgesamt hat bekanntlich nicht zugenommen.

Zusammen mit dem *6. Strafrechtsänderungsgesetz*, das den Strafrahmen für Sexualdelikte heraufsetzt, zwingt das Gesetz die Bundesländer dazu, bis zum 01.01.2003 die Platzzahl in Sozialtherapeutischen Anstalten bzw. Abteilungen erheblich auszuweiten. Denn dann sind alle wegen Sexualdelikten zu einer *Freiheitsstrafe von mehr als zwei Jahren* verurteilte Gefangene in eine Sozialtherapeutische Anstalt bzw. Abteilung zu verlegen, bei denen die Behandlung dort angezeigt ist. Es ist dazu weder ihre eigene Zustimmung noch die des Leiters der Sozialtherapeutischen Anstalt erforderlich. Für Gefangene, die wegen anderer Delikte verurteilt worden sind, bleibt es bei den seit 1977 geltenden Regelungen.

Abbildung 1: Haftplätze in Sozialtherapeutischen Einrichtungen (BRD 1976 bis 2000), Von 1976 bis 1992 ist nicht nach Tätergruppen differenziert. Quellen: Egg & Schmitt, 1993 (für 1976 bis 1992), Schmidt, 1997 (für 1997), Schmidt, 1998 (für 1998), Schmidt, 1999 (für 1999) und Kurze, 2000 (für 2000).

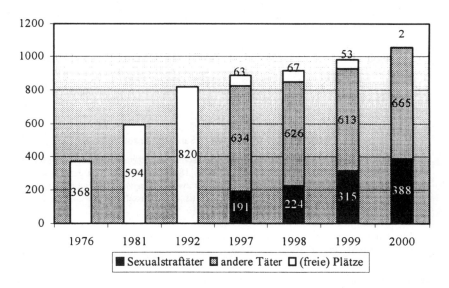

Im Rahmen der Behandlungsuntersuchung ist besonders gründlich zu prüfen, ob eine Verlegung in eine Sozialtherapeutische Anstalt angezeigt ist (§ 6 Abs. 2 StVollzG), und zwar unabhängig von der Frage der vorhandenen Ressourcen (Rehn, 2000, § 9 StVollzG, Rz. 13). In der Vollzugsplanung ist jeweils nach Ablauf von sechs Monaten neu über eine Verlegung zu entscheiden (§ 7 Abs. 4 StVollzG).

Die Bundesländer haben nur noch bis Ende 2002 Zeit, sich auf die Folgen des Gesetzes einzustellen und die notwendigen Kapazitäten in Sozialtherapeutischen Einrichtungen zu gewährleisten. Sexualstraftäter, bei denen eine Verlegung in eine Sozialtherapeutische Einrichtung angezeigt ist, haben dann einen Rechtsanspruch auf Verlegung (Rehn, 2000, § 9 StVollzG, Rz. 8 und § 123 ff StVollzG, Rz. 2). Niedersachsen plant beispielsweise die Einrichtung weiterer Abteilungen, so dass sich die Anzahl der Plätze mehr als verdoppeln wird (Rehder et al., 1998, Wischka, 1999, 2000a und b). Der durch das *Gesetz zur Bekämpfung von Sexualdelikten und anderen gefährlichen Straftaten* entstandene Bedarf macht in Deutschland insgesamt eine Verdreifachung der derzeit vorhandenen Plätze in Sozialtherapeutischen Einrichtungen des Justizvollzuges notwendig (vgl. auch Dessecker und Rehn, S. 26ff, in diesem Band).

> ### § 9 StVollzG
>
> (1) Ein Gefangener ist in eine sozialtherapeutische Anstalt zu verlegen, wenn er wegen einer Straftat nach den §§ 174 bis 180 oder 182 des Strafgesetzbuches zu zeitiger Freiheitsstrafe von mehr als zwei Jahren verurteilt worden ist und die Behandlung in einer sozialtherapeutischen Anstalt nach § 6 Abs. 2 Satz 2 oder § 7 Abs. 4 angezeigt ist. Der Gefangene ist zurückzuverlegen, wenn der Zweck der Behandlung aus Gründen, die in der Person des Gefangenen liegen, nicht erreicht werden kann.
>
> (2) Andere Gefangene können mit ihrer Zustimmung in eine sozialtherapeutische Anstalt verlegt werden, wenn die besonderen therapeutischen Mittel und sozialen Hilfen der Anstalt zu ihrer Resozialisierung angezeigt sind. In diesen Fällen bedarf die Verlegung der Zustimmung des Leiters der sozialtherapeutischen Anstalt.
>
> ### § 199 StVollzG
>
> (3) „Bis zum 31. Dezember 2002 gilt § 9 Abs. 1 Satz 1 in der folgenden Fassung:
>
> „Ein Gefangener soll in eine sozialtherapeutische Anstalt verlegt werden, wenn er wegen einer Straftat nach den §§ 174 bis 180 oder 182 des Strafgesetzbuches zu zeitiger Freiheitsstrafe von mehr als zwei Jahren verurteilt worden ist und die Behandlung in einer sozialtherapeutischen Anstalt nach § 6 Abs. 2 Satz 2 oder § 7 Abs. 4 angezeigt ist.""
>
> *Neufassung durch das „Gesetz zur Bekämpfung von Sexualdelikten und anderen gefährlichen Straftaten" vom 26.01.1998.*

In welchem Ausmaß der notwendige Ausbau tatsächlich erfolgen wird, dürfte durch den Finanzrahmen der Länderhaushalte und das Sicherheitsbedürfnis der Bevölkerung bestimmt werden. Unvertretbar wäre es dabei, die bislang sehr begrenzten Kapazitäten „weitgehend für Straftäter zu reservieren, deren (potentielle) Kriminalität in der Medienöffentlichkeit aktuell als brennendes soziales Problem definiert wird, und zugleich andere Strafgefangene, die ähnlich schwere Delikte begangen haben, ohne dass ein sexueller Hintergrund erkennbar wird, faktisch auszugrenzen" (Dessecker, 1998, S. 6).

Als gravierende Veränderung in den bisherigen Rahmenbedingungen für die Behandlung in einer Sozialtherapeutischen Einrichtung ist anzusehen, dass unter der Voraussetzung des § 9 Abs. 1 StVollzG sowohl die Zustimmung des Gefangenen als auch die Zustimmung des Leiters der Einrichtung entfallen ist. Damit besteht für Sozialtherapeutische Einrichtungen eine ähnliche Eingangssituation wie für den Maßregelvollzug, dessen Patienten allerdings zeitlich unbestimmt untergebracht sind. Eisenberg & Hakkethal (1998) sehen in dem Verzicht auf die Zustimmung des Gefangenen eine Veränderung in der Stellung des Gefangenen und in dem Mitwirkungserfordernis (§ 4 Abs. 1 StVollzG) und problematisieren die damit verbundene Verlagerung auf die Ebene der Rückverlegung. Faktisch folge daraus eine Erprobungsphase. Erfolgt eine Rückverlegung, sind Gründe geltend zu machen, die „in der Person des Gefangenen liegen" (§ 9 Abs. 1 StVollzG). Werde im Rahmen der Behandlungsuntersuchung und Vollzugsplanung (§§ 6 und 7 StVollzG) die Indikation für eine Verlegung in eine Sozialtherapeutische Einrichtung festgestellt, so trage der Gefangene das Risiko der Fehlprognose. „Demgegenüber mag derjenige, dem von vornherein Therapieungeeignetheit attestiert wurde, durch ‚anstandsloses' Verhalten im Regelvollzug bessere Chancen einer positiven Aussetzungsprognose gemäß § 57 StGB haben" (a.a.O., S. 198).

Bei dem in der Neuformulierung des § 9 Abs. 1 StVollzG angegebenen Mindeststrafmaß von mehr als zwei Jahren wird davon ausgegangen, dass der zur Verfügung stehende Zeitraum für eine integrative Sozialtherapie sonst zu kurz wäre. Rechtlich ist die Zweijahresgrenze in mehrerer Hinsicht von Bedeutung. Freiheitsstrafen bis zu zwei Jahren können zur Bewährung ausgesetzt werden (§ 56 Abs. 2 StGB). Die Kriterien für eine Strafaussetzung (§ 57 Abs. 2 StGB bereits nach der Hälfte der Strafzeit) sind bei vollstreckten Freiheitsstrafen bis zu zwei Jahren (nicht zur Bewährung ausgesetzte oder widerrufene Freiheitsstrafen) nach § 57 Abs. 2 StGB bereits nach der Hälfte der Strafzeit leichter zu erfüllen als bei einer höheren Freiheitsstrafe.

Eine kategorische Nichtberücksichtigung der Täter, die wegen eines Sexualdeliktes zu Freiheitsstrafen von weniger als zwei Jahren verurteilt worden sind, scheint rational nicht begründbar (Eisenberg & Hackethal, 1998). Die festgesetzte Grenze hat letztlich wohl pragmatische Gründe und wird auch den Umstand mitberücksichtigt haben, dass die meisten bestehenden Sozialtherapeutischen Einrichtungen in ihren Konzepten Mindestbehandlungszeiten von 2 Jahren vorsehen (Egg & Schmitt, 1993).

Bedarf an therapeutischen Interventionen für die Gruppe von Sexualstraftätern mit geringen Freiheitsstrafen ist dennoch zu sehen, denn

- bei der Strafzumessung gibt es Spielräume innerhalb des durch das Strafgesetzbuch vorgegebenen Strafrahmens, die von den Gerichten unterschiedlich angewandt werden
- zwischen dem Ausmaß der Persönlichkeitsstörungen, der sexuellen Devianz oder sozialen Defiziten und der Schwere der Straftat gibt es keinen direkten Zusammenhang
- es gibt eine Gruppe von Sexualstraftätern mit progredienten Verlaufsformen, bei der es wichtig wäre, frühzeitig zu intervenieren, um die Wahrscheinlichkeit weiterer, schwererer Straftaten zu verringern.

Auch für die Gruppe der Sexualstraftäter, die zu einer Freiheitsstrafe von weniger als zwei Jahren verurteilt worden sind, besteht deswegen ein therapeutischer Bedarf, dem von Sozialtherapeutischen Einrichtungen bislang und wahrscheinlich auch künftig nicht entsprochen werden kann. Die Schwerpunktverlagerung auf Sexualstraftäter als Klientel Sozialtherapeutischer Einrichtungen bedeutet, dass weitere Behandlungskonzepte für diese Tätergruppe erarbeitet werden müssen. Solche Konzepte sind aber auch erforderlich für Sexualstraftäter, die für eine Verlegung in einer Sozialtherapeutischen Einrichtung nach § 9 Abs. 1 nicht in Betracht kommen. Gemeint sind insbesondere strukturierte Behandlungsprogramme, die unter geeigneten Voraussetzungen im Regelvollzug durchgeführt werden können (s. die Beiträge von Berner & Becker und Wischka et al., in diesem Band).

2. Arbeitskreis Sozialtherapeutische Anstalten im Justizvollzug e.V.

Der *Arbeitskreis Sozialtherapeutische Anstalten im Justizvollzug e.V.* wurde 1983 gebildet und hat 1993 die Rechtsform eines eingetragenen Vereins angenommen. Er ist ein Fachverband mit den Zwecken

- die Weiterentwicklung der Sozialtherapeutischen Anstalten im Justizvollzug zu unterstützen und beratend zu begleiten
- den Austausch, die Zusammenfassung und die Auswertung von Erfahrungen aus den Sozialtherapeutischen Einrichtungen zu fördern
- Erprobungen und Erhebungen zum Vorgehen in den Sozialtherapeutischen Einrichtungen anzuregen und zu unterstützen
- die Anwendung von Forschungsergebnissen in den Sozialtherapeutischen Einrichtungen zu fördern.

Er beteiligt sich an der Gestaltung, der in zweijährigem Turnus von jeweils einer Landesjustizverwaltung ausgerichteten überregionalen Fachtagung und führt selber jährlich eine Fachtagung für die Leiterinnen und Leiter der Sozialtherapeutischen Einrichtungen durch.

Er hat bereits 1986 Mindestanforderungen für Sozialtherapeutische Einrichtungen formuliert und 1988 veröffentlicht. Er ist mit deren Konkretisierung sowie mit einer differenzierten Definition der Aufnahmeindikationen befasst (s. auch Specht, 2000).

3. Integrative Sozialtherapie

Integrative Sozialtherapie ist vor allem durch drei Merkmale gekennzeichnet:

Integrative Sozialtherapie im Justizvollzug

1. Berücksichtigung und Einbeziehung des gesamten Lebensumfeldes in und außerhalb der Sozialtherapeutischen Einrichtung bis zur Entlassung.
2. Gestaltung der Handlungsmöglichkeiten und Beziehungsformen innerhalb der Sozialtherapeutischen Einrichtungen im Sinne einer therapeutischen Gemeinschaft.
3. Modifizierung und Verknüpfung psychotherapeutischer, pädagogischer und arbeitstherapeutischer Vorgehensweisen.

Aus den gesetzlichen Regelungen hat Henze (1990) folgende rechtlichen und organisatorischen Mindestanforderungen, insbes. für Sozialtherapeutische Abteilungen abgeleitet:

**Sozialtherapeutische Einrichtungen:
Rechtliche und organisatorische Mindestanforderungen**

1. Die *Aufnahme von Gefangenen* erfordert *deren Zustimmung* und die *Zustimmung des Leiters* der Einrichtung bzw. einer dazu ermächtigten Kommission (wobei die Aufsichtsbehörde durch die allgemeine Weisungsgebundenheit eine Aufnahme auch anordnen kann). Diese Forderung ist nur noch gültig für Straftäter, die kein Sexualdelikt begangen haben.
2. Die Organisationsvorschrift des § 123 StVollzG erfordert eine *Trennung vom übrigen Vollzug*. Dazu gehören abgetrennte Baulichkeiten, ein verantwortlicher Leiter, fest zugewiesenes Personal. Alle Einflüsse aus der Gesamtanstalt, die der Sozialtherapie zuwiderlaufen könnten, müssen ausgeschlossen werden. Unschädlich erscheint die gemeinsame Nutzung von Versorgungseinrichtungen.
3. *Haushaltsmittel*, die für den sozialtherapeutischen Bereich erforderlich sind, müssen von Anfang an *gesondert ausgewiesen* und nach Möglichkeit auch von einem eigenen Beamten der Abteilung bewirtschaftet werden.
4. Die Einrichtung muss über *besondere therapeutische Mittel und soziale Hilfen* verfügen, und sie muss Gefangene aufnehmen, zu deren Resozialisierung die Anwendung dieser besonderen therapeutischen Mittel und sozialen Hilfen angezeigt ist.
Nicht ausreichend ist eine bloße Steigerung bereits im allgemeinen Vollzug vorhandener Behandlungsmaßnahmen oder der punktuelle Einsatz therapeutischer oder sozialpädagogischer Methoden. Ausreichend ist auch nicht ein Hilfs- und Behandlungsangebot in bestimmten Bereichen, wie etwa durch das Soziale Training. Gefordert ist ein Vorgehen, das auf die Entwicklung der Gesamtpersönlichkeit abzielt.
5. Therapeutisches Konzept und *Personalausstattung* sind untrennbar miteinander verbunden. Eine präzise Personalbedarfsberechnung ist erforderlich.
6. Die Gewährung von *Entlassungsurlaub* bis zu 6 Monaten gem. § 124 StVollzG liegt im Ermessen der Einrichtung.

Im Hinblick auf den Auftrag der Sozialtherapeutischen Einrichtungen hat Specht (1990) die vom *Arbeitskreis Sozialtherapeutische Einrichtungen e.V.* veröffentlichten Mindestanforderungen in Kernaussagen zusammengefasst (s. auch Specht, 1986 und 1998).

> **Sozialtherapeutische Einrichtungen: Therapeutische Mindestanforderungen**
>
> 1. Eine Sozialtherapeutische Einrichtung muss als Feld für soziales Lernen eine *überschaubare Größe* haben *oder entsprechend gegliedert* sein.
> 2. Sie muss *von anderen Vollzugseinrichtungen so abgegrenzt* sein, daß ihr die eigene Gestaltung der für soziales Lernen notwendigen Verantwortungsbereiche für die Gefangenen möglich ist.
> 3. Sie muss mit ihren alltäglichen Lebensbedingungen eine *weitgehende Annäherung an Lebensbedingungen außerhalb der Einrichtung* herstellen können und schrittweise Übergänge von innen nach außen entwickeln können.
> 4. Sie muss einen *Plan ihrer Angebote und Vorgehensweisen, des Zusammenwirkens und des beabsichtigten Verlaufs* ihrer Einflussnahme vorweisen können.
> 5. Sie muss über *Mitarbeiter des allgemeinen Vollzugsdienstes mit besonderen Befähigungen* sowie über *besondere Fachdienste mehrerer Fachrichtungen* verfügen. Dabei müssen durch ständige Mitarbeiter, gegebenenfalls ergänzt durch externe Mitarbeiter, folgende Aufgabenbereiche vertreten sein: Pädagogik, Sozialarbeit/Sozialpädagogik, Psychotherapie/Psychologie, Arbeitsanleitung, Psychiatrie.
> 5. Für die Mitarbeiter einer Sozialtherapeutischen Einrichtung müssen besondere *Fortbildung, Supervision und externe Teamberatung* gewährleistet sein.

Auf solcher rechtlichen und organisatorischen Grundlage orientiert sich die inhaltliche Gestaltung des Vorgehens in den Sozialtherapeutischen Anstalten und Abteilungen an den Ergebnissen der Wirksamkeitsforschung, wie sie in Deutschland vor allem durch Lösel und Mitarbeiter (Lösel, in diesem Band sowie 1993; 1994; 1995e; Lösel & Bender, 1997; Lösel, Köferl & Weber, 1987) vertreten ist. Zum einen ist durch die zusammenfassende Auswertung von Studien nachgewiesen, dass die Hilfen Sozialtherapeutischer Einrichtungen eher Rückfälle verhüten, als die Strafhaft in Regelvollzugsanstalten. Zum anderen hat sich gezeigt, dass dies von bestimmten Bedingungen abhängt, die sich als *Prinzipien für eine wirksame Sozialtherapie* darstellen lassen (Egg, Kälberer, Specht & Wischka, 1998).

Eine zusammenfassende Betrachtung der Wirksamkeitsstudien ergibt im Mittel das Ergebnis, das Behandlung von Straftätern einer formalen Kriminalsanktion bzgl. des Kriteriums erneuter Rückfälligkeit um ungefähr 10% überlegen ist. Dieser 10%-Effekt ist häufig zitiert worden und kann sowohl für als auch gegen den Behandlungsgedanken angeführt werden. Im Vergleich zu den Erwartungen, die in der Reformeuphorie der 60er und 70er Jahre bestanden, erscheint diese durchschnittliche Wirkung gering. Wie Lösel (1994 und 1995e) betont, ist ein mittlerer Behandlungseffekt von ca. .10 aber keine Bagatellgröße. Da die Misserfolgsquoten bei einer unbehandelten Kontrollgruppe niemals 100% sind, ist ein Behandlungseffekt von 1,0 statistisch nicht erreichbar. „Eine Effektstärke von .30 dürfte die Obergrenze des praktisch möglichen sein" (Lösel, 1995e, S. 151). In dieser Größenordnung werden Ergebnisse aus der allgemeinen Psychotherapieforschung berichtet. Dabei ist aber zu berücksichtigen, dass es sich in der Regel um eine Klientel mit weniger gravierenden Persönlichkeitsstörungen handelt. Zudem sind die Erfolgskriterien „weicher" (z.B. Ergebnisse aus klinischen Testverfahren) und die Follow-up-Zeiträume meist kürzer (Lösel, 1994, 1998a).

„Kleine Effektstärken sind auch dann bedeutsam, wenn eine Maßnahme unter ungünstigen Umständen wirkt oder bislang keine bessere Alternative vorliegt ... . In der Medizin sind solche kleinen Effekte selbst bei anerkannten Therapien zu finden" (1994, S. 151). Notwendig ist demnach eine differenziertere Betrachtung der Behandlungsmaßnahmen. Nach den Ergebnissen der Meta-Analyse-Forschung lassen sich „angemessene" von „unangemessen Behandlungsmaßnahmen" unterscheiden.

Tabelle 1: Durchschnittliche Effektstärken verschiedener Arten von Behandlung in der Meta-Analyse von Andrews et al. aus Lösel (1995e, S. 147)

Art der Maßnahme	Anzahl der Evaluationen	Effekt (r)
Angemessene Behandlung	54	.32
Unspezifische Behandlung	32	.10
Unangemessene Behandlung	38	-.07
Formale Kriminalsanktionen	30	-.08

Die Zahlen machen deutlich, dass sich der bisher durchschnittlich erwartbare Effekt sozialtherapeutischer Einflussnahme von 10 % durch angemessene Maßnahmen auf 20% bis 30% steigern lässt. Damit kommt der Bestimmung und Operationalisierung „*angemessener Maßnahmen*" eine ganz besondere Bedeutung zu. Sie sind im folgenden mit Bezug auf Lösel[1] als *Leitlinien* wiedergegeben und werden im folgenden näher erläutert.

---

[1] nach Lösel, 1993. Gliederung und Modifizierungen sind Ergebnis einer Arbeitsgruppe auf der 6. überregionalen Fachtagung der Sozialtherapeutischen Einrichtungen in Waldheim 1997.

Leitlinien für eine wirksame Sozialtherapie

1. **Behandlungskonzepte**
   - Erstellung theoretisch und empirisch fundierter Behandlungskonzepte
2. **Rahmenbedingungen**
   - Neutralisierung kriminogener Netzwerke
   - Reduzierung negativer Haft- und Kontexteffekte
   - Verbesserung des Institutionsklimas
   - Realisierung hoher Programmintegrität und -intensität
3. **Personal**
   - Sorgfältige Auswahl, Schulung und Supervision des Personals
4. **Diagnostik**
   - Dynamische Risikodiagnose bei der Indikation
   - Gezielter Ansatz an kriminogenen Faktoren
   - Systematische Verlaufsdiagnose
5. **Sozialtherapeutische Maßnahmen**
   - Gezielter Ansatz an kriminogenen Faktoren
   - Förderung von Denkmustern, Fertigkeiten und Selbstkontrolle
   - Kontingente Bekräftigung
   - Individualisierung (Straftäter, Programm, Personal)
   - Aufbau tragfähiger emotionaler Beziehungen
   - Maßnahmen der Rückfallprävention
   - Stärkung „natürlicher" Schutzfaktoren
6. **Entlassungsvorbereitung und Nachsorge**

3.1 Behandlungskonzepte

Die Ziele des sozialtherapeutischen Vorgehens müssen definiert sein, und es sollte klar sein, welche Ziele mit welchen Mitteln verfolgt werden. Dies schließt auch die Darstellung von Grenzen und Spezialisierungen ein: was kann oder soll nicht erreicht werden? Das sozialtherapeutische Prinzip der Integrativität sollte deutlich werden.

Effiziente Therapie setzt Klarheit in bezug auf die verwendeten Einzelmethoden sowie deren Kombination voraus. Deswegen ist in der sozialtherapeutischen Praxis eine Orientierung an theoretisch und empirisch fundierten Konzepten dringend geboten. Klarheit und Transparenz in der Behandlung ist zudem eine Voraussetzung für die Durchführung aussagekräftiger Studien, um Wirkfaktoren weiter zu präzisieren. Die Forderung nach empirischer und theoretischer Fundierung schließt deswegen eine fortlaufende wissenschaftliche Begleitung und Evaluation der sozialtherapeutischen Arbeit ein. Theoretisch und empirisch fundierte Konzepte sind auch für die Außendarstellung der sozialtherapeutischen Empfehlungen von Bedeutung. Wirksamkeit der Behandlung von Strafgefangenen ist nicht mit beliebigen Maßnahmen zu erreichen.

3.2 Rahmenbedingungen

Die Rahmenbedingungen beziehen sich auf strukturelle Aspekte wie Baulichkeiten, Binnendifferenzierung innerhalb von Anstalten sowie die Möglichkeiten eigenständiger Gestaltung des Vollzuges in Sozialtherapeutischen Einrichtungen. Zum anderen verweisen sie auf die Organisation des täglichen Lebens in der Anstalt. Dieses soll der Bildung kriminogener Subkulturen entgegenwirken und eine erfolgreiche Problembewältigung im Alltag unterstützen. Ein positives Institutionsklima hängt ganz wesentlich von der Kooperation aller Mitarbeiter ab. Mitwirkung an Entscheidungen bedeutet, dass diese gemeinsam getragen und vertreten werden können. Die Entscheidungsabläufe müssen verständlich geregelt und durchschaubar sein.

3.3 Personal

Der Umgang aller Mitarbeiter mit den Gefangenen hat ausschlaggebende Bedeutung für das Erreichen sozialtherapeutischer Ziele. Effiziente Behandlungsmaßnahmen lassen sich nur verwirklichen, wenn bei der Auswahl der Mitarbeiter darauf geachtet wird, dass sie den problematischen Erfordernissen einer Therapie unter Haftbedingungen gewachsen sind. Dies gilt nicht nur für die Fachdienste, sondern auch für die Mitarbeiter im Allgemeinen Vollzugs- und Werkdienst, die einen wesentlichen Teil der alltäglichen Kommunikation mit den Gefangenen wahrnehmen. Neben der geeigneten Auswahl ist eine ausreichende und fortlaufende Fort- und Weiterbildung der Mitarbeiter zu gewährleisten. Außerdem ist in Begleitung der täglichen therapeutischen Arbeit Supervision, durch externe Teamberatung zumindest im Gruppenkontext sicherzustellen.

3.4 Diagnostik

So vielfältig die Gründe der Aufnahme von Gefangenen in Sozialtherapeutische Einrichtungen sind, so vielfältig sind die Wege der Therapie. Um eine geeignete Auswahl der Behandlungsmethoden zu treffen, ist deshalb eine umfassende Diagnostik der Voraussetzungen und Möglichkeiten beim einzelnen Gefangenen nötig. Dabei ist Diagnose nicht als einmaliger Vorgang psychologischer Befunderhebung zu verstehen, sondern als ein dynamischer Prozess, in dem deliktsbezogene Risiken ermittelt und aus dem Verlauf der Therapie weitere Erkenntnisse gewonnen werden. Von großer Bedeutung ist die dynamische Diagnostik für die Gefährlichkeitsbeurteilung bei der Gewährung von Lockerungsmaßnahmen sowie bei Fragen der Reststrafaussetzung zur Bewährung.

3.5 Sozialtherapeutische Maßnahmen

Sozialtherapeutische Maßnahmen sollen ein bestehendes Rückfallrisiko nachhaltig verringern. Hierzu bedarf es der Förderung individueller Handlungs- und Denkweisen, die dazu beitragen, künftige Problemsituationen zu bewältigen und positive Beziehungen herzustellen. Das sozialtherapeutische Vorgehen nimmt zwar auf zurückliegende Delikte Bezug, ist jedoch bestrebt, allgemeine soziale und kognitive Fähigkeiten zu entwickeln. Die positive kontingente Verstärkung günstiger Entwicklungen des Gefangenen und eine Orientierung an seinen Ressourcen haben deswegen besondere Bedeutung.

3.6 Entlassungsvorbereitung und Nachsorge

Die Effektivität einer erfolgreichen Therapie wird leicht zunichte gemacht, wenn Maßnahmen zur Stabilisierung ihrer Effekte nach deren Beendigung unterlassen werden. Dies gilt für alle Therapieformen, bei denen mit Individuen oder Gruppen in einer „artifiziellen" Umgebung gearbeitet werden muss. Dies trifft auch auf die Sozialtherapie im Strafvollzug zu. Wird der Häftling dann in seine alte Umgebung entlassen, stellen sich nur allzu leicht alte kontraproduktive Verhaltensweisen wieder ein. Daher haben Entlassungsvorbereitung sowie geeignete Nachbetreuung einen hohen Stellenwert.

3.7 Personelle Mindestvoraussetzungen

Um den Mindestanforderungen gerecht zu werden und den Leitlinien zu entsprechen, ist eine ausreichende Anzahl an qualifizierten Mitarbeitern des Allgemeinen Vollzugsdienstes und der Fachdienste erforderlich.

Sozialtherapeutische Einrichtungen: Personelle Standards	
Fachdienste	2 für 10 Gefangene (1 Psychologischer Dienst / 1 Sozialdienst bzw. Pädagogischer Dienst)
Allgemeiner Vollzugsdienst	1 für 2 Gefangene (Anstalten) bzw. 1 für 3 Gefangene (Abteilungen)

Bei Abteilungen hängt der Bedarf an Mitarbeitern des Allgemeinen Vollzugsdienst davon ab, in welchem Umfang die Gesamtanstalt allgemeine vollzugsorganisatorische Aufgaben übernimmt.

4. Indikation zur Aufnahme in eine Sozialtherapeutische Einrichtung

Im Interesse eines zweckmäßigen und effizienten Einsatzes integrativer Sozialtherapie muss es vermieden werden, Gefangene in Sozialtherapeutische Einrichtungen aufzunehmen, für die andere Maßnahmen ausreichen. Ebenso sollen aber auch solche Gefangene nicht aufgenommen werden, die sich am Sozialtherapeutischen Vorgehen nicht beteiligen können, oder die mit ihrem Verhalten dessen Nutzen für andere erheblich beeinträchtigen.

Die Entwicklung und die Erfahrungen der Sozialtherapeutischen Anstalten und Abteilungen haben hinsichtlich der Verlegungsindikation folgende Übereinstimmungen ergeben:

Die Verlegung in eine Sozialtherapeutische Einrichtung ist angezeigt

1. bei Verurteilten, bei denen die Wiederholung gefährlicher Straftaten wegen einer Störung ihrer sozialen und persönlichen Entwicklung zu befürchten ist,
2. die erkennen lassen, dass sie sich um eine Änderung ihrer Einstellungen und Verhaltensweisen bemühen wollen und
3. die über die intellektuellen und sprachlichen Möglichkeiten für eine Beteiligung am Behandlungsvorgehen verfügen.

Die Verlegung in eine Sozialtherapeutische Einrichtung ist zum Zeitpunkt der Feststellung nicht angezeigt

1. bei Gefangenen, bei denen andere Behandlungsmaßnahmen ausreichen,
2. bei Gefangenen, bei denen wegen
   - des Ausmaßes der Abhängigkeit von Drogen oder Alkohol
   - einer Erkrankung oder Schwäche des Zentralnervensystems
   - schwerwiegender, psychiatrisch zu behandelnder psychischer Störungen
   andere Hilfen angezeigt sind,
3. bei Gefangenen, bei denen der Strafrest für integrative Sozialtherapie zu kurz ist oder den dafür notwendigen Zeitraum noch erheblich überschreitet,
4. bei Gefangenen, die den Missbrauch von Suchtmitteln nicht aufgeben wollen,
5. bei Gefangenen, die sich unbeeinflussbar behandlungsablehnend verhalten.

Darüber hinaus können sich Gegenanzeigen gegenüber der Verlegung oder gegenüber dem Verbleiben in einer Sozialtherapeutischen Einrichtung ergeben,

6. bei Gefangenen, bei denen die derzeitigen Sicherheitsvorkehrungen der Einrichtung nicht ausreichen
7. bei Gefangenen, bei denen sich herausstellt, dass sich der Zweck integrativer Sozialtherapie aus Gründen, die in der Person liegen, nicht erreichen lässt.

Die beschriebenen Gegenindikationen brauchen nicht dauerhaft zu sein und müssen dementsprechend überprüft werden. Dies entspricht auch dem neugefassten § 7 Abs. 4 StVollzG. Die allgemeinen Vollzugsanstalten sollen für die Sozialtherapeutischen Einrichtungen motivieren.

5. Feststellung und Umsetzung der Behandlungsindikation bei Verurteilten nach §§ 174 bis 180 oder 182 StGB

Ein zweckmäßiger und gerechter Einsatz der besonderen Ressourcen Sozialtherapeutischer Einrichtungen erfordert entsprechende Verfahrensregelungen für die nach § 7 StVollzG vorgesehene Entscheidung über die Verlegung dorthin.

Ressourcenvergeudung durch Verlegungen, die nicht angezeigt sind, lässt sich nur durch Mitwirkung der Sozialtherapeutischen Anstalten/Abteilungen an der Überprüfung der Behandlungsindikation verhindern. Das setzt Vereinbarungen über wechselseitige problemübergreifende Information und Kooperation voraus. Für Problemlagen, bei denen hinsichtlich der Anzeige zur Behandlung in einer Sozialtherpeutischen Einrichtung keine Übereinstimmung zustandegekommen ist, sollte eine besondere Fachberatung eingerichtet werden[2].

Bei der Verteilung zu verlegender Gefangener auf verschiedene Sozialtherapeutische Anstalten/Abteilungen eines Bundeslandes müssen deren unterschiedliche Behandlungsmöglichkeiten unter dem Gesichtspunkt größtmöglicher Wirksamkeit berücksichtigt werden. Als geeignete Verfahrenswege kommen sowohl fachliche Koordinationskommissionen als auch besondere Aufnahmeabteilungen in Betracht.

Solange nicht genügend Plätze in Sozialtherapeutischen Anstalten/Abteilungen zur Verfügung stehen, um jederzeit Gefangene aufzunehmen, bei denen dies angezeigt ist, erfordert es der zweckmäßige und gerechte Einsatz der Ressourcen, Behandlungsdringlichkeit und Behandlungsfähigkeit bei der Verlegung zu berücksichtigen.

6. Ausblick

Anders als zu Beginn der 70er Jahre, in denen – unterstützt durch ein reformfreundliches Klima – in einigen wenigen Modellanstalten in der Behandlung von „gefährlichen Straftätern" (der § 65 StGB zielte vor allem auf gefährliche Mehrfachtäter) Neuland betreten wurde, liegen jetzt vielfältige Erfahrungen vor, die genutzt werden können und genutzt werden müssen. An die Sozialtherapeutischen Einrichtungen werden durch die Gesetzesänderungen Erwartungen geknüpft, die in einer für die Gesellschaft befriedigenden Weise nur dann erfüllt werden können, wenn integrative Sozialtherapie unter Bedingungen praktiziert wird, die erfolgversprechend ist. Dabei ist es in einem viel hö-

---

[2] Eine solche Regelung hat z.B. Hamburg durch die AV der Justizbehörde Nr. 11/1999 v. 2.7.1999 (Az. 4428/4-1) geschaffen.

heren Grad als früher möglich, Rahmenbedingungen und Behandlungsmethoden zu konkretisieren, die Wirksamkeit gewährleisten können. Der vorliegende Beitrag versucht, diese Mindestanforderungen und Wirkfaktoren also Qualitätsmerkmale zusammengefasst zu beschreiben.

Die Sozialtherapeutischen Einrichtungen werden in Zukunft noch viel stärker im Blick der Öffentlichkeit stehen und ihre Wirksamkeit unter Beweis stellen müssen. Auf jeden Fall muss verhindert werden, dass es im Zuge der in erheblichem Ausmaß zu erwartenden Erweiterung der Behandlungsplätze zu einem „Etikettenschwindel" kommt, d.h. dass Einrichtungen ohne die Voraussetzungen für ihre Wirksamkeit entstehen.

Qualitätssicherung ist deshalb für alle Sozialtherapeutischen Einrichtungen des Justizvollzuges verpflichtend.

„Wer A sagt..." - Haftplätze und Haftplatzbedarfe in Sozialtherapeutischen Einrichtungen

von Gerhard Rehn

Im Vorfeld der Erörterungen über gesetzliche Regelungen zur Bekämpfung von Sexualdelikten und anderen gefährlichen Straftaten war auch viel von Therapie die Rede. Das fand sich sodann im Gesetz und seiner Begründung wider. Wird davon ausgegangen, dass dies nicht nur symbolisch gemeint war oder zur Bemäntelung einer recht deutlich repressiven Schlagseite dienen sollte, dann müssen den Ankündigungen Taten folgen. Dazu gehört, dass Sozialtherapeutische Einrichtungen ausgebaut oder überhaupt erst geschaffen werden, um der neu aufgenommenen Regelung in § 9 Abs.1 StVollzG, die die Verlegung von Sexualstraftätern unter bestimmten Umständen auch gegen ihren und den Willen der Anstaltsleitungen vorsieht, gerecht werden zu können. Darüber dürfen aber die Behandlungsbedarfe der anderen Gefangene, vor allem der anderen Gefangenen mit gefährlichen Straftaten, nicht vernachlässigt werden (zum neuen Gesetz allgemein s. auch Dessecker und Rehn, S. 26ff, in diesem Band).

Um zu einer realistischen Bedarfsschätzung zu gelangen, werden Materialien zu den folgenden Fragen zusammen getragen und bewertet:

- Wie groß ist der Anteil der in Strafvollzug und Sicherungsverwahrung einsitzenden Sexualstraftäter an allen Tätern?
- Bei wie vielen davon ist die Behandlung in einer Sozialtherapeutischen Einrichtung nach § 9 Abs. 1 StVollzG angezeigt?
- wie viel Behandlungsplätze in der Sozialtherapie sind für sonstige (gefährliche) Straftäter nach § 9 Abs. 2 StVollzG vorzusehen?
- Wie viel Plätze sind in den einzelnen Ländern zu schaffen, wenn die ermittelten Bedarfe zur vorhandenen Ausstattung in Beziehung gesetzt werden?

Ich werde im Folgenden möglichst genau angeben, auf welche Weise die verschiedenen Zahlen erlangt wurden und welche Probleme in ihnen stecken. Das Ganze möge als eine Handreichung für Planungen oder auch nur als Anregung für modifizierte Modellrechnungen angesehen und genutzt werden. Es macht auch nichts, wenn, wo Lücken noch groß sind, die Ergebnisse als Stachel im Fleisch erlebt werden. Wichtig wäre nur, dass Schmerzbekämpfung nicht zu Lasten des spezifizierten Behandlungsauftrags dadurch erfolgt, dass der Bedarf unangemessen heruntergerechnet, Ausstattungsstandards über Gebühr unterschritten und Sexualstraftäter zur Sozialtherapie allein zugelassen werden (Wischka & Specht sowie Rehn, S. .... , in diesem Band). Denn es liegt auf der Hand, dass auch der neue Absatz 1 des § 9 StVollzG zulässt, über Auslegungen zur Indikation und zur Rückverlegung „aus Gründen, die in der Person des Gefangenen liegen", den

Bedarf angemessen oder unangemessen zu steuern. Zu fordern ist also, dass – wer „A" gesagt und die bessere Sicherung vor Sexualdelinquenz und anderen gefährlichen Straftaten auch durch mehr Therapie gefordert und normiert hat, nun auch „B" sagt und sich an objektiven Maßstäben zum Umfang gegebener Bedarfe orientiert und die Lücke zwischen Soll und Ist schließt.

1. Zahl der einsitzenden Sexualstraftäter

Die Bedarfsermittlung bezieht sich, wenn nichts anderes vermerkt wird, zunächst allein auf zu Freiheits- oder Jugendstrafe sowie Sicherungsverwahrung verurteilte Männer. An Materialien werden die vom Statistischen Bundesamt herausgegebene Strafvollzugsstatistik, Reihe 4.1: Demographische und kriminologische Merkmale der Strafgefangenen am 31.03.1998, die vom Bundesministerium der Justiz aufgrund von Ländermeldungen herausgegebene bundeseinheitliche Strafvollzugsstatistik für den Monat März 1999 sowie Erhebungen insbesondere in Niedersachsen (Wischka, 2000a und b und Wischka et al., in diesem Band) und Baden-Württemberg (Dolde, 1997) herangezogen. Die erwähnten beiden Statistiken werden kombiniert angewendet, um ihre jeweiligen Vorteile zu nutzen. So enthält nur das vom Statistischen Bundesamt herausgegebene Zahlenwerk eine detaillierte Zuordnung zu Delikten, dagegen ist die vom BJM herausgegebene Statistik hinsichtlich der Belegungszahlen aktueller. Abschließend wird in einem Exkurs das ermittelte Ergebnis anhand der Strafverfolgungsstatistik, Reihe 3, 1998 nochmals auf Plausibilität hin überprüft.

Die Bedarfsermittlung bezieht sich zunächst allein auf Männer, weil Sexualdelikte ganz überwiegend von ihnen begangen werden. Nur 42 von 3.963 wegen eines Sexualdelikts am 31.03.1998 einsitzenden Gefangenen waren Frauen. Das sind rund 1 %; dagegen liegt ihr Anteil an allen Gefangenen am 31.03.1999 bei ca. 4,16 % (2500 von 60.148). Dennoch besteht auch bei den mit Sexualdelinquenz auffällig gewordenen Frauen Behandlungsbedarf im Sinne des § 9 Abs. 1 StVollzG. Immerhin 22 Fälle entfallen auf sexuellen Missbrauch von Kindern sowie sexuelle Nötigung und sexuellen Missbrauch Widerstandsunfähiger. Auf die Einbeziehung der Frauen komme ich noch zurück.

Die Bedarfsermittlung schließt nach Jugendrecht Verurteilte und im Jugendstrafvollzug befindliche Sexualstraftäter ein, weil bei ihnen nicht weniger als bei Erwachsenen intensiver Behandlungsbedarf besteht. Ihre Einbeziehung ist auch berechtigt, weil damit einer seit einigen Jahren zu beobachtenden Entwicklung hin zur Schaffung Sozialtherapeutischer Einrichtungen im Jugendvollzug entsprochen wird (vgl. Weiß, in diesem Band). So gibt es mit Stand vom Mai 2000 bereits sechs Sozialtherapeutische Abteilungen in fünf Ländern mit zusammen 132 Plätzen im Jugendstrafvollzug. Das ist – bezogen auf die am 31.3.1998 einsitzenden 6.438 jungen Gefangenen – ein Anteil von gut 2 %, d.h. etwa gleich viel wie im Erwachsenenvollzug. Nach allem ist kein sachlicher Grund erkennbar, die zu Jugendstrafe Verurteilten, bei denen es sich zumeist um jungen

Erwachsene handelt, bei dieser Bedarfsermittlung nicht zu berücksichtigen. Dass ihre Verlegung nicht auf der Grundlage des § 9 Abs. 1 StVollzG erfolgen kann, sollte daran nicht hindern. Auch andere Wege können mit recht großer Sicherheit in die Sozialtherapie führen.

In Übersicht 1 werden von den am 31.03.1998 insgesamt 3.924 einsitzenden Sexualstraftätern jene 3.739 nach Deliktgruppen aufgeschlüsselt, die zu den in § 9 Abs. 1 StVollzG aufgezählten Gruppen gehören. Am 31.03.1998 befanden sich insgesamt 54.365 männliche Straftäter und Sicherungsverwahrte in deutschen Justizvollzugsanstalten, darauf bezogen ergeben die 3.739 Sexualstraftäter im Sinne des § 9 Abs. 1 StVollzG einen Anteil von 6,9 %. Dieser Prozentwert bildet die Basis für weitere Berechnungen.

Übersicht 1: Wegen eines Sexualdelikts im Sinne des § 9 Abs. 1 StVollzG einsitzende Strafgefangene und Sicherungsverwahrte, nur Männer, Stichtag 31.03.1998

Delikt	Anzahl
Sexueller Missbrauch Abhängiger	95
Sexueller Missbrauch von Kindern	1.361
Vergewaltigung	1.791
Sex. Nötigung u. sex. Missbrauch Widerstandsunfähiger	479
Sexueller Missbrauch mit Todesfolge	13
Gesamt	3.739

Quelle: Statistisches Bundesamt, Fachserie 10, Reihe 4.1, 1998

Es ist bekannt, dass die Stichtagserhebungen jeweils zum 31.03. zu typischen Verzerrungen führen können und dass ihre Ergebnisse ohne weitere Interpretationen und Ermittlungen häufig unvollständig sind. So sind z.B., wenn nur an einem Tag im Jahr erhoben wird, Gefangene mit kurzen Strafen deutlich unterrepräsentiert, obwohl ihr Anteil im Vollzug sehr hoch ist. Das betrifft sicherlich auch die Zahl der Sexualstraftäter, kann hier aber vernachlässigt werden, weil § 9 Abs. 1 StVollzG Täter mit mehr als zwei Jahren Freiheitsstrafe erfasst wissen will. Problematischer kann sein, dass am 31. 03. jeweils die der aktuellen Verbüßung zu Grunde liegende Straftat gezählt wird. Sind mehrere Verurteilungen notiert, dann kann es sein, dass nicht eine wegen eines gravierenden Sexualdelikts zu vollziehende Strafe, sondern z.B. eine in deren Unterbrechung aktuell zu verbüßende widerrufene Reststrafe wegen Diebstahls oder eine Ersatzfreiheitsstrafe wegen Beförderungserschleichung etc. in die statistische Erhebung eingeht. Hier bleibt zu hoffen, dass sich dies über die Jahre ausgleicht. Ferner erfolgt die statistische Zuordnung der Täter zu Deliktgruppen nach Hauptdelikt, Sexualdelinquenz als Nebendelikt wird somit nicht erfasst.

Noch problematischer ist aber, dass eine Orientierung nur am aktuellen (Haupt-) Delikt aus mehreren Gründen zu einer Unterschätzung der Zahl der behandlungsbedürftigen Sexualstraftäter führen muss. So kann auch anderen Delikten eine offenkundig gewordene sexuelle Dynamik zugrunde liegen (z.B. bei Sexualmord), ohne dass dies als Sexualdelikt gezählt wird. Außerdem gibt es in einem nicht bekannten Umfang Delikte unterschiedlicher Art, die durch eine sexuelle Problematik (mit-)verursacht werden, ohne dass dies, von Erkenntnissen aus intensiven Behandlungskontakten abgesehen, offenkundig und systematisch zugänglich wäre. Schließlich ist aus Untersuchungen bekannt (für viele andere zusammenfassend Egg, 1999b), dass sich viele Sexualstraftäter polytrop verhalten, so dass es in jedem Fall sinnvoll ist, in der Vergangenheit abgeurteilte Delikte in die Beurteilung der Frage einzubeziehen, ob besonderer Behandlungsbedarf vorliegt. Dies mag zwar - von Fällen abgesehen, in denen mit einem Sexualdelikt im Zusammenhang stehende Strafreste zu verbüßen sind - nicht streng durch die Buchstaben des Gesetzes zur Bekämpfung von Sexualdelikten und anderer gefährlicher Straftaten gefordert sein. Jedoch liegen derartige Erwägungen nahe, wenn der auf die Vermeidung künftiger schwerer Straftaten gerichteten Intention des Gesetzes gefolgt und das Schutzinteresse der Öffentlichkeit in den Vordergrund gerückt wird.

Dolde für Baden-Württemberg (1997) und Wischka et al. für Niedersachsen (in diesem Band.; s. auch Wischka, 2000a und b) haben durch weitergehende Überlegungen eine Annäherung an den wahrscheinlichen und - im Hinblick auf den Inhalt des § 9 Abs. 1 StVollzG - auch realistischen Bedarf erarbeitet. Dolde hat für Baden-Württemberg zum Stichtag 31.03.1996 ermittelt, dass 6,5 % von 5.502 Strafgefangenen und Sicherungsverwahrten wegen Straftaten gegen die sexuelle Selbstbestimmung inhaftiert waren. Sie hat diese Zahl auf 8 % erhöht, weil nach einer internen Erhebung bei 1,5 % der Insassen ein Sexualmord vorlag. Wird die geringe Zahl der Frauen (6), der Exhibitionisten (3) und der sonstigen Sexualstraftäter, die nicht zu den in § 9 Abs. 1 StVollzG genannten Gruppen gehören (0,3 % aller Einsitzenden), davon abgezogen, dann ist nach dieser Rechnung von einem Täteranteil im Sinne des § 9 Abs.1 StVollzG in Höhe von 7,5% bis 8 % auszugehen.

Wischka teilt für Niedersachsen die Ergebnisse einer von Karsten (1997) am 15.12.1996 durchgeführte Stichtagserhebung mit: „Die Untersuchung umfasst die Gesamtheit der männlichen Sexualstraftäter..., die aufgrund der §§ 174, 174a, 176 bis 180, 182, 211/212 nach einem Sexualdelikt und 323a StGB, wenn das Grunddelikt ein Sexualdelikt war, eine Freiheitsstrafe (Erwachsenen- oder Jugendstrafe) verbüßten. In die Untersuchung wurden auch die Gefangenen aufgenommen, die am Stichtag kein Sexualdelikt verbüßten, gegen die aber während der laufenden Strafvollstreckung eine Freiheitsstrafe wegen eines Sexualdelikts einbezogen war" (2000a, S. 77). Auf dieser Grundlage wurden 372 einschlägige Täter festgestellt. Ihr Anteil an allen Tätern (4.171) betrug 8,9 %.

Im folgenden wird von einem realistischen Anteil von Sexualstraftätern gem. § 9 Abs. 1 StVollzG von 8,5 % ausgegangen. Legt man diesen Prozentwert auf die Stichtagsbelegschaft aller deutschen Vollzugsanstalten mit zu Freiheits- und Jugendstrafe sowie Sicherungsverwahrung Verurteilten Gefangenen am 31.03.1999 an - einschließlich der beurlaubten und aus sonstigen Gründen abwesenden Gefangenen – dann ergibt sich daraus eine Größenordnung von 4.899 Personen (s. Übersicht 2, Spalte 2).

2. Bei wie vielen Sexualstraftätern ist Sozialtherapie angezeigt?

Es stellt sich nun die Frage, bei wie vielen der 4.899 Personen Sozialtherapie im Sinne des § 9 Abs. 1 StVollzG überhaupt und angezeigt ist. Für eine Antwort liegt wenig Material vor, so dass weithin mit begründeten und realistischen Annahmen gearbeitet werden muss. Auszuschließen sind (von den Möglichkeiten des § 9 Abs. 2 StVollzG abgesehen) Verurteilte mit Strafen unter zwei Jahren und Täter mit mehr als zwei Jahren, bei denen die Behandlung nicht „angezeigt" ist, entweder, weil andere therapeutische Maßnahmen greifen, oder weil der Verlegung gravierende Ablehnungsgründe entgegen stehen (vgl. Rehn, 2000, § 9, Rz. 12ff). Schließlich fallen die Täter ganz oder vorübergehend (s. § 7 Abs. 4 StVollzG) aus dem Aufnahmepotential heraus, die, u.U. auch gegen ihren Willen, bereits verlegt worden waren, bei denen aber „der Zweck der Behandlung aus Gründen, die in der Person des Gefangenen liegen, nicht erreicht werden" konnte und die deshalb zurück zu verlegen waren (§ 9 Abs. 1 Satz 2 StVollzG).

Wesentliche Teile dieser Fragen können derzeit noch nicht empirisch begründet beantwortet werden, weil § 9 Abs. 1 StVollzG noch nicht ernsthaft erprobt werden konnte (auch nicht musste, denn die zwingende Verlegungsvorschrift tritt erst am 01.01.2003 in Kraft). In der bereits erwähnten Untersuchung aus Niedersachsen wird der Anteil der therapiemotivierten Sexualstraftäter auf 21,5 % geschätzt (Wischka, 2000a, S. 78). Nach Einschätzung der vom niedersächsischen Justizministerium eingesetzten „Arbeitsgruppe Sexualstraftäter" (Rehder et al., 1998) erscheint aber ein weiterer, nicht unbeträchtlicher Teil motivierbar. Für Rheinland-Pfalz wird berichtet, dass nur 31 % der Sexualstraftäter therapiebereit seien. Würden Kriterien wie Straflänge, psychische Stabilität, Intelligenz und sprachliche Fähigkeiten einbezogen, dann blieben nur rund 16 % übrig (Schmitt, 1997 nach Wischka, 2000a, S. 80).

Hier wäre nun im Sinne der legislativen Intentionen darauf hinzuweisen, dass es auf die Ausgangsmotivation der Gefangenen und die Begrenzungen eines spezifischen, bereits vorhandenen Angebots nicht so sehr ankommt. Der Gesetzgeber will ja gerade diese doppelte Hürde überwinden, d.h. die oft fehlende, schwankende oder verschüttete Motivation der Täter zur Behandlung und die im Anstaltsbeleiben stehende Aufnahmebereitschaft der Sozialtherapeutischen Einrichtungen, indem er die Verlegung ohne Zustimmung von Täter und Einrichtung zwingend ausgestaltet hat und erwartet, dass Behandlungssettings problem- und bedarfsgerecht entwickelt werden. Die Absicht ist klar, auch wenn es Schlupflöcher geben mag (Rehn, 2000, § 9, Rz. 13).

Übersicht 2: Haftplatzbedarf der Bundesländer in Sozialtherapeutischen Einrichtungen (nur Männer)

1	2	3	4	5	6	7	8
Land	Belegung Männer 31.3.99	§ 9 Abs.1 8,5% von Spalte 2	Bedarf = 35 % von Spalte 3	§ 9 Abs.2 2,5% von Sp. 2 *)	Haftpl. Soll Sp. 3 + 4	Sozialther. Ist-Bestand	nur Männer Differenz-Bedarf
Baden-W.	5.780	491	172	145	317	106	- 211
Bayern	8 830	751	263	221	484	77	- 407
Berlin	3.886	330	116	97	213	160	- 53
Brandenburg	1.667	142	50	42	92	19	- 73
Bremen	486	41	15	12	27	---	- 27
Hamburg	2.159	184	64	54	118	137	+ 19
Hessen	4.354	370	130	109	239	171	- 68
Mecklenbg.-V.	1.168	99	35	29	64	---	- 64
Niedersachsen	5.052	429	150	126	276	101	- 175
Nordrhein-W..	13.335	1.133	397	333	730	117	- 613
Rheinland-Pf.	2.893	246	86	72	158	67	- 91
Saarland	690	59	21	17	38	---	- 38
Sachsen	3.151	268	94	79	173	64	- 109
Sachsen-Anh.	1.649	140	49	41	90	---	- 90
Schleswig-H.	1.215	103	36	30	66	---	- 66
Thüringen	1.333	113	40	33	73	15	- 58
Gesamt	**57.648**	**4.899**	**1.718**	**1.440**	**3.158**	**1.034**	**-2.143+)**

*) abzüglich der in Spalte 4 ermittelten Werte;   +) ohne plus 19 in Hamburg
Quellen: Strafvollzugsstatistik 31.3.1998 und 31.3.1999; Rehn (AK 2000, vor § 123 Rz. 30)

Bei einer Orientierung an politischen Absichten und sachlichen Notwendigkeiten ist ein geschätzter Anteil von 35 % von allen mit § 9 Abs. 1 StVollzG gemeinten Sexualstraftäter sicherlich nicht zu hoch gegriffen. 35 % von 4.899 ergeben einen Bedarf von 1.718 Haftplätzen in Sozialtherapeutischen Einrichtungen (s. Übersicht 2, vgl. auch Goderbauer, in diesem Band).

In Übersicht 2 werden in den Spalten 2 bis 4 die bisher erlangten Informationen und die aus § 9 Abs. 1 StVollzG in den einzelnen Bundesländern resultierenden Haftplatzbedarfe dargestellt. Insgesamt sind bei einer Belegung mit 57.648 männlichen Gefangenen rund 1.720 Plätze in Sozialtherapeutischen Einrichtungen für Männer erforderlich.

Dieses Ergebnis soll durch eine Analyse der Strafverfolgungsstatistik von 1998 überprüft werden. Diese Statistik hat den Vorteil, dass sie Auskunft über die Zahl der Verurteilten pro Jahr bezogen auf Deliktgruppen und Strafmaße gibt. Sie hat allerdings u.a. den Nachteil, dass noch immer lediglich die alten Bundesländer erfasst werden.

Um Vergleichbarkeit mit den bisherigen Ergebnissen herzustellen, sind daher diverse Annahmen und Umrechnungen erforderlich. In Übersicht 3 wird zunächst hergeleitet, wie viele Fälle unter die zeitliche Voraussetzung des § 9 Abs. 1 StVollzG fallen.

Übersicht 3: Anzahl der zu vollstreckbaren Freiheits- und Jugendstrafen verurteilten Sexualstraftäter in den alten Bundesländern nach Straflänge, 1998, nur Männer

1	2	3
Gruppierung nach Straflänge*)	**Art der Sanktion**	**Anzahl der Täter**
Alle vollstreckbaren Strafmaße (außer EFS)	Freiheitsstrafe	1.529
	Jugendstrafe	137
Zwischensumme		1.666
abzüglich Verurteilungen bis zwei Jahre	Freiheitsstrafe	358
	Jugendstrafe	49
verbleiben		1.259
davon Verurteilungen zu 2 bis 3 Jahren*)	Freiheits- u. Jugendstrafe	515
3 bis 5 Jahren	Freiheits- u. Jugendstrafe	538
5 bis 10 Jahren	Freiheits- u. Jugendstrafe	197
10 bis 15 Jahren	Freiheitsstrafe	9
Gesamt		**1.259**

*) jeweils mehr als...bis einschließlich
Quelle: Strafverfolgungsstatistik 1998, Tab. 3.1; 4.1 und 5.4

Von den insgesamt 1.666 zu vollstreckbaren freiheitsentziehenden Maßnahmen verurteilten Sexualstraftätern, darunter 61, bei denen neben einer Freiheitsstrafe auf Sicherungsverwahrung erkannt worden ist, sind 407 zu lediglich zwei Jahren und weniger verurteilt worden. Von den verbleibenden 1.259 Tätern, die die zeitlichen Voraussetzungen erfüllen, haben 515 mehr als zwei bis einschließlich drei Jahre, 538 mehr als drei bis einschließlich fünf Jahre und 206 mehr als fünf Jahre Freiheits- oder Jugendstrafe erhalten.

Um Vergleichbarkeit mit den Ergebnissen aus anderen Statistiken herzustellen ist es erforderlich, die Zahlen auf das gesamte Bundesgebiet hochzurechnen. Dafür wird – erstens – angenommen, dass die Zahl der Sexualdelinquenten in den Vollzugsanstalten der neuen Ländern den relativ gleichen Umfang wie in den alten Ländern hat (oder jedenfalls künftig erreichen wird). Entspricht daher einer Gefangenenpopulation von 48.680 Gefangenen in den alten Ländern (Strafvollzugsstatistik vom 31.03.1999, s. Spalte 2 in Übersicht 2) eine Zahl von 1.270 Sexualstraftätern gem. § 9 Abs. 1 StVollzG (Strafverfolgungsstatistik 1998, s. Übersicht 3) so ergibt eine einfache Rechnung, dass auf 57.648 Gefangene in allen deutschen Anstalten (31.03.1999) 1.490 Sexualstraftäter entfallen müssen. Zweitens ist es erforderlich, diese Zahl um 4,7 % auf 1.420 zu verringern. Diese Quote von 4,7 % wurde aus der Strafvollzugsstatistik 1998 errechnet. Sie umfasst die sonstigen, in § 9 nicht genannten Täter. Drittens wird diese Quote aus den schon dargelegten Gründen (s. die abgehandelten Untersuchungen von Dolde und Wischka) um 1,5 % auf 1.441 erhöht. Ferner wird – viertens – angenommen, dass von den Tätern mit Strafen von mehr als zwei Jahren wenigstens 60 % in die Sozialtherapie gelangen (müssen), denn bei der Höhe des Strafmasses ist davon auszugehen, dass besonders gravierende Straftaten und/oder einschlägige und sonstige Rückfälligkeit vorliegen. Wird schließlich – fünftens - davon ausgegangen, dass diese Täter im Durchschnitt zwei Jahre in einer Sozialtherapeutischen Einrichtung verbleiben, dann errechnen sich daraus rund 865 Aufnahmen pro Jahr, woraus sich ein durchschnittlicher Bedarf von 1730 Plätzen ergibt.

Das ist eine plausible Zahl und stimmt mit dem nach einer anderen Methode ermittelten Bedarf von 1.718 Plätzen annähernd deutlich überein (s. Übersicht 2, Spalte 4, letzte Zeile). Diese Zahl bleibt auch plausibel, wenn bedarfserhöhende Faktoren wie z.b. einbezogene Widerrufe mit dem Anlassdelikt Sexualdelinquenz, eine durchschnittlich möglicherweise längere Verweildauer in Sozialtherapeutischen Einrichtungen, die Hinzunahme der Frauen, bedarfsmindernden Faktoren wie z.B. Rückverlegungen wegen Therapieunfähigkeit gegenüber gestellt und gegeneinander abgewogen werden.

3. Wie viele Behandlungsplätze sind für sonstige (gefährliche) Straftäter vorzusehen?

Durch die neue Gesetzgebung besteht die Gefahr, dass Sexualstraftäter gegenüber anderen Tätern beim Zugang zu Sozialtherapeutischen Einrichtungen deutlich bevorzugt werden. So hat sich dort die Zahl der Sexualstraftäter seit Ankündigung und Erlass des Gesetzes zur Bekämpfung von Sexualdelikten und anderen gefährlichen Straftaten von 1997 = 23 % bis 2000 = 37 % deutlich erhöht (vgl. Kurze, 2000; Wischka & Specht, in diesem Band).

Dabei besteht bei anderen Gefangenen keineswegs geringerer Behandlungsbedarf. Es wäre auch falsch, diesen nur bei sonstigen gefährlichen Tätern zu sehen. Zum einen liegt es sicher nicht nur im individuellen, sondern auch im gesellschaftlichen Interesse, z.B. einem notorischen Dieb und Einbrecher zu einem gesetzestreuen Leben zu verhelfen, was übrigens – statistisch gesehen – schwieriger als etwa bei einem Räuber ist (s. Rehn, in diesem Band, S. 375). Zum anderen ist bei den meisten Tätern ein polytropes Delinquenzverhalten bereits verwirklicht oder für die Zukunft wahrscheinlich. Bei einer insgesamt hoch riskanten, oftmals von Augenblicksimpulsen mehr getriebenen als gesteuerten Lebensführung sind deshalb gegen Leib und Leben gerichtete, gefährliche Straftaten nicht auszuschließen. Möglichst frühzeitige Behandlung kann derartige Gefährdungen zu verringern. Sie kann außerdem dazu beitragen, das sonstige Sozialverhalten von Straftätern etwa gegenüber der eigenen Familie und den eigenen Kindern zu verbessern und so verhängnisvolle Kreisläufe einer „sozialen Vererbung" problematischer Verhaltensweisen zu mildern.

Zu berücksichtigen ist auch, dass durch das Gesetz zur Bekämpfung von Sexualdelikten und anderen gefährlichen Straftaten seit 1998 die Meßlatte für eine vorzeitige Entlassung deutlich angehoben worden ist. Neben der generellen Verschärfung der Voraussetzungen für eine Strafaussetzung zur Bewährung nach § 57 Abs. 1 StGB (ausdrückliche Berücksichtigung des Sicherheitsinteresses der Allgemeinheit und des Gewichts des bei einem Rückfall bedrohten Rechtsgutes) verpflichtet § 454 StPO die

Strafvollstreckungskammern nun nicht nur - wie nach früherem Recht - vor der Aussetzung der Vollstreckung des Restes einer lebenslangen Freiheitsstrafe ein Sachverständigengutachten zu der Frage einzuholen, ob bei dem Verurteilten keine Gefahr mehr besteht, dass dessen durch die Tat zutage getretene Gefährlichkeit fortbesteht. Nach der Neufassung sind derartige Gutachten darüber hinaus auch einzuholen, wenn der Gefangene wegen eines Verbrechens oder wegen gefährlicher Körperverletzung oder wegen eines Sexualdeliktes zu einer zeitigen Freiheitsstrafe von mehr als 2 Jahren verurteilt worden ist und nicht auszuschließen ist, dass Gründe der öffentlichen Sicherheit einer vorzeitigen Entlassung des Verurteilten entgegenstehen (vgl. Dessecker, in diesem Band). Eisenberg & Hackethal (1998) haben errechnet, dass jährlich von mindestens 3000 derartigen Fällen ausgegangen werden müsse. Der einzelne Gefangene tut gut daran, sich durch nachvollziehbare Einstellungs- und Verhaltensbesserungen auf die gutachterlich unterstützte Entscheidungsfindung der Strafvollstreckungskammern vorzubereiten. Den überbelegten Vollzugsanstalten sollte daran liegen, diese Bestrebungen anzuregen, zu fördern und zu stabilisieren. Fraglich ist aber, mit welchen Mitteln dies geschehen kann. In den Haushaltsplänen der Bundesländer waren, um ein Beispiel zu nennen, 1999 für Psychologinnen/Psychologen 519 Stellen und für Sozialpädagoginnen/Sozialpädagogen 1.191 Stellen ausgebracht. Bezogen auf die durchschnittliche Gesamtbelegung aller Vollzugsanstalten in Höhe von 77.875 Insassen im Jahr 1998 (ohne wegen Urlaubs oder aus sonstigen Gründen vorübergehend Abwesende) entfallen auf je 100 Gefangene 0,67 Psychologen und 1,53 Sozialpädagogen. Wird berücksichtigt, dass die Stellenausstattung zwischen den Bundesländern erheblich ungleich verteilt ist und zudem auch, dass diese Stellen vermehrt in Sozialtherapeutischen Einrichtungen und allenfalls noch im Jugendvollzug angesiedelt sind, dann wird deutlich, welche geringen Möglichkeiten dem Regelvollzug verbleiben. Der Gefangene ist daher gut beraten, wenn er sich für eine Verlegung in eine Sozialtherapeutische Einrichtung entscheidet. Seine Chancen sind allerdings gering. Es wäre – gerade vor dem Hintergrund der neuen Gesetzgebung – unfair und unverantwortlich, daran nichts zu verbessern oder gar die vorhandenen Möglichkeiten zu Gunsten der Sexualstraftäter noch weiter zu beschneiden. Dabei ist einmal mehr auch daran zu erinnern, dass die Behandlungsbedarfe in den Anstalten nach Zahl und Schwere der Störungen wohl kaum überschätzt werden können (vgl. Kury, in diesem Band).

In die Bedarfsberechnungen dieses Beitrags habe ich vor diesem Hintergrund lediglich einen Anteil von 2,5 % der am 31.03.1999 Freiheits- oder Jugendstrafe sowie Sicherungsverwahrung verbüßenden männlichen Gefangenen als Platzbedarf in Sozialtherapeutischen Einrichtungen eingesetzt. Zwar ist das entschieden zu wenig, jedoch wäre das Erreichen dieser Zahl in den nächsten fünf bis zehn Jahre - verbunden mit den Plätzen für Sexualstraftäter - schon ein großer Erfolg. Bei dieser „Berechnung" muss stets gegenwärtig bleiben, dass die Zahl nicht aus einem echten Bedarf hergeleitet worden ist. Darauf kann angesichts der geringen Finanzierungsmöglichkeiten/-bereitschaften der Länder verzichtet werden, denn er ist – wie jeder weiß – ungleich höher.

Aus der bescheidenen „Setzung" eines Bedarfs nach § 9 Abs. 2 StVollzG und eines entsprechenden Bedarfs für den Jugendvollzug in Höhe von 2,5 % errechnen sich die in Übersicht 2, Spalte 5 vorgelegten Zahlen für die einzelnen Bundesländern und für die Bundesrepublik Deutschland insgesamt. Erforderlich wären danach insgesamt 1.440 Plätze für Männer.

4. Gesamtbedarf einschließlich Frauen, Zusammenfassung

Aus der Addition der in Übersicht 2 ermittelten Bedarfe nach § 9 Abs.1 (Spalte 4, analog auch für den Jugendstrafvollzug) und der gesetzten Bedarfe nach § 9 Abs. 2 StVollzG (Spalte 5, ebenfalls einschließlich Jugendvollzug) ergibt sich das Haftplatz-Soll (Spalte 6). Wird vom Soll abgezogen, was in den Sozialtherapeutischen Einrichtungen der Länder an Plätzen bereits vorhanden ist (Spalte 7), dann kann aus der Differenz der noch nicht abgedeckte Bedarf entnommen werden (Spalte 8). Die Entwicklung ist von Land zu Land sehr unterschiedlich.

Für das Bundesgebiet insgesamt wurde ein Bedarf von 1.718 Plätze für Sexualstraftäter (= rund 3% der Belegschaft am 31.03.1999) und 1.440 Plätze für sonstige Täter ermittelt. Zusammen sind dies rund 5,5 % der zur Verbüßung von Freiheits- und Jugendstrafe sowie Sicherungsverwahrung einsitzenden männlichen Täter (= 3.158 Gefangene/Plätze). Da gegenwärtig erst 1.034 Plätze für Männer vorhanden sind, muss die Differenz von 2.143 Plätzen erst noch geschaffen werden. Bei dieser Rechnung wurde das geringe Plus in Höhe von 19 Plätzen in Hamburg nicht eingerechnet, weil – wie dargelegt – die Nachfrage nach § 9 Abs. 2 nicht aus dem echten Bedarf, sondern allein vom politisch und wirtschaftlich – hoffentlich – Machbaren hergeleitet wurde. Wer mehr Plätze hat, bewegt sich daher gleichwohl noch lange im Areal gegebener Bedarfe.

Der nicht abgedeckte Bedarf von 2.143 Plätzen verringert sich um 236 Plätze für männliche Gefangene im Jugendstrafvollzug, wenn, was allerdings falsch wäre und den gesetzgeberischen Grundüberlegungen widerspräche, ein weiterer Ausbau Sozialtherapeutischer Einrichtungen dort eingestellt werden würde. Dies wurde wie folgt berechnet: Am 31.03.1999 gab es 6.681 junge männliche Gefangene. Davon 5,5 % ergeben 368. Da 132 Plätze in Sozialtherapeutischen Abteilungen des Jugendvollzuges bereits vorhanden sind, verbleibt ein Bedarf von 236 Plätzen.

Abschließend wird der Bedarf für straffällige Frauen einbezogen. Am 31.03.1999 befanden sich im Vollzug von Freiheits- und Jugendstrafe (Sicherungsverwahrung entfällt) 2.500 Frauen; 188 entfielen auf Jugendstrafe. In Übersicht 4 wird ihre Verteilung auf Ländern dargelegt.

Dabei zeigt sich an den Beispielen Saarland und Thüringen, dass wegen der geringen Zahlen offensichtlich Vollzugsgemeinschaften zwischen einzelnen Ländern bestehen. Diese Gemeinschaften bestehen auch, wo dies nicht schon aus der Übersicht deutlich wird. So verbüßen z.B. in Hamburg, Bremen, Niedersachsen und Schleswig-Holstein zu Jugendstrafe verurteilte junge Frauen im niedersächsischen Vechta. Wegen dieses bei

Frauen mehr als bei Männern die tatsächlichen Verurteilten-/Einsitzendenzahlen im Vergleich der Bundesländer verzerrenden Tatbestandes, sind auch die in Spalte drei der Übersicht 4 hergeleiteten Bedarfe für Sozialtherapeutische Einrichtungen lediglich Anhaltspunkte. Was davon wo und mit wem gemeinsam oder allein umgesetzt wird, bleibt davon unberührt.

Übersicht 4: Haftplatzbedarf der Bundesländer in Sozialtherapeutischen Einrichtungen für Frauen

1	2	3	4
Land	Belegung Frauen am 31.3.1999	davon 5,5 %	vorhandene Plätze
Baden-Württemberg	272	15	
Bayern	466	26	
Berlin	118	7	17
Brandenburg	30	2	
Bremen	25	1	
Hamburg	96	5	6
Hessen	249	14	
Mecklenburg-Vorpommern	17	1	
Niedersachsen	208	11	11
Nordrhein-Westfalen	660	36	
Rheinland-Pfalz	161	9	
Saarland	1	0	
Sachsen	106	6	
Sachsen-Anhalt	36	2	
Schleswig-Holstein	55	3	
Thüringen	0	0	
Gesamt	**2.500**	**138**	**34**

Quelle: Strafvollzugsstatistik 31.3.19199; AK 2000 - Rehn vor § 123, Rz. 30)

Als Bedarf wurde – wie bei den Männern – eine Quote von 5,5 % aller Plätze angenommen. Insgesamt müssten danach 138 Behandlungsplätze veranschlagt werden. Da 34 bereits vorhanden sind (s. Spalte 4), müssten mindestens weitere 104 geschaffen werden. Hier könnte nun eingewendet werden, dass der Bedarf für Frauen geringer sei, wenn die Analogie zu den Männern durchgehalten wird. Weiter oben war festgestellt worden, dass der Anteil der Frauen an den Tätergruppen des § 9 Abs. 1 StVollzG lediglich bei einem Prozent liegt. Wird der gering veranschlagte Bedarf nach § 9 Abs. 2 StVollzG in Höhe von 2,5 % hinzu genommen, dann ergibt dies einen Anteil von 3,5 % aller Plätze, das wären nur 86.

Von einer solchen Betrachtungsweise ist aber abzuraten, denn es liegt bei den schließlich in den Freiheitsentzug geratenden Frauen ein hoher Behandlungsbedarf vor, der einen Anteil von 5,5 % weit übersteigt. Außerdem wäre bei noch kleineren Zahlen zu befürchten, dass es nicht gelingt, für Frauen in sich einigermaßen differenzierte sozialtherapeutische Vollzugseinheiten in noch vertretbarer Entfernung vom Heimatort zu entwickeln. Alternativ wären allerdings Formen koedukativer Sozialtherapie ernsthaft zu erwägen (vgl Wegner & Meyer, 1993; Wegner, in diesem Band).

In Übersicht 5 werden die Bedarfe für die Untergruppen zusammenfassend dargestellt (geringe Zahlenabweichungen zwischen den Übersichten 2, 4 und 5 ergeben sich aus Auf-/Abrundungen):

Übersicht 5: Haftplatzbedarf in Sozialtherapeutischen Einrichtungen für Männer und Frauen im Erwachsenen- und Jugendvollzug sowie Gesamtbedarf (Stand: August 2000)

	1	2	3	4	5
1	Personenkreis	Belegung 31.03.1999	Platzbedarf 5,5 %	vorhandene Plätze	noch fehlende Plätze
2	Männer, Erwachsenenvollzug	50.961	2.802	902	1.900
3	Männer, Jugendvollzug	6.687	368	132	236
4	Frauen, Erwachsenenvollzug	2.312	127	34	93
5	Frauen, Jugendvollzug	188	10	0	10
6	**Gesamt**	**60.148**	**3.307**	**1.068**	**2.239**

Quellen: siehe Übersichten 2 und 4

Es zeigt sich, dass noch viel getan werden muss, um eine bessere Annäherung zwischen Platzangebot und Behandlungsbedarf zu erreichen. Die Erfahrung der Vergangenheit und die vergleichende Betrachtung der Bundesländer lehren, dass es dabei in erster Linie auf den politischen Willen, aber auch auf eine intensive Überzeugungsarbeit der an Strafvollzug und an der Behandlung von Straftätern interessierten, praktisch und wissenschaftlich tätigen Fachleute in den einzelnen Ländern ankommt.

Bei einer Sicht auf das ganze Land wäre es im Interesse gleicher und gerechter Chancen mehr als in der Vergangenheit wichtig, ein flächendeckendes Angebot für alle behandlungsbedürftigen Tätergruppen zu entwickeln. Nur so kann auch Übereinstimmung zwischen (Gesetzes-)Wort und Tat erzielt werden.

Grundgedanken des Neuen Steuerungsmodells - Überlegungen zur Praxis im Strafvollzug

von Karlheinz Ohle

„*...stets gilt es zu bedenken, dass nichts schwieriger durchzuführen, nichts von zweifelhafteren Erfolgsaussichten begleitet und nichts gefährlicher zu handhaben ist als eine Neuordnung der Dinge"*

Machiavelli

1. Allgemeine Grundsätze

Das Neue Steuerungsmodell (NSM) beinhaltet im Kern nichts anderes als das ökonomische Prinzip: Mit gegebenen Mitteln soll ein definiertes Ziel so umfassend wie möglich erreicht oder ein gegebenes Ziel mit den geringst möglichen Mitteln realisiert werden. Als Technik steht das NSM somit im Dienst politisch und fachlich hergeleiteter Ziele. Aber es wäre naiv zu glauben, dass Ziele völlig unabhängig von ökonomischen Ressourcen und Strukturen dauerhaft durchsetzbar sind und - mehr noch - von diesen nicht in einem grundsätzlichen Sinn bestimmt werden. So ist es gewiss kein Zufall, dass die Bestrebungen zur Verwaltungsreform mit der Finanznot der öffentlichen Haushalte und den damit verbundenen Sparkonzepten zusammenfallen (vgl. dazu auch Hoffmann-Riem, 1997, S. 4 ff).

Das Neue Steuerungsmodell ist eigentlich nicht neu. Die dort zusammengefassten Prinzipien (vergl. KGSt, 1993 und 1994 oder Damkowski & Precht, 1995) gelten seit langem grundlegend im Bereich der privaten Wirtschaft und des privaten Wirtschaftens - auch wenn sie dort nur selten völlig den Modellvorgaben entsprechen. Und natürlich gab und gibt es auch im Bereich der öffentlichen Verwaltung Elemente, die durch das NSM nur noch schärfer gefasst werden. Schließlich hat bereits Max Weber dem Idealtypus der Bürokratie die höchste Form der Rationalität beigemessen! Wenn daher in diesem Beitrag an der einen oder anderen Stelle der Eindruck entstehen sollte, mit dem NSM würde die Verwaltung neu erfunden, so ist das nicht so gemeint. Bei einer gerafften Darstellungsweise ergeben sich aus Verkürzungen schnell auch Überspitzungen.

Weiter sollte darauf hingewiesen werden, dass die oftmals idealisierte Betrachtungsweise dieses scheinbar rundum rationalen Organisationsmodells leicht den Blick für die mit seiner Installation verbundenen Schwierigkeiten verstellt und damit eine modernisierungshemmende Ideologisierung der Diskussion fördert. Dieser hemmende Einfluss wird durch die besondere, aus der Betriebswirtschaft entstammende und dem Justizvollzug bisher so wenig geläufige Begrifflichkeit des NSM noch verstärkt. Allein der Begriff „Qualitätssicherung" ist gewöhnungsbedürftig. Allerdings wird das, was er beschreibt, in Zukunft eine große Bedeutung für den Justizvollzug haben. Bei knapper werdenden Ressourcen wird der Zwang, die eigene Leistung nachvollziehbar bei denjenigen zu belegen, die über die Mittel verfügen, weiter erheblich wachsen. Außerdem kann „ein neuer, zweckorientierter Einsatz der vorhandenen Ressourcen ... nur erreicht werden, wenn der derzeitige Aufwand an Quantität und Qualität darstellbar und bewertbar wird" (Bundesminister der Justiz der Republik Österreich, 1999).

Schließlich besteht eine wesentliche Voraussetzung für die Umsetzung des NSM darin, dass die Menschen, die im Justizvollzug tätig sind, die grundlegenden Prinzipien nicht nur begreifen, sondern auch von ihrer Richtigkeit überzeugt sind. Insofern kann seine Einführung auch als pädagogischer Prozess verstanden werden, der all die Unwägbarkeiten mit sich bringt, die Prozesse dieser Art prägen. Diese Einschränkungen müssen ganz deutlich sein, wenn es um eine Bewertung der Einführung von Elementen des Neuen Steuerungsmodells im öffentlichen Bereich geht.

Bei der gegebenen Knappheit der Mittel und dem Spardruck, dem die öffentliche Verwaltung ausgesetzt ist, liegt die eigentliche Dramatik daher in der Betrachtung der Ziel-Mittel-Relation. Wieviel Ressourcen sollen für die Erreichung eines vorab bestimmten Zieles eingesetzt werden und wann müssen Ziele modifiziert oder aufgegeben werden, weil der Mitteleinsatz unangemessen hoch erscheint? Diese sehr rationale Fragestellung kann verschrecken und Widerstände auslösen, insbesondere dann, wenn es um die Arbeit mit Menschen geht. Außerdem ist im Alltag des Justizvollzuges häufig nicht abzuschätzen, welche Ressourcen eingesetzt werden müssen, um ein einmal definiertes Ziel erreichen zu können. Es ist daher eine ganz wesentliche Voraussetzung bei der Einführung von Elementen des NSM, dass die gewählten Ziele klar definiert und im Hinblick auf ihre weitere Gültigkeit ständig überprüft werden (vergl. dazu das Stichwort „Zielplanung" in Horvath & Reichmann, 1993).

Fünf wesentliche Momente prägen das Neue Steuerungsmodell:

- es lebt von der Transparenz aller Verwaltungsvorgänge auf allen hierarchischen Ebenen
- es orientiert sich am ökonomischen Prinzip, fordert aber auch eine intensive Diskussion klar definierter Ziele
- es fördert Wettbewerbs- und Anreizelemente in der öffentlichen Verwaltung
- es ist output-, also ergebnisorientiert und es ist
- ein eher dezentral organisiertes Modell.

Wenn auch nicht alles, was das NSM für die öffentliche Verwaltung bringt, dort bisher völlig unbekannt gewesen ist, so löst es doch überkommene Steuerungselemente ab, die eine optimale Aufgabenerfüllung nicht zulassen. Kennzeichen des „Alten Steuerungsmodells" in der öffentlichen Verwaltung waren und sind Regeln, die grundsätzlich zwar auch rationalen Prinzipien unterliegen, die aber dennoch nicht immer Arbeitsergebnisse mit einer hohen Effektivität ermöglichen. Die Gründe dafür sind vielfältig. Hier eine kleine Auswahl:

- *Verdeckt konkurrierende Zielstrukturen:* Den offiziellen Ziele unterliegen anderen Zielstrukturen (kryptische Ziele), auf die vielfach die Regeln zugeschnitten sind. So z.B., wenn in einer auf Zentralität ausgerichteten Institution hierarchische Kompetenzabgrenzungen den Alltag bestimmen. Die Form dient sodann nicht der Realisierung der Inhalte (der Ziele), sondern wird umgekehrt selbst zum Inhalt. Das wird z.B. dann deutlich, wenn Lösungen „vom grünen Tisch" her getroffen und - ohne Abstimmung mit den betroffenen nachgeordneten Ebenen - in der Hierarchie durchgesetzt werden. Ein anderes Beispiel ist das bekannte „Novemberfieber", wenn es darum geht, zur Sicherung zukünftiger Haushaltsanmeldungen das am Jahresende noch vorhandene Geld möglichst vollständig auszugeben. Mangelnde Transparenz verhindert oder erschwert das Aufdecken solcher Strukturen.
- *Mangelnde Flexibilität:* Die Regeln passen sich häufig aufgrund ihrer allgemeinen Gültigkeit besonderen Situationen nur schwer an. So gibt es z.B. für einzelne Gefangene sehr sinnvolle Problemlösungsmöglichkeiten, die aber aufgrund allgemein gültiger Regeln nicht realisiert werden können.
- *Nicht an der Sache orientierte Kompetenzaufteilung:* Die Regeln sind mehr auf den Erhalt herkömmlicher Strukturen gerichtet als an der Realisierung von Inhalten orientiert. So ist es z.B. die Aufgabe der Gesamtheit aller mit Straffälligen arbeitenden Institutionen der gemeinsamen Klientel möglichst optimal dabei zu helfen, einen geregelten Lebensweg zu finden. Es ist relativ sicher, dass die Verteilung dieser Aufgabe auf eine Vielzahl verschiedener Institutionen die Erreichung dieses Ziels eher behindert und dass eine stärker durchgehend am Straffälligen selbst orientierte Hilfeorganisation sinnvoller wäre. Die derzeitige Situation sichert vor allem die Einflussmöglichkeiten jeder einzelnen Institution unabhängig davon, ob das für den Straffälligen sinnvoll ist oder nicht.
- *Fehlender Wettbewerb:* Es mangelt der öffentlichen Verwaltung an internen und externen Wettbewerbselementen. So haben z. B. die staatlichen Institutionen bei vielen Dienstleistungen das Monopol, so dass Vergleiche zwischen verschiedenen „Produzenten" schwieriger als im privaten Bereich sind. Dennoch ist es durchaus möglich, Vergleiche durch Erhebung von identisch definierten Kennzahlen in tatsächlich vergleichbaren Bereichen vorzunehmen. Außerdem können Vergleiche in einer Einrichtung im Zeitablauf gemacht werden. Durch klare Leistungsanreize (Teilhabe an einem größeren Einnahmevolumen oder an Einsparungen) ist es möglich, den internen Wettbewerb zu fördern.

Das alles findet sich auch außerhalb der öffentlichen Verwaltung in mehr oder weniger deutlicher Ausprägung. Große Bereiche der öffentlichen Verwaltung sind aber tatsächlich - stärker im Fremdbild externer Beurteiler als in der eigenen Sicht - durch eine gewisse Intransparenz und Trägheit und durch einen Mangel an konkreten, überprüfbaren Zielen geprägt. Daraus wird deutlich, dass der *Prozess der Zieldefinition* als richtunggebender Inhalt des ökonomischen Prinzips wesentlich ist, ganz besonders dann, wenn Ziele in Organisationen, d.h. von mehreren Menschen gleichzeitig realisiert werden sollen. Eine Organisation kann nur dann optimal arbeiten, wenn es eine möglichst große

Systemidentität der einzelnen Elemente gibt. So ist es z. B. wesentlich, dass die einzelnen Mitarbeiterinnen und Mitarbeiter einer Justizvollzugsanstalt genau wissen, wozu sie was wie tun und dass sie möglichst auch von der Richtigkeit ihrer Arbeit überzeugt sind. Das auf allen hierarchischen Ebenen umzusetzende *„Steuern über Ziele"* ist daher ein anderes wichtiges Merkmal des Neuen Steuerungsmodells (vgl. KGSt, 1994, S. 30ff).

Es ist vorstellbar, dass mit nahezu allen Mitarbeiterinnen und Mitarbeitern im Justizvollzug - z.B. im Rahmen von Mitarbeiter-Vorgesetzten-Gesprächen – inhaltlich und zeitlich begrenzte, klar definierte Ziele vereinbart werden können. Die Art und Weise der Zielrealisierung bleibt dann in der Verantwortung derjenigen, die damit beauftragt sind. Das setzt allerdings voraus, dass sie auch über die materiellen und personellen Ressourcen verfügen, die notwendig sind, um das gesetzte Ziel zu erreichen. Beispiel: Wenn einem Abteilungsleiter die Aufgabe gestellt wird, ein Konzept für die Einrichtung einer Abteilung für gefährliche Straftäter zu entwickeln, anstaltsintern abzustimmen und zu realisieren, dann braucht er dafür, nachdem der Umfang der personellen und sachlichen Mittel geklärt ist, ein Budget für die eigenverantwortliche Realisierung. Er wird sich dann mehr als unter herkömmlichen Bedingungen mit dem Projekt identifizieren, um eine optimale Zielverwirklichung zu erreichen. Das gleiche gilt für andere Funktionsträger im Justizvollzug, etwa für den Leiter eines Arbeitsbetriebes, der über seine sachlichen und personellen Ressourcen auch selbständig entscheiden sollte, soweit nicht andere Bereiche der Anstalt mitberührt sind (z.B. beim Einsatz von Gefangenen, der Teil der Gesamt-Vollzugsplanung ist). Damit wird ein weiteres wesentliches Prinzip benannt, welches das NSM kennzeichnet: die *Zusammenführung von Fach- und Ressourcenverantwortung.*

2. Das ökonomische Prinzip und die „Ökonomisierung des Strafvollzuges"

Ganz allgemein kann festgestellt werden, dass sich das ökonomische Prinzip an zwei Größen festmachen lässt:

- dem Umfang der jeweils zu Verfügung stehenden Mittel und
- der Definition von Zielen.

Der Umfang der jeweils zur Verfügung stehenden Mittel stellt den objektiven Part des Prinzips dar: es kann nur das verbraucht werden, was zur Verfügung steht. Die Definition von Zielen unterliegt dagegen den Interessen und Wertungen der Akteure. Dabei ist es für das *Prinzip der Zielerreichung* relativ gleichgültig, welche Ziele definiert werden. Es ist immer in der gleichen Art und Weise wirksam. So können Ziele, die einigen Menschen, vielleicht sogar der Mehrzahl aller Menschen als höchst unvernünftig erscheinen, durchaus optimal nach den Prinzipien des ökonomischen Prinzips angesteuert werden.

Die Befürchtungen, dass der Vollzug „ökonomisiert" werden könnte, d.h. dass alles messbar gemacht und in Geld ausgedrückt werden muss und damit der einzelne Mensch "hinten herunter fällt", sind weit verbreitet. Tatsächlich besteht auch die Gefahr, dass sich rein monetäre Ziele nicht nur „durch die Hintertür" einschleichen, wenn nicht ein ständiger offener Dialog über die zu verfolgenden Ziele stattfindet. So sind beispielsweise Betriebsleiter in Justizvollzugsanstalten, die nicht mehr darauf sehen, dass die ihnen anvertrauten Gefangenen so gut wie möglich ausgebildet oder beschäftigt werden, sondern vor allem ein gutes monetäres Bilanzergebnis ihrer Betriebe vorweisen wollen oder Anstaltsleitungen, die versuchen, Gefangene, die in ihrer Anstalt ihrer Problematik entsprechend am besten untergebracht sind, loszuwerden, nur weil sie möglicherweise eine teure medizinische Behandlung erfordern, Schreckensbeispiele mit denen die „Ökonomisierung des Vollzuges" beschrieben wird (vgl. Herbst und Wegener, in diesem Band). Dass es zu solchen Situationen kommen kann, liegt daran, dass das Geld aufgrund seines universellen Charakters das einfachste Messinstrument ist, wenn es darum geht, Erfolg oder Misserfolg zu messen. Außerdem erscheinen zahlenmäßig aufgeführte Ergebnisse besonders exakt und beinhalten daher ein großes Überzeugungspotential.

Die beiden Beispiele lassen aber auch erkennen, wie schwierig es gerade im Strafvollzug sein kann, Zielkritik zu üben. Der Betriebsleiter wird seine monetären Ziele nicht offen, sondern möglicherweise mit dem Angleichungsgrundsatz des Strafvollzugsgesetzes begründen, indem er argumentiert, dass die Gefangenen am ehesten resozialisiert werden können, wenn ihre Arbeitsbedingungen denen freier Betriebe entsprechen. Dieses Argument ist ja auch nicht völlig falsch. Ein so organisierter Arbeitsprozess würde aber dazu führen, dass die große Mehrheit der Gefangenen, die (noch) nicht in der Lage sind, nach den „draußen" geltenden Standards zu arbeiten, im Vollzug gar nicht mehr arbeiten könnten. Das widerspricht aber der Zielgebung für den Justizvollzug. Ähnlich verhält es sich bei dem zweiten Beispiel. Es werden sich viele gute Gründe dafür finden lassen, warum ein Gefangener verlegt werden soll, ohne dass das monetäre Argument überhaupt gebraucht wird ("für den offenen Vollzug nicht geeignet", „gefährlicher Gefangener, der in eine Spezialeinrichtung gehört", „in einer anderen Anstalt kann auf den Gefangenen besser eingegangen werden" usw.). Im Einzelfall ist es oftmals auch sehr schwierig zu erkennen, welches Ziel mit welcher Entscheidung angesteuert werden soll.

Um eine Chance zu haben, verdeckte Ziele erkennen zu können, bedarf es daher einer optimalen Informationslage bei denjenigen, die für die Steuerung auf den verschiedenen Ebenen des Vollzuges verantwortlich sind. Das *Berichtswesen* im Rahmen eines *Controllings* ist daher ebenfalls ein wesentliches Element des Neuen Steuerungsmodells.

Damit der Justizvollzug nicht vorrangig mit Hilfe von Messdaten gesteuert wird, die ohne oder nur mit geringem Rückbezug auf vorher definierte Ziele ausschließlich auf einer geldlichen Grundlage berechnet werden (z.B. reine Kostenkennzahlen), liegt es im Interesse eines an Qualitätsmaßstäben orientierten Vollzuges, Messgrößen zu entwickeln, die sich auf zu definierende *Qualitätsstandards* beziehen. Das mag, wie übrigens ein Großteil des Vokabulars des NSM, im Justizvollzug noch etwas ungewöhnlich klingen. Die Entwicklung solcher *überprüfbarer Standards* wird aber mittelfristig unbedingt notwendig sein, wenn der Vollzug in Konkurrenz mit anderen staatlichen Einrichtungen in dem Maße an den knappen Mitteln partizipieren will, wie es seiner Aufgabenstellung zukommt. Darüber hinaus besteht natürlich auch das Eigeninteresse, durch möglichst große Transparenz auf der Kosten- aber auch auf der Leistungsseite eine optimale Vollzugssteuerung zu organisieren.

Worum es geht, ist also nicht, einen möglichst billigen Vollzug zu machen oder gute monetäre Ergebnisse in den Anstaltsbetrieben zu erzielen, sondern *mit den gegebenen Mitteln den bestmöglichen Vollzug zu organisieren.*

3. Ziele - Standards - Produkte - Leistungen - Maßnahmen

Damit Zielsetzungen überprüfbar werden, müssen sie so operationalisiert sein, dass objektive Messungen möglich sind. Sie müssen eine klare Struktur aufweisen. Die dem Justizvollzug durch Gesetze oder politische Willensbekundungen vorgegebenen Ziele sind i.d.R. interpretationsbedürftig und als konkrete Handlungsanweisungen für die im Vollzug Tätigen ungeeignet. Hinzu kommt, dass das Ergebnis der Bemühungen im Justizvollzug oftmals nicht sichtbar wird, weil die Legalbewährung der Gefangenen nur schwer oder gar nicht überprüft werden kann (eingehend dazu Dünkel et.al und Egg et.al., in diesem Band). Welche Faktoren im Justizvollzug wie wirken, ist häufig nicht erkennbar. Dass ein Gefangener nicht wieder rückfällig wird, kann daran liegen, dass er intensiv mit einem von ihm akzeptierten Psychologen gearbeitet hat, es kann aber auch die Frau sein, die er noch im Vollzug oder nach der Entlassung kennen gelernt hat, und die ihn „an die kurze Leine" nimmt. Außerdem gibt es bei Rückfalluntersuchungen die bekannten methodischen Schwierigkeiten, die sich vor allem aus der Kontrollgruppen- und Hellfeld-Dunkelfeld-Problematik ergeben. Aber selbst wenn diese methodischen Probleme bewältigt werden könnten, bleibt die Schwierigkeit, Wirkungen kausal dem Justizvollzug oder anderen Einflüssen zuzuordnen. Das kann natürlich kein Argument dafür sein, die Aufgabenstellung der behandelnden Einrichtungen umzudefinieren oder gar zu suspendieren. Es ist vielmehr ein weiterer Grund dafür, in diesem Bereich überprüfbare Standards für Leistungen und deren Qualität zu etablieren.

In der Terminologie des Neuen Steuerungsmodells erfolgt eine Operationalisierung der Organisationsziele durch die Definition von Produkten. Dabei meint *„Produkt"* das Ergebnis einer sinnvoll geplanten menschlichen Tätigkeit. Aus dem Produkt abgeleitet werden einzelne *„Leistungen"* und ggf. findet daraus eine weitere Ableitung in *„Maßnahmen"* statt. Für jede Ebene dieser abnehmenden Abstraktion können Messgrößen bzw. Kosten-, Qualitäts-, Quantitäts- oder Vergleichskennziffern entwickelt werden.

Zur Zielableitung ein Beispiel aus der Praxis des Hamburger Justizvollzuges: Nach § 2 Strafvollzugsgesetz (StVollzG) soll der Gefangene im Vollzug der Freiheitsstrafe „fähig werden, künftig in sozialer Verantwortung ein Leben ohne Straftaten zu führen. Der Vollzug der Freiheitsstrafe dient auch dem Schutz der Allgemeinheit". Diese Zielvorgabe gilt für den gesamten Bereich des Hamburger Justizvollzuges, für den das Strafvollzugsgesetz die Grundlage ist. Nimmt man den Untersuchungshaftvollzug und die anderen Vollzugsarten noch hinzu, ergibt sich als weiteres Ziel „Sicherung von Verfahren". In Hamburg wird dieser Gesamtbereich als *„Produktbereich Justizvollzug"* definiert. Darunter sind die *Produktgruppen „Justizvollzugsanstalten"* und *„Strafvollzugsamt"* mit jeweils eigenen Unterzielen angesiedelt. Der Einfachheit halber soll hier nur die Produktgruppe „Justizvollzugsanstalten" betrachtet werden. Hierfür können *Unterziele,* die sich aus § 2 StVollzG ableiten lassen, formuliert werden. So kommt es beispielsweise (und ergänzungsbedürftig) darauf an,

- den Gefangenen Fähigkeiten zur Bewältigung des Alltags zu vermitteln
- ihre Eigenverantwortlichkeit und soziale Kompetenz zu stärken
- gesetzlichen Behandlungsgeboten nachzukommen, insbesondere Behandlungsangebote für Sexualstraftäter und andere gefährliche Straftäter vorzusehen
- den Gefangenen allgemeine, schulische und berufliche Bildung zu ermöglichen
- Haftschäden u. a. durch die Förderung von Außenkontakten so gering wie möglich zu halten
- die Gefangenen menschenwürdig und ggf. für Verfahren verfügbar unterzubringen, sie mit zweckmäßiger Kleidung und ausreichender gesunder Kost zu versorgen
- die Haltefähigkeit des offenen Vollzuges zu erhöhen (und so dessen Vorrang zu erhalten und zu stärken, weil im offenen Vollzug die Risiken von Prisonisierungsschäden geringer sind)
- Sicherheit und Ordnung aufrecht zu erhalten und Entweichungen zu verhindern
- diesen Unterzielen, die mit einer ganzen Reihe von interpretationsbedüftigen Attributen belegt sind, werden drei *Produkte* zugeordnet:
  - die Behandlung und Betreuung der Gefangenen (Behandlung und Betreuung im Strafvollzug, in den anderen Vollzugsformen nur Betreuung)
  - die Grundversorgung der Gefangenen
  - die technische und administrative Sicherheit

3.1 Produkt „Behandlung und Betreuung"

Diesem Produkt werden alle Leistungen zugeordnet, die schulische und berufliche Förderung, (sozial)pädagogische, sozial- und psychotherapeutische Einflussnahme sowie die medizinische Versorgung der Gefangenen betreffen. Es handelt sich vorwiegend um Leistungen, die relativ „weich", also nur schwer auf objektivierbare Messgrößen zu bringen sind (vgl. aber Wischka & Specht, in diesem Band). Im einzelnen können dem Produkt die folgenden Leistungen zugeordnet werden (Auswahl):

- eine umfassende und optimale Vollzugsplanung
- ausreichende Hilfen bei der Alltags- und Konfliktbewältigung

- ausreichende therapeutischen Behandlung unter Beachtung spezieller Bedarfe (z. B. Suchtmittelabhängigkeit, Sexualdelinquenz, psychiatrisch relevante Krankheitsbilder)
- ausreichende soziale Hilfen (Vermittlung und Beratung)
- eine ihrem jeweiligen Leistungsstandard entsprechende Arbeit bzw. Arbeitserziehung für alle Gefangenen
- eine qualifizierte berufliche und schulische Aus- und Fortbildung der Gefangenen
- eine den allgemeinen Kriterien außerhalb des Justizvollzuges entsprechende medizinische Behandlung und Betreuung
- eine angeleitete und zeitlich gestreckte Überleitung in Freiheit durch vollzugliche Lockerungen und Freigang.

Bei dieser Auswahl von Leistungen fällt auf, dass sie alle qualifiziert sind, d.h. sie sind mit zu definierenden Attributen belegt. Das ist die Voraussetzung für die Entwicklung von Standards. Es muss z.B. definiert werden, *was* eine *„umfassende und optimale Vollzugsplanung"* heißen soll. In einer Anstalt des offenen Vollzuges, in der vor allem Kurzzeitbestrafte einsitzen, für die oftmals gar kein Vollzugsplan erstellt wird, kann das bedeuten, dass man einen Standard entwickelt, der besagt, dass für jeden Gefangenen, der voraussichtlich länger als 2 Monate verweilt, eine nachvollziehbare Vollzugsplanung erarbeitet wird, in der auf bestimmte Problembereiche von Gefangenen dieser Art eingegangen werden muss. Dieser Standard ist dann überprüfbar. Das gleiche gilt im geschlossenen Vollzug auch für gefährliche Gewalttäter, wenn es darum geht, bei diesem Täterkreis Explorationskriterien oder Zeiträume für die Vollzugsplanfortschreibung festzulegen. Auch da können natürlich weitere inhaltliche Vorgaben gemacht werden.

Das besagt allerdings zunächst noch nicht, ob dadurch, dass ein qualifizierter Vollzugsplan oder eine entsprechende Vollzugsplanfortschreibung in kurzen Abständen erstellt wird, tatsächlich ein besserer Vollzug stattfindet. Es besteht dafür aber eine gut nachvollziehbare Wahrscheinlichkeit, weil durch die Erstellung des Vollzugsplanes bzw. der Vollzugsplanfortschreibung gesichert ist, dass sich eine Fachkraft mit dem entsprechenden Gefangenen intensiver beschäftigt. Das allein ist schon ein Qualitätsmerkmal. In diesem Zusammenhang wird ein Problem deutlich, auf das weiter unten noch intensiver eingegangen wird: Aufgrund der hohen Komplexität der verschiedenen Kausalbeziehungen bei der Arbeit mit Menschen haben wir es im Justizvollzug (und überall dort, wo mit Menschen gearbeitet wird) vor allem mit Daten zu tun, die uns lediglich dabei helfen, plausible Schlüsse in bezug auf das komplizierte Verhältnis von Ursachen und Wirkungen zu ziehen. Direkte, offene Wirkungszusammenhänge sind eher selten.

Es ist allerdings schwierig, Standards für die Qualität der Vollzugsplanung festzulegen. In welchem Fall ist eine Vollzugsplanung „optimal"? D.h. wann ist sie unter Beachtung der zur Verfügung stehenden Zeit und der verfügbaren personellen und sachlichen Ressourcen so gut gelungen, dass bei dem Gefangenen tatsächlich ein nachhaltiger Behandlungserfolg zu erwarten ist? Auch dafür können sicherlich Kriterien entwickelt werden, die aber i.d.R. mühsam zu sammeln und auszuwerten sind. Ein Beispiel für die

Einführung eines inhaltlichen Standards kann eine Check-Liste sein, mit der die verschiedenen Problembereiche des Gefangenen im Zugangsgespräch abgefragt werden. Ein anderes Beispiel wäre die aktuelle Anpassung von Vollzugsplänen an die sich ändernden Verhältnisse (Zeitintervalle der Vollzugsplanfortschreibung).

Für einen optimalen Vollzug ist eine mit dem Gefangenen erarbeitete umfassende Information über ihn Voraussetzung. Nur dann, wenn bekannt ist, welche Problemlagen vorhanden sind, kann entsprechend agiert werden. Dabei ist die Frage, ob die Informationen, die von einem Gefangenen gegeben werden, immer der Wahrheit entsprechen, zunächst einmal nebensächlich. Das ist eine methodische Frage der Exploration, die bestmöglich entwickelt werden muss. Es ist hinzunehmen, dass es eine vollständige und völlig den Tatsachen entsprechende Darstellung der Problemlagen kaum geben wird. Eine gute Annäherung an die Lebenswirklichkeit eines Gefangenen ist aber immer noch besser als Unwissen. Es wird aber auch bei diesem Beispiel aufgrund der erhobenen Informationen *geschlossen*, dass die Chance für einen Behandlungserfolg dann größer ist, wenn über einen Gefangenen möglichst viele Informationen vorliegen. Eine direkte Kausalbeziehung zwischen gewissenhafter und vollständiger Exploration und Behandlungserfolg gibt es nicht. Allerdings wird ein derartiger Zusammenhang um so wirksamer hergestellt, je stringenter das der Exploration zugeordnete Behandlungsprogramm ist.

Die anderen beispielhaft genannten Leistungen beim *Produkt „Behandlung und Betreuung"* sind in der gleichen Art und Weise zu definieren. Was ist z.B. eine „qualifizierte" berufliche und schulische Ausbildung oder welches sind „ausreichende" soziale Hilfen? Bei diesen Leistungen muss jedoch beachtet werden, dass die Standards in Abhängigkeit zu den Besonderheiten der unterschiedlichen Gefangenen gebildet werden müssen. Bei Analphabeten kann es Ziel sein, möglichst niemanden zu entlassen, ohne dass er zumindest so weit Lesen und Schreiben gelernt hat, dass er sich in diesen Medien verständigen kann. Für Gefangene mit Hauptschulabschluss gelten andere Standards.

Inwieweit dem Produkt Behandlung auch wesentliche Teile der Gestaltung des Alltages zugeordnet werden sollen, muss im Einzelfall entschieden werden. Wichtig ist, dass - wenn Standards entwickelt werden - diese so definiert sind, dass sie überprüfbar sind. Das ist z.B. im Hinblick auf atmosphärische Aspekte im Umgang von Bediensteten mit Gefangenen kaum möglich. Auch so etwas wie „Therapeutisches Klima" (Wischka; Wegner, in diesem Band) läßt sich nicht standardisieren. Versuche, solche sicherlich wichtigen Rahmenbedingungen für Behandlungserfolge messbar zu machen, sind wegen ihrer Komplexität in Hamburg aufgegeben worden. Hier zeigt sich auch die Begrenzung der rationalen Durchdringung der komplexen Beziehungsstrukturen in Justizvollzugsanstalten. Anzustreben ist, dass möglichst diejenigen Wirkfaktoren, von denen angenommen wird, dass sie sowohl wesentlich als auch mit vertretbarem Aufwand messbar sind, erfasst werden. Alles, was darüber hinaus geht, muss schon aus Gründen der Arbeitsökonomie restriktiv gehandhabt werden.

Ein wichtiger Aspekt ist beim Produkt „Behandlung und Betreuung" noch zu beachten. Es betrifft die Sicherheit, die der Justizvollzug herstellen soll. Interne und externe

Sicherheit werden durch die Art und Weise, wie mit Gefangenen umgegangen wird, in einem viel stärkeren Maß produziert als durch Mauern und Gitter. Oftmals sind überzogene Sicherheitsvorkehrungen im technischen und administrativen Bereich sogar kontraproduktiv, weil sie Aggressivität hervorrufen, das Beziehungsklima belasten und dadurch wichtige Informationen die Gefängnisadministration nicht erreichen. Das erzeugt falsche Entscheidungen, die zu prekären Sicherheitslagen führen können. Die durch Behandlung und Betreuung erzeugte Sicherheit läßt sich durch verschiedene Qualitäts-Standards messen. Die Anzahl der Übergriffe von Gefangenen auf andere Gefangene oder auf Bedienstete (generell die Anzahl der besonderen Vorkommnisse) oder die „Haltefähigkeit" der Anstalten des offenen Vollzuges gemessen am Verhältnis der Zahl der Rückkehrer/Nichtrückkehrer und der Häufigkeit von Entweichungen sind z.B. solche Messgrößen.

Unterhalb der Ebene der *Leistungen* lassen sich einzelne *Maßnahmen* benennen, aus denen sich Leistungen zusammensetzen können. Das soll am Beispiel der Leistung „Vollzugsplanung" im Produkt „Behandlung und Betreuung" gezeigt werden. Folgende Maßnahmen sind denkbar:

- Gespräche mit dem Gefangenen
- Fallkonferenzen
- Schreiben des Vollzugsplanes
- Erörterung des Vollzugsplans mit dem Gefangenen
- Fortschreiben des Vollzugsplanes u.a.m..

Wie tief einzelne Leistungen nach Maßnahmen gestaffelt werden, hängt von der Art der Leistung ab. Es gibt sicherlich bestimmte Leistungen, die sinnvoll nicht weiter in Maßnahmen zerlegt werden können, andere sind komplex und setzen sich aus vielen Einzelmaßnahmen zusammen. Der Zuschnitt von Produkten, Leistungen und Maßnahmen richtet sich nach den *Steuerungsbedürfnissen* der jeweiligen Einheit. Dabei ist selbstverständlich zu beachten, dass es Randbedingungen gibt, die die Steuerungsnotwendigkeiten erheblich beeinflussen können. Auch für die Maßnahmen sind - wie für die Leistungen selbst - überprüfbare Standards zu entwickeln.

3.2 Produkt „Grundversorgung"

Diesem Produkt werden die Leistungen zugeordnet, die die vitalen Bedürfnisse der Gefangenen betreffen. Insofern handelt es sich bei ihnen eher um Leistungen, die mit „harten" Daten beschrieben werden können. Folgende Leistungen bilden das Produkt:

- angemessene Unterbringung während der Ruhezeit
- vollwertige Ernährung nach den Erkenntnissen der modernen Ernährungslehre unter Berücksichtigung ärztlicher Anordnungen und religiöser Speisegebräuche
- zweckmäßige Anstaltskleidung und Kleidung für die Entlassung.

Allerdings stellt sich auch hier die Frage, was z.B. eine „angemessene" Unterbringung ist. Es können Standards entwickelt werden, die sich auf das zahlenmäßige Verhältnis der Unterbringung in Einzelhafträumen oder auf Sälen beziehen oder die Nutzung von Einzelhafträumen von zwei oder sogar mehr Gefangenen. Im § 144 StVollzG wird der Versuch einer Standardisierung gemacht, ohne dass die Standards so formuliert sind, dass sie überprüft werden können. Was ist ein „wohnlicher" Raum oder welcher Luftinhalt einer Zelle ist „hinreichend"? Die einzelnen Landesjustizverwaltungen haben diesen Generaldefinitionen überprüfbare Standards hinzugefügt. In Hamburg "soll" ein Haftraum, der zum Aufenthalt bei Tage und bei Nacht genutzt wird, mindestens 22 Kubikmeter Luftraum und ein Fenster haben, das mindestens über einen Quadratmeter Lichtfläche verfügt. Für Saalunterbringung gibt es ähnliche Vorgaben. Auch die Frage der Ausstattung von Hafträumen, der Einstellung der Heizungen, der Vorhaltung von individuell nutzbaren Kühlaggregaten usw. ist z.T. bereits in den meisten Justizvollzugsanstalten standardisiert. Es geht dann darum zu prüfen, ob die geltenden Standards in der gegebenen Form eingehalten werden und wenn das nicht der Fall ist, ob sie weiter gelten oder ob sie reduziert oder angehoben werden sollen. Angesichts der inzwischen allenthalben festzustellenden Überbelegung haben die überkommenen Standards jedoch kaum noch Geltung. Sie müssten revidiert werden. Das ist aber eine politisch brisante Entscheidung, die so lange nicht getroffen wird, wie die Dinge auch so laufen. Es zeigt sich, dass die in den Standards sichtbar werdenden Qualitätsvorstellungen sehr schnell Einschränkungen unterliegen, wenn das Geld knapp wird oder im politischen Raum die Gewichte neu verteilt werden. Standards, die noch in Kraft sind, aber nicht beachtet werden, schaffen jedoch Intransparenz und verhindern eine rationale Steuerung. Darüber hinaus mindern sie die Glaubwürdigkeit der Institution.

3.3 Produkt „Technische und administrative Sicherheit"

Die Einschränkung der Definition für dieses Produkt auf „technische und administrative" Sicherheit beruht auf der bereits weiter oben dargestellten Überlegung, dass natürlich auch bei der Erstellung der beiden anderen Produkte, vor allem beim Produkt „Behandlung und Betreuung" Sicherheit in einem erheblichen Maße erstellt wird. Insofern beschränken sich die Leistungen bei diesem Produkt auf die eher technischen Maßnahmen. Im einzelnen werden folgende Leistungen erbracht:

- bauliche Maßnahmen und Einsatz von Sicherheitstechnik (z.B. elektronische Sperren, Mauern, Schleusen usw.)
- alle Arten von Kontrollen
- administrative Maßnahmen (Alarmpläne, Dienstpläne usw.)
- gutachterliche Stellungnahmen als Grundlage für Lockerungs- und Verlegungsentscheidungen bei Sexualdelinquenten und anderen Gefangenen.

Obwohl diese Leistungen nicht weiter qualifiziert sind, lassen sich hier doch relativ einfach Qualitätsstandards entwickeln. So sollten z. B. Ausbrüche aus geschlossenen Anstalten eher selten sein. Auch die Verhinderung von Verstößen gegen die Hausordnung oder gegen Gesetze durch Kontrollen kann eine Messgröße für diese Leistungen sein.

3.4 Grenzen einer rationalen Zielableitung

Einschränkend muss im Hinblick auf den Gesamtkomplex der Zielableitung beachtet werden, dass es im Vollzugsalltag Konkurrenzen von Zielen in verschiedenen Bereichen und auf unterschiedlichen Ebenen einer Anstalt gibt, die im Hinblick auf ihre Realisation nicht unbedingt rationalen Regeln folgen. Durch die im NSM angelegte Dezentralisierung der Verfügung über Ressourcen verlagert sich die Auseinandersetzung über sächliche und personelle Mittel in die Anstalt selbst. Jede Gruppe (Berufsgruppe) muss ihren Anteil am Gesamtergebnis deutlich machen, um an den zur Verfügung stehenden Ressourcen ausreichend partizipieren zu können. Dieser Prozess ist durch die Partikularinteressen einer jeden einzelnen Gruppe bestimmt und es ist Aufgabe des Controllings darauf zu achten, dass die übergreifenden Ziele der Einrichtung nicht verloren gehen.

Die hier dargestellte Zieldifferenzierung und -operationalisierung läuft daher in der Praxis nicht so glatt, wie es theoretisch möglich wäre. So gibt es z. B. auch Situationen, die als Reaktion auf den Druck der Öffentlichkeit politischen Handlungsbedarf bei besonderen Vorkommnissen auslösen, der oftmals die Gewichtung von Zielen und die der daraus abgeleiteten Produkte und Leistungen in einer Anstalt völlig durcheinander bringen kann. Entsprechend verhält es sich mit den gesetzten Standards. Auch wenn sie - was notwendig ist - realitätsnah formuliert sind, bedürfen sie des deutlichen Willens aller Akteure, sie auch tatsächlich zu beachten und sie nicht nur als papierne Messgrößen zu sehen, die nach dem Prinzip der Opportunität beachtet oder auch nicht beachtet werden. Es wäre ein Trugschluss zu glauben, dass das NSM als rationales Modell die Widersprüche des Alltags auflösen kann. Es macht sie zwar transparenter und damit angreifbarer, es wird sie aber nicht ohne weiteres, gewissermaßen selbsttätig aufheben.

4. Kennzahlen und Indikatoren

Kennzahlen und Indikatoren sind Messdaten, die über den Zustand einer Organisation zum Zeitpunkt der Erhebung Auskunft geben. Sie sind auf definierte Standards bezogen, die sich wiederum über Leistungen und Produkte aus den Zielen der Organisation ableiten. Es gibt Kennzahlen, die etwas über Qualität und Quantität von Leistungen oder über die Kosten ihrer Herstellung aussagen. Sie können, bezogen auf das gleiche Erhebungsfeld, Veränderungen im Zeitablauf deutlich machen und Erklärungen dafür fordern. Zudem sind sie die Grundlage für Vergleiche vergleichbarer Leistungsbereiche.

Die Wirtschaft kennt eine Reihe von unterschiedlichen Kennzahlensystemen, die durchaus auf den Strafvollzug bezogen werden können. Allerdings spielt hier z.B., die Frage der Kapitalrentabilität nicht die Rolle wie in einem Privatbetrieb, in dem dazu eine Vielzahl von Kennzahlen erhoben werden. Dennoch sind gerade auch Kostenkennzahlen wichtig, um den Ressourceneinsatz zu optimieren.

An dieser Stelle soll vor allem auf Qualitäts- und Quantitätskennzahlen eingegangen werden, weil damit überprüft wird, inwieweit die vollzugsspezifischen Standards erfüllt oder nicht erfüllt werden. Bildhaft können Kennzahlen und Indikatoren als die Früchte eines Baumes gesehen werden, bei dem der Stamm die Ziele bildet, die Hauptäste die Unterziele sind und die Zweige, an denen diese Früchte hängen, die Produkte und Leistungen darstellen.

Die Ergebnisorientierung des Neuen Steuerungsmodells fordert eine wesentlich stärkere Betrachtung des Erfolges der Arbeit des Justizvollzuges. Da es in der Regel aber nur wenige Möglichkeiten gibt, zu überprüfen, ob die Anstrengungen des Vollzuges etwas bewirkt haben, muss auf der Ebene der Plausibilität auf Wahrscheinlichkeiten geschlossen werden, mit denen bestimmte Leistungen gewollte Wirkungen hervorbringen. Aus diesem Grund werden z.Zt. in Hamburg so genannte *„Status-Kennzahlen"* erprobt, die den Aufnahme- und den Entlassungs-Status eines Gefangenen im Hinblick auf wesentliche Aspekte seiner Problematik erfassen. In den Bereichen

- Sucht (Drogen, Medikamente, Alkohol, Spielsucht)
- Schulden
- Wohnungssituation
- Arbeitssituation
- Berufliche Qualifikation

werden individuell zurechenbare Daten zu den beiden genannten Zeitpunkten erhoben. Veränderungen, die sich im Hinblick auf die fünf Problembereiche ergeben haben, werden als vollzugliche Wirkungen definiert. Von diesen Wirkungen her wird auf das vollzugliche Ziel zurückgeschlossen.

Also: Ein Gefangener der ohne Ausbildung im Vollzug aufgenommen wird und der während seiner Haftzeit eine Ausbildung macht, hat eine größere Chance, das im § 2 StVollzG definierte Ziel zu erreichen, als wenn er diese Ausbildung nicht gemacht hätte. Oder: Ein Gefangener, der während des Vollzuges seinen bis zum Haftantritt vorhandenen Arbeitsplatz verliert und ohne Arbeit entlassen wird, hat eine geringere Chance, das Vollzugsziel zu erreichen. Diese Argumentation stützt sich auf plausible Wahrscheinlichkeiten, die im konkreten Einzelfall nicht eintreffen müssen. Mit Hilfe der Kennzahlen werden die Standards überprüft und ggf. Umsteuerungen der vorhandenen personellen und sachlichen Ressourcen vorgenommen, wenn ein Standard mit hoher Priorität nicht erreicht werden kann.

Auch dafür ein Beispiel: Eine Anstalt definiert als Standard mit hoher Priorität, dass 60% (Soll) aller zu Entlassenden zum Zeitpunkt der Entlassung einen Arbeitsplatz haben sollen. Werden nur 50% (Ist) erreicht, muss überlegt werden, ob der Standard richtig gewählt war und ob er die richtige Priorität hat. Im Rahmen dieser Prüfung muss selbstverständlich auch betrachtet werden, ob sich seit der Definition des Standards die Verhältnisse am Arbeitsmarkt wesentlich geändert haben. Ist dieses nicht der Fall muss weiter geprüft werden, warum der Standard nicht erreicht wurde. Ist die Ursache mangelnde personelle Kapazität, müssen die entsprechenden Ressourcen zu Lasten anderer Leistungsvorgaben umgesteuert werden. Die Vorschläge für eine Umsteuerung kommen in der Regel vom Controlling als Stabsabteilung, die Entscheidung treffen die verantwortlichen Bediensteten in der Linie. Vor allem in kleineren Einheiten liegen allerdings Controlling- und Entscheidungsfunktionen regelmäßig bei denselben Personen.

In diesem Zusammenhang ist auf eine Gefahr hinzuweisen: Es werden oftmals Informationen gesammelt, für deren Auswertung möglicherweise gar keine Ressourcen zur Verfügung stehen oder die keine Steuerungsrelevanz haben. So entstehen Datenfriedhöfe, die bei denen, die dafür Arbeit investiert haben, Frustrationen auslösen. Um das zu vermeiden, ist in jedem Fall bei der Entwicklung von Standards zu überlegen, wie die Kennzahlen und Indikatoren, die über den Stand ihrer Realisierung Auskunft geben, ausgewertet werden sollen und für welche Art von Steuerung sie gebraucht werden.

In der Regel steuern derartige Informationen die Ströme des Ressourceneinsatzes auf den unterschiedlichen Ebenen. Eine Anstalt benötigt dafür andere Informationen als eine Mittelbehörde und die braucht wiederum andere Informationen, als ein Ministerium. Dabei gibt es Überschneidungen. Jeder Bereich hat jedoch eigene Standards und benötigt daher einen spezifischen Kanon von auf seine Steuerungsbedürfnisse zugeschnittenen Kennzahlen.

Schließlich soll hier noch in der gebotenen Kürze ein weiteres Problem betrachtet werden, das im Justizvollzug eine besondere Rolle spielt. Es handelt sich dabei um die Frage, ob die Kennzahlen und Indikatoren eigentlich das messen, was gemessen werden soll, kurz: sind sie valide, bzw. wie ist ihre Validität herzustellen? Die Frage kann auch anders gestellt werden „Messen wir das Richtige richtig?". Die Schwierigkeit der Handhabung von Qualitätskennzahlen im Justizvollzug hat ihre Ursache in den vielfältigen, teils verdeckten Kausalitäten und der Unmöglichkeit einer umfassenden Qualitätskontrolle. Weiter oben ist bereits darauf hingewiesen worden, daß i.d.R. die Qualitätskennzahlen lediglich Schlüsse auf plausible Zusammenhänge mit gewissen Wahrscheinlichkeiten zulassen. Bei einer pragmatischen Betrachtung heißt das, dass die Kennzahlen Entscheidungen zulassen müssen, die die Steuerung des Vollzuges auf die gesetzten Ziele hin ermöglichen. Damit wird eine Validität hergestellt, die sich aus der Bewährung in der Praxis ergibt. Die Qualität von Kennzahlen erweist sich daher erst im vollzuglichen Alltag.

Da Kennzahlen und Indikatoren i.d.R. auch dafür genutzt werden, Vergleiche derselben Bereiche im Zeitablauf zu erstellen, ist es grundsätzlich nicht sinnvoll, die Definition und den Erhebungsmodus zu ändern. Sie sollten erst dann regelmäßig erhoben werden, wenn sie ihre pragmatische Zweckmäßigkeit nach einer Erprobungsphase erwiesen haben.

Auch hier muss allerdings wieder einschränkend eingefügt werden, dass die Formulierung von Kennzahlen und Indikatoren nicht allein in der Hand des Vollzuges liegt. Insbesondere aus dem politischen Bereich kommen Anforderungen aufgrund von Kontrollbedürfnissen, die linear mit zunehmender Flexibilisierung der Haushaltsführung steigen. Dabei werden von den politischen Entscheidungsträgern manchmal auch Informationen abgefragt, die ihrer Entscheidungsebene nicht entsprechen und eher Durchgriffsabsichten erkennen lassen. Die Prinzipien des NSM sollten daher nicht nur in den Justizvollzugsanstalten Anwendung finden, sondern sie müssen ebenso in den Vollzugsbehörden und in den Politikbereichen beachtet werden.

5. Kosten- und Leistungsrechnung

Ein wichtiges Instrumentarium des Neuen Steuerungsmodells zur Herstellung von Transparenz ist die Kosten- und Leistungsrechnung. Sie unterstützt die Ressourcenentscheidungen - vor allem der Anstaltsleitung - weil es mit ihrer Hilfe möglich ist, den klar definierten und mit überprüfbaren Standards versehenen Leistungen und Maßnahmen entsprechende Kosten hinzuzufügen. Dabei korrespondiert die *Kostenartenrechnung* mit der überkommenen Titelstruktur der Kameralistik, also: Titel bzw. Unterteil eines Titels gleich Kostenart. Das ist insofern sinnvoll, als diese kameralistische Form der Mittelbewirtschaftung im öffentlichen Bereich weiterhin Geltung haben wird. Daher bietet die Kostenartenrechnung auch wenig Neues für den Justizvollzug.

Anders die *Kostenstellenrechnung*. Mit ihr ist es durch eine entsprechende Zuordnung möglich, die Kosten eines definierten Bereichs in einer Justizvollzugsanstalt zu ermitteln. Das kann eine Station, ein Betrieb, ein Revier, eine Schule oder auch ein anderer abgrenzbarer Teil einer Anstalt sein. Die Bildung von Kostenstellen hängt vom Steuerungsinteresse und von der Steuerungsfähigkeit der Bereiche ab. Die Zuordnung von Kosten auf vergleichbare Bereiche, etwa Stationen, eröffnen bei unterschiedlichen Kosten Fragestellungen nach dem "Warum?". Erst wenn überhaupt bekannt ist, dass in vergleichbaren Einheiten unterschiedliche Kosten z. B. für Energieverbrauch anfallen, können Maßnahmen entwickelt werden, die zu einer Ressourcenschonung führen. Ein Nebeneffekt ist, dass auch erst dann, wenn die Kosten für den Betrieb einer Station bekannt sind, bei den dafür Verantwortlichen ein Kostenbewusstsein entstehen kann.

Eingesparte Mittel sollen ganz oder teilweise in der Verfügung der für die Budgets Verantwortlichen verbleiben. Dadurch werden entsprechend der Grundidee des Neuen Steuerungsmodells *Anreize* dafür gesetzt, ressourcenschonend zu wirtschaften. Es können Regeln entwickelt werden, nach denen Einnahmen, z.B. aus Arbeitsbetrieben, die über ein vernünftig gesetztes Soll hinausgehen, in den Anstalten verbleiben. In Hamburg hat sich gezeigt, dass dadurch Kräfte freigesetzt werden, deren Ergebnisse sich schon im Äußeren der Anstalten abbilden. Gepflegte Eingangsbereiche und ordentliche Möbel in Besucher- und Verwaltungsräumlichkeiten, aber auch neue Maschinen für Arbeitsbetriebe, die seit langem beantragt, aber aus den zur Verfügung stehenden Haushaltsmitteln nie beschafft werden konnten, sind ein deutliches Merkmal dafür. Das hat einerseits dazu beigetragen, die Atmosphäre in den Anstalten freundlicher zu gestalten, andererseits die Betriebsergebnisse weiter zu verbessern.

Zur Dynamisierung dieses Optimierungsprozesses kann es sinnvoll sein, durch Vergleiche vergleichbarer Einheiten *Wettbewerbselemente* in das Verwaltungshandeln zu bringen. Es regt an, über die eigene Praxis nachzudenken, wenn an anderer Stelle die gleichen Leistungen zu anderen Kosten erstellt werden (vgl. dazu Freie und Hansestadt Hamburg, Finanzbehörde, 1999, S. 52 ff).

An dieser Stelle soll aber noch einmal sehr deutlich darauf hingewiesen werden, dass diese materiellen Anreize nicht zu Lasten der vollzuglichen Qualität gehen dürfen. Das zu verhindern, ist Aufgabe eines engmaschigen *Qualitäts-Controllings* auf der Grundlage der Qualitäts-Kennzahlen.

Die *Kostenträgerrechnung* bezieht sich auf Produkte, Leistungen und Maßnahmen. Dadurch, dass sie klar definiert sind, ist es möglich, ihnen die entsprechenden Kosten zuzuweisen. Das ist - wie bei der Kostenstellenrechnung auch - für die Sach- und Fachkosten relativ einfach. Die eingehenden Rechnungen werden entsprechend den Produkten, Leistungen und Maßnahmen zugeordnet. Die Sach- und Fachkosten machen im Justizvollzug aber nur den geringsten Teil aus.

Bei den Personalkosten gibt es größere Schwierigkeiten. Am einfachsten ist es bei dem Personal, das eindeutig einem Produkt, einer Leistung oder einer Maßnahme zuzuordnen ist. So sind die Kosten für einen Beamten, der ausschließlich mit Revisionen beauftragt ist, eindeutig der Leistung „Kontrollen" im Produkt "Technische und administrative Sicherheit" zuzuordnen. Entsprechend ist es bei Dienstposten auf Türmen oder an den Pforten. Ähnlich ist es auch bei den Küchenbeamten, deren Kosten in voller Höhe der Leistung „Ernährung" im Produkt „Grundversorgung" zugeschlagen werden können. Schwieriger wird es bei Stationsbeamten. Diese sind in der Regel an der Erstellung der drei Produkte beteiligt. Sie behandeln und versorgen die Gefangenen und sie sorgen auf ihrer Station für die technische und administrative Sicherheit, indem sie z.B. Gitterkontrollen durchführen.

Bei derartigen Dienstposten sind weitere Unterscheidungen an sich sinnlos, weil sie die Realität nie genau zu fassen vermögen und deshalb Scheingenauigkeiten vorspiegeln. Will man gleichwohl darauf nicht verzichten, dann müssen *Zeitanschreibungen* durchgeführt werden, aus denen zu ersehen ist, welcher Anteil der zur Verfügung stehenden Arbeitszeit in welches Produkt bzw. in welche Leistung oder Maßnahme fließt. Die Verteilung der Zeitanteile und damit auch der Kosten der unterschiedlichen Dienstposten auf die Kostenträger muss immer wieder aktualisiert werden, weil Bewegungen im Hinblick auf Veränderungen von Funktionsmustern in der Kostenrechnung berücksichtigt werden müssen.

Es wird in jeder Anstalt sowohl im Sachkosten- wie im Personalkostenbereich Gemeinkosten geben, die nicht auf einzelne Kostenträger bezogen werden können. Dazu zählen z.B. bei der hier vorgeschlagenen Produktgliederung die Aufwendungen für die Verwaltung und - mit gewissen Einschränkungen und in den Anstalten unterschiedlich -

auch die für die Anstaltsleitung. Solche Kosten müssen nach einem Schlüssel auf die Kostenträger verteilt werden. Der Block der Gemeinkosten sollte aber so gering wie möglich gehalten werden, weil nur so eine realistische Berechnung der Kosten für einzelne Leistungen oder Produkte möglich ist.

Für die Erstellung einer Vollkostenrechnung ist auch eine Einbeziehung der kalkulatorischen Kosten, also z.B. Abschreibungen, Kapitalkosten oder kalkulatorische Miete notwendig. Die Einbeziehung dieser Kosten wird aber sicherlich am Ende des Modernisierungsprozesses stehen, weil dazu nicht nur schwierige Bewertungsfragen zu lösen sind, sondern auch haushaltsrechtliche Lösungen entwickelt werden müssen, die z.B. Rückstellungen für die Neuanschaffung abgeschriebener Einrichtungen oder Maschinen erlauben.

6. Behandlung und prognostische Begutachtung gefährlicher Gewalttäter im Licht des Neuen Steuerungsmodells

Das Neue Steuerungsmodell bietet universelle Prinzipien zur Organisation von Institutionen. Es gilt daher für das in diesem Sammelband diskutierte Arbeitsfeld in der gleichen Weise, wie für andere Bereiche des Justizvollzuges. Allerdings stellen sich hier alle bisher dargestellten Probleme in noch gravierenderer Weise, weil es sich einerseits um ein politisch besonders brisantes Feld handelt, auf dem im Zweifel auch Entscheidungen getroffen werden, die sich mit den Grundprinzipien des Neuen Steuerungsmodells nicht vereinbaren lassen. Dieses ist z.B. dann der Fall, wenn im Zusammenhang mit öffentlichkeitswirksamen Ereignissen das Prinzip der dezentralen Verantwortlichkeit durchbrochen wird und auf einer hierarchisch höher gelegenen Ebene Entscheidungen getroffen werden, die in einer Anstalt hätten getroffen oder zumindest mit ihr abgestimmt werden müssen. Andererseits sind die Zusammenhänge zwischen Maßnahmen und gewollten Wirkungen in diesem Bereich hochkomplex.

Gerade weil aber bisher nur wenige überprüfbare Standards zur Verfügung stehen, mit denen die Ergebnisse der Arbeit mit gefährlichen Straftätern bewertet werden können, ist Qualitätssicherung mit dem Instrumentarium des NSM besonders wichtig. Je komplexer und undurchschaubarer Problembereiche sind, desto notwendiger werden Standards, die anzeigen, ob und in welchem Maße die geleisteten Anstrengungen das erhoffte Ergebnis erbracht haben. Effizienzkontrollen (etwa durch den Einsatz von Tests und anderer Instrumente der Verlaufsanalyse sowie durch Rückfalluntersuchungen, vgl. Egg; Specht & Seitz und Rehn, S. ..., in diesem Band) dienen zum einen der Orientierung der in diesem Felde Tätigen. Sie sind damit ein Mittel zur Steuerung fachlicher Ansprüche. Zweitens können sie gegenüber den anderen Bereichen des Justizvollzuges deutlich machen, welche Leistungen in der Arbeit mit den gefährlichen Straftätern erbracht werden. Insofern sind sie auch relevant für die Verteilung von Ressourcen zwischen und innerhalb von Anstalten und schließlich dienen sie drittens auch der Legitimation der verbrauchten Ressourcen gegenüber der Öffentlichkeit und denjenigen, die diese für den Justizvollzug bewilligen.

Abschließend ist auf eine Gefahr hinzuweisen, die sich aus der Komplexität der Arbeit mit Straftätern und insbesondere mit Gewalttätern ergibt. Durch den großen Anteil der nicht oder nur schwer messbaren Leistungen, die mit ihrer Behandlung verbunden sind, liegt die Versuchung nahe, sie gegenüber gut messbaren Leistungen in anderen Bereichen zu benachteiligen. Das zu verhindern ist Aufgabe der Gesamtsteuerung des Vollzuges. Es ist aber auch eine wichtige Aufgabe derjenigen, die in diesem Feld tätig sind, durch Erarbeitung von Standards, deren Realisierung mit Hilfe von Kennzahlen überprüfbar ist, dazu beizutragen, größere Transparenz für sich selbst und andere in diesem Arbeitsbereich herzustellen.

Lust und Frust mit dem Neuen Steuerungsmodell

Gedanken aus der Praxis der Sozialtherapeutischen Anstalt Altengamme

von Wolfgang Herbst und Thomas Wegner

Nach dem ökonomischen Prinzip soll mit den gegebenen Mitteln der bestmögliche Untersuchungshaft- und Strafvollzug organisiert werden (vgl. Ohle, in diesem Band). In Zeiten knapper werdenden Geldes war man offenbar der Meinung, dass dies besser gelingt, wenn man vom kameralistischen System mit seinen zentralen Verwaltungseinrichtungen Abschied nimmt und nach dem AKV-Prinzip (*A*ufgaben, *K*ompetenzen und *V*erantwortungen aus einer Hand) die finanziellen und personellen Ressourcen auf Arbeitseinheiten (hier Vollzugsanstalten) dezentral „herunterbricht".

Die Anstalten definieren dann in Zusammenarbeit mit einer „Controllingabteilung" der vorgesetzten Behörde (die wiederum politische Vorgaben zu berücksichtigen hat) die Leistungen, die im Haushaltsjahr zu erbringen sind. Dabei versteht es sich von selbst, dass der Umfang erwünschter neuer oder erweiterter Leistungen immer schon vorgängig durch ökonomische Rahmenbedingungen begrenzt ist, wenngleich es sich stets neu lohnt, für Grenzverschiebungen zu streiten. Für die Aufgabenerfüllung wird sodann ein Budget bereit gestellt. Das Ganze wird in einem Vertrag, der „Leistungsvereinbarung", jährlich neu besiegelt.

Das klingt einfach und gut. Im folgenden möchten wir aus der Praxis der Sozialtherapeutischen Anstalt Hamburg-Altengamme unsere Erfahrungen mit dem „Neuen Steuerungsmodell" (NSM) zur Diskussion stellen. Dabei sollen drei Aspekte im Mittelpunkt stehen:

1. Der Umgang mit dem Budget,
2. der Verwaltungsaufwand und
3. Auswirkungen auf die Vollzugsgestaltung

1. Der Umgang mit dem Budget

Die Einführung des NSM im Hamburger Strafvollzug begann 1995 zunächst als Pilotprojekt in der JVA Glasmoor, einer offenen Anstalt mit rd. 242 Gefangenen und vergleichsweise gut funktionierenden Betrieben. Die guten Erfahrungen dort ermutigten uns, ebenfalls rasch am NSM teilzunehmen. Ursprünglich war auch geplant, dass wir mit einer anderen Anstalt des offenen Vollzuges schon 1996 budgetiert werden sollten.

Das hat aus verschiedenen Gründen nicht geklappt, war aber im Nachhinein nicht schlecht, weil wir gleichsam „trocken" sämtliche Bewegungen im Sach- und Fachhaushalt parallel zur zentralen Verwaltung führen konnten und so ein „Gefühl" für das Budget bekamen. Die Budgetierung des Sach- und Fachhaushaltes erfolgte 1997, die des Personalhaushaltes 2000.

1.1 Budget Sach- und Fachausgaben

Die Bereitstellung eines Budgets, das in eigener Regie verwaltet und verantwortet werden muss, erzeugte schon eine Aufbruchstimmung in der Anstalt: Kommt man mit dem Budget aus? Welche Prioritäten sind bei Anschaffungen zu setzen? Wer entscheidet worüber? Diese und andere Fragen sorgten für Spannung und waren zu lösen. Außerdem waren Besonderheiten der Ausgangssituation an neue Konstellationen anzupassen: 1997 betrug unser Sachbudget 601.000,- DM, im Jahr 2000 hingegen nur 468.900,- DM. Die Absenkungen waren zum einen eine Folge der einschneidenden Konsolidierungsprogramme des Hamburger Senats, zum anderen wurden aber auch einige Titel im „Verteilungskampf" um die Anstaltsbudgets für den Haushalt 1998 gerupft. 1998 wurden alle Hamburger Anstalten budgetiert, und in den bis heute regelmäßig stattfindenden „Budgetkonferenzen" wird verhandelt, welche Anstalt welchen Anteil am Gesamtbudget erhält. Trotz der Absenkungen kommen wir mit dem Budget einigermaßen zurecht, es ist „auskömmlich", wie es NSM-Neudeutsch heißt. Diese „Auskömmlichkeit" knapper werdender Ressourcen ist nur möglich, wenn in den Anstalten nach Sparmöglichkeiten gesucht wird und alle Mitarbeiter an der verantwortlichen Verwaltung des Budgets beteiligt werden. In Altengamme haben wir z.B.:

- mit Hilfe der Umweltbehörde Duschköpfe und Toilettenspülungen ausgetauscht, um den Wasserverbrauch zu reduzieren
- einen Brunnen gebohrt, um den Garten zu wässern
- ebenfalls mit finanzieller Unterstützung der Umweltbehörde einen neuen Heizwertkessel eingebaut, der die Heizkosten senken wird
- langfristig wollen wir den „Kostenfresser" Heizkosten, der durch eine marode Heizanlage verursacht wird, in den Griff bekommen, indem wir u.U. ebenfalls durch Zuschüsse der Umweltbehörde eine neues Heizsystem installieren. Möglicherweise ergeben sich dabei Kooperationen mit dem Gaslieferanten.

Für die Arbeitsbetriebe wird in der Leistungsvereinbarung ein jährliches Betriebsergebnis Das NSM weckt kreative Kräfte, aber auch kritische Kontrolle: Nach Ausbau mehrerer Wasserventile gab es 1998 einen Einbaufehler, und über einen Monat rauschte Wasser unverbraucht in das Abwasser. Hätten wir unseren Verbrauch nicht monatlich kontrolliert – das haben wir erst mit dem NSM eingeführt – wären weitaus mehr Kosten entstanden. Neben dieser kreativen Suche nach Einsparmöglichkeiten galt es, den Gedanken des NSM den Mitarbeitern und, wenn möglich, auch den Inhaftierten nahezubringen. Ein erster Schritt in diese Richtung war die Einrichtung von Unterbudgets. Es macht wenig Sinn, Budgets zu verteilen, die dann „minizentralistisch" bei Anstaltsleitungen nach dem zuvor aufgegebenen System weiterverwaltet werden. In Altengamme wurden demzufolge für Arbeitseinheiten wie z.b. Wohngruppen, Trainingsphase, Foto-, Tongruppe u.a. halbjährliche Budgets verteilt, die diese Untereinheiten selbstverantwortlich verwalten konnten und können. So hat z.b. eine Wohngruppe mit 12 Inhaftierten halbjährlich 500,- DM für Gruppenaktivitäten und die wohnliche Gestaltung ihrer Gruppe zur Verfügung; ob sie dafür einen Paddelausflug, einen Grillabend oder Kegelabend organisiert, können Mitarbeiter und Gefangene selbst aushandeln.

Für die Arbeitsbetriebe wird in der Leistungsvereinbarung ein jährliches Betriebsergebnis festgelegt. Von den darüber hinaus gehenden Mehreinnahmen erhalten die Anstalten 50%. Aus unseren Werkstätten sind jedoch Einnahmen kaum zu erzielen, weil dort vorrangig Arbeitstherapie und am Einzelfall orientierte Vorbereitungen für den Freigang praktiziert werden. Zudem ist die Arbeit integrierter Bestandteil der Trainingsphase (vgl. Wegner, in diesem Band), dient also weniger finanziellen Interessen, sondern orientiert sich an der Formel von Freud, dass psychische Gesundheit darin besteht, lieben und *arbeiten* zu können. Beides müssen viele Insassen erst noch kräftig üben. 1999 lag das in der Leistungsvereinbarung festgelegte Betriebsergebnis bei 12.000,- DM, tatsächlich betrugen die Einnahmen 15.240,- DM., das ergab für Altengamme gerade einmal ein Plus von 1.620,- DM. Dennoch ist die ökonomische Bedeutung der Werkstätten für die Anstalt nicht zu unterschätzen: Durch die Einrichtung einer Haushandwerksabteilung können alle gängigen Malerei- und Klempnerarbeiten u.a. in eigener Regie erledigt werden. Nach einer groben Schätzung für 1999 läge das Auftragsvolumen bei Vergabe an externe Firmen bei rd. 100.000,- DM. Hinzu kommen noch kreative Leistungen, wie die Neugestaltungen unserer Zentrale und des Konferenzraumes oder der Bau eines Pavillons im Garten, die so individuell ausgearbeitet sind, dass sie auf dem Markt nur für sehr viel Geld zu kaufen wären.

Wichtig für alle Mitarbeiter (und in manchen Bereichen auch für die Gefangenen) ist die völlige Transparenz der Budgetbewegungen. Einmal im Monat tagt die anstaltsinterne Budgetkonferenz, an der neben dem kaufmännischen Leiter regelmäßig der Anstaltsleiter, der Vollzugsleiter, der Vollzugsdienstleiter und ein Vertreter der Werkstätten teilnimmt und die zudem für alle Mitarbeiter darüber hinaus offen ist. Dabei werden die Mittelabflüsse kontrolliert, Prioritäten für Anschaffungen gesetzt und Dringlichkeiten bei der Bauunterhaltung koordiniert. Das Protokoll dieser Sitzungen wird dem Protokoll der Anstaltskonferenz angeheftet.

1.2 Personalkostenbudgetierung

Seit dem Jahr 2000 sind alle Anstalten und das Strafvollzugsamt in Hamburg mit einem eigenen Personalkostenbudget ausgestattet. Zur Festsetzung des Personalkostenbudgets ging man nicht von den vorhandenen Stellenplänen aus, die in vielen Bereichen eh schon jahrelang nicht den Realitäten entsprachen, sondern ermittelte an zwei Stichtagen des Jahres 1999 den IST-Bestand an Personal im Allgemeinen Vollzugsdienst der einzelnen Anstalten als Grundlage der Budgetierung. Dies mit der Option, zu späteren Zeitpunkten eventuelle personelle Schieflagen auszugleichen. Alle anderen Stellen wurden wie Anfang 2000 besetzt oder besetzbar in das Personalkostenbudget übernommen. Die jeweiligen konkreten Personalkosten der Mitarbeiter wurden zu Standardpersonalkosten „gemittelt", d.h., für die jeweiligen Anstalten ist es kostenneutral, ob z.B. ein AVD-Mitarbeiter ledig und noch relativ dienstjung oder aber Vater/Mutter von sieben Kindern und seit 25 Jahren im Dienst und entsprechend „teuer" ist. Die Mittelwerte entsprechen den tatsächlichen Personalkosten aller Mitarbeiter in den verschiedenen Besoldungsgruppen.

Mehr noch als bei der Budgetierung des Sach- und Fachhaushaltes wurden bei der Personalkostenbudgetierung das zeitliche Nebeneinander von Modernisierung und Sparzwang schmerzhaft spürbar. Nach dem aktuellen Stand (5/2000) müssen im Hamburger Strafvollzug bis Ende 2001 konkret 50 AVD-Stellen abgebaut werden, der Anteil der Anstalt Altengamme beträgt 1,5 Stellen. Zu diesem Konsolidierungsbeitrag zum Hamburger Haushalt kommt noch die Handhabung der sogenannten „Vakanzenrate". Die Personalkostenbudgets wurden zusätzlich um gut 2% gekürzt, weil die Budgets auf der Grundlage des tatsächlichen Personalbestands der hamburgischen Verwaltung im September 1995 berechnet wurden und zu diesem Zeitpunkt Stellen im Umfang von gut 2 % des Personalkostenbudgets vakant waren. So plausibel und rechnerisch sicher richtig der fiskalische Umgang mit den Vakanzen für sehr große Einheiten – etwa die Gesamtzahl der Mitarbeiter im Strafvollzug – sein mag, die Verteilung auf kleine Einheiten wie Altengamme mit 46,26 Stellen wirft für diese große Probleme auf. Für das Jahr 2000 etwa muss ein Kollege des AVD für ein halbes Jahr die Anstalt wechseln, um Geld einzusparen (neben dem Beitrag zur Konsolidierung). Das ist nicht nur ein Finanzproblem, sondern sorgt für erhebliche Verunsicherungen unter den Mitarbeitern. Bleibt es bei der bestehenden Regelung, heißt das für Altengamme, dass neben dem Konsolodierungsbeitrag von 1,5 AVD-Stellen zusätzlich langfristig noch eine Stelle im Wert eines Wohngruppenleiters ständig vakant gehalten werden muss.

2. Verwaltungsaufwand

Als wir uns 1996 anboten, das NSM rasch auch für unsere Anstalt zu übernehmen, waren wir naiv und was die Einschätzung des Verwaltungsaufwands anbelangt, wohl auch voreilig. Aufgrund interner Umsetzungen bot sich ein sehr geeigneter AVD-Mitarbeiter aus einer Wohngruppe als kaufmännischer Leiter an, und zu vollmundig wurde verkündet, dass wir das NSM ohne qualifiziertes Personal von außen selbst umsetzen könnten. Das hat auch gut geklappt, jedoch hat uns das nicht nur eine Stelle im AVD gekostet, sondern auch einen Rattenschwanz an Folgeproblemen eingebracht, die damals nicht mitbedacht wurden, bzw. nicht mitbedacht werden konnten. Einige Beispiele:

- *Stellvertreter*: Um einen reibungslosen Ablauf der täglichen Dienstgeschäfte des kaufmännischen Leiters zu gewährleisten, bedarf es für Ersatz bei Urlaub und Krankheiten mindestens zweier Stellvertreter. Diese mussten „nebenbei" eingearbeitet werden. Aufgrund von Krankheiten fielen bei uns Stellvertreter oft aus, so dass ein Mitarbeiter des höheren Dienstes diese Funktion übernahm und entsprechend andere Aufgaben vernachlässigen musste.
- *Kennziffern*: Mit dem NSM kam auch ein z.T. selbst veranlasster „Hunger" nach Daten auf, die für die interne und externe Steuerung (vgl. Ohle, in diesem Band) relevant zu sein schienen. Z. Z. registrieren wir über 85 statistische Daten pro Insassen, angefangen von der Anzahl der Besucher, über Freizeitaktivitäten, Einzelgespräche, Anzahl der Berichte bis hin zu Alkohol- und Urinkontrollen. Inzwischen zeichnet sich ab, dass sehr viele Daten zum internen Controlling bei der Übersichtlichkeit des Anstaltslebens überflüssig sind. Noch ist unklar, welche Daten für das Amtscontrolling (ggf. aber auch für die wissenschaftliche Evaluation) wirklich gebraucht werden.
- *Konferenzsysteme:* Sowohl anstaltsintern als auch auf der Ebene Behörde/Anstalten mussten im Rahmen des NSM Konferenzen etabliert werden. So tagt z.B. im monatlichen Rhythmus eine anstaltsübergreifende Budgetkonferenz (s.o.), die auf Anstaltsebene entsprechend vor- und nachbereitet werden muss. Hinzu kommen im Jahr 2000 zusätzliche Konferenzen zur Personalbudgetierung.
- *EDV-Technik:* Mit Einführung des NSM wuchsen auch Umfang und Ansprüche der EDV, für die die Mitarbeiter oft unzureichend vorbereitet wurden. So mussten z.B. alle Anstalten einen „Systemverwalter" benennen. In Altengamme ist das ein Computerfreak aus dem Schichtdienst, der heute einen großen Teil seiner Arbeit damit verbringt, nicht funktionierende Computer wieder auf Trab zu bringen. Die erhoffte Personaleinsparung durch Einsatz von EDV können wir z.Z. nicht sehen, das Gegenteil ist der Fall.

Diesen z.T. erheblichen Zusatzaufgaben durch Einführung des NSM muss man freilich wegfallende Verwaltungsarbeiten gegenrechnen, wobei besonders die oft aufwendigen Antragstellungen an zentrale Beschaffungsstellen in vergangenen Zeiten zu nennen sind. Unter dem Strich ist unsere Anstalt seit Einführung des NSM in einem nicht vorhergesehenen Ausmaß mit Verwaltungsaufgaben zusätzlich belastet, ohne dafür personell ausgestattet zu sein.

3. Auswirkungen des NSM auf die Vollzugsgestaltung

Abschließend beurteilen wir unsere Erfahrungen mit dem NSM aus quantitativer und qualitativer Sicht, um dann Erwartungen an die Zukunft zu formulieren: Wie immer bei Strukturveränderungen sind deren langfristige Wirkungen auf die Effektivität einer Institution nur schwer abschätzbar. Dies gilt um so mehr, je diffuser oder von unterschiedlichen Interessen geleitet die Zielorientierung der Einrichtung ist. Was ist der „Output" unserer Anstalt? Sind es die Daten zur Legalbewährung (vgl. Rehn, S. ...., in diesem Band), die Zufriedenheit der Gefangenen bei der Entlassung, die Minimierung politisch Aufsehen erregender Vorkommnisse oder, wie durch das NSM nahegelegt, z.Z. vergleichsweise wenig reliabel erfasste Daten zu „Produkten" wie „Behandlung und Betreuung", „Grundversorgung" und „technische und administrative Sicherheit" (vgl. Ohle, in diesem Band)?

Aus quantitativer Perspektive hat die Anstalt verloren. Ohne den Beitrag zur Konsolidierung des Haushaltes mitzurechnen, ist schlicht erhebliche Mehrarbeit durch das NSM zu leisten. Rein rechnerisch geht der vermehrte Aufwand an Verwaltung zu Lasten der sozialtherapeutischen Betreuung.

Ob dadurch tatsächlich die Qualität der behandelnden Arbeit gelitten hat, ist abschließend nicht valide zu beurteilen. Nach unserer Einschätzung wurde durch das NSM das „Wir-Gefühl" bis auf die Ebene der Inhaftierten gestärkt und damit die Verantwortlichkeit auch für die ökonomischen Belange auf viele Schultern übertragen. Mit der Anstalt und ihren Ressourcen wird pfleglicher umgegangen; sie befindet sich auch dekorativ und baulich in einem guten Zustand. Dabei ist auch vorteilhaft, dass über Jahre hinweg geplant werden kann, weil gespartes Geld übertragbar ist. Im Gegenzug werden immer auch Klagen laut, was man denn noch alles zusätzlich zu arbeiten habe, ohne dass Entlastung in Sicht ist. Das wird auch dadurch geschürt, dass für Verwaltungslaien nur sehr schwer verständliche Vorschriften etwa zur Beschaffungsordnung, zur Einstellung von Honorarkräften oder zum Datenschutz bestehen bzw. neu erlassen werden. Manchmal haben wir das Gefühl, dass die Freiheiten des NSM gleichsam hinter dem Rücken der budgetierten Anstalten wieder zentralistisch einkassiert werden.

Sorge für die Zukunft macht auch der Gedanke, dass unter der Hand ökonomische Interessen der budgetierten Anstalten Vorrang vor den durch das Strafvollzugsgesetz definierten resozialisierenden Aufgaben bekommen. In Hamburg mag dafür die aus unserer Sicht missratene Budgetierung der Medizinkosten ein Beispiel sein: Unsere Anstalt hat für alle anfallenden medizinischen Kosten ein Unterbudget von 17.500,- DM für das Jahr 2000. Im Einzelfall anfallende Kosten bis zu 5000,-DM jährlich müssen bei stationärer Aufnahme im Krankenhaus aus dem Anstaltsbudget beglichen werden. Zwar werden darüber hinaus gehende Kosten aus einem zentralen Risikofonds getragen, jedoch ist bei einer Summierung ungünstiger Risiken das schmale Budget schnell überschritten. Zu Gunsten der Krankenversorgung müssen sodann z.B. therapeutische Aktivitäten oder notwendige Anschaffungen ggf. gestrichen werden. Es scheint uns naiv, von Seiten der Aufsichtsbehörde anzunehmen, dass das auf die Aufnahmeentscheidungen keinen Einfluss hat. Und von Seiten der Anstaltsleitung wäre es wohl unverantwortlich, das Gesamtprogramm angesichts teurer Einzelfälle zu opfern.

Sorgen kann auch die gesamte Debatte um die Leistungserfassung machen. Die Reduzierung von Leistungen auf eine operationale Kette von Zielen – Standards – Produkten – Leistungen – Maßnahmen (vgl. Ohle, in diesem Band; Rehn, 1998, S. 208f) kann durch die Hintertür ökonomischer Überlegungen längst ad-acta gelegte psychotherapeutische Omnipotenzphantasien von Reiz und Reaktion in therapeutischen Beziehungen reaktivieren, weil Zähl- und Messbares in den Vordergrund rückt. Dabei kann der Eindruck entstehen, dass dies für sich allein als das eigentlich wesentliche schon gute Wirkung entfalte und nicht vielmehr die phänomenologische Seite komplexerer, aber eben nicht in Kennziffern darstellbarer Prozesse sei. Dankenswerterweise besteht bei der Controllingabteilung im Amt ein sensibles Bewusstsein für diese Zusammenhänge, so dass für die Zukunft problemadäquate Lösungen zwischen Ökonomie und Behandlung zu erwarten sind.

Notwendigkeit, Ergebnisse und Wirkung der Evaluation im behandlungsorientierten Vollzug

von Frieder Dünkel und Gerhard Rehn

Die relativ kurze Geschichte der Behandlungsforschung in den (Sozialtherapeutischen) Anstalten des deutschsprachigen Raumes ist in mehrfacher Hinsicht lehrreich. Das betrifft nicht allein die Ergebnisse, die von einer noch immer überschaubaren Forschergruppe vorgelegt worden sind, sondern ebenso sehr die Aufnahme der Befunde durch die Praxis, die Kriminalpolitik und die Wissenschaft sowie schließlich die Frage, ob und inwieweit praktische Veränderungen aus empirischen Erkenntnissen hergeleitet worden sind.

Vor allem die z.T. aufwendigen Rückfalluntersuchungen mit ihren für die Sozialtherapie moderat positiven Befunden wurden insgesamt interessiert und wohlwollend, wenngleich im einzelnen durchaus auch kritisch, aufgenommen – und das bis heute hin (vgl. z.B. Schöch, 1992, S. 243f; Schüler-Springorum, 1998b, S. 149; Walter, 1999, Rz. 327ff).

Mehr Aufmerksamkeit erlangten freilich Positionen vom Rande her, die sich durch die neueren Untersuchungen nicht in der Auffassung beirren ließen, dass Behandlung im Strafvollzug ein Widerspruch in sich sei und dass folglich nicht gehen dürfe, was nicht gehen könne. In der Tradition einer schon früh einsetzenden Behandlungskritik (zusammenfassend Walter, 1999, S. 294ff mit vielen Literaturhinweisen) traten diese fundamentalen Positionen nun im Gewande einer radikalen Methodenkritik scheinbar objektiv auf (z.B. Blass-Wilhelms, 1983; Voss, 1980; weitere Nachweise bei Kury, 1983). Derartige Kritik war oftmals wenig hilfreich, wenn und weil sie eine Brücke zueinander nicht gelten ließ oder hilfreich nur dann, wenn sie quasi gegen den Strich ihrer eigentlichen Intentionen gelesen wurde. Methodenkritik in diesem Sinne ist zudem beliebig erweiterbar. Sie konnte und kann „als quasi unbesiegbare Waffe eingesetzt werden, wenn ... sie lediglich zur Absicherung vorgefasster Gegenmeinungen benutzt wird..." (Egg, 1983, S. 208). Die seit einigen Jahren engagiert geführte Diskussion um die „Revitalisierung" der Straftäterbehandlung (Steller et al., 1994) könnte vor diesem Hintergrund eine weitere unfruchtbare Runde der alten Auseinandersetzung zwischen Befürwortern und Gegnern der Behandlung im Strafvollzug einleiten (Lösel, 1996, S. 259). Dafür lassen sich Belege finden (z.B. bei einem allerdings differenziert argumentierenden Feest, 2000, vor § 2 StVollzG, Rz. 5ff; Ortmann, 1999). Wichtiger wäre es aber, eine Basis für eine im Wortsinne kritische Auseinandersetzung über Praxisfelder und Theorien sowie über Behandlungs- und Forschungsmethoden abzustecken. Da mag es hilfreich sein, neben großen Ideen, Entwürfen und Ansprüchen recht kleinteilig auch auf konkrete Praxisvollzüge und die Erträge vielfältiger Wirksamkeitsstudien zu blicken, jeweils das eine am anderen zu messen, vergleichend zu bewerten, praxisrelevante Erkenntnisse handlungswirksam aufzubereiten, Methoden der Erhebung und Auswertung zu verbessern und für Forschung neue Fragen zu entwickeln. Bei all dem sollten die Straffälligen, für die (bzw. für deren „Besserung") dies alles letztlich veranstaltet wird, als konkrete Subjekte nicht aus dem Blick geraten. Evaluation stellt sich so als ein kontinuierlicher Prozess dar, in dem ein soziales System über sich selbst lernt (Lösel, 1996, S. 259).

1. Überblick über Ergebnisse der Behandlungsforschung zur Sozialtherapie in Deutschland

1.1 Überblick und Bewertung

In Deutschland hat sich der Streit um die Sozialtherapie seit Anfang der 80er Jahre immer wieder auch an ihrem Beitrag zur Rückfallverhinderung entzündet. Die Frage der Effizienz wurde zeitweise zu einer Art Glaubenskrieg der Befürworter und Gegner des Behandlungsgedankens hochstilisiert, obwohl die Existenzberechtigung der Sozialtherapie unabhängig von der Frage einer günstigeren Legalbewährung aus dem Sozialstaatsprinzip abzuleiten ist (vgl. Dünkel & Geng, 1994, S. 58, Feest, 2000, vor § 2 StVollzG, Rz. 10). Zu den heftigen Auseinandersetzungen hatte nicht zuletzt die in den USA in den 70er Jahren vollzogene kriminalpolitische Wende von der Spezial- zur Generalprävention als Leitprinzip von Strafzumessung und -vollzug beigetragen. Martinson hatte 1974 das Schlagwort des „nothing works" für Behandlungsexperimente im Strafvollzug geprägt. Ausgangspunkt für diese Einschätzung war eine sekundäranalytische Auswertung mehrerer hundert Evaluationsstudien gewesen (Lipton et al., 1975). Obwohl die These von Martinson selbst nie so apodiktisch gemeint war und in der Forschung eine differenziertere Sicht gefordert wurde (vgl. bereits Sechrest et al., 1979; Kaiser et al., 1992, Rz. 110), fand die „Abkehr von der Behandlungsideologie" vor allem in Skandinavien und schließlich auch hierzulande Anklang, noch bevor durch Evaluationsstudien belegte Aussagen zur Wirksamkeit der deutschen Behandlungsmodelle vorhanden waren.

Die seit Ende der 70er Jahre vorgelegten Studien stehen in auffälligem Kontrast zum (damaligen) Negativbild der anglo-amerikanischen Literatur. Vor allem die umfassenden Rückfallstudien von Rehn (1979, s. auch Rehn & Jürgensen, 1983) im Hamburger Strafvollzug und von Dünkel (1980, s. auch Dünkel & Geng 1993; 1994) im Berliner Strafvollzug wiesen auf eine um 10-20%, d. h. bezogen auf die Rückfallwahrscheinlichkeit ohne Behandlung um ein Drittel geminderte Rückfallquote nach sozialtherapeutischer Behandlung im Vergleich zu einer Kontrollgruppe von Entlassenen des Normalvollzugs hin. Ferner zeigten sich auch in der Rückfallschwere und im Rückfallintervall Vorteile zugunsten der Sozialtherapie.

Selbstverständlich blieben methodische Probleme der Vergleichbarkeit von Experimental- und Kontrollgruppe in Anbetracht des Ex-post-facto-Untersuchungsdesigns evident. So musste eine geeignete Kontrollgruppe gefunden werden, d. h. im Regelvollzug verbliebene oder aus ihm entlassene Gefangene, die nach Kriterien der kriminellen Vorbelastung etc. mit den sozialtherapeutisch Behandelten vergleichbar waren, und die für eine Behandlung in Betracht gekommen wären. Hinzu kam, dass die Behandlungsmaßnahmen im engeren Sinne nachträglich nicht mehr detailliert und auf den einzelnen Gefangenen bezogen erfassbar waren.

Dennoch wurden diese Studien ebenso wie 14 weitere, im Stichprobenumfang allerdings kleinere Wirkungsanalysen in der Meta-Evaluation von Lösel et al. (1987) positiv bewertet, - auch in der methodischen Anlage. Es wurde ein mittlerer Korrelationskoeffizient von .11 zugunsten der Sozialtherapie ermittelt. Zudem sind, wie auch aus neueren ausländischen Studien ersichtlich, differentielle Effekte zu unterscheiden. Erfolge weisen vor allem Programme auf, die auf die speziellen Problem- und Lebenslagen der Probanden zugeschnitten sind (vgl. Andrews et al., 1990; Gendreau & Andrews, 1990; Lösel, 1993; 1994; Gendreau & Goggin, 1995a, 1995b). Dabei sind Methoden des sozialen Lernens im Sinne eines (sozialen) Trainings zur Verbesserung von Problemlösungs- und Handlungskompetenzen besonders vielversprechend (Izzo & Ross, 1990). Die deutschen Forschungen zur Sozialtherapie bestätigen diesen internationalen Trend in eindrucksvoller Weise. Dies wird auch aus einer erneuten metaanalytischen Aufbereitung der vorliegenden Forschungsberichte (Egg et al. in diesem Band) sowie aus aktuellen Rückfalluntersuchungen über Sozialtherapeutischen Einrichtungen in Niedersachsen (Seitz & Specht in diesem Band) und der Sozialtherapeutische Anstalt Hamburg-Altengamme (Rehn, in diesem Band, S. 372) deutlich.

Bei der Gestaltung der Sozialtherapie kommt es vermutlich weniger auf die jeweils konkrete Ausprägung, d.h. darauf an, ob Schwerpunkte der Behandlung eher bei der Einzel- oder bei der Gruppentherapie, beim sozialen Training oder auf Bildungsmaßnahmen liegen. Wichtiger ist wohl, dass das jeweilige Programm umfassend im Sinne integrativer Sozialtherapie ist und stringent durchgeführt wird. In einer methodisch anspruchsvollen Studie hat Ortmann auf der Grundlage eines experimentellen Designs im persönlichkeitspsychologischen Bereich kaum signifikante Veränderungen bis zum Zeitpunkt der Haftentlassung ermittelte (Ortmann, 2000a, S. 130). Jedoch hob sich die Sozialtherapie hinsichtlich Entlassungsvorbereitung und Intensität der (sozialarbeiterischen) Betreuung deutlich und vorteilhaft vom Regelvollzug ab. Dementsprechend hatten deutlich mehr Probanden der Experimental- als der Kontrollgruppe einen festen Arbeitsplatz nach der Entlassung (45% : 25%) und weniger häufig Schulden (69% : 80%). Hinsichtlich der späteren Legalbewährung ergaben sich nur geringfügig geringere Rückfallquoten der sozialtherapeutisch Behandelten (Gesamtdifferenz: 7,5% bei Berücksichtigung aller neuer Verurteilungen incl. Geldstrafen; die Differenz nimmt mit der Schwere der Delikte ab; Ortmann, 2000a, S. 123f). Dieses erst seit kurzem vorliegende Ergebnis bedarf der vergleichenden Analyse. Dabei wäre besonderes Augenmerk auf die Qualität der jeweils evaluierten Praxisfelder, die Zusammensetzung der Gefangenengruppen, die Summe der im Einzelfall angebotenen Hilfen und ihre Nutzung durch die Betroffenen zu richten.

1.2 Auswirkung sozialtherapeutischer Behandlung auf Karrieretäter

Bemerkenswert im Rahmen der deutschen Untersuchungen erscheint, dass gerade bei besonders schwer vorbelasteten und schwierigen Gefangenen die Sozialtherapie günstigere Resozialisierungserfolge verspricht. Die Untersuchung von Dünkel & Geng an 510 sog. Karrieretätern, d.h. vielfach und schwer Vorbestraften, ergab Unterschiede der Rückfälligkeit im Sinne einer erneuten Inhaftierung von 20-24%, d. h. (bezogen auf die Rückfallwahrscheinlichkeit ohne Behandlung) ein um mehr als 50% gemindertes Rückfallrisiko im Falle sozialtherapeutischer Behandlung (Dünkel & Geng, 1993, S. 210, 234; 1994, S. 44f). Sozialtherapeutisch Behandelte wurden darüber hinaus weniger häufig und schwer sowie erst zu einem späteren Zeitpunkt wieder verurteilt, nur in seltenen Einzelfällen wegen schwerer Gewalttaten. Die Untersuchung ermöglichte infolge des zehnjährigen Beobachtungszeitraums eine differenzierte Analyse des Rückfallgeschehens und damit einen grundlagenorientierten Beitrag zur Karrieretäterforschung. So wurde deutlich, dass der erste Rückfall sich i. d. R. innerhalb der ersten zwei bis drei Jahre, vielfach schon unmittelbar nach der Entlassung ereignet. Unterteilt man den Beobachtungszeitraum in zwei Fünfjahresintervalle, so zeigt sich eine deutliche Abschwächung der kriminellen Aktivitäten im zweiten Intervall, bei sozialtherapeutisch Behandelten wiederum stärker als bei Regelvollzugsinsassen. Erstmals rückfällig wurden nach mehr als 5 Jahren nur noch jeweils ca. 5% der Entlassenen (zusammenfassend Dünkel, 1996). In den seltensten Fällen werden Gewalt- und Sexualtäter einschlägig wiederverurteilt, während Eigentums- und Vermögenstäter eher eine Professionalisierung und Konstanz in der Art und Weise der Tatbegehung aufweisen (Hermann & Kerner, 1988, S. 485 ff).

Als *theoretisches Modell* lassen sich die Überlegungen von Hermann & Kerner gut mit den in dieser Untersuchung ermittelten Rückfalldaten in Übereinstimmung bringen. Einerseits wird die kriminelle Karriere durch eine Eigendynamik infolge vorausgegangener Sozialisationsbelastungen, Stigmatisierungen und Etikettierungen durch die Kontrollinstanzen geprägt, die zunehmend als zwanghaft und unabhängig von sozialbiographischen Defiziten erscheint. Zum anderen wird diese Eigendynamik der Karriere jedoch überlagert von einem rückfallreduzierenden Prozess („differenzielle Rückfallreduzierung"), dem eine Reihe altersbedingter Verhaltens- und Einstellungsänderungen zugrunde liegt. Hierauf können Maßnahmen des Strafvollzugs wie Sozialtherapie, Vollzugslockerungen, gezielte Entlassungsvorbereitung und bedingte Entlassung auf Bewährung in positivem Sinn einwirken (Rehn, 1981).

Für den Rechtsanwender sind diese theoretischen und empirisch belegten Befunde beispielsweise bei der prognostischen Bewertung von Karrieremerkmalen von großer Bedeutung. Im allgemeinen ungünstige Merkmalsausprägungen wie kriminelle Auffälligkeiten schon im Jugendalter, zahlreiche Vorstrafen und sozialbiographische Defizite wie z.B. ungünstiges familiäres Erziehungsmilieu, fehlende Schul- und Berufsausbildung, frühere Arbeitslosigkeit etc. verlieren prognostisch mit zunehmender Karrieredauer gegenüber „aktuellen Ereignissen, Interaktionen und Handlungsorientierungen" an Bedeutung (Hermann & Kerner, 1988, S. 498). Bei Entscheidungen über bedingte Entlassungen wäre dieser Alters- und Karrierefaktor durch eine entsprechende Gewichtung der aktuellen Situation und der Möglichkeiten zu ihrer Beeinflussung, z. B. durch die Bewährungshilfe, zu berücksichtigen. Entsprechend sollten weit zurückliegende Merkmale der Straffälligkeit mit dem Alter zunehmend an prognostischer Bedeutung verlieren (Spieß, 1993; 1996).

2. Überblick über den internationalen Forschungsstand

Die Forschungslage im internationalen Vergleich zur Behandlung im Strafvollzug wurde in jüngerer Zeit in Deutschland von Lösel dahingehend zusammengefasst, dass vor allem Programme, die auf die speziellen Probleme und Lebenslagen der Probanden zugeschnitten und gut strukturiert sind, als erfolgversprechend beurteilt werden können (Lösel, 1993; 1994; s. auch Lösel; Wischka & Specht sowie Egg et al. in diesem Band). Dabei sind Methoden des sozialen Lernens im Sinne des sozialen Trainings zur Verbesserung der Problemlösungs- und Handlungskompetenzen besonders vielversprechend. Schon in den 70er Jahren hatten amerikanische Untersuchungen darauf hingewiesen, dass ausgebliebene „Behandlungserfolge" im Strafvollzug auch auf ungünstige gesamtgesellschaftliche Rahmenbedingungen wie z.B. Arbeitslosigkeit, Wohnungsknappheit und Rassendiskriminierung zurückgeführt werden können, die die therapeutischen Interventionen im engeren Sinne neutralisieren. Dementsprechend scheinen Behandlungsprogramme vielversprechend, die zu einer Verbesserung der Chancenstruktur bzw. der Lebenslagen beitragen (z. B. Freigängerprogramme). Insgesamt kommen die aktuellen Meta-Analysen in den USA und in Deutschland zu dem auffällig übereinstimmenden Befund, dass man eine Effektstärke von ca. .10 bis .12 für Behandlungsprogramme im Strafvollzug annehmen darf. Dies entspricht einer Reduzierung der Rückfallquote um mindestens 10%. Ob dies als viel oder wenig einzuschätzen ist, bleibt natürlich eine Wertungsfrage. Insoweit erscheint der nachfolgende Vergleich von Lösel jedoch einleuchtend und sollte vorschnellen Kritikern zu denken geben: Die in neueren Meta-Analysen im In- und Ausland auffällig konsistente mittlere Effektstärke von .10 bis .12 bedeutet, übertragen auf den medizinischen Bereich, folgendes: „Wenn von einer unbehandelten Gruppe Kranker 50 Prozent genesen, dann sind dies in der behandelten Gruppe 60. Wer würde selbst bei einem solchen scheinbar kleinen Effekt bei einer schwerwiegenden Krankheit auf die Therapie verzichten? Die Straftäterbehandlung sollte sich vor entsprechenden Kosten-Nutzen-Analysen nicht scheuen."(Lösel, 1993, S. 25f).

Neben der umfassenden Studie des Home Office (Goldblatt & Lewis, 1998) und des amerikanischen National Institute of Justice (Sherman et al., 1998) ist hier vor allem die weltweit angelegte Meta-Analyse von Lipton (1998) hervorzuheben, der 30 Jahre nach der legendären, aber vielfach missverstandenen Zusammenfassung der bis Ende der 60er Jahre vorgelegten Evaluationsstudien (Lipton et al., 1975) nunmehr überwiegend positive Effekte ambulanter und stationärer Behandlungsmaßnahmen für die Folgezeit nachweist, die um so stärker ausfallen, je mehr die Maßnahmen den aus der Forschung herauspräparierten „Wirkfaktoren" folgen (vgl. Lösel; Wischka & Specht sowie Egg et al. in diesem Band).

Nach der Sekundäranalyse von Lipton leistet das traditionelle Gefängnis mit einer Effektstärke von .01 (bei allerdings relativ großer Varianz) keinen Beitrag zur Rückfallverminderung im Vergleich zu anderen Behandlungsmaßnahmen. Auch die erfassten 53 Studien zu gesprächstherapeutischen Maßnahmen liegen mit .04 nahe an einem „Null-Effekt". Drogentherapeutischen Programmen ist durchschnittlich ein schwach positiver Effekt zu bescheinigen (.07). Deutlich günstige Effektstärken wurden für verhaltenstherapeutische Programme des sozialen Lernens und der Vermittlung sozialer Kompetenzen ermittelt (.14 bzw. .18, „cognitive behavioral-", social learning-" bzw. „social skills"-Programme). Studien, die therapeutische Gemeinschaften bzw. milieutherapeutische Ansätze untersuchten (dazu gehören auch die deutschen Sozialtherapiestudien) zeigten Effektstärken von durchschnittlich .12. Die günstigsten Effekte (.26) scheinen realitätstherapeutische Behandlungsmaßnahmen zu haben (Lipton, 1998, S. 33).

Insgesamt bestätigen die aktuellen Bestandsaufnahmen eindrucksvoll eine dem „nothing works" der 70er Jahre konträre Einschätzung. So ist nach 20 Jahren z. T. ideologisch verhärteter Diskussion in den USA und in zahlreichen europäischen Ländern (für Italien vgl. Stella, 1999) eine realistische Einschätzung eines „something works" zum Durchbruch gelangt, die weder die Probleme der Straftäterbehandlung (vor allem im Strafvollzug) verkennt und in einen übertriebenen Optimismus verfällt, noch die Chancen einer erfolgreichen Arbeit unter bestimmten, gestaltbaren Rahmenbedingungen verleugnet (Steller et al., 1994; Kury in diesem Band). Darin liegt ein entscheidender und ermutigender Ansatz: der Optimismus, dass Vollzugsreformen denkbar und machbar sind, die tatsächlich günstigere Ergebnisse bei der Rückfallvermeidung aufweisen, ist empirisch begründet.

3. Folgerungen für den deutschen Strafvollzug

Für den deutschen Strafvollzug gibt es danach keinen Grund zur Resignation, wenngleich man die Erwartungen in Anbetracht der zunehmend schwierigeren Rahmenbedingungen (Überbelegung, Finanzknappheit) realistisch in einem eher begrenzten Beitrag zur Rückfallverminderung sehen sollte. Die Zielsetzung, den meist erheblich vorbelasteten Verurteilten gemäß § 2 Strafvollzugsgesetz (StVollzG) zu einem Leben ohne Straftaten „in sozialer Verantwortung" verhelfen zu wollen, ist mit den Mitteln des Freiheitsentzugs von vornherein nur eingeschränkt erreichbar. Zwar verfestigt der (Jugend-) Strafvollzug – wie wir aus Langzeitstudien wissen (vgl. Kerner & Janssen, 1983; Dolde & Grübl, 1988; für den Erwachsenenvollzug Dünkel & Geng, 1993; 1994; Rehn & Jürgensen, 1983) – kriminelle Karrieren nicht notwendigerweise, da eine positive Stabilisierung bei langfristiger Betrachtung selbst bei besonders belasteten Tätergruppen auftritt, jedoch wird der Integrationsprozess wegen der *auch* negativen Wirkungen des Freiheitsentzugs, die noch so gut gemeinte Resozialisierungsprogramme neutralisieren können, eher verzögert. Dies bedeutet jedoch nicht, auf Resozialisierungsangebote und die Verbesserung der Situation im Strafvollzug zu verzichten. Im Gegenteil belegen die Sozialisations- und Bildungsdefizite bei der hoch selektierten Population des Jugend- und Erwachsenenstrafvollzugs eindrucksvoll die Notwendigkeit verstärkter (kompensatorischer) Bemühungen. Als Grundsatz und Erfahrungswissen der vergleichenden empirischen Sanktionsforschung muss jedoch nach wie vor gelten, dass ambulante Alternativen wie beispielsweise die Strafaussetzung zur Bewährung und Bewährungshilfe (vgl. Dünkel & Spieß, 1992; Spieß, 1996; zu den ausländischen Erfahrungen vgl. MacKenzie in Sherman et al., 1998; Moxon, 1998; Vennard & Hedderman, 1998) oder die bedingte vorzeitige Entlassung spezialpräventiv in vielen Fällen mindestens ebenbürtig, oder sogar vorteilhafter sind (insbesondere Lipsey, 1992; MacKenzie in Sherman u. a., 1998). In der Sekundäranalyse von Lipton (1998) wurde bei den sog. Mentoring-Programmen (eine intensive Betreuung bzw. Bewährungshilfe durch einen für einen einzelnen Jugendlichen verantwortlichen Mentor) eine beachtliche Effektstärke von .25 hinsichtlich der Rückfallvermeidung gefunden (zu den Auswirkungen einer milderen Sanktionspraxis im österreichischen Jugendstrafrecht in den 80er Jahren vgl. Pilgram 1994; zusammenfassend Kerner 1996).

Die Entwicklung des deutschen Strafvollzuges seit der Reform Anfang der 70er Jahre weist neben vielen nach wie vor zu kritisierenden Mängeln als eine besonders positive Entwicklung, die eindeutig den international ausgewiesenen erfolgreichen Strategien der Straftäterbehandlung entspricht, die zunehmende Öffnung des Vollzuges über offene Anstalten und Vollzugslockerungen aus. Die zunehmende und bei einzelnen Gefangenen sehr weitgehende Lockerungspraxis hat nicht zu einem Verlust, sondern zu einer Zunahme von Sicherheit für die Bevölkerung und die Vollzugsbediensteten geführt (zusammenfassend Dünkel, 1998). Nach allen vorliegenden Untersuchungen halten sich schwere Delikte während Lockerungsmaßnahmen in engen Grenzen. Der Vollzug geht im allgemeinen ausgesprochen vorsichtig mit Lockerungen um, mit der zum Teil durchaus negativen Folge, dass eine beachtliche Zahl von Gefangenen nach wie vor überhaupt nicht durch Lockerungen auf die Entlassung vorbereitet wird. So erhielten von den in Schleswig-Holstein 1989 Entlassenen bei einer Verbüßung von mehr als 6 Monaten Freiheitsstrafe immerhin 37% im Frauenvollzug, 32% im Jugendvollzug und 18% im Männererwachsenenvollzug keinerlei Urlaub, jeweils etwa die Hälfte der Gefangenen erhielten keinerlei Ausgang (Dünkel 1992, S. 99ff). Von daher erscheint es verfehlt, wenn etwa gefordert wird, die „extensive" Lockerungspraxis zu überdenken. Diese Auffassung vertritt z.B. Schwind (1997, S. 620) bezogen auf Gewalt- und Sexualstraftäter, denen aber nach vorliegenden Untersuchungen schon früher seltener, wenngleich nicht mit schlechterem Erfolg, Lockerungen gewährt wurden (Dünkel, 1992, S. 99 ff). Im Gegenteil müsste gerade im geschlossenen Vollzug, der seit Mitte der 80er Jahre deutlich rückläufige Lockerungsquoten aufweist, gezielt im Sinne des Resozialisierungsgedankens mit der Ausweitung von Hafturlaub etc. oder durch frühzeitige Verlegungen in den offenen Vollzug gegengesteuert werden.

Die empirischen Befunde bestätigen die Kriminalpolitik der letzten 20 Jahre, die auf eine Zurückdrängung freiheitsentziehender Sanktionen und die Anwendung der Freiheitsstrafe nur als „*ultima ratio*" angelegt war und z. B. in Deutschland und Österreich durch die Strafrechtsreformgesetze der fast 30 Jahre bis 1997 sowie der Jugendstrafrechts-Reformen von 1988 bzw. 1990 bestätigt wurden. Bei gleichwohl erfolgender Inhaftierung hat sich die Behandlung in Sozialtherapeutischen Anstalten als rückfallverringernde Maßnahme bewährt und zwar gerade auch bei wiederholt und mit gefährlichen Straftaten auffällig gewordenen Tätern.

4. Evaluation und rechtliche Rahmenbedingungen der Sozialtherapie

Mit dem Gesetz zur Bekämpfung von Sexualdelikten und anderen gefährlichen Straftaten vom 26.1.1998 hat die Sozialtherapie eine unerwartete Aufwertung erfahren. Fast 20 Jahre nach den Debatten und Bemühungen, eine konkretere und verbindlichere normative Regelung zur Sozialtherapie im StVollzG zu verankern, wurde jedenfalls für die Gruppe der Sexualtäter die 1981 vom Fachausschuss V des Bundeszusammenschlusses für Straffälligenhilfe geforderte Soll-Bestimmung in § 9 StVollzG aufgenommen (s. auch Kaiser et al., 1982). Ab 1.1.2003 wird die Soll-Regelung sogar durch eine noch „verbindlichere" Muss-Vorschrift ersetzt (zu Einzelheiten vgl. Dessecker und Rehn, S. 26ff, in diesem Band). Die Aufnahme von zu Freiheitsstrafen von mehr als zwei Jahren verurteilten Sexualtätern nach § 9 Abs. 1 StVollzG setzt dann weder die Zustimmung des Gefangenen noch die des Leiters der Sozialtherapeutischen Einrichtung voraus. Die Verlegungspflicht begründet auch ein Verlegungsrecht. Für die Evaluation der Sozialtherapie bedeutet dies, dass die ohnehin unter ethischen Gesichtspunkten problematische Zufallszuweisung für an sich für Sozialtherapie geeignete Gefangene an eine Behandlungsgruppe einerseits, an eine nicht behandelte Kontrollgruppe andererseits nicht mehr möglich sein wird.

Die rechtlichen Rahmenbedingungen sind unabhängig von der gesetzlichen Neuregelung von 1998 unzulänglich. So mangelt es an Normen im Sinne einer institutionellen Bestandssicherung, die Qualitätsmerkmale bzw. Mindeststandards der Ausstattung festschreiben. Schon bei der Reform von 1984, die eine bescheidene Anreicherung der sogenannten Vollzugslösung brachte, indem die Prüfung der Aufnahme in die Sozialtherapie zum Gegenstand der notwendigen Vollzugsplanung wurde (vgl. § 7 Abs. 2 StVollzG), kritisierte man die fehlende institutionelle Absicherung der Sozialtherapie in den §§ 123 ff. StVollzG. Der Gesetzgeber hatte hier mit der „Öffnungsklausel" für Sozialtherapeutische Abteilungen innerhalb des räumlichen Bereichs von Regelvollzugsanstalten (vgl. § 123 Abs. 2 StVollzG) sogar eine Aufweichung des Konzepts der Sozialtherapie bewirkt, die in der Wissenschaft und Praxis der Sozialtherapie einhellig abgelehnt worden war (Rehn, 1990; Rehn, in diesem Band, S. 264ff; s. aber auch Wischka in diesem Band, S. 250). Befürchtet wurde Etikettenschwindel, indem personell unzureichend ausgestattete Abteilungen mit dem Label des Behandlungsvollzugs versehen werden, um eine in Wahrheit allenfalls humane Verwahrung zu vertuschen und den durch die Gesetzesänderung begründeten Platzbedarf in Sozialtherapeutischen Einrichtungen (hierzu Rehn, in diesem Band, S. 264ff) formal zu entsprechen. Im Rahmen einer aktuellen Umfrage (Dünkel &

Drenkhahn 2001) wurde deutlich, dass einige Bundesländer (z.B. Bayern) das Therapieangebot für sozialtherapeutisch zu behandelnde Sexualtäter im Regelvollzug durch „sozialtherapeutisch *orientierte* (Hervorhebung v. Verf.) Abteilungen", insbesondere durch Psychotherapie in Einzelfällen realisieren wollen. Die Gefahr des Ausweichens in zu vielen Fällen auf vergleichsweise billigere, aber weniger wirksame Angebote, aber auch auf ein mit Psychotherapie angereichertes Regelvollzugskonzept, dem das Etikett „Sozialtherapie" aufgesetzt wird, ist also durchaus real.

Der bereits erwähnte Bundeszusammenschluss für Straffälligenhilfe hatte deshalb schon 1981 versucht, Mindeststandards der personellen und räumlichen Ausstattung vorzugeben, um zu „verhindern, dass mit dem Namen ‚Sozialtherapie' Vollzugsbereiche belegt werden, die in ihrer Ausstattung sozialtherapeutischen Standards nicht genügen" (Bundeszusammenschluss, 1981, S. 23). Inzwischen wurden diese Standards fortentwikkelt und von Wischka & Specht für diesen Band fortgeschrieben (s. dort).

Für die Evaluation der Sozialtherapie bedeutet dies für die Zukunft noch mehr als für die Vergangenheit, dass die Anwendung der wenig präzisen gesetzlichen Normen bei der Gestaltung einer Anstalt oder Abteilung genau untersucht und die Bedingungen der vorgefundenen Praxisfelder detailliert dargelegt und kritisch bewertet werden müssen. Dabei sind zumindest die Maßstäbe anzuwenden, die von den an Sozialtherapie in Praxis und Wissenschaft interessierten Personen entwickelt und veröffentlicht worden sind (Wischka & Specht in diesem Band). Hierzu gehören dann auch die aus der Behandlungsforschung entwickelten Grundsätze einer wirksamen Straftäterbehandlung (s. auch Lösel und Egg et al. in diesem Band). Ferner sind die Zusammensetzung der Gefangenengruppe hinsichtlich Delikten, Vorstrafenbelastung, etc., die Zahl der Rückverlegungen, die relevanten Details des intramuralen Behandlungsprogramms sowie Maßnahmen der Überleitung und der Nachsorge möglichst präzise anzugeben und zu den Ergebnissen der auf Insassen oder Entlassene bezogenen Evaluation in Beziehung zu setzen. Nur so kann verhindert werden, dass unkritisch von der Annahme ausgegangen wird, dass der Name „Sozialtherapie" für jeweils gleiche Inhalte steht. Die Qualität eines Forschungsansatzes wird künftig auch daran gemessen werden müssen, inwieweit das jeweilige Praxisfeld als Forschungsgegenstand einbezogen und theoriegeleitet analysiert wird. Dieses Vorgehen hilft auch bei der Entwicklung der Sozialtherapie mehr, als wenn weiterhin nur der Output in Form insbesondere von Rückfallzahlen gemessen wird. Möglich werden Vergleiche zwischen den Einrichtungen, die sodann einen Beitrag zur Behebung von Mängeln leisten können.

Eine wichtige rechts- und vollzugspolitische Bedeutung der Sozialtherapie wird auch in Zukunft in der Vorreiterfunktion zur Fortentwicklung des sog. Normalvollzugs bestehen. Einige Reformen des Strafvollzugs wurden in den 70er-Jahren in der Sozialtherapie erprobt und dann auf den Regelvollzug übertragen (z.B. soziales Training, normalisierende und milieutherapeutische Vollzugsgestaltung, zum Teil auch Vollzugslockerungen). Es wird auch zukünftig darum gehen, den Regelvollzug mit erfolgreichen Behandlungsansätzen der Sozialtherapie möglichst weitgehend zu verbessern. Dies setzt allerdings voraus, dass die Sozialtherapie ihre institutionelle Eigenständigkeit behält und die finanziellen und personellen Rahmenbedingungen gesichert werden.

Vor allem gilt es zu verhindern, dass mit dem Argument der besonderen Gefährlichkeit und des besonderen Sicherungsbedarfs angesichts des neuen Klientels (das im übrigen für die Praxis der Sozialtherapie so neu nicht ist) die traditionell auch bei schwierigen Tätergruppen erfolgreich betriebene Öffnung des Vollzugs zurückgedreht wird und der Sozialtherapie damit ein Eckpfeiler des Behandlungskonzepts wegbricht.

Erhebliche Bedeutung bei der Fortentwicklung und Qualitätssicherung der Sozialtherapie wird der empirischen Begleitforschung zukommen, die gleichfalls einer verbesserten institutionellen Absicherung bedürfte. Die in das StVollzG 1998 neu eingefügten Datenschutzvorschriften haben zwar eine Übermittlung von Daten zu wissenschaftlichen Zwecken in § 186 gesetzlich geregelt, jedoch sind die aus den bestehenden landes- und bundesrechtlichen Datenschutzvorschriften bekannten Probleme auch in das Gesetz übernommen worden: Die Übermittlung von personenbezogenen Daten erfolgt nur, wenn das öffentliche Interesse an der Forschungsarbeit das schutzwürdige Interesse des Betroffenen *erheblich* überwiegt und die Erteilung von Auskünften keinen unverhältnismäßigen Aufwand erfordert (vgl. § 186 Abs. 1 Nr. 3 und Abs. 2 StVollzG). Diese Bestimmungen können jenseits berechtigter Vorbehalte zu Behinderungen der Forschung führen, wenn sie restriktiv interpretiert und gehandhabt werden. Dabei ist gerade der Bereich Sozialtherapie mit einer permanenten Begleitforschung zu verbinden, deren Kosten bereits bei der Planung entsprechender Anstalten mit veranschlagt werden sollten.

5. Rezeption in Kriminalpolitik und Praxis

Der Zusammenhang zwischen Kriminalpolitik und Praxis auf der einen, Wissenschaft und Forschung auf der anderen Seite ist vielschichtig, widersprüchlich und gewiss auch verbesserungsbedürftig. Grundsätzlich sind beide Bereiche so sehr mit sich selbst beschäftigt und in die Gepflogenheiten des je eigenen sozialen Systems eingesponnen, dass Berührungen keineswegs selbstverständlich sind oder gar systematisch gepflegt werden. Zwar scheinen ideologisch zugespitzte Unterscheidungen etwa zwischen „Staatskriminologen" (Brusten, 1981) und sonstigen Kriminologen kaum noch bedeutsam zu sein. Auch Abgrenzung fördernde, pauschal-negative Zuschreibungen an die „Sanktionsinstanzen" einerseits, an auf dekonstruktivistische und abolitionistische Theorien fixierte, als blauäugig, wirklichkeitsfern und schwer verständlich empfundene Wissenschaftler andererseits, sind kaum noch wichtig.

Bei allem ist aber zu bewahren, was aus z.T. überschießender Positionierung gewonnen wurde: So ist die Identifizierung der mit Forschung jeweils verbundenen Interessen unerlässlich für die zuverlässige Einschätzung von Ergebnissen, daher zu offenbaren und nachfragender Kritik zugänglich zu machen. Und selbstverständlich sind die Erkenntnisse der kritischen und sonst der Aufklärung verpflichteten Kriminologie zu bewahren und anzuwenden; die Zeiten verlangen intensiv danach. Ferner ist es, um menschenfreundliche Verbesserungen zu erreichen, erforderlich, darin fortzufahren, pauschale Feindbilder durch eine differenzierte Sichtweise der unterschiedlichen Praxisbereiche und der dort handelnden Personen zu ersetzen und so an einem Brückenschlag mitzuwirken (Rehn, 1995). Zuletzt ist festzustellen, dass von dem Bazillus einer prononciert exklusiven wissenschaftlichen Fortschrittlichkeit nicht alle kriminologisch und sozialwissenschaftlich orientierten Wissenschaftler befallen waren (und sind). Gerade im Praxisbereich Sozialtherapie gab es stets Wissenschaftler unterschiedlicher Orientierung und Disziplinen, die mit ihrem Wissen und ihren Möglichkeiten daran mitgewirkt haben, die konkrete Arbeit zu verbessern und Erkenntnisse über sie zu vermehren.

Dennoch ist der Abstand zwischen beiden Bereichen weiterhin groß, Verbesserungen sind erwünscht. Dabei ist zu respektieren, dass in beiden Feldern nach je eigener Notwendigkeit gehandelt werden muss, denn es ist z.B. keineswegs anzustreben, dass Wissenschaft in Politik aufgeht. Auch sonst werden bei allen Bemühungen grundsätzliche Diskrepanzen bestehen bleiben. Da mag es hilfreich sein, sie zu kennen, um neben Grenzen das Mögliche um so besser sehen und schätzen sowie auf den eigenen Bereich anwenden zu können.

5.1 Politik

Politik scheint immer ein wenig so zu sein, wie man sich das nach verbreiteten (Vor-) Urteilen vorstellt und zugleich immer auch ganz anders. Auch Politiker sind in aller Regel nach Studien aus dem wissenschaftlichen System hervorgegangen und waren z.T. sogar als Wissenschaftler tätig. Sie sind, wie andere Menschen in exponierten Positionen auch, auf Wissen über Fakten und deren Verknüpfungen, über Trends und Prognosen, auf die Analyse der Folgen und Nebenfolgen von Handlungen, kurz: auf das kumulierte gesellschaftliche, nicht zuletzt auch wissenschaftlich-empirische Wissen angewiesen, und sie wissen es, wenn sie klug sind, zu nutzen.

Zugleich sind Politiker vom Scheitern bedroht, wenn sie sich eng *nur* an Fakten und wissenschaftlicher oder verwaltungsbezogener Rationalität orientieren. Es wird erwartet, dass sie ihren Bereich nicht nur ordentlich verwalten. Sie sollen außerdem, oft im Gefolge vorher gegebener Versprechungen, Verhältnisse neu ordnen, gegebene Grenzen auf neue Ziele hin überschreiten und alte durch neue Methoden ersetzen. Dieses Neue (das manchmal auch nur die Restauration des scheinbar bewährten Alten ist) mag, so gut es geht, vorher rational abgeschätzt worden sein, - ob es zum „Erfolg" führt und „zukunftstauglich" ist, stellt sich oft erst hinterher heraus. Eine Methode der Bestandsaufnahme ist dabei die der wissenschaftlichen Evaluation.

Der politische Weg in Neues (oder in Altes zurück) wird, je nach Standort der davon Auf- oder Angeregten, von Missfallen oder Beifall begleitet sein. Dabei gewinnt Missfallen um so mehr Substanz, je populistischer und konträr zur Faktenlage politisch gehandelt wird und Wissenschaft selektiv nur der Legitimierung einseitiger Interessen dient (Hoffmann-Riem, 2000, S. 202ff). Zwei Beispiele hierfür:

Bevor die ursprünglich vorgesehene Möglichkeit der Einweisung in die Sozialtherapie durch erkennende Gerichte (§ 65 Strafgesetzbuch) 1984 wieder abgeschafft wurde, gab es im Rechtsausschuss des Bundestages eine aufwendige Anhörung. Sie hat an dem bereits ausformulierten Gesetzgebungsvorschlag trotz einhelliger Kritik aus dem Lager der Wissenschaft nichts ändern können: Weder wurde die Erhaltung der Maßregellösung, noch wenigstens eine verbindlichere Ausgestaltung der sogenannten Vollzugslösung (§ 9 StVollzG) erreicht. Die Bundesländer wollten eine wie immer geartete Ausweitung der Sozialtherapie aus finanziellen Gründen nicht. Das allein war maßgeblich, alles andere nur schmückendes Beiwerk, eine „kostspielige Pflichtübung" (Schüler-Springorum, 1986, S. 171).

Nicht anders verlief die Vorgeschichte zum Gesetz zur Bekämpfung von Sexualdelikten und anderen gefährlichen Straftaten vom Januar 1998. Eine ebenfalls hochkarätig besetzte Anhörung (s. Protokoll des Rechtsausschusses des Deutschen Bundestages Nr. 59, 1996) diente offensichtlich lediglich dazu, einer übereilten und populistischen Gesetzgebung ein respektables Mäntelchen überzuhängen. Entsprechend kritisch wurde aufgenommen, was schließlich Gesetzeskraft erlangte (Boetticher, 1998; Dessecker 1998; Meier, 1999). Es stimmt vielleicht auch Politiker nachdenklich, wenn nun gehofft wird, die Praxis möge durch eine vernünftige Handhabung des Gesetzes mehr Augenmaß beweisen und schädliche Folgen gering halten (Meier, 1999, S. 471).

Daneben gibt es positivere Beispiele, sie mögen sogar überwiegen. Von praktischer Bedeutung sind vor allem die vielfältigen fruchtbaren Berührungen zwischen Wissenschaftlern und Politikern unterhalb der Ebene der großen Politik, vor allem aber zwischen Wissenschaft und Praxis. So wären z.B. Evaluationsstudien über die Effekte des sozialtherapeutischen Vollzuges ohne eine solche Zusammenarbeit gar nicht möglich. Auf die wichtige Funktion der vom Bundesministerium der Justiz und den Bundesländern getragenen und finanzierten Kriminologischen Zentralstelle als praxisnahe Forschungsstelle und als Mittlerin zwischen Wissenschaft und Praxis sei an dieser Stelle nur hingewiesen.

Auch misslungene Kontakte, wie in den erwähnten zwei Beispielen, sind kein Grund zum Rückzug. Es ist ganz im Gegenteil wichtig, die Ursachen und Folgen politischer Entscheidungen und die Gründe der Zurückweisung wissenschaftlich gesicherter Fakten und Einsichten öffentlich zu analysieren und beharrlich Rationalität einzufordern.

5.2 Wissenschaft

Idealtypische Vorstellungen von Wissenschaftlern, die beharrlich und um Objektivität bemüht an empirisch immer besser fundierten Theorien arbeiten und diese selbstlos der gesellschaftlichen Nutzung übereignen, haben oft nur wenig mit der Realität zu tun. Eben so wenig die Vorstellung, Politik und Praxis könnten sich bei aktuellem Entscheidungsbedarf aus einem Arsenal gesicherter Erkenntnisse bedienen und ihr Handeln widerspruchsfrei daraus herleiten. Die Wirklichkeit ist demgegenüber vielstimmig und widersprüchlich. Häufig eignen sich wissenschaftliche Ergebnisse sowohl zum Beleg einer Absicht (z.B. zur Einführung des elektronisch überwachten Hausarrestes) als auch zum Gegenteil. Auch die Evaluationsergebnisse nach der Einführung neuer Maßnahmen sind häufig keineswegs eindeutig. Ein gutes Beispiel hierfür ist der Streit um die Wirksamkeitsstudien zur Sozialtherapie.

Bei dieser Sachlage ist es nachvollziehbar, wenn Politiker und Praktiker nach je eigener Meinungsbildung entscheiden, wissenschaftliche Ergebnisse allenfalls selektiv und passend zur eigenen Grundüberzeugung heranziehen und gewohnheitsmäßig auch dann eher pragmatisch handeln, wenn ausnahmsweise eine eindeutige wissenschaftliche Informationslage gegeben ist.

Es kommt hinzu, dass Entscheidungen in komplexen Feldern häufig unter Zeit- und Arbeitsdruck gefällt werden müssen. Gefragt ist eher eine Reduktion von Komplexität, nicht aber deren Anreicherung. Wissenschaftliche Ergebnisse haben daher nur geringe Chancen, zur Kenntnis genommen zu werden, wenn sie widersprüchlich, kompliziert geschrieben und auch sonst schlecht aufbereitet sind. Von vornherein problematisch sind auch kriminologische Ansätze, die sich mit ihren Deutungen und Empfehlungen weit von den realen gesellschaftlichen Verhältnissen entfernen und aus der Perspektive einer besseren Wirklichkeit die gegebene denunzieren. Nichtbeachtung und Gleichgültigkeit, die daraus resultieren, sind wahrscheinlich zugleich wesentliche Voraussetzungen für das Gedeihen solcher „Theorien" im gesellschaftlichen Abseits.

Schließlich ist festzustellen, dass wissenschaftliche Untersuchungen Sachverhalte häufig in mindestens dreifacher Hinsicht nur sehr eingeschränkt erfassen. Die erforschten Bereiche sind oftmals nur klein, wesentliche Zusammenhänge bleiben unberücksichtigt, Fragestellungen und Methoden der Auswertung beschränken sich auf eher einfach zu erhebende Daten, und i.d.R. werden nur relativ kurze zeitliche Intervalle untersucht; Längsschnittuntersuchungen sind selten.

Vor diesem Hintergrund ist die metaanalytische Evaluation der Wirkungen unterschiedlicher Behandlungsansätze bzw. die mängelkompensierende Analyse der vorliegenden Wirksamkeitsstudien insbesondere auch über die Behandlung in Sozialtherapeutischen Einrichtungen eine hoch zu schätzende Besonderheit, - jedenfalls in den Sozialwissenschaften. Die vergleichende Zusammenführung unterschiedlicher Studien und die Kumulierung der Erträge im Zeitablauf schaffen eine Basis, die Zusammenarbeit zwischen Wissenschaft und Praxis nicht schlicht nur erleichtert, sondern überdies strukturell absichert. Der gute Wille aller Beteiligten ist zwar weiterhin erforderlich, tritt jedoch als allein entscheidende Variable hinter den Aufforderungscharakter einer überzeugenden Datenlage zurück.

5.3 Praxis

Wenn man die rund 40-jährige Geschichte der Sozialtherapeutischen Anstalten in der Bundesrepublik Deutschland überblickt, den regen fachlichen Austausch zwischen den Einrichtungen und die vor allem in den 70er- und 80er-Jahren erzielten Erträge aus den

Tagungen der Arbeitsgemeinschaft der Sozialtherapeutischen Anstalten im Justizvollzug im Zentrum für interdisziplinäre Forschung in Bielefeld und der aus ihr hervorgegangenen Forschungsgruppe (Driebold et al., 1984) einbezieht und schließlich berücksichtigt, was seither an Materialien und Forschungsergebnissen über Sozialtherapie im Justizvollzug vorgelegt worden ist, dann muss man sich fragen, ob, was die Praxis erreicht und verändert hat, gemessen daran befriedigend sein kann. So kann davon ausgegangen werden, dass die zuletzt 1992 umfassend, seit 1997 jährlich in einem geringeren Umfang ermittelten großen Unterschiede zwischen den Einrichtungen weiterhin vorhanden sind (Egg 1993a; Schmidt 1997; 1998; 1999; Kurze, 2000). Zwar ist es im Verlauf vieler Jahre zu einem oft wiederholten Abgleich der unterschiedlichen Gestaltungen des sozialtherapeutischen Vollzuges im Detail gekommen. Daraus hätte sich ein allgemeiner Standard in den Einrichtungen herausbilden können. Jedoch ist die Entwicklung nur zu einem noch zu geringen Teil so verlaufen. Zwar ist Unterschiedlichkeit zunächst nichts Schlechtes, sondern zu begrüßen. Wenn davon aber Kernbereiche sozialtherapeutischer Theorien und Methoden betroffen sind, etwa das Erfordernis, die Bereiche Alltag, Arbeit/Ausbildung, Freizeit, Besuchsgestaltung, Lockerungen (einschließlich Dauerurlaub nach § 124 StVollzG) und Therapie gut zu strukturieren und zu integrieren, dann sollte dies Anlass geben, nach den Ursachen zu fragen. Denn anders wäre auch für die Zukunft mehr als zuträglich ausgeschlossen, dass neue Entwicklungen – etwa die Ergebnisse der Wirksamkeitsstudien – rezitiert werden (was nicht die durchweg gleiche Übernahme meint).

Für beharrende Tendenzen lassen sich viele Gründe anführen. Sie liegen wie konzentrische Kreise um eine Anstalt herum, betreffen zuletzt aber die Einrichtung selbst auch. Zu erwähnen sind die bauliche Struktur und die Organisationsform: Es ist ein großer Unterschied, ob eine Anstalt selbstständig oder als Abteilung den Gepflogenheiten des Regelvollzuges weitgehend unterworfen ist. Zwischen Abteilungen wiederum ist zu unterscheiden, in welchem Maße es dennoch gelingt, Eigenständigkeit und integrative Therapieorientierung zu gewährleisten (Rehn, 2000, § 123 StVollzG Rz. 5; Wischka & Specht, in diesem Band). Beachtlich ist ferner das ministeriell vorgegebene Regelwerk über die interne Gestaltung (z.B. den Umfang der vorlagepflichtigen Fälle, Ein- und Aufschluss, Besuchszeiten und Besuchsmodalitäten, Umfang und Einbindung des Freigangs, Lockerungen des Vollzuges) und die Ausstattung einer Einrichtung mit Personal (insbesondere für Wohngruppenarbeit und Therapie), aber auch mit Arbeits-, Ausbildungs- und Freizeitmöglichkeiten für Gefangene. Schließlich ist zu fragen, was eine Anstaltsleitung und das gesamte Team aus gegebenen Möglichkeiten macht, ob es sich auf ein integratives Konzept verpflichtet hat, in welchem Geist auf seiner Grundlage gearbeitet und ob und wie die Qualität der Arbeit gesichert sowie für Dritte durchsichtig gemacht wird. Die Gesamtheit aller Einflüsse wird Auswirkungen auf die Einstellungen gegenüber Gefangenen haben, so wie anders herum das Bild vom Gefangenen bestimmend dafür sein wird, ob man sich der Mühe unterzieht, seinerseits negative Randbedingungen zu beeinflussen.

Wenn man sich nun vorstellt, die Leitung einer Einrichtung wird durch ministerielle Vorgaben eng gegängelt, ist recht ohnmächtig in eine größere Anstalt eingebunden und nur eingeschränkt selbstständig, ihre Gefangenen sind über weite Strecken der eigenen Einflussnahme entzogen, weil sie in den Betrieben der Gesamtanstalt eingesetzt sind, wenn man weiter annimmt, dass Therapie wegen einer unzulänglichen personellen Ausstattung (vielleicht noch verschärft durch Krankheit oder Unfähigkeit im Einzelfall) weit hinter den Bedarfen zurückbleibt und Vollzugslockerungen wegen einer ressortegoistischen Erfolgsstrategie der politischen Spitze eher Ausnahme als an sich gebotene Regel sind, dann kann es nicht wundern, wenn die Zumutung anspruchsvoller Neuerungen, z.B. die Umsetzung der aus der Forschung gewonnenen Wirksamkeitsfaktoren, eher Angst als Neugier, eher resignative Passivität als Aufbruchstimmung hervorruft, weil die Lücke zwischen Anspruch und Wirklichkeit unüberbrückbar zu sein scheint.

Probleme dieser Art werden künftig vermutlich eher zunehmen, weil die gesetzlich gebotene Schaffung von Plätzen sich über die Einrichtung kleiner Abteilungen vollziehen wird. Was ist zu tun?

5.4 Was alles gemacht wird und möglich erscheint

Beim Nachdenken über den Zusammenhang zwischen Wissenschaft und Praxis sowie über Möglichkeiten und Instanzen der Vermittlung geraten zunächst Mängel, von denen einige hier mitgeteilt worden sind, in den Blick. Es zeigt sich dann aber schnell, dass gerade hinsichtlich des Praxisfeldes Sozialtherapie kein Anlass für übertriebenen Pessimismus besteht. Erfahrungen und Wissen stehen in einem vergleichsweise großen Umfang zur Verfügung. Nachzudenken ist aber über noch bessere Vermittlungsmöglichkeiten zwischen den Bereichen und Einrichtungen. Verbesserungsbedürftig sind sicherlich auch die Bereitschaft und der Mut bei Politikern und Praktikern, bewährte und belegte Erkenntnisse auch anzuwenden und die dafür erforderlichen Ressourcen bereit zu stellen.

Zu dem mehr oder minder verknüpften System der an Sozialtherapie interessierten Personen, der für Evaluation und Fortentwicklung nützlichen Einrichtungen und Organisationen und der sonst wesentlichen Sachverhalte gehören – ohne Anspruch auf Vollständigkeit – :

- Der Arbeitskreis der Sozialtherapeutischen Anstalten im Justizvollzug, der sich 1993 die Rechtsform eines Vereins gegeben hat, dessen Zweck es ist, die Weiterentwicklung der Sozialtherapie zu unterstützen, den Erfahrungsaustausch zu fördern, Erprobungen und Erhebungen in den Einrichtungen sowie die Anwendung von Forschungsergebnissen anzuregen und zu unterstützen
- die Arbeitsgemeinschaften und Fortbildungstagungen, die seit 1976 zeitweise mindestens jährlich durchgeführt worden sind, seit 1983 i.d.R. zweijährig von den Bundesländern unter Beteiligung des Arbeitskreises organisiert werden
- die jährlich stattfindenden und vom Arbeitskreis organisierten Tagungen der Leiter und Leiterinnen der Sozialtherapeutischen Einrichtungen, in denen auch darauf hingewirkt wird, die Datenerhebung in den Anstalten für die eigene oder an Dritte vergebene Evaluation zu systematisieren

- die Evaluationsforschung, die ab 1979 intensiv diskutierte Beiträge auf den Markt brachte, die in metaanalytischen Vergleichstudien zusammengeführt wurden und einen Grundstein für die heute so wichtige Wirksamkeitsforschung legten (Literaturhinweise s. bei Lösel et al., 1987; 1994; Egg et al. in diesem Band)
- die synoptischen Überblicke über die Entwicklung, Ausstattung und Arbeitsweise der Sozialtherapeutischen Anstalten, erstmals 1977 von G. Schmitt erstellt und in einer umfangreichen Fassung zuletzt 1993 von Egg & Schmitt (in Egg, 1993) vorgelegt
- die unter der Verantwortung von Egg von der Kriminologischen Zentralstelle seit 1997 regelmäßig durchgeführten und aufbereiteten Stichtagserhebungen in den Sozialtherapeutischen Einrichtungen jeweils zum 31.3. (Schmidt, 1997; 1998;1999; Kurze, 2000); eine verdienstvolle und wichtige Datenquelle
- die von der Kriminologischen Zentralstelle durchgeführte Erhebung über die Rückfälligkeit von Sexualstraftätern (u.a. Egg, 1999)
- ferner ist auch auf die Kriminologischen Dienste und auf die für Forschungsfragen zuständigen Referate in den Bundesländern hinzuweisen, die externe Forschung vermitteln und im Rahmen ihrer Möglichkeiten selbst Erhebungen durchführen. Aus jüngerer Zeit sind z.B. die differenzierten Erhebungen zur Zahl und zu den Behandlungsbedarfen der Sexualstraftäter in Baden-Württemberg (Dolde, 1997) und Niedersachsen sowie aktuelle Pläne zur Einführung spezieller Behandlungsprogramme und deren Evaluation für Sexualstraftäter in Hamburg und Niedersachsen (s. Berner & Becker sowie Wischka et al. in diesen Band) und Baden-Württemberg zu erwähnen
- Schließlich mag es in mancher Situation hilfreich sein, auf die durchgängig positive Abhandlung der Sozialtherapie in den drei Großkommentaren zum Strafvollzugsgesetz zurückgreifen zu können (s. Rotthaus in Schwind & Böhm, 3.Aufl. 1999; Callies & Müller-Dietz, 8. Aufl. 2000; Rehn in Feest: Alternativkommentar, 4.Aufl. 2000)
- Darüber hinaus gibt es viele Einzelaktivitäten und ein umfangreiches Schrifttum, Grenzgänger zwischen Wissenschaft und Praxis und umgekehrt und – diesen Sammelband

Was kann nun getan werden, um die Sozialtherapie durch die noch bessere Nutzung der vorhandener Ressourcen voran zu bringen? Vielleicht müsste dies zum Thema einer der nächsten Tagungen gemacht werden. Dabei wäre zu erwägen, ob Fortbildung z.T. Werkstattcharakter erhalten sollte, um z.B. das von Pfaff in diesem Band vorgestellte Kompetenztraining konkret zu üben. Zu prüfen wäre auch, ob und wie die modernen Kommunikationsmittel intensiv für Erfahrungsaustausch und Wissensvermittlung eingesetzt werden könnten. Wichtig ist zudem die Umsetzung der Verwaltungsreform und die mit ihr verbundene Koppelung der Ressourcen an die Effizienz der erbrachten Leistungen und die daraus resultierende Notwendigkeit, Ergebnisse zu messen und aufzubereiten.

Teil IV

Ergebnisse der Rückfall- und Behandlungsforschung

Evaluation von Straftäterbehandlungsprogrammen in Deutschland: Überblick und Meta-Analyse [1]

von Rudolf Egg, Frank S. Pearson, Charles M. Cleland und Douglas S. Lipton [2]

Zusammenfassung

Der Beitrag umfasst einen Überblick sowie Meta-Analysen von Studien, die sich mit der rückfallmindernden Wirkung von Behandlungsprogrammen für Straffällige in Deutschland[3] befassen. Die verwendeten Daten sind Teil der meta-analytischen Datenbasis von CDATE, die (für die Jahre 1968-1996) im internationalen Vergleich Evaluationsstudien über Behandlungsmaßnahmen im Bereich von Strafvollzug und Straffälligenhilfe erfasst. Insgesamt betrachtet belegen die fünf Studien über Bildungsmaßnahmen keine praktischen Auswirkungen hinsichtlich eines Rückgangs der Rückfälligkeit. Vier Studien über Programme zur Nachschulung von alkoholauffälligen Kraftfahrern fallen in einen mittleren Bereich (nicht statistisch signifikant, aber hinreichend erfolgversprechend zur Begründung weiterer Forschungen). Die acht Studien über Sozialtherapeutische Einrichtungen zeigen - im Durchschnitt - statistisch signifikante praktische Auswirkungen der Programme im Sinne einer reduzierten Rückfälligkeit.

1. Einleitung

In diesem Beitrag werden ausgewählte empirische Untersuchungen aus Deutschland und Österreich zur Effektivität von Behandlungsmaßnahmen im Rahmen von Strafvollzug und Strafjustiz überblicksartig vorgestellt sowie die Ergebnisse von Meta-Analysen bezüglich dieser Studien mitgeteilt. Rudolf Egg wählte die gemäß den Vorgaben des Gesamtprojekts geeigneten Studien aus, übernahm die Codierung der Daten und erstellte die beschreibenden Übersichten. Die übrigen Autoren verwendeten diese

---

[1] Gekürzte und geringfügig überarbeitete Fassung eines zunächst in englischer Sprache erschienenen Beitrages für die Zeitschrift Substance Use and Misuse (Vol. 34, 2000), mit freundlicher Genehmigung des Verlages Marcel Dekker, Inc., N.Y.

[2] Das hier vorgestellte Projekt wurde unter der Förderungsnummer R01 DA08607 vom National Institute on Drug Abuse der National Institutes of Health des U.S.-Gesundheitsministerium unterstützt. Die hier vertretenen Ansichten sind solche der Autoren und entsprechen nicht notwendigerweise der Meinung irgendeiner U.S.-Regierungsbehörde. Wir danken Ingrid Adrian und Dorline S. Yee für ihre ausgezeichnete Arbeit bei der Codierung der Studien und der Organisation der Daten.

[3] Eine Studie (Berner & Karlick-Bolten, 1986) bezieht sich auf eine Justizanstalt in Österreich, doch soll nachfolgend – wie im englischen Original – Deutschland im Sinne von „deutschsprachiger Raum" verwendet werden.

deutschsprachigen Studien als Teil des Correctional Drug Abuse Treatment Effictiveness (CDATE) Projektes. CDATE wird vom amerikanischen National Institute on Drug Abuse finanziert. Dabei wurden insgesamt über 1.500 (veröffentliche und nicht veröffentlichte) Studien aus den Jahren 1968 bis 1996 berücksichtigt. Die Mitarbeiter von CDATE erstellten das Auswertungsschema, kontrollierten die Qualität der Codierung und berechneten die Meta-Analysen.

2. Methoden

Glass, McGaw & Smith (1981, S. 21) unterscheiden *Primäranalysen* (die statistische Datenanalyse der ursprünglichen Forschungsstudie), *Sekundäranalysen* (eine neuerliche Analyse der Daten der ursprünglichen Studie, meistens auf der Grundlage besserer statistischer Techniken oder unter neuen Gesichtspunkten) und *Meta-Analysen* (die statistische Analyse der Ergebnisse mehrerer unabhängiger Forschungsprojekte). Obwohl eine Meta-Analyse bereits angewandt werden kann, um die Ergebnisse von nur zwei Studien zu integrieren, ist die Methode vor allem zur Analyse von vielen Studien, die sich auf das gleiche Phänomen konzentrieren, geeignet, wie dies bei der Bewertung der Effektivität von Behandlungsmaßnahmen der Fall ist. Es gibt viele Arbeiten, die sich mit der Meta-Analyse und ihrem Verhältnis zur nicht-statistischen Analyse von Forschungsliteratur beschäftigen, so z.B. DuMouchel (1994) Glass, McGaw & Smith (1981), Hunter & Schmidt (1990), Light & Pillemer (1984), Mullen (1989) und Rosenthal (1991).

Für das CDATE-Projekt wurden weltweit zahlreiche veröffentlichte und unveröffentlichte Studien zur Bewertung von Behandlungsmaßnahmen bei Straftätern erfasst. *Ausgeschlossen* wurden jedoch Studien mit folgenden Merkmalen:

- Bezug auf Behandlungsmaßnahmen außerhalb des Strafvollzuges bzw. der Strafjustiz. Nur gerichtlich oder justitiell veranlasste und/oder kontrollierte Behandlungsmaßnahmen wurden berücksichtigt
- bloße Programmbeschreibungen ohne Resultate
- lediglich subjektive Bewertung des Programms ohne objektive Untersuchungen
- Pilotstudien, bei denen die Behandlungs- oder Forschungsmethoden noch nicht festgelegt waren
- Evaluation der Behandlung ohne Vergleich von Versuchs- und Kontrollgruppen oder (das schwächste aufgenommene Forschungsdesign) ohne einen Vergleich mit Pre-Test-Werten der Behandlungsgruppe
- keine Angabe über die Anzahl der in der Studie berücksichtigten Straftäter
- Studien außerhalb des festgelegten Zeitraums von 1968 bis 1996.

Die abhängige Variable dieser Studien, also die Rückfälligkeit, wurde hauptsächlich durch das Merkmal einer erneuten Inhaftierung definiert. Das CDATE-Codierschema erfasst zahlreiche wesentliche Merkmale der Primärstudien; dazu zählen das verwendete Forschungsdesign, zusätzliche Behandlungsangebote neben der zentralen Maßnahme, die Dauer der Behandlung, die jeweils verwendeten Ergebnisvariablen, der für den

Rückfall berücksichtigte Follow-up-Zeitraum, mitgeteilte Analysen und Statistiken sowie (für Versuchs- und Vergleichsgruppe) Merkmale der Probanden, Umfeld des Programmes und Merkmale der Mitarbeiter. Außerdem wurde jede Studie bezüglich der Zuverlässigkeit der verwendeten Untersuchungsmethoden mit Hilfe einer vierstufigen Skala bewertet:

1 = schwach, kaum noch akzeptabel, sehr geringe Zuverlässigkeit (poor)
2 = mäßig, geringe Zuverlässigkeit (fair)
3 = gut, mittlere Zuverlässigkeit (good)
4 = ausgezeichnet, ein hoher Grad an Zuverlässigkeit (excellent)

Nach einer Grundbewertung, die für *alle* Studien durchgeführt wurde, wurden die Datensätze für eine umfassende Codierung je einem Bearbeiter zugeteilt. Alle so erstellten Codierungen wurden von einem „Qualitätskontrolleur" überprüft. Notwendige Veränderungen wurden von dem Kontrolleur veranlasst und mit dem ersten Bearbeiter diskutiert. Nur Codierungen mit dieser doppelten Qualitätskontrolle wurden in die Datenbank aufgenommen.

Die zwei gebräuchlichsten Maße für die Effektstärke einer Intervention sind die Korrelationskoeffizienten von Pearson, **r** (einschließlich seiner Variationen, wie z.B. dem Phi-Koeffizienten), und von Hedges, **g**. Glücklicherweise gibt es Formeln, die eine Umrechnung von einem Maß in das andere erlauben. Wir benutzen **r** als Maß der Effektstärke, zum Teil, weil es weithin bekannt ist und deshalb einfach interpretiert werden kann. Statistiker haben allerdings herausgefunden, dass es bei Abweichungen von der Normalverteilung vorteilhaft ist, gewisse statistische Rechenoperationen auf der Basis der Z_r-Transformation von Fisher durchzuführen. Diesem Vorschlag folgend, wird **r** erst zu Z_r transformiert, bevor die statistischen Berechnungen ausgeführt werden; das Ergebnis wird schließlich wieder in **r** umgewandelt, um die Resultate in der gewohnten Einheit darzustellen (Rosenthal, 1994).

Die zentrale Methode der CDATE-Meta-Analysen war die inverse-variance-weighted multiple Regressionsanalyse. Hedges & Olkin (1983, 1985) haben auf die Vorteile der Benutzung von Regressionsmodellen bei der Darstellung von Forschungsergebnissen hingewiesen. Da Schätzungen der Effektstärke bei der Benutzung der inversiven Varianzmethode verlässlicher sind, wenn sie auf größeren primären Stichproben basieren, wurden die Studien für die Prüfung spezifischer Hypothesen nach der Anzahl der untersuchten Personen gewichtet.

Zwei unterschiedliche Ansätze der Meta-Analyse sind *fixed effects* und *random effects* Methoden. Beide Ansätze messen den Effekt der Behandlung an der Ergebnisvariable (z.B. Rückfälligkeit). Eine fixed-effects Analyse der Effektstärke nimmt an, dass die gesamte Varianz des Ergebnisses entweder ausschließlich durch den Stichprobenfehler oder durch den Stichprobenfehler und mehrere spezifische Moderatorvariablen erklärt werden kann. Demgegenüber nehmen random-effects Analysen an, dass zumindest zwei wichtige Quellen der Varianz der Effektstärke existieren. Eine wichtige Quelle ist der Stichprobenfehler, wie in dem fixed-effects Modell. Die andere Varianzquelle wird in dem „Studien"-Parameter gesehen, der auch als Zufallsvariable spezifiziert wird.

Ein Grund, weshalb wir das random-effects Modell gewählt haben, besteht darin, dass es nicht annimmt, dass es nur *eine* wahre Größe des Effektes gibt, sondern im Gegenteil eine *Verteilung* von Effektstärken berücksichtigt. Wahre Effektstärken variieren, „gerade weil die Einflussquellen auf das Ergebnis zahlreich und unidentifizierbar sind" (Raudenbush, 1994, S. 302). Deshalb erlaubt das random-effects Modell „Vergleiche mit anderen Studien, die aus der gleichen Population stammen wie die untersuchten Studien." (Rosenthal, 1995, S. 187). In Anbetracht der Komplexität und Unterschiedlichkeit von Evaluationsstudien über justitielle Behandlungsmaßnahmen ist das random-effects Modell realistischer.

Ein zweiter Grund für die Wahl des random-effects Modells ist, dass bei heterogenen (im Gegensatz zu homogenen) Studien, die random-effects Analyse vorzuziehen ist. Außerdem ist es glücklicherweise so, dass, falls die Varianz zwischen den Studien gegen Null tendiert (d.h., wenn die Studien homogen *sind*), fixed-effects und random-effects Modelle sehr ähnliche Ergebnisse liefern (Bryk & Raudenbush, 1992, S. 155-174). Aufgrund dieser beiden Überlegungen war der primäre Ansatz für die CDATE-Meta-Analysen eine random-effects inverse-variance-weighted multiple Regressionsanalyse unter Verwendung von HLM-Software-Programmen (Bryk, Raudenbush & Congdon, 1996).

3. Ergebnisse

Die methodischen Kriterien des CDATE-Projektes wurden für den ausgewählten Zeitraum von vierundzwanzig deutschsprachigen Studien über die Behandlung von Straftätern erfüllt. Allerdings berichtete eine Studie über zwei getrennte und statistisch eigenständige Unterstudien, so dass hier (im Sinne eines statistisch unabhängigen Vergleiches einer Versuchsgruppe mit einer Vergleichsgruppe), insgesamt 25 Studien erfasst werden. Die Untersuchungen beziehen sich vor allem auf sozialtherapeutische Programme und auf Bildungs-/Trainingsprogramme. Außerdem gibt es eine dritte Gruppe von Studien, die für eine sinnvolle Verallgemeinerung der Resultate zu heterogen ist. In den nachfolgenden Abschnitten werden die in die Meta-Analyse einbezogenen Behandlungsprogramme und die entsprechenden Evaluationsstudien kurz beschrieben[4].

---

[4] Die in den einzelnen Studien verwendeten Rückfallkriterien sind nicht identisch (z.B. jede Neuverurteilung, nur jede Wiederinhaftierung etc.). Die genannten Zahlenwerte sind darum nicht immer direkt miteinander vergleichbar. Für Einzelheiten siehe die im Anhang aufgeführten Orignialarbeiten.

3.1 Sozialtherapeutische Anstalten

Seit Ende der 60er Jahre gibt es in Deutschland innerhalb des Strafvollzuges spezielle Einrichtungen zur Behandlung von Straftätern, die Sozialtherapeutischen Einrichtungen. Dabei handelt es sich entweder um selbständige Anstalten oder um separate Abteilungen größerer Vollzugsanstalten. Sie bieten Haftplätze für 20 bis 60, in zwei Fällen auch für über 100 Gefangene; insgesamt sind gegenwärtig rund 1000 Plätze verfügbar, davon 96% für Männer, 4% für Frauen (Einzelheiten s. Rehn, in diesem Band, S. 271 ff).

Eine Aufnahme in diese Einrichtungen erfolgte bislang ausschließlich auf Antrag eines Gefangenen, also auf freiwilliger Basis. Berücksichtigt werden Straftäter verschiedener Altersgruppen mit hoher Rückfallgefahr, insbesondere Gewalt- und Sexualstraftäter, bei denen erhebliche psychische und/oder soziale Defizite vorliegen, die ein verantwortliches Leben in Freiheit beeinträchtigen. Seit Anfang 1998 schreibt ein neues Gesetz die Verlegung von Verurteilten mit schweren Sexualstraftaten in eine Sozialtherapeutische Einrichtung verbindlich vor, also auch gegen den Willen des Gefangenen („Gesetz zur Bekämpfung von Sexualdelikten und anderen gefährlichen Straftaten" vom 26. Januar 1998, BGBl I, Nr. 6, 1998).

Sozialtherapeutische Behandlung findet innerhalb des Strafvollzuges statt und muss sich daher mit den einschränkenden Bedingungen von Gefängnissen im wesentlichen abfinden. Allerdings stehen im Vergleich zu regulären Strafanstalten mehr geschulte Fachkräfte, bessere Informationen, mehr Freizeitangebote und vor allem spezifische Trainings- und Therapieprogramme zur Verfügung. Der Aufenthalt in einer Sozialtherapeutischen Anstalt dauert meist zwei bis drei Jahre, danach sollte die Entlassung zur Bewährung möglich sein. Bei Gefangenen mit längeren Strafzeiten kommt also lediglich eine Behandlung am Ende der Strafzeit in Betracht.

Das für die Therapie verantwortliche Personal besteht überwiegend aus Psychologen, Pädagogen und Sozialarbeitern; demgemäß dominieren in der Sozialtherapie psychologisch-pädagogische Ansätze, während sich körperlich-medizinische Behandlungsverfahren kaum finden. Im einzelnen umfasst das Behandlungsprogramm Einzel- und Gruppengespräche, themenzentrierte Gruppen (z.B. Umgang mit Alkohol, Partnerschaft, Arbeit, Geld), soziale Trainingskurse (z.B. Anti-Gewalt-Trainings), schulische und berufliche Kurse.

Auch das Leben in der Wohngruppe (therapeutische Gemeinschaft) ist ein wichtiger Teil des Programms; selbstverantwortliches Gestalten des Alltags (Wäsche waschen, Kochen, Zimmer reinigen, Freizeitgestaltung etc.) soll auf das Leben draußen vorbereiten.

Die Überleitung in die Freiheit erfolgt stufenweise: Am Anfang steht meist der Aufenthalt in einem geschlossenen Bereich mit hoher Außensicherung. Begleitete und später unbegleitete Ausgänge, Außenarbeit, Ausgänge, Urlaube und die Verlegung in offene, wenig gesicherte Wohnbereiche bereiten die (bedingte) Entlassung vor. Eine systematische Nachsorge ist zwar nirgends etabliert, doch können sich Entlassene in Krisenzeiten für einige Zeit freiwillig wieder in die Anstalt aufnehmen lassen - was jedoch sehr selten genutzt wird.

3.1.1 Egg (1990) – JVA Erlangen

Bei dieser Studie handelt es sich um die Follow-up-Studie eines 1979 veröffentlichten Vergleichs zwischen Insassen der Sozialtherapeutischen Anstalt Erlangen und Insassen zweier Anstalten des Normalvollzuges (Egg, 1979). Über 95% der Insassen waren bereits früher zu einer Freiheitsstrafe verurteilt worden; die Zahl der Vorstrafen betrug im Durchschnitt etwa drei; bei allen wurde eine hohe Rückfallgefährdung angenommen. Versuchs- und Kontrollgruppe waren bezüglich Alter, Straftat, Vorstrafen etc. weitgehend vergleichbar. Die Gefangenen waren durchschnittlich etwa 30 Jahre alt, überwiegend (75-80%) unverheiratet und hatten meist nur eine geringe Schul- und Berufsausbildung, allerdings waren ihre Intelligenz und sprachliche Ausdrucksfähigkeit ausreichend für das sozialtherapeutische Programm in Erlangen.

Dieses Behandlungsprogramm umfasst therapeutische Einzelgespräche (1 Std. pro Woche) durch einen fest zugeordneten Betreuer (Psychologe oder Sozialarbeiter) und Gruppensitzungen (2 Std. pro Woche) auf der Basis problemorientierter, klientenzentrierter Gespräche, außerdem die Teilnahme am Wohngruppenleben, an Schul- und Berufskursen sowie an pädagogisch ausgerichteten Freizeitveranstaltungen. Den Abschluss des Programms bildet eine stufenweise Lockerung des Vollzuges in Form von Ausgang und Hafturlaub. In all diesen Bereichen gab es zum Untersuchungszeitpunkt für die Insassen der Normalvollzugsanstalten entweder keine oder deutlich geringere Angebote. So fanden therapeutische Einzel- oder Gruppengespräche dort nur vereinzelt und kurzfristig statt; Vollzugslockerungen (Ausgang, Urlaub) vor der Entlassung hatten im Normalvollzug nur etwa 25% der Insassen, in der Sozialtherapeutischen Anstalt dagegen nahezu alle Gefangenen.

Die Rückfälligkeit der in der Sozialtherapeutischen Anstalt behandelten Gefangenen war in den ersten Jahren nach der Entlassung deutlich geringer als bei den ehemaligen Insassen des Normalvollzuges; dieser Unterschied verschwand jedoch nach etwa vier Jahren. Dieses Ergebnis zeigt, dass die stationär angebotenen Hilfen der Sozialtherapeutischen Anstalt zunächst gute Voraussetzungen für einen Übergang vom Gefängnis in die Freiheit bieten. Nach dem Ende der meist dreijährigen Bewährungszeit reichen diese Hilfen jedoch vielfach nicht mehr aus. Seit dem Abschluss dieser Studie wurde das Behandlungsangebot der Sozialtherapeutischen Anstalt in Erlangen weiterentwickelt. Es werden dort jetzt verstärkt problemspezifisch ausgerichtete und verhaltensorientierte Ansätze verfolgt (s. den Beitrag von Pfaff, in diesem Band). Allerdings gibt es weiterhin keine systematische Nachbetreuung der Entlassenen.

3.1.2 Dünkel (1979), Dünkel & Geng (1993) - Berlin-Tegel

Diese beiden Studien befassen sich mit der größten Sozialtherapeutischen Einrichtung in Deutschland, der seit 1970 bestehenden Anstalt in Berlin-Tegel. Untersucht wird die Rückfälligkeit von ehemaligen Klienten dieser Anstalt, die in den Jahren 1971-74 entlassen wurden, im Vergleich zu einer Stichprobe von Entlassenen aus dem Berliner Regelvollzug. Entsprechend dem Modellcharakter der Anstalt wurden damals drei Behandlungskonzepte unterschieden:

1) *Bereich Sozialtherapie:* In diesem Kernbereich des Hauses wurden Einzel- und Gruppentherapie verschiedener psychologischer Schulen praktiziert, vor allem psychoanalytische Verfahren, klientenzentrierte Therapie, Verhaltenstherapie und Gestalttherapie. Der Schwerpunkt lag auf der Einzeltherapie.
2) *Bereich Schule:* Angeboten wurden hier einjährige Kurse mit dem Ziel von einfachen und mittleren Schulabschlüssen, daneben unsystematisch auch Einzel- und Gruppengespräche.
3) *Bereich Soziales Training:* Im Mittelpunkt dieses Bereichs stand die Gruppentherapie mit methodisch ähnlichen Schwerpunkten wie im Bereich Sozialtherapie. Ein weiteres wesentliches Element bildeten hier aber soziale Trainingskurse, die von externen Trainern angeboten wurden; sie betrafen problem- oder aufgabenbezogene Fragen wie Umgang mit Geld, Freizeit, Partnerbeziehungen, Alkohol- und Drogenprobleme.

Bei den Klienten handelte es sich um erwachsene Straftäter (durchschnittliches Alter bei der Entlassung 30-33 Jahre) mit unterschiedlichen Delikten. Sie verbüßten alle längere Freiheitsstrafen und hatten im Durchschnitt 4-5 Vorstrafen sowie meist mehrjährige Hafterfahrungen. Die post hoc bestimmte Kontrollgruppe entsprach diesen Parametern, war jedoch im Regelvollzug der Anstalt Tegel untergebracht, in dem es keine spezifischen therapeutischen Programme und auch deutlich weniger schulische Angebote gab.

Das Verhältnis therapeutisches Personal zu Klienten betrug im Bereich Sozialtherapie 1 : 12,5, in den Bereichen Schule und Soziales Training etwa 1 : 20. Die für das Behandlungsprogramm zuständigen sog. Fachteams setzten sich im Bereich Sozialtherapie ausschließlich aus Psychologen, in den anderen Bereichen z.T. auch aus Sozialarbeitern zusammen.

Die erste Studie (Dünkel, 1979) berücksichtigte einen Follow-up-Zeitraum von 3,5 bis 6 Jahren (durchschnittlich 4,5 Jahre). Dabei ergab sich eine erheblich geringere Rückfälligkeit für die aus der Sozialtherapeutischen Anstalt Entlassenen im Vergleich zu den Entlassenen des Regelvollzuges. Dagegen zeigten sich für die drei verschiedenen therapeutischen Bereiche keine systematischen Unterschiede. Offenbar waren alle Angebote für eine Resozialisation der Entlassenen besser als die geringen Möglichkeiten des Regelvollzuges.

Bei der zweiten Studie (Dünkel & Geng, 1993) lag ein Follow-up-Zeitraum von durchschnittlich 10 Jahren nach der Entlassung vor. Allerdings wurde dabei nur eine Zufallsstichprobe der ersten Studie berücksichtigt, wobei ausschließlich Gefangene mit mindestens drei Vorstrafen (sog. Karrieretäter) erfasst wurden. Außerdem erstreckte sich die Experimentalgruppe nur auf ehemalige Insassen des Bereichs Sozialtherapie (siehe oben). Entlassene aus der Sozialtherapie wurden danach deutlich seltener wiederverurteilt und mussten vor allem seltener eine neue Freiheitsstrafe verbüßen. Erheblich geringer war auch die Begehung neuer schwerer Gewalttaten, d.h., wenn es nach der Entlassung aus der Sozialtherapie zu neuen Straftaten kam, dann waren dies meist Eigentums- oder Verkehrsdelikte.

3.1.3 Rehn (1979), Rehn & Jürgensen (1983) – Hamburg

Die beiden von Rehn (1979) sowie von Rehn & Jürgensen (1983) vorgelegten Arbeiten befassen sich mit der Rückfälligkeit von Entlassenen zweier behandlungsorientierter Vollzugseinrichtungen in Hamburg (JVA Bergedorf, Moritz-Liepmann-Haus) im Vergleich zu einer Kontrollgruppe aus der Regelvollzugsanstalt in Hamburg-Fuhlsbüttel. Die Studien beziehen sich auf Gefangene, die in den Jahren 1971-1974 aus der Strafhaft entlassen wurden, sie setzen also zu einem relativ frühen Zeitpunkt dieser ursprünglich als Modell-/ Experimentalanstalten gedachten Einrichtungen an.

Die JVA Fuhlsbüttel ist für Strafgefangene vorgesehen, die wegen schwerer Straftaten und/oder wiederholter Rückfälligkeit zu drei und mehr Jahren Freiheitsentzug verurteilt wurden. Die Anstalt wurde in den 90er Jahren des 19. Jahrhunderts in panoptischer Bauweise errichtet. Zum Zeitpunkt der Studie war die Ausstattung der Anstalt mit Räumen für Arbeitsbetriebe, Freizeitgruppen und für Besuche unzureichend. Für die Betreuung der Insassen standen damals neben den Vollzugsbediensteten lediglich einige wenige Sozialarbeiter und Psychologen zur Verfügung. Das innere Milieu der Anstalt war jedoch ab Herbst 1972 durch große Offenheit und durch den Versuch charakterisiert, einen möglichst humanen Vollzug zu praktizieren.

Die Anstalt Hamburg-Bergedorf befindet sich in einem ehemaligen Gerichtsgefängnis (für die Vollstreckung kurzer Gefängnisstrafen). Sie wurde 1969 zunächst als Sonderanstalt für schwierige Gefangene, bald danach als Sozialtherapeutische Anstalt eröffnet und verfügt über 34 Haftplätze. Das therapeutische Konzept beruht primär auf einem realitätsbezogenen sozialen Training, weniger auf Psychotherapie. Arbeits- und Ausbildungsmöglichkeiten stehen in der Anstalt nicht zur Verfügung. Dies bedeutet, dass die Gefangenen sehr bald nach der Aufnahme eine Tätigkeit außerhalb der Anstalt beginnen und sich nur noch über Nacht sowie am Wochenende in der Haftanstalt aufhalten.

Das Moritz-Liepmann-Haus wurde 1972 als Übergangseinrichtung für die letzten sechs bis neun Monate vor der Entlassung eingerichtet und konnte in den untersuchten Jahren 30 bis 35 Gefangene aufnehmen. Zur Betreuung der Insassen standen damals neben 13 Vollzugsbediensteten zwei Sozialarbeiter zur Verfügung, davon einer als Leiter des Hauses. Auch hier wurden die Insassen sehr bald in freie Arbeitsverhältnisse vermittelt, außerdem hatten die Gefangenen nahezu täglich bis 22.30 Uhr Ausgang. Im Unterschied zu der Anstalt in Bergedorf wurden keine Sexualstraftäter aufgenommen, dagegen ist das Behandlungskonzept beider Einrichtungen sehr ähnlich; es umfasst neben intensiver Einzelfallhilfe obligatorische Gruppenarbeit und Vollversammlungen.

Die Ergebnisse der Studien zeigen übereinstimmend eine geringere Rückfälligkeit für die aus den therapieorientierten Einrichtungen Entlassenen im Vergleich zu den Entlassenen des Regelvollzuges. Die Differenz der Rückfallquoten zwischen Versuchs- und Kontrollgruppe erhöhte sich sogar bei der zweiten Untersuchung. Dies ist deshalb bemerkenswert, weil zum einen bei der zweiten Studie das Follow-up-Intervall deutlich länger war als bei der ersten Studie (mind. 4 ½ Jahre statt mind. 2 Jahre), zum anderen wurden bei der Auswertung strengere methodische Kriterien angewandt: Simulation des Auswahlverfahrens der Sondereinrichtungen, Matched-Pairs-Analyse der Daten. Wie schon für die Anstalt in Erlangen festgestellt, mangelt es aber auch in Hamburg an einer engen Verknüpfung zwischen der angebotenen Hilfe innerhalb und der Behandlung und Nachsorge außerhalb der Einrichtungen.

3.1.4 Rasch & Kühl (1978) – Düren

Die Sozialtherapeutische Einrichtung in Düren, Nordrhein-Westfalen, wurde 1971 als Modelleinrichtung für eine damals geplante größere Anstalt gegründet. Durch Realisierung eines experimentellen Designs sollten empirisch fundierte Voraussetzungen für eine breitere Anwendung des sozialtherapeutischen Konzeptes geschaffen werden. Allerdings wurde das Konzept sehr früh durch übertriebene Presseberichte über das „fröhliche Gefängnis" und eine nachfolgende Parlamentsdebatte verändert; das Düren-Modell verlor viel von seiner ursprünglich strengen therapeutischen Orientierung. Darunter litt auch die Rückfallstudie von Rasch und Kühl: Weil der ursprüngliche Behandlungsansatz während der Projektzeit verändert wurde, lagen keine ‚reinen' Bedingungen mehr vor; auch die Generalisierbarkeit der Ergebnisse ist dadurch erschwert.

Für die Studie wurden nach einem aufwendigen Auswahlverfahren 62 Gefangene ermittelt, die für eine sozialtherapeutische Behandlung geeignet erschienen. Per Zufall wurden diese Personen in eine Therapiegruppe (N=33) und in eine Kontrollgruppe (N=29) aufgeteilt. Dabei wurde die Verteilung von Intelligenz und Alter in beiden Gruppen konstant gehalten, weil von beiden Variablen ein hoher Einfluss auf die therapeutische Ansprechbarkeit erwartet wurde.

Während die Kontrollgruppe im regulären Strafvollzug verblieb – mit nur geringer psychologischer und sozialpädagogischer Betreuung, nahm die Therapiegruppe am Behandlungsprogramm der Modellanstalt in Düren teil. Die Gefangenen wurden dort in drei Wohngruppen zusammengefasst, die jeweils von einem Sozialarbeiter betreut wurden. Ferner standen ein Arzt und zwei Psychologen zur Verfügung. Andere Unterschiede zum Regelvollzug waren: Abbau von Hierarchien durch dezentralisierte Entscheidungsbildung im Rahmen von Gremien und Konferenzen, Bildung von eigenverantwortlichen Teams unter Beteiligung des allgemeinen Vollzugspersonals, Verzicht auf Uniformen, vollzugliche Lockerungen im Inneren (freie Ausgestaltung der Zellen, eigene Teeküche) und nach außen (großzügige Besuchsregelungen, Ausgang, Urlaub), Bildung einer therapeutischen Gemeinschaft. Bei den eigentlichen Behandlungsmaßnahmen waren neben Einzel-und Gruppentherapien (klientenzentrierte Therapie und psychoanalytisch orientierte Therapie) die Bereiche Arbeit (gestuftes Angebot von Beschäftigungstherapie bis zu Freigängerarbeit) und Unterricht (soziales Training, berufliche Kurse) vorgesehen.

Die Studie zeigte, dass die erneute Verurteilung zu einer längeren Freiheitsstrafe bei der Therapiegruppe deutlich geringer war als bei der Kontrollgruppe. Eine Einschränkung dieses Ergebnisses ergibt sich zum einen daraus, dass das ursprüngliche Therapieprogramm infolge politischen Druckes nicht voll durchgeführt werden konnte. Zudem hielten sich einige Probanden der Therapiegruppe wegen Rückverlegung in den Regelvollzug nur relativ kurze Zeit in der Dürener Anstalt auf.

3.1.5 Ortmann (1995) – Düren und Gelsenkirchen

Rund zehn Jahre nach der Arbeit von Rasch und Kühl führte Ortmann im Auftrag des Max-Planck-Instituts in Freiburg erneut eine experimentelle Längsschnittstudie mit Klienten Sozialtherapeutischer Einrichtungen durch. Neben der Modellanstalt in Düren (32 Plätze) wurde dabei auch die etwas größere Anstalt in Gelsenkirchen (54 Plätze) einbezogen. Diese arbeitet nach ähnlichen Prinzipien, allerdings spielt dort der Bereich Ausbildung und Berufsfindung eine größere Rolle als in Düren. Für die Studie wählten Ortmann und seine Kollegen 228 Insassen aus, die sich um die Aufnahme beworben hatten und für die Sozialtherapie geeignet erschienen (Rückfallrisiko, ausreichende Intelligenz und sprachliche Ausdrucksfähigkeit für die Therapie, Motivation zur Veränderung), aus. Die Insassen wurden nach dem Zufallsprinzip in eine Untersuchungsgruppe (N=114) und eine Vergleichsgruppe (N=114) aufgeteilt.

Drei Phasen der Studie beschäftigten sich mit der sozialen und persönlichen Situation der Insassen während ihrer Inhaftierung in jeder der beiden Einrichtungen. Die vierte Phase untersuchte die Situation nach der Entlassung, vor allem die Rückfälligkeit. Fünf der 228 Probanden waren bei Ablauf des fünfjährigen Follow-up-Intervalls noch nicht entlassen worden. Bei Wertung aller neuer Verurteilungen als Rückfälligkeit, wurden 60,4% der 111 Täter in der Untersuchungsgruppe rückfällig, gegenüber 67,9% der 112 Täter in der Vergleichsgruppe.

3.2 Bildungsmaßnahmen und Trainingskurse

Behandlungsprogramme für Straftäter in Deutschland umfassen, innerhalb und außerhalb von Gefängnissen, eine Vielzahl von schulischen und beruflichen Bildungsmaßnahmen, zudem spezielle Trainingskurse. Außerhalb des Gefängnisses liegt die Betonung auf der Förderung sozialer Kompetenz. Eine separate Gruppe bilden alkoholauffällige Kraftfahrer, für die spezielle Kurse zur Vermeidung erneuter Trunkenheitsfahrten angeboten werden.

3.2.1 Baumann, Maetze & Mey (1983) – Nordrhein-Westfalen

Im Rahmen einer großangelegten Studie im Auftrag des Justizministeriums von Nordrhein-Westfalen sollten grundsätzliche Erkenntnisse zur Rückfälligkeit männlicher Erwachsener nach längerer Freiheitsstrafe gewonnen werden. Einbezogen wurden über 1.000 Strafgefangene, die das Einweisungsverfahren von 1971 bis 1975 durchlaufen hatten und im Jahre 1975 wieder aus dem Strafvollzug entlassen worden waren. Die Studie untersuchte nicht nur Unterschiede mittels diverser Maße für Rückfälligkeit (jede neue Verurteilung, jede neue Freiheitsstrafe, jede neue längere Freiheitsstrafe etc.), sondern die Ergebnisse wurden auch nach verschiedenen Kriterien aufgeschlüsselt: Alter der Insassen zum Entlassungszeitpunkt, zeitlicher Abstand und Schwere der Rückfälligkeit, Vollzugsformen (offen, geschlossen) und Rückfall, vorzeitige Entlassung / Entlassung zur Bewährung und Rückfall. Einen besonderen Schwerpunkt bildete die Frage des Zusammenhangs von schulischen und beruflichen Bildungsmaßnahmen im Strafvollzug und dem späteren Rückfall.

Um diese Fragen zu klären, wurden die Programmteilnehmer – unterteilt in erfolgreiche Absolventen und Abbrecher – verglichen mit einer Gruppe von Nichtteilnehmern. Leider existiert keine Dokumentation über die Reichweite und Qualität dieser Schulungsprogramme. Auch ist aus der Studie nicht eindeutig ersichtlich, ob sich die Gruppen in weiteren Merkmalen, z.B. Art der Unterbringung und sonstiger Betreuung, systematisch unterscheiden.

Das Hauptergebnis ist zunächst überraschend: Während sich bei beruflichen Maßnahmen ein positiver Zusammenhang zwischen erfolgreicher Teilnahme und späterer Legalbewährung zeigt, ergibt sich für schulische Maßnahmen ein umgekehrter Trend: erfolgreiche Teilnehmer werden hier häufiger rückfällig als erfolglose und Nicht-Teilnehmer. Dieses Resultat reflektiert jedoch eher die Art der Zuweisung zu den Gruppen als die rückfallmindernde Qualität der Bildungsmaßnahmen. So sind unter den erfolgreichen Teilnehmern an schulischen Maßnahmen jüngere Altersgruppen (unter 35 J.) deutlich überrepräsentiert; die Gesamtstudie zeigt aber, dass jüngere Gefangene allgemein höher rückfallgefährdet sind als ältere. Umgekehrt scheint der Zugang zu beruflichen Maßnahmen in der untersuchten Stichprobe offenbar vor allem prognostisch günstigeren Fällen vorbehalten gewesen zu sein; die geringere Rückfälligkeit der erfolgreichen Kursteilnehmer wäre somit lediglich eine Bestätigung der ursprünglichen Teilnehmerauswahl, nicht ein Ergebnis der Bildungsmaßnahme.

3.2.2 Berckhauer & Hasenpusch (1983) - Niedersachsen

Fast zur gleichen Zeit wie in Nordrhein-Westfalen wurde in Niedersachsen eine Studie über die Effektivität von Bildungsprogrammen im Vollzug durchgeführt. Wie in der oben beschriebenen Studie, so wurden auch hier weder Inhalt, Qualität, noch spezielle Merkmale der verschiedenen Lehrgänge detailliert mitgeteilt. Außerdem ist unklar, ob sich die Untersuchungs- und Vergleichsgruppe nur hinsichtlich der durchgeführten Bildungsmaßnahme unterscheiden, oder ob z.B. auch andere Vollzugsbedingungen gegeben waren. Während die Quote der Teilnahme bei den Insassen von Jugendstrafanstalten 23% erreichte, nahmen nur 1,2% der erwachsenen Insassen an Bildungsprogrammen teil.

Bei den Jugendlichen war die Rückfallquote der Untersuchungsgruppe signifikant geringer als die der Vergleichsgruppe, jedoch lässt sich dieser Effekt bei den Erwachsenen nicht feststellen. Die Studie ergab, dass die Rückfallquote erfolgreicher Absolventen – bei Jugendlichen wie bei Erwachsenen – deutlich geringer war als die der Nichtteilnehmer. Da die Zuordnung zur Versuchs- und Kontrollgruppe aber nicht zufällig war, kann nicht zwingend angenommen werden, dass die Bildungsprogramme die Rückfälligkeit reduzierten. Wahrscheinlicher ist, dass die erfolgreichen Teilnehmer durch ihre Persönlichkeit, Biographie, sozialen Beziehungen etc. von vornherein weniger rückfallgefährdet waren. Auf der anderen Seite zeigt die hohe Abbrecherquote, dass es nötig ist, die Kurse mit Motivationsprogrammen zu kombinieren, um gleiche Chancen für eine erfolgreiche Teilnahme aller Insassen zu schaffen.

3.2.3 Baumann (1984) – Duisburg-Hamborn

Die Ergebnisse der beiden vorherigen Studien waren schwer interpretierbar, da die Untersuchungs- und Vergleichsgruppen nicht hinreichend ähnlich waren, jedoch schienen sie die „nothing works"-These zu stützen. Deshalb wandte sich Baumann (1984) der Frage der Homogenität der Gruppen besonders zu. Er untersuchte die Rückfälligkeit von 548 Gefangenen, die in den Jahren 1971-1975 das Einweisungsverfahren in der Anstalt Duisburg-Hamborn durchlaufen hatten und 1975 wieder entlassen worden waren.

In einem ersten Schritt zur Homogenisierung der Vergleichsgruppen erhob er neben der erfolgreichen bzw. nicht-erfolgreichen Teilnahme an schulischen und beruflichen Kursen anhand der Gefangenenpersonalakten mehrere Variablen, die nach kriminologischem Erkenntnisstand einen Einfluss auf das Rückfallverhalten ausüben. Zu solchen empirisch gesicherten Determinanten der Rückfallkriminalität zählen einmal Daten zur bisherigen kriminellen Karriere, ferner zahlreiche sozialisationsbiographische Daten (Familienstand, Familienstörungen, Alkoholkonsum, Stabilität sozialer Beziehungen etc.). Mit Hilfe von Chi-Quadrat-Tests wurden daraus neun Variablen extrahiert, die einen signifikanten Zusammenhang mit dem Rückfall aufwiesen. In einem dritten Schritt erfolgte durch eine Kovarianzanalyse eine statistische Homogenisierung der Untersuchungsgruppen, also eine statistische Kontrolle der neun auf die abhängige Variable Rückfall einwirkenden Variablen.

Für schulische Maßnahmen im Strafvollzug konnte insgesamt nicht nachgewiesen werden, dass sie einen Einfluss auf das Rückfallverhalten ausüben. Die erfolgreichen Teilnehmer an beruflichen Maßnahmen weisen jedoch eine um 12% bis 15% günstigere Rückfallquote auf als diejenigen Gefangenen, die an einer solchen Maßnahme nicht teilgenommen haben. Damit bestätigt auch diese methodisch verbesserte Studie die positive Wirkung von beruflichen Bildungsmaßnahmen im Strafvollzug.

3.2.4 Trainingskurse für Trunkenheitsfahrer I - Bussmann & Gerhardt (1984), Utzelmann (1984), Winker et al. (1988)

Seit den 70er Jahren gibt es in Deutschland spezielle Trainingskurse für Trunkenheitsfahrer. Diese Kurse, die zunächst als Modellversuch gestartet wurden und jetzt flächendeckend eingesetzt werden, finden ambulant, also außerhalb von Strafvollzugseinrichtungen statt und sind für die Teilnehmer grundsätzlich freiwillig. Sie richten sich - als offenes Angebot oder als richterliche Weisung - an Personen, denen in der Folge einer oder mehrerer Trunkenheitsfahrten die Fahrerlaubnis entzogen wurde und die erneut eine Fahrerlaubnis erwerben möchten; das erfolgreiche Absolvieren eines solchen Kursprogramms wird dabei von den zuständigen Behörden als eine wesentliche Voraussetzung für die neue Fahrerlaubnis angesehen. Die Kursteilnahme setzt ein gewisses Maß an Intelligenz, Motivation und Änderungsbereitschaft voraus. Ausgeschlossen von solchen Kursen sind daher in der Regel Personen mit massiver Alkohol- oder Drogenabhängigkeit, mit sonstigen schweren körperlichen und psychischen Beeinträchtigungen, mit sehr geringer Intelligenz und Lernfähigkeit sowie mit schweren Straftaten.

Die Kurse folgen unterschiedlichen theoretischen Konzeptionen (verhaltensorientiert, gruppendynamisch, klientenzentriert), haben jedoch auch viele Gemeinsamkeiten: So erstrecken sich die Kurse stets über mehrere Wochen (6-8) mit jeweils zwei- bis vierstündigen Gruppensitzungen. Die Gruppengröße beträgt 8 bis 10 Personen. Zum Kursprogramm zählen einmal allgemeine Informationen über Alkohol im Straßenverkehr sowie über Gefahren des Alkoholkonsums. Einen breiten Raum nehmen in den Kursen Gruppengespräche über individuelle Ursachen des problematischen Trinkverhaltens sowie über Kontrollmöglichkeiten ein. Häufig werden auch Rollenspiele eingesetzt. Es ist außerdem üblich, mit den Teilnehmern persönliche Ziele und Selbstkontrollmaßnahmen zu vereinbaren; diese sollen durch Hausaufgaben verstärkt und überwacht werden. Die in den Kursen eingesetzten Trainer sind Psychologen oder Sozialarbeiter. Zur Gewährleistung einer einheitlichen Anwendung der Kurse bei verschiedenen Trainern dienen Moderatoren, welche die Einweisung in die Ziele und Grundregeln der jeweiligen Kurse vornehmen und oft auch eine fortlaufende Supervision anbieten.

In der Anfangszeit wurden mehrere dieser Kurse von einer wissenschaftlichen Evaluation begleitet, wobei vor allem die Legalbewährung, also die neuerliche Begehung von Alkoholverkehrsdelikten, erfasst wurde. Die erste hier berücksichtigte Evaluationsstudie (Bussmann & Gerhardt, 1984) bezieht sich auf ein Programm in Bayern für junge, erstmalig auffällige Alkoholverkehrsstraftäter. Trotz einiger Anlaufschwierigkeiten in den ersten Nachschulungskursen ergab sich eine insgesamt geringere Rückfälligkeit für die Kursteilnehmer. Allerdings stieg die Rückfallquote bei den Kursteilnehmern nach zwei Jahren erheblich an und näherte sich den Werten der Nichtkursteilnehmer; die rückfallmindernde Wirkung der Kurse verblasste also offenbar nach einem längeren Zeitraum. Die Studie erfasste auch verschiedene rückfallbegünstigende Kriterien, z.B. geringe Schulbildung, hohe Blutalkoholkonzentration und kriminelle Vorbelastung.

Die zweite Studie (Utzelmann, 1984) stellt die Ergebnisse einer Evaluationsstudie von Teilnehmern an Kursen nach dem Modell „Mainz 77" dar. Diese Kurse wenden sich an erstmals wegen Alkohol am Steuer aufgefallene Kraftfahrer, unabhängig vom Alter. Die Teilnahme ist freiwillig, verbessert jedoch die Möglichkeit der Wiedererteilung einer Fahrerlaubnis. Die Studie zeigte positive Resultate der Kurse, z.B. niedrigere Rückfallquoten (weniger Trunkenheitsfahrten) gegenüber Nichtteilnehmern. Jedoch weisen die Autoren dieser Studie darauf hin, dass die Ergebnisse problematisch sind, weil es sich bei den Kursteilnehmern um eine positiven Auslese handelt: Sie hatten sich alle freiwillig um eine Aufnahme bemüht und waren vorher auf die Wahrscheinlichkeit eines positiven Ergebnisses hin getestet worden. Alkoholiker oder in anderer Weise schwer beeinträchtigte Personen wurden nicht zugelassen.

Während die beiden ersten Studien regional und inhaltlich begrenzt waren, beschreiben Winkler et al. (1988) einen großen, bundesweit angelegten Modellversuch mit über 160 Kursleitern und großen Untersuchungs- und Vergleichsgruppen (N=1740 bzw. 1480). Es ergab sich ein signifikanter Unterschied zwischen den Rückfallquoten von Versuchs- und Kontrollgruppe. Dieses Ergebnis ist deshalb bedeutsamer als das der beiden anderen Studien, weil es sich hier bei der Kontrollgruppe um eine positive Auslese handelt (Fahreignung bereits ohne Kursteilnahme gegeben) und weil das Ergebnis infolge der hohen experimentellen Kontrolle nicht auf den Einfluss anderer Faktoren, z.B. auf Unterschiede in der Strafverfolgung beider Gruppen, zurückgeführt werden kann.

Der Modellversuch berücksichtigte drei konzeptionell und inhaltlich verschiedenartige Kursprogramme, deren Ergebnisse sich jedoch nicht signifikant unterscheiden. Offenbar spielt die theoretische Ausrichtung dieser Kurse also keine entscheidende Rolle für den Erfolg. Die positiven Ergebnisse dieser Evaluationsstudie führten zu der Empfehlung einer flächendeckenden Einführung der Kursprogramme und damit zu einer regulären Maßnahme zur Behandlung von Trunkenheitsfahrern in Deutschland.

3.2.5 Trainingskurse für Trunkenheitsfahrer II - Rosner (1988)

Ausgehend von Nachschulungskursen für erstmals alkoholauffällige Kraftfahrer, die seit 1980 von den Technischen Überwachungsvereinen in Baden-Württemberg angeboten wurden, führte das Max-Planck-Insitut für ausländisches und internationales Strafrecht in Freiburg eine umfangreiche Evaluationsstudie durch. Ziel dieser Kurse ist die Verhinderung erneuter Alkoholfahrten, wobei verhaltenstherapeutische und gruppendynamische Methoden zur Anwendung kommen. Die Kursteilnahme ist freiwillig und muss von den Teilnehmern bezahlt werden; als Anreiz wird eine zweimonatige Verkürzung der Sperrfrist, also eine frühere Möglichkeit der erneuten Erteilung einer Fahrerlaubnis, in Aussicht gestellt.

Die Versuchsgruppe bestand aus allen männlichen Kursteilnehmern zwischen Januar 1981 und Juni 1982. Die Vergleichsgruppe war eine zufällige Stichprobe von Fahrern, die 1979 erstmalig wegen Trunkenheitsfahrten registriert worden waren. Die gewählten Gruppenvergleiche sind nach Aussage der Autoren wenig befriedigend. Ein ursprünglich geplantes streng experimentelles Design mit Zufallszuordnung von Versuch- und

Kontrollgruppe scheiterte jedoch an datenschutzrechtlichen, erhebungsökonomischen und rechtsethischen Schwierigkeiten.

Die Kursteilnehmer wurden zu einem späteren Zeitpunkt wieder auffällig als die Nichtteilnehmer. Die festgestellten Unterschiede sind jedoch nicht besonders groß und liegen im Rahmen von Schwankungen zwischen einzelnen Untergruppen der Kursteilnehmer (verschiedene Zeitpunkte und Orte der Kursteilnahme). Es besteht aber ein signifikanter Unterschied für 40-jährige Teilnehmer: Diese wurden seltener rückfällig als gleichaltrige Personen der Vergleichsgruppe.

3.3 Sonstige Behandlungsmaßnahmen

3.3.1 Kury (1987) - Untersuchungshaft in Freiburg

Hintergrund dieser Studie ist ein Behandlungsprogramm in der Untersuchungshaftabteilung für Jugendliche und Heranwachsende der JVA Freiburg, das seit Anfang der 70er Jahre angeboten wird. Zu den Maßnahmen zählen neben allgemeinen Verbesserungen der Anstaltsatmosphäre und einem Ausbildungsprogramm für Bedienstete auch spezifische Therapieprogramme, insbesondere Gruppen in klientenzentrierter Therapie und Verhaltenstherapie (Modelllernen). Mitte der 70er Jahre wurde in Freiburg ein Evaluationsprojekt konzipiert, das die Wirkungsweise dieser Maßnahmen erfassen sollte.

Als Vergleichsgruppen wurden jugendliche und heranwachsende U-Häftlinge aus zwei anderen Vollzugsanstalten (Rastatt und Mannheim) herangezogen, die sich jedoch in einigen Variablen unterschieden, so dass die Personen der einzelnen Gruppen nur begrenzt miteinander vergleichbar sind. Außerdem ergaben sich - wie bei Langzeituntersuchungen üblich - im Verlauf der Studie erhebliche Ausfälle an Versuchspersonen.

Die Ergebnisse aus den Vor- und Nachinterviews deuten eine relativ große Bereitschaft der U-Häftlinge an, sich im Rahmen psychologisch-therapeutischer Gespräche mit ihrer persönlichen Problematik auseinanderzusetzen. Allerdings schätzten die Freiburger U-Häftlinge die Wirkung der angebotenen Hilfe eher skeptisch ein; die Mehrzahl meinte, dass ihnen die psychologischen Gespräche nicht wirklich helfen können, mit dem Leben nach der Haftentlassung besser fertig zu werden. Die Untersuchungsgruppe wurde seltener rückfällig als die Vergleichsgruppe, allerdings muss dies nicht zwingend ein Ergebnis der Behandlungsmaßnahmen sein; vielmehr könnten auch unterschiedliche Sanktionsstile der Strafverfolgungsbehörden (grundsätzlich mehr oder weniger Widerrufe an einzelnen Orten) eine maßgebliche Rolle gespielt haben. Die Studie zeigt auch, dass therapeutische Gespräche während der Zeit der U-Haft nur im Rahmen eines Gesamtkonzepts von der ersten Inhaftierung bis zur Entlassung erfolgversprechend einsetzbar sind.

3.3.2 Berner & Karlick-Bolten (1986) – Sexualstraftäter in Mittersteig

Die aus Österreich stammende Studie von Berner & Karlick-Bolten befasst sich mit Verlaufsformen der Sexualkriminalität; sie will also primär biographische Verläufe von Sexualstraftätern gegenüberstellen und untersucht diese in Abhängigkeit von der Phänomenologie der Tat, von Vorstrafen, vorausgehenden Haftzeiten sowie dem Alter der Täter. Außerdem werden Zusammenhänge zwischen Frühsozialisation, psychiatrischer und psychologischer Diagnostik und schließlich auch die Auswirkung von Ereignissen nach der Entlassung aus der Haft diskutiert. Auch der Einfluss verschiedener Therapiemaßnahmen wird in diesem Kontext betrachtet, bildet aber nicht den Schwerpunkt der Studie, so dass es sich hier nur teilweise um eine Therapie-Evaluationsstudie handelt.

Die Studie vergleicht Sexualstraftäter, die sich freiwillig behandeln ließen, mit solchen, die durch richterliche Anordnung behandelt wurden. Nach den Angaben der Autoren sind die untersuchten Gruppen nur in geringem Maße miteinander vergleichbar. Sie sind zwar jeweils für bestimmte Situationen repräsentativ (Regelvollzug, Sozialtherapie freiwillig und auf richterliche Weisung), bilden aber keine echten Versuchs- und Kontrollgruppen. Für die Interpretation der Ergebnisse kommt erschwerend hinzu, dass die einzelnen Gruppen in weitere, teilweise sehr kleine Subgruppen hinsichtlich Straftaten, psychiatrischen Diagnosen, Institution, Behandlung, Vorverurteilung etc. unterteilt wurden. Insgesamt liefert die Studie zahlreiche Hinweise und Hypothesen zu den Verlaufsformen der Sexualkriminalität sowie zu Möglichkeiten der therapeutischen Beeinflussung von Sexualstraftätern, die durch zahlreiche Fallbeispiele anschaulich illustriert werden. Wegen der geringen Qualität der angewandten Forschungsmethoden sind die Ergebnisse dieser Studie jedoch nur wenig zuverlässig.

3.3.3 Meyer (1982) – Jugendstrafvollzug und Bewährungshilfe

Bei der Diskussion der Frage, welchen Einfluss Strafsanktionen auf die spätere Rückfälligkeit haben, ist ein Vergleich zwischen dem Aufenthalt in einem Gefängnis und einer Strafaussetzung zur Bewährung von maßgeblicher Bedeutung. Aus ethischen Gründen sind Zufallsexperimente hier freilich nicht möglich, und nicht-experimentelle Studien müssen sich mit den bereits vorher bestehenden Unterschieden zwischen Versuch- und Kontrollgruppen auseinandersetzen. So sieht das deutsche Jugendstrafrecht die Verhängung einer Jugendstrafe unter anderem dann vor, wenn in der begangenen Tat ernsthafte schädliche Neigungen hervorgetreten sind (§ 17 JGG); umgekehrt ist eine Strafaussetzung für Jugendliche dann angezeigt, wenn zu erwarten ist, dass der Jugendliche sich schon die Verurteilung zur Warnung dienen lassen wird und auch ohne die Einwirkung des Strafvollzuges zukünftig ohne Straftaten leben wird (§ 21 Abs. 1 JGG). Forscher sollten daher verschiedene Potentiale für Gefährlichkeit und Rückfallwahrscheinlichkeit in beiden Gruppen erwarten.

Trotz dieser von vornherein offensichtlichen Unterschiede hinsichtlich der Verhängung von Jugendstrafen und Strafaussetzungen vergleicht die Studie von Meyer (1982) die Rückfälligkeit aller im Jahre 1972/73 aus der Jugendstrafanstalt Bremen-Blockland entlassenen Straftäter mit den Daten all jener Jugendlichen, die im gleichen Zeitraum der Bewährungshilfe in Bremen zugewiesen wurden. Personen der zweiten Gruppe wurden seltener wiederverurteilt als die der ersten Gruppe. Dies spricht für eine höhere Straffälligkeit der ehemaligen Gefängnisinsassen. Der Autor kommt nach einer vergleichenden Analyse von Risikofaktoren (soziobiographische Merkmale, Berufstätigkeit, Vorverurteilungen, Deliktgruppen, Einfluss von Drogen bei der Tat etc.) zu dem Ergebnis einer grundsätzlichen Vergleichbarkeit beider Gruppen. Dieser Schluss darf jedoch bei kritischer Betrachtung bezweifelt werden, weil einige offensichtliche Unterschiede (Schul- und Berufsbildung, strafrechtliche Vorbelastung) zu wenig beachtet wurden und andere wesentliche Faktoren, z.B. Persönlichkeitsbeurteilungen, fehlen. Des weiteren ergibt sich aus der Studie nicht, welche pädagogischen oder therapeutischen Maßnahmen im Strafvollzug und in der Bewährungshilfe bei den jugendlichen Straftätern zur Anwendung kamen.

3.3.4 Rüther & Neufeind (1978), Klotz (1980) – Offener und geschlossener Vollzug

Der deutsche Strafvollzug unterscheidet grundsätzlich zwischen zwei Arten der Unterbringung: offener Vollzug und geschlossener Vollzug. Abgrenzungskriterium ist dabei der Grad der Sicherheitsvorkehrungen gegen Entweichungen. Im offenen Vollzug nähert sich das Leben mehr den allgemeinen Lebensverhältnissen in Freiheit an. Die Kommunikation innerhalb der Anstalt und nach draußen ist verbessert. Selbstverständlich kommt eine Unterbringung im offenen Vollzug nur für einen Teil der Gefangenen (derzeit rd. 15-20% aller Insassen) in Frage. Voraussetzungen sind u.a. die Fähigkeit zur Gemeinschaft und die Bereitschaft zur Mitarbeit in der Anstalt, Aufgeschlossenheit gegenüber sozialpädagogischen Bemühungen, keine früheren Flucht- oder Ausbruchsversuche, kein Missbrauch von Lockerungen (Ausgang, Urlaub) und keine negative Beeinflussung anderer Gefangener. Wissenschaftliche Studien, die sich mit der differentiellen Bewertung der Rückfälligkeit von (ehemaligen) Gefangenen beider Vollzugsformen befassen, stehen vor dem Problem, dass hier experimentelle Anordnungen mit Zufallszuweisungen rechtlich und ethisch nicht möglich sind. Auf der anderen Seite sind wegen der spezifischen Zuweisungskriterien die verschiedenen Gefangenengruppen nur wenig vergleichbar. Dies gilt auch für die beiden hier berücksichtigten Studien.

Rüther & Neufeind (1978) analysierten die Rückfälligkeit aller Personen, die in den Jahren 1971-1973 in vier verschiedenen Vollzugsanstalten des Landes Nordrhein-Westfalen inhaftiert waren. Dabei ergibt sich, dass Art und Schwere neuerlicher Verurteilungen deutlich von der Zahl vorausgehender Haftstrafen sowie von den aktuellen sozialen Beziehungen (Partnerschaft, Besuche während der Haft) abhängen. Dagegen zeigt sich für die Form der Unterbringung (offen, geschlossen) kein eindeutiges Bild. Lediglich für eine geschlossene Anstalt (für Gefangene mit „besonderer krimineller Gefährdung") fand sich – erwartungsgemäß – eine deutlich höhere Rückfallrate (74%) als für die anderen Anstalten (44-48%). Dieses Ergebnis kann aber, zumindest teilweise, auf das a priori unterschiedliche kriminelle Potential der Insassen zurückführbar sein.

Die Studie von Klotz (1980) beschäftigte sich mit der Rückfälligkeit von ehemaligen Gefangenen des geschlossenen und offenen Strafvollzuges in Baden-Württemberg. Dabei ergaben sich für verschiedene Stufen (Schweregrade) des Rückfalls (jeder neue Eintrag, jede neue Inhaftierung, mindestens gleich schwere Straftat wie vorher) deutlich bessere Werte für die Entlassenen aus dem offenen Vollzug. Die Studie zeigt aber auch deutliche Unterschiede zwischen beiden Teilgruppen für mehrere Variablen, die von großem Einfluss auf die Rückfallgefahr sein dürften. sozialer Hintergrund, Alkoholabhängigkeit, berufliche Situation, frühe Auffälligkeit, Vorstrafen etc. Vor diesem Hintergrund interpretiert der Verfasser die Ergebnisse nicht einfach im Sinne einer rückfallmindernden Wirkung des offenen Vollzuges, sondern verweist darauf, dass der offene Vollzug anscheinend in der Lage ist, Gefangenen mit günstigen Voraussetzungen eine geeignete Situation und entsprechende Maßnahmen anzubieten, die eine rückfallresistente Persönlichkeit zu stabilisieren vermögen. Umgekehrt zieht er auch nicht den Schluss, dass der geschlossene Vollzug nicht rückfallverhindernd oder gar rückfallfördernd wirkt, sondern argumentiert, dass die dort untergebrachten Gefangenen wesentlich ungünstigere Voraussetzungen mitbringen, die unter den begrenzten Möglichkeiten des geschlossenen Vollzuges nur teilweise veränderbar sind.

3.3.5 Dolde (1982), Egg (1992) – Behandlung drogenabhängiger Straftäter

Dolde (1982) analysierte den Verlauf der Behandlung und die Rückfallquote einer speziellen Station für Drogentherapie im Gefängniskrankenhaus von Hohenasperg (Baden-Württemberg) zwischen 1972 und 1979. Die Studie unterscheidet zwischen zwischen Bagatellrückfall (Geldstrafe oder Freiheitsstrafe bis zu 3 Monaten) und erheblichem Rückfall (höhere Strafen).

Die Ergebnisse zeigen, dass von den in den Regelvollzug Rückverlegten (=Therapieabbrecher) deutlich mehr erheblich rückfällig wurden als von den aus der Behandlungseinrichtung Entlassenen. Eine genauere Analyse zeigt, dass die Erfolgsaussicht der Behandlung im Vollzugskrankenhaus umso günstiger war, je enger die vorausgehenden Straftaten in unmittelbarem Zusammenhang mit Drogenkonsum standen. Offenbar eignet sich die im Vollzugskrankenhaus durchgeführte Therapie nur für den speziellen Kreis der „klassischen" Drogenabhängigen, nicht aber für Kriminelle mit sekundärer Drogenabhängigkeit.

Da die Behandlung drogenabhängiger Straftäter innerhalb des Strafvollzuges regelmäßig auf enge Grenzen stößt, wurde in Deutschland im Jahre 1983 eine neue rechtliche Regelung geschaffen, die es den Strafvollstreckungsbehörden ermöglicht, eine verhängte Strafe zugunsten einer Therapie außerhalb des Gefängnisses zurückzustellen (§ 35 BtMG). Voraussetzung ist, dass die Strafzeit zwei Jahre nicht übersteigt und die begangene Tat, unabhängig von ihrer Art, auf Drogenkonsum zurückzuführen ist. Die Zurückstellung bedeutet konkret, dass der (oder die) Verurteilte aus dem Gefängnis entlassen wird, um an dem Programm einer therapeutischen Gemeinschaft teilzunehmen. Die in der Therapie verbrachte Zeit wird – zumindest teilweise – auf die Strafe angerechnet.

Das letzte Drittel der Strafzeit wird – bei erfolgreicher Therapie – zur Bewährung ausgesetzt.
Für die Zurückstellung ist keine spezielle Erfolgsprognose erforderlich, allerdings muss der formale Ablauf der Therapie (Start, Verlauf, Finanzierung, etc.) gesichert sein. In den Fällen, in denen die verurteilte Person die Therapie abbricht oder vorzeitig entlassen wird, wird die Zurückstellung widerrufen, falls die Behandlung nicht in einer anderen Institution weitergeführt wird. Dieser Widerruf bedeutet die Rückkehr ins Gefängnis. Auch danach ist allerdings eine erneute Zurückstellung, also ein weiterer Therapieversuch, möglich. Drogenabhängige brauchen oft mehrere Anläufe, bevor ein dauerhafter Behandlungserfolg erzielt werden kann.

Wenige Jahre nach Inkrafttreten dieser Regelung führte die Kriminologische Zentralstelle in Wiesbaden eine Evaluation dieser neuen Regelung durch (Egg, 1992). Die Untersuchung vergleicht Probanden, die ihre Therapie wie geplant abschlossen, mit Probanden, die entweder vorzeitig entlassen wurden oder die ihre Therapie abbrachen. Bei der ersten Gruppe fanden sich weniger und weniger schwere neue Verurteilungen als bei der zweiten Gruppe. Die Studie bestätigt die grundsätzliche Anwendbarkeit dieser Zurückstellungsregelung, die seither in weit größerem Maße Anwendung findet als in den 80er Jahren. Die Evaluationsuntersuchung ist aber eher als Pilotstudie zu verstehen, da sie aus finanziellen und praktischen Gründen bei der Gestaltung des Forschungsdesigns einige Kompromisse eingehen musste. So gibt es nur interne Vergleiche zwischen den einzelnen Gruppen, aber keine echte Vergleichsgruppe von im Strafvollzug verbliebenen Drogenabhängigen.

3.3.6 Wille & Beier (1989) - Kastration

Die Kastration von Sexualstraftätern wird in Deutschland, wie in anderen Ländern auch, seit langem kontrovers diskutiert. Während Gegner in diesem irreversiblen Eingriff einen Rückfall in mittelalterliche Körperstrafen sehen, argumentieren Befürworter, dass darin ein Fortschritt im Sinne von Behandeln statt Strafen zu sehen ist, der es Straftätern ermöglicht, ohne weitere Delikte und außerhalb geschlossener Einrichtungen zu leben und der gleichzeitig einen wirkungsvollen Schutz vor sexuellen Aggressionen gegen Frauen und Kinder bietet. Vor allem in der Folge spektakulärer Sexualdelikte werden Forderungen nach einer verstärkten Anwendung der Kastration laut. Tatsächlich werden in Deutschland jährlich nur etwa 10 bis 12 Kastrationen vorgenommen; dies ist angesichts der ca. 5000 jährlichen Verurteilungen wegen Kindesmissbrauch, sexueller Gewalt und Exhibitionismus eher bescheiden und bedeutet auch im europäischen Vergleich keinen sehr hohen Wert.

Nach deutschem Recht sind Kastrationen (seit 1970) nur auf freiwilliger Basis zulässig. Sexualstraftäter können diesen Eingriff bei dem sog. Kastrationsausschuss ihres Bundeslandes, der jeweils aus einem Juristen und zwei Ärzten zusammengesetzt ist, beantragen. Dieser Ausschuss muss unter Berücksichtigung aller relevanten Sachverhalte den Antrag prüfen und eine Entscheidung treffen. Dabei ist insbesondere die Frage zu klären, ob die zu erwartenden Vorteile des Eingriffs die möglichen Nachteile, wie z.B. soziale und psychische Probleme der kastrierten Männer, übersteigen. Der Antragsteller hat das Recht, seinen Antrag jederzeit, auch nach dessen Bewilligung, zurückzunehmen.[5]

Die Studie von Wille & Beier (1989) untersucht für zwei große Regionen in Deutschland (Westfalen-Lippe und Schleswig-Holstein), die etwa 25% aller Kastrationen von Sexualstraftätern in Deutschland abdecken, die zwischen 1970 und 1980 beantragten und durchgeführten Eingriffe. 104 der 157 Antragsteller wurden in diesem Zeitraum kastriert, 53 Antragsteller zogen ihr Gesuch wieder zurück (N=36) oder wurden vom Ausschuss abgelehnt (N=17). Ausgewertet wurden vor allem Strafakten und Registerauskünfte, außerdem wurden 86 Interviews durchgeführt. Die Studie vergleicht biographische und persönliche Merkmale, Intelligenz, aktuelle Lebenssituation und erneute Straffälligkeit für die beiden Gruppen (kastrierte vs. nicht-kastrierte Sexualstraftäter). Dabei handelt es sich freilich nicht um ideale Vergleichsgruppen, doch ist ein experimentelles Design mit Zufallsanordnung hier nicht möglich. Die Auswertung der einzelnen Variablen zeigt auch mehrere signifikante Unterschiede zwischen beiden Gruppen (z.B. bezüglich Intelligenz und Deliktart), die eine Bewertung der katamnestischen Daten erschweren. Erwartungsgemäß ergab sich eine deutlich geringere Rückfälligkeitsrate für neue Sexualdelikte bei der Gruppe der Kastrierten (3% vs. 46%), dagegen war der Unterschied bei sonstigen Straftaten (25% vs. 43%) statistisch nicht signifikant. Die nach der Operation in Freiheit verbrachte Zeit war für die Kastrierten im Durchschnitt größer als für die Nicht-Kastrierten. Über 70% der Kastrierten äußerten sich auch insgesamt zufrieden mit ihrer gegenwärtigen Situation, allerdings wollten dazu nur etwa 75% der Befragten Angaben machen.

Trotz der insgesamt recht positiven Resultate der Studie, bleiben Kastrationen für Sexualstraftäter in Deutschland eine umstrittene Behandlungsmethode. Dies liegt weniger an den methodischen Schwächen der Evaluationsstudie als an grundsätzlichen Bedenken gegen einen rein körperorientierten, irreversiblen Eingriff mit problematischen Nebeneffekten.

4. Resultate der Meta-Analysen

Wir beginnen die Darstellung der Meta-Analysen mit der Auflistung der Behandlungsmodi der 25 Studien, dem CDATE-Rating der angewandten Untersuchungsmethoden, dem Korrelationskoeffizienten r, der Effektstärke[6], wobei Rückfälligkeit die Ergebnisvariable war, zusammen mit den unteren und oberen Grenzen des 95%igen Konfidenzintervalls. Ein positives r zeigt an, dass die Untersuchungsgruppe erfolgreicher war als die Vergleichsgruppe, d.h. sie hatte eine geringere Rückfallquote (Tabelle 1).

---

[5] Für weitere Hinweise siehe Wille (1987).
[6] Von CDATE mittels der Daten aus den Primärstudien berechnet

Tabelle 1: Studien nach Behandlungsart, Methodenrating und Effektstärken

Studie	Behandlungsart	Methodenrating	Effektstärke r (Rückfälligkeit)	Untere 95% Konfidenz-Intervall	Obere 95% Konfidenz-Intervall
1. Egg (1990)	Sozialtherapie	fair	0,25	0,06	0,43
2. Dünkel (1979)	Sozialtherapie	fair	0,15	0,07	0,23
3. Dünkel & Geng (1993)	Sozialtherapie	fair	0,11	0,02	0,2
4. Rehn (1979)	Sozialtherapie	fair	0,07	-0,08	0,21
5. Rehn & Jürgensen (1983)	Sozialtherapie	fair	0,16	0	0,31
6. Rehn & Jürgensen (1983)	Sozialtherapie	fair	0	-0,25	0,25
7. Rasch & Kühl (1978)	Sozialtherapie	gut	0,15	-0,11	0,4
8. Ortmann (1995)	Sozialtherapie	ausgezeichnet	0,08	-0,05	0,21
9. Baumann et al. (1983)	Bildungsmaßnahmen	fair	-0,03	-0,11	0,05
10. Berckhauer & Hasenpusch (1983)	Bildungsmaßnahmen	schwach	0,1	-0,02	0,22
11. Berckhauer & Hasenpusch (1983)	Bildungsmaßnahmen	schwach	-0,01	-0,13	0,11
12. Baumman (1984)	Bildungsmaßnahmen	fair	0,01	-0,08	0,09
13. Baumman (1984)	Bildungsmaßnahmen	fair	0,11	0,03	0,2
14. Utzelmann (1984)	Kurse für Trunkenheitsfahrer	schwach	0,1	0,02	0,18
15. Bussmann & Gerhardt (1984)	Kurse für Trunkenheitsfahrer	schwach	0,05	-0,08	0,17
16. Winkler et al. (1984)	Kurse für Trunkenheitsfahrer	fair	0,07	-0,01	0,15
17. Rosner (1988)	Kurse für Trunkenheitsfahrer	fair	0,04	-0,04	0,12
18. Kury (1987)	Psychol.-therap. Gespräche	fair	0,07	-0,08	0,22
19. Berner & Karlick-Bolten (1986)	Sozial-/Psychotherapie	fair	0,27	0,06	0,45
20. Meyer (1982)	Bewährungshilfe	fair	0,08	-0,02	0,19
21. Rüther & Neufeind (1978)	Offener Vollzug	fair	0	-0,2	0,2
22. Klotz (1980)	Offener Vollzug	fair	0,34	0,19	0,48
23. Dolde (1982)	Drogentherapiestation	schwach	0,1	-0,06	0,26
24. Egg (1992)	Drogentherapie - § 35 BtMG	schwach	0,09	-0,04	0,22
25. Wille & Beier (1989)	Kastration	schwach	0,39	0,23	0,52

Eine Zusammenfassung der statischen Ergebnisse der Meta-Analysen findet sich in Tabelle 2. Wie erwähnt ist der Pearsonsche Korrelationskoeffizient r unser hauptsächlicher Schätzwert für die Stärke des Effektes.[7] Wir beziehen uns bei der Diskussion der einzelnen Meta-Analysen auf diese Tabelle.

Tabelle 2: Zusammenfassung der Ergebnisse der Meta-Analysen

	1. Sozialtherapie (gesamt)	2. Bildungsmaßnahmen (gesamt)	2a Schulische & berufliche Bildung	2b Kurse für alkoholauffällige Kraftfahrer
Effektstärke, r, Mittel, gew.	0,123	0,048	0,035	0,065
Odds ratio, Mittel	1,903	1,465	1,27	1,709
Signifikanztest exakter p-Wert	0,001	0,028	0,156	0,031
Anzahl der Studien (k)	8	9	5	4
Gesamtzahl der Vpn (N)	2.278	8.542	2.525	6.017
Homogenität	ja	nein	nein	ja

4.1 Sozialtherapeutische Anstalten

Das inversiv-varianz gewichtete Mittel von Fishers Z_r für diese Studien war 0,123. Auch der Korrelationskoeffizient von Pearson betrug in etwa 0,123. Ein t-Test für die Nullhypothese, dass das gesamte Mittel der Effektstärke Null ist, ergab für diese Studien ein signifikantes Ergebnis: $t(7) = 5,263$, $p = 0,001$.

Es gibt eine Umwandlungsrelation, den Binomial Effect Size Display (BESD), die einige Hinweise auf die praktische Bedeutung der Effektstärken liefert (Rosenthal, 1991, S. 132-136). Ein BESD setzt einen Korrelationskoeffizienten nach Pearson, r, in Beziehung zu einem prozentualen Unterschied zwischen Versuchs- und Kontrollgruppen, wobei ein Mittelpunktsanker von 50% zugrunde gelegt wird. Zum Beispiel kann die gewichtete mittlere Korrelation von Sozialtherapie und Rückfälligkeit von r= 0,123 so betrachtet werden, dass die Versuchsgruppe 12,3% erfolgreicher ist als die Kontrollgruppe – bei einem Mittelpunktsanker von 50%. Daher würde der BESD so lauten: 56,15 % Erfolg in der Versuchsgruppe gegenüber 43,85% Erfolg in der Kontrollgruppe.

Eine andere Methode zur Berechnung der Effektstärke, die von Haddock, Rindskopf & Shadish (1998) für dichotome Häufigkeitszählungen vorgeschlagen wurde, ist das Wahrscheinlichkeitsverhältnis (odds ratio). Aus den Häufigkeitszählungen von Rückfälligen und Nicht-Rückfälligen in den Versuchs- und Kontrollgruppen, die in den primären Forschungsberichten erwähnt wurden, berechnete CDATE die in Tabelle 2 aufgeführten Werte. Der Durchschnittswert (1,903) zeigt, dass die mittlere *Wahrschein-*

---

[7] Auf Ratschlag von Statistikern hin wurde r erst in Z_r umgewandelt, dann wurden die Berechnungen vorgenommen; nachdem die Ergebnisse erzielt worden waren, wurde Z_r wieder in r umgewandelt.

lichkeit eines erfolgreichen Ergebnisses in den Versuchsgruppen fast doppelt so hoch war wie in den Kontrollgruppen.

Ein anderer hier zu erwähnender Punkt ist die Frage, ob die verschiedenen Effektstärken homogen sind, was für klare, einfache Interpretationen vorzuziehen wäre, oder heterogen sind, was darauf hindeuten würde, dass verschiedene Arten von Einflussgrößen bei den beobachteten Effektstärken vermischt wurden. Wir haben alle der drei empfohlenen Indikatoren für Homogenität berechnet:

Zunächst schätzten wir die Homogenität der Effektstärken ein, indem wir die Gesamtvarianz aufteilten in einen Teil, der dem Stichprobenfehler entspricht (Varianz innerhalb der Studien) und in einen zweiten Teil, der die Varianz der wahren Effektstärke-Parameter repräsentiert (Varianz zwischen den Studien), genannt Tau^2 (Tau-Quadrat). Eine Varianz zwischen den Studien, die gegen Null tendiert, ist ein Indikator für die Homogenität der Effektstärken. Je mehr Tau^2 von Null abweicht, desto geringer ist die Homogenität der Effektstärken, was auf Unstimmigkeiten oder Heterogenität der Effektstärken hinweist. Die geschätzte Varianz zwischen den acht sozialtherapeutischen Studien, Tau^2, ist 0,00002, was nahe genug an Null ist, um sie als homogen zu werten.

Zweitens, falls der Prozentsatz der gesamten Varianz, der dem Stichprobenfehler zugerechnet werden kann, groß ist (z.B. größer als 75%), können die Effektstärken ebenfalls als homogen angesehen werden. Für die sozialtherapeutischen Programme entsprachen 99,66% der Gesamtvarianz dem Stichprobenfehler, was auf deren Homogenität hinweist.

Drittens war der Q-Test für Homogenität für diese Studien statistisch nicht signifikant, Q (7) = 4,42, p = 0,5. Dies zeigt, dass es unklug wäre, die Hypothese der Homogenität bei dieser Gruppe von Effektstärken zurückzuweisen.

Wir schließen daraus, dass die angenommene Effektivität der sozialtherapeutischen Programme durch unsere Berechnungen bestätigt wird: Der t-Test ist statistisch signifikant, und die mittlere Effektstärke ist praktisch bedeutsam. Diese Festellung ist jedoch mit einer wichtigen Einschränkung zu versehen: die Untersuchungsmethoden, die von den Forschern bei den vorliegenden Studien angewandt werden konnten, ließen sich meist nur als *fair* („geringe Zuverlässigkeit") klassifizieren. Nur eine der bei den Studien eingesetzten Methoden verdiente nach unserer Meinung das Prädikat *excellent* (r = +0,08) und eine Studie wurde mit *gut* (r = +0,15) bewertet.

4.2 Bildungsmaßnahmen und Trainingskurse

Wie in Tabelle 2, Spalte 2 (*Bildungsmaßnahmen gesamt*) dargestellt, führten wir die Meta-Analyse zunächst mit den aggreggierten Daten aller Bildungs- und Trainingsprogramme durch, einschließlich der Nachschulungskurse für Trunkenheitsfahrer. Diese Anordnung ergab einen gewichteten mittleren Korrelationskoeffizienten der Effektstärken, der etwas unterhalb von 0,05 lag. Die statistischen Kriterien ließen aber vermuten, dass die Zusammenstellung der Studien nicht homogen war. Wir teilten deshalb die Studien in zwei Gruppen auf:

(2a) Schulische und berufliche Programme sowie soziale Trainingskurse und
(2b) Nachschulungskurse für Trunkenheitsfahrer.

Die Effektivität der fünf Schul- und Berufsbildungsprogramme (siehe Tabelle 2, Spalte 2a) konnte nicht bestätigt werden. Die Ergebnisse waren auf dem 0,05-Niveau nicht statistisch signifikant, das gewichtete mittlere r betrug nur 0,035.

Für die vier Studien zu Nachschulungskursen für Trunkenheitsfahrer (Spalte 2b), deutet die Meta-Analyse an, dass sie zumindest *einigermaßen* effektiv sein können. Der t-Test ist auf dem 0,05-Niveau signifikant (p = 0,031). Das mittlere Fishers Z_r und der Korrelationskoeffizient der Effektstärke betragen beide etwa 0,065. Das mittlere Wahrscheinlichkeitsverhältnis (odds ratio) von 1,709 indiziert, dass im Durchschnitt die *Wahrscheinlichkeit* eines positiven Ergebnisses in der Versuchsgruppe 1,7 mal größer war als in der Kontrollgruppe. Außerdem bestätigen alle drei angewandten statistischen Kriterien die Annahme der Homogenität dieser Gruppe von Studien. Es muss aber betont werden, dass die Qualität der Untersuchungsmethoden, die bei diesen Studien eingesetzt werden konnten, nur von *schwach* bis *fair* beurteilt wurde. Die beiden mit fair bewerteten Studien haben Effektstärke-Korrelationskoeffizienten von 0,04 und 0,07 (siehe Tabelle 1) Wir sehen dies als ausreichend an, um das Interesse an solchen Programmen zu unterstützen, dennoch sind bessere Forschungsmethoden erforderlich, um zu klären, ob diese Behandlungsform wirklich effektiv ist.

5. Schlussfolgerungen

Dieser Aufsatz enthält einen Überblick sowie Meta-Analysen über Evaluationsstudien aus Deutschland und Österreich, die in den Jahren 1968 bis 1996 verfasst wurden (veröffentlicht oder unveröffentlicht), und die sich mit Behandlungsprogrammen im Bereich von Strafvollzug und Straffälligenhilfe zur Reduzierung von Rückfälligkeit befassten.

25 Studien über Straftäterbehandlungsprogramme in Deutschland genügten den Anforderungen von CDATE. Dabei handelt es sich hauptsächlich um Bildungs-/Trainingsprogramme sowie um sozialtherapeutische Programme; hinzu kommt noch eine dritte Kategorie von Studien, die sich auf sehr unterschiedliche Maßnahmen beziehen.

Die Bildungsprogramme erreichten weder statistische Signifikanz noch unser (eher mildes) Kriterium des erheblichen Interesses (ein r größer oder gleich +0,05). Die Nachschulungskurse für Trunkenheitsfahrer fallen in eine „Grauzone": Die vier Studien überschritten zwar den einseitigen 0,05-Signifikanzwert, aber nur knapp über unserem Kriterium des erheblichen Interesses (r=0,065). Allerdings wurden nur zwei der angewandten Untersuchungsmethoden als *fair* eingestuft; die anderen wurden als *schwach* bewertet. Die restlichen Studien sind zu verschieden, als dass man sie in einer einzigen Meta-Analyse zusammenfassen könnte; sie werden am besten einzeln betrachtet.

Die hier vorgelegten Ergebnisse bestätigen offenbar die angenommene Effektivität der *sozialtherapeutischen Programme*: Der t-Test ist statistisch signifikant und die durchschnittliche Effektstärke ist praktisch bedeutsam (die mittlere Effektstärke r beträgt etwa 0,13, das Wahrscheinlichkeitsverhältnis ist fast 2). Das Ergebnis stimmt mit anderen CDATE-Meta-Analysen (über die hier nicht berichtet wird) überein, die zeigten, dass amerikanische Programme therapeutischer Gemeinschaften, die in einigen wichtigen Punkten der deutschen Sozialtherapie ähneln, ebenfalls die Rückfälligkeit erfolgreich reduzieren.

Die Effektivität von sozialtherapeutischen Programmen in Deutschland ist im Vergleich zu anderen Behandlungsformen – trotz der methodischen Schwächen einzelner Studien – empirisch gut belegt[8]. Sozialtherapeutische Einrichtungen im Justizvollzug können heute auf eine etwa dreißigjährige Geschichte zurückblicken, die jedoch wechselhaft verlief. Während in den optimistischen Anfangsjahren der Bau von zahlreichen neuen Anstalten mit einer Kapazität von insgesamt mehr als 5.000 Haftplätzen geplant war, wurden diese Ziele später aufgegeben – trotz der guten Erfolge der Modelleinrichtungen – hauptsächlich aus finanziellen Gründen. Die Behandlungskonzepte der verschiedenen Einrichtungen wurden nicht gut aufeinander abgestimmt. Die Anzahl der Haftplätze blieb über die Jahre hinweg etwa gleich und die Aufnahme erfolgte weiterhin freiwillig.

Nach einigen spektakulären Sexualmorden an Kindern rückten die Sozialtherapeutischen Anstalten wieder in den Mittelpunkt der kriminalpolitischen Diskussion. Anfang 1998 trat ein neues Gesetz in Kraft, das bestimmt, dass alle gefährlichen Sexualstraftäter sozialtherapeutisch zu behandeln sind – auch gegen ihren Willen. Dies bedeutet eine neue Herausforderung für die bestehenden Einrichtungen und verlangt nach verstärkter wissenschaftlicher Begleitforschung. Im Zentrum der Diskussion sollte allerdings nicht mehr die generelle Frage nach der Effektivität dieser Einrichtungen stehen, sondern eine differenzierte Analyse spezifischer Methoden für verschiedene Tätergruppen und unterschiedliche Arten von Behandlungssettings.

Anhang:

1. Zitierte Forschungsarbeiten (in der Reihenfolge der Nennung im Text)[9]

Egg, R. (1990). Sozialtherapeutische Maßnahmen und Rückfälligkeit in einem längerfristigen Vergleich. *Monatsschrift für Kriminologie und Strafrechtsreform 73*, 358-368.

Dünkel, F. (1979). Sozialtherapeutische Behandlung und Rückfälligkeit in Berlin-Tegel. *Monatsschrift für Kriminologie und Strafrechtsreform 62*, 322-337.

Dünkel, F. & Geng, B. (1993). Zur Rückfälligkeit von Karrieretätern nach unterschiedlichen Strafvollzugs- und Entlassungsformen. In G. Kaiser & H. Kury (Hrsg.). *Kriminologie*

---

[8] Vgl. dazu vor allem Lösel et al. (1987).
[9] Die darüber hinaus verwendete Literatur ist im Literaturverzeichnis aufgeführt.

Forschung in den 90er Jahren. Freiburg: Max-Planck-Institut für ausländisches und internationales Strafrecht, 193-257.
Rehn, G. (1979). Rückfall nach Sozialtherapie: Vergleichende Untersuchung aus drei Hamburger Justizvollzugsanstalten. *Monatsschrift für Kriminologie und Strafrechtsreform 62*, 357-364.
Rehn, G. & Jürgensen, P. (1983). Rückfall nach Sozialtherapie: Wiederholung einer im Jahr 1979 vorgelegten Untersuchung. In H.-J. Kerner, H. Kury & K. Sessar. (Hrsg.). *Deutsche Forschungen zur Kriminalitätsentstehung und Kriminalitätskontrolle*, Bd. 3. Köln: C. Heymanns, 1910-1948.
Rasch, W. & Kühl, K.-P. (1978). Psychologische Befunde und Rückfälligkeit nach Aufenthalt in der sozialtherapeutischen Modellanstalt Düren. *Bewährungshilfe - Fachzeitschrift für Bewährungs-, Gerichts- und Straffälligenhilfe 25*, 44-57.
Ortmann, R. (1998). A Randomized Experiment on the Effectiveness of Social Therapy in Prison – Remarks on the Experimental Design, the Selection and Substantiation of Variables and their Relevance for the Validity of the Results Derived. Presentation at the conference *Experiments in the Field of Criminal Policy: Do We Need to Use Experimental Designs for the Evaluation of Features of the Criminal Justice System?* Universität Bielefeld, Germany. March 31- April 2, 1998.
Baumann, K.H., Maetze, W. & Mey, H.-G. (1983). Zur Rückfälligkeit nach Strafvollzug. *Monatsschrift für Kriminologie und Strafrechtsreform 66*, 133-148.
Berckhauer, F. & Hasenpusch, B. (1983). Bildungsmaßnahmen im Strafvollzug: ein Mittel der Rückfallverhütung? In H.-J. Kerner, H. Kury & K. Sessar. (Hrsg.). *Deutsche Forschungen zur Kriminalitätsentstehung und Kriminalitätskontrolle*, Bd. 3. Köln: C. Heymanns, 1949-1970.
Baumann, K.-H. (1984). Der Einfluß von Bildungsmaßnahmen im Strafvollzug auf das Rückfallverhalten. *Zeitschrift für Strafvollzug und Straffälligenhilfe 33*, 31-36.
Utzelmann, H. D. (1984). Die Bedeutung der Rückfallquote von Teilnehmern an Kursen nach dem Modell 'Mainz 77' unter neuen Gesichtspunkten. *Blutalkohol 21*, 396-402.
Bussman, E. & Gerhardt, B.-P. (1984). Legalbewährung junger Alkoholverkehrsstraftäter. *Blutalkohol 21*, 214-227.
Winkler, W., Jacobshagen, W. & Nickel, W.-R. (1988). Wirksamkeit von Kursen für wiederholt alkoholauffällige Kraftfahrer. *Unfall und Sicherheitsforschung Straßenverkehr, Heft 64*.
Rosner, A. (1988). Evaluation of a Drinking-Driver Rehabilitation Program for First Offenders. In G. Kaiser & I. Geissler (Hrsg.). *Crime and Criminal Justice: Criminological Research in the 2nd Decade at the Max Planck Institute*. Freiburg: Eigenverlag Max-Planck-Institut, 319-337.
Kury, H.. (1987). *Die Behandlung Straffälliger. Teilband 2: Ergebnisse einer empirischen Untersuchung zum Behandlungserfolg bei jugendlichen und heranwachsenden Untersuchungshäftlingen*. Berlin: Duncker & Humblot.
Berner, W. & Karlick- Bolten, E.. (1986). *Verlaufsformen der Sexualkriminalität* Stuttgart: Enke.
Meyer, K-P. (1982). Rückfall bei Jugendstrafe und Strafaussetzung zur Bewährung. *Monatsschrift für Kriminologie und Strafrechtsreform 65*, 281-287.
Rüther, W. & Neufeind, W. (1978). Offener Vollzug und Rückfallkriminalität. *Monatsschrift für Kriminologie und Strafrechtsreform 61*, 363-376.
Klotz, W. (1980). Rückfälligkeit von ehemaligen Gefangenen des geschlossenen und offenen Strafvollzugs. *Zeitschrift für Strafvollzug und Straffälligenhilfe 29*, 70-85.

Dolde, G. (1982). Zur Rückfälligkeit von Drogenabhängigen nach Behandlung im Rahmen des Strafvollzugs - Vollzugskrankenhaus Hohenasperg. *Zeitschrift für Strafvollzug und Straffälligenhilfe 31*, 213-218.

Egg, R. (1992). Therapy Versus Penalty: An Evaluation Study. In F. Lösel, D. Bender & T. Bliesener (Hrsg.). *Psychology and Law: International Perspectives*. Berlin: Walter de Gruyter, 175-181.

Wille, R. & Beier, K.M. (1989). Castration in Germany. *Annals of Sex Research 2*, 103-133.

2. Ergebnisse der Meta-Analysen nach Behandlungsarten und Rückfälligkeit

	1. Sozialtherapie (gesamt)	2. Bildungsmaßnahmen (gesamt)	2a Schulische & berufliche Bildung	2b Kurse für alkoholauffällige Kraftfahrer
Primäre Forschungsbasis				
Anzahl der Studien (k)	8	9	5	4
Anzahl der Teilnehmer (N)	2276	8542	2525	6017
Windsorized N	1864	4248	2213	2035
Ungewichtete Effektstärken				
r Mittelwert	0,121	0,048	0,036	0,062
r Standardabweichung	0,076	0,050	0,065	0,027
r Median	0,128	0,047	0,006	0,057
Odds Ratio, Mittelwert	1,903	1,465	1,270 [k=5]	1,709
Odds Ratio, Standardabw.	0,726	0,500	0,435 [k=5]	0,521
Odds Ratio, Median	1,850	1,450	1,052 [k=5]	1,474
Gewichtete, Windsorized Effektstärken				
Zr Mittelwert, gew.	0,123	0,048	0,035	0,065
Zr beobachtete Varianz	0,006	0,003	0,004	0,0007
Zr. Standardfehler	0,023	0,018	0,030	0,022
Zr t-Wert	5,263	2,694	1,155	2,906
Zr p-Wert	0,001	0,028	0,156	0,031
r, Mittelwert, gew.	0,123	0,048	0,035	0,065
Homogenitätsprüfung				
Homogenität Chi-Quadrat	4,420	9,910	7,618	1,246
Homogenität p-Wert	0,500	0,271	0,107	0,500
Tau-quadrat	0,00002	0.0007	0,0021	0,00001
Stichprobenfehler Var. (%)	99,66	72,66	49,00	98,66
Homogenität	ja	nein	nein	ja

Legalbewährung nach Entlassung aus den Sozialtherapeutischen Einrichtungen des Niedersächsischen Justizvollzuges

von Carl Seitz und Friedrich Specht

1. Beschreibung des Vorhabens

Es handelt sich um die Ergebnisse einer durch das Niedersächsische Justizministerium veranlassten Erhebung zur Legalbewährung von ehemaligen Gefangenen, die aus einer der Sozialtherapeutischen Einrichtungen oder nach Rückverlegung aus einer Einrichtung des Allgemeinvollzuges entlassen worden waren. Im Mittelpunkt stehen dabei 161 ehemalige Gefangene, für die sich der Bewährungszeitraum auf 5 Jahre beläuft.

Nach Überprüfung und Billigung des Vorhabens durch den Generalbundesanwalt und durch den Landesbeauftragten für den Datenschutz wurden dazu die Anfang Juli 1997 eingegangenen anonymisierten Auszüge aus dem Bundeszentralregister mit den Daten der Basisdokumentation zusammengeführt, die für jeden in einer der Sozialtherapeutischen Einrichtungen aufgenommenen Gefangenen angelegt worden ist. Diese ist anonymisiert und nur über eine dem Gefangenen zugeordnete Kennziffer zu identifizieren. Mit der gleichen, nur der anfordernden Stelle der Sozialtherapeutischen Einrichtung bekannten Kennziffer wurden die anonymisierten Auszüge aus dem Bundeszentralregister versehen.

Beteiligt waren folgende Sozialtherapeutische Einrichtungen des Niedersächsischen Justizvollzuges:

Sozialtherapeutische Anstalt Bad Gandersheim		
Teilanstalt für Männer Bad Gandersheim	eröffnet 1973	24 Plätze
Teilanstalt für Frauen Alfeld	eröffnet 1993	11 Plätze
Sozialtherapeutische Abteilung bei der JVA Hannover	eröffnet 1994*	30 Plätze
Sozialtherapeutische Abteilung bei der JVA Lingen	eröffnet 1994*	16 Plätze

*) Umwandlung bereits bestehender Behandlungsabteilungen

Das Behandlungsvorgehen entspricht in allen Sozialtherapeutischen Einrichtungen des Niedersächsischen Justizvollzuges dem Konzept der Integrativen Sozialtherapie (siehe Wischka & Specht, in diesem Band.).

Insgesamt wurden beim Bundeszentralregister 295 Auszüge über Gefangene angefordert, die sich in einer Sozialtherapeutischen Einrichtung des Niedersächsischen Justizvollzuges befunden haben. Von 284 Personen, deren Auszüge ausgewertet werden konnten, waren 263 aus den Sozialtherapeutischen Einrichtungen oder aus einer Einrichtung des Allgemeinvollzuges entlassen worden (21 rückverlegte Gefangene waren noch nicht entlassen).

Diese 263 ehemaligen Gefangenen waren in folgender Weise auf die Sozialtherapeutischen Einrichtungen verteilt gewesen: Bad Gandersheim 205, Alfeld 11, Hannover 24 und Lingen 23.

2. Legalbewährung bei einem Bewährungszeitraum von 5 Jahren (161 ehemalige Gefangene)

2.1 Zusammensetzung der ehemaligen Gefangenen mit 5-jährigem Bewährungszeitraum

Für 161 der insgesamt 263 ehemaligen Gefangenen belief sich der Legalbewährungszeitraum auf 5 Jahre. Es werden im folgenden die Ergebnisse dieser Gruppe analysiert, weil bei einem großen Teil vergleichbarer Untersuchungen der gleiche Bewährungszeitraum zugrundegelegt wurde.

Von den 161 ehemaligen Gefangenen mit fünfjährigem Bewährungszeitraum waren 89 (55,3 %) nach beendeter Behandlung aus der Sozialtherapeutischen Anstalt Bad Gandersheim entlassen worden, 72 (44,7 %) waren dagegen aus der Sozialtherapeutischen Anstalt in den Allgemeinvollzug zurückverlegt und später von dort entlassen worden. - Grund der 72 Rückverlegungen in den Allgemeinvollzug war bei 26 Gefangenen (36,1 % der Rückverlegten) Flucht oder Entweichung, bei 18 Gefangenen (25,0 % der Rückverlegten) eine Straftat, bei 21 Gefangenen (29,2 % der Rückverlegten) anhaltende Behandlungsunwilligkeit und bei 4 Gefangenen (5,5 % der Rückverlegten) ausschließlich deren eigener Wunsch.

Die durchschnittliche Aufenthaltsdauer in der Sozialtherapeutischen Anstalt betrug für die 89 aus der Sozialtherapeutischen Anstalt Entlassenen 28,5 Monate (Median 27,6 Monate) und für die Rückverlegten 13,1 Monate (Median 10,5 Monate). 20 Gefangene (28 % der Rückverlegten) waren bereits in den ersten 6 Monaten zurückverlegt worden. Tabelle 1 gibt einen Überblick über die Aufenthaltsdauer der beiden Gruppen.

Bei 124 (77 %) der ehemaligen Gefangenen mit einem 5-jährigen Bewährungszeitraum wurde der Strafrest zur Bewährung ausgesetzt. Bei den 72 Rückverlegten lag der Anteil mit 45 Gefangenen zwar nur bei 62,5 %, erscheint aber angesichts der Rückverlegungsgründe (s.o.) bemerkenswert.

Bei den 161 ehemaligen Gefangenen mit einem 5-jährigen Bewährungszeitraum lag das Alter bei der Haftentlassung bei durchschnittlich 30 Jahren. 35 (13,7 %) von ihnen waren älter als 35 Jahre, 10 (6,2 %) jünger als 25 Jahre. Zwischen den Gefangenen, die aus der Sozialtherapeutischen Anstalt entlassen wurden, und den Rückverlegten gibt es keine nennenswerten Unterschiede.

Tabelle 1: Aufenthaltsdauer in der Sozialtherapeutischen Anstalt (SthA) (Legalbewährungszeitraum von fünf Jahren (N=161))

Aufenthaltsdauer in der SthA	Entlassen aus SthA		Rückverlegt aus SthA	
	Absolut	Prozent	Absolut	Prozent
Bis 1 Jahr	3	3,4	40	55,6
1 - <2 Jahre	23	25,8	21	29,2
2 - <3 Jahre	46	51,7	9	12,5
3 Jahre und mehr	17	19,1	2	2,8
Gesamt	89	100,0	72	100,1

2.2 Soziodemographische Merkmale der ehemaligen Gefangenen mit 5-jährigem Bewährungszeitraum

Bei ihrer Aufnahme in die Sozialtherapeutische Anstalt waren die Gefangenen durchschnittlich 27 Jahre alt. Jeweils rund ein Drittel waren jünger als 25 Jahre, zwischen 25 und 28 Jahren, älter als 28 Jahre.

Von 145 Gefangenen, über deren Herkunftsfamilie Daten vorliegen, sind 11 (7,5 %) Einzelkinder und 22 (15,2 %) haben nur ein Geschwister, 88 (60,7 %) kommen aus Familien mit 3 bis 6 Kindern und 24 (16,6 %) aus Familien mit mehr als 6 Kindern. - Von 146 ehemaligen Gefangenen, über deren Aufenthalt während der Kindheit (vor dem 14. Lebensjahr) Daten vorliegen, sind 44 (30,1 %) in dieser Zeit zeitweilig außerhalb ihrer Familie (einschließlich Adoptivfamilie) untergebracht gewesen (Fremdunterbringung).

52 (34,4 %) von 151 Gefangenen, deren Schulausbildung bekannt ist, hatten keinen Schulabschluss erlangt, 10 (6,6 %) hatten einen Sonderschulabschluss und 81 (53,6 %) einen Hauptschulabschluss, nur 8 (5,3 %) hatten den Besuch einer weiterführenden Schule abgeschlossen. - Einen Beruf hatten 66 (41,3 %) Gefangene erlernt, 69 (43,1 %) waren ohne Berufsausbildung, 25 (15,6 %) hatten die Berufsausbildung bis zur Inhaftierung nicht beendet bzw. abgebrochen. Vor der Inhaftierung waren 53 (33 %) der Gefangenen arbeitslos und 53 (33 %) übten lediglich eine un- bzw. angelernte Tätigkeit aus.

Von den 161 ehemaligen Gefangenen waren 20 verheiratet, 21 geschieden und 16 verlobt. 41 Gefangene hatten ein Kind, 13 mehrere Kinder. - Vor der aktuellen Verurteilung lebten 48 Gefangene noch in ihrer Herkunftsfamilie, 37 lebten allein, 34 zusammen mit Ehefrau oder Partnerin, 8 in einer Wohngemeinschaft, einem Heim oder einer Anstalt. 27 Gefangene hatten keinen festen Wohnsitz; bei 7 ließ sich die Wohnsituation nicht ermitteln.

2.3 Vorangegangene Verurteilungen und Haftzeiten bei den ehemaligen Gefangenen mit 5-jährigem Bewährungszeitraum

Lediglich bei 17 der 161 Gefangenen (10,6 %) hat es sich um eine Erstverurteilung gehandelt. Die Hälfte war dagegen bereits mindestens fünfmal verurteilt worden. Bei 120 (68,7 %) hat es sich dabei um Jugend- oder Freiheitsstrafen ohne Bewährung (im Durchschnitt 2,5 entsprechender Verurteilungen) gehandelt. Tabelle 2 zeigt dies im Überblick.

Tabelle 2: Anzahl aller Vorstrafen bzw. der Jugend- und Freiheitsstrafen ohne Bewährung (Legalbewährungszeitraum von fünf Jahren, N=161)

Anzahl der Vorstrafen	Alle Verurteilungen		Jugend- oder Freiheitsstrafen ohne Bewährung	
	Absolut	Prozent	Absolut	Prozent
Keine Vorstrafe	17	10,6	52	32,3
1 – 2	41	25,5	47	29,2
3 – 4	23	14,3	25	15,5
5 – 6	36	22,4	16	9,9
7 und mehr	44	27,3	21	13,0
Gesamt	161	100,1	161	99,9

Die Strafmaßsumme (einschließlich der aktuellen Verurteilung) belief sich auf durchschnittlich 84,8 Monate. Das Strafmaß der aktuellen Verurteilung (einschließlich Bewährungswiderrufe) betrug zum Zeitpunkt der Verlegung in die Sozialtherapeutische Anstalt im Durchschnitt 68,8 Monate.

Bei den 144 Gefangenen mit einem 5-jährigen Bewährungszeitraum, die bereits mindestens einmal verurteilt waren, betrug das Durchschnittsalter bei der ersten Verurteilung 19,6 Jahren. Berücksichtigt man bei den Vorstrafen nur die Jugend- oder Freiheitsstrafen ohne Bewährung (109 Gefangene), so erhöht sich das durchschnittliche Alter bei Erstverurteilung auf 20,4 Jahren. Bezieht man die aktuelle Verurteilung mit ein, liegt das Durchschnittsalter für die erste Verurteilung bei 20 Jahren, für die erste Verurteilung zu einer Jugend- oder Freiheitsstrafe bei knapp 22 Jahren. Einen Überblick gibt Tabelle 3.

Die 72 ehemaligen Gefangenen, die in den Allgemeinvollzug zurückverlegt wurden, unterscheiden sich von den 89 Gefangenen, die aus der Sozialtherapeutischen Anstalt entlassen werden konnten, durch einen höheren Anteil von Personen mit ausgeprägterer und früher beginnender Vorbelastung.

Hinsichtlich der Delikte, die zu den vorangegangenen Verurteilungen geführt haben, hat es sich bei 117 (72,7 %) von den 161 ehemaligen Gefangenen mit einem 5-jährigen

Bewährungszeitraum um ein Gewaltdelikt gehandelt (Raub und Erpressung: 72, Tötungsdelikte: 20, Sexualdelikte: 17, gefährliche Körperverletzung: 7, Geiselnahme: 1).

Tabelle 3: Alter bei der ersten Verurteilung bzw. bei der ersten Verurteilung zu einer Jugend- oder Freiheitsstrafe ohne Bewährung (Legalbewährungszeitraum von fünf Jahren, N=161)

Alter bei erster Verurteilung	Alle Verurteilungen		Jugend- oder Freiheitsstrafe ohne Bewährung	
	Absolut	*Prozent*	*Absolut*	*Prozent*
Unter 18 Jahren	38	23,6	21	13,0
18 - <21 Jahre	65	40,4	50	31,1
21 - <24 Jahre	42	26,1	50	31,1
24 Jahre und älter	16	9,9	40	24,8
Gesamt	161	100,0	161	100,0

Die Verteilung aller Delikte, die den Verurteilungen einschließlich der aktuellen Verurteilung zugrundegelegen haben, ist in Tabelle 4 wiedergegeben.

Bei den Rückverlegten sind Raub und Diebstahl, bei den aus der Sozialtherapeutischen Anstalt Entlassenen Tötungs- und Sexualdelikte häufiger.

Tabelle 4: Delikte der Verurteilungen vor der Verlegung in die Sozialtherapeutische Anstalt (Legalbewährungszeitraum von fünf Jahren, N=161)

Delikte der Verurteilungen vor Aufnahme in die Sozialtherapeutische Anstalt	Delikt mit der größten Intensität		Alle Delikte der Verurteilungen (Mehrfachantwort)	
	Absolut	*Prozent*	*Absolut*	*Prozent*
Tötungsdelikte	20	12,4	20	12,4
Sexualdelikte	17	10,6	19	11,8
Raub / Erpressung	72	44,7	87	54,0
Gefährl. Körperverletzung	7	4,3	42	26,1
Diebstahl	43	26,7	124	77,0
Andere Delikte	2	1,2		
Gesamt	161	99,9	161	

2.4 Legalbewährung von 161 ehemaligen Gefangenen nach 5-jährigem Bewährungszeitraum

Das Bewährungsergebnis für die 89 aus der Sozialtherapeutischen Anstalt und die 72 aus dem Allgemeinvollzug entlassenen Gefangenen ist in zwei getrennten Tabellen dargestellt. Angegeben ist jeweils der prozentuale Anteil der straffrei gebliebenen und derjenigen, bei denen es erneut zum Vollzug einer Freiheitsstrafe (Verurteilung oder Bewährungswiderruf) gekommen ist. Die zwischen beiden Anteilen liegende Differenz betrifft Verurteilungen zu Geldstrafen oder zu Freiheitsstrafen mit Bewährung. Da eine größere Anzahl von ehemaligen Gefangenen lediglich einen ein- bzw. zweijährigen Legalbewährungszeitraum aufweist, sind in den folgenden Tabellen auch die Daten für den ein- und den zweijährigen Legalbewährungszeitraum aufgenommen worden.

Tabelle 5: Legalbewährung der aus einer Sozialtherapeutischen Einrichtung entlassenen Gefangenen

Bewährungs-zeitraum	Gesamt-N	Ohne Verurteilung		Freiheitsstrafe ohne Bewährung *)	
		N	Prozent	N	Prozent
1 Jahr	138	119	86,2	8	5,8
2 Jahre	120	81	67,5	14	11,7
5 Jahre	89	34	38,2	16	21,3

*) oder mit Bewährungswiderruf

Tabelle 6: Legalbewährung der nach Rückverlegung aus einer Einrichtung des Allgemeinvollzuges entlassenen Gefangenen

Bewährungs-zeitraum	Gesamt-N	Ohne Verurteilung		Freiheitsstrafe ohne Bewährung *)	
		N	Prozent	N	Prozent
1 Jahr	101	74	73,3	12	15,8
2 Jahre	92	47	51,1	18	26,1
5 Jahre	72	12	16,7	32	48,6

*) oder mit Bewährungswiderruf

Der Unterschied der Legalbewährung zwischen beiden Gruppen ist erheblich. Gefangene mit einem Legalbewährungszeitraum von 5 Jahren, die den Aufenthalt in der Sozialtherapeutischen Anstalt nicht abgeschlossen haben, sondern in den Allgemeinvollzug zurückverlegt werden mussten, werden mehr als doppelt so häufig erneut zu einer Freiheitsstrafe ohne Bewährung verurteilt und bleiben weniger als halb so häufig völlig straffrei.

Nach abgeschlossenem Aufenthalt in der Sozialtherapeutischen Anstalt sind nach 5 Jahren lediglich 21,3% der ehemaligen Gefangenen erneut zu einer Freiheitsstrafe ohne Bewährung oder mit Bewährungswiderruf verurteilt worden, während 38,2% völlig straffrei geblieben sind.

Der unterschiedliche Anteil an günstigen Legalbewährungen lässt sich nicht mit einzelnen vorbestehenden Merkmalen oder früheren Einflüssen erklären, sondern hängt wesentlich davon ab, ob der Aufenthalt in der Sozialtherapeutischen Einrichtung planmäßig abgeschlossen werden konnte.

Beide Gruppen unterscheiden sich nicht nennenswert hinsichtlich der soziodemographischen Merkmale. In beiden Gruppen ist der Anteil an früheren Verurteilungen und Inhaftierungszeiten hoch. Wenn bei den Rückverlegten die Anzahl an früheren Verurteilungen und die Strafmaßsumme höher liegen und auch der Zeitpunkt der ersten Verurteilung durchschnittlich früher liegt, begründen solche dimensionalen Feststellungen einerseits die Notwendigkeit der Verlegung in eine Sozialtherapeutische Einrichtung, weisen sie andererseits aber auch auf Voraussetzungen hin, die die Mitwirkung am Sozialtherapeutischen Vorgehen einschränken, die Zuversicht auf Veränderung beeinträchtigen und das Ertragen der mit integrativer Sozialtherapie verbundenen Belastungen erschweren können.

2.5 *Gründe der erneuten Verurteilung bei 115 der 161 ehemaligen Gefangenen mit 5-jährigem Bewährungszeitraum*

Von den insgesamt 161 Gefangenen mit 5-jährigem Bewährungszeitraum wurden 115 erneut zu einer Geldstrafe, zu einer Freiheitsstrafe mit Bewährung oder auch zu einer Freiheitsstrafe ohne Bewährung bzw. mit Widerruf der Bewährung verurteilt. Von diesen waren 55 (von 89) nach abgeschlossenem Aufenthalt in der Sozialtherapeutischen Anstalt und 60 (von 72) nach Rückverlegung aus dem Allgemeinvollzug entlassen worden. Bei den 55 aus der Sozialtherapeutischen Anstalt Entlassenen war es im Durchschnitt zu 1,7 Verurteilungen, bei den 60 Rückverlegten zu 2,3 Verurteilungen gekommen. Die Verurteilungsgründe sind in der Abbildung 1 für beide Gruppen nach Delikten differenziert dargestellt.

Verglichen mit jeweils allen vorangegangenen Verurteilungen der ehemaligen Gefangenen - nicht nur der Verurteilung, die der Verlegung in die Sozialtherapeutische Anstalt vorangegangen war - gab es keine erneuten Verurteilungen wegen Tötungsdelikten und nur bei den rückverlegten Gefangenen Wiederholungen von Sexualdelikten. Wegen Raub/Erpressung sowie wegen gefährlicher Körperverletzung wurden jeweils in beiden Gruppen bei jeder Deliktkategorie 2 ehemalige Gefangene wegen eines entsprechenden Wiederholungsdeliktes erneut verurteilt. Am häufigsten waren in beiden Gruppen erneute Verurteilungen wegen der Wiederholung von Diebstählen. Sie waren allerdings bei den aus der Sozialtherapeutischen Einrichtung entlassenen Gefangenen deutlich seltener als bei den Rückverlegten. Lediglich Verurteilungen wegen der Wiederholung von Straßenverkehrsdelikten kamen bei den Gefangenen, die aus der Sozialtherapeutischen Anstalt entlassen waren, etwas häufiger als bei den Rückverlegten vor (10:6).

Bei einem Vergleich, der sich lediglich auf die 54 der 161 ehemaligen Gefangenen mit 5-jährigem Bewährungszeitraum erstreckt, die erneut zu einer Freiheitsstrafe ohne Bewährung verurteilt wurden bzw. bei denen eine Bewährung widerrufen worden ist, waren 19 (von 89) nach abgeschlossenem Aufenthalt in der Sozialtherapeutischen Anstalt und 35 (von 72) nach Rückverlegung aus dem Allgemeinvollzug entlassen worden. Ein ehemaliger Gefangener, für den eine Maßregel der Besserung und Sicherung angeordnet worden war, wurde dabei nicht mehr berücksichtigt.

Erneute Verurteilungen zu einer Freiheitsstrafe ohne Bewährung sind bei den 19 (von 89) aus der Sozialtherapeutischen Anstalt Entlassenen im Durchschnitt 1,5-mal mit einer durchschnittlichen Strafdauer von 31,3 Monaten und bei den 35 (von 72) Rückverlegten im Durchschnitt 1,7-mal mit einer durchschnittlichen Strafdauer von 42,8 Monaten vorgekommen.

Abbildung 1: Wiederverurteilungsquote, differenziert nach früheren Delikten (Legalbewährungszeitraum von fünf Jahren, N=161; Mehrfachantworten)

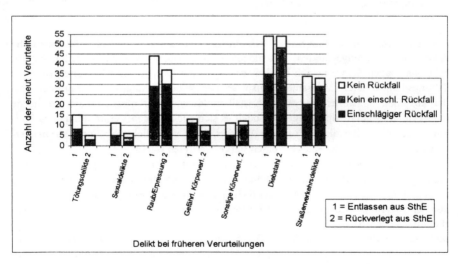

Abbildung 2: Anteil der zu einer erneuten Freiheitsstrafe ohne Bewährung Verurteilten, differenziert nach früheren Delikten (Legalbewährungszeitraum von 5 Jahren, N=160 *; Mehrfachantworten)

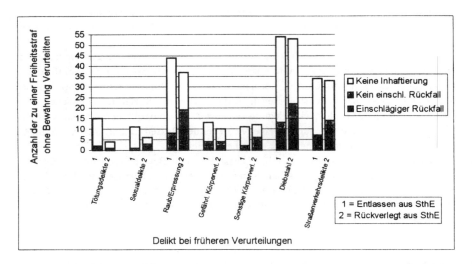

*) Ein Rückverlegter, der erneut straffällig und zu einer Maßregel der Besserung und Sicherung verurteilt wurde, ist nicht berücksichtigt

Bei den ehemaligen Gefangenen, deren einstige Verlegung in die Sozialtherapeutische Anstalt nach Tötungsdelikten, Sexualdelikten oder gefährlicher Körperverletzung erfolgt war, lagen dem erneuten Freiheitsentzug in der Gruppe der Rückverlegten keine Tötungsdelikte, aber insgesamt 8 entsprechende Wiederholungsdelikte zugrunde. Bei den aus einer Sozialtherapeutischen Anstalt Entlassenen waren es nur 2 entsprechende Wiederholungstaten. Überwiegend handelt es sich auch bei den Verurteilungen zu Freiheitsstrafe ohne Bewährung um die Wiederholung von Diebstahls- und Straßenverkehrsdelikten, wobei die Rückverlegten stärker vertreten waren.

Bei einem Vergleich der höchsten Deliktintensität vor der Verlegung in die Sozialtherapeutische Anstalt mit der Deliktintensität innerhalb des Bewährungszeitraumes zeigt sich eine Zunahme lediglich bei 6 ehemaligen Gefangenen (3 Rückverlegte und 3 aus der Sozialtherapeutische Anstalt Entlassene). Von den 55 (von 89) aus einer Sozialtherapeutischen Einrichtung Entlassenen und erneut Verurteilten, ist bei 42 die Deliktintensität deutlich zurückgegangen. Bei den 60 (von 72) Rückverlegten trifft dies nur für 33 Gefangene zu. In Abbildung 3 ist die Deliktintensität vor Aufnahme in die Sozialtherapeutische Einrichtung (SthE) in Beziehung gesetzt zu den Delikten von höherer Intensität während des 5-jährigen Bewährungszeitraums.

Abbildung 3: Höchste Deliktintensität der Wiederverurteilungen, bezogen auf die höchste Deliktintensität vor der Aufnahme in die Sozialtherapeutische Anstalt (Legalbewährungszeitraum von 5 Jahren, N=115)

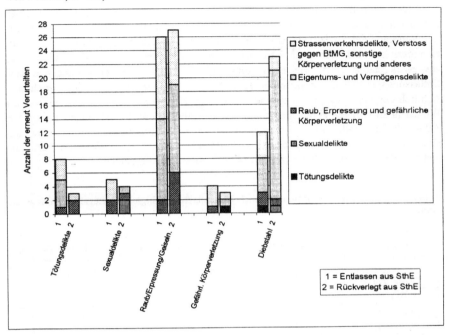

Besonders deutlich wird dieser Rückgang der Deliktintensität, wenn die Häufigkeit der Verurteilungen wegen Gewaltdelikten (Eingriff in die physische oder psychische Integrität eines Menschen) miteinander verglichen wird. Von den 115 erneut verurteilten ehemaligen Gefangenen mit 5-jährigem Bewährungszeitraum waren 80 vor der Verlegung in die Sozialtherapeutische Anstalt mindestens einmal wegen eines Gewaltdeliktes verurteilt worden. Die erneute Verurteilung im 5-jährigen Bewährungszeitraum erfolgte nur noch bei 23 der ehemaligen Gefangenen wegen eines Gewaltdeliktes. Der Rückgang ist besonders deutlich bei denjenigen Gefangenen, die nach planmäßig beendeter Behandlung aus der Sozialtherapeutischen Anstalt entlassen wurden.

2.6 Unterschiede in der Legalbewährung

Die 161 ehemaligen Gefangenen mit einem Bewährungszeitraum von 5 Jahren waren seit 1973 in die Sozialtherapeutische Anstalt Bad Gandersheim verlegt worden. Bei ehemaligen Gefangenen, die in eine der anderen Sozialtherapeutischen Einrichtungen des Niedersächsischen Justizvollzuge aufgenommen wurden, waren die Bewährungszeiträume zum Erhebungszeitpunkt kürzer. In den Tabellen 5 und 6 sind sie aber unter den Bewährungszeiten von einem Jahr und zwei Jahren erfasst.

Je länger der Bewährungszeitraum angesetzt ist, umso mehr wird sich der Anteil an Gefangenen bemerkbar machen, bei denen sich der anfängliche Entwicklungs- und Erfahrungsstand der Sozialtherapeutischen Anstalt Bad Gandersheim sowohl auf die Aufnahmekriterien als auch auf die Konzeption und Stringenz des Behandlungsvorgehens ausgewirkt haben dürfte. Bei einer Aufteilung der 161 ehemaligen Gefangenen nach Entlassungsjahrgängen, zusammengefasst nach 5 Jahreszeiträumen, zeigen sich hinsichtlich der Legalbewährung deutliche Unterschiede. Sie werden hier bezogen auf die Wiederinhaftierungen (Freiheitsstrafen ohne Bewährung und Bewährungswiderrufe) in Tabelle 7 dargestellt. Für die Entlassungsjahrgänge seit 1983 ist bei den planmäßig aus einer Sozialtherapeutischen Einrichtung Entlassenen der Anteil der Wiederinhaftierungen nur noch halb so groß wie in den frühen Entlassungsjahrgängen.

Tabelle 7: Wiederinhaftierungsquoten nach Haftentlassungsjahrgängen (Legalbewährungszeitraum von fünf Jahren, N=161)

Wieder-inhaftierungen	Alle Gefangenen		Aus SthA entlassen		Aus SthA rückverlegt	
	Absolut	Anteil	Absolut	Anteil	Absolut	Anteil
1973-1977	8	.38	5	.36	3	.43
1978-1982	21	.44	8	.33	13	.54
1983-1987	9*)	.21	3	.10	6*)	.40
1988-1993	16	.34	3	.14	13	.52

*) Ein aus dem Normalvollzug entlassener Rückfälliger, der zu einer Maßregel der Besserung und Sicherung verurteilt wurde, ist in die Tabelle nicht aufgenommen worden.

Es hat sich innerhalb des Gesamtzeitraumes auch die Zusammensetzung der in die Sozialtherapeutische Anstalt Bad Gandersheim verlegten Gefangenen verändert. In der Zeit vor 1978 war der Anteil an Gefangenen hoch, die wegen Eigentumsdelikten verurteilt worden waren, zugleich aber eine weit zurückreichende Entwicklung delinquenten Verhaltens mit zahlreichen Verurteilungen aufwiesen. Zwischen 1978 und 1983 handelte es sich dann überwiegend um Gefangene mit gefährlichen Delikten (Raubdelikte, gefährliche Körperverletzung), deren Anzahl an Vorstrafen jedoch um einiges niedriger war. In den darauf folgenden Jahren wurden immer mehr Gefangene aufgenommen, die wegen Tötungsdelikten verurteilt worden sind. Im letzten Vergleichszeitraum (1988-1993) hat der Anteil älterer Gefangener zugenommen, zugleich aber auch der Anteil von Gefangenen mit einer höheren Anzahl an Vorstrafen. Für diesen Zeitraum ergibt sich nach den Verurteilungsgründen folgende Zusammensetzung: Raub/Erpressung 44,7 %, Sexualdelikte 23,7 %, Tötungsdelikte 21,1 %, andere Delikte 10,6 %. Seit der Eröffnung der Sozialtherapeutischen Anstalt Bad Gandersheim ist der Anteil von Gefangenen, die wegen Gewaltdelikten verurteilt worden sind, von 38 % auf über 85 % angestiegen. Damit verbunden war auch eine Zunahme des Anteils von Gefangenen, die zu sehr langen Freiheitsstrafen verurteilt worden sind.

Die jeweilige Zusammensetzung der in die Sozialtherapeutische Anstalt Bad Gandersheim verlegten Gefangenen ist das Ergebnis des im Laufe der Entwicklung modifizierten Aufnahmeverfahrens, bei dem sich bislang die Gefangenen bewerben und die Anstaltskommission nach gründlicher Überprüfung der Behandlungsnotwendigkeit und der Behandlungsmöglichkeit - unter Berücksichtigung der in der Einrichtung gegebenen Bedingungen - über die Verlegungsvoraussetzungen beschließt. Die Verlegung setzt dann natürlich jeweils das Freiwerden eines Haftplatzes (Behandlungsplatzes) in der Sozialtherapeutischen Anstalt voraus. Das Verfahren in den später eröffneten Sozialtherapeutischen Abteilungen des Niedersächsischen Justizvollzuges ist in gleicher Weise geregelt.

Die Wechselwirkung zwischen Bewerbungen und Beschlüssen der Anstaltskommission hat zu einer Zusammensetzung geführt, bei der sich Gefangene in der Sozialtherapeutischen Anstalt befinden, die wegen gefährlicher Straftaten verurteilt worden sind, deren Wiederholung zu befürchten ist. Unter diesen Voraussetzungen erscheint die günstige Entwicklung der Legalbewährung während der letzten beiden 5-Jahres-Zeiträume im Vergleich zu den unveränderten Ergebnissen bei den Gefangenen, die in den Allgemeinvollzug zurückverlegt werden mussten, besonders bemerkenswert. Es dürfte vor allem der auf die Zusammensetzung abgestellten Weiterentwicklung des sozialtherapeutischen Vorgehens zuzuschreiben sein.

3. Legalbewährung bei einem Bewährungszeitraum von 10 Jahren (110 ehemalige Gefangene)

3.1 Zusammensetzung der 110 ehemaligen Gefangenen mit einem 10-jährigen Bewährungszeitraum

In dieser Gruppe ehemaliger Gefangener ist der Anteil derjenigen, die während der ersten Jahre nach Eröffnung in die Sozialtherapeutische Anstalt Bad Gandersheim verlegt wurden, naturgemäß größer als in der Gesamtgruppe der Gefangenen mit einem 5-jährigen Bewährungszeitraum. Die unter 2.5 beschriebenen Voraussetzungen wirken sich deswegen auch noch stärker auf die Legalbewährung aus.

Von den 110 ehemaligen Gefangenen sind 64 planmäßig aus der Sozialtherapeutischen Anstalt entlassen worden, 46 dagegen nach einer Rückverlegung aus einer Anstalt des Allgemeinvollzuges.

3.2 Entwicklung der Legalbewährung im Vergleich der Gefangenen mit einem 5-jährigen und einem 10-jährigen Bewährungszeitraum

Die Abbildungen 3 bis 6 (s. n. S.) stellen die Entwicklung des Anteils erneuter Verurteilungen sowie erneuter Freiheitsstrafen ohne Bewährung bzw. mit Bewährungswiderruf bei 5-jährigem und bei 10-jährigem Bewährungszeitraum dar.

Der weitaus größte Teil der erneuten Verurteilungen ist sowohl nach planmäßiger Entlassung aus der Sozialtherapeutischen Anstalt als auch nach Rückverlegung und Entlassung aus dem Allgemeinvollzug während der ersten 5 Jahre nach der Entlassung erfolgt. In den darauf folgenden 5 Jahren hat die Anzahl der erneut Verurteilten demgegenüber nur noch um jeweils knapp 10 % der Gesamtgruppe zugenommen. Nach 10 Jahren sind von 64 planmäßig aus der Sozialtherapeutischen Anstalt Entlassenen 47 (75 %), von 46 Rückverlegten 39 (85 %) erneut verurteilt worden. Hinsichtlich des Anteils der innerhalb des 10-jährigen Bewährungszeitraumes erneut zu mindestens einer Freiheitsstrafe ohne Bewährung verurteilten ehemaligen Gefangenen unterscheiden sich die beiden Gruppen indessen deutlicher. Nach 8 Jahren lag er bei den planmäßig aus der Sozialtherapeutischen Anstalt Entlassenen bei 28,1 % (nach 5 Jahren 21,3 %) und bei den nach Rückverlegung aus dem Allgemeinvollzug Entlassenen bei 57,8 % (nach 5 Jahren 48,6 %). Im 9. und 10. Jahr des Bewährungszeitraumes ist es zu keiner weiteren Zunahme gekommen. Bei den erneuten Verurteilungen in der zweiten Hälfte des 10-jährigen Bewährungszeitraumes handelt es sich danach überwiegend um Geldstrafen oder Freiheitsstrafen mit Bewährung.

Abbildungen 4-7: Rückfallquoten ehemaliger Gefangener mit 5- bzw. 10-jähriger Legalbewährungszeit

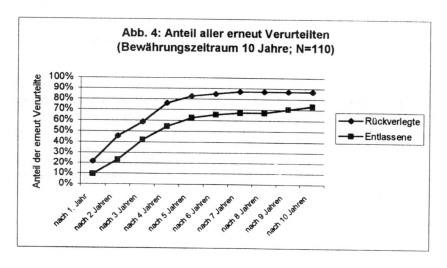

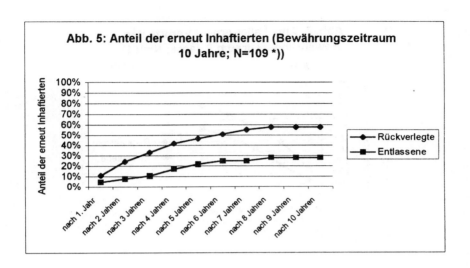

Abb. 5: Anteil der erneut Inhaftierten (Bewährungszeitraum 10 Jahre; N=109 *))

Die erste Straftat innerhalb des Bewährungszeitraumes wurde von den 87 (von 110) erneut Verurteilten zu 34,5 % bereits während des ersten Jahres, von rund 50 % während der ersten beiden Jahre nach Entlassung verübt. Die rückverlegten und aus dem Allgemeinvollzug entlassenen Gefangenen haben die erneuten Straftaten rascher begangen, als die planmäßig aus der Sozialtherapeutischen Anstalt Entlassenen.

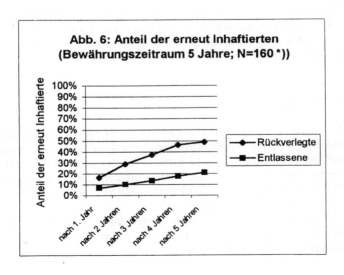

Abb. 6: Anteil der erneut Inhaftierten (Bewährungszeitraum 5 Jahre; N=160 *))

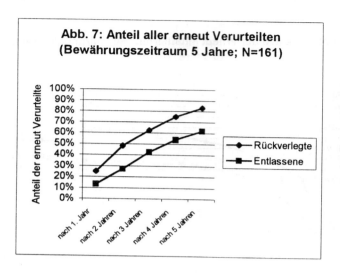

*) Ein Rückverlegter, der erneut straffällig und zu einer Maßnahme der Besserung und Sicherung verurteilt wurde, ist nicht berücksichtigt

4. Vergleich mit dem Ergebnis anderer Erhebungen zur Bewährung nach Entlassung aus Sozialtherapeutischen Einrichtungen des Justizvollzuges

Andere Erhebungen zur Bewährung nach Entlassung aus Sozialtherapeutischen Einrichtungen kommen teilweise zu ähnlichen, teilweise auch zu etwas anderen Ergebnissen. Ein Vergleich und eine Diskussion der Übereinstimmungen und Unterschiede wird an anderer Stelle erfolgen.

5. Zusammenfassung

Von den 161 in die Sozialtherapeutische Einrichtung des Niedersächsischen Justizvollzuges (Sozialtherapeutische Anstalt Bad Gandersheim) verlegten Gefangenen sind 89 nach planmäßiger Entlassung aus der Einrichtung, 72 dagegen nach Rückverlegung aus dem Allgemeinvollzug entlassen worden. Nach einem Zeitraum von 5 Jahren waren von den aus der Sozialtherapeutischen Anstalt Entlassenen 88,7 %, von den Rückverlegten dagegen nur 51,4% in Freiheit geblieben.

Nach einem Zeitraum von 10 Jahren waren von 64 planmäßig Entlassenen 72 %, von 46 Rückverlegten dagegen nur 42 % in Freiheit verblieben (ähnlich in Hamburg-Altengamme, s. Rehn, in diesem Band, S. 373).

Die Legalbewährung ist während der letzen 10 Jahre des Erhebungszeitraumes bei den planmäßig aus der Sozialtherapeutischen Anstalt Entlassenen sowohl gegenüber dem davor liegenden Zeitraum als auch gegenüber den Rückverlegten deutlich günstiger ausgefallen, obwohl der Anteil an Gefangenen, die wegen Gewaltdelikten verurteilt worden waren, von 38 % auf mehr als 85 % und außerdem auch die Häufigkeit der vorangegangenen Verurteilungen zugenommen haben.

Der Anteil und die Gründe der Rückverlegungen sprechen zusammen mit der Deliktstruktur und der Delinquenzentwicklung der in die Sozialtherapeutische Einrichtung aufgenommenen Gefangenen dafür, dass durch das Aufnahmeverfahren Gefangene in die Sozialtherapeutische Anstalt verlegt werden, bei denen der Wiederholung gefährlicher Straftaten entgegengewirkt werden muss, bei denen sich aber gerade deswegen auch das Risiko von Rückverlegungsnotwendigkeiten nicht ausschließen lässt.

Vorstrafenbelastung und Rückfälligkeit bei Gefangenen aus der Sozialtherapeutischen Anstalt Hamburg-Altengamme

von Gerhard Rehn

Wenn therapeutische und sonstige Hilfen für Gefangene organisiert und durchgeführt werden, dann interessiert anschließend, ob sie wirksam waren und weitere Straffälligkeit, wenigstens weitere schlimme Straffälligkeit, verhindern konnten. Dieser Erkenntnisbedarf resultiert aus der Anteilnahme am Schicksal von Menschen, die eine zeitlang intensiv begleitet wurden; die Ergebnisse können zudem der retrospektiven Kontrolle und der künftigen Verbesserung des eigenen Handelns dienen.

Dieser einfache Gedanke ist schnell aufgeschrieben. Jedoch sind gesicherte Erkenntnisse, d.h. solche, die eindeutig als Effekte der sozialen und therapeutischen Hilfen oder eines Teils von ihnen identifiziert werden können, nur näherungsweise zu erlangen. Die insoweit mit Forschung in therapeutischen Einrichtungen verbundenen methodischen und ethischen Probleme werden im Weiteren als bekannt vorausgesetzt (vgl. z.B. Kury, 1983; 1999; Steller, 1994; Lösel, 1994; s. auch Dünkel & Rehn, in diesem Band).

Wenn im folgenden gleichwohl Ergebnisse aus einer Erhebung über Gefangene mitgeteilt werden, die sich in der Sozialtherapeutischen Anstalt (SthA) Hamburg-Altengamme aufgehalten haben, dann geschieht dies aus zwei Gründen: Zum einen ist das Bemühen um Erkenntnisse auch dann sinnvoll, wenn, was an Wissen erlangt werden kann, unvollkommen und mit Mängeln behaftet bleibt. Gerade dort, wo noch große Lücken bestehen, helfen auch begrenzte Einblicke weiter. Zum zweiten trägt die Mitteilung von Forschungsdaten dazu bei, den Datenpool über Gefangene in Sozialtherapeutischen Einrichtungen und über ihre Nichtrückfälligkeit/Rückfälligkeit zu vergrößern. Dies erlaubt Vergleiche zwischen Einrichtungen und fördert meta-analytische Evaluationskünste (vgl. Lösel, 1996, S. 259, dort viele Hinweise auf weitere Untersuchungen; s. auch Seitz & Specht, in diesem Band).

Die bei Gefangenen der SthA Altengamme praxisbegleitend vorgenommene Datenerhebung und die Kontrolle der Rückfälligkeit anhand der Strafregisterauszüge war nicht in erster Linie durch wissenschaftliche Interessen motiviert. Leitendes Erkenntnisinteresse war vielmehr die Frage, was aus den durchweg persönlich bekannten Gefangenen nach ihrer Entlassung aus der Anstalt geworden ist und welche Rückschlüsse sich für die Fortentwicklung des Behandlungsprogramms aus Zusammenhängen zwischen sozialer und delinquenter Entwicklung, Verhalten in der Anstalt, dem Grad der Nutzung der Angebote einerseits und ihrer Nichtrückfälligkeit/Rückfälligkeit andererseits ergeben könnten. Daneben traten streng wissenschaftlich-methodische Fragen in den Hintergrund: So war es z. B. schon aus kapazitären Gründen nicht möglich, aber aus praktischer Sicht auch nicht zwingend erforderlich, ein Kontrollgruppenkonzept zu entwickeln und umzusetzen.

Im Mittelpunkt der Betrachtung stehen Gefangene, die ihren Aufenthalt in der Anstalt mit der Entlassung erfolgreich abgeschlossen haben. Die Gruppe der Zurückverlegten wird nur z.T. vergleichend herangezogen; über sie liegen Strafregisterauszüge nicht vor. Die Aufbereitung und Analyse der Daten sind noch nicht abgeschlossen. Die hier mitgeteilten Ergebnisse umfassen im Wesentlichen Daten zur Vorstrafenbelastung und zur Art und zum Umfang späterer Rückfälligkeit.

1. Die Anstalt

Die SthA Altengamme wurde im Oktober 1984 als eine im Sinne des Strafvollzugsgesetzes (StVollzG) offene, gleichwohl aber durch Gitter, Mauern und eine Zaunanlage mit elektronisch-technischen Vorkehrungen gesicherte Anstalt eröffnet. Die Anstalt hat 60 Plätze, davon 6 für Frauen. Sie ist in Wohngruppen gegliedert; Räume für Unterricht und Freizeit, Werkstätten für Metall- und Holzverarbeitung sowie für Malerarbeiten und eine kleine Sporthalle stehen zur Verfügung. In einem großen, durch Gebäudesubstanz, Mauerteile und einen gesicherten Erdwall umgebenen Innenhof befinden sich Sport- und sonstige Freizeitanlagenanlagen, ein Nutzgarten und ein Spielplatz für Kinder von Gefangenen und Angehörigen. Das Anstaltskonzept umfaßt – auf der Grundlage einer weitgehend an normale Lebensverhältnisse angepassten Gestaltung des Alltags – ein sechsmonatiges Trainingsprogramm zu Beginn, vertiefte Einzelgespräche und Einzeltherapie, Wohngruppenarbeit, Arbeit und Ausbildung in der Anstalt, Einbeziehung – soweit möglich – der Angehörigen sowie Vollzugslockerungen unter Einschluss von Freigang und Urlaub nach § 124 StvollzG (zu Einzelheiten vgl. Wegner, in diesem Band; Rehn, 1996, S. 287ff).

2. Der untersuchte Personenkreis

Mit der Untersuchung werden – je nach Fragestellung und Stand der Auswertung – bis zu 250 Gefangene, darunter 28 Frauen, erfasst, die seit der Eröffnung der Anstalt am 1.10.1984 aufgenommenen und bis zum 30.11.1994 entlassen worden sind sowie – mit Teilaspekten – 108 Personen (darunter 6 Frauen), die zwischen Oktober 1984 und Oktober 1993 in den Regelvollzug zurückverlegt werden mussten. Mit der Kategorie „zurückverlegt" sind alle Gefangenen gemeint, die das Ziel der Entlassung nicht erreicht haben, gleichgültig, ob sie sich der Behandlung durch Flucht entzogen, neue Straftaten begangen haben oder aus sonstigen Gründen verlegt worden sind. Darunter sind auch 5 Personen, die ihre Zustimmung zur Verlegung in die Sozialtherapie zurückgezogen haben. Alle verwendeten Daten wurden aus Gefangenenpersonalakten und aus Strafregisterauszügen gewonnen. Sie werden in der Regel als absolute Zahlen und Prozentwerte mitgeteilt. Differenzierte Sozialdaten und Informationen zum Behandlungsverlauf, die vorliegen, aber noch nicht ausgewertet worden sind, werden in dieser Untersuchung nicht abgehandelt.

3. Vergleich der entlassenen mit zurückverlegten Gefangenen

In den Übersichten 1 und 2 ist die absolute und relative Verteilung der Entlassenen und Zurückverlegten auf Deliktgruppen (jeweils schwerstes Delikt der letzten Verurteilung vor Entlassung aus Sozialtherapie, einschließlich Versuch) dargestellt:

Übersicht 1: Verteilung der Entlassenen und Zurückverlegten (gesamt) auf Deliktgruppen

	Delikt	Entlassene		Zurückverlegte	
		N	%	N	%
4	Mord	24	9,6	10	9,3
5	Totschlag	30	12,0	5	4,6
6	Körperverletzung	8	3,2	2	1,8
7	Raub *)	101	40,4	43	39,8
8	Sexualdelikt	15	6,0	1	0,9
9	Brandstiftung	2	0,8	0	0,0
10	Diebstahl, Betrug, Hehlerei etc.	50	20,0	40	37,0
11	Verstoss gegen das BtmG	18	7,2	6	5,6
12	Sonstiges	2	8,8	1	0,9
13	Summen	250	100,0	108	99,9

*) einschließlich räuberische Erpressung und erpresserischer Menschenraub

Es wird deutlich, dass bei den entlassenen Gefangenen Delikte gegen Leib und Leben in der Gesamtgruppe (Männer und Frauen) und in der Gruppe der Männer deutlich überwiegen. Auf Mord und Totschlag (jeweils einschließlich Versuch) entfallen 21,6 % (Gesamtgruppe) bzw. 22,4 % (nur Männer). Werden die Deliktgruppen Körperverletzung, Raub (einschließlich räuberische Erpressung und erpresserischer Menschenraub) sowie Sexualdelinquenz und Brandstiftung hinzugerechnet, ergeben sich Werte von 72 % (gesamt) bzw. 75,6 % (nur Männer). Bei den Frauen sind dagegen Diebstahls- und Betrugsdelikte sowie Verstöße gegen das Betäubungsmittelgesetz (BtmG) mit zusammen 57,2 % deutlich mehr als bei den Männern (23,4 %) vertreten.

Ein Vergleich mit den von der Kriminologischen Zentralstelle (vgl. Schmidt, 1999) aufbereiteten Bestandsmeldungen aus allen Sozialtherapeutischen Einrichtungen (Stichtag 31.3.1999) zeigt z.T. Übereinstimmung, aber auch eine charakteristische Abweichung: Von 915 Gefangenen, darunter 31 Frauen, saßen 20,4 % wegen eines Tötungsdeliktes, 20,5 % wegen Raub und Erpressung und 34,4 % wegen eines Sexualdelikts ein. Somit entfallen 75,3 % auf Straftaten gegen Leib und Leben. Das entspricht den für HH-Altengamme ermittelten Werten. Bundesweit ist jedoch der Anteil der Sexualstraftäter deutlich höher, der wegen Raub und Erpressung Verurteilten deutlich geringer als in Altengamme. Das liegt zum einen an einer länderinternen Arbeitsteilung zwischen den Sozialtherapeutischen Anstalten HH-Bergedorf und Altengamme. Bergedorf ist mehr als Altengamme auf die Behandlung abweichenden Sexualverhaltens, Altengamme dagegen auf die der Dissozialen/Verwahrlosten spezialisiert. Zum zweiten sind auch als Folge des Gesetzes zur Bekämpfung von Sexualdelikten und anderen gefährlichen Straftaten vom Januar 1998 Sexualstraftäter verstärkt in Sozialtherapeutische Einrichtungen verlegt worden, z.T. wurden Spezialabteilungen ausschließlich für diesen Täterkreis geschaffen. Dementsprechend hat der Anteil der Sexualstraftäter in allen Sozialtherapeutischen Einrichtungen der Bundesrepublik von 23 % im Jahr 1997 auf rund 34 % im Jahr 1999 zugenommen (Schmidt, 1999, S. 12).

Übersicht 2: Verteilung auf Deliktgruppen, getrennt nach Männern und Frauen

	1	2	3	4	5	6	7
1		Männer				Frauen	
2	Deliktgruppen	Entlassene		Zurückverlegte		Nur Entlassene	
3		N	%	N	%	N	%
4	Mord	22	9,8	10	9,7	2	7,1
5	Totschlag	28	12,6	5	4,9	2	7,1
6	Körperverletzung	6	2,7	2	2,0	2	7,1
7	Raub *)	97	43,7	41	40,2	4	14,3
8	Sexualdelikt	13	5,9	1	1,0	2	7,1
9	Brandstiftung	2	0,9	0	0,0	0	0,0
10	Diebstahl etc**)	38	17,1	37	36,3	12	42,9
11	Verstoß gg. BtmG	14	6,3	5	4,9	4	14,3
12	Sonstiges	2	0,9	1	1,0	0	0,0
13	Summen	222	99,9	102	100,0	28	99,9

*) einschließlich räuberischer Erpressung und erpresserischer Menschenraub
**) einschließlich Betrug, Untreue und Hehlerei

Auch bei den Zurückverlegten herrschen gefährliche Straftaten mit einem Wert von 56,4 % (gesamt) bzw. 57,8 % (nur Männer) vor. Jedoch ist ihr Anteil deutlich geringer als bei den Entlassenen. Das Risiko, zurückverlegt zu werden, ist in der Gruppe „Diebstahl/Betrug etc." deutlich erhöht. Das verweist auf erhebliche Behandlungsbedarfe, aber auch auf z.T. geringe Behandlungsfähigkeit mit den gegebenen Mitteln. Bei den sechs zurückverlegten Frauen handelt es sich in einem Fall um einen Verstoß gegen das BtmG, in zwei Fällen um Raub und in drei Fällen um Diebstahl/Betrug.

In der Gruppe der entlassenen Männer befinden sich 14 Gefangene (=5,6 %), die neben Freiheitsstrafe zusätzlich zu Sicherungsverwahrung (SV) verurteilt und entweder aus der SV oder vor deren Antritt bedingt entlassen worden sind. Hinzu kommen sechs zu lebenslanger Freiheitsstrafe verurteilte Gefangene, darunter eine Frau. In der Gruppe der Zurückverlegten befinden sich drei zu SV verurteilte Männer (=2,7 %) und kein „Lebenslänglicher". Der Anteil der Frauen beträgt in der Entlassenengruppe 11,2 %, in der Gruppe der Zurückverlegten dagegen nur 5,5 %.

Das Durchschnittsalter ist in der Entlassenen- und der Zurückverlegtengruppe mit 34,1 bzw. 34,2 Jahren bei Eintritt in den sozialtherapeutischen Vollzug praktisch gleich. Das Durchschnittsalter der Frauen liegt in beiden Gruppen mit 36,7 (Entlassene) bzw. 37,5 Jahren (Zurückverlegte) etwas höher. Für die Männer ergibt sich ein Durchschnittsalter von 34,1 (Entlassene) bzw. 34,0 Jahren (Zurückverlegte). Die durchschnittliche Verweildauer in der Sozialtherapeutischen Anstalt liegt bei den Zurückverlegten mit 341,3 Tagen deutlich unter den 672,8 Tagen, die bei Entlassenen erreicht werden. Bei den Zurückverlegten schwankt der Aufenthalt zwischen 7 (nach Entweichung aus der Anstalt) und 987, bei den Entlassenen zwischen 96 (nach Haftverschonung) und 1320 Tagen. Die relativ hohe durchschnittliche Verweildauer der Zurückverlegten weist darauf hin, dass Verlegungen nicht leichtfertig erfolgen; mit dieser Zahl steht, nach weiterer Ausdifferenzierung, ein Vergleichsmaß zur Rückverlegungspraxis verschiedener Anstalten zu Verfügung.

Zusammenfassend kann festgestellt werden, dass bei Entlassenen und Zurückverlegten das Durchschnittsalter praktisch gleich ist, dass der Anteil an Gefangenen mit gefährlichen Straftaten in der Entlassenengruppe deutlich höher und die Verweildauer im sozialtherapeutischen Vollzug dagegen bei den Zurückverlegten naturgemäß deutlich niedriger ist. Weitere Vergleichsmöglichkeiten zwischen den beiden Gruppen stehen z. Z. nicht zur Verfügung.

4. Vorstrafen und Verbüßungszeiten in der Entlassenengruppe

Bisher liegen über 231 Entlassene, 27 Frauen und 204 Männer, differenzierte Daten zur Vorstrafenbelastung und zu den Verbüßungszeiten vor. Übersichten 3 und 4 informieren für die Gruppen der entlassenen Männer und Frauen sowie für die Gesamtgruppe der Entlassenen über verschiedene Daten zur Vorstrafenbelastung und zu Verbüßungszeiten insgesamt und hinsichtlich der Durchschnittswerte pro Person.

Übersicht 3 ist – z.B. bezogen auf die Zeilen 2 und 3 – wie folgt zu lesen: 204 entlassene Männer wurden ausweislich der Straf- und Erziehungsregisterauszüge zu insgesamt 1614 Geld-, Jugend- und Freiheitsstrafen sowie Erziehungsmaßregeln verurteilt, pro Person waren dies durchschnittlich 7,9 Maßnahmen. Spalten 3 bis 5 zeigen die Verteilung auf Untergruppen: Pro Person wurden durchschnittlich 1,27 Geldstrafen, 5,34 Jugend- und Freiheitsstrafen sowie 1,23 Erziehungsmaßregeln verhängt.

Übersicht 3: Anzahl und Verteilung der Verurteilungen

	1	2	3	4	5
1	Gruppen	Alle Verurteilungen	Nur Geldstrafen	Freiheits- u. Jugendstrafen	Erziehungsmaßregeln
2	Männer, alle:	1614	262	1092	250
3	N=204, pro Person:	7,90	1,27	5,34	1,23
4	Frauen, alle:	127	34	83	10
5	N=27, pro Person:	4,69	1,26	3,06	0,36
6	Gesamt, alle:	1741	296	1175	260
7	N=231,pro Person:	7,54	1,27	5,09	1,13

Die entlassenen Männer wurden in ihrem bisherigen Leben zu insgesamt 2281,49 Jahren Freiheitsentzug verurteilt (Übersicht 4, Zeilen 2 und 3), pro Person sind dies 11,17 Jahre. Davon wurden durchschnittlich (hier unter Einrechnung verbüßter SV) 3395,26 Tage, das sind 9,28 Jahre, verbüßt. Mit dem Lebenszeit-Haftdauer-Quotienten (LHQ, Spalte 9) wird dargestellt, wie viel Prozent der Lebenszeit insgesamt zwischen Eintritt der Strafmündigkeit und der Entlassung aus der Sozialtherapeutischen Einrichtung in Freiheitsentzug verbracht wurde. Bei den Männern waren dies durchschnittlich 38 %.

Übersicht 4: Gesamthöhe der Jugend- und Freiheitsstrafen, Verbüßungszeiten

	1	2	3	4	5
1	Gruppen	Alle Jgd.- u. Freih.strafen in Jahren *)	Verbüßungszeit in Tagen	Verbüßungszeit in Jahren	Lebenszeit-Haftdauer-Quotient
2	Männer, alle:	2281,49	692633	1893,07	78,26
3	N=204, pro Person:	11,17	3395,26	9,28	0,38
4	Frauen, alle:	144,76	37209	101,88	4,94
5	N=27, pro Person:	5,35	1378,10	3,76	0,17
6	Gesamt, alle:	2426,25	729842	1994,95	83,20
7	N=231,pro Person:	10,50	3159,49	8,64	0,35

*) Bei lebenslanger Freiheitsstrafe wurden die tatsächlichen Verbüßungszeiten zugrunde gelegt

Der Gruppenvergleich zeigt, dass Frauen in allen Kategorien deutlich geringer belastet sind. Für die Gesamtgruppe bleibt festzuhalten, dass pro Person 5,09 Jugend- und Freiheitsstrafen mit einer durchschnittlichen Gesamthöhe von 10,5 Jahren ausgesprochen wurden. Davon mussten im Durchschnitt 8,64 Jahre verbüßt werden. Dem entspricht ein durchschnittlicher LHQ von 35 %.

Mit der Angabe von Durchschnittswerten wird über die erhebliche Streuung bei der Anzahl und der Höhe von Verurteilungen nichts ausgesagt. Für einige wesentliche Zusammenhänge werden die Zahlen daher im folgenden weiter ausdifferenziert:

Übersicht 5 zeigt, daß immerhin 8 Personen der Gesamtgruppe in ihrem strafmündigen Leben zu lediglich bis zu drei Jahren Freiheitsentzug verurteilt worden sind, 69 (29,8 %) bis zu maximal 6 Jahren. Andererseits wurden 162 Personen (70,2 %) zu insgesamt mehr als 6 Jahren, 111 Personen (48,1 %) zu mehr als 9 und immerhin noch 50 Personen (21,6 %) zu mehr als 15 Jahren Jugend- und/oder Freiheitsstrafe verurteilt. Ein Vergleich zwischen Männern und Frauen macht erneut deutlich, dass Frauen erheblich geringer, Männer dagegen stärker belastet sind.

Übersicht 5: Strafmaß aller Jugend- und Freiheitsstrafen

	1	2	3	4	5	6	7
1	Strafmaß gesamt,	Gesamtgruppe		Männer		Frauen	
2	in Jahren	N	Prozent	N	Prozent	N	Prozent
3	bis 3	8	3,4	3	1,4	5	18,5
4	größer 3 bis 6	61	26,4	47	23,0	14	51,9
5	größer 6 bis 9	51	22,1	46	22,6	5	18,5
6	größer 9 bis 12	37	16,0	36	17,7	1	3,7
7	Größer 12 bis 15	24	10,4	22	10,8	2	7,4
8	Größer 15 bis 18	18	7,8	18	8,8		
9	Größer 18 bis 21	13	5,6	13	6,4		
10	Größer 21 bis 24	11	4,8	11	5,4		
11	Größer 24	8	3,4	8	3,9		
12	Summen	231	99,9	204	100,0	27	100,0

Übersicht 6: Alle Verbüßungszeiten

	1	2	3	4	5	6	7
1	Verbüßungszeit	Gesamtgruppe		Männer		Frauen	
2	gesamt in Jahren	N	Prozent	N	Prozent	N	Prozent
3	bis 3	36	15,6	19	9,3	17	63,0
4	größer 3 bis 6	80	34,6	74	36,3	6	22,2
5	größer 6 bis 9	41	17,7	39	19,1	2	7,4
6	größer 9 bis 12	24	10,4	24	11,8		
7	Größer 12 bis 15	14	6,1	12	5,9	2	7,4
8	Größer 15 bis 18	12	5,2	12	5,9		
9	Größer 18 bis 21	7	3,0	7	3,4		
10	Größer 21 bis 24	3	1,3	3	1,4		
11	Größer 24	14	6,1	14	6,9		
12	Summen	231	100,0	204	100,0	27	100,0

Gleichgerichtete Ergebnisse zeigen sich, wenn die seit Eintritt der Strafmündigkeit insgesamt erreichten Verbüßungszeiten (Übersicht 6) und die sich daraus ergebenden Lebenszeit-Haftdauer-Quotienten (Übersicht 7) differenziert betrachtet werden. Übersicht 6 kann entnommen werden, daß immerhin 36 Personen in ihrem Leben insgesamt nicht mehr als 3 Jahre verbüßen mussten. Dabei handelt es sich ganz überwiegend um Erstverbüßungen, die mit der Entlassung aus der Sozialtherapeutischen Anstalt endeten. Das bedeutet nicht, daß es sich durchweg auch um Erst*verurteilte,* ihre Zahl beträgt lediglich 14, handelt. Gegen immerhin 22 der 36 Personen wurden insgesamt 134 Verurteilungen ausgesprochen, im Durchschnitt 6,1. Darunter befinden sich durchschnittlich 3,3 Verurteilungen zu Freiheits- oder Jugendstrafe.

In der gesamten Gruppe mit geringen Verbüßungszeiten verteilen sich die Delikte nahezu gleich auf solche gegen Leib und Leben einerseits (insbesondere Totschlag und Raub), sonstige Vermögensdelikte und Verstöße gegen das BtmG andererseits (je 18 Personen). Die 14 Erst*verurteilten* verbüßten Strafen wegen Totschlags (3), Raub (3), Körperverletzung und Sexualdelinquenz (je 1 Fall) sowie wegen sonstiger Vermögensdelikte (2) und wegen Verstoßes gegen das BtmG (4). Insgesamt kann nicht davon ausgegangen werden, dass geringe Gesamtverbüßungszeiten auch auf geringe Behandlungsbedürftigkeit schließen lassen. Vielmehr kommt es darauf an, neben schwer und häufig rückfällig gewordenen Tätern auch solche mit geringerer Vorbelastung zu identifizieren und aufzunehmen, bei denen ohne Behandlung künftige schwere Rückfälligkeit nicht ausgeschlossen werden kann. Es kommt hinzu, dass die seltener und durchschnittlich geringer bestraften Frauen, bei denen gleichwohl Behandlungsbedarf gegeben ist, zur Gruppe der gering mit Verbüßungszeiten Vorbelasteten mit 17 Personen weit überproportional beitragen.

Übersicht 7: Lebenszeit-Haftdauer-Quotient

	1	2	3	4	5	6	7
1	Lebenszeit – Haftdauer – Quotient	Gesamtgruppe		Männer		Frauen	
2		N	Prozent	N	Prozent	N	Prozent
3	bis .05	5	2,2	1	0,5	4	14,8
4	.06 bis .10	15	6,5	8	3,9	7	25,9
5	.11 bis .15	13	5,6	9	4,4	4	14,8
6	.16 bis .20	16	6,9	14	6,9	2	7,4
7	.21 bis .25	30	13,0	26	12,7	4	14,8
8	.26 bis .30	17	7,4	16	7,8	1	3,7
9	.31 bis .35	22	9,5	22	10,8		
10	.36 bis .40	22	9,5	21	10,3	1	3,7
11	.41 bis .50	31	13,4	27	13,2	4	14,8
12	.51 bis .60	22	9,5	22	10,8		
13	.61 bis .70	26	11,3	26	12,7		
14	71 und mehr	12	5,2	12	5,9		
15	Summen	231	100,0	204	99,9	27	99,9

Dem entspricht, dass die mit Vorverbüßungszeiten stärker belasteten Männer zu rd. 55% mehr als 6 und zu rund 24 % mehr als 12 Jahre verbüßt haben. Diese Unterschiede zwischen Männern und Frauen spiegeln sich in der Berechnung der Lebenszeit-Haftdauer-Quotienten wider: Ein Vergleich der Spalten 5 und 7 in Übersicht 7 zeigt, daß 29,4 % der Männer (jedoch keine Frau) mehr als 50 % ihres strafmündigen Lebens im Strafvollzug verbracht haben. Dagegen haben 77,7 % der Frauen (28,4 % der Männer) bis zu 25% und 22,2 % (42,1 % der Männer) zwischen 26 und 50 % ihres strafmündigen Lebens im Strafvollzug verbracht.

5. Rückfall

Die Kontrolle der Rückfälligkeit erfolgt mit Hilfe der Auszüge aus dem Bundeszentralregister in Berlin, jetzt Bonn. Die Registerauszüge wurden für jeden Gefangenen jeweils nach Ablauf von zwei und fünf Jahren nach der Entlassung aus der Sozialtherapeutischen Anstalt Hamburg-Altengamme eingeholt. Ein zweijähriger Bewährungszeitraum liegt für 250 Gefangene, darunter 28 Frauen, ein fünfjähriger für 203 Gefangene, darunter 25 Frauen, vor. Sechs nach Entlassung zwischenzeitlich verstorbene Männer wurden bei der Auswertung nach fünf Jahren nicht berücksichtigt, so dass sich Aussagen hier auf 172 Männer und 25 Frauen beziehen.

5.1 Rückfall nach zweijährigem Bewährungszeitraum

In Übersicht 8 sind die Ergebnisse nach zweijährigem Bewährungszeitraum zusammengestellt. Entfallen auf einen Einzelfall mehrere Verurteilungen, dann wird das jeweils höchste Strafmaß berücksichtigt.

Übersicht 8: Rückfall nach zweijährigem Bewährungszeitraum, N=250

	1	2	3	4	5	6	7
1	Strafmaß	Gesamt		Frauen		Männer	
2		N	Prozent		Prozent		Prozent
3	keine Eintragung	183	73,2	24	85,7	159	71,6
4	nur Geldstrafe	30	12,0	3	10,7	27	12,2
5	Fs. zur Bewährung	14	5,6	0		14	6,3
6	Fs.<2 Jahre, verbüßt	14	5,6	1	3,6	13	5,9
7	Fs. 2 Jh. und mehr	7	2,8	0		7	3,2
8	Fs. und SV	1	0,4	0		1	0,4
9	nur Maßregel	1	0,4	0		1	0,4
10	Summen	250	100,0	28	100,0	222	100,0

Je nach Rückfallkriterium kann festgestellt werden, dass in der Gesamtgruppe 183 Personen = 73,2 % nicht erneut verurteilt wurden; 227 = 90,8 % mussten keine weitere Strafe verbüßen (Addition der Zeilen 3 bis 5 in den Spalten 2 und 3). In der Gruppe der Männer liegen diese Zahlen mit 71,6 % ohne erneute Verurteilung und 90,1 % ohne erneute Verbüßung etwas niedriger, bei den Frauen deutlich höher. Nur eine Frau wurde zu einer zu verbüßenden Freiheitsstrafe verurteilt.

5.2 Rückfall nach fünfjährigem Bewährungszeitraum

Die Ergebnisse nach fünfjährigem Bewährungszeitraum sollen etwas eingehender betrachtet werden. Übersicht 9 fasst die Ergebnisse, orientiert jeweils am höchsten Strafmaß, zunächst zusammen.

Übersicht 9: Rückfall nach fünfjährigem Bewährungszeitraum, N=197 (ohne im Bewährungszeitraum Verstorbene)

	1	2	3	4	5	6	7
1	Strafmaß	Gesamt		Frauen		Männer	
2		N	Prozent	N	Prozent	N	Prozent
3	keine Eintragung	102	51,8	19	76,00	83	48,3
4	nur Geldstrafe	35	17,8	3	12,00	32	18,6
5	Fs. zur Bewährung	30	15,2	2	8,00	28	16,3
6	Fs.<2 Jahre, verbüßt	18	9,1	1	4,00	17	9,9
7	Fs. 2 Jh. und mehr	9	4,6			9	5,2
8	Fs. und SV	2	1,0			2	1,2
9	nur Maßregel	1	0,5			1	0,5
10	Summen	197	100,0	25	100,0	172	100,0

Lediglich noch 102 Probanden = 51,8 % aus der Gesamtgruppe der Entlassenen blieben ohne erneute Verurteilung, 95 = 48,2 % wurden rückfällig. Davon mussten jedoch immerhin 167 = 84,8 % nicht erneut Strafe verbüßen (ähnliche Ergebnisse liegen aus Niedersachsen vor, s. Seitz & Specht, in diesem Band, S. 363). Bei den Männern sind die Ergebnisse mit 48,3 % (keine erneute Verurteilung) und 83,2 % (kein erneuter Freiheitsentzug) etwas ungünstiger. Die Frauen blieben zu 76 % straffrei; nur eine Frau musste erneut Strafe verbüßen. In elf Fällen = 5,6 % (durchweg Männer) wurden nach schweren Delikten hohe Strafen von mehr als zwei Jahren, in einem Fall verbunden mit Sicherungsverwahrung, verhängt. In einem weiteren Fall wurde die Einweisung in den Maßregelvollzug angeordnet.

In einem nächsten Schritt wird die Zahl aller Straftaten den Strafmaßen zugeordnet. Übersicht 10 zeigt, dass auf die 95 rückfälligen Entlassenen 172 Verurteilungen entfallen.

Dabei liegt der Anteil der Geldstrafen bei fast 50 %, der Anteil der zur Bewährung ausgesetzten Freiheitsstrafen bei 25 %, der der vollstreckbaren Freiheitsstrafen bis unter zwei Jahren bei 18,6 % und der Anteil hoher Strafmaße (einschließlich Verhängung einer Maßregel) bei lediglich 7%. Bei den Männern liegen die Werte geringfügig ungünstiger (vgl. Spalten 6 und 7). Die sechs rückfällig gewordenen Frauen tragen mit insgesamt 10 Verurteilungen bei, davon entfällt nur eine auf zu verbüßende Freiheitsstrafe unter zwei Jahren.

Übersicht 10: Alle Straftaten nach Strafmaß, Bewährungszeitraum 5 Jahre, nur Rückfällige, N=95

	1	2	3	4	5	6	7
1	Strafmaß	Gesamt		Frauen		Männer	
2		N	Prozent	N	Prozent	N	Prozent
4	nur Geldstrafe	85	49,4	6		79	48,8
5	Fs. zur Bewährung	43	25,0	3		40	24,7
6	Fs.<2 Jahre, verbüßt	32	18,6	1		31	19,1
7	Fs. 2 Jh. und mehr	9	5,2			9	5,6
8	Fs. und SV	2	1,2			2	1,2
9	nur Maßregel	1	0,6			1	0,6
10	Summen	172	100,0	10	100,0	162	100,0

Es soll nun betrachtet werden, wie sich die Häufigkeit der Verurteilungen verteilt: Übersicht 11 zeigt in den Zeilen 6 und 7, dass rund die Hälfte der rückfällig gewordenen Entlassenen nur eine, rund 30 % zwei und rund 20 % drei und mehr Verurteilungen auf sich gezogen haben. Bei den Männern zeigt sich eine ähnliche Verteilung; die Frauen dagegen werden nicht nur seltener und weniger gravierend, sondern auch weniger häufig rückfällig.

Übersicht 11: Alle Straftaten nach Häufigkeit der Verurteilungen, Bewährungszeitraum 5 Jahre, nur Rückfällige, N=95

	1	2	3	4	5	6	7	8
1	Gruppen	Häufigkeit der Verurteilungen						
2		1 x	2 x	3 x	4 x	5 x	7 x	Summe
3	Frauen N	3	2	1	0	0	0	6
4	Männer N	44	27	12	4	1	1	89
5	Männer in %	49,4	30,3	13,5	4,5	1,1	1,1	99,9
6	Gesamt N	47	29	13	4	1	1	95
7	Gesamt in %	49,5	30,5	13,7	4,2	1,0	1,0	99,9

Nun ist die Höhe der Rückfälligkeit/Nichtrückfälligkeit bezogen auf Deliktgruppen zu prüfen. Ausgangspunkt der Betrachtung ist das Hauptdelikt, das der Verurteilung zugrunde lag, die zu einer (teilweisen) Verbüßung in der Sozialtherapeutischen Anstalt Altengamme führte. Gefragt wird also, in welchem Ausmaß z.B. Mörder/Totschläger, Räuber oder Diebe erneut rückfällig geworden sind. Übersicht 12 stellt diese Zusammenhänge dar.

Übersicht 12: Wiederverurteilungen (nur höchste Verurteilung) bezogen auf Hauptdelikte der letzten Strafe vor Entlassung sowie Männer/Frauen, N=197

	1	2	3	4	5	6	7	8	9	10
1	Gruppen *)	Hauptdelikt vor Entlassung und Rückfall **)								
2		M/T	Körp	Raub	Sex.	Brand	D/B.	BtmG	Sonst.	Ges.
3	ges.N	41	6	79	11	2	42	14	2	197
4	k.R.M.	19	3	39	5	0	8	7	2	83
5	k.R.F.	3	1	2	2	0	9	2	0	19
6	R.M.	18	2	38	4	2	22	3	0	89
7	R.F.	1	0	0	0	0	3	2	0	6
8	G.k.R.	22	4	41	7	0	17	9	2	102
9	G.R.	19	2	38	4	2	25	5	0	95
10	R.in%	46,3	50,0	48,1	36,4	100,0	59,5	35,7	0	48,2

*) Ges.N = Gesamtgruppe; k.R.M. = kein Rückfall, Männer; k.R.F. = kein Rückfall, Frauen; R.M. = Rückfall Männer; R.F. = Rückfall Frauen; G.k.R. = Gesamtgruppe, kein Rückfall; G.R. = Gesamtgruppe, Rückfall; R.in % = Rückfall in Prozent
**) M/T = Mord, Totschlag; Körp.= Körperverletzung; Raub = einschließlich räuberische Erpressung und erpresserischer Menschenraub; Sex. = Sexualdelinquenz; Brand.= Brandstiftung; D/B = Diebstahl, Betrug sowie Hehlerei u. Urkundenfälschung, BtmG = Verstoß gegen das Betäubungsmittelgesetz

Die Übersicht ist – erläutert am Beispiel der wegen eines Raubdeliktes Verurteilten – wie folgt zu lesen: Mit dem Hauptdelikt „Raub etc." wurden 79 Männer und Frauen in die Sozialtherapie aufgenommen (Zeile 3, Spalte 4), davon wurden 39 Männer (Zeile 4) und zwei Frauen (Zeile 5) nicht rückfällig, erneut verurteilt dagegen 38 Männer und keine Frau (Zeilen 6 und 7). In der Gesamtgruppe mit Hauptdelikt „Raub" wurden 41 Personen nicht rückfällig (Zeile 8) und 38 Personen = 48,1 % (Zeilen 9 und 10) erneut verurteilt.

Zeile 10 zeigt das Ergebnis für alle Deliktgruppen. Es wird deutlich, dass – neben der Gruppe der Räuber – auch andere Gruppen mit einschneidenden Tatfolgen nicht unerheblich zur Rückfälligkeit in der Gesamtgruppe beitragen: Für die Teilgruppen Mord/Totschlag wurde ein Wert von 46,3 %, bei Sexualdelinquenten von 36,4% ermittelt. Besonders hoch ist die Rückfälligkeit in der Gruppe mit Hauptdelikt Diebstahl/Betrug/Hehlerei/Untreue mit 59,5 %, eher niedrig dagegen in der Gruppe der wegen eines Verstoßes gegen das Betäubungsmittelgesetz Verurteilten.

Vor dem Hintergrund dieser Ergebnisse interessiert nun, in welchem Umfang es sich jeweils um einschlägigen Rückfall handelt. Die sechs rückfällig gewordenen Frauen wurden durchweg wegen Diebstahl/Betrug (jeweils höchste Strafe) verurteilt, davon zwei einschlägig, zwei waren vorher wegen eines Verstoßes gegen das Betäubungsmittelgesetz verurteilt worden, je eine wegen Mordes und Raubes.

Übersicht 13: Einschlägiger/nichteinschlägiger Rückfall, jeweils höchste Verurteilung, nur Männer, N=89

	1	2	3	4	5	6	7	8	9	10
1	Delikt*	Jeweils höchste Verurteilung nach Entlassung wegen *):								Ges.
2		T	Körp	Raub	Sex.	Brand	D/B..	BtmG	Sonst.	
3	M/T	1	2	2	1	0	6	0	6	18
4	Körp.	0	0	0	0	0	1	0	1	2
5	Raub	0	4	2	1	0	16	1	14	38
6	Sex.	0	0	0	0	0	1	1	2	4
7	Brand	0	0	0	0	1	0	0	1	2
8	D/B/H	0	0	3	0	0	13	1	5	22
9	BtmB	0	0	0	0	0	1	0	2	3
10	Sonst.	0	0	0	0	0	0	0	0	0
11	Ges.	1	6	7	2	1	38	3	31	89

*) Erläuterungen: siehe Fußnoten zu Übersicht 12

Für die 89 rückfälligen Männer zeigt Übersicht 13 in der durch Schattierung hervorgehobenen Diagonalen den Umfang der einschlägigen Wiederverurteilungen. Spalte 1 legt das Hauptdelikt der letzten Verurteilung vor Entlassung fest, Zeilen 1 und 2 das Hauptdelikt im Bewährungszeitraum nach Entlassung. Die Diagonale zeigt, dass einschlägige Verurteilungen eher selten sind. Am höchsten ist ihr Anteil in der Gruppe der nach Diebstahl/Betrug etc. ursprünglich und erneut Verurteilten. Im Bereich der schweren Delinquenz wurden ein wegen Totschlags Verurteilter, zwei Räuber und ein Brandstifter einschlägig rückfällig. Darüber hinaus ist auffällig, dass weitere Verbrechen gegen Leib und Leben eher von Personen mit den Ursprungsdelikten „Mord/Totschlag" (je zwei mal Körperverletzung und Raub, ein Sexualdelikt, Zeile 1) und „Raub etc." (vier mal Körperverletzung, ein Sexualdelikt,"Zeile 4) begangen wurden, dagegen kaum von Probanden mit dem Vordelikt „Diebstahl/Betrug etc", von drei Raubdelikten abgesehen.

Bemerkenswert ist der hohe Anteil der Verurteilungen wegen sonstiger Delikte. Im einzelnen handelt es sich dabei um häufig alkoholbedingte Verkehrsdelikte (19 Fälle), Beförderungserschleichung (5 Fälle) sowie - breit gestreut – um Sachbeschädigung, falsche Verdächtigung, eidliche Falschaussage, Nötigung, Veruntreuung von Arbeitsentgelt und Zerstörung von Arbeitsmitteln.

Übersicht 14: Schwerstes Delikt nach Entlassung und Strafmaß, Bewährungszeitraum 5 Jahre, nur Männer, N=89

	1	2	3	4	5	6	7	8
	eliktgruppen	Jeweils höchste Verurteilung *)						
		Geld	Bewäh.	Fs<2Jh	Fs>2Jh	Fs./SV	Maßr.	Summe
1	otschlag				1			1
2	örperverletzung.		1	2	2	1		6
3	aub, räub. Erpr. etc.		1		5		1	7
4	exualdelinquenz				2			2
5	randstiftung.					1		1
6	iebstahl, Betrug etc.	8	16	13	1			38
7	erstoß gg. BtmG	1	1	1				3
8	onstiges	23	6	2				31
9	ummen	33	26	18	10	1	1	89

*) Geld = nur Geldstrafe; Bewäh. = Freiheitsstrafe zur Bewährung; Fs.< 2 Jh. = Freiheitsstrafe bis unter zwei Jahre, verbüßt; Fs. > 2 Jh. = Freiheitsstrafe zwei Jahre und mehr, verbüßt; Fs/SV = Freiheitsstrafe in Verbindung mit Sicherungsverwahrung; Maßr. = Maßregel der Besserung und Sicherung

Abschließend wird in Übersicht 14 betrachtet, mit welchen Strafmaßen die jeweils schwersten Delikte nach Entlassung geahndet worden sind. Es wird deutlich, dass auf Totschlag, Sexualdelinquenz, Brandstiftung und im allgemeinen auch auf Raub mit hohen Freiheitsstrafen reagiert wurde. Dagegen wurde bei den vergleichsweise viel häufigeren Verurteilungen wegen Diebstahls/Betrugs und Verstoßes gegen das BtmG nur in einem Fall eine Freiheitsstrafe von mehr als 2 Jahren verhängt.

6. Zusammenfassung

Die Untersuchung ergibt, dass die aus der SthA Altengamme entlassenen männlichen und weiblichen Gefangenen nach zwei Jahren eine Gesamtrückfallquote von 26,8 %, nach fünf Jahren von 48,2 % aufweisen. Wird nach dem Anteil der zu erneutem Freiheitsentzug Verurteilten gefragt, dann sind dies nach zwei Jahren 9,2 %, nach fünf Jahren 15,2 %. Dieses Ergebnis wird bei Gefangenen erzielt, die überwiegend wegen eines Verbrechens gegen Leib und Leben (Mord, Totschlag, Körperverletzung, Raub, Sexualdelinquenz und Brandstiftung) einsaßen (72 %), häufig verurteilt worden sind (7,54 Verurteilungen pro Person, darunter 5,09 zu Jugend- und/oder Freiheitsstrafe), die bis zur Entlassung aus der Sozialtherapie in ihrem Leben insgesamt durchschnittlich 8,64

Jahre verbüßt und als Folge davon ca. 35 % ihres strafmündigen Lebens in Justizvollzugsanstalten verbracht haben.

Die delinquenzbezogene Vorbelastung der Frauen und ihre Rückfälligkeit ist deutlich geringer als die der Männer. Bei den Männern wurden 75,6 % wegen eines Verbrechens gegen Leib und Leben verurteilt (Hauptdelikt der letzten Strafe vor Entlassung aus der Sozialtherapie), sie wurden im Durchschnitt 7,9 mal, davon 5,34 mal zu Jugend- und/oder Freiheitsstrafen verurteilt, sie haben bis zur Entlassung durchschnittlich 9,28 Jahre verbüßt und ca. 38 % ihres strafmündigen Lebens in Freiheitsentzug verbracht.

Die Rückfälligkeit der Frauen liegt nach zwei Jahren bei 14,3 % (4 von 28 Frauen), nach fünf Jahren bei 24 % (6 von 25 Frauen). Nur eine Frau musste erneut eine Freiheitsstrafe verbüßen. Bei den Männern ergeben sich nach zwei Jahren 28,4 %, nach fünf Jahren 51,7 % Rückfälligkeit. Nach zwei Jahren mussten 9,9 %, nach fünf Jahren 16,8 % der Männer erneut einsitzen.

Insgesamt tritt Rückfälligkeit gegenüber vorher regelmäßig mit geringerer Delinquenz und Tatschwere und entsprechend niedrigeren Verurteilungen auf. Im fünfjährigen Bewährungszeitraum kam einschlägiger Rückfall bei Verbrechen gegen Leib und Leben nur in 4 Fällen vor. Mit Freiheitsstrafen über zwei Jahren und/oder Maßregeln geahndete, gravierendere Straftaten wurden in 9 Fällen durchweg von Männern (6,1 % aller entlassenen Männer) begangen.

Welche Bedeutung haben diese Ergebnisse? Zunächst sind sie, neben allem Erkenntnisgewinn, mit drei Mängeln behaftet. Erstens ist eine verbindliche Aussage darüber, wie sich eine vergleichbare Gefangenengruppe unter anderen vollzuglichen Bedingungen bewährt hätte, mangels Kontrollgruppenbildung nicht ohne weiteres möglich. Ob dies im Rahmen von Vergleichen mit aus anderen Untersuchungen gewonnenen Datenpools darstellbar ist, muss hier angesichts schwieriger methodischer Fragen offen bleiben. Ein zweiter Mangel besteht darin, dass über die Gruppe der Zurückverlegten (ca. 30 % der 349 bis August 1993 in die Sozialtherapie aufgenommenen Gefangenen) nur begrenzte Vergleichsdaten vorliegen und insbesondere über deren Rückfälligkeit keine Aussagen gemacht werden können. Und schließlich ist – drittens – die Vorlage differenzierter Aussagen über diverse Persönlichkeits- und Sozialdaten sowie über das Angebot und die Nutzung des sozialtherapeutischen Programms und die Verbindung dieser Variablen mit späterer Legalbewährung (noch) nicht möglich, weil diese Daten bisher nicht abschließend aufbereitet werden konnten. Dennoch hat es eigenen Wert zu wissen, wie eine hinlänglich präzise beschriebene Gefangenengruppe sich nach der Entlassung aus einem behandlungsintensiven Vollzug in strafrechtlicher Hinsicht verhält. Inzwischen liegen genug einschlägige Untersuchungen vor, um die hier mitgeteilten Ergebnisse in ihren Kontext sinnvoll einordnen zu können vgl. zusammenfassend Lösel, 1994; 1996; Kury, 1999; Egg et. al., in diesem Band). Praktikern der Sozialtherapie dürfte es ohnehin gelingen, eine angemessene und für den eigenen Bereich hilfreiche Bewertung vorzunehmen (vgl. hierzu auch Dünkel & Rehn, in diesem Band). In besonderer Weise gilt dies für die Sozialtherapeutischen Einrichtungen in Hamburg. Hier kann besser als aus größerer Entfernung beurteilt werden, ob der den Sozialtherapeutischen Einrichtungen (und mittelbar auch der Forschung über sie) gemachte doppelte Vorwurf zutrifft, wonach sie es sich bei der Auswahl und der Zurückverlegung leicht machen, indem sie eher einfache Fälle aufnehmen und riskante und schwierige Fälle zurückverlegen. In Hamburg stieße eine solche Strategie, wenn sie denn, was nicht der Fall ist, verfolgt werden würde, aus zwei Gründen schnell an Grenzen. Zum einen werden einfachere Risiken mehr als in anderen Bundesländern über den offenen Regelvollzug entlassen. Dafür stehen – bezogen auf alle Haftarten, Stand 31.8.1998 – 717 Plätze, gleich 24,5 % zur Verfügung. Im Bundesgebiet, außer Hamburg, sind dies 10.090 Plätze, gleich 15,2 %. Die vorhandenen Sozialtherapeutischen Einrichtungen müssen sich daher – zum zweiten - für Auswahlprozeduren mit dem begnügen, was übrig bleibt. Dabei stehen im Bereich der erwachsenen Gefangenen gegenwärtig zwei Einrichtungen mit zusammen 102 Plätzen, ab Anfang 2000 drei Einrichtungen mit sodann zusammen 131 Plätzen jedenfalls teilweise in Konkurrenz zueinander. Immerhin sind dies sodann 4,2 % aller im Hamburger Strafvollzug vorhandenen Plätze, bzw. ca. 4,7 % der Plätze für zu Freiheitsstrafe verurteilte Männer und Frauen. Diese Relation wird derzeit in anderen Bundesländern nicht erreicht. Hinzu kommen weitere 47 Plätze in einem hinsichtlich der personellen Ausstattung qualitativ ansehnlichen Übergangshaus, das die Aufgabe hat, zu langen Strafen Verurteilten bei der Eingliederung in das Leben in Freiheit zu helfen. Diese Situation verhindert schon strukturell, dass Sozialtherapeutische Einrichtungen für sogenannte leichte Fälle (von denen es im Strafvollzug ohnehin nicht viele gibt) missbraucht werden. Nach allem kann die Untersuchung als nachträgliche Kontrolle der eigenen Praxis und auch als ein weiterer Beitrag zur Rückfallforschung befriedigen, - abgesehen natürlich davon, dass eine noch geringere und beständigere Nichtrückfälligkeit zu wünschen gewesen wäre, denn vor allem jeder Fall einer schweren Rückfälligkeit ist unerfreulich und belastend.

Literaturverzeichnis

Abel, G.G. (1999). The Abel Assessment for sexual interest™. http://www.abelscreen.com/product.htm.
Abel, G.G., Blanchard, E.B. & Becker, J.V. (1976). Psychological treatment of rapists. In M.J. Walker & S.L. Brodsky (Eds.). *Sexual assault.* Lexington: Lexington Books, 99-115.
Abel, G.G., Blanchard, E.B. & Becker, J.V. (1978). An integrated treatment program for rapists. In R.T. Rada (Ed.). *Clinical aspects of the rapist.* New York: Grune & Stratton, 161-214.
Abel, G.G., Huffman, J., Warberg, B. & Holland, C.L. (1998). Visual reaction time and plethysmography as measures of sexual interest in child molesters. Sexual Abuse. *A Journal of Research and Treatment 10*, 81-96.
Aichhorn, A. (1951). *Verwahrloste Jugend.* Bern: Huber.
Ainsworth, M. (1970). Object relations, dependency, and attachment. A theoretical review of the infant-mother relationship. *Child Development 40*, 969-1025.
Albrecht, H.-J. (1999). Die Determinanten der Sexualstrafrechtsreform. *Zeitschrift für die gesamte Strafrechtswissenschaft 111*, 863-888.
Allen, C. (1962). *A textbook of psycho-sexual disorders.* London: Oxford University Press.
Amelang, M. (1986). *Sozial abweichendes Verhalten. Entstehung – Verbreitung – Verhinderung.* Berlin: Springer.
Amelang, M., Schahn, J. & Kohlmann, D. (1988). Techniken der Neutralisierung: Eine modelltestende Untersuchung auf Basis offizieller und selbstberichteter Delinquenz. *Monatsschrift für Kriminologie und Strafrechtsreform 71*, 178-190.
Amir, M. (1971). *Patterns in forcible rape.* Chicago: The University of Chicago Press.
Andrews, D.A. (1995). The psychology of criminal conduct and clinical criminology. In L. Stewart & C. Webster (Eds.). *Clinical Criminology: Toward effective correctional treatment.* Correctional Service of Canada, 130-150.
Andrews, D.A. & Bonta, J. (1994). *The psychology of criminal conduct.* Cincinnati: Anderson.
Andrews, D.A., Bonta, J. & Hoge, I. (1990). Classification for effective rehabilitation: rediscovering psychology. *Criminal Justice and Behavior 17*, 19-52.
Andrews, D.A. & Dowden, C. (1999). A meta-analytic investigation into effective correctional intervention for female offenders. *Forum on Corrections Research 11 (3)*, 18-21.
Andrews, D.A., Zinger, I., Hoge, R.D., Bonta, J., Gendreau, P. & Cullen, F.T. (1990). Does correctional treatment work? A clinically-relevant and psychologically informed meta-analysis. *Criminology 28*, 369-404.
Annis, H. (1986). A relapse prevention model for treatment of alcoholics. In W.E. Miller & N. Heather (Eds.). *Treating addictive behaviors.* New York: Plenum Press, 407-435.
Antonowicz, D.H. & Ross, R. (1994). Essential components of successful rehabilitation programs for offenders. *Int. J. Offender Therapy and Comparative Criminology 38* (2), 104.
Arbeitskreis Sozialtherapeutische Anstalten im Justizvollzug (1998). Mindestanforderungen an Sozialtherapeutische Einrichtungen. *Monatsschrift für Kriminologie und Strafrechtsreform 71*, 334-335.
Archer, J. (1991). The influence of testosterone on human aggression. *British Journal of Psychology 82*, 1-28.
Auckenthaler, A. (2000). Die Manualisierung der Psychotherapie: Ziele und Implikationen. *Gesprächspsychotherapie und Personzentrierte Beratung 31*, 119-125.

Averbeck, M.R. (1993). *Subjektive Kriminalitätstheorien im Kontext des Jugendstrafvollzugs*. Erlangen, Nürnberg: Dissertation, Friedrich-Alexander-Universität.
Babiak, P. (1996). Psychopathic manipulation in organizations: pawns, patrons, and patsies. *Issues in Criminological and Legal Psychology 24*, 12-17.
Bandura, A. (1979). *Sozial-kognitive Lerntheorie*. Stuttgart: Klett-Cotta.
Barnard, G.W., Fuller, A.K. & Shaw, T. (1989). *The child molestor. An integrated approach to evaluation and treatment*. New York: Brunner & Mazel.
Bartling, G., Echelmeyer, L., Engberding, M. & Krause, R. (1992). *Problemanalyse im therapeutischen Prozeß*. 3. Aufl. Stuttgart: Kohlhammer.
Bateson, G. (1984). *Geist und Natur: Eine notwendige Einheit*. 4. Aufl. Frankfurt a.M.: Suhrkamp.
Bauer, A. & Gröning, K. (1995). *Institutionsgeschichten, Institutionsanalysen*. Tübingen: Ed. diskord.
Baumann, K.-H. (1984). Der Einfluß von Bildungsmaßnahmen im Strafvollzug auf das Rückfallverhalten. *Zeitschrift für Strafvollzug und Straffälligenhilfe 33*, 31-36.
Baumann, K.-H., Maetze, W. & Mey, H.-G. (1983). Zur Rückfälligkeit nach Strafvollzug. Legalbewährung von männlichen Strafgefangenen nach Durchlaufen des Einweisungsverfahrens gem. § 152 Abs. 2 StVollzG in Nordrhein-Westfalen. *Monatsschrift für Kriminologie und Strafrechtsreform 66*, 133-148.
Baumann, U. & von Wedel, B. (1981). Stellenwert der Indikationsfrage im Psychotherapiebereich. In U. Baumann. *Indikation zur Psychotherapie*. München: Urban & Schwarzenberg, 1-36.
Beck, A.T. (1999). *Prisoners of hate: The cognitive basis of anger, hostility, and violence*. New York: Harper Collins.
Beck, A.T. & Freeman, A. (1990). *Cognitive therapy of personality disorders*. New York: Guilford Press.
Beck, A.T. & Freemann, A. (1995). *Kognitive Therapie der Persönlichkeitsstörungen*. Weinheim: Psychologie Verlags Union.
Becker, M. & Kinzig, J. (1998). Therapie bei Sexualstraftätern und ihre Kosten: von den Vorstellungen des Gesetzgebers und den Realitäten im Strafvollzug. Zugleich Besprechung eines Beschlusses des OLG Karlsruhe vom 19. Februar 1997 - 2 Ws 221 und 222/95 (= ZfStrVo 1997, 246). *Zeitschrift für Strafvollzug und Straffälligenhilfe 47*, 259-264.
Beckett, R.C., Beech, A.R., Fisher, D. & Fordham, A.S. (1994). *Community-based treatment for sex offenders: An evaluation of seven treatment programmes: A report for the Home Office by the STEP team*. London: Crown.
Beech A. & Scott-Fordham, A. (1997). Therapeutic Climate of Sex offender treatment programs. *Press in Sexual Abuse* (zitiert nach Mann und Thornton).
Beech, A.R., Fisher, D. & Beckett, R.C. (1998). *STEP 3: An Evaluation of the prison sex offender treatment programme: A report for the Home Office by the STEP team*. London: Crown.
Beelmann, A., Pfingsten, U. & Lösel, F. (1994). Effects of training social competence in children: A meta-analysis of recent evaluation studies. *Journal of Clinical Child Psychology 23*, 260-271.
Beier, K.M. (1995). *Dissexualität im Lebenslängsschnitt. Theoretische und empirische Untersuchungen zu Phänomenologie und Prognose begutachteter Sexualstraftäter*. Berlin, Heidelberg: Springer.
Beier, K.M. (1997). Prognose und Therapie von Sexualstraftätern aus sexualmedizinischer Sicht. *Kriminalpädagogische Praxis 25*, Heft 37, 13-25.

Bench, L.L., Kramer, S.P. & Erickson, S. (1997). A discriminant analysis of predictive factors in sex offending recidivism. In B. Schwartz & H. Cellini (Hrsg). *The Sex Offender: New Insights. Treatment Innovations and Legal Developments.* Vol. 2 Kingston NJ. Civic Research.

Bender, D. & Lösel, F. (1999). *Psychopathy in German high-security prison inmates.* Dublin: Paper presented at the Joint Conference of the American Psychology-Law Society and European Association of Psychology and Law, July 1999.

Benner, D. (1980). Das Theorie-Praxis-Problem in der Erziehungswissenschaft und die Frage nach Prinzipien pädagogischen Handelns und Denkens. *Zeitschrift für Pädagogik 4,* 485-497.

Benton, A.L. (1997). *Der Benton-Test.* Bern: Huber.

Berner, W. (1998a). Sexualpsychopathologie des sexuellen Mißbrauchs. In G. Amann. &. R. Wipplinger (Hrsg.). *Sexueller Mißbrauch: Überblick zu Forschung, Beratung und Therapie. Ein Handbuch.* 2. Aufl. Tübingen: Deutsche Gesellschaft für Verhaltenstherapie, 130-139.

Berner, W. (1998b). Sexualstraftäterbehandlung - Strategien - Ergebnisse. In R. Müller-Isberner & S. Gonzales Cabeza (Hrsg.). *Forensische Psychiatrie Schuldfähigkeit, Kriminaltherapie, Kriminalprognose.* Bonn: Forum.

Berner, W. (1999). Untersuchungen über Therapieerfolg bei Straftäterbehandlungen und deren Konsequenzen für neue Behandlungsmodelle. In V. Wodtke-Wernder & U. Mähne (Hrsg.). *„Nicht wegschauen!" – vom Umgang mit Sexual(straf)tätern.* Baden-Baden: Nomos, 123-137.

Berner,W. & Bolterauer J. (1995). Fünf-Jahres Verläufe von 46 aus dem therapeutischen Strafvollzug entlassenen Sexualdelinquenten. *Recht und Psychiatrie 13,* 114-118.

Berner, W. & Karlick-Bolten, E. (1986). *Verlaufsformen der Sexualkriminalität.* Stuttgart: Enke.

Berner, W., Kleber, R. & Lohse H. (1998). Psychotherapie bei sexueller Delinquenz. In B. Strauß (Hrsg.). *Psychotherapie der Sexualstörungen. Krankheitsmodelle und Therapiepraxis - störungsspezifisch und schulenübergreifend.* Stuttgart: Thieme, 122-139.

Bickel, A. (1976). Sozialtherapeutische „Behandlung" innerhalb und außerhalb einer Strafvollzugsanstalt: Gemeinsamkeiten und Unterschiede. *Gruppendynamik 7,* 338-342.

Blackburn, R. (1987). Two scales for the assessment of personality disorder in antisocial populations. *Personality and Individual Differences 8,* 81-93.

Blackburn, R. (1993). *The Psychology of Criminal Conduct. Theory, Research and Practice.* Chichester: Wiley.

Blackburn, R. (2000). Treatment or incapacitation? Implications of research on personality disorders for the management of dangerous offenders. *Legal and Criminological Psychology 5,* 1-21.

Blackburn, R. & Coid, J.W. (1998). Psychopathy and the dimensions of personality disorder in violent offenders. *Personality and Individual Differences 25,* 129-145.

Blair, R.J.R. (1995). A cognitive developmental approach to morality: Investigating the psychopath. *Cognition 50,* 1-29.

Blasi, A. (1980). Bridging moral cognition and moral action: A critical review of the literature. *Psychological Bulltin 88,* 1-43.

Blass-Wilhelms, W. (1983). Evaluation im Strafvollzug. Überblick und Kritik vorliegender Studien. In H. Kury (Hrsg.). *Methodische Probleme der Behandlungsforschung – insbesondere in der Sozialtherapie.* Köln: Heymanns, 81-120.

Boer, D.P., Hart, S.D., Kropp, P.R. & Webster, C. (1997). *Manual for the Sexual Violence Risk-20. Professional guidelines for assessing risk of sexual violence.* Burnaby, CAN: The Mental Health, Law, and Policy Institute; Simon Fraser University.

Boetticher, A. (1998). Der neue Umgang mit Sexualstraftätern - eine Zwischenbilanz. *Monatsschrift für Kriminologie und Strafrechtsreform 81*, 354-367.

Böhm, A. & Erhard, C. (1988). *Strafrestaussetzung und Legalbewährung: Ergebnisse einer Rückfalluntersuchung in zwei hessischen Justizvollzugsanstalten mit unterschiedlicher Strafrestaussetzungspraxis.* Wiesbaden: Hessisches Ministerium der Justiz.

Böhm, W. (1982). *Wörterbuch der Pädagogik.* 12. Aufl. Stuttgart: Kröne.

Böllinger, L. (2000). Offenbarungspflicht der Therapeuten im Strafvollzug – ein Schlag gegen die forensische Psychotherapie. *Monatsschrift für Kriminologie und Strafrechtsreform* 11-22.

Born, P. & Gonzalez-Cabeza, S. (1998). „Psychopathy" – Entwurf eines Behandlungskonzeptes. In R. Müller-Isberner & S. Gonzalez-Cabeza (Hrsg.). *Forensische Psychiatrie. Schuldfähigkeit, Kriminaltherapie, Kriminalprognose.* Bonn: Forum, 99-108.

Bosinski, H. A.G. (1997). Sexueller Kindesmißbrauch: Opfer, Täter und Sanktionen, *Sexuologie, 2* (4), 67-88.

Bowman, P.C. & Auerbach, S.M. (1982). Impulsive youthful offenders: A multimodal cognitive behavioral treatment program. *Criminal Justice and Behavior 9*, 432-454.

Bräutigam, W. & Clement, U. (1989). *Sexualmedizin im Grundriss.* Stuttgart: Thieme.

Brown, F.W., Golding, J. & Smith, G.R. (1990). Psychiatric comorbidity in primary care somatization disorders. *Psychosomatic Medicine 52*, 445-451.

Browne, F., Gudjonsson, G., Gunn, J., Rix, G., Sohn, L. & Taylor, P.J. (1993). Principles of treatment of the mentally ill offender. In J. Gunn & P. Taylor (Eds.). *Forensic psychiatry: Clinical, legal and ethical issues.* Oxford: Butterworth-Heinemann, 646-690.

Brusten, M. (1981). Staatliche Institutionalisierung kriminologischer Forschung – Perspektiven und Probleme. In H. Kury (Hrsg.). *Perspektiven und Probleme kriminologischer Forschung, Bd. 1.* Köln, Berlin, Bonn, München: Heymanns, 135-182.

Bullens, R. (1994). Faktoren der Behandlung von Sexualstraftätern: Motive, Therapiesetting, Nachsorge. *Forensische Psychiatrie und Psychotherapie: Werkstattschriften 1*, 33-53.

Bullens, R. (1995). Der Grooming Prozeß – oder das Planen des Mißbrauchs. In B. Marquardt-Mau (Hrsg.). *Schulische Prävention gegen sexuelle Kindesmißhandlung: Grundlagen, Rahmenbedingungen, Bausteine und Modelle.* Weinheim: Juventa, 55-67.

Bundesminister der Justiz der Republik Österreich. (Hrsg.) (1999). Projekt: *Strategieentwicklung im Strafvollzug, Kennzahlen - Standards - Perspektiven,* Wien: Selbstverlag.

Bundeszusammenschluß für Straffälligenhilfe (Hrsg.) (1981). *Sozialtherapie als kriminalpolitische Aufgabe. Empfehlungen zur zukünftigen rechtlichen und tatsächlichen Ausgestaltung der Sozialtherapie im Justizvollzug.* Bonn: Selbstverlag.

Cabanis, D. & Phillip, E. (1977). Sexuologie und Recht. In G. Eisen (Hrsg.). *Handwörterbuch der Rechtsmedizin*, Bd. II. Stuttgart: Enke, 246-277.

Calliess, R.-P. & Müller-Dietz, H. (1998). *Strafvollzugsgesetz.* 7.Aufl. München: Beck.

Calliess, R.-P. & Müller-Dietz, H. (2000). *Strafvollzugsgesetz.* 8. Aufl. München: Beck.

Chandler, M.J. (1973). Egocentrism and anti-social behavior: The assessment and training in social perspective-taking skills. *Developmental Psychology 9*, 326-332.

Chandler, M. & Moran, T. (1990). Psychopathy and moral development: A comparative study of delinquent and nondelinquent youth. *Development and Psychopathology 2*, 227-246.

Christiansen, K.U., Elers-Nielsen E. & LeMaire (1965). Recidivism among sexual offenders. *The Scand. Research Council for Criminology VI*, 1.

Cleckley, H. (1976). *The mask of sanity.* 5th. ed. St. Louis, MO: Mosby.

Cohen, B. (1985). A Cognitive Approach to the Treatment of Offenders. *British Journal of Social Work 15*, 619-633.

Cohen, H.K. (1961). *Kriminelle Jugend*. Hamburg: Reinbeck.

Cohen, M.L., Garafalo, R.F., Boucher, R. & Seghorn, T. (1971) The psychology of rapists. *Seminars in Psychiatry 3*, 307-327.

Coid, J.W. (1998). The management of dangerous psychopaths. In T. Millon, E. Simonsen, M. Birket-Smith & R.D. Davis (Eds.). *Psychopathy: Antisocial, criminal, and violent behavior*. New York: Guilford, 431-457.

Colby, A. & Kohlberg, L. (1979). Das moralische Urteil: Der kognitionszentrierte entwicklungspsychologische Ansatz. In G. Steiner (Hrsg.). *Die Psychologie des 20. Jahrhunderts, Bd. VII: Piaget und die Folgen*. Zürich: Kindler, 348-366.

Conte, J.R. (1991). The nature of sexual offenses against children. In C.R. Hollin & K. Howells (Hrsg.). *Clinical approaches to sex offenders and their victims*. Chichester: John Wiley & Sons, 11-34.

Cooke, D.J. (1997). The Barlinnie Special Unit: The rise and fall of a therapeutic experiment. In E. Cullen, L. Jones & R. Woodward (Eds.). *Therapeutic communities for offenders*. Chichester: Wiley, 101-120.

Cooke, D.J. (1998). Psychopathy across cultures. In D.J. Cooke, A.E. Forth & R.D. Hare (Eds.). *Psychopathy: Theory, research and implications for society*. Dordrecht: Kluwer, 13-45.

Cooke, D.J. & Michie, C. (1998). *Psychopathy: Exploring the hierarchical structure*. Krakow, Poland: Paper presented at the 8th European Conference on Psychology and Law, September 1998, 2-5.

Crick, N.R., & Dodge, K.A. (1994). A review and reformulation of social information processing mechanisms in children's social adjustment. *Psychological Bulletin 115*, 74-101.

Cullen, E. (1997). Can a prison be a therapeutic community? The Grendon template. In E. Cullen, L. Jones & R. Woodward (Eds.). *Therapeutic communities for offenders*. Chichester: Wiley, 75-99.

Dahle, K.P. (1994). Therapiemotivation inhaftierter Straftäter. In M. Steller, K.-P. Dahle & M. Basqué (Hrsg.). *Straftäterbehandlung: Argumente für eine Revitalisierung in Forschung und Praxis*. Pfaffenweiler: Centaurus, 227-246.

Dahle, K.P. (1997). Kriminalprognosen im Strafrecht. Psychologische Aspekte individueller Verhaltensvorhersagen. In M. Steller & R. Volbert (Hrsg.). *Psychologie im Strafverfahren: Ein Handbuch*. Bern: Huber, 119-140.

Damasio, A.R. (1994). *Descartes' error: Emotion, reason, and the human brain*. New York: Putnam.

Damkowski, W. & Precht, C. (1995). *Public Management: Neuere Steuerungskonzepte für den öffentlichen Sektor*. Stuttgart: Kohlhammer.

Däubler-Gmelin. Grußwort. In R. Egg (Hrsg.). *Behandlung von Sexualstratätern im Justizvollzug: Folgerungen aus den Gesetzesänderungen*. Wiesbaden: Kriminologische Zentralstelle, 13-15.

Day, D.M., Miner, M.H., Sturgeon, V.H. & Murphy, J. (1989). Assessment of sexual arousal by means of physiological and self-report measures. In R.D. Laws (Hrsg.). *Relapse prevention with sex offenders*. New York: Guilford, 115-123.

de Boor, C. (1976). Vorschläge für die Entwicklung einer Soziotherapie im Strafvollzug. *Psyche 30*, 615-617.

de Haas, O. (1994). *Das 4-Faktorenmodell als Basis für die Betreuung und Behandlung in der Dr. S. van Mesdagkliniek*. Groningen: Selbstverlag.

de Haas, O. (1998). *Das 4-Faktorenmodell als Basis der Betreuung und Behandlung in der Dr. S. van Mesdagkliniek.(Groningen-Niederlande)*. In R. Müller-Isberner & S. Gonzalez-Cabeza (Hrsg.). *Forensische Psychiatrie. Schuldfähigkeit, Kriminaltherapie, Kriminalprognose*. Bonn: Forum, 137-148.

Dechêne, H.Ch. (1975). *Verwahrlosung und Delinquenz: Profil einer Kriminalpsychologie*. München: UTB.

Deegener, G. (1995). *Sexueller Missbrauch: Die Täter*. Weinheim: Beltz: Psychologie Verlags Union.

Deegener, G. (1996). *Multiphasic Sex Inventory*. Göttingen: Hogrefe.

DeLange, J.M., Barton, J.A. & Lanham, S.L. (1981). The WISER Way: A cognitive-behavioral model for group social skills training with juvenile delinquents. *Social Work with Groups 4*, 37-48.

Dessecker, A. (1997). *Straftäter und Psychiatrie: Eine empirische Untersuchung zur Praxis der Maßregel nach § 63 StGB im Vergleich mit der Maßregel nach § 64 StGB und sanktionslosen Verfahren*. Wiesbaden: Kriminologische Zentralstelle.

Dessecker, A. (1998). Veränderungen im Sexualstrafrecht: Eine vorläufige Bewertung aktueller Reformbemühungen. *Neue Zeitschrift für Strafrecht 18*, 1–56.

Dimmek, B., Bargfrede, H., Schleef, D. & Spöhring, W. (1996). *Ambulante Nachsorge für forensisch-psychiatrische Patienten im Rahmen der Beurlaubung oder Entlassung auf Bewährung*. Baden-Baden: Nomos.

Ditchfield, J. (1994). Family ties and recidivism: Main findings of the literature. *Research Bulletin of the Home of Office Research and Statistics Department 36*, 1-9.

Dodge, K.A., Price, J.M., Bachorowski, J.A. & Newman, J.P. (1990). Hostile attributional biases in severely aggressive adolescents. *Journal of Abnormal Psychology 99*, 385-392.

Dolan, B. (1997). A community based TC: The Henderson hospital. In E. Cullen, L. Jones & R. Woodward (Eds.). *Therapeutic communities for offenders*. Chichester: Wiley, 47-74.

Dolan, B. & Coid, J. (1993). *Psychopathic and antisocial personality disorders: Treatment and research issues*. London: Gaskell - The Royal College of Psychiatrists.

Dolde, G. (1978). *Sozialisation und kriminelle Karriere*. München: UTB.

Dolde, G. (1984). Neuere Forschungsvorhaben zur Sozialtherapie im Strafvollzug der Bundesrepublik Deutschland. In Justizministerium Baden Württemberg (Hrsg). *Sozialtherapie im Strafvollzug: Tagungsbericht*. Stuttgart: Eigenverlag.

Dolde, G. (1997). Kriminelle Karrieren von Sexualstraftätern. *Zeitschrift für Strafvollzug und Straffälligenhilfe 46*, 323-331.

Dolde, G. & Grübl, G. (1988). Verfestigte „kriminelle Karriere" nach Jugendstrafvollzug? Rückfalluntersuchungen an ehemaligen Jugendstrafgefangenen in Baden-Württemberg. *Zeitschrift für Strafvollzug und Straffälligenhilfe 34*, 29-34.

Doren, D.M. (1987). *Understanding and treating the psychopath*. Toronto: Wiley.

Driebold, R., Egg, R., Nellessen, L, Quensel, S. & Schmitt, G. (1984). *Die sozialtherapeutische Anstalt. Modell und Empfehlungen für den Justizvollzug*. Göttingen: Verlag für Medizinische Psychologie.

Dünkel, F. (1980). *Legalbewährung nach sozialtherapeutischer Behandlung: Eine empirische vergleichende Untersuchung anhand der Strafregisterauszüge von 1.503 in den Jahren 1971-1974 entlassenen Strafgefangenen in Berlin-Tegel*. Berlin: Duncker & Humblot.

Dünkel, F. (1992): *Empirische Beiträge und Materialien zum Strafvollzug*. Freiburg: Max-Planck-Institut für ausländisches und internationales Strafrecht.

Dünkel, F. (1996). *Empirische Forschung im Strafvollzug: Bestandsaufnahme und Perspektiven*. Bonn: Forum.

Dünkel, F. (1998). Riskante Freiheiten? – Offener Vollzug, Vollzugslockerungen und Hafturlaub zwischen Resozialisierung und Sicherheitsrisiko. In G. Kawamura & R. Reindl (Hrsg.). *Wiedereingliederung Straffälliger. Eine Bilanz nach 20 Jahren Strafvollzugsgesetz.* Freiburg: Lambertus, 42-78.

Dünkel, F. & Drenkhahn, K. (2001). Aktuelle Entwicklungen der Sanktionspraxis und des Strafvollzugs in Ost- und Westdeutschland. In R. Egg (Hrsg.). *Strafvollzug im Wandel. Neue Wege in Ost- und Westdeutschland.* Wiesbaden: Kriminologische Zentralstelle (in Vorbereitung).

Dünkel, F. & Geng, B. (1993). Zur Rückfälligkeit von Karrieretätern nach unterschiedlichen Strafvollzugs- und Entlassungsformen. In G. Kaiser & H. Kury (Hrsg.). *Kriminologische Forschung in den 90er Jahren.* Freiburg: Max-Planck-Institut für ausländisches und internationales Strafrecht, 193-257.

Dünkel, F. & Geng, B. (1994). Rückfall und Bewährung von Karrieretätern nach Entlassung aus dem sozialtherapeutischen Behandlungsvollzug und aus dem Regelvollzug. In M. Steller, K.P. Dahle & M. Basque. (Hrsg). *Straftäterbehandlung: Argumente für eine Revitalisierung in Forschung und Praxis.* Pfaffenweiler: Centaurus, 35-59.

Dünkel, F. & Spieß, G. (1992). Perspektiven der Strafaussetzung zur Bewährung und Bewährungshilfe im zukünftigen deutschen Strafrecht. *Bewährungshilfe 39,* 117-138.

DuMouchel, W. (1994). *Hierarchical bayes linear models for meta-analysis.* Research Triangle Park, NC: National Institute of Statistical Sciences.

D'Zurilla, T.J. & Goldfried, M.R. (1971). Problem solving and behavior modification. *Journal of Abnormal Psychology 78,* 107-126.

Eckensberger, L. & Reinshagen, H. (1980). Kohlberg's Stufentheorie der Entwicklung des Moralischen Urteils: Ein Versuch ihrer Reinterpretation im Bezugsrahmen handlungstheoretischer Konzepte. In L. Eckensberger & R. Silbereisen (Hrsg.). *Entwicklung sozialer Kognitionen.* Stuttgart: Klett-Cotta, 65-131.

Eger, H. & Specht, F. (1980). *Integrative Sozialtherapie: Innovation im Justizvollzug. Ein Bericht über den Modellversuch einer sozialtherapeutischen Anstalt in der Justizvollzugsanstalt Bad Gandersheim 1972-1977.* Bad Gandersheim: Selbstverlag.

Egg, R. (1975). Sozialtherapie in Erlangen: Methoden und erste Auswirkungen einer Versuchs- und Erprobungsanstalt. *Bewährungshilfe 22,* 87-102.

Egg, R. (1979). Auswirkungen sozialtherapeutischer Maßnahmen auf Merkmale der Persönlichkeit und des Sozialverhaltens der Gefangenen. *Monatsschrift für Kriminologie und Strafrechtsreform 62,* 348-356.

Egg, R. (1983). Zur Rolle der Methodenkritik in der kriminologischen Diskussion: der Streitfall Sozialtherapie. In H. Kury (Hrsg.). *Methodische Probleme der Behandlungsforschung – insbesondere in der Sozialtherapie.* Köln: Heymanns, 199-217.

Egg, R. (Hrsg.) (1993a). *Sozialtherapie in den 90er Jahren: Berichte, Materialien, Arbeitspapiere.* Wiesbaden: Kriminologische Zentralstelle.

Egg, R. (1993b). Kriminalpsychologie - Entwicklung, Problembereiche, Perspektiven. *Psychologische Rundschau 44,* 162-175.

Egg, R. (1998). Zur Rückfälligkeit von Sexualstraftätern. In H.-L. Kröber & K.-P. Dahle (Hrsg.). *Sexualstraftaten und Gewaltdelinquenz: Verlauf, Behandlung, Opferschutz.* Heidelberg: Kriminalistik, 57-69.

Egg, R. (1999a). Straftäterbehandlung unter Bedingungen äußeren Zwanges. In W. Feuerhelm, H.-D. Schwind & M. Bock (Hrsg.). *Festschrift für Alexander Böhm zum 70. Geburtstag.* Berlin, New York: 251-274.

Egg, R. (1999b). Zur Rückfälligkeit von Sexualstraftätern. *Kriminalistik 6,* 367-373.

Egg, R. (1999c). Legalbewährung und kriminelle Karrieren von Sexualstraftätern. In R. Egg (Hrsg.). *Sexueller Missbrauch von Kindern: Täter und Opfer*. Wiesbaden: Kriminologische Zentralstelle, 45-62.

Egg, R. (2000) (Hrsg.). *Behandlung von Sexualstraftätern im Justizvollzug: Folgerungen aus den Gesetzesänderungen*. Wiesbaden: Kriminologische Zentralstelle.

Egg, R., Block, P. & Hoch, P. (1997). *Legalbewährung und kriminelle Karrieren von Sexualstraftätern: Zwischenbericht*. Wiesbaden: Kriminologische Zentralstelle.

Egg, R., Kälberer, R., Specht, F. & Wischka, B. (1998). Bedingungen der Wirksamkeit sozialtherapeutischer Maßnahmen. *Zeitschrift für Strafvollzug und Straffälligenhilfe 47*, 348-351.

Egg, R., Pearson, F.S., Cleland, C.M. & Lipton, D.S. Evaluations of Correctional Treatment Programs in Germany: A Review and Meta-Analysis. *Substance Use + Miususe* (erscheint demnächst).

Egg, R. & Schmitt, G. (1993). Sozialtherapie im Justizvollzug: Synopse der sozialtherapeutischen Einrichtungen. In R. Egg (Hrsg.). *Sozialtherapie in den 90er Jahren: Berichte, Materialien, Arbeitspapiere*. Wiesbaden: Kriminologische Zentralstelle, 113-189.

Eigenbrot, V. (1997). Notiz über „Russische Gruppen". In: *Behandlungskonzepte in der Bernhard-Salzmann-Klinik. Jubiläumsschrift zum 35. Jubiläum*. Gütersloh: Selbstverlag.

Eisenberg, U. (1969). Zum Behandlungskonzept der Sozialtherapeutischen Anstalten (2. StrRG § 65). *Neue Juristische Wochenschrift 22*, 1553-1558.

Eisenberg, U. & Hackethal, A. (1998). „Gesetz zur Bekämpfung von Sexualdelikten und anderen gefährlichen Straftaten" vom 26.1.1998. *Zeitschrift für Strafvollzug und Straffälligenhilfe 47*, 196-202.

Eissler, K.R. (1949). Some problems of delinquency. In K.R. Eissler (Ed.). *Searchlights on delinquency*. New York: International Universities Press, 3-25.

Elsner, K. (1999). Die Behandlung von Sexualstraftätern im Maßregelvollzug. In R. Egg (Hrsg.). *Sexueller Mißbrauch von Kindern: Täter und Opfer*. Wiesbaden: Kriminologische Zentralstelle, 167-183.

Engel, R.R., Knab, B. & Doblhoff-Thun, C.v. (1983). Stationsbeurteilungsbogen, SBB. Weinheim: Beltz Testgesellschaft.

Epperson, D.L., Kaul, J.D. & Hesselton, D. (1998). *Final report of the development of the Minnesota Sex Offender Screening Tool – revised (MnSOST-R)*. Presentation at the 17th Annual Research and Treatment Conference of the Association for the Treatment of Sexual Abusers, Canada: Vancouver, B.C.

Esteban, C., Garrido, V. & Molero, C. (1995). *The effectiveness of treatment of psychopathy: A meta-analysis*. Alvor, Portugal: Paper presented at the NATO Advanced Study Institute on Psychpathy, November 1996.

Eucker, S. (1998). Verhaltenstherapeutische Methoden in der Straftäterbehandlung. In H.-L. Kröber & K.-P. Dahle (Hrsg.). *Sexualstraftaten und Gewaltdelinquenz: Verlauf, Behandlung, Opferschutz*. Heidelberg: Kriminalistik, 189-207.

Eucker, S., Tolks-Brandau, U. & Müller-Isberner, R. (1994) Prognosebildung im psychiatrischen Maßregelvollzug. *Zeitschrift für Strafvollzug und Straffälligenhilfe 43*, 154-157.

Everitt, B.J. (1983). Monoamines and the control of sexual behavior. *Psychology and Medicine, 13*, 715-720.

Eysenck, H.J. & Gudjonsson, G.H. (1989). *The causes and cures of criminality*. New York: Plenum Press.

Falloon, I.R.H. & Marshall, G.N. (1983). Residential care and social behavior: A study of rehabilitation needs. *Psychological Medicine 13*, 341-347.

Farrington, D.P. & Welsh, B. (1999). Delinquency prevention using family-based interventions. *Children and Society 13*, in press.

Feest, J. (Hrsg.) (2000). *Alternativkommentar zum Strafvollzugsgesetz*. 4. Aufl. Neuwied und Darmstadt: Luchterhand.

Feindler, B.J. & Ecton, R.B. (1986). *Adolescent anger control: Cognitive-behavioral techniques*. New York: Pergamon Press.

Ferguson, T.J. & Rule, B.G. (1983). An attributional perspective on anger and aggression. In R.G. Geen & E.I. Donnerstein (Eds.). *Aggression: Theoretical and Empirical Reviews*. New York: Academic Press, Vol 1, 41-74.

Feuerhelm, W. (1999). Pauschaler Sicherheits-Check statt individueller Prognose? Die Neuregelung der Strafrestaussetzung zur Bewährung. In W. Feuerhelm, H.-D. Schwind & M. Bock (Hrsg.). *Festschrift für Alexander Böhm zum 70. Geburtstag am 14. Juni 1999*. Berlin, New York: de Gruyter, 463-481.

Fiedler, P. (1995). *Persönlichkeitsstörungen*. Weinheim: Beltz Psychologie Verlags Union.

Fiedler, P. (1997). *Persönlichkeitsstörungen*. 3. Aufl. Weinheim: Beltz Psychologie Verlags Union.

Fiedler, P. (2000). *Integrative Psychotherapie bei Persönlichkeitsstörungen*. Göttingen: Hogrefe.

Fink, P.J. & Tasman, A. (Eds.) (1992). *Stigma and mental illness*. Washington DC: American Psychiatric Press.

Finkelhor, D. (1984). *Child sexual abuse: New theory and Research*. New York, London: The Free Press.

Fischer, T. (1999). Kommentierung zu §§ 61-181c StGB. In H. Tröndle & T. Fischer (Hrsg.). *Strafgesetzbuch und Nebengesetze*. 49. Aufl. München: Beck.

Fitch, J. H. (1962). Men convicted of sexual offenses against children: A descriptive follow-up study. *British Journal of Criminology 3*, 18-37.

Floerecke, P. (1989). *Die Entstehung der Gesetzesnormen zur Führungsaufsicht. Die Gesetzgebung von 1962 bis 1975 und die Anwendungspraxis der Führungsaufsicht*. Bonn: Forum.

Forth, A.E. & Burke, H.C. (1998). Psychopathy in adolescence: Assessment, violence, and develop-mental precursors. In D.J. Cooke, A.E. Forth & R.D. Hare (Eds.). *Psychopathy: Theory, research and implications for society*. Dordrecht: Kluwer, 205-229.

Foucault, M. (1970). *Die Ordnung des Diskurses*. 2. Aufl. Frankfurt a.M.: Ullstein.

Freese, R. (1998). Die 'Psychopathy Checklist' (PCL-R und PCL-SV) von R.D. Hare und Mitarbeitern in der Praxis. In R. Müller-Isberner & S. Gonzalez Cabeza (Hrsg.). *Forensische Psychiatrie*. Godesberg: Forum, 81-91

Freie und Hansestadt Hamburg, Finanzbehörde, Projekt Verwaltungsinnovation. (1999). *Qualitätsmanagement in der Hamburger Verwaltung*. Hamburg: Selbstverlag.

Frick, P.J. (1998). Callous-unemotional traits and conduct problems: Applying the two-factor model of psychopathy to children. In D.J. Cooke, A.E. Forth & R.D. Hare (Eds.). *Psychopathy: Theory, research and implications for society*. Dordrecht: Kluwer, 161-187.

Furby, L., Weinrott, M.R. & Blackshaw, L. (1989). Sex Offender Recidivism: A Review. *Psychological Bulletin 105*, 3-30.

Fydrich, T., Schmitz, B., Dietrich, D., Heinicke, S. & König, J. (1996). Prävalenz und Komorbidität von Persönlichkeitsstörungen. In B. Schmitz, Th. Fydrich & K. Limbacher (Hrsg.). *Persönlichkeitsstörungen: Diagnostik und Psychotherapie*. Weinheim: Psychologie Verlags Union, 56-90.

Gaes, G.G. (1998). Correctional treatment. In M. Tonry (Ed.). *The handbook of crime and punishment*. New York, Oxford: Oxford University Press, 712-738.

Gebhard, P.H., Gagnon, J.H., Pomeroy, W.B. & Christensen, C.V. (1965). *Sex offenders: An analysis of types*. New York: Harper & Row.

Genders, E. & Player, E. (1995). *Grendon: A study of a therapeutic prison*. Oxford: Clarendon Press.

Gendreau, P. (1995). The principles of effective intervention with offenders. In A.J. Harland (Ed.). *Choosing correctional options that work: Defining the demand and evaluating the supply*. Thousand Oaks, CA: Sage.

Gendreau, P. (1996). Offender rehabilitation. What we know and what needs to be done. *Criminal Justice and Behavior 23*, 144-161.

Gendreau, P. & Andrews, D. (1991). Tertiary prevention: What the meta-analysis of the offender treatment literature tells us about ‚What Works'. *Canadian Journal of Criminology 32*, 173-184.

Gendreau, P. & Goggin, C. (1996). Principles of effective programming. *Forum on Corrections Research 8 (3)*, 38-41.

Gendreau, P., Little, T. & Goggin, C. (1995a). *A meta-analysis of the predictors of adult offender recidivism: Assessment guidelines for classification and treatment*. Ottawa: Corrections Branch, Ministry Secretariat, Solicitor General of Canada.

Gendreau, P., Little, T. & Goggin, C. (1995b). *A meta-analysis of the predictors of adult offender recidivism: What works!* St. John, Canada: University of New Brunswick.

Gendreau, P., Paparozzi, M., Little, T. & Goddard, M. (1993). Does „punishment smarter" work? An assessment of the new generation of alternative sanctions in probation. *Forum on Corrections Research 5*, 31-34.

Gibbs, J., Arnold, K.D., Cheesman, F.L. & Ahlborn, H.H. (1984). Facilitation of sociomoral reasoning in delinquents. *Journal of Consulting and Clinical Psychology 52*, 37-45.

Glass, G.V., McGaw, B. & Smith. M.L. (1981). *Meta-analysis in social research*. Beverly Hills, CA: Sage.

Glatzel, J. (1975). *Die Antipsychiatrie: Psychiatrie in der Klinik*. Stuttgart: Fischer.

Glatzel, J. (1977). *Das psychisch Abnorme: Kritische Ansätze zu einer Psychopathologie*. München: Urban & Schwarzenberg.

Glueck, S. & Glueck, E. (1950). *Unraveling juvenile delinquency*. New York: Commonwealth Fund.

Goffman, E. (1959). The moral career of the mental patient. *Psychiatry 22*, 123-142.

Goffman, E. (1961). The Characteristics of Total Institutions. In A. Etzioni (Hrsg.). *Sociological Reader on Complex Organisazions*. London: Holt, Rinehart & Winston.

Goldberg, S.C. (1989). Lithium in the treatment of borderline personality disorder. *Pharmacological Bulletin 25*, 550-555.

Goldblatt, P. & Lewis, C. (1998) (Hrsg.). *Reducing offending: an assessment of research evidence on ways of dealing with offending behaviour*. London: Home Office.

Golding, J.M., Smith, G.R. & Kashner, T.M. (1991). Does somitization disorder occur in men? *Archives of General Psychiatry 48*, 231-235.

Goldstein, A.P. (Ed.) (1983). *Prevention and control of aggression*. New York: Pergamon Press.

Goldstein, A.P. (1988). *The Prepare Curriculum: Teaching prosocial competencies*. Champaign, Illinois: Research Press.

Gottesman, H.G. & Schubert, D.S.P. (1993). Low-dose oral medroxyprogesterone acetate in the management of paraphilias. *Journal of Clinical Psychiatry 54*, 182-187.

Gottfredson, M.R. & Hirschi, T. (1990). *General Theorie of Crime*. Stanford, California.

Götz, A. & Tolzmann, G. (2000). *Bundeszentralregistergesetz: Kommentar. Zentralregister, Erziehungsregister und Gewerbezentralregister*. 4. Aufl. Stuttgart: Kohlhammer.

Goudsmit, W. (1964). Psychotherapie bei Delinquenten. *Psyche 18*, 664-684.
Goudsmit, W. (1973b). Sozialtherapie in der Praxis. In Stuttgarter Akademie für Tiefenpsychologie (Hrsg.). *Individuum und Gesellschaft*. Stuttgart: Klett, 45-62.
Grant, J.D. (1962). It's time to start counting. *Crime and Delinquency 8*, 259-264.
Grawe, K. (1998). Psychologische Therapie. Göttingen u.a.: Hogrefe.
Grawe, K., Donati, R. & Bernauer, F. (1994). *Psychotherapie im Wandel: Von der Konfession zur Profession*. Göttingen: Hogrefe.
Gray, J.A. (1982). *The neuropsychology of anxiety: An enquiry into the function of the septo-hippocampal system*. New York: Oxford University Press.
Gray, J.A. (1987). *The psychology of fear and stress*. New York: Cambridge University Press.
Greenwood, P.W., Model, K.E., Rydell, C.P. & Chiesa, J. (1996). *Diverting children from a life to crime: Measuring costs and benefits*. Santa Monica, CA: Rand Corporation.
Gretenkord, L. (1995). Sollte der Therapeut zu „63er-Patienten" Beurteilungen abgeben? In K.M. Beier & G. Hinrichs (Hrsg.). *Psychotherapie mit Straffälligen: Standorte und Thesen zum Verhältnis Patient – Therapeut – Justiz*. Stuttgart: G. Fischer, 124-145.
Gribbohm, G. (1993). Kommentierung zu §§ 56-59c StGB. In B. Jähnke, H.W. Laufhütte & W. Odersky (Hrsg.). *Strafgesetzbuch. Leipziger Kommentar. Großkommentar*. 11. Aufl. Berlin: de Gruyter.
Griepenburg, P. & Rehder, U. (1998). Behandlungsbedarf für Täter, die gegen die sexuelle Selbstbestimmung verstoßen haben. In U. Rehder, P. Fistéra, A. Frank, P. Griepenburg, R. Karsten, F. Specht, O. Weßels, B. Wischka, K. Bennefeld-Kersten & B. Hasenpusch. *Sexualstraftäter im Justizvollzug: Bericht der vom Niedersächsischen Ministerium der Justiz und für Europaangelegenheiten eingesetzten Arbeitsgruppe*. Hannover: Selbstverlag, 93-104.
Groth, A.N. (1978). Patterns of sexual assault against children and adolescents. In A.W. Burgess, A.N. Groth, L.L. Holmstrom & S.M. Sgroi (Hrsg.). *Sexual assault of children and adolescents*. Toronto: Lexington, 145-168.
Groth, A.N. (1982). The incest offender. In S.M. Sgroi (Hrsg.). *Handbook of clinical intervention in child sexual abuse*. Toronto: Lexington, 215-239.
Grubin, D. (1998). *Sex offending against children: Understanding the risk*. Police Research Series Paper 99. London: Home Office.
Grubin, D. & Thornton, D. (1994). A national program for the assessment and treatment of sex offenders in the English prison system. *Criminal Justice and Behaviour 21*, 1, 55-71.
Gunn, J., Robertson, G. & Dell, S. (1978). *Psychiatric aspects of imprisonment*. London: Academic Press.
Gutmacher, M.S. & Weihofen, H. (1952). *Psychiatry and the law*. New York: Norton.
Haddock, C.K., Rindskopf, D. & Shadish, W.R. (1998). Using Odds Ratios as Effect Sizes for Meta-Analysis of Dichotomous Data: A Primer on Methods and Issues. *Psychological Methods 3*, 339-353.
Hains, A.A. (1984). Moral-judgement, role-taking, cognitive process, and self-concept in delinquents. *Journal of Early Adolescence 4*, 65-74.
Hains, A.A. (1989). An anger-control intervention with aggressive delinquent youths. *Behavioral Residential Treatment 4*, 213-230.
Hall, G.C.N. (1995). Sexual offender recidivism revisited: A meta-analysis of recent treatment studies. *Journal of Consulting and Clinical Psychology 63*, 5, 802-809.
Hammerschlag, H. & Schwarz, O. (1998). Das Gesetz zur Bekämpfung von Sexualdelikten und anderen gefährlichen Straftaten. *Neue Zeitschrift für Strafrecht 18*, 321-326.
Hanack, E.-W. (1968). Empfiehlt es sich, die Grenzen des Sexualstrafrechts neu zu bestimmen? Gutachten C. In Ständige Deputation des Deutschen Juristentages (Hrsg.). *Verhandlungen*

des 47. Deutschen Juristentages Nürnberg 1968. Band I (Gutachten). München: Beck, A5-255.

Hanson, R.K. (1997). *The development of a brief actuarial risk scale for sexual offense recidivism.* Ottawa: Department of the Solicitor General of Canada. http://www.sgc.gc.ca/epub/corr/e199704/ e199704.

Hanson, R.K. & Bussière, M.T. (1996). *Predictors of sexual offender recidivism: A meta-analysis.* Ottawa: Department of the Solicitor General of Canada.http://www.sgc.gc.ca/epub/corr/e199604/ e199604.

Hanson, R.K. & Bussière, M.T. (1998). Predicting relapse: A meta-analysis of sex offender recidivism studies. *Journal of Consulting and Clinical Psycholog 66*, 348-362.

Hanson, R.K. & Harris, A. (1998). *ynamic predictors of sexual recidivism.* Ottawa: Department of the Solicitor General of Canada. http:/www.sgc.gc.ca/epub/corr/e199801b/e199801b.htm.

Hanson, R.K. & Harris, A. (2000). *The Sex Offender Need Assessment Rating (SONAR): A method for measuring change in risk levels.* Ottawa: Department of the Solicitor General of Canada. http://www.sgc.gc.ca/epub/corr/e200001b/e200001b.htm.

Hanson, R.K. & Thornton, D. (1999). *STATIC 99: Improving avtuarial risk assessmen for sex offenders.* Ottawa: Department of the Solicitor General of Canada. http://www.sgc.gc.ca/epub/corr/e199902/ e199902htm.

Harbordt, S. (1967). *Die Subkultur des Gefängnisses.* Stuttgart: Enke.

Harders, H. (1976). Erfahrungsbericht aus der Arbeit mit Delinquenten. *Psyche 30*, 599-603.

Hare, F. (1992). *A model program for offenders at high risk for violence.* Ottawa: Correctional Service of Canada.

Hare, R.D. (1991). *The Hare Psychopathy Checklist-Revised.* Toronto, Ontario: Multi-Health Systems.

Hare, R.D. (1993). *Without conscience: The disturbing world of the psychopaths among us.* New York: Simon & Schuster.

Hare, R.D. (1995). Psychopathy: A clinical construct whose time has come. *Criminal Justice and Behavior 23*, 25-54.

Hare, R.D. (1998a). Psychopaths and their nature: Implications for the mental health and criminal justice systems. In T. Millon, E. Simonsen & M. Birket-Smith (Eds.). *Psychopathy: Antisocial, criminal, and violent behavior.* New York: Guilford Press, 188-202.

Hare, R.D. (1998b). The Alvor Advanced Study Institute. In D.J. Cooke, A.E. Forth & R.D. Hare (Eds.). *Psychopathy: Theory, research and implications for society.* Dordrecht: Kluwer, 1-11.

Hare, R.D. (1999). Psychopathy as a risk factor for violence. *Psychiatric Quarterly 70*, 181-197.

Hare, R.D., McPherson, L.E. & Forth, A.E. (1988). Male psychopaths and their criminal careers. *Journal of Consulting and Clinical Psychology 56*, 710-714.

Harpur, T.J., Hare, R.D. & Hakstian, A.R. (1989). Two-factor conceptualization of psychopathy: Construct validity and assessment implications. *Psychological Assessment: A Journal of Consulting and Clinical Psychology 1*, 6-17.

Harris, G.T., Rice, M.E. & Cormier, C.A. (1991). Psychopathy and violent recidivism. *Law and Human Behavior 15*, 625-637.

Harris, G.T., Rice, M.E. & Quinsey, V.L. (1993). Violent recidivism of mentally disordered offenders: The development of a statistical prediction instrument. *Criminal Justice and Behavior 20*, 315-335.

Harris, G.T., Rice, M.E. & Quinsey, V.L. (1994). Psychopathy as a taxon: Evidence that psychopaths are a discrete class. *Journal of Consulting and Clinical Psychology 62*, 387-397.

Hart, S.D. (1998). Psychopathy and risk for violence. In D.J. Cooke, A.E. Forth & R.D. Hare (Eds.). *Psychopathy: Theory, research and implications for society.* Dordrecht: Kluwer, 355-373.

Hart, S.D., Kropp, P.R. & Hare, R.D. (1988). Performance of male psychopaths following conditional release from prison. *Journal of Consulting and Clinical Psychology 56*, 227-232.

Haug, C.V. (1994). *Erfolgreich im Team.* München: Beck-DTV.

Hedges, L.V. & Olkin, I. (1983). Regression models in research synthesis. *American Statistician 37* 137-140.

Hedges, L.V. & Olkin, I. (1985). *Statistical methods for meta-analysis.* San Diego, CA: Academic Press.

Heinz, W. (1999). Sanktionierungspraxis in der Bundesrepublik Deutschland im Spiegel der Rechtspflegestatistiken. *Zeitschrift für die gesamte Strafrechtswissenschaft 111*, 461-503.

Hemphill, J.F., Hare, R.D. & Wong, S. (1998). Psychopathy and recidivism: A review. *Legal and Criminological Psychology 3*, 139-170.

Hemphill, J.F., Templeman, R., Wong, S. & Hare, R.D. (1998). Psychopathy and crime: Recidivism and criminal careers. In D.J. Cooke, A.E. Forth & R.D. Hare (Eds.). *Psychopathy: Theory, research and implications for society.* Dordrecht: Kluwer, 375-399.

Henderson, M. & Hollin, C.R. (1986). Social skills training and delinquency. In C.R. Hollin & P. Trower (Eds.). *Handbook of social skills training.* Oxford: Pergamon Press, Vol.1, 79-101.

Henze, H. (1990). Mindestanforderungen an sozialtherapeutische Einrichtungen aus rechtlicher Sicht. *Kriminalpädagogische Praxis 18*, Heft 30, 18–22.

Hermann, D. & Kerner, H.-J. (1988). Die Eigendynamik der Rückfallkriminalität. *Kölner Zeitschrift für Soziologie und Sozialpsychologie 40*, 485-504.

Hildebran, D. & Pithers W.D. (1989). Enhancing offender empathy for sexual abuse victims. In D.R. Laws (Hrsg.). *Relapse prevention with sex offenders.* New York: Guilford Press, 236-243.

Hirsch, M. (1987). *Realer Inzest.* Berlin: Springer.

Hoeck-Gradenwitz, E. (1962). Die Behandlung der Psychopathen in den Strafanstalten. *Psychologische Rundschau 14*, 93-114.

Hoffman, M.L. (1977). Empathy, its development and prosocial implications. In C.B. Keasey (Ed.). *Nebraska Symposium on Motivation, Vol. 25. Lincoln.* London: University of Nebraska Press, 169-217.

Hoffman, M.L. (1979). Eine Theorie der Moralentwicklung im Jugendalter. In L. Montada (Hrsg.). *Brennpunkte der Entwicklungspsychologie* Stuttgart, Berlin, Köln, Mainz: Kohlhammer, 252-266.

Hoffmann-Riem, W. (1997). Wahrheit, Gerechtigkeit, Unabhängigkeit und Effizienz - das Magische Viereck der Dritten Gewalt? *Juristen-Zeitung 52,* 1-8.

Hoffmann-Riem, W. (2000). *Kriminalpolitik ist Gesellschaftspolitik.* Frankfurt a.M.: Suhrkamp.

Hollin, C.R. (1990). *Cognitive-behavioral interventions with young offenders.* New York: Pergamon Press.

Hollin, C.R. (1995). The meaning and implications of 'programme integrity'. In J. McGuire (Ed.). *What works: Reducing reoffending.* Chichester: Wiley, 195-208.

Hollin, C.R. (1999). Treatment programs for offenders: Meta-analysis, „what works", and beyond. *International Journal of Law and Psychiatry 22*, 361-372.

Hollweg, M. & Nedopil, N. (1997). Die pharmokologische Behandlung aggressiv-impulsiven Verhaltens. *Psycho 23*, 308-318.

Horváth, P. & Reichmann, T. (Hrsg.) (1993). *Vahlens Großes Controlling Lexikon.* München: Vahlen.
Howells, K. (1986). Social skills training and criminal and antisocial behaviour in adults. In C.R. Hollin & P. Trower (Eds.). *Handbook of social skills training.* Vol. 1. Oxford: Pergamon Press, 185-210.
Hucker, S.J. & Bain, J. (1990). Androgenic hormones and sexual assault. In W.L. Marshall, D.R. Laws & H.E. Barbaree (Eds.). *Handbook of sexual assault.* New York: Plenum Press, 93-102.
Hudgins, W., Prentice, N.M. (1973). Moral judgment in delinquent and nondilenquent adolescents and their mothers. *Journal of Abnormal Psychology 82,* 145-152.
Hughes, G., Hogue, T., Hollin, C. & Champion, H. (1997). First-stage evaluation of a treatment programme for personality disordered offenders. *Journal of Forensic Psychiatry 8,* 515-527.
Huizinga, D. & Jakob-Chien, C. (1998). The Contemporaneous Co-Occurrence of Serious and Violent Juvenile Offending and Other Problem Behaviors. In R. Loeber & D.P. Farrington (Eds.). *Serious & Violent Juvenile Offenders: Risk Factors and Successful Interventions.* Thousand Oaks: Sage, 47-67.
Hummel, P. (1988). Der gegenwärtige Forschungsstand in Bezug zur Sexualdelinquenz im Jugendalter. *Praxis der Kinderpsychologie und Kinderpsychiatrie 37,* 198-204.
Hummel, P. & Bleßmann, F. (1994). Aggressive Handlungen jugendlicher und heranwachsender deutscher Einzeltäter im Vergleich. *Recht und Psychiatrie 12,* 154-161.
Hunter, J.E. & Schmidt, F.L. (1990). *Methods of meta-analysis: Correcting error and bias research findings.* Newbury Park, CA: Sage.
Hustinx, A. (1976). Soziotherapie für Delinquenten: Möglichkeiten und Grenzen. *Psyche 30,* 571-578.
Irwin, J. & Cressey, D.R. (1964). Thieves, Convicts and the Inmates Culture. *Social Problems 10,* 142-155.
Izzo, R.L. & Ross, R.R. (1990). Meta-analysis of rehabilitation programs for juvenile delinquents. A brief report. *Criminal Justice and Behavior 17,* 134-142.
Jaspers, K. (1913). *Allgemeine Psychopathologie.* 6. Aufl. (1953). Berlin: Springer.
Jenkins-Hall, K.D. & Marlatt, G.A. (1989). Apparently irrelevant decisions in the relapse process. In D.R. Laws (Ed.). *Relapse prevention with sex offenders.* New York, London: Guilford Press, 47-55.
Jescheck, H.-H. & Weigend, T. (1996). *Lehrbuch des Strafrechts. Allgemeiner Teil.* 5. Aufl. Berlin: Duncker & Humblot.
Jones, L. (1997). Developing models for managing treatment integrity and efficacy in a prison-based TC: The Max Glatt Centre. In E. Cullen, L. Jones & R. Woodward (Eds.). *Therapeutic communities for offenders.* Chichester: Wiley, 121-157.
Jurkovic, G.J. (1980). The juvenile delinquent as a moral philosopher: A struktural-developmental perspective. *Psychological Bulletin 88,* 709-727.
Jurkovic, G.J. & Prentice, N.M. (1977). Relation of moral and cognitive development to dimensions of juvenile delinquency. *Journal of Abnormal Psychology 86,* 414-420.
Kafka, M.P. (1995). Sexual impulsivity. In E. Hollander & D.J. Stein (Eds.). *Impulsivity and aggression.* Chichester: Wiley, 201-228.
Kafka, M.P. & Prentky, R. (1992). Fluoxetine treatment of nonparaphilic sexual addictions and paraphilias in men. *Journal of Clinical Psychiatry 53,* 351-358.
Kaiser, G., Dünkel, F. & Ortmann, R. (1982). Die sozialtherapeutische Anstalt - das Ende einer Reform? *Zeitschrift für Rechtspolitik 15,* 198-207.

Kaiser, G., Kerner, H.-J. & Schöch, H. (1992). *Strafvollzug: Ein Lehrbuch.* 4. Aufl. Heidelberg: Müller.
Kanfer, F.H., Reinecker, H. & Schmelzer, D. (1996). *Selbstmanagement-Therapie.* 2. Aufl. Berlin u.a.: Springer.
Karsten, R. (1996). *Untersuchung zur Behandlungssituation und Behandlungsbedürftigkeit von Sexualstraftätern im niedersächsischen Justizvollzug.* Vechta: Justizvollzugsanstalt, Selbstverlag.
Kavoussi, R.J., Liu, L. & Coccaro, E.F. (1994). An open trial of sertraline in personality disordered patients with impulsive aggression. *Journal of Clinical Psychiatry 55,* 137-141.
Kernberg, O.F. (1991). *Schwere Persönlichkeitsstörungen: Theorie, Diagnose und Behandlungsstrategien.* 3. Aufl. Stuttgart: Klett-Cotta.
Kernberg, O.F. (1996). *Schwere Persönlichkeitsstörungen: Theorie, Diagnose und Behandlungsstrategien.* 5. Aufl. Stuttgart: Klett-Cotta.
Kerner, H.-J. (1996). Erfolgsbeurteilung nach Jugendstrafvollzug. Ein Teil des umfassenderen Problems vergleichender kriminologischer Sanktionsforschung. In H.-J. Kerner, G. Dolde & H.-G. Mey (Hrsg.). *Jugendstrafvollzug und Bewährung.* Bonn: Forum, 3-95.
Kerner, H.-J. & Janssen, H. (1983). Rückfall nach Jugendstrafvollzug - Betrachtungen unter dem Gesichtspunkt von Lebenslauf und krimineller Karriere. In H.-J. Kerner et al. (Hrsg.) *Festschrift für Heinz Leferenz.* Heidelberg: C.F. Müller, 211-232.
Keupp, H. (1976). *Abweichung und Alltagsroutine: Die Labeling-Perspektive in Theorie und Praxis.* Hamburg: Hoffmann u. Campe.
Kiesler, D.J. (1966). Some myths of psychotherapy research and the search for a paradigm. *Psychological Bulletin 65,* 110-136.
Kinzig, J. (1999). Die Sicherungsverwahrung - ein geeignetes Instrument zum Schutz vor gefährlichen Straftätern? In D. Rössner & J.-M. Jehle (Hrsg.). *Kriminalität, Prävention und Kontrolle.* Heidelberg: Kriminalistik, 281-294.
Klüwer, K. (1968). Stationäre Psychotherapie bei jugendlichen Dissozialen. *Zeitschrift für Psychotherapie und medizinische Psychologie 18,* 81-89.
Knight, R.A. (1989). An assessment of the concurrent validity of a child molester typology. *Journal of Interpersonal Violence 4,* 131-150.
Knight, R.A. & Prentky, R.A. (1990). Classifying sexual offenders. In W.L. Marshall, D.R. Laws & H.E. Barbaree (Hrsg.). *Handbook of sexual assault.* New York: Plenum, 23-52.
Knight, R.A. & Prentky, R. (1993). Exploring characteristics for the classifying juvenile sex offenders. In H.E. Barbee, W.L. Marshall & S.M. Hudson (Hrsg.). *The juvenile sex offender.* New York: Guilford, 45-83.
Knight, R.A., Rosenberg, R. & Schneider, B.A. (1985). Classification of sexual offenders. In A.W. Burgess (Hrsg.). *Rape and sexual assault.* New York: Garland, 222-293.
Kohlberg, L. (1974). Stufe und Sequenz: Sozialisation unter dem Aspekt der kognitiven Entwicklung. In L. Kohlberg. *Zur kognitiven Entwicklung des Kindes. Drei Aufsätze.* Frankfurt a.M.: Suhrkamp, 7-255.
Kohlberg, L. (1976). Moral stages and moralisation: The cognitive-developmental approach. In T. Lickona (Ed.). *Moral development and behavior.* New York: Holt, Rinehart and Winston, 31-53.
Kohlberg, L. (1979). Zusammenhänge zwischen der Moralentwicklung in der Kindheit und im Erwachsenenalter – neu interpretiert. In P.B. Baltes (Hrsg.). *Entwicklungspsychologie der Lebensspanne.* Stuttgart: Klett-Cotta, 379-407.
Kohlberg, L., Scharf, P. & Hickey, J. (1978). Die Gerechtigkeitsstruktur im Gefängnis. Eine Theorie und eine Intervention. In G. Portele (Hrsg.). *Sozialisation und Moral: Neuere Ansätze zur moralischen Entwicklung und Erziehung.* Weinheim: Beltz, 202-214.

Kohlberg, L. & Turiel, E. (1978). Moralische Entwicklung und Moralerziehung. In G. Portele (Hrsg.). *Sozialisation und Moral: Neuere Ansätze zur moralischen Entwicklung und Erziehung.* Weinheim: Beltz, 13-80.
Kohut, H. (1969). Die psychoanalytische Behandlung narzißtischer Persönlichkeitsstörungen. *Psyche 23*, 321-348.
Kohut, H. (1976). *Narzißmus: Eine Theorie der psychoanalytischen Behandlung narzißtischer Persönlichkeitsstörungen.* Frankfurt a.M.: Suhrkamp.
Kohut, H., Wolf, E.S. (1980). Die Störungen des Selbst und ihre Behandlung. In U.H. Peters (Hrsg.). *Die Psychologie des 20. Jahrhunderts, Bd. X: Ergebnisse für die Medizin (2). Psychiatrie.* Zürich: Kindler, 667-682.
Kommunale Gemeinschaftsstelle für Verwaltungsvereinfachung (KGSt). (1993). *Das Neue Steuerungsmodell, Bericht 5.* Köln: Selbstverlag.
Kommunale Gemeinschaftsstelle für Verwaltungsvereinfachung (KGSt). (1994). *Verwaltungscontrolling im Neuen Steuerungsmodell, Bericht 15.* Köln: Selbstverlag.
Kommunale Gemeinschaftsstelle für Verwaltungsvereinfachung (KGSt). (1994). *Organisationsarbeit im Neuen Steuerungsmodell, Bericht 14.* Köln: Selbstverlag.
Kosson, D.S. (1996). Psychopathic offenders display performance deficits but not overfocusing under dual-task conditions of unequal priority. *Issues in Criminological and Legal Psychology 24*, 82-89.
Kratzmeier, H. & Horn, R. (1998). *Standard Progressive Matrices.* Weinheim: Beltz.
Kreß, C. (1998). Das Sechste Gesetz zur Reform des Strafrechts. *Neue juristische Wochenschrift 51*, 633-644.
Kröber, H.-L. (1999). Gang und Gesichtspunkte der kriminalprognostischen psychiatrischen Begutachtung. *Neue Zeitschrift für Strafrecht 19*, 593-599.
Künzel, E. (1976). *Jugendkriminalität und Verwahrlosung.* Göttingen: Vandenhoeck & Ruprecht.
Kury, H. (Hrsg.). (1983). *Methodische Probleme der Behandlungsforschung – insbesondere in der Sozialtherapie.* Köln: Heymanns.
Kury, H. (1986). *Die Behandlung Straffälliger.* Berlin: Duncker & Humblot.
Kury, H. (1999a). Psychowissenschaftliche Gutachten im Strafverfahren. Einige Anmerkungen nach dem Fall „Postel". *Praxis der Rechtspsychologie 9*, 86-94.
Kury, H. (1999b). Zur Qualität forensischer Begutachtung. *Praxis der Rechtspsychologie 9*, 126-139.
Kury, H. (1999c). Zum Stand der Behandlungsforschung oder: Vom nothing works zum something works. In W. Feuerhelm, H.-D. Schwind & M. Bock (Hrsg.). *Festschrift für Alexander Böhm zum 70. Geburtstag.* Berlin, New York: de Gruyter, 251-274.
Kurze, M. (1999). *Soziale Arbeit und Strafjustiz. Eine Untersuchung zur Arbeit von Gerichtshilfe, Bewährungshilfe, Führungsaufsicht.* Wiesbaden: Kriminologische Zentralstelle.
Kurze, M. (2000). *Sozialtherapie im Strafvollzug 2000: Ergebnisübersicht zur Stichtagserhebung vom 31.3.2000.* Wiesbaden: Kriminologische Zentralstelle.
Lackner, K. (1999). Kommentierung zu §§ 38-79b StGB. In K. Lackner & K. Kühl (Hrsg.). *Strafgesetzbuch mit Erläuterungen.* 23. Aufl. München: Beck.
Lamott, F. (1982). Zur Heilungsideologie des Strafvollzugs. *Kritische Justiz 15*, 79-87.
Lamott, F. (1984). *Die erzwungene Beichte: Zur Kritik des therapeutischen Strafvollzugs.* München.
Laubenthal, K. (1998). *Strafvollzug.* 2. Aufl. Berlin: Springer.
Laws, D.R. (Ed.) (1989). *Relapse Prevention with Sex Offenders.* New York, London: Guilford Press.

Laws, D.R. (1999). Relapse prevention: The state of the art. *Journal of Interpersonal Violence* *14*, 285-302.
Laws, D.R. & O'Donohue, W. (Eds.) (1997). *Sexual Deviance: Theory, Assessment, and Treatment*. New York, London: Guilford Press.
Le Blanc, M. (1998). Screening of Serious and Violent Juvenile Offenders. Identification, Classification, and Prediction. In R. Loeber & D.P. Farrington (Eds.). *Serious & Violent Juvenile Offenders: Risk Factors and Successful Interventions*. Thousand Oaks: Sage, 167-193.
Lear, J. (1999). Eine Interpretation der Übertragung. *Psyche 9/10*, 1071-1101.
Lehrl, S. (1995). *Der Mehrfachwahl-Wortschatz- Intelligenztest*. Erlangen: Perimed.
Lemert, E.M. (1975). Der Begriff der sekundären Devianz. In K. Lüdersen & F. Sack (Hrsg.). *Seminar: Abweichendes Verhalten I. Die selektiven Normen der Gesellschaft*. Frankfurt a.M.: Suhrkamp, 433-476.
Leygraf, N. (1988). *Psychisch kranke Straftäter*. Berlin: Springer.
Leygraf, N. (1998). Wirksamkeit des psychiatrischen Maßregelvollzuges. In H.L. Kröber & K.P. Dahle (Hrsg.). *Sexualstraftaten und Gewaltkriminalität*. Heidelberg: Kriminalistik, 175-184.
Leygraf, N. (1999). Probleme der Begutachtung und Prognose bei Sexualstraftätern. In R. Egg (Hrsg.). *Sexueller Mißbrauch von Kindern: Täter und Opfer*. Wiesbaden: Kriminologische Zentralstelle, 125-136.
Leygraf, N. & Nowara, S. (1992). Prognosegutachten. Klinisch-psychiatrische und psychologische Beurteilungsmöglichkeiten der Kriminalprognose. In C. Frank & G. Harrer (Hrsg.). *Kriminalprognose, Alkoholbeeinträchtigung - Rechtsfragen*. Berlin: Forensia-Jahrbuch, Bd. 3, 43-53.
Lidz, C., Mulvey, E. & Gardner, W. (1993). The accuracy of prediction of violence to others. *Journal of the American Medical Association 269*, 1007-1111.
Light, R.J. & Pillemer, D.B. (1984). *Summing Up: The Science of Reviewing Research*. Cambridge. MA: Harvard University Press.
Lind, G. (1994). Why do juvenile delinquents gain little from moral discussion programs? Symposion „The limitations of developmental moral education: The challenge for future practive and research" in New Orleans. Konstanz: http://www.uni-konstanz.de/ag-moral/e-publ.htm.
Lind, G. (1997). *Gewalt als niedrigste Ebene der Konfliktlösung*. Überarbeitete Fassung des Beitrags zur 10. Tagung Friedenspsychologie, Universität Konstanz: http://www.uni-konstanz.de/ag-moral/gewalt97.htm.
Lind, G. (2000). *Ist Moral lehrbar? Ergebnisse der modernen moralpsychologischen Forschung*. Berlin: Logos.
Lindlau, D. (1991). *Der Mob. Recherchen zum organisierten Verbrechen*. 4.Aufl. München: Deutscher Taschenbuch Verlag.
Link, B., Andrews, H. & Cullen, F.T. (1992). The violent and illegal behavior of mental patients reconsidered. *American Sociological Review 57*, 275-292.
Lipsey, M.W. (1992). The effect of treatment on juvenile delinquents: Results from meta-analysis. In F. Lösel, D. Bender & T. Bliesener (Eds.). *Psychology and law: International perspectives*. Berlin: De Gruyter, 131-143.
Lipsey, M.W. (1992). Juvenile delinquency treatment: A meta-analytic inquiry into the variability of effects. In T.D. Cook, H. Cooper, D.S. Cordray, H. Hartmann, L.V. Hedges, R.J. Light, T.A. Louis & F. Mosteller (Eds.). *Meta-analysis for explanation: A casebook*. New York: Russell Sage Foundation.

Lipsey, M.W. (1995). What do we learn from 400 research studies on the effectiveness of treatment with juvenile delinquents? In J. McGuire (Hrsg.). *What Works: Reducing Reoffending - Guidlines from Research and Practice*. Chichester: UK. Wiley, 63-78.

Lipsey, M.W. & Wilson, D.B. (1998). Effective intervention for serious juvenile offenders. In R. Loeber & D.P. Farrington (Eds.). *Serious and violent juvenile offenders*. Thousand Oaks, CA: Sage, 313-345.

Lipton, D.S. (1998). The effectiveness of correctional treatment revisited thirty years later: Preliminary meta-analytic findings from the CDATE study. Vortrag beim 12. Internationalen Kongreß für Kriminologie, Seoul, 24.-29.8.1998 (Bezug über *doug.lipton@ndri.org*).

Lipton, D., Martinson, R. & Wilks, J. (1975). *The effectiveness of correctional treatment*. New York: Praeger.

Livesley, W.J. (1998). The phenotypic and genotypic structure of psychopathic traits. In D.J. Cooke, A.E. Forth & R.D. Hare (Eds.). *Psychopathy: Theory, research and implications for society*. Dordrecht: Kluwer Academic Publishers, 69-79.

Loeber, R. & Farrington, D.P. (1998). Conclusions and the way forward. In R. Loeber & D.P. Farrington (Eds.). *Serious & violent juvenile offenders: Risk factors and successful interventions*. Thousand Oaks: Sage, 405-427.

Loeber, R., Farrington, D.P. & Waschbusch, D.A. (1998). Serious and violent juvenile offenders. In R. Loeber & D.P. Farrington (Eds.). *Serious and violent juvenile offenders*. Thousand Oaks, CA: Sage, 13-29.

Loevinger, J. (1979). Theorie und Empirie in der Erfassung der Persönlichkeitsentwicklung. In L. Montada (Hrsg.). *Brennpunkte der Entwicklungspsychologie*. Stuttgart, Berlin, Köln, Mainz: Kohlhammer, 386-398.

Lohse, H. (1993). Konsequenz als Handlungsmaxime in einer Sozialtherapeutischen Einrichtung: Reaktionen auf Konflikte aus therapeutischer und organisatorischer Sicht. *Kriminalpädagogische Praxis 21*, Heft 34, 49-55.

Lohse, H. (1993). Konsequenz als Handlungsmaxime in einer Sozialtherapeutischen Einrichtung: Reaktionen auf Konflikte aus therapeutischer und organisatorischer Sicht. *Dokumentation der 4. überregionalen Fachtagung für Mitarbeiter der Sozialtherapeutischen Einrichtungen im Justizvollzug*. Kassel: Justizvollzugsanstalt Kassel II, Sozialtherapeutische Anstalt: Selbstverlag.

Lohse, H. (1998). *Zur Behandlung von Sexualstraftätern in der Sozialtherapie*. Referat auf der Fachtagung „Möglichkeiten und Grenzen in der Einschätzung und Behandlung von Sexualstraftätern" am 25.5.1998 in Hannover.

Loranger, A.W., Sartorius, N., Andreoli, A., Berger, P., Buchheim, P., Channabasavana, S.M., Coid, B., Dahl, A., Diekstra, R.W.F., Ferguson, B., Jacobsberg, L.B., Mombour, W., Pull, C., Ono, Y. & Regier, D.A. (1994). The International Personality Disorder Examination: IPDE. The WHO/ADAMHA international pilot study of personality disorders. *Archives of General Psychiatry 51*, 215-224.

Lösel, F. (1975). *Handlungskontrolle und Jugenddelinquenz*. Stuttgart: Enke.

Lösel, F. (1993). Sprechen Evaluationsergebnisse von Meta-Analysen für einen frischen Wind in der Straftäterbehandlung? In R. Egg (Hrsg.). *Sozialtherapie in den 90er Jahren: Gegenwärtiger Stand und aktuelle Entwicklung im Justizvollzug*. Wiesbaden: Kriminologische Zentralstelle, 21-31.

Lösel, F. (1994). Meta-analytische Beiträge zur wiederbelebten Diskussion des Behandlungsgedankens. In M. Steller, K.-P. Dahle & M. Basqué (Hrsg.). *Straftäterbehandlung: Argumente für eine Revitalisierung in Forschung und Praxis*. Pfaffenweiler: Centaurus, 13-34.

Lösel, F. (1995a). The efficacy of correctional treatment: A review and synthesis of meta-evaluations. In J. McGuire (Ed.). *What works: Reducing reoffending.* Chichester: Wiley, 79-111.

Lösel, F. (1995b). Increasing consensus in the evaluation of offender rehabilitation? *Psychology, Crime and Law 2,* 19-39.

Lösel, F. (1995c). Evaluating psychosocial interventions in prison and other penal contexts. In European Committee on Crime Problems (Ed.). *Psychosocial interventions in the criminal justice system.* Strasbourg: Council of Europe, 79-114.

Lösel, F. (1995d). What recent meta-evaluations tell us about the effectiveness of correctional treatment. In G. Davies, S. Lloyd-Bostock, M. McMurran & C. Wilscon (Eds.). *Psychology, law, and criminal justice.* Berlin: De Gruyter, 537-554.

Lösel, F. (1995e). Ist der Behandlungsgedanke gescheitert? Eine empirische Bestandsaufnahme. In Justizministerium Baden-Württemberg (Hrsg.). *Sozialtherapie im Strafvollzug: Dokumentation der 5. Überregionalen Tagung der sozialtherapeutischen Einrichtungen im Bundesgebiet in Stuttgart-Hohenheim,* 132-156.

Lösel, F. (1996). Ist der Behandlungsgedanke gescheitert? Eine empirische Bestandsaufnahme. *Zeitschrift für Strafvollzug und Straffälligenhilfe 45,* 259-267.

Lösel, F. (1998a). Evaluation der Straftäterbehandlung: Was wir wissen und noch erforschen müssen. In R. Müller-Isberner & S. Gonzalez-Cabeza (Hrsg.). *Forensische Psychiatrie: Schuldfähigkeit, Kriminaltherapie, Kriminalprognose.* Bonn: Forum, 29-50.

Lösel, F. (1998b). Treatment and management of psychopaths. In D. Cooke, A. Forth & R.B. Hare (Eds.). *Psychopathy: Theory, research, and implications for society.* Dordrecht: Kluwer Academic Publishers, 303-354.

Lösel, F. (1999). Behandlung und Rückfälligkeit von Sexualstraftätern. In S. Höfling, D. Drewes & I. Epple-Waigel (Hrsg.). *Auftrag Prävention: Offensive gegen sexuellen Kindesmißbrauch.* München: Hanns-Seidel-Stiftung, 279-304.

Lösel, F. (in press). The efficacy of sexual offender treatment: A review of German and international evaluations. In P.J. van Koppen & N. Roos (Eds.). *Rationality, information and progress in law and psychology.* Leiden.

Lösel, F., Beelmann, A. & Stemmler, M. (1998). *Förderung von Erziehungskompetenzen und sozialen Fertigkeiten in Familien: Eine kombinierte Präventions- und Entwicklungsstudie zu Störungen des Sozialverhaltens.* Universität Erlangen-Nürnberg, Institut für Psychologie: Projektantrag an das Bundesministerium für Familien, Senioren, Frauen und Jugend.

Lösel, F. & Bender, D. (1997). Straftäterbehandlung: Konzepte, Ergebnisse, Probleme. In M. Steller & R. Volbert (Hrsg.). *Psychologie im Strafverfahren: Ein Handbuch.* Göttingen u.a.: Huber, 171-204.

Lösel, F. & Bender, D. (in press). Protective factors and resilience. In D.P. Farrington & J. Coid (Eds.). *Prevention of adult antisocial behaviour.* Cambridge: Cambridge University Press.

Lösel, F. & Bliesener, T. (1994). Some high-risk adolescents do not develop conduct problems: A study of protective factors. *International Journal of Behavioral Development 17,* 753-777.

Lösel, F. & Bliesener, T. (1999). Aggressive conflict behavior and social information processing in juveniles. In H. Sagel-Grande & M.V. Polak (Eds.). *Models of conflict resolution.* Antwerpen: Maklu, 61-78.

Lösel, F. & Egg, R. (1997). Social-therapeutic institutions in Germany: Description and evaluation. In E. Cullen, L. Jones & R. Woodward (Eds.). *Therapeutic communities for offenders.* Chichester: Wiley, 181-203.

Lösel, F., Köferl, P. & Weber, F. (1987). *Meta-Evaluation der Sozialtherapie: Qualitative und quantitative Analysen zur Behandlungsforschung in sozialtherapeutischen Anstalten des Justizvollzuges.* Stuttgart: Enke.

Lösel, F. & Wittmann, W.W. (1989). The relationship of treatment integrity to outcome criteria. *New Directions for Program Evaluation 42,* 97-108.

Luria, A.R. (1961). *The role of speech in the regulation of normal and abnormal behaviour.* Oxford: Pergamon.

Lykken, D.T. (1995). *The antisocial personalities.* Hillsdale, NJ: Erlbaum.

Lynam, D.R. (1996). Early identification of chronic offenders: Who is the fledgling psychopath? *Psychological Bulletin 120,* 209-234.

Macke, K. & Schendler, J. (1998). Zur Konzeption einer Behandlung und Betreuung von Sexualstraftätern in der Bewährungshilfe. *Bewährungshilfe 45,* 288-291.

MacKenzie, D.L. (1998). Criminal justice and crime prevention. In L.W. Sherman, D. Gottfredson, D. MacKenzie, J. Eck, P. Reuter & S. Bushway: *Preventing crime: What works, what doesn't, what's promising.* Washington: Ministry of Justice, Kapitel 9.

Maier, W., Lichtermann, D., Klinger, T., Heun, R. & Hallmayer, J. (1992). Prevalences of personality disorders (DSM-III-R) in the community *Journal of Personality Disorders 6* 187-196.

Maisch, H. (1968). *Inzest.* Reinbeck: Rowohlt.

Mann, R.E. (1999). Kognitiv-behaviorale Therapie von inhaftierten Sexualtätern in England und Wales. In G. Deegener (Hrsg.). *Sexuelle und körperliche Gewalt: Therapie jugendlicher und erwachsener Täter.* Weinheim: Psychologie Verlags Union, 340-360.

Mann, R. & Thornton, D. (1998). The evolution of a multisite sexual offender treatment program. In W.L. Marshall, Y.M. Fernandez, S.M. Hudson & T. Ward. (Hrsg.). *Sourcebook of Treatment Programs for Sexual Offenders* New York: Plenum Press, 47-57.

Markovitz, P. (1995). Pharmacotherapy of impulsivity, aggression, and related disorders. In E. Hollander & D.J. Stein (Eds.). *Impulsivity and aggression.* Chichester: Wiley, 263-287.

Markowitz, P.I. & Coccaro, E.F. (1995). Biological studies of impulsivity, aggression, and suicidal behavior. In E. Hollander & D.J. Stein (Eds.). *Impulsivity and aggression.* Chichester: Wiley, 71-90.

Marshall, W.L. (1996). Assessment, treatment, and theorizing about sex offenders. *Criminal Justice and Behavior 23,* 162-199.

Marshall, W.L. (1998). Theory and treatment with sexual offenders.Workshop at 2nd International Expert Conference: *Sexual offenders: Issues, Risk Management and Treatment.* Utrecht: Dr. Henri van der Hoeven Kliniek, September 3 and 4, 1998.

Marshall, W.L. & Barbaree H.E. (1988). The long-term evaluation of a behavioral treatment program for child molesters. *Behaviour Research and Therapy 26,* 499-511.

Marshall, W.L., Eccles, A. & Barbaree, H.E. (1991). The treatment of exhibitionists: A focus on sexual deviance versus cognitive and relationship features. *Behaviour Research and Therapy 29,* 129-135.

Marshall, W.L., Fernandez, Y.M., Hudson, S.M. & Ward, T. (Eds.) (1998). *Sourcebook of treatment programs for sexual offenders.* New York, London: Plenum Press.

Marshall, W.L., Laws, D.R. & Barbaree, H.E. (Eds.) (1990). *Handbook of Sexual Assault: Issues, Theories, and Treatment of the Offender.* New York, London: Plenum Press.

Martinson, R. (1974). What works? Questions and answers about prison reform. *The Public Interest 35,* 22-54.

Marwinski, K. (1998). *Die Behandlung von aggressiven Sexualstraftätern.* Bonn: Diplomarbeit an der Universität Bonn.

Mauch, G. (1970). Sozialtherapie im Strafvollzug. *Zeitschrift für Psychotherapie und medizinische Psychologie 20*, 66-75.
Mauch, G. & Mauch, R. (1971). *Sozialtherapie und die Sozialtherapeutische Anstalt - Erfahrungen in der Behandlung Chronisch-Krimineller: Voraussetzungen, Durchführung und Möglichkeiten.* Stuttgart: Enke.
McCaghy, C. H. (1967). *Child molesters: A study of their careers as deviants.* New York: Holt, Rinehart & Winston.
McCord, J. (1978). A thirty-year follow-up of treatment effects. *American Psychologist 33*, 284-289.
McCord, W. (1982). *The psychopath and milieu-therapy: A longitudinal study.* New York: Academic.
McGuire, J. (1992). Things to make your program work. In B. Rowson & J. McGuire (Eds.). *What works: Effective methods to reduce re-offending.* Manchester: Conference Proceedings, 48-51.
McGuire, J. (1995). *What works: Reducing reoffending.* New York: Wiley & Sons.
McGuire, J. & Priestly, P. (1995). Reviewing 'What Works': Past, present, and future. In J. McGuire (Ed.). *What works: Reducing reoffending.* New York: Wiley& Sons, 3-34.
Mechler, A. & Wilde, K. (1976). Psychoanalytisch orientierte Arbeit mit Strafgefangenen. *Monatsschrift für Kriminologie und Strafrechtsreform 59*, 190-205.
Meichenbaum, D. & Goodman, J. (1971). Training impulsive children to talk to themselves. A means of developing self control. *Journal of Abnormal Psychology 77*, 115-126.
Meier, B.-D. (1999). Zum Schutz der Bevölkerung erforderlich? Anmerkungen zum 'Gesetz zur Bekämpfung von Sexualdelikten und anderen gefährlichen Straftaten' vom 26.1.1998. In A. Kreuzer, H. Jäger, H. Otto, S. Quensel & K. Rolinski (Hrsg.). *Fühlende und denkende Kriminalwissenschaften. Ehrengabe für Anne-Eva Brauneck* . Bonn: Forum, 445-472.
Meyer, S. & Wegner, T. (1993). Frauen und Männer im Strafvollzug. In R. Egg (Hrsg.). *Sozialtherapie in den 90er Jahren: Berichte, Materialien, Arbeitspapiere.* Wiesbaden: Kriminologische Zentralstelle, 53-62.
Miller, W.R. & Rollnick S. (1991). *Motivational interviewing: Preparing people to change addictive beviour.* New York: Guilford Press.
Moffitt, T.E. (1993). Adolescence-limited and life-course-persistent antisocial behavior: A developmental taxonomy. *Psychological Review 4*, 674-701.
Moos, R. (1975). *Evaluating correctional and community settings.* New York: Wiley.
Morris, E.K. & Braukmann (Eds.) (1987). *Behavioral Approaches to Crime and Delinquency.* New York: Plenum Press.
Moser, T. (1970). *Jugendkriminalität und Gesellschaftsstruktur.* Frankfurt a.M.: Fischer.
Motiuk, L.L. (1995). Using familial factors to assess offender risk and need. *Forum on Corrections Research 7 (2)*, 19-22.
Moxon, D. (1998): The role of sentencing policy. In P. Goldblatt & C. Lewis (Hrsg.). *Reducing offending: an assessment of research evidence on ways of dealing with offending behaviour.* London: Home Office, 85-100.
Mullen, B. (1989). *Advanced BASIC meta-analysis.* Hillsdale, NJ: Erlbaum.
Müller-Dietz, H. (1987). Unterbringung im psychiatrischen Krankenhaus und Verfassung. *Juristische Rundschau 41*, 45-53.
Müller-Isberner, R. (1998a). Ein differenziertes Behandlungskonzept für den psychiatrischen Maßregelvollzug. Organisationsfragen und methodische Aspekte. In E. Wagner & W. Werdenich (Hrsg.). *Forensische Psychotherapie. Therapeutische Arbeit im Zwangskontext von Justiz, Medizin und sozialer Kontrolle.* Wien: Facultas-Universitätsverlag, 197-209.

Müller-Isberner, R. (1998b). Prinzipien der psychiatrischen Kriminaltherapie. In R. Müller-Isberner & S. Gonzalez-Cabeza (Hrsg.). *Forensische Psychiatrie: Schuldfähigkeit, Kriminaltherapie, Kriminalprognose.* Bonn: Forum, 51-63.

Müller-Isberner, R., Jöckel, D. & Gonzalez Cabeza, S. (1998). *Die Vorhersage von Gewalttaten mit dem HCR 20.* Haina: Institut für Forensische Psychiatrie.

Murphy, W.D. (1990). Assessment and modification of cognitive distortions in sex offenders. In W.L. Marshall, D.R. Laws & H.E. Barbaree.(Hrsg.). *Handbook of sexual assault. Issues, theories, and treatment of the offender.* New York: Plenum Press, 331-342.

Murphy, W.D., Haynes, M.R. & Worley, P.J. (1991). Assessment of adult sexual interest. In C.R. Hollin & K. Howells (Hrsg). *Clinical approaches to sex offenders and their victims.* Chichester: Wiley, 77-92.

Naucke, W. (1998). *Strafrecht. Eine Einführung.* 8. Aufl. Neuwied: Luchterhand.

Nedopil, N. (1996). *Forensische Psychiatrie: Klinik, Begutachtung und Behandlung zwischen Psychiatrie und Recht.* Stuttgart: Thieme.

Nedopil, N. (1997). Die Bedeutung von Persönlichkeitsstörungen für die Prognose künftiger Delinquenz. *Monatsschrift für Kriminologie und Strafrechtsreform 80*, 79-92.

Nedopil, N. (1999). Begutachtung zwischen öffentlichem Druck und wissenschaftlicher Erkenntnis. *Recht und Psychiatrie 17*, 120-126.

Nelson, C. & Jackson, P. (1989). High-risk recognition: The cognitive-behavioral chain. In D.R. Laws (Hrsg.). *Relapse prevention with sex offenders.* New York: Guilford Press, 167-177.

Neubacher, F. (1999). Aus der Rechtsprechung in Strafsachen. *Bewährungshilfe 46*, 209-214.

Neufeind, W. (1999). *Sozialtherapeutische Abteilung der Justizvollzuganstalt Siegburg.* Siegburg: Selbstverlag.

Newman, J.P. (1998). Psychopathic behavior: An information processing perspective. In D.J. Cooke, A.E. Forth & R.D. Hare (Eds.). *Psychopathy: Theory, research and implications for society.* Dordrecht: Kluwer, 81-104.

Newman, J.P. & Wallace, J.F. (1993). Diverse pathways to deficient self-regulation: Implications for disinhibitory psychopathology in children. *Clinical Psychology Review 13*, 699-720.

Nigg, J.T. & Goldsmith, H.H. (1994). Genetics of personality disorders: Perspectives from personality and psychopathology research. *Psychological Bulletin 115*, 346-380.

Nowara, S. (1995). *Gefährlichkeitsprognosen bei psychisch kranken Straftätern.* München: Fink.

Nowara, S. & Leygraf, N. (1998). Therapiemaßnahmen bei Sexualstraftätern. *Deutsches Ärzteblatt 95 (1)*, A88-A90.

Oerter, R. & Montada, L. (1982). *Entwicklungspsychologie.* München, Wien, Baltimore: Urban & Schwarzenberg.

Ogloff, J.R.P., Wong, S. & Greenwood, A. (1990). Treating criminal psychopaths in a therapeutic community program. *Behavioral Sciences and the Law 8*, 181-190.

Orlinsky, D.E., Grawe, K. & Parks, B.K. (1994). Process and outcome in psychotherapy - noch einmal. In A.E. Bergin & S.L. Garfield (Eds.). *Handbook of psychotherapy and behavior change, 4th ed.* New York: Wiley, 270-376.

Ortmann, R. (1987). *Resozialisierung im Strafvollzug.* Freiburg: Inscrim.

Ortmann, R. (1999). Strafvollzug, Strafe und Resozialisierung – der falsche Weg. In H.-J. Albrecht & H. Kury (Hrsg.). *Kriminalität, Strafrechtsreform und Strafvollzug in Zeiten des sozialen Umbruchs.* Freiburg i.B.: Max-Planck-Institut für ausländisches und internationales Strafrecht, Bd. 86.

Ortmann, R. (2000a): Eine experimentelle Studie zur Evaluation der Sozialtherapie in Gefängnissen. In Bremer Institut für Kriminalpolitik (Hrsg.). *Experimente im Strafrecht – Wie genau können Erfolgskontrollen von kriminalpräventiven Maßnahmen sein?* Bremen: Selbstverlag, 110-136.

Ortmann, R. (2000b). *Längsschnittstudie zur Evaluation der Wirkung der Sozialtherapie sowie Ansätze zur Effizienzsteigerung.* Freiburg i.Br.: Max-Planck-Institut für ausländisches und internationales Strafrecht.

Oser, F. & Althof, W. (1997). *Moralische Selbstbestimmung: Modelle der Entwicklung und Erziehung im Wertebereich.* 3. Aufl. Stuttgart: Klett-Cotta.

Otto, M. (1986). *Praxis des sozialen Trainings: Curriculum für die Anwendung im Strafvollzug.* Hannover: Niedersächsischer Minister der Justiz.

Otto, M. (1988). *Gemeinsam lernen durch Soziales Training.* Lingen: Kriminalpädagogischer Verlag.

Otto, M. (1998). Nichtmitarbeitsbereite Gefangene und subkulturelle Haltekräfte. Schädliche Vollzugswirkungen und mögliche Gegenstrategien nicht nur im Jugendstrafvollzug. *Kriminalpädagogische Praxis 26,* Heft 38, 34-42.

Otto, M. & Pawlik-Mierzwa, K. (2000). *Kriminalität und Subkultur jugendlicher inhaftierter Aussiedler: Erscheinungsformen und Gegenstrategien zu Gestaltung des Vollzuges der Zukunft.* Vortragsmanuskript zur 32. Tagung der Arbeitsgemeinschaft der Leiter der Jugendanstalten und Besonderen Vollstreckungsleiter in der DVJJ vom 22. – 26. 5. 2000. Veröffentl. in Vorb.

Otto, M. & Weiermann, S. (2000). *Strafvollzug und Subkultur: Anmerkungen über das Zusammenspiel von Beziehungen zwischen Insassen und Bediensteten in der Vollzugsrealität.* Vortragsmanuskript zur Jahrestagung des Besonderen Sicherheitsdienstes im niedersächsischen Justizvollzug in der Ökologisch-Historischen Bildungsstätte Papenburg vom 3.-5.7.2000. Veröffentl. in Vorb.

Palmer, T. (1992). *The re-emergence of correctional intervention.* Newbury Park/Calif.: Sage.

Patterson, G.R., Reid, J.B. & Dishion, T.J. (1992). *Antisocial boys.* Eugene. OR: Castalia.

Pawlik-Mierzwa, K. & Otto, M. (2000). Wer beeinflusst wen? Über die Auswirkungen subkultureller Bindungen auf die pädagogische Beziehung und Lernprozesse bei inhaftierten Aussiedlern. *Zeitschrift für Strafvollzug und Straffälligenhilfe 49,* 227-230.

Peat, B.J. & Winfree, L.T. (1992). Reducing intra-institutional effects of „prisonization". A study of a therapeutic community for drug-using inmates. *Criminal Justice and Behavior 19,* 206-225.

Petersilia, J., Turner & Dechenes, E.P. (1992). The costs and effects of intensive supervision for drug offenders. *Federal Probation 61,* 12-17.

Pfaff, C. & Pintzke-Thiem, A. (1998). Die Sozialtherapeutische Anstalt Erlangen – Eine Standortbestimmung nach 25 Jahren sozialtherapeutischer Arbeit. *Zeitschrift für Strafvollzug und Straffälligenhilfe 47,* 211-221.

Pfäfflin, F. (1999). Ambulante Behandlung von Sexualstraftätern. In R. Egg (Hrsg.). *Sexueller Mißbrauch von Kindern.* Wiesbaden: Kriminologische Zentralstelle, 137-156.

Pfeiffer, G. (1999). *Strafprozeßordnung. Gerichtsverfassungsgesetz.* 2. Aufl. München: Beck.

Pfingsten, U. & Hinsch, R. (1991). *Gruppentraining sozialer Kompetenzen.* 2. Aufl. Weinheim: Psychologie Verlags Union.

Pielmaier, H. (Hrsg.) (1980). *Training sozialer Verhaltensweisen. Ein Programm für die Arbeit mit dissozialen Jugendlichen.* München: Kösel.

Pierschke, R. (1999). *Tötungsdelikte nach - scheinbar - günstiger Legalprognose. Eine Analyse von Fehlprognosen.* Essen: Universität – Gesamthochschule, unveröffentliche Dissertation.

Pilgram, A. (1994). Wandel und regionale Varianten der Jugendgerichtspraxis auf dem Prüfstand der österreichischen Rückfallstatistik. *Österreichische Juristenzeitung 49*, 121-126.

Pithers, W. (1990). Relapse prevention with sexual aggressors: A method for maintaining therapeutic gain and enhancing external supervision. In W.L. Marshall, D.R. Laws & H.E. Barbaree (Hrsg.). *Handbook of sexual assault. Issues, theories, and treatment of the offender.* New York: Plenum, 343-361.

Plewig, H.-J. & Wegner, T. (1984). *Zur Genese von Devianz im frühen Jugendalter.* Heidelberg: Institut für Kriminologie der Universität Heidelberg.

Pozsar, C., Schlichting, M. & Krukenberg, J. (1999). Sexualstraftäter in der Maßregelbehandlung. Ergebnisse einer Stichtagserhebung in Niedersachsen. *Monatsschrift für Kriminologie und Strafrechtsreform 82*, 2, 94-103.

Prentky, R. & Burgess, A.W. (1992). Rehabilitation of child molestors: A cost-benefit analysis. In A.W. Burgess (Ed.). *Child trauma I: Issues and research.* New York: Garland, 417-442.

Quay, H.C. (1993). The psychobiology of undersocialized aggressive conduct disorder: A theoretical perspective. *Development and Psychopathology 5*, 165-180.

Quensel, S. (1983). Psychosoziale Hilfe im Strafvollzug? *Kriminalpädagogische Praxis 11*, Heft 17, 9-12.

Quinsey, V.L. & Earls, Ch.M. (1990). The modification of sexual preferences. In W.L. Marshall, D.R. Laws & H.E. Barbaree (Hrsg.). *Handbook of sexual assault.* New York: Plenum, 279-295.

Quinsey, V.L., Harris, G.T., Rice, M.E. & Cormier, C.A. (1995). *Violent offenders: Appraising and managing risk.* Washington, DC: American Psychological Association.

Quinsey, V.L., Harris, G.T., Rice, M.E. & Cormier, C.A. (1998). *Violent offenders: Appraising and managing risk.* Washington, DC: American Psychological Association.

Rada, R. T. (1978). Classification of the rapist. In R.T. Rada, (Hrsg.). *Clinical aspects of the rapist.* New York: Grune & Stratton, 117-132.

Raine, A. (1993). *The psychopathology of crime.* San Diego: Academic.

Raine, A. (1997). Antisocial behavior and psychophysiology: A biosocial perspective and a prefrontal dysfunction hypothesis. In D.M. Stoff, J. Breiling & J.D. Maser (Eds.). *Handbook of antisocial behavior.* New York: Wiley, 289-304.

Raine, A., Farrington, D.P., Brennan, P. & Mednick, S.A. (Eds.) (1997). *Biosocial bases of violence.* New York: Plenum Press.

Raine, A. & Liu, J.-H. (1998). Biological predispositions and their implications for biosocial treatment and prevention. *Psychology, Crime and Law 4*, 107-125.

Rasch, W. (1973). Sozialtherapie aus forensisch-psychiatrischer Sicht. In Stuttgarter Akademie für Tiefenpsychologie (Hrsg.). *Individuum und Gesellschaft.* Stuttgart: Klett, 28-44.

Rasch, W. (1976). Zu den Bedingungen der Personal-Kooperation in sozialtherapeutischen Anstalten. *Gruppendynamik 7*, 352-359.

Rasch, W. (1985). Die Prognose im Maßregelvollzug als kalkuliertes Risiko. In H. D. Schwind (Hrsg.). *Festschrift für Günther Blau zum 70. Geburtstag am 18. Dezember 1985.* Berlin: de Gruyter, 309-325.

Rasch, W. (1986). *Forensische Psychiatrie.* Stuttgart u.a.: Kohlhammer.

Rauchfleisch, U. (1981). *Dissozial: Entwicklung, Struktur und Psychodynamik dissozialerPersönlichkeiten.* Göttingen: Vandenhoeck & Ruprecht.

Rauchfleisch, U. (1999). *Außenseiter der Gesellschaft: Psychodynamik und Möglichkeiten zur Psychotherapie Straffälliger.* Göttingen: Vandenhoeck & Ruprecht.

Redondo, S., Sánchez-Meca, J. & Garrido, V. (1999). The influence of treatment programmes on the recidivism of juvenile and adult offenders: An European meta-analytic review. *Psychology, Crime and Law 5*, 251-278.

Rehder, U. (1990). *Aggressive Sexualdelinquenten.* Lingen: Kriminalpädagogischer Verlag.

Rehder, U. (1996a). Klassifizierung inhaftierter Sexualdelinquenten, 1. Teil: Wegen Vergewaltigung und sexueller Nötigung Erwachsener Verurteilte. *Monatsschrift für Kriminologie und Strafrechtsreform 79*, 291-304.

Rehder, U. (1996b). Klassifizierung inhaftierter Sexualdelinquenten, 2. Teil: Wegen sexuellen Mißbrauchs von Kindern Verurteilte. *Monatsschrift für Kriminologie und Strafrechtsreform 79*, 373-385.

Rehder, U. (2000a). Die testpsychologische Untersuchung inhaftierter Sexualstraftäter. In U. Rehder, F. Specht & B. Wischka (Hrsg.). *Sexualstraftäter.* Lingen: Kriminalpädagogischer Verlag (in Vorbereitung).

Rehder, U. (2000b). Rückfall und Prognose haftentlassener Sexualstraftäter. In U. Rehder, F. Specht & Wischka, B. (Hrsg.). *Sexualstraftäter.* Lingen: Kriminalpädagogischer Verlag (in Vorbereitung).

Rehder, U., Fistéra, P., Frank, A., Griepenburg, P., Karsten, R., Specht, F., Weßels, O., Wischka, B., Bennefeld-Kersten, K. & Hasenpusch, B. (1998). *Sexualstraftäter im Justizvollzug: Bericht der vom Niedersächsischen Ministerium der Justiz und für Europaangelegenheiten eingesetzten Arbeitsgruppe.* Hannover: Selbstverlag.

Rehder, U. & Meilinger, H.-G. (1996). Sexueller Missbrauch – Straftat und inhaftierte Täter. *Kriminalpädagogische Praxis 25*, Heft 37, 31-43.

Rehn, G. (1976). Strukturen der sozialtherapeutischen Anstalt und deren Auswirkungen auf das Selbstverständnis und das Handeln der Therapeuten. *Gruppendynamik 7*, 342-352.

Rehn, G. (1979). *Behandlung im Strafvollzug. Ergebnisse einer vergleichenden Untersuchung der Rückfallquote bei entlassenen Strafgefangenen.* Weinheim: Beltz.

Rehn, G. (1981). Empirische Belege zur aktuellen Diskussion über Sozialtherapie: Auswahl, Indikationen des § 65 StGB sowie Alter und Effizienz. In Bundeszusammenschluß für Straffälligenhilfe (Hrsg.). *Sozialtherapie als kriminalpolitische Aufgabe. Empfehlungen zur zukünftigen rechtlichen und tatsächlichen Ausgestaltung der Sozialtherapie im Justizvollzug.* Bonn: Selbstverlag, 111-119.

Rehn, G. (1990a). Sozialtherapie: Strafvollzug plus Behandlung? Kritische Bemerkungen am Beispiel sozialtherapeutischer Abteilungen. *Kriminalpädagogische Praxis 18*, Heft 30, 7-13.

Rehn, G. (1990b). Bürokratie im Strafvollzug - nicht nur ein Problem der „Bürokraten". *Kriminalpädagogische Praxis 18*, Heft 31, 6-12.

Rehn, G. (1993). Entscheidungen, Regeln, Anstaltsorganisation: Einige Überlegungen zur Vermeidung schädlicher Routine im sozialtherapeutischen Vollzug. In R. Egg (Hrsg.). *Sozialtherapie in den 90er Jahren: Berichte, Materialien, Arbeitspapiere.* Wiesbaden: Kriminologische Zentralstelle, 33-41.

Rehn, G. (1995). Thesen über Psychotherapie im Strafvollzug. Grundsätze am Beispiel der Sozialtherapeutischen Anstalt Hamburg-Altengamme. In K.M. Beier & G. Hinrichs (Hrsg.). *Psychotherapie mit Straffälligen. Standorte und Thesen zum Verhältnis Patient - Therapeut - Justiz.* Stuttgart u.a.: Fischer, 79-84.

Rehn, G. (1996). Konzeption und Praxis der Wohngruppenarbeit in sozialtherapeutischen Einrichtungen. *Zeitschrift für Strafvollzug und Straffälligenhilfe 45*, 281-290.

Rehn, G. (1998). Zur Zukunft der Sozialtherapie. – Grundlagen, Perspektiven, neue Probleme. *Zeitschrift für Strafvollzug und Straffälligenhilfe 47*, 203-211.

Rehn, G. (2000). Kommentierung zu §§ 9 und 123ff StVollzG. In J. Feest (Hrsg.). *Alternativkommentar zum Strafvollzugsgesetz*. Neuwied und Darmstadt: Luchterhand.

Rehn, G. & Jürgensen, P. (1983). Rückfall nach Sozialtherapie: Wiederholung einer im Jahr 1979 vorgelegten Untersuchung. In H.-J. Kerner, H. Kury & K. Sessar (Hrsg.). *Deutsche Forschungen zur Kriminalitätsentstehung und Kriminalitätskontrolle, Bd. 6/3*. Köln, u.a.; Heymanns, 1910-1948.

Rehn, G. & Warning, D. (1989). Lebenswelt Sozialtherapeutische Anstalt - Grundsätzliche Bemerkungen und Konkretisierungen am Beispiel der Sozialtherapeutischen Anstalt Altengamme. *Zeitschrift für Strafvollzug und Straffälligenhilfe 38*, 222-231.

Reich, J.H., Yates, W.R. & Nduaguba, M. (1989). Prevalence of DSM-III personality disorders in the community. *Social Psychiatry and Psychiatric Epidemiology 24*, 12-16.

Reicher, J.W. (1973). Die Behandlung in einer Sonderanstalt für psychisch gestörte Delinquenten. *Praxis der Kinderpsychologie und Kinderpsychiatrie 22*, 120-125.

Reicher, J.W. (1976a). Die Entwicklungspsychopathie und die analytische Psychotherapie von Delinquenten. *Psyche 30*, 604-612.

Reicher, J.W. (1976b). Zur Persönlichkeitsstruktur und zur Behandlung psychisch gestörter Delinquenten. *Gruppendynamik 7*, 332-337.

Reinfried, H.W. (1999). Mörder, Räuber, Diebe ... Psychotherapie im Strafvollzug. Stuttgart-Bad Cannstatt: Frommann-Holzboog.

Reiss, D., Grubin, D. & Meux, C. (1999). Institutional performance of male „psychopaths" in a high-security hospital. *Journal of Forensic Psychiatry 10*, 290-299.

Rengelink, A. (1976). Vom Gefängnis zum psychiatrischen Krankenhaus: Zur Geschichte der Modell-Strafanstalt für Soziotherapie in Groningen, *Psyche 30*, 579-584.

Rice, M.E., Harris, G.T. & Cormier, C.A. (1992). An evaluation of a maximum security therapeutic community for psychopaths and other mentally disordered offenders. *Law and Human Behavior 16*, 399-412.

Rief, W., Schaefer, S., Hiller, W. & Fichter, M.M. (1992). Lifetime diagnoses in patients with somatoform disorders: Which came first? *European Archives of Psychiatric and Clinical Neuroscience 241*, 236-240.

Roberts, C. (1995). Effective practice and service delivery. In J. McGuire (Ed.). *What works: Reducing reoffending*. Chichester: Wiley, 221-236.

Robertson, G. & Gunn, J. (1987). A ten-year follow-up of men discharged from Grendon Prison. *British Journal of Psychiatry 151*, 674-678.

Rooke, A. (2000). Sex Offender Treatment Programme. *Kongress „Justizvollzug in neuen Grenzen - Modelle in Deutschland und Europa", Symposium „Behandlung von Sexualstraftätern"*. 5. bis 9. Juni 2000 in Barsinghausen.

Rosenau, H. (1999). Tendenzen und Gründe der Reform des Sexualstrafrechts. *Strafverteidiger 19*, 388-398.

Rosenthal, R. (1991). *Meta-analytic procedures for social research*. Newbury Park, CA: Sage.

Rosenthal, R. (1994). Parametric measures of effect size. In H. Cooper & L.V. Hedges (Eds.). *The Handbook of Research Synthesis*. New York: Russell Sage Foundation, 231-244.

Rosenthal, R. (1995). Writing Meta-Analytic Reviews. *Psychological Bulletin 118*, 183-192.

Ross, R.R. & Fabiano, E.A. (1985). *Time to think: A Cognitive Model of Delinquency Prevention and Offender Rehabilitation*. Johnson City, Tennessee: The Institute of Social Sciences and Arts.

Ross, R.R., Fabiano, E.A. & Ewles, C.D. (1988). Reasoning and Rehabilitation. *International Journal of Offender Therapy and Comparative Criminology 32*, 29-35.

Ross, R.R. & Ross, B. (Eds.) (1995). *Thinking straight*. Ottawa: The Cognitive Centre.

Rotthaus, K.P. (1999). Kommentierung zu § 9 StVollzG. In H.D. Schwind & A. Böhm (Hrsg.). *Strafvollzugsgesetz. Großkommentar.* 3.Aufl. Berlin, New York: de Gruyter, 143-160.
Rotthaus, W. (1990a). *Stationäre systemische Kinder- und Jugendpsychiatrie.* Dortmund: Modernes Lernen.
Rotthaus, W. (1990b). Organisation und Kooperation in einer Vollzugsanstalt. *Kriminalpädagogische Praxis 18*, Heft 30, 30-35.
Rutter, M., Giller, H. & Hagell, A. (1998). *Antisocial behavior by young people.* Cambridge, UK: Cambridge University Press.
Ryan, G., Miyoshi, T.J., Metzner. J.L., Krugman, R.D. & Fryer, G.E. (1996). Trends in a national sample of sexually abused youths. *J.Am. Acad.Child Adolesc. Psychiatra 35*, 17-25.
Sachse, R. (1999). *Persönlichkeitsstörungen.* 2. Aufl. Göttingen: Hogrefe.
Sadoff, R.L. (1978). The psychiatrist and the rapist: Legal issues. In R.T. Rada (Hrsg.). *Clinical aspects of the rapist.* New York: Grune & Stratton, 215-225.
Salekin, R.T., Rogers, R. & Sewell, K.W. (1996). A review and meta-analysis of the Psychopathy Checklist and Psychopathy Checklist-Revised: Predictive validity of dangerousness. *Clinical Psychology: Science and Practice 3*, 203-215.
Saß, H. (1987a). *Psychopathie, Soziopathie, Dissozialität. Zur Differentialtypologie der Persönlichkeitsstörungen.* Berlin u.a : Springer.
Saß, H. (1987b). Die Krise der psychiatrischen Diagnostik. *Fortschritte der Neurol. Psychiat. 55*, 355-360.
Schetsche, M. (1996). *Die Karriere sozialer Probleme: Soziologische Einführung.* München: Oldenbourg.
Scheurer, H. (1993). *Persönlichkeit und Kriminalität.* Regensburg: Roderer.
Scheurer, H. & Kröber, H.-L. (1998). Einflüsse auf die Rückfälligkeit von Gewaltstraftätern. In H.-L. Kröber & K.-P. Dahle (Hrsg). *Sexualstraftaten und Gewaltdelinquenz.* Heidelberg: Kriminalistik Verlag, 39-46.
Schmidt, C. (1997). *Sozialtherapie im Strafvollzug 1997: Arbeitsbericht zur Stichtagserhebung vom 31.3.1997.* Wiesbaden: Kriminologische Zentralstelle.
Schmidt, C. (1998). *Sozialtherapie im Strafvollzug 1998: Ergebnisübersicht zur Stichtagserhebung vom 31.3.1998.* Wiesbaden: Kriminologische Zentralstelle.
Schmidt, C. (1999). *Sozialtherapie im Strafvollzug 1999: Ergebnisübersicht zur Stichtagserhebung vom 31.3.1999.* Wiesbaden: Kriminologische Zentralstelle.
Schmidt-Jortzig, E. (1998). Bekämpfung von Sexualdelikten in Deutschland und auf internationaler Ebene, *Neue Zeitschrift für Strafrecht 18*, 441ff.
Schmitt, G. (1977). Synopse der Sozialtherapeutischen Anstalten und Abteilungen. In Bundeszusammenschluß für Straffälligenhilfe (Hrsg.). *Sozialtherapeutische Anstalten – Konzepte und Erfahrungen.* Bonn: Selbstverlag, 182-219.
Schmitt, G. (1980). *Sozialtherapie – eine Gratwanderung im Strafvollzug: Konzepte, Alltag und Organisationsstruktur einer Sozialtherapeutischen Anstalt.* Frankfurt a.M.: Haag und Herchen.
Schneewind, K.A., Schröder, G. & Catell, R.B. (1994). *Der 16-Persönlichkeits-Faktoren-Test.* Bern: Huber.
Schneider, H.J. (1983). Behandlung des Rechtsbrechers in der Strafanstalt und in Freiheit. In H.J. Schneider (Hrsg.). *Kindlers „Psychologie des 20. Jahrhunderts": Kriminalität und abweichendes Verhalten, Bd. 2.* Weinheim: Beltz, 295-331.
Schneider, K. (1950). *Die psychopathischen Persönlichkeiten,* 9. Aufl. Berlin: Springer.
Schöch, H. (1998a). Kriminologische Grenzen der Entlassungsprognose. In H.-J. Albrecht, F. Dünkel, H.-J. Kerner, J. Kürzinger, H. Schöch, K. Sessar & B. Villmow (Hrsg.). *Interna-*

tionale Perspektiven in Kriminologie und Strafrecht: Festschrift für Günther Kaiser zum 70. Geburtstag. Berlin: Duncker & Humblot, 1239-1256.

Schöch, H. (1998b). Das Gesetz zur Bekämpfung von Sexualdelikten und anderen gefährlichen Straftaten vom 26.1.1998. Neue Juristische Wochenschrift 51, 1257-1262.

Schöch, H. (1992). Wie erfolgreich ist das Strafrecht? Wirkungen freiheitsentziehender und ambulanter Sanktionen. In J.-M. Jehle (Hrsg.). Individualprävention und Strafzumessung. Wiesbaden: Kriminologische Zentralstelle, 243-282.

Schöch, H. (1999). Individualprognose und präventive Konsequenzen. In D. Rössner & J.-M. Jehle (Hrsg.). Kriminalität, Prävention und Kontrolle. Heidelberg: Kriminalistik, 223-241.

Schorsch, E. (1971). Sexualstraftäter. Stuttgart: Enke.

Schorsch, E., Galedary, G., Haag, A., Hauch, M. & Lohse, H. (1985). Perversion als Straftat. Dynamik und Psychotherapie. Berlin u.a.: Springer.

Schorsch, E., Galedary, G., Haag, A. Hauch, M. & Lohse, H. (1996). Perversion als Straftat: Dynamik und Psychotherapie. 2. Aufl. Stuttgart: Enke.

Schraml, W. J. (1969). Abriss der klinischen Psychologie. Stuttgart: Kohlhammer.

Schüler-Springorum, H. (1986). Die sozialtherapeutischen Anstalten – ein kriminalpolitisches Lehrstück? In H.J. Hirsch, G. Kaiser & H. Marquardt (Hrsg.). Gedächtnisschrift für Hilde Kaufmann. Berlin: de Gruyter, 167-187.

Schüler-Springorum, H. (1998a). Anmerkung zu OLG Stuttgart, Beschluss vom 16.3.1998 - 1 Ws 36/98 (= StV 1998, 668). Strafverteidiger 18, 669-670.

Schüler-Springorum (1998b) Strafvollzug in 20 Jahren – Hoffnungen und Befürchtungen In Kawamura, G. & Reindl, R. (Hrsg.). Wiedereingliederung Straffälliger: eine Bilanz nach 20 Jahren Strafvollzugsgesetz. Freiburg i.B.: Lambertus, 144-157.

Schulte, D. (1996). Therapieplanung. Göttingen: Hogrefe.

Schulz von Thun, F. (1981). Miteinander reden: Störungen und Klärungen. Psychologie der zwischenmenschlichen Kommunikation. Reinbek bei Hamburg: Rowohlt.

Schwendter, R. (1993). Theorie der Subkultur. 4. Aufl. Hamburg: Europäische Verlagsanstalt.

Schwind, H.-D. (1997). Strafvollzug im Rückwärtsgang? Kriminalistik 51, 618-622.

Schwind, H.-D. & Böhm, A. (Hrsg.) (1999). Strafvollzugsgesetz. Großkommentar. 3. Aufl. Berlin, New York: de Gruyter.

Sechrest, L. B., White, S. O. & Brown, E. D. (1979). The rehabilitation of criminal offenders: Problems and prospects. Washington D. C.: National Academy of Sciences.

Seifert, D., Bolten, S. & Jahn, K. (2000). Klinische Prognosemerkmale zur Gefährlichkeitseinschätzung von Patienten des Maßregelvollzugs (gemäß § 63 StGB). Erste Ergebnisse einer prospektiven Prognosestudie. Forensische Psychiatrie und Psychotherapie 7 (im Erscheinen).

Seifert, D. & Leygraf, N. (1997). Die Entwicklung des psychiatrischen Maßregelvollzugs (§ 63 StGB) in Nordrhein-Westfalen. Vergleich der aktuellen Situation mit der vor Einführung des Maßregelvollzugsgesetzes (MRVG-NW) vor 10 Jahren. Psychiatrische Praxis 24, 237-244.

Selman, R.L. & Byrne, D.F. (1974). A structural-developmental analysis of levels of role taking in middle childhood. Cild development 45, 803-806

Serin, R. (1995). Treatment responsivity in criminal psychopaths. Forum on Corrections Research 7(3), 23-26.

Serin, R.C. (1996). Violent recidivism in criminal psychopaths. Law and Human Behavior 20, 207-217.

Serin, R. & Brown, S. (1996). Strategies for enhancing the treatment of violent offenders. Forum on Corrections Research 8 (3), 45-48.

Serin, R.C. & Kuriychuk, M. (1994). Social and cognitive processing deficits in violent offenders: Implications for treatment. *International Journal of Law and Psychiatry 17*, 431-441.
Sherman, L.W., Gottfredson, D., MacKenzie, D., Eck, J., Reuter, P. & Bushway, S. (1998). *Preventing crime: What works, what doesn't, what's promising.* Washington: A report to the United States Congress, prepared for the National Institute of Justice.
Silbereisen, R.K., Schuhler, P. & Claar, A. (1980). Forschungsmethoden zur Erfassung deskriptiver Sozialer Kognitionen. In L.H. Eckensberger & R.K. Silbereisen (Hrsg.). *Entwicklung sozialer Kognitionen.* Stuttgart: Klett-Cotta, 301-334.
Skolnick, J.H. (1994). What not to do about crime. *Criminology 33*, 1-15.
Soothill, K.L. & Gibbens T.C.N. (1978). Recidivism of sexual offenders. A reappraisal. *British Journal of Criminology 18*, 267-276.
Specht, F. (1986). Die Zukunft der sozialtherapeutischen Anstalten. In H. Pohlmeier, E. Deutsch & H.-L. Schreiber (Hrsg.). *Forensische Psychiatrie heute.* Berlin: Springer, 108-118.
Specht, F. (1990). Anforderungen an sozialtherapeutische Einrichtungen. *Kriminalpädagogische Praxis 18*, Heft 30, 14-17.
Specht, F. (1993). Entwicklung und Zukunft der Sozialtherapeutischen Anstalten im Justizvollzug der Bundesrepublik Deutschland. In R. Egg (Hrsg.). *Sozialtherapie in den 90er Jahren.* Wiesbaden: Kriminologische Zentralstelle, 11-17.
Specht, F. (1998). Sozialtherapeutische Anstalten im Justizvollzug: Rehabilitation nach Verurteilung wegen schwerwiegender Straftaten. In J.H. Mauthe (Hrsg.). *Rehabilitationpsychiatrie.* Stuttgart: Enke, 204-214.
Specht, F. (2000). Arbeitskreis Sozialtherapeutische Anstalten im Justizvollzug. In: R. Egg (Hrsg.). *Behandlung von Sexualstraftätern im Justizvollzug: Folgerungen aus den Gesetzesänderungen.* Wiesbaden: Kriminologische Zentralstelle, 19-26.
Spieß, G. (1993). Kriminalprognose. In G. Kaiser, H.-J. Kerner, F. Sack & H. Schellhoss (Hrsg.). *Kleines Kriminologisches Wörterbuch.* 3. Aufl. Heidelberg: C.F. Müller, 286-294.
Spieß, G. (1996). Prophetie oder Prognose? *Neue Kriminalpolitik 8*, Heft 1, 31-36.
Spivack, G. & Shure, M.B. (1982). The Cognition of Social Adjustment: Interpersonal Cognitive Problem-Solving Thinking. In B.B. Lahey & A.E. Kazdin (Eds.). *Advances in Clinical Child Psychology.* Vol. 5. New York: Plenum Press.
Staechelin, G. (1998). Das 6. Strafrechtsreformgesetz. Vom Streben nach Harmonie, großen Reformen und höheren Strafen. *Strafverteidiger 18*, 98-104.
Steck, P. & Pauer, U. (1992). Verhaltensmuster bei Vergewaltigung in Abhängigkeit von Täter- und Situationsmerkmalen. *Monatsschrift für Kriminologie und Strafrechtsreform 4*, 187-197.
Stella, P. (1999). Someting works: Realtà e prospettive del principio di rieducazione del condannato. *L'Indice Penale 2*, 125-157.
Steller, M. (1977). *Sozialtherapie statt Strafvollzug: Psychologische Probleme der Behandlung von Delinquenten.* Köln: Kiepenheuer & Witsch.
Steller, M. (1994). Behandlung und Behandlungsforschung. In M. Steller, K.-P. Dahle & M. Basqué (Hrsg.). *Straftäterbehandlung: Argumente für eine Revitalisierung in Forschung und Praxis.* Pfaffenweiler: Centaurus, 3-12.
Steller, M., Hommers, W. & Zienert, H.J. (Hrsg.) (1978). *Informationen für MURT-Trainer: Trainingsmaterial für MURT mit jugendlichen Delinquenten.* Berlin: Springer.
Stratenwerth, G. (1995). *Was leistet die Lehre von den Strafzwecken? Überarbeitete Fassung eines Vortrages, gehalten vor der Juristischen Gesellschaft zu Berlin am 19. Oktober 1994.* Berlin: de Gruyter.

Stree, W. (1997). Kommentierung zu §§ 38-72 StGB. In A. Schönke & H. Schröder (Hrsg.) *Strafgesetzbuch. Kommentar*. 25. Aufl. München: Beck.
Streng, F. (1991). *Strafrechtliche Sanktionen. Grundlagen und Anwendung*. Stuttgart: Kohlhammer.
Streng, F. (1997). Überfordern Sexualstraftaten das Strafrechtssystem? Kriminalpolitische Überlegungen zum Verhältnis von Tat- und Täterstrafrecht. In J. Schulz & T. Vormbaum (Hrsg.). *Festschrift für Günter Bemmann zum 70. Geburtstag am 15. Dezember 1997*. Baden-Baden: Nomos, 443-464.
Swanson, D.W. (1971). Who violates children sexually? *Medical aspects of human sexuality 5*, 184-197.
Sykes, G. M. (1956). *The Society of Captives: Study of Maximum Security Prisons*. Princeton: University Press.
Tardiff, K. (1992). The current state of psychiatry in the treatment of violent patients. *Archives of General Psychiatry 49*, 493-499.
Tennent, G., Tennent, D., Prins, H. & Bedford, A. (1993). Is psychopathic disorder a treatable condition? *Medicine, Science, and the Law 33*, 63-66.
Thomä, H. (1999). Zur Theorie und Praxis von Übertragung und Gegenübertragung im psychoanalytischen Pluralismus. *Psyche 9/10*, 820-872.
Thornberry, T.P. (1998). Membership in youth gangs and involvement in serious and violent offending. In R. Loeber & D.P. Farrington (Eds.). *Serious and violent juvenile offenders*.Thousand Oaks, CA: Sage, 147-166.
Thornton, D. & Hogue, T. (1993). The large scale provision of programs for imprisoned sex offenders: Issues dilemmas and progress. *Criminal Behaviour and Mental Health 3*, 371-380.
Travin, Sh. &, Protter, B. (1993). *Sexual perversion*. New York: Plenum Press.
Tremblay, R.E. & Craig, W.M. (1995). Developmental prevention of crime. In N. Morris & M. Tonry (Eds.). *Building a safer society: Strategic approaches to crime prevention*. Chicago: University of Chicago Press, 151-236.
Tröndle, H. (1999). Vorbemerkungen und Kommentierung zu §§ 1-60 StGB. In H. Tröndle & T. Fischer (Hrsg.). *Strafgesetzbuch und Nebengesetze*. 49. Aufl. München: Beck.
Vaillant, G.E. (1975). Sociopathy as a human process. A viewpoint. *Archives of General Psychiatry 32*, 178-183.
Vennard, J. & Hedderman, C. (1998). Effective interventions with offenders. In P. Goldblatt & C. Lewis (Hrsg.). *Reducing offending: an assessment of research evidence on ways of dealing with offending behaviour*. London: Home Office, 101-119.
Venzlaff, U. (1986). Konfliktreaktionen, Neurosen und Persönlichkeitsstörungen im Erwachsenenalter. In U. Venzlaff (Hrsg.). *Psychiatrische Begutachtung. Ein praktisches Handbuch für Ärzte und Juristen*. Stuttgart u.a.: Fischer, 327-359.
Vetter, M. (1980). Ich-Entwicklung und kognitive Komplexität. *Zeitschrift für Entwicklungspsychologie und Pädagogische Psychologie 12*, 126-143.
Volk, P., Hilgarth, M., Lange-Joest, C., Birmelin, G., Schempp, W. & Diebold, W. (1985). Vergewaltigungstäter. In G. Walther & H.-T. Haffner (Hrsg.). *Festschrift für Horst Leithoff*. Heidelberg: Kriminalistik, 469-485.
Voss, M. (1980). Fallgruben und Stolpersteine bei der Erfolgsmessung im Strafvollzug. *Kriminologisches Journal 12*, 210-216.
Vygotskij, L. (1972). *Denken und Sprechen*. Frankfurt a.M.: Fischer.
Wakefield, H. & Underweger, R. (1998). Assessing violent recidivism in sexual offenders. *IPT Journal 10*. http://www.ipt-forensics.com/journal/volume10/j10 6.htm.
Waldenfels, B. (1985). *In den Netzen der Lebenswelt*. Frankfurt a.M.: Suhrkamp.

Walter, J. (1998). Moralische Entwicklung im Jugendstrafvollzug oder: Demokratie lernen. *Kriminalpädagogische Praxis 26*, Heft 38, 13-19.
Walter, M. (1995). *Jugendkriminalität*. Stuttgart: Boorberg.
Walter, M. (1999). *Strafvollzug: Lehrbuch*. Stuttgart u.a.: Boorberg.
Ward, T., McCormack, J.W., Hudson, S.M. & Polaschek, D. (1997). Rape – Assessment and treatment. In D.R. Laws & W. O'Donohue (Hrsg.). *Sexual Deviance*. New York: Guilford, 356-393.
Warmerdam, A.A. (1976). Soziotherapeutische Basistherapie mit Delinquenten, *Psyche 30*, 589-598.
Watkins, J.T. (1979). Die rational-emotive Dynamik bei Störungen der Impulskontrolle. In A. Ellis & R. Grieger (Hrsg.). *Praxis der rational-emotiven Therapie*. München: Urban & Schwarzenberg, 99-117.
Wattenberg, H.H. (1982). Kunst im Knast: Eine arbeitstherapeutische Hilfe für jugendliche Strafgefangene. *Sozialmagazin. Zeitschrift für Sozialarbeit und Sozialpädagogik 7*, 27 ff.
Wattenberg, H.H. (1992). Kreatives Training und künstlerisches Gestalten als Behandlungsmaßnahme in der Sozialtherapie. *Zeitschrift für Strafvollzug und Straffälligenhilfe 41*, 181ff.
Weber, H.-M. & Narr, W.-D. (1997). Der Ruf nach Verschärfung des Sexualstrafrechts. Politische Implikationen eines Bedrohungsszenarios. *Blätter für deutsche und internationale Politik 42*, 313-322.
Weidner, J. (1990). *Anti-Aggressivitäts-Training für Gewalttäter. Ein deliktspezifisches Behandlungsangebot im Jugendvollzug*. Bonn: Forum.
Weig, W. (1997). Sexualstraftäter im niedersächsischen Maßregelvollzug: Erste Ergebnisse einer Stichtagserhebung. *Kriminalpädagogische Praxis 25*, Heft 37, 26-30.
Weiß, M. (1984a). Radsport im RSH der JA Hameln. *Zeitschrift für Strafvollzug und Straffälligenhilfe 33*, 211f.
Weiß, M. (1984b). Konzept des RSH der JA Hameln. *Zeitschrift für Strafvollzug und Straffälligenhilfe 33*, 263ff.
Weiß, M. (1991). Zehn Jahre sozialtherapeutische Arbeit mit jugendlichen und heranwachsenden Straftätern im RSH der JA Hameln: Ein Erfahrungsbericht. *Zeitschrift für Strafvollzug und Straffälligenhilfe 40*, 277-282.
Weiß, M. (1992). Sozialtherapie und Erlebnispädagogik: Eine Alpentour mit jugendlichen Strafgefangenen. *Zeitschrift für Strafvollzug und Straffälligenhilfe 41*, 177ff.
Weiß, M. (2000). *Das RSH der Jugendanstalt Hameln*. Hameln: Selbstverlag
Welsh, B.C. & Farrington, D.P. (2000). Correctional intervention programs and cost-benefit analysis. *Criminal Justice and Behavior 27*, 115-133.
Werner, E.E. & Smith, R.S. (1992). *Overcoming the odds* Ithaca: Cornell University Press.
West, D.J., Roy, C. & Nichols, F.L. (1978). *Understandig sexual attacks*. London: Heinemann.
Wexler, H. (1997). Therapeutic communities in American prisons. In E. Cullen, L. Jones & R. Woodward (Eds.). *Therapeutic communities for offenders*. Chichester: Wiley, 161-179.
Wexler, H.K., Falkin, G.P. & Lipton, D.S. (1990). Outcome evaluation of a prison therapeutic community for substance abuse treatment. *Criminal Justice and Behavior 17*, 71-92.
Whitehead, J.T. & Lab, S.P. (1989). A meta-analysis of juvenile correctional treatment. *Journal of Research in Crime and Delinquency 16*, 276-295
Widmer, P. (1990). *Subversion des Begehrens*. Frankfurt a.M.: Fischer.
Wieczorek A. (1997). Ein Beitrag zur Entmythologisierung des sogenannten Sexualtriebs oder: Was ist beim Sexualstraftäter eigentlich zu behandeln?. *Zeitschrift für Strafvollzug und Straffälligenhilfe 46*, 160-165.
Wille, R. (1987). Zum Stand der heutigen Kastrationsforschung. *Forensia 8*, 207-216.

Wine, J.D. & Smye, M.D. (1981) (Eds.). *Social Competence*. New York: Guilford.
Winnicott, D. (1937). *Vom Spiel zur Kreativität*. Stuttgart: Klett-Cotta.
Wischka, B. (1987). Zur Organisation von Bedingungen für soziale Entwicklungsprozesse im Strafvollzug: Überlegungen aus kognitiv-struktureller und systemischer Perspektive. *Kriminalpädagogische Praxis 15*, Heft 25/26, 7-15
Wischka, B. (1996). *Die Sozialtherapeutische Abteilung bei der JVA Lingen I: Konzept*. Lingen: JVA Lingen, Schriftenreihe Bd. 2, Selbstverlag.
Wischka, B. (1999). *Behandlung von Sexualstraftätern im niedersächsischen Justizvollzug*. Lingen: JVA Lingen, Schriftenreihe Bd. 7, Selbstverlag.
Wischka, B. (2000a). Sexualstraftäter im niedersächsischen Justizvollzug: Situation und Perspektiven. *Bewährungshilfe 47*, 76-101.
Wischka, B. (2000b). Möglichkeiten der Behandlung von Sexualstraftätern im niedersächsischen Justizvollzug. In R. Egg (Hrsg.). *Behandlung von Sexualstraftätern im Justizvollzug: Folgerungen aus den Gesetzesänderungen*. Wiesbaden: Kriminologische Zentralstelle, 201-248.
Wistedt, B., Helldin, L., Omerov, M. & Palmstierna, T. (1994). Pharmacotherapy for aggressive and violent behaviour: A view of practical management from clinicians. *Criminal Behaviour and Mental Health 4*, 328-340.
Woodward, R. (1997). Selection and training of staff for the therapeutic role in the prison setting. In E. Cullen, L. Jones & R. Woodward (Eds.). *Therapeutic communities for offenders*. Chichester: Wiley, 223-252.
Yochelson, S. & Samenow, S.E. (1976). *The criminal personality*. New York: Aronson, Vol.I: A profile for change.
Yoshikawa, H. (1994). Prevention as cumulative protection: Effects of early family support and education on chronic delinquency and its risks. *Psychological Bulletin 115*, 28-54.
Zimmerman, M. & Coryell, W. (1990). Diagnosing personality disorders in the community. A comparison of self-report and interview measures. *Archives of General Psychiatry 47*, 527-531.

Sachwortverzeichnis

Abschreckung, Vergeltung 44
Alternative, ambulante 307
Anstaltsklima 49, 148
→ *Normalisierung*
→ *Milieutherapie*
→ *Therapeutische Gemeinschaft*
Arbeitskreis Sozialtherap. Einrichtungen XVI, XVIII, 32, 79, 249, 254, 315
Ätiologie 66
Außenkontakte 225, 242
Behandlung
- vom Agieren zum Sprechen 156ff
- aktive Hilfe 79
- ambulante 307
- Beziehungsarbeit 115, 233, 235
- direktive 171, 177, 212, 226
- von Empathiestörungen 138ff, 201
- Focus 49f, 67, 75, 79, 198, 217, 231
- Freiwilligkeit
→ *Zustimmungserfordernis*
- gesellschaftl. Rahmen 6f, 52f, 74, 305
- institutioneller Kontext 76, 126ff, 205, 212, 218f
→ *Sozialtherapie, integrative*
- medikamentöse 45ff
- Mehrfachauffällige 304f
- moralische Urteilsbildung 134f, 182, 201
- Nachsorge 51, 74 260
→ *Entlassungsvorbereitung*
- Psychopathy (s.dort) 38ff,
- Sexualstraftäter 42f, 57, 193ff, 205ff
→ *Sexualstraftäter, Behandlungsmodelle*
- und Sicherheit 4, 39
- mit Stärken arbeiten 51, 76, 174
- störungshomogene 56f, 76, 225
- Struktur 39
- Subkultur 220, →Subkultur
- Vergeltung 44
- Vollzugslockerungen
→ *Entlassungsvorbereitung*
- Wirkfaktoren, positive 42ff, 47, 48ff, 77f, 128, 171f, 197, 209f, 212, 256f
- Wirkfaktoren, negative, geringe Effekte 42ff, 44, 47, 112f, 128, 209

- Wirkfaktoren, Prinzipien 42, 78
→ *Gruppentherapie*
→ *Psychotherapie*
→ *Sozialtherapie, integrative*
→ *Therapeutisches Milieu*
Behandlungsbedarf
→ *Persönlichkeitsstörung, Prävalenz*
→ *Sozialtherapeutische Einrichtungen, Haftplatzbedarf*
→ *Sexualstraftäter*
Behandlungsfähigkeit
→ *Sozialtherapie, integrat., Behandlgs. fähigk.*
Behandlungsforschung
- Abschreckung/Vergeltung 44f
- Alkohol-/Drogenmissbrauch 306, 333ff, 338f
- Anforderungen 32, 173, 309
- Bewährungshilfe 307, 336f
- Bildungsmaßnahmen 321, 327, 330ff, 343f
- CDATE-Projekt 321f
- Datenschutz 310
- Effektstärken 257
- Ergebnisse allgemein 41ff, 257, 302ff
- Frauen, straffällige 365ff
- Gefangenenmerkmale 349ff, 366ff
- Geschichte 301
- gesetzliche Rahmenbedingungen 308ff
- Gesprächstherapie 306
- Gewalttäter 44
- Innovation 315f
- internationale 41ff, 305f, 321
- Jugendstrafvollzug 336f
- Klima, soziales 148
- Mängel, offene Fragen 47, 75f, 302f, 378
- medikamentöse B. 45ff
- Mehrfachauffällige 304f, 351f, 368ff
- Metaanalysen 40ff, 208f, 303, 305f, 322ff
- Psychopathy 38, 44
- Psychotherapie 42, 69, 79, 306
- Rezeption d. Ergebnisse 310f, 313ff
- Rückfall, deliktspezifisch 375
- Rückfall, einschlägiger 118, 354f, 376f

- Rückfall, Frauen 372ff, 378
- Rückfall, Psychopathy 41
- Rückfall, Regelvollzug 306, 337f
- Rückfall, Sexualstraftäter 44, 118, 208ff, 214f, 336, 339f, 354, 376
- Rückfall, Sozialtherapie 43f, 150, 170, 256f, 302ff, 321, 325ff, 342f, 348ff, 353 (nach Rückverlegung), 364ff, 372ff
- Rückfallintensität 356, 374f, 377 (Strafmaß)
- Rückfallzeitpunkt 358, 360f
- Rückfallwahrscheinlichkeit 99ff
- systematische Programmevaluation 52
- Trainingsmaßnahmen 42, 183f, 327, 330ff
- Verhaltenstherapie 42
→ *Behandlung, Wirkfaktoren*
→ *Forschung*
→ *Rückfall*

Behandlungsintensität 48
Behandlungsmanuale
→ *Sexualstraftäter, Behandlungsmodelle*
→ *Training soziales*
Behandlungsmethoden 42ff, 138ff, 163ff, 200f, 226f, 231, 322ff
- Lebensfeldgespräch 240
- Methodenstreit 42, 205
→ *Psychotherapie*
Behandlungspersonal,
- Bedarf, Anforderungen, Eignung 50, 119f, 139f, 155, 233, 259, 260
- Fortbildung, Supervision 50, 204, 245 315 → *Fortbildung*
- Kontrolle und Behandlung 142ff
- Teamarbeit 233
- Umgang mit der Tat, 141f
Behandlungspessimismus 37, 69f, 121
→ *nothing works*
Behandlungsprogramm für Sexualstraftäter in Niedersachsen (BPS)
→ *Sexualstraftäter, Behandlungsmodelle*
Behandlungstheorie 48, → *Wirkfaktoren*
- sozialwissenschaftlich vs. biologisch 37f, 40, 59
Behandlungsziele 231
Behandlungszwang 7, 33ff
Bundeszentralregister 23f
Bundeszusammenschluss f. Straffälligenhilfe 308f

Controlling → *Neues Steuerungsmodell*
Core Programme 207
→ *Sexualstraftäter, Behandlungsmodelle*
Diagnose 37, 48, 55, 61ff, 67, 75, 259
→ *Persönlichkeitsstörung, Diagnose*
Empathie
- Behandlung d. E.-Störung 138f
- Entwicklung von E. 135f, 201
Entlassungsvorbereitung
- allgemein 15, 74, 260, 307
- Vollzugslockerungen 31, 161f, 307
→ *Behandlung, Nachsorge*
Etikettenschwindel 31, 121f, 263, 308
Fachtagungen der Sozialtherapeutischen Einrichtungen XVII, 315f
Forschung → *Behandlungsforschung*
- und Politik 311f
- und Praxis 47, 310, 313ff
- und Wissenschaft 312f
Forschungsbedarf 44, 308ff
Fortbildung XVII, 142, 204, 315
Freiheitsstrafe
- Entwicklungen 14
- Sicherungsfunktion 14
- Verhältnismäßigkeit 21
Führungsaufsicht 17ff
Führungszeugnis 24
Gefährlich, gefährdet, Gefahr VII, 3ff, 25, 129, 218
Gefährliche Straftäter/Straftaten 358, 366
- Begriff 3ff, 11, 25, 218
- Führungsaufsicht 17ff
- Gutachten 16 → *Prognose*
- in den Medien 8f
- Klassifikation → *Persönlichkeitsstörungen*
- Kontextabhängigkeit 7
- und Randständigkeit 4
- und Status 219
- und Subkultur, 218f
- Therapieweisung 17
- Weisungen 16f
Generalprävention → *Strafzwecke*
Geschlechtsrollen, stereotype 201
Gesetzgebung, populistische, symbolische 8f, 24, 28, 311
Gesetz zur Bekämpfung von Sexualdelikten
- Auswirkungen auf Regelvollzug 33f
- Auswirkung auf Forschung 308f

413

- Auswirkungen auf Sozialtherapie 26ff, 168f, 196, 206, 249, 264ff, 271f
- Bedarf 194ff, 264ff
- Belegungsentwicklung 21, 251
- Entstehung 9, 12, 28, 312
- Führungsaufsicht 17ff
- Gutachten 22ff
- Intention 268
→ *Sozialtherap. Einricht., Haftplatzbedarf*
- Regelungen im Überblick 9, 13ff
- Restaussetzung 271
- Rückverlegungen 34
- Sicherungszweck 20
- Weisungen 16ff
- Zielsetzung 12
→ *Maßregel*
→ *Sozialtherapeutische Einrichtungen*

Gewalt 83f, 134, 136f, 221f, 224f
Gruppentherapie/Gruppenarbeit 147, 162ff, 165, 171ff, 239
→ *Therap. Milieu, Methoden*
Gutachten, Gutachter 9, 16, 23, 22ff, 59, 96f, 104f, 272 → *Prognose*
Hangtäter → *Mehrfachauffällige*
Hotelvollzug 163
Intensivtäter → *Mehrfachauffällige*
Jugendstrafvollzug, Sozialtherap.Abteilung 229ff, 265
Karriere, kriminelle 351f, 368ff
→ *Mehrfachauffällige*
Karrieretäter → *Mehrfachauffällige*
Kastration 339f
Klassifikation, Begriff 81
→ *Persönlichkeitsstörungen*
→ *Psychopathy*
→ *Sexualstraftäter*
Klima, politisches 10 → *Anstaltsklima*
Kognitiv-behaviorale Behandlung 42f, 78, 162, 170ff, 197ff, 207, 232, 306
→ *Psychotherapie, kognitive-behaviorale*
→ *Behandlung, Wirkfaktoren*
Kompetenz, soziale 170ff, 198, 200
Kontrolle und Behandlung 142f, 227
→ *Behandlung, Personal*
Konsequenz → *Behandlung, Personal*
Kriminalität, subjektive 8
Kriminalisierung → *Persönlichkeitsstörung*
Kriminalpolitik, populistische

→ *Gesetzgebung*
Kriminalpolitik, rationale 10
Kriminalprognose → *Prognose*
Kriminologische Zentralstelle 103
Lebenswelt Sozialtherap. Anstalt 153ff
→ *Sozialtherapie, integrative, Lebenswelt*
Legalbewährung → *Behandlungsforschung*
Leitbild 116
Lernen, soziales 174
Maßregel, Maßregelrecht 4, 19ff
- Entziehungsanstalt 20
- Insassen Maßregel/Strafvollzug 77, 117, 121
- Psychiatrisches Krankenhaus 20
- Sicherungsverwahrung 9, 19ff, 368
- Überbelegung 21
Medien und Kriminalität 8, 24f
Mehrfachauffällige 5, 39, 304f, 351f, 368ff
Metaanalyse → *Behandlungsforschung*
Moral → *Persönlichkeitsstörung, moralisches Urteil*
Milieutherapie 43f, 127
→ *Therapeutisches Milieu*
Mindestanforderungen → *Sozialtherapie, integrative, Mindestanforderungen*
Mitverantwortung der Gefangenen 239f
Nachsorge → *Behandlung, Nachsorge*
Neigungen, schädliche→ *Mehrfachauffällige*
Neues Steuerungsmodell
- AKV-Prinzip 294
- Begriff, Prinzipien 276, 277, 279, 294
- und Behandlung/Betreuung 282ff, 292f, 298ff
- Berichtswesen 280
- Budgetierung 291f, 294
- Controlling 280, 289, 291, 294
- Dezentralisierung 295f
- und Finanznot/Sparpolitik 276, 294f, 297
- Kennzahlen 287ff, 298
- Kosten- und Leistungsrechnung 290ff
- Leistungsvereinbarung 294
- ökonom. Prinzip/Ökonomisierung 276, 279f, 294, 299
- Outputorientierung 288
- und Politik 287, 289, 293
- Produkte/Leistungen/Maßnahmen 181ff
- Qualitätssicherung 277
- Sicherheit 284f, 286f
- Standards, qualitativ 281f

- Verwaltungsaufwand 297f
- Wettbewerb/Leistungsanreize 290f, 295, 299
- Ziel-Mittel-Relation 277
- Ziele, verdeckte 278, 280
- Zieldefinition 278f
- Zieloperationalisierung 281, 287

Normalisierung/Angleichung 234
nothing works 40, 68, 121, 170, 302, 306
→ *Behandlungsforschung*
Ökonomisches Prinzip 276, 279f
Persönlichkeit, abnorme 55
Persönlichkeitsstörungen
- Begriff 54f, 60f, 63
- Behandelbarkeit 68f, 70, 121
- Borderline- 58
- Diagnose 55, 60
- Diagnose: zeit-, situations-, kulturvariabel 61, 66f, 156f
- Dissoziale, Soziopathen, Antisoziale 55, 58, 62, 64f, 129ff, 172ff
- Klassifikation, ICD-10, 60f, 117, 129
- Klassifikation, DSM-IV, 62ff, 117, 129
- Klassifikation, psychiatrische und rechtliche Aspekte 117f
- Klassifikationen/Cluster 58f, 62ff, 105f, 113, 129ff
- gesellschaftliche/kulturelle Faktoren 56, 61, 64
- Komorbidität 56f, 65, 75
- Kriminalität 55, 65
- Kritik 65ff
- Moralisches Urteil 131ff, 172, 201
- vs. Persönlichkeitsänderung 61, 105
- Prävalenz 39, 58f
- Prävalenz Allgemeinbevölkerung 60
- Sozialisation 54, 173
- Stigmatisierung, Zuschreibung, Labeling 7f, 65f, 116, 152, 174
- Ursachen 59, 54, 65, 70, 172f
→ *gefährliche Straftäter*
→ *Mehrfachauffällige*
→ *Psychopathy*
→ *Sexualstraftäter*

Personal, → *Behandlungspersonal*
- Stellen für Psychologen 33, 272
- Stellen für Sozialpädagogen 272

Polizeiliche Kriminalstatistik 12, 118
Prävention 52

Prognose, Entlassungsprognose 7, 9, 15, 22, 37, 39, 96ff
- Bestandteile, Aspekte 108f
- Entwicklungsstand 103, 107f
- Fehlprognose, Gründe 110
- Hilfsmittel 97
- intuitive 104
- klinische 104f
- Mängel 107, 110
- Prognosetafeln 105
- Prognoseforschung 170
- Sexualstraftäter, apparative Verfahren 99
- Sexualstraftäter, Rückfallprädiktoren 99ff, 107, 210
- Sexualstraftäter, Alter 100f
- Sexualstraftäter, Kriminalitätsdaten 101
- Sexualstraftäter, Tatablauf 101f
- Sexualstraftäter, Persönlichkeit 117, 120
- statistische 104f
- Testverfahren 97f, 109
→ *Gutachten*
→ *Sexualstraftäter, Klassifikation*
→ *Persönl.keitsstörungen, Klassifikation*

Psychologenstellen → *Personal*
Psychopathy (Hare)
- Begriff 36, 37, 58, 131
- Behandelbarkeit 47f, 69, 171
- biologische Disposition 40
- Entwicklung/Sozialisation 131f
- Kriminalität 37, 55
- Prävalenz 39
- Psychopathie, Abgrenzung 37
- Psychopathy Checklist Revised (PCL-R) 36ff, 113
→ *Persönlichkeitsstörung*
→ *Behandlung*

Psychotherapie
- kognitiv-behaviorale
- und Lebenswelt 72f, 125
- Milieutherapie 43, 127
- psychodynamische 42, 69, 79
- schul- vs. arbeitsfeldspezifisch 72, 145, 160 168
- Strafvollzug 70f
- Therapeutische Gemeinschaft 43
→ *Therapeutisches Milieu*
- Verhaltenstherapie 42
→ *Behandlung*
→ *Sozialtherapie, integrative*

Regeln 144, 227
→ *Kontrolle und Behandlung*
Restaussetzung 9, 15f, 271, 349
Resozialisierung/Besserung 3f
→ *Behandlung*
Rückfall → *Behandlungsforschung, Rückfall*
Rückverlegung 253
Sanktionen 140
Schuld, Schuldprinzip, Tatschuld 3f, 19
Sex Offender Treatment Programme (SOTP)
→ *Sexualstraftäter, Behandlungsmodelle*
Sexualdelikte
- Gesellschaftl.Bewertung, Geschichte 111
- Internet 117
- Polizeiliche Kriminalstatistik 12, 118
- Sexualmord an Kindern, Anzahl 12
- Ursachen 106

Sexualmord 12, 84, 267
Sexualstraftäter, allgemein
- Anzahl Maßregelvollzug 194f
- Anzahl Sozialtherapie 30, 195,
- Anzahl Strafvollzug/in Einrichtungen des Strafvollzuges 119, 193f, 195, 265ff
- Anzahl Frauen 265
- Behandlungsbedarf 195, 206, 268ff
→ *Sozialtherapie, integrative – Indikation*
→ *Behandlung*
- Behandlung u. Strafmaß 253
- Deliktverteilung nach StGB/StVollzG 194, 266
- Deliktspezialisierung 118
- Handlungsphasen vor Delikt 201f
- Heterogenität 35, 116
- Kastration 339 und Rückfall 339f
- Klassifikation 81ff
- Restaussetzung 271
- Rückfallprädiktoren
→ *Prognose, Rückfallprädiktoren*
- Sexualtrieb, Rolle der Sexualität 117f
- Strafmaße 270

Sexualstraftäter: Behandlungsmodelle BPS und SOTP
- Dauer/Programmteile/Organisation 198 (BPS), 207, 214 (SOTP)
- deliktspezifischer Teil 200 (BPS)
- deliktunspezifischer Teil 200 (BPS)
- in England 205, 206, 210f (SOTP)
- Ergebnisse in England 214f

- Focus 198 (BPS), 217 (SOTP)
- Grundlagen, 196 (BPS), 211f (SOTP)
- Gruppen 198 (BPS), 212 (SOTP)
- institutioneller Rahmen 205 (BPS), 207f, 212 (SOTP)
- Kritik 204f
- Methoden/Hilfsmittel/Vorgehen 202ff (BPS), 213, 216 (SOTP)
- Opferperspektive 202 (BPS)
- soziale Kompetenz, Förderung 198, 200 (BPS)
- Testverfahren/Fragebögen 216 (SOTP)
- Trainer/Tutoren 204 (BPS), 207, 212 (SOTP)
- Zielgruppen 197 (BPS)
- Zustimmungserfordernis 198 (BPS), 215 (SOTP)

Sexualstraftäter: Exhibitionismus 86, 106
Sexualstraftäter: Vergewaltigung, sex. Nötigung
-Klassifikationen, versch. Ansätze 81ff
-Klassifikationen, deutsche Ansätze 90f
-Klassifikation, statistische Methode 83f
-Motive 83
-Opfer, Stellung des 84
-sadistische Fantasien 84f

Sexualstraftäter: sexueller Missbrauch
-Inzest 89
-Klassifikationen 87ff, 105f
-Klassifikationen, deutsche Ansätze 93ff
-Opfer, Stellung des 88
-Pädophile 87ff

Sicherheit 4, 284f → *Behandlung, Sicherheit*
Sicherungsverwahrung
→ *Maßregel, Sicherungsverwahrung*
Somatisierung 57
Soziales Training → *Training, soziales*
Sozialisation 54, 59, 106, 173, 231
Sozialpädagogenstellen → *Personal*
Sozialtherapeutische Einrichtungen
- Abteilungen, Kritik 31f, 120
- Abteilungen, Vorteile 31, 250
- andere (gefährliche)Straftäter 27, 30f, 168, 251, 271ff
- Auswahl 29, 236, 253, 261f
- Bedarf, allgemein/Männer 195f, 264ff
- Bedarf, Frauen 273
- Bedarf in den Ländern 269
- Behandlungspflicht 27

- Behandlungsrecht 27
- Frauen 365ff
- Gefangenenmerkmale 120, 172f, 229f, 349ff, 366ff
- Gesetz, neue Bestimmungen 26ff, 169, 249f
- → *Gesetz zur Bekämpfung von Sexualdelikten etc.*
- im Jugendvollzug 229ff
- Kapazität 265, 273 (junge Gefangene), 273f (Frauen), 27f, 251, 273 (Männer/gesamt)
- Lebenszeit-Haftdauer-Quotient 369ff
- Maßregellösung 28f
- medizinisches Modell 152, 168
- Mindestkriterien/-anforderungen 31, 35, 121, 154, 230, 255ff
- Organisation 233f, 244f
- und Regelvollzug 33f, 272, 309f
- Rückverlegungen 349, 351f, 365, 367f
- Sexualstraftäter 26, 230, 251, 366f
- Verweildauer 349, 367
- Vielfalt 150
- Zwangstherapie 33f
- Zwangsverlegung 33f
- → *Sozialtherapie, integrative*

Sozialtherapie, integrative
- Anstaltsklima 39
- Arbeit, Ausbildung 165, 241
- Begriff XVI, 73, 119, 152, 234, 254f
- Behandlung v. Empathiestörungen 134ff
- Behandlungserfolg,
- → *Behandlungsforschung*
- Behandlungserfolg, Gefährdung 32, 71f
- Behandlungsfähigkeit, Aspekte der 114f, 134ff
- Behandlungsfähigkeit, Empathie 134
- Behandlungsphasen 163ff, 200f, 237ff, 253
- Besuche/Bezugspersonen 163, 242
- Dialog, Diskurs 154, 156ff
- Diagnostik 259
- Einzelgespräche 167, 241
- Freizeitarbeit 241
- Fundament 125, 156
- Gegenindikation 113
- Indikation, Auswahl 112ff, 118, 236f, 253, 261f
- Indikation selektive 112
- Indikation, adaptive 112f
- Indikation, Sexualstraftäter 113f, 117, 262
- im Jugendvollzug 229ff, 265
- Lebenswelt 153ff
- Leitlinien/Konzepte 258f
- Lockerungen des Vollzuges 31, 161f, 242f, 260
- → *Entlassungsvorbereitung*
- Methoden 147, 162ff
- Mindestanforderungen/Maßstäbe 35, 73, 155, 255ff, 308
- Motivation 115
- Personal, Auswahl, Eignung, Bedarf etc.
- → *Behandlungspersonal*
- Regeln, Sanktionen 140, 142ff
- Rückverlegung 34, 253
- → *Soz.therap.Einr.*
- Sexualstraftäter → *s.dort*
- strafvollzugliche Rahmenbedingungen 71f, 144ff, 156, 161, 234, 259
- Theorie 151f, 153
- Therapie und Entscheidungen 73, 145, 160, 168
- Therapie und Repression 160, 234
- Training (-sprogramm), soziales, kognitives 163ff, 170ff
- → *Training*
- Wohngruppe 162, 239
- → *Behandlung...*
- → *Gruppentherapie*
- → *kognitiv-behaviorale Behandlung*
- → *Psychotherapie*
- → *Sozialtherapeutische Einrichtungen*
- → *Therapeutisches Milieu*

Sport 241f
Stichtagserhebungen im Strafvollzug 266
Stigmatisierung → *Persönlichkeitsstörung*
Strafe, schuldangemessene 3
Strafgesetzbuch
- § 65, S. 28f, 250
- §§ 63 und 64 → *Maßregel*
- StrafrechtsreformG., sechstes 13f, 249
- StrafrechtsreformG., zweites 250

Strafrahmen, Ausschöpfung 13f
Strafrecht, Zweck 3
Strafrestaussetzung → *Restaussetzung*
Straftäter, Eigenschaften 6f, 172f, 349f, 366ff

→ *Persönlichkeitsstörungen*
→ *Psychopathy*
→ *Sexualstraftäter*
→ *Mehrfachauffällige*
Strafverfolgungsstatistik 269
- Straflänge 14
Strafvollzug → *Freiheitsstrafe*
- Belegung 269
- „Ökonomisierung" 279
- Vollzugsziel 15
Strafvollzugsgesetz, Sozialtherapie 26ff, 72, 250ff, 308f
Strafvollzugsstatistik 265
Strafzwecke 4, 14f
- Generalprävention 15, 302
- Spezialprävention 4, 7, 15f, 302
→ *Vergeltung*
Subkultur 218ff
- Außenkontakte 225
- Begriff 219f
- und Behandlung 51, 220
- Förderung 223ff
- Gegenstrategien 51, 223ff, 226
- kriminelle 220
- kriminelle, Auswirkungen 51, 228
- kriminelle, Gewalt 224
- kriminelle, Logik 221f
- kriminelle, Repressalien 221
- Status/Rolle 219f
Supervision 142, 245
Tat und Täter 141
Tätertypologien
→ *Persönlichkeitsstörungen*
→ *Psychopathy*
→ *Sexualstraftäter*
Tätowierung 225
Tatverarbeitung bei Mitarbeitern 35, 141f
Teamarbeit 146
Therapeutische Gemeinschaft 43f
→ *Therapeutisches Milieu*
Therapeutisches Milieu
- Allgemeiner Vollzugsdienst, Rolle des 128, 141, 149
- Begriff 125, 126ff, 149
- demokratische Elemente 139, 145
- Empathie, Förderung von 138f
- Konsequenz etc. vs. Akzeptanz etc. 142ff, 235
- Methoden 147, 162ff

- und → *Neues Steuerungsmodell* 284
- Personal, Eignung/Verhalten 139f, 142ff, 146f
→ *Behandlungspersonal*
- Probleme 140ff
- Regeln, Sanktionen 140
- Rahmen, mehr als 128f
- im Strafvollzug möglich? 128, 144ff
→ *Lebenswelt*
Therapie, kreative 121
Training, soziales, kognitives,
- Ergebnisse 184
- Insassen als Co-Trainer 186
- Previs 166
- Problem-Tagebuch 189f
- T.-programm SthA Altengamme 163f
- T., kognitives SthA Erlangen 170ff
- Grundlagen 174
- Gruppentraining – Gruppentherapie 175
- Inhalte 164ff, 187f
- Methoden 175ff, 187f
- Module 178ff
- Zeitdauer 166, 178
- Zielsetzungen 187f
→ *Sexualstraftäter, Behandlungsmodelle*
→ *Sozialtherapie, integrative*
Vergeltung 3, 15f, 44
Verhaltenstherapie 42 → *Behandlung*
Verwaltungsreform
→ *Neues Steuerungsmodell*
Vollversammlung
→ *Therap. Milieu, Methoden*
Vollzugsplan 283
Vollzugsgemeinschaften 273f
Vollzugslockerungen → *Soz.therap.,integr.*
Vorstrafenbelastung 351f, 368ff
Vorzeitige Entlassung → *Restaussetzung*
Wirksamkeitsforschung,
→ *Behandlungsforschung*
Wissenschaft 312 → *Forschung,*
Wohngruppe → *Soz.therap.,integrative*
Zustimmungserfordernis bei
- Therapieweisungen 17
- Verlegung in die Sozialtherapie 33f, 252
- Teilnahme an Behandlung 7, 198, 215
Zwangsverlegung/Zwangstherapie 7, 34f

Autorenverzeichnis

Becker, Karl Heinz, Dipl.-Psychologe, Leiter der Justizvollzugsanstalt Hamburg-Nesselstraße mit Sozialtherapeutischer Abteilung.

Berner, Wolfgang, Prof. Dr. med., Leiter der Abteilung für Sexualforschung in der Klinik für Psychiatrie und Psychotherapie des Universitätskrankenhauses Hamburg-Eppendorf, Fachberater für sozialtherapeutische Angelegenheiten in Hamburg.

Cleland, Charles M., Ph. D., Adjunct Assistant Professor am Institute for the Study of Child Development der University of Medicine and Dentistry of New Jersey.

Dessecker, Axel, Dr. jur. M.A., Georg-August-Universität Göttingen, Juristisches Seminar, Abteilung Kriminologie.

Dünkel, Frieder, Prof. Dr. jur., Juristischer Lehrstuhl für Kriminologie an der Ernst-Moritz-Arndt-Universität in Greifswald, Rechts- und Staatswissenschaftliche Fakultät.

Eger, Hansjürgen, Jurist, Leiter der Jugendanstalt Hameln.

Egg, Rudolf, Prof. Dr., Dipl.-Psychologe, Direktor der Kriminologischen Zentralstelle in Wiesbaden und apl. Professor für Psychologie an der Universität Erlangen-Nürnberg.

Fistéra, Peter, Dipl.-Pädagoge, Leiter der Sozialtherapeutischen Anstalt Bad-Gandersheim

Foppe, Elisabeth, Pädagogin, Sozialtherapeutische Abteilung bei der Justizvollzugsanstalt Lingen.

Goderbauer, Rainer, Dipl.-Psychologe, Leiter der Sozialtherapeutischen Anstalt Baden-Württemberg.

Griepenburg, Peter, Dipl.-Psychologe, Psychologischer Psychotherapeut, Justizvollzugsanstalt Hannover.

Herbst, Wolfgang, Leiter der kaufmännischen Abteilung der Sozialtherapeutischen Anstalt Hamburg-Altengamme.

Kury, Helmut, Prof. Dr., Dipl.-Psychologe, Max-Planck-Institut für ausländisches und internationales Strafrecht. Forschungsgruppe Kriminologie.

Lipton, Douglas S., von 1972 bis 1992 Director of Research und bis 1999 Senior Research Fellow am National Development Research Institutes (NDRI), New York.

Lösel, Friedrich, Prof. Dr., Dipl.-Psychologe, Institut für Psychologie I, Universität Nürnberg-Erlangen.

Nowara, Sabine, Dr., Dipl.-Psychologin, Institut für Forensische Psychiatrie der Universität Essen.

Nuhn-Naber, Carmen, Dipl.-Psychologin, Justizvollzugsanstalt Hannover.

Ohle, Karlheinz, Dipl.-Soziologe, Referent für Organisationsentwicklung, Neues Steuerungsmodell und Controlling in der Justizbehörde Hamburg, Strafvollzugsamt.

Otto, Manfred, Dr., Dipl.-Psychologe, Hausleiter in der Jugendanstalt Hameln.

Pearson, Frank S., Ph. D., Projektdirektor am National Development Research Institutes (NDRI), New York.

Pfaff, Cornelia, Dipl.-Psychologin, Psychologische Psychotherapeutin, Sozialtherapeutische Anstalt Erlangen.

Rehder, Ulrich, Dr., Dipl.-Psychologe, Psychologischer Psychotherapeut, Leiter der Sozialtherapeutischen Abteilung bei der Justizvollzugsanstalt Hannover.

Rehn, Gerhard, Dr., Dipl.-Soziologe, Leiter der Abteilung Vollzugsgestaltung und Behandlungsplanung in der Justizbehörde Hamburg, Strafvollzugsamt.

Seitz, Carl, freier wissenschaftlicher Mitarbeiter, Erhebung und Auswertung von Daten in Sozialtherapeutischen Einrichtungen in Niedersachsen.

Specht, Friedrich, Prof. Dr. med., ehemaliger Leiter der Klinik für Kinder- und Jugendpsychiatrie der Universität Göttingen, Fachberater des Niedersächsischen Justizministeriums in Angelegenheiten der Sozialtherapeutischen Einrichtungen.

Walter, Michael, Prof. Dr., Lehrstuhl für Kriminologie und Strafrecht und Vorstand der Kriminologischen Forschungsstelle an der Universität zu Köln.

Wegner, Thomas, Dr., Dipl.-Psychologe, Psychologischer Psychotherapeut und Lehrer, Leiter der Sozialtherapeutischen Anstalt Hamburg-Altengamme.

Weiß, Markus, Dipl.-Psychologe, Psychologischer Psychotherapeut, Jugendanstalt Hameln. Leiter der Sozialtherapeutischen Abteilung.

Wischka, Bernd, Dipl.-Psychologe, Psychologischer Psychotherapeut, Leiter der Sozialtherapeutischen Abteilung bei der Justizvollzugsanstalt Lingen.

STUDIEN UND MATERIALIEN ZUM STRAF- UND MASSREGELVOLLZUG

Hürlimann, Michael
Informelle Führer und Einflußfaktoren in der Subkultur des Strafvollzugs
Band 1, 1993, 232 + LXVII S., ISBN 3-89085-643-X,
58,- DM / 423,- öS / 52,50 sFr

Steller, Max / Dahle, Klaus-Peter / Basqué, Monika (Hg.)
Straftäterbehandlung
Band 2, 1993, 318 S., ISBN 3-89085-873-2,
58,- DM / 423,- öS / 52,50 sFr (vergriffen)

Müller-Dietz, Heinz / Walter, Michael (Hg.)
Strafvollzug in den 90er Jahren
Perspektiven und Herausforderungen.
Festgabe für Karl-Peter Rotthaus
Band 3, 1995, 260 S., ISBN 3-8255-0029-2,
68,- DM / 496,- öS / 62,- sFr

Weber, Florian
Gefährlichkeitsprognose im Maßregelvollzug
Entwicklung sowie Reliabilitätsprüfung eines Prognosefragebogens als Grundlage für Hypothesenbildung und langfristige Validierung von Prognosefaktoren
Band 4, 1996, 140 S., ISBN 3-8255-0056-X,
58,- DM / 423,- öS / 52,50 sFr

zusätzlich:
Weber & Leygraf:
Prognosefragebogen nach Weber & Leygraf
1996, 12 S., ISBN 3-8255-0164-7
100,- DM / 730,- öS / 90,- sFr
(1 Einheit = 50 Fragebögen)

Rassow, Peter
Bibliographie Gefängnisseelsorge
Band 5, 1998, 300 Seiten, ISBN 3-8255-0196-5,
59,80 DM / 437,- öS / 54,- sFr

Centaurus Verlag

STUDIEN UND MATERIALIEN ZUM STRAF- UND MASSREGELVOLLZUG

Ommerborn, Rainer / Schuemer, Rudolf
Fernstudium im Strafvollzug
Band 6, 1999, 244 S., ISBN 3-8255-0232-5,
49,80 DM / 364,- öS / 46,- sFr

Lösel, Friedrich / Pomplun, Oliver
Jugendhilfe statt Untersuchungshaft
Eine Evaluationsstudie zur Heimunterbringung
Band 7, 1998, 196 S., ISBN 3-8255-0247-3,
59,80 DM / 437,- öS / 54,- sFr

Pecher, Willi
Tiefenpsychologisch orientierte Psychotherapie im Justizvollzug
Eine empirische Untersuchung der Erfahrungen und Einschätzungen von Psychotherapeuten in deutschen Gefängnissen
Band 8, 1999, 300 + X S., ISBN 3-8255-0234-1,
59,80 DM / 437,- öS / 54,- sFr

Bundesarbeitsgemeinschaft der Lehrer im Justizvollzug (Hg.)
Justizvollzug & Pädagogik
Tradition und Herausforderung
Band 9, 2. Auflage 2001, 200 S.,
ISBN 3-8255-0270-8, 39,80 DM / 291,- öS / 37,- sFr

Walther, Jutta
Möglichkeiten und Perspektiven einer opferbezogenen Gestaltung des Strafvollzugs
Band 10, 2001, ca. 330 S., ISBN 3-8255-0303-8,
ca. 70,- DM / 511,- öS / 63,50 sFr

Mandt, Brigitte
Die Gefährdung öffentlicher Sicherheit durch Entweichung aus dem geschlossenen Strafvollzug
Eine empirische Untersuchung am Beispiel des Landes Nordrhein-Westfalen in den Jahren 1986-1988
Band 12, 2000, ca. 460 S., ISBN 3-8255-0331-6,
ca. 70,- DM / 511,- öS / 63,50 sFr

Centaurus Verlag